# Schriftenreihe
der Juristischen Schulung

Geschäftsführender Herausgeber
Rechtsanwalt Prof. Dr. Hermann Weber

Band 148

# Das Assessorexamen im öffentlichen Recht

Klausurtypen, wiederkehrende Probleme und Formulierungshilfen

von

## Roland Kintz

Richter am Verwaltungsgericht Neustadt a. d. Weinstraße
Nebenamtlicher Arbeitsgemeinschaftsleiter für Rechtsreferendare
Lehrbeauftragter an der Deutschen Hochschule
für Verwaltungswissenschaften Speyer

VERLAG C. H. BECK MÜNCHEN 2000

Das Assessorenexamen im öffentlichen Recht / von Roland Kintz.

> Die Deutsche Bibliothek – CIP-Einheitsaufnahme
>
> Das Assessorenexamen im öffentlichen Recht/
> von Roland Kintz.
> München : Beck, 2000
> (Schriftenreihe der Juristischen Schulung, Bd. 148)
> ISBN 3 406 47123 4

ISBN 3 406 47123 4

© 2000 Verlag C.H. Beck oHG
Wilhelmstraße 9, 80801 München

Druck und Bindung: Nomos Verlagsgesellschaft
In den Lissen 12, 76547 Sinzheim

Satz: Fotosatz H. Buck,
Zweikirchener Str. 7, 84036 Kumhausen

Gedruckt auf säurefreiem, alterungsbeständigem Papier
(hergestellt aus chlorfrei gebleichtem Zellstoff)

# Vorwort

Als langjähriger Leiter von Referendarsarbeitsgemeinschaften und Prüfer im schriftlichen und mündlichen Examen war es eine überraschende Erfahrung, auch solche Kandidaten scheitern zu sehen, denen eine gründliche Examensvorbereitung anhand der vorhandenen Ausbildungsliteratur nicht abzusprechen ist. Wie ist das zu erklären ?

Fest steht, daß viele Referendare diese Zeit zu sehr mit der Aneignung materiellrechtlicher und prozessualer Probleme füllen, aber nicht in der Lage sind, ihre Kenntnisse auf die Lösung eines praktischen Falls zu übertragen. Im Zweiten Juristischen Staatsexamen ist aber nicht theoretisches Wissen als solches gefragt, sondern konkrete rechtliche Problemfälle sind zu lösen – und zwar in Form einer lesbaren, formal korrekten, im Aufbau klaren, in der Begründung nachvollziehbaren und in der Praxis verwertbaren Entscheidung. Hier scheitert mancher Referendar. Das hängt zum Teil mit der fehlenden Übung im – zeitaufwendigen – Abfassen solcher Entscheidungen zusammen. Diese ist nur durch eine möglichst große Zahl von Übungsklausuren zu erlangen und ein Ausbildungsbuch kann dem allein nicht abhelfen. Es kann aber den Einsteiger – indem es den nötigen Überblick vermittelt, Aufbau und Formalien erläutert, die verschiedenen Klausurtypen darstellt und häufig wiederkehrende Klausurprobleme aus dem Examen anhand konkreter Beispiele und Formulierungshilfen erörtert – in die Lage versetzen, auch solche Klausuren binnen kurzer Zeit erfolgreich zu bearbeiten, die nach Form und Themengebiet unbekannt sind. Hier setzt die vorliegende Schrift an.

In den einzelnen Abschnitten sind diejenigen Entscheidungsformen – mit entsprechender Gewichtung – erörtert, die nach meiner Umfrage bei den jeweiligen Justizprüfungsämtern Gegenstand von Examensklausuren der verschiedenen Bundesländer sein können. Typische, immer wiederkehrende prozessuale und materielle Rechtsfragen sind jeweils dort problematisiert, wo sie auch in der praktischen Entscheidung und damit in der Examensklausur gelöst werden müssen. Entsprechende Formulierungsbeispiele werden angeboten. Die Literatur- und Rechtsprechungsnachweise in den Fußnoten dienen neben der – zum Verständnis nicht notwendigen – Vertiefung vor allem der Orientierung über die Rechtsprechung der verschiedenen Obergerichte in wichtigen Streitfragen.

Für Anregungen und Verbesserungsvorschläge bin ich dankbar.

Neustadt, im Juli 2000

# Inhaltsverzeichnis

Abkürzungsverzeichnis .................................... XIII
Verzeichnis der zitierten Literatur ........................ XV

**Erster Teil : Zur Bearbeitung öffentlich-rechtlicher Klausuren** ........... 1

**Zweiter Teil: Die Entscheidung des Verwaltungsgerichts** ................ 5
**Erster Abschnitt: Das Urteil** ................................... 5
§ 1 Übersicht ................................................ 5
§ 2 Das Rubrum .............................................. 5
    I. Einleitung ........................................... 5
    II. Die Beteiligten ...................................... 6
    III. Die Bezeichnung des Streitgegenstandes ............... 10
    IV. Die Bezeichnung des Gerichts ......................... 10
    V. Muster eines Rubrums ................................ 12
§ 3 Der Tenor ............................................... 12
    I. Allgemeines ......................................... 12
    II. Tenorierungsbeispiele ................................ 13
§ 4 Der Tatbestand .......................................... 31
    I. Grundsätzliches ..................................... 31
    II. Der Aufbau des Tatbestandes .......................... 32
        1. Übersicht ........................................ 32
        2. Der Einleitungssatz ............................... 33
        3. Feststehender Sachverhalt ......................... 34
        4. Die Verfahrensgeschichte .......................... 35
        5. Die Klageerhebung ................................ 35
        6. Das Klägervorbringen ............................. 36
        7. Der Klägerantrag ................................. 36
        8. Der Beklagtenantrag .............................. 38
        9. Das Beklagtenvorbringen .......................... 38
        10. Der Beigeladenenantrag und das Beigeladenenvorbringen ..... 38
        11. Repliken und Dupliken ........................... 39
        12. Die Prozeßgeschichte ............................. 39
        13. Der Schlußsatz ................................... 40
§ 5 Die Entscheidungsgründe ................................. 40
    I. Grundsätzliches ..................................... 40
    II. Die Erörterung spezieller Prozeßfragen ................ 46
    III. Auslegung des Klagebegehrens und Klageänderung .......... 48
    IV. Die Bekanntgabe des Ergebnisses ...................... 51
    V. Die Zulässigkeit der Klage ........................... 51
        1. Allgemeines ...................................... 51
        2. Der Verwaltungsrechtsweg ......................... 54
        3. Ordnungsgemäße Klageerhebung .................... 63

| | |
|---|---|
| 4. Die statthafte Klageart | 64 |
| a) Die Anfechtungsklage | 64 |
| b) Die Verpflichtungsklage | 70 |
| c) Die allgemeine Leistungsklage | 72 |
| d) Die Fortsetzungsfeststellungsklage | 73 |
| e) Die Feststellungsklage | 75 |
| 5. Die Klagebefugnis | 78 |
| 6. Das Rechtsschutzbedürfnis | 82 |
| 7. Die ordnungsgemäße Durchführung des Vorverfahrens | 86 |
| 8. Die Einhaltung der Klagefrist | 90 |
| 9. Die Beteiligungs- und Prozeßfähigkeit | 93 |
| 10. Ordnungsgemäße Vertretung | 94 |
| 11. Die Zuständigkeit des Verwaltungsgerichts | 95 |
| VI. Die Begründetheit der Klage | 95 |
| 1. Die Aktiv- und Passivlegitimation | 95 |
| 2. Die Begründetheit der Anfechtungsklage | 99 |
| a) Der Obersatz | 99 |
| b) Die Prüfung der formellen Rechtmäßigkeit | 99 |
| c) Die Prüfung der materiellen Rechtmäßigkeit | 100 |
| d) Formulierungsbeispiel | 107 |
| e) Die reformatio in peius | 109 |
| 3. Die Begründetheit der Verpflichtungsklage | 115 |
| 4. Die Begründetheit der Leistungsklage | 117 |
| 5. Die Begründetheit der Fortsetzungsfeststellungsklage | 118 |
| 6. Die Begründetheit der Feststellungsklage | 119 |
| VII. Die Begründung der Nebenentscheidungen | 119 |
| § 6 Rechtsmittelbelehrung und Unterschriften der Richter | 121 |
| § 7 Der Streitwertbeschluß | 122 |
| Zweiter Abschnitt: Der Gerichtsbescheid | 124 |
| Dritter Abschnitt: Der Beschluß im vorläufigen Rechtsschutzverfahren | 126 |
| Erstes Kapitel: Allgemeines | 126 |
| Zweites Kapitel: Der Aufbau des Beschlusses | 128 |
| § 8 Das Rubrum | 129 |
| § 9 Der Tenor | 129 |
| I. Allgemeines | 129 |
| II. Tenorierungsbeispiele | 130 |
| § 10 Die Gründe | 138 |
| I. Die Darstellung des Sach- und Streitstandes | 138 |
| II. Die rechtliche Würdigung | 139 |
| § 11 Rechtsmittelbelehrung und Unterschriften der Richter | 140 |
| Drittes Kapitel: Die Beschlüsse im einzelnen | 141 |
| § 12 Die Wiederherstellung der aufschiebenden Wirkung | 141 |
| I. Einleitung | 141 |
| II. Die Zulässigkeitsprüfung | 141 |
| III. Die Begründetheitsprüfung | 142 |
| 1. Der richtige Antragsgegner | 142 |

## Inhaltsverzeichnis IX

| | |
|---|---|
| 2. Die formelle Rechtmäßigkeit der Anordnung der sofortigen Vollziehung | 143 |
| a) Das Begründungserfordernis nach § 80 Abs. 3 Satz 1 VwGO | 143 |
| b) Anhörung vor der Anordnung der sofortigen Vollziehung? | 145 |
| 3. Die materielle Begründetheit | 146 |
| a) Der Prüfungsumfang des Gerichts | 146 |
| b) Formulierungsbeispiel | 148 |

**§ 13 Die Anordnung der aufschiebenden Wirkung** ... 150
   I. Der Anwendungsbereich des § 80 Abs. 5 Satz 1 1.Alt. VwGO ... 150
   II. Die Prüfung des Antrags auf Anordnung der aufschiebenden Wirkung ... 152

**§ 14 Die gerichtliche Feststellung der aufschiebenden Wirkung bei faktischer Vollziehung des VAs** ... 153

**§ 15 Das vorläufige gerichtliche Rechtsschutzverfahren beim VA mit Doppelwirkung** ... 155
   I. Einleitung ... 155
   II. Das vorläufige Rechtsschutzverfahren mit dem Ziel der Anordnung der aufschiebenden Wirkung ... 156
   III. Das vorläufige Rechtsschutzverfahren mit dem Ziel der Anordnung der sofortigen Vollziehung ... 158

**§ 16 Die einstweilige Anordnung nach § 123 Abs. 1 VwGO** ... 160
   I. Allgemeines ... 160
   II. Der Aufbau des Beschlusses nach § 123 VwGO ... 161
      1. Die Zulässigkeitsprüfung ... 161
      2. Die Begründetheitsprüfung ... 163

**§ 17 Das Abänderungsverfahren nach § 80 Abs. 7 VwGO** ... 167

**Vierter Abschnitt: Sonstige Beschlüsse des Verwaltungsgerichts** ... 169

**§ 18 Der Beschluss bei übereinstimmender Erledigung der Hauptsache** ... 169

**§ 19 Die Vorabentscheidung über die Zulässigkeit des Verwaltungsrechtsweges** ... 170

**Dritter Teil: Die Entscheidung des Oberverwaltungsgerichts** ... 175

**Erster Abschnitt: Die Normenkontrolle nach § 47 VwGO** ... 175

**Erstes Kapitel: Das Normenkontrollurteil** ... 175

**§ 20 Allgemeines** ... 175

**§ 21 Das Rubrum** ... 176

**§ 22 Der Tenor** ... 176

**§ 23 Der Tatbestand** ... 178

**§ 24 Die Entscheidungsgründe** ... 178
   I. Die Zulässigkeit des Normenkontrollantrags ... 178
      1. Die Statthaftigkeit des Antrags ... 178
      2. Zuständigkeit des Oberverwaltungsgerichts ... 180
      3. Partei- und Prozeßfähigkeit ... 180
      4. Die Antragsbefugnis ... 181
      5. Das Rechtsschutzinteresse ... 183

|  |  |
|---|---|
| 6. Form und Frist | 184 |
| II. Die Begründetheit des Normenkontrollantrags | 185 |
| 1. Allgemeines | 185 |
| 2. Die Passivlegitimation | 186 |
| 3. Die formelle Wirksamkeit der Rechtsnorm | 186 |
| a) Verstöße beim Zustandekommen des Bebauungsplans | 186 |
| b) Ordnungsgemäße Ausfertigung des Bebauungsplans | 186 |
| c) Sonstige formelle Fehler | 187 |
| 4. Die materielle Wirksamkeit der Rechsnorm | 187 |
| 5. Die Nebenentscheidungen | 189 |
| § 25 Die Rechtsmittelbelehrung | 189 |
| § 26 Die Streitwertfestsetzung | 189 |
| Zweites Kapitel: Der Normenkontrollbeschluß des Oberverwaltungsgerichts | 190 |
| Drittes Kapitel: Die einstweilige Anordnung im Normenkontrollverfahren | 190 |
| Zweiter Abschnitt: Die Entscheidung im Rechtsmittelverfahren | 192 |
| Erstes Kapitel: Das Berufungszulassungsverfahren | 192 |
| § 27 Allgemeines | 192 |
| § 28 Das Rubrum | 193 |
| § 29 Der Tenor | 194 |
| § 30 Die Gründe | 194 |
| I. Die Sachverhaltsdarstellung | 195 |
| II. Die rechtliche Würdigung | 195 |
| 1. Die Zulässigkeit des Berufungszulassungsantrages | 196 |
| a) Die Statthaftigkeit des Antrags | 196 |
| b) Die Form des Zulassungsantrags | 196 |
| c) Einhaltung der Antragsfrist | 197 |
| d) Beschwer | 197 |
| e) Darlegung der Zulassungsgründe | 198 |
| 2. Die Begründetheit des Zulassungsantrags | 200 |
| a) Der Zulassungsgrund des § 124 Abs. 2 Nr. 1 VwGO | 200 |
| b) Der Zulassungsgrund des § 124 Abs. 2 Nr. 2 VwGO | 203 |
| c) Die Zulassungsgründe des § 124 Abs. 2 Nr. 3 und Nr. 4 VwGO | 205 |
| d) Der Zulassungsgrund des § 124 Abs. 2 Nr. 5 VwGO | 206 |
| 3. Die Nebenentscheidungen | 207 |
| § 31 Die Rechtsmittelbelehrung | 207 |
| § 32 Formulierungsbeispiel | 208 |
| Zweites Kapitel: Das Beschwerdezulassungsverfahren | 211 |
| Drittes Kapitel: Die Berufung | 213 |
| Vierter Teil: Die verwaltungsbehördlichen Entscheidungen | 215 |
| Erster Abschnitt: Der Widerspruchsbescheid | 215 |
| § 33 Allgemeines | 215 |

## Inhaltsverzeichnis

| | |
|---|---|
| § 34 Der Eingangsteil | 217 |
| I. Der Eingangsteil in der Bescheidform | 217 |
| II. Der Eingangsteil in der Beschlußform | 218 |
| § 35 Der Tenor | 219 |
| I. Allgemeines | 219 |
| II. Tenorierungsbeispiele | 219 |
| § 36 Die Sachverhaltsdarstellung | 225 |
| § 37 Die rechtliche Würdigung | 226 |
| I. Übersicht | 226 |
| II. Die Bekanntgabe des Ergebnisses | 226 |
| III. Die Zuständigkeit der Widerspruchsbehörde | 226 |
| IV. Die Zulässigkeit des Widerspruchs | 228 |
| 1. Die Zulässigkeit des Verwaltungsrechtsweges | 228 |
| 2. Die Statthaftigkeit des Widerspruchs | 229 |
| 3. Die Widerspruchsbefugnis | 229 |
| 4. Allgemeine Verfahrensvoraussetzungen | 229 |
| 5. Das allgemeine Widerspruchsinteresse | 229 |
| 6. Form und Frist des Widerspruchs | 229 |
| V. Die Begründetheit des Anfechtungswiderspruchs | 233 |
| 1. Die formelle Rechtmäßigkeit des Ausgangsbescheids | 233 |
| 2. Die materielle Rechtmäßigkeit des Ausgangsbescheids | 235 |
| 3. Die Einschränkung der Prüfungskompetenz der Widerspruchsbehörde | 238 |
| 4. Die reformatio in peius | 240 |
| 5. Die Anordnung bzw. Aussetzung der sofortigen Vollziehung | 241 |
| VI. Die Begründetheit des Verpflichtungswiderspruchs | 243 |
| 1. Die Prüfung der Anspruchsvoraussetzungen | 243 |
| 2. Die Einschränkung der Prüfungskompetenz der Widerspruchsbehörde | 243 |
| 3. Die reformatio in peius | 246 |
| VII. Die Begründung der Kostenentscheidung | 246 |
| § 38 Die Rechtsbehelfsbelehrung | 246 |
| § 39 Die Begleitverfügungen | 247 |
| § 40 Formulierungsbeispiel | 249 |
| Zweiter Abschnitt: Der Abhilfebescheid | 252 |
| § 41 Grundsätzliches | 252 |
| § 42 Die Gestaltung des Abhilfebescheids | 255 |
| Dritter Abschnitt: Der Vorlagebericht | 259 |
| Vierter Abschnitt: Der Ausgangsbescheid | 262 |
| § 43 Einführung | 262 |
| § 44 Der Eingangsteil | 262 |
| § 45 Der Tenor des Bescheids | 264 |
| I. Grundsätzliches | 264 |
| II. Der Hauptausspruch | 265 |
| III. Die Anordnung der sofortigen Vollziehung | 266 |

IV. Die Androhung von Zwangsmitteln ........................ 266
V. Die Kostenentscheidung ................................... 270

§ 46 Die Begründung des Bescheids ............................... 270
   I. Funktion der Begründung .................................. 270
   II. Die Sachverhaltsdarstellung ............................. 271
   III. Die rechtliche Würdigung ............................... 271
       1. Die Begründung der Hauptentscheidung ................. 271
       2. Die Begründung der Anordnung der sofortigen Vollziehung ... 273
       3. Die Androhung von Zwangsmitteln ...................... 273
       4. Die Begründung der Kostenentscheidung ................ 273

§ 47 Rechtsbehelfsbelehrung und Schlußformel ..................... 274

§ 48 Formulierungsbeispiel ....................................... 274

Fünfter Teil: Das öffentlich-rechtliche Gutachten ................ 279

§ 49 Grundsätzliches ............................................. 279

§ 50 Der Aufbau des öffentlich-rechtlichen Gutachtens ............ 281

§ 51 Das Hilfsgutachten .......................................... 283

Sechster Teil: Die öffentlich-rechtliche Anwaltsklausur ......... 285

§ 52 Allgemeines ................................................. 285

§ 53 Entwurf einer Klageschrift .................................. 287
   I. Der Eingangsteil .......................................... 287
   II. Die Klagebegründung ...................................... 289
       1. Die Sachverhaltsdarstellung .......................... 289
       2. Die rechtliche Würdigung ............................. 290
   III. Formulierungsbeispiel einer Klageschrift ................ 293

§ 54 Entwurf weiterer Schriftsätze an die Behörde bzw. das
     Verwaltungsgericht .......................................... 296

§ 55 Entwurf einer Rechtsmittelbegründungsschrift ................ 296

§ 56 Anwaltsgutachten und Mandantenschreiben ..................... 300

Siebter Teil: Der öffentlich-rechtliche Aktenvortrag ............ 305

§ 57 Die Bedeutung des Aktenvortrags ............................. 305

§ 58 Der öffentlich-rechtliche Aktenvortrag in der Prüfung ....... 306
   I. Gegenstand des Aktenvortrags .............................. 306
   II. Die Vorbereitung auf den Aktenvortrag .................... 306
   III. Der Vortrag in der mündlichen Prüfung ................... 307

§ 59 Der Aufbau des öffentlich-rechtlichen Aktenvortrags ......... 308
   I. Die Einleitung ............................................ 308
   II. Die Sachverhaltsschilderung .............................. 309
   III. Die rechtliche Würdigung ................................ 310
   IV. Der konkrete Entscheidungsvorschlag ...................... 312

§ 60 Formulierungsbeispiel ....................................... 312

# Abkürzungsverzeichnis

| | |
|---|---|
| aA | anderer Ansicht |
| Abs. | Absatz |
| a.F. | alte Fassung |
| Alt. | Alternative |
| Art. | Artikel |
| AZ | Aktenzeichen |
| bzw. | beziehungsweise |
| d.h. | das heißt |
| f. | folgende |
| ff. | fortfolgende |
| hM | herrschende Meinung |
| i.S.d. | im Sinne des |
| i.V.m. | in Verbindung mit |
| FN | Fußnote |
| m.w.N. | mit weiteren Nachweisen |
| n.F. | neue Fassung |
| Nr. | Nummer |
| OVG | Oberverwaltungsgericht |
| Rdnr. | Randnummer |
| s./S. | siehe |
| sog. | sogenannte(r) |
| u.a. | unter anderem |
| VA | Verwaltungsakt |
| VG | Verwaltungsgericht |
| vgl. | vergleiche |
| Vorb. | Vorbemerkung |
| z.B. | zum Beispiel |

# Verzeichnis der zitierten Literatur

| | |
|---|---|
| Baumbach/Lauterbach | Zivilprozeßordnung, 57. Auflage 1999 |
| Böhme/Fleck/<br>Bayerlein | Formularsammlung für Rechtsprechung und Verwaltung, 13. Auflage 1997 |
| Bosch/Schmidt | Praktische Einführung in das verwaltungsgerichtliche Verfahren, 6. Auflage 1996 |
| Brühl | Entscheiden im Verwaltungsverfahren: praxisnahe Anleitungen zur Verfahrensgestaltung, Entscheidungsfindung und Bescheidtechnik, 1990 |
| Budde-Hermann/<br>Schöneberg | Der Kurzvortrag im Assessorexamen – Öffentliches Recht, 1997 |
| Decker/Konrad | Öffentlich-rechtliche Assessorklausuren, 2. Auflage 2000 |
| Eyermann | Verwaltungsgerichtsordnung, 11. Auflage 2000 |
| Finkelnburg/Jank | Vorläufiger Rechtsschutz im Verwaltungsstreitverfahren, 4. Auflage 1998 |
| Günther/Blum | Das Widerspruchsverfahren, 1994 |
| Happ/Allesch/<br>Geiger/Metschke | Die Station in der öffentlichen Verwaltung, 4. Auflage 2000 |
| Klein/Czajka | Gutachten und Urteil im Verwaltungsprozeß und verwaltungsgerichtliches Normenkontrollverfahren, 4. Auflage 1995 |
| Kopp/Ramsauer | Verwaltungsverfahrensgesetz, 7. Auflage 2000 |
| Kopp/Schenke | Verwaltungsgerichtsordnung, 12. Auflage 2000 |
| Linhart | Der Bescheid, 1994 |
| Martens | Mustertexte zum Verwaltungsprozeß, 2. Auflage 1994 |
| Müller-Christmann | Der Kurzvortrag in der Assessorprüfung, 2. Auflage 1995 |
| Mürbe/Geiger/Wenz | Die Anwaltsklausur in der Assessorprüfung, 4. Auflage 2000 |
| Pietzner/Ronellenfitsch | Das Assessorexamen im öffentlichen Recht, 10. Auflage 2000 |
| Proppe/Solbach | Fallen-Fehler-Formulierungen, Anleitungen für Referendariat und Assessorexamen, 1995 |
| Ramsauer | Die Assessorprüfung im öffentlichen Recht, 4. Auflage 1997 |
| Redeker/von Oertzen | Verwaltungsgerichtsordnung, 12. Auflage 1997 |
| Rosenberger/Solbach/<br>Wahrendorf | Der Aktenvortrag im Zivilrecht, Strafrecht und Öffentlichem Recht, 3. Auflage 1999 |

| | |
|---|---|
| Schoch/ Schmidt-Aßmann/ Pietzner | Verwaltungsgerichtsordnung, Stand Januar 2000 (zit.: Schoch) |
| Schmidt | Ausgewählte Assessorklausuren im öffentlichen Recht, 1999 |
| Sodan/Ziekow | Verwaltungsgerichtsordnung, Stand November 1999 |
| Stelkens/Bonk/Sachs | Verwaltungsverfahrensgesetz, 5. Auflage 1998 |
| Volkert | Die Verwaltungsentscheidung, 3. Auflage 1997 |
| Wahrendorf/Lemke/ Lemke | Die öffentlich-rechtliche Klausur im Assessorexamen, 1997 |
| Weides | Verwaltungsverfahren und Widerspruchsverfahren, 3. Auflage 1993 |
| Wimmer | Klausurtips für das Assessorexamen, 2. Auflage 1996 |
| Zöller | Zivilprozeßordnung, 21. Auflage 1999 |

# Erster Teil:
## Zur Bearbeitung öffentlich-rechtlicher Klausuren

Spätestens die ersten Übungsklausuren in der Referendararbeitsgemeinschaft im öffentlichen Recht machen es deutlich: Erfolgreich schneidet nur ab, wer neben der – notwendigen – Wiederholung und Vertiefung des materiellen und prozessualen Wissens aus dem Ersten Juristischen Examen auch das „Handwerkszeug" einer Klausur beherrscht, die jeweiligen Formalien, den Aufbau und die Subsumtionstechnik im Urteilsstil. Das Letztere lässt sich nur mit einiger Übung erreichen: Schreiben Sie deshalb im Vorfeld des Examens möglichst viele Klausuren, die als freiwillige Klausurenkurse der einzelnen Bundesländer oder von privaten Repetitorien angeboten werden. Auch die Ausbildungszeitschriften *JuS* und *JA* oder die Verwaltungsblätter der Länder[1] drucken immer wieder (Examens-)Klausuren ab, die Sie mit anschließender Selbstkontrolle lösen können. Sehr hilfreich sind daneben private Arbeitsgemeinschaften von mehreren in Kleingruppen arbeitenden Referendaren. Gewinnbringende Tips für eine effiziente Examensvorbereitung finden Sie außerdem bei *Wimmer*, dessen Lektüre nachdrücklich zu empfehlen ist.

Da im Zweiten Juristischen Staatsexamen neben den Gesetzessammlungen in den meisten Bundesländern auch Kommentare benutzt werden dürfen, ist es sinnvoll, bereits bei der Vorbereitung auf das Assessorexamen hiermit zu arbeiten, um im Ernstfall die benötigte Passage schneller zu finden. Hier eine Übersicht über diejenigen Hilfsmittel, die in den einzelnen Bundesländern zugelassen sind:

Kopp/Schenke, VwGO Kommentar, 12. Auflage 2000
*Bayern, Berlin, Brandenburg, Bremen, Hamburg, Hessen, Mecklenburg-Vorpommern, Nordrhein-Westfalen, Saarland, Sachsen, Sachsen-Anhalt, Schleswig-Holstein, Thüringen*

Kopp/Ramsauer, VwVfG Kommentar, 7. Auflage 2000
*Bayern, Berlin, Brandenburg, Mecklenburg-Vorpommern, Nordrhein-Westfalen, Saarland, Sachsen, Sachsen-Anhalt, Thüringen*

Böhme/Fleck/Bayerlein, Formularsammlung für Rechtsprechung und Verwaltung, 13. Auflage 1997
*Bayern*

---

[1] VBlBW, SächsVBl, BayVBl, ThürVBl, NWVBl, NdsVBl.

Sie sehen an dieser Aufstellung, daß die Referendare in Baden-Württemberg, Niedersachsen und in Rheinland-Pfalz im Öffentlichen Recht auf Hilfsmittel vollständig verzichten müssen, während bayerische Referendare sogar auf die sehr hilfreiche Formularsammlung von Böhme/Fleck/Bayerlein zurückgreifen können.

2   Entscheidungsformalien sind bei einer Bearbeitungszeit von 5 Stunden für jede Klausur nicht bloße Nebensächlichkeiten. Ein Auszug aus den – selbstverständlich unverbindlichen – Prüferhinweisen des rheinland-pfälzischen Innenministeriums und Landesprüfungsamts für Juristen für das Assessorexamen macht das deutlich:

„Bei der Bewertung der Klausuren ist nicht allein auf die materiell – rechtliche Lösung abzustellen. Vielmehr muß auch den Formalien in der Klausur der ihnen zukommende Stellenwert eingeräumt werden. Für sie ist auch ein Teil der Bearbeitungszeit veranschlagt.

Bei einer Klausur, die höhere Anforderungen z.b. an den Tatbestand stellt, sollten die Formalien im Rahmen der Gesamtbewertung entsprechend höher gewichtet werden. Demgegenüber sollte eine Klausur mit fehlerfreien Formalien, aber ohne vertretbare Lösung der verfahrens- und materiell-rechtlichen Probleme nicht als bestanden bewertet werden. Fehlen in einer Klausur jegliche Formalien (z.b. der Bearbeiter beginnt sofort mit den Entscheidungsgründen), so erscheint es gerechtfertigt, die Arbeit insgesamt schlechter zu bewerten als eine Arbeit, bei der die Formalien so fehlerhaft sind, daß hierfür keine Punkte mehr gegeben werden können.

Unlesbare Ausführungen gelten als nicht geschrieben.

Überflüssiges in der Klausur sollte durchaus zu einer Schlechterbewertung führen. Das gilt z.b. für ein falsches obiter dictum."

3   Die Prüfungsaufgabe besteht in der Regel aus einem Aktenauszug. Lesen Sie zuerst den Bearbeitervermerk ! Diesem kommt existentielle Bedeutung zu[2], denn es ist ein wesentlicher Unterschied, ob Sie einen Urteilsentwurf oder etwa ein Gutachten des Rechtsamtes einer Stadt sowie einen Vorschlag an den Oberbürgermeister zu entwerfen haben. Achten Sie darauf, ob bestimmte Teile der Entscheidung (z.B. beim Urteil Rubrum, Tatbestand, Rechtsmittelbelehrung) erlassen sind. Versetzen Sie sich gedanklich von Anfang an in die Lage desjenigen, der die konkrete Aufgabenstellung zu lösen hat, entwickeln Sie beim Lesen und Erfassen des Sachverhalts bereits gezielte Überlegungen zum Aufbau der Klausur.

Mit der richtigen und vollständigen Erfassung des Sachverhalts legen Sie den Grundstein für eine erfolgversprechende Klausurlösung[3]. Machen Sie wichtige Eckdaten auf dem Klausurtext kenntlich und legen den Sachverhalt auf einem getrennten Blatt chronologisch nieder (z.B. Bescheid, Widerspruch mit skizzierter Begründung, Widerspruchsbescheid, Klage). Die Sachverhaltsdarstellung in Prüfungsaufgaben ist oftmals unsortiert, so daß eine Leistung des Referendars darin besteht, die Fakten in die rich-

---

[2] *Forster*, JuS 1992, 234, 236.
[3] *Decker*, JA 1997, 969, 971.

tige Reihenfolge zu bringen. Die im Aufgabentext gemachten tatsächlichen Angaben sind als objektiv richtig und vollständig anzusehen. Von Sachverhaltslücken kann daher grundsätzlich nicht ausgegangen werden[4]. Sogenannte „Sachverhaltsquetschen", die den Referendar erst in die Lage versetzen, zu Problemen Stellung zu nehmen, mit denen er seiner Ansicht nach vertraut ist, nach denen aber nicht gefragt ist, fallen bei der Bewertung der Arbeit negativ ins Gewicht. Suchen Sie im Klausurtext auch nicht krampfhaft nach Sachverhaltsfallen, wenn Ihnen die Arbeit subjektiv zu leicht vorkommt. In der Regel ist der Sachverhalt auch nicht mit Überflüssigem belastet, d.h. alle mitgeteilten Tatsachen sind für die rechtliche Lösung des Falles relevant.

Haben Sie den Aufgabentext „verinnerlicht", so erstellen Sie eine Lösungsskizze. Diese sollte klar gegliedert sein und alle in der Regel im Klausurtext angesprochenen Probleme erfassen. Sofern Ihnen die Lösung des Falles Schwierigkeiten bereitet, setzen Sie sich dennoch ein Zeitlimit für die Ausarbeitung der Lösungsskizze. Hierfür sollten Sie im Normalfall nicht länger als 2 bis 2,5 Stunden verwenden. So verbleiben für die Reinschrift noch 2,5 bis 3 Stunden.

Achten Sie bei der Reinschrift stets darauf, daß Sie die üblichen Formalien einhalten. Denn die äußere Form Ihrer Arbeit verkörpert die „Visitenkarte", die Sie abgeben; sie ist der erste Eindruck, den ein Prüfer von der Leistung eines Prüflings gewinnt und der die Überprüfung der Arbeit begleitet[5]. Zwar kann eine inhaltslose Arbeit nicht durch die Wahrung der Form „gerettet" werden; jedoch erleidet eine inhaltlich ansprechende Bearbeitung bei Vernachlässigung der Formerfordernisse erhebliche Einbußen bei der Bewertung[6].

Bemühen Sie sich um eine lesbare Schrift und vermeiden Sie Durchstreichungen im großen Stil. Schreiben Sie nicht zu klein und zu eng, denn dies erfordert auf seiten des Korrektors unweigerlich eine erhöhte Konzentration beim Durchlesen. Stellen Sie Ihre Arbeit übersichtlich dar und bilden Sie Absätze. Aufbau und Gliederung der Klausur müssen für sich selbst sprechen, so daß der Weg der Bearbeitung nicht zusätzlich begründet zu werden braucht[7].

Der sprachliche Ausdruck soll verständlich, eindeutig und objektiv sein. Auch ein mit den einschlägigen Problemen nicht befaßter Jurist muß den Gedankengängen des Bearbeiters folgen und die Überlegungen ohne eigene Nachforschungen nachvollziehen können[8]. Vermeiden Sie daher einerseits überlange Sätze, Schachtelkonstruktionen und Fremdwörter –

---

[4] *Decker,* JA 1997, 969, 971.
[5] *Knödler,* JuS 2000, L 65.
[6] *Lemke,* JuS 1991, L 17, 18; *Knödler,* JuS 2000, L 65.
[7] *Decker,* JA 1997, 969, 975.
[8] *Lemke,* JuS 1991, L 17, 18.

die Gerichtssprache ist Deutsch – und andererseits umgangssprachliche Formulierungen. Bei der gebotenen objektiven Darstellung und Begründung sind persönliche Wertungen unangebracht. Dasselbe gilt für relativierende Begriffe wie „eigentlich", „wohl" oder „vermutlich", da sie der eigenen Argumentation gerade den Boden entziehen.

5 Ziel der Assessorprüfung ist es, mittels Gesetzesinterpretation und korrekter Subsumtion die in der Aufsichtsarbeit aufgeworfenen Rechtsfragen einer vertretbaren Lösung zuzuführen. Es geht also – anders als viele Referendare offenbar meinen – nicht primär um das „richtige" Ergebnis, sondern um die Art und Weise der Entscheidungsfindung und -darstellung. Das *BVerfG*[9] hat zu der Bewertung von Arbeiten im Juristischen Staatsexamen ausgeführt, eine vertretbare und mit gewichtigen Argumenten folgerichtig begründete Lösung dürfe nicht als falsch gewertet werden. Soweit die Richtigkeit oder Angemessenheit von Lösungen wegen der Eigenart der Prüfungsfrage nicht eindeutig bestimmbar seien, gebühre zwar dem Prüfer ein Bewertungsspielraum, andererseits müsse aber auch dem Prüfling ein angemessener Antwortspielraum zugestanden werden. Danach können zutreffende und brauchbare Lösungen nicht als falsch bewertet werden und zum Nichtbestehen führen. Lernen Sie also nicht Ihrer Ansicht nach besonders examensrelevante Entscheidungen bestimmter Obergerichte auswendig. Versuchen Sie vielmehr, die Rechtsprobleme losgelöst vom konkret entschiedenen Fall zu erfassen und zu verstehen. Nur dies versetzt Sie im Ernstfall in die Lage, Abweichungen eines Klausurfalls von einer „gelernten" Entscheidung zu erkennen und ihn entsprechend der Aufgabenstellung angemessen zu lösen.

---

[9] NJW 1991, 2005 = JuS 1992, 252.

# Zweiter Teil: Die Entscheidung des Verwaltungsgerichts

## Erster Abschnitt: Das Urteil

### § 1 Übersicht

Das Abfassen eines Urteilsentwurfs spielt im Zweiten Juristischen Staatsexamen in allen Prüfungsamtsbezirken eine zentrale Rolle. Aus diesem Grund werden im folgenden die einzelnen Bestandteile eines Urteils ausführlich erörtert. Der Schwerpunkt der Darstellung liegt in der Gestaltung des Urteils. Die inhaltlichen Fragen sind dort abgehandelt, wo sie auch im Urteilsentwurf zu beachten sind.
Form und Inhalt des verwaltungsgerichtlichen Urteils regelt § 117 VwGO. Hinsichtlich der äußeren Form unterscheidet es sich nicht wesentlich von dem Urteil eines Zivilgerichts. Es ist wie folgt aufgebaut:

Rubrum
Tenor
Tatbestand
Entscheidungsgründe
Rechtsmittelbelehrung
Streitwertbeschluß

Bestimmte Teile eines Urteils sind nach dem Bearbeitervermerk einiger Bundesländer gelegentlich oder regelmäßig erlassen (z.b. in Bayern meist Rubrum, Tatbestand und Streitwertbeschluß, in Baden-Württemberg häufig Rubrum und Tatbestand, im Saarland und Thüringen manchmal der Tatbestand).

### § 2 Das Rubrum

#### I. Einleitung

Als Rubrum bezeichnet man den Teil der schriftlichen gerichtlichen Entscheidung, der die Beteiligten, deren gesetzlichen Vertreter und Bevollmächtigten sowie die mitwirkenden Richter nennt. Sie wurden früher mit roter Tinte geschrieben, wovon das Wort „Rubrum" geblieben ist[10].

---

[10] *Martens*, Rdnr. 146.

Das Rubrum beginnt mit der Angabe des das Urteil erlassenden Gerichts (z.B. „*Verwaltungsgericht Bremen*"). Sofern sich aus dem Klausurtext das Aktenzeichen entnehmen läßt, soll dieses angegeben werden. Nicht zum Entscheidungsentwurf des Referendars gehört der Verkündungsvermerk. Dieser gehört zu den Aufgaben des Urkundsbeamten der Geschäftsstelle und nicht zu denen des Richters.

Das Urteil ist ausdrücklich als „*Urteil*" zu bezeichnen[11]. Ferner bedarf es der Überschrift „*Im Namen des Volkes*" (s. § 117 Abs. 1 Satz 1 VwGO), wobei es den Referendaren überlassen bleibt, ob sie die Bezeichnung „*Urteil*" der Formel „*Im Namen des Volkes*" voranstellen oder umgekehrt. Beide Versionen sind in der Verwaltungsgerichtsbarkeit gebräuchlich, so daß es keine einzuhaltende Reihenfolge gibt.

Anschließend folgt die – je nach Gericht oder Bundesland unterschiedliche – Einleitung

„In dem Verwaltungsrechtsstreit"[12], „In der Verwaltungsrechtssache"[13], „In der Verwaltungsstreitsache"[14], „In dem Verwaltungsstreitverfahren"[15] oder „In dem verwaltungsgerichtlichen Verfahren"[16].

## II. Die Beteiligten

8   Danach werden gemäß § 117 Abs. 2 Nr. 1 VwGO alle am Verfahren Beteiligten, ihre gesetzlichen Vertreter (insbesondere bei juristischen Personen) und die Prozeßbevollmächtigten nach Namen, Beruf, Wohnort und ihrer Stellung im Verfahren aufgeführt. Die Bezeichnung hat so genau zu erfolgen, daß Zweifel an der Identität ausgeschlossen sind[17]. Im allgemeinen ergibt sich in der Prüfungsaufgabe die Rubrifizierung aus der Niederschrift über die mündliche Verhandlung. Allerdings können bereits hier die ersten Klausurprobleme auftauchen, wenn z.B. die Angabe des Klägers in der Klageschrift ungenau ist oder der Beklagte als solcher nicht bezeichnet ist[18]. Ihre Aufgabe ist es, in solchen Fällen ein korrektes Rubrum zu fertigen und zu Beginn der Entscheidungsgründe entsprechende Ausführungen hierzu zu machen.

Obwohl § 117 Abs. 2 Nr. 1 VwGO u.a. bestimmt, daß die Berufsbezeichnungen anzugeben sind, wird dies in der Praxis regelmäßig nicht

---

[11] Ergeht nur ein Vorbehalts- oder Teilurteil, so ist dies entsprechend zu kennzeichnen.
[12] Rheinland-Pfalz, OVG Münster, Saarland.
[13] Hamburg, Schleswig-Holstein, Niedersachsen, Bremen, Baden-Württemberg; Sachsen; Sachsen-Anhalt.
[14] Bundesverwaltungsgericht, Bayern, Mecklenburg-Vorpommern, Berlin.
[15] Hessen, OVG Weimar.
[16] So z.B. überwiegend die erstinstanzlichen Gerichte in Nordrhein-Westfalen.
[17] *Clausing* in: *Schoch*, § 117 Rdnr. 12.
[18] § 78 Abs. 1 Nr. 1 Halbsatz 2 VwGO verlangt lediglich die Angabe der Behörde.

mehr vorgenommen, was unschädlich ist[19]. In der Klausur sollten Sie sich aber, sofern sich der Beruf des Klägers aus dem Aktenauszug ergibt, an die gesetzliche Vorgabe halten[20].

Der Beteiligtenbegriff ist in § 63 VwGO erläutert. Danach sind Beteiligte am Verfahren der Kläger, der Beklagte, der Beigeladene nach § 65 VwGO sowie in bestimmten Bundesländern[21] der Vertreter des öffentlichen Interesses (§ 36 VwGO), der allerdings in einer Klausur kaum eine Rolle spielen dürfte. Er erscheint im Rubrum nur, wenn er sich am Verfahren beteiligt (§ 63 Nr. 4 VwGO). Im Gegensatz zum Zivilprozeß gibt es keine Streitverkündung und keine Haupt- oder Nebenintervention. Mehrere Kläger oder Beklagte können am Verfahren beteiligt sein. Diese sind nacheinander aufzuführen und durchzunumerieren. Im Tatbestand und den Entscheidungsgründen werden diese Beteiligten dann mit Klägerin zu 1) bzw. Beklagter zu 2) bezeichnet.

Sind Dritte am Verfahren beteiligt (Standardfall: Nachbarklage gegen eine dem Bauherrn erteilte Baugenehmigung), so müssen diese nach den Hauptbeteiligten als Beigeladene (s. § 65 VwGO) aufgeführt werden („*beigeladen: Prof. Dr. Heinz Schmidt*" oder „*weiter beteiligt: Claudia Müller*"). Wichtig: Nicht im Rubrum erwähnt wird, ob es sich um eine einfache oder notwendige Beiladung handelt. Weil es in zahlreichen Klausuren immer wieder vorkommt, sei bereits hier darauf hingewiesen, daß weder im Tatbestand der Beiladungsbeschluß zu nennen noch in den Entscheidungsgründen darauf einzugehen ist, ob die Beiladung zu Recht erfolgt ist. Denn die Beiladung obliegt allein dem Gericht und erfolgt von Amts wegen oder auf Antrag eines Beteiligten durch Beschluß (§ 65 Abs. 4 VwGO); er bedarf keiner Begründung und ist unanfechtbar (§ 65 Abs. 4 Satz 3 VwGO)[22].

Beim Wegfall der Beteiligungsfähigkeit während des Gerichtsverfahrens gelten die Vorschriften der ZPO über Unterbrechung und Aussetzung des Verfahrens (§§ 239, 246 ZPO) entsprechend. Danach wird im Falle der Beendigung der Beteiligungsfähigkeit durch Tod des Klägers, Erlöschen der Rechtsfähigkeit des Anfechtungsgegners das Verfahren bis zur Aufnahme durch den Rechtsnachfolger unterbrochen (Parteiwechsel kraft Gesetzes)[23]. War allerdings der Beteiligte durch einen Prozeßbevoll-

---

[19] *Kilian* in: *Sodan/Ziekow*, § 117 Rdnr. 64.
[20] Ebenso *Wahrendorf/Lemke/Lemke*, Fall 1 FN 3.
[21] Baden-Württemberg, Bayern, Mecklenburg-Vorpommern, Rheinland-Pfalz, Saarland, Thüringen.
[22] Ausführungen dazu, ob eine durch das Gericht vorgenommene Beiladung zurecht erfolgt ist, gehören – sofern es sich nicht um eine Selbstverständlichkeit handelt – nur ins Hilfsgutachten.
[23] *Schmidt* in: *Eyermann*, § 61 Rdnr. 15.

mächtigten vertreten, findet die Unterbrechung nur auf Antrag des Rechtsnachfolgers statt[24].

Das Rubrum sieht im Falle des Todes des Klägers wie folgt aus: „*Die Erben des verstorbenen Hans Schläfer, ……*". Die Erben müssen nicht mit Namen und Anschrift ins Rubrum aufgenommen werden, denn die Klärung der Frage, wer Erbe ist, ist nicht mehr Sache des Gerichts[25].

11 Parteien kraft Amtes (z.b. Insolvenzverwalter) sind im Rubrum wie folgt kenntlich zu machen:

„In der Verwaltungsrechtssache des Rechtsanwalts Heinrich Siebenschläfer, Norderelbstraße 7, 20457 Hamburg, als Insolvenzverwalter in der Insolvenz über das Vermögen des Herbert Weinrich, Hafenstraße 6, 21079 Hamburg".

12 Gesetzliche Vertreter sind gemäß § 117 Abs. 2 Nr. 1 VwGO ebenfalls mit deren vollem Namen im Rubrum aufzuführen[26]. Ihre Angabe dient der Feststellung, wer für einen prozessual Handlungsunfähigen im Verfahren aufgetreten ist. Beachten Sie, daß der gesetzliche Vertreter nicht identisch ist mit dem Prozeßbevollmächtigten nach § 67 VwGO. Werden die Beteiligten von einem Prozeßbevollmächtigten vertreten, so wird dieser mit Namen und Anschrift aufgeführt. Bei einer großen Anwaltssozietät genügt die Kurzfassung „*Rechtsanwälte B und Partner*"[27].

Die Beteiligten sind danach zu benennen wie folgt:

„In der Verwaltungsrechtssache der Vera Klein, Deichweg 3, 28717 Bremen, gesetzlich vertreten durch ihre Eltern, Horst und Erna Klein, ebenda

– Klägerin –

Prozeßbevollmächtigte: Rechtsanwälte Meier & Partner ……"

Klausurrelevante Probleme, die Auswirkungen auf die Fassung des Rubrums haben, gibt es zahlreich. Sie tauchen z.b. bei der Frage auf, ob eine BGB-Gesellschaft, eine Wohnungseigentümergemeinschaft oder eine Bürgerinitiative beteiligungsfähig ist oder lediglich die dahinter stehenden Personen[28].

13 Eine Behörde kann nur dann als Verfahrensbeteiligte im Rubrum eines Urteils geführt werden, wenn sie aufgrund landesrechtlicher Bestimmungen für beteiligungsfähig[29] erklärt worden ist (§ 61 Nr. 3 VwGO). Dies

---

[24] *Redeker/von Oertzen*, § 61 Rdnr. 8; bei höchstpersönlichen Rechten oder Pflichten (z.b. ein Zwangsgeld zu zahlen) hat der Wegfall des Berechtigten bzw. Verpflichteten allerdings die Erledigung der Hauptsache zur Folge, d.h. es ist gemäß § 161 Abs. 2 VwGO nur noch über die Kosten zu entscheiden (*Kopp/Schenke*, § 61 Rdnr. 16).
[25] *VGH Mannheim*, NJW 1984, 195.
[26] S. ausführlich hierzu *Martens*, Rdnr. 156.
[27] *Clausing* in: *Schoch*, § 117 Rdnr. 12; handelt es sich um eine Anwalts-GmbH, so ist deren Geschäftsführer aufzuführen.
[28] S. hierzu Rdnr. 161.
[29] *Czybulka* in: *Sodan/Ziekow*, 61 Rdnr. 1 spricht unter Hinweis auf BVerwGE 90, 304 nur von „Beteiligtenfähigkeit", da das Wort „Beteiligungsfähigkeit" häufig dazu führe, die Beteiligtenfähigkeit mit Problemen der Klagebefugnis zu vermischen.

## Erster Abschnitt: Das Urteil

bedeutet eine Durchbrechung des der VwGO zugrunde liegenden Rechtsträgerprinzips zugunsten des früheren norddeutschen Behördenprinzips[30]. Die Ermächtigung des § 61 Nr. 3 VwGO bezieht sich nur auf Landesbehörden, nicht auf Bundesbehörden[31]. Die betreffenden Landesbehörden machen im Prozeß keine eigenen Rechte geltend, sondern werden nur in Prozeßstandschaft für ihren Rechtsträger, die Körperschaft, tätig[32]. Ihre Prozeßhandlungen wirken nur für und gegen den Rechtsträger; nur er wird als materiell Berechtigter und Verpflichteter durch die Entscheidung betroffen[33]. Von § 61 Nr. 3 VwGO haben Brandenburg (§ 8 BbgVwGG), Nordrhein-Westfalen (§ 5 Abs. 1 NWAGVwGO), das Saarland (§ 19 SaarlAGVwGO) und Mecklenburg-Vorpommern (§ 14 Abs. 2 MVAGGerStrG) für Behörden allgemein, d.h. auch für kommunale Behörden sowie Niedersachsen (§ 8 NdsAGVwGO), Sachsen-Anhalt (§ 8 SachsAnhAGVwGO) und Schleswig-Holstein (§ 6 SchlHAGVwGO) für landesunmittelbare Behörden Gebrauch gemacht. In Rheinland-Pfalz ist dies lediglich für den Fall der sog. Beanstandungs- oder Aufsichtsklage geschehen. Nach §§ 16 Abs. 3, 17 Abs. 1 RhPfAGVwGO kann die Aufsichts- und Dienstleistungsdirektion oder eine andere zuständige Behörde gegen stattgebende Widerspruchsbescheide der Rechtsausschüsse als Behörde Klage erheben.

Richtet sich eine Anfechtungs- oder Verpflichtungsklage einschließlich der Fortsetzungsfeststellungsklage[34] in den o.g. Bundesländern gegen die öffentliche Hand, so ist in Konsequenz der Beteiligungsfähigkeit der Behörden die Behörde als solche gemäß § 78 Abs. 1 Nr. 2 VwGO zu verklagen. In Nordrhein-Westfalen[35] lautet das Rubrum z.B. so:

„Oberbürgermeister der Stadt Wuppertal, 42269 Wuppertal" oder „Oberkreisdirektor des Rheinisch Bergischen Kreises, Am Rübezahlwald 7, 51469 Bergisch Gladbach".

Zwei andere Beispiele aus Brandenburg und Sachsen-Anhalt:

„Landrat des Landkreises Havelland, Untere Bauaufsichtsbehörde, Platz der Freiheit 1, 14712 Rathenow"

„Regierungspräsidium Magdeburg, vertreten durch den Regierungspräsidenten, Olvenstedter Straße 1–2, 39108 Magdeburg"

Aufpassen: Bei Leistungs- oder Feststellungsklagen gilt das dargestellte Behördenprinzip nicht, d.h. der Rechtsträger der handelnden Behörde ist zu verklagen (Beispiel: *„Stadt Wuppertal, vertreten durch den Oberbürgermeister, 42269 Wuppertal"*).

---

[30] *Czybulka* in: *Sodan/Ziekow*, 61 Rdnr. 33.
[31] *BVerwG*, NVwZ 1986, 555.
[32] *BVerwGE* 45, 207, 209.
[33] *Bier* in: *Schoch*, § 61 Rdnr. 8.
[34] S. *Kopp/Schenke*, § 78 Rdnr. 2.
[35] S. § 5 Abs. 2 Satz 1 AGVwGO.

10  Zweiter Teil. Die Entscheidung des Verwaltungsgerichts

In den Bundesländern, in denen eine entsprechende Regelung fehlt, ist die Klage gemäß § 78 Abs. 1 Nr. 1 VwGO gegen den Rechtsträger der Behörde, die den VA erlassen hat, zu richten. Näheres hierzu s. Rdnr. 166 f.. Einige Beispiele:

„Landkreis Leipziger Land, vertreten durch den Landrat, Tröndlinring 3, 04105 Leipzig"

„Freistaat Thüringen, vertreten durch den Landrat des Saale-Holzland-Kreises, Burgstraße 1, 07607 Eisenberg"

„Stadt Lorch, vertreten durch den Magistrat, Markt 5, 65391 Lorch"

„Freistaat Bayern, vertreten durch die Landesanwaltschaft Bayreuth, Ludwigstraße 20, 95444 Bayreuth"

„Land Baden-Württemberg, vertreten durch das Ministerium für Kultus, Jugend und Sport Baden-Württemberg, Schloßplatz 4, 70029 Stuttgart"

„Land Berlin, vertreten durch das Bezirksamt Tiergarten von Berlin – Rechtsamt –, Mathilde-Jacob-Platz 1, 10551 Berlin"[36]

Die Vertreter der im Prozeß für den Rechtsträger auftretenden Behörden (z.B. Landräte, Bürgermeister etc.) sind im Rubrum nicht mit ihrem Namen, sondern lediglich als Organ aufzuführen. Ferner werden die von einer Behörde in die mündliche Verhandlung entsandten Beamte oder Angestellten im Rubrum nicht genannt[37].

### III. Die Bezeichnung des Streitgegenstandes

14   Im Anschluß an die Beteiligten folgt ein konkreter Betreff. Die Formulierung soll kurz, aber dennoch möglichst präzise den Gegenstand des Verfahrens bezeichnen. Beispiele hierfür sind:

„wegen Entziehung der Fahrerlaubnis", „wegen Erteilung einer Baugenehmigung" oder „wegen kommunalrechtlicher Beanstandung".

### IV. Die Bezeichnung des Gerichts

15   Danach folgt die Bezeichnung des Gerichts (einschließlich der Kammer) und zwar die Namen der Mitglieder, die bei der Entscheidung mitgewirkt haben (§ 117 Abs. 2 Nr. 2 VwGO). Gemäß § 5 Abs. 3 VwGO ergehen Urteile unabhängig davon, ob über die Streitsache mündlich verhandelt worden ist oder die Beteiligten übereinstimmend auf Durchführung einer mündlichen Verhandlung verzichtet haben (§ 101 Abs. 2

---

[36] In Berlin gibt es keine Trennung zwischen staatlicher und gemeindlicher Tätigkeit (§ 1 des Allgemeinen Zuständigkeitengesetzes). Der Stadtstaat ist in Bezirke eingeteilt, die Selbstverwaltungseinheiten ohne eigene Rechtspersönlichkeit sind (ausführlich hierzu s. Zivier, LKV 1999, 340).

[37] *Pietzner/Ronellenfitsch*, § 20 Rdnr. 3 FN 4.

Erster Abschnitt: Das Urteil 11

VwGO), grundsätzlich in der Besetzung von drei Berufsrichtern und zwei ehrenamtlichen Richtern. Formulieren Sie z.B. so:

„.... hat die 2. Kammer des Verwaltungsgerichts Hamburg aufgrund der mündlichen Verhandlung vom 17. August 2000
an der teilgenommen haben:
Vorsitzende Richterin am Verwaltungsgericht Regen,
Richter am Verwaltungsgericht Sturm,
Richterin Nebel
sowie die ehrenamtlichen Richter Blitz und Donner
für Recht erkannt:"

Nicht aufgeführt wird der eventuell bei der Verhandlung anwesende Urkundsbeamte der Geschäftsstelle.

Ein andere gängige Formulierung lautet:

„hat die 1. Kammer des Verwaltungsgerichts Hannover auf die mündliche Verhandlung vom 17. August 2000 durch den Vorsitzenden Richter am Verwaltungsgericht Schöneberger, den Richter am Verwaltungsgericht Feil, die Richterin am Verwaltungsgericht Ferner sowie die ehrenamtlichen Richterinnen Müller und Hofmann-Ortlieb für Recht erkannt".

In Bayern wird statt der Formel „hat.. für Recht erkannt" (auch) die Formulierung „hat.. folgendes Urteil erlassen" verwendet[38].

Ergeht das Urteil nach § 101 Abs. 2 VwGO ohne mündliche Verhandlung, so heißt es im Rubrum „ aufgrund der Beratung vom 17. August 2000" oder „ohne mündliche Verhandlung am 17. August 2000".

Wurde der Rechtsstreit gemäß § 6 VwGO dem Einzelrichter übertragen, so ist dies im Rubrum wie folgt darzustellen: „hat die 2. Kammer des Verwaltungsgerichts Hannover aufgrund der mündlichen Verhandlung vom 17. August 2000 durch den Einzelrichter Schnell für Recht erkannt". Hat das Gericht nach § 87 a Abs. 3 VwGO allein durch den Berichterstatter entschieden, so heißt es statt „Einzelrichter Schnell" „RVG Schnell als Berichterstatter".

---

[38] S. Böhme/Fleck/Bayerlein Muster Nr. 56.

## V. Muster eines Rubrums

**16**

> VERWALTUNGSGERICHT GELSENKIRCHEN
> – 4 K 347/00 –
>
> IM NAMEN DES VOLKES
> URTEIL
>
> In dem verwaltungsgerichtlichen Verfahren
>
> des Malermeisters Jan Lehmann, Ruhrallee 78, 44139 Dortmund
> – Kläger –
> Prozeßbevollm.: Rechtsanwalt Oskar Prinz,
> Hardenbergstraße 105, 44329 Dortmund
>
> gegen
>
> den Oberstadtdirektor der Stadt Dortmund, Friedensplatz 1, 44135 Dortmund
> – Beklagter –
>
> beigeladen: Gerald Thon, Goethestraße 80, 44147 Dortmund
>
> Prozeßbevollm.: Rechtsanwalt Wolfgang Schwall,
> Schalker Markt 15, 45881 Gelsenkirchen
>
> Beteiligter: Der Vertreter des öffentlichen Interesses beim Verwaltungsgericht Gelsenkirchen
>
> wegen Anfechtung einer Baugenehmigung
>
> hat die 4. Kammer des Verwaltungsgerichts Gelsenkirchen
> aufgrund der mündlichen Verhandlung vom 10. August 2000
> durch
>
> Vorsitzende Richterin am Verwaltungsgericht Eifrig,
> Richter am Verwaltungsgericht Emsig,
> Richterin Fleißig,
> ehrenamtliche Richterin Interviewerin Willig
> ehrenamtlicher Richter Metzgermeister Gnädig
>
> für R e c h t erkannt :

## § 3 Der Tenor

### I. Allgemeines

**17**  Gemäß § 117 Abs. 2 Nr. 3 VwGO hat das Urteil die Urteilsformel, allgemein Tenor genannt, zu enthalten. Dieser muß knapp, eindeutig und vollständig abgefaßt werden, da er Grundlage der Vollstreckung ist. Er muß den gesamten Streitgegenstand umfassen, darf aber nicht über die gestellten Anträge hinausgehen (§ 88 VwGO). Besteht ein Widerspruch zu den Entscheidungsgründen, geht der Tenor diesen grundsätzlich vor[39]. Auf den Entwurf des Tenors sollten Sie größte Sorgfalt verwenden. Dieser wird, sofern Sie im Examen ein verwaltungsgerichtliches Urteil zu entwerfen haben, auch in denjenigen Bundesländern stets verlangt, die bestimmte Teile des Urteils erlassen. Seine korrekte Formulierung ist ein wesentliches Kriterium bei der Bewertung verwaltungsgerichtlicher Arbeiten. Die Prüfer erwarten von Ihnen, daß Sie in der Lage sind, den Tenor sachgerecht abzufassen. Dies allein wird daher die Benotung der Arbeit nicht entscheidend positiv beeinflussen. Ein falscher, unvollständiger, widersprüchlicher oder ungenau formulierter Tenor wird aber in der Regel zum Punktabzug führen[40]. Befassen Sie sich daher in der Vorbereitung auf das Assessorexamen mit den im Verwaltungsprozeß vorkommenden Tenorierungen und orientieren Sie sich bei der Abfassung des Tenors stets an den Gepflogenheiten „Ihres" Bundeslandes[41]. Hierdurch lassen sich überflüssige Fehler vermeiden; auch verlieren Sie nicht unnötig Zeit für die Niederschrift des richtigen Tenors. Formulieren Sie den Tenor in der Klausur im Zweifel am Ende aus, um Abweichungen von Tatbestand und Entscheidungsgründen zu vermeiden.

Der Tenor eines verwaltungsgerichtlichen Urteils besteht aus der Hauptentscheidung, dem Ausspruch über die Kosten und die vorläufige Vollstreckbarkeit. Im folgenden werden examensrelevante Tenorierungen anhand von Beispielen dargestellt und erläutert. Als Grundlage dienen die speziellen Abhandlungen zu diesem Thema von *Geiger*[42], *Wahrendorf/ Lemke*[43], *Jacob*[44] und *Mann*[45] ergänzt um weitere Varianten. Wie ausgeführt, können die Tenorierungen in den Bundesländern oder sogar von Gericht zu Gericht differieren.

## II. Tenorierungsbeispiele

Alle Beispiele gehen – soweit nichts anderes bestimmt ist – von einem VA der kreisfreien Stadt S vom 15. Februar 2000 und einem Widerspruchsbescheid des Regierungspräsidiums R vom 25. Juli 2000 aus.

---

[39] *Jacob*, VBlBW 1995, 35.
[40] S. *Wahrendorf/Lemke*, JA 1998, 72; *Geiger*, JuS 1998, 343.
[41] Vgl. *Jacob*, VBlBW 1995, 35 FN 7: „Viele Referendare übersehen, daß bereits die Verwendung einer ungebräuchlichen Formulierung stutzig macht; derartige Effekte sollte man vermeiden".
[42] JuS 1998, 343 f.
[43] JA 1998, 72.
[44] VBlBW 1995, 35 und 72 f. sowie SächsVBl 1994, 163 und 184 f.
[45] NWVBl 1994, 74 und 115.

1) Die nach erfolglosem Vorverfahren erhobene Anfechtungsklage des anwaltlich vertretenen Klägers gegen einen Kostenbescheid in Höhe von 950 DM hat Erfolg.

1) Der Bescheid der Stadt S vom 15. Februar 2000 – AZ:.... – und der Widerspruchsbescheid des Regierungspräsidiums R vom 25. Juli 2000 werden aufgehoben.
2) Die Beklagte hat die Kosten des Verfahrens zu tragen.
3) Das Urteil ist wegen der Kosten vorläufig vollstreckbar. Der Beklagten wird nachgelassen, die Vollstreckung durch Sicherheitsleistung in Höhe von 245 DM abzuwenden, wenn nicht der Kläger vor der Vollstreckung Sicherheit in gleicher Höhe leistet.

19 Hat die Klage Erfolg, hängt die Tenorierung von der Klageart ab. Die Entscheidung muß in der Hauptsache dem Klageziel entsprechen, also einen eindeutigen Leistungsbefehl enthalten, ein konkretes Rechtsverhältnis feststellen oder gestalten. Der Tenor muß aus sich heraus ohne Bezugnahme verständlich und taugliche Grundlage für eine etwaige Zwangsvollstreckung sein. Falsch wäre daher die Tenorierung *„Der Klage wird stattgegeben"*, da daraus nicht zu ersehen ist, wie das Gericht entschieden hat oder was aufgrund des Urteils geschehen soll.

Bei einer erfolgreichen Anfechtungsklage sind – sofern wie im angegebenen Beispiel ein Vorverfahren durchgeführt worden ist – sowohl der belastende VA als auch der Widerspruchsbescheid aufzuheben (vgl. § 113 Abs. 1 Satz 1 VwGO). Zwar spricht § 79 Abs. 1 Nr. 1 VwGO davon, daß Gegenstand der Anfechtungsklage der VA in der Gestalt ist, die er durch den Widerspruchsbescheid gefunden hat, jedoch ist eine solche Tenorierung nur dann sinnvoll, wenn der ursprüngliche VA durch den Widerspruchsbescheid tatsächlich auch abgeändert worden ist[46]. Beschränkt sich der Widerspruchsbescheid dagegen nur auf die Zurückweisung des Widerspruchs aus den Gründen des angefochtenen Bescheids, so wird wie oben tenoriert.

Die aufgehobenen Behördenentscheidungen sind exakt zu bezeichnen. Unverzichtbar ist die Benennung des Datums des Bescheids, wobei es sich empfiehlt, den betreffenden Monat auszuschreiben, um Flüchtigkeitsfehlern vorzubeugen[47]. Ist im Klausurtext das behördliche Aktenzeichen angegeben, so sollten Sie dieses der Klarheit halber ebenfalls in den Tenor aufnehmen[48]. Die *VGe* tenorieren häufig etwas ungenauer – z.B. Verzicht auf die Angabe des Aktenzeichens, des Beklagten oder Gegenstand des Bescheids – . Dies läßt sich im gerichtlichen Alltag damit rechtfertigen, daß sich aus der gesamten Entscheidung regelmäßig unzweifelhaft ermitteln läßt, welcher VA aufgehoben worden ist[49].

---

[46] Vgl. *Bosch/Schmidt*, § 37 II 1.
[47] *Mann*, NWVBl 1994, 74, 75.
[48] *Martens*, Rdnr. 169 verlangt die Angabe des Aktenzeichens nur dann, wenn es zur Unterscheidung von anderen, unter dem gleichen Datum erlassenen Bescheiden zweckmäßig ist.
[49] *Geiger*, JuS 1998, 343, 344.

Ist kein Widerspruchsbescheid ergangen (§ 68 Abs. 1 Satz 2 und § 75 Satz 1 1.Alt. VwGO), lautet der Tenor zu 1) : „*Der Bescheid der Stadt S vom 15. Februar 2000 wird aufgehoben.*" Ähnlich wird tenoriert, wenn die Anfechtungsklage sich gegen den Abhilfebescheid richtet (§ 79 Abs. 1 Satz 2 VwGO): „*Der Abhilfebescheid der Stadt S vom 25. Juli 2000 wird aufgehoben.*"

Richtet sich eine Anfechtungsklage nach § 79 Abs. 2 VwGO isoliert gegen den Widerspruchsbescheid, lautet der Tenor zu 1): „*Der Widerspruchsbescheid des Regierungspräsidiums R vom 25. Juli 2000 wird aufgehoben*".

Die von Amts wegen zu treffende Kostenentscheidung des Gerichts (§ 161 VwGO) richtet sich hier nach § 154 Abs. 1 VwGO. Sie betrifft nicht nur die Kosten des Verwaltungsrechtsstreits, sondern die Kosten des gesamten Verfahrens, also der Gerichtskosten, der notwendigen Auslagen des Kostengläubigers sowie der Kosten des Widerspruchsverfahrens (§ 162 Abs. 1 VwGO). Sprechen Sie daher im Tenor Ihrer Prüfungsarbeit nicht, wie Sie dies vom Zivilrecht her gewöhnt sind, von „*Kosten des Rechtsstreits*" sondern von „*Kosten des Verfahrens*". Eine Frage des Geschmacks dürfte es sein, ob Sie wie statt der hier verwendeten Formulierung die ebenso gebräuchliche Formel „*Die Beklagte trägt die Kosten des Verfahrens*" gebrauchen[50]. Da es sich lediglich um eine Kostengrundentscheidung handelt, kommt es nicht darauf an, ob tatsächlich Kosten angefallen sind. Sofern gemäß § 188 Satz 2 i.V.m. Satz 1 VwGO in den dort näher bezeichneten Sachgebieten keine Gerichtskosten erhoben werden, empfiehlt sich folgende Tenorierung: „*Gerichtskosten werden nicht erhoben. Die außergerichtlichen Kosten des Verfahrens hat der Kläger zu tragen.*"

In Ziffer 3 des Tenors wird von Amts wegen auch eine Entscheidung über die vorläufige Vollstreckbarkeit getroffen; ein Ermessen steht dem Gericht dabei nach *hM* nicht zu[51]. In den meisten Bundesländern wird im Assessorexamen ein Ausspruch über die vorläufige Vollstreckbarkeit des Urteils verlangt, ohne daß dies im Bearbeitervermerk ausdrücklich erwähnt wird[52].

Nach § 167 Abs. 1 Satz 1VwGO gilt für die Vollstreckung grundsätzlich das Achte Buch der ZPO entsprechend. Allerdings gibt es im Verwaltungsprozeß einige Besonderheiten, auf die Sie achten müssen. Gemäß § 167 Abs. 2 VwGO wird das Urteil im Falle einer Anfechtungsklage nur hinsichtlich der Kosten für vorläufig vollstreckbar erklärt. Grundsätzlich sind Urteile nur gegen zu beziffernde Sicherheitsleistung für vorläufig vollstreckbar zu erklären, sofern nicht der Fall des § 708 ZPO vorliegt.

---

[50] Kritisch zu der ersten Formulierung *Kaufmann*, ThürVBl 2000, 91, 93.
[51] BVerwGE 16, 254; *Kopp/Schenke*, § 167 Rdnr. 9 m.w.N.
[52] In Sachsen und Bayern nur nach Bearbeitervermerk.

Nach § 708 Nr. 11 ZPO ist die Anordnung einer Sicherheitsleistung regelmäßig entbehrlich[53]; jedoch ist nach § 711 ZPO von Amts wegen dem Kostenschuldner eine Abwendungsbefugnis gegen Leistung einer der Höhe nach zu bestimmenden Sicherheit zu gewähren. Da es im Verwaltungsprozeß keine Vorschußpflicht auf die Gerichtskosten gibt, orientiert sich die Abwendungsbefugnis ausschließlich an den außergerichtlichen Kosten des Kostengläubigers. Die Höhe der außergerichtlichen Kosten ist vom Streitwert bzw. bei gerichtskostenfreien Verfahren (s. § 188 Satz 2 VwGO; § 83 b AsylVfG) vom Gegenstandswert abhängig.

Gängige Praxis zahlreicher VGe ist es, die Abwendungsbefugnis in der Regel gegen Sicherheitsleistung in Höhe der festzusetzenden Kosten einzuräumen, d.h. die Höhe der Sicherheitsleistung wird nicht beziffert. Dies hängt – entgegen dem Gerücht, Verwaltungsrichter könnten nicht rechnen – damit zusammen, daß in der Regel nur wegen der Kosten vollstreckt werden kann und der beizutreibende Betrag vor der Vollstreckung ohnehin im Kostenfestsetzungsbeschluß (§ 164 VwGO), der den eigentlichen Vollstreckungstitel bildet, beziffert werden muß[54]. Im Tenor wird der Ausspruch *„in Höhe der festzusetzenden Kosten"* oder *„in Höhe des zu vollstreckenden Betrags"* verwendet. Viele Lehrbücher vertreten die Auffassung, daß Sie im Assessorexamen diese Praxis nicht übernehmen, sondern – wie im Zivilrecht – die Sicherheitsleistung im einzelnen beziffern sollten[55]. Es dürfte aber nicht zu beanstanden sein, wenn Sie sich im Examen an der verwaltungsgerichtlichen Praxis orientieren. Unabhängig hiervon sollte es Ihnen – infolge der Übung aus dem Zivilrecht – nicht schwerfallen, die Abwendungsbefugnis zu beziffern. Diese errechnet sich im vorliegenden Beispiel, in dem der Kläger sich erst im Klageverfahren durch einen Rechtsanwalt vertreten ließ, wie folgt:

| | |
|---|---:|
| Prozeßgebühr gem. § 31 Abs. 1 Nr. 1 BRAGO: | 90,00 DM |
| Verhandlungsgebühr gem. § 31 Abs. 1 Nr. 2 BRAGO | 90,00 DM |
| Auslagenpauschale gem. § 26 BRAGO (15 % aus 180.- DM) | 27,00 DM |
| 16 % Mehrwertsteuer gem. § 25 BRAGO | 33,12 DM |
| | 240,12 DM |

Im folgenden wird die in der Verwaltungspraxis gängige Formulierung gewählt, also ohne Bezifferung der Sicherheitsleistung. Statt des hier verwendeten Ausspruchs können Sie auch so tenorieren:

---

[53] Zwar betrifft die Vorschrift des § 708 Nr. 11 Nr. 2 ZPO nur vermögensrechtliche Streitigkeiten, sie ist in nicht vermögensrechtlichen Streitigkeiten jedoch analog anwendbar *(Pietzner* in: *Schoch,* § 167 Rdnr. 141).
[54] *Pietzner* in *Schoch,* § 167 Rdnr. 144; *Pietzner/Ronellenfitsch,* § 20 Rdnr. 29; *Schmidt,* Klausur Nr. 9 FN 16.
[55] S. auch *Mann* NWVBl 1994, 74, 75; *Geiger,* JuS 1998, 343, 348.

## Erster Abschnitt: Das Urteil

„Die Beklagte darf die Vollstreckung durch Sicherheitsleistung in Höhe der festzusetzenden Kosten abwenden, wenn nicht der Kläger vor der Vollstreckung Sicherheit in gleicher Höhe leistet."

Folgen Sie in dem Beispiel der *Gegenmeinung*[56], die die Entscheidung über die vorläufige Vollstreckbarkeit in das Ermessen des Gerichts stellt, so entfällt der Tenor zu 3). Begründen Sie Ihre Vorgehensweise am Ende der Entscheidungsgründe[57].

2) Der Kläger erhebt Anfechtungsklage und stellt, da er die Klagefrist nicht eingehalten hat, einen Antrag auf Wiedereinsetzung in den vorigen Stand. Das VG hält den Wiedereinsetzungsantrag für begründet, die Anfechtungsklage indessen für unbegründet.

1) Die Klage wird abgewiesen.
2) Der Kläger hat die Kosten des Verfahrens zu tragen.
3) Das Urteil ist wegen der Kosten vorläufig vollstreckbar.

Bleibt der Kläger mit seiner Klage erfolglos, so wird – unabhängig von der Klageart – die Klage immer abgewiesen. Aus dem Tenor ist weder ersichtlich, ob die Klage unzulässig oder unbegründet ist noch ob der Kläger mehrere Klagebegehren verfolgt hat.

Die Gewährung der Wiedereinsetzung in den vorigen Stand nach § 60 VwGO wird nicht gesondert in den Tenor aufgenommen. Führt das VG allerdings eine Beweisaufnahme darüber durch, ob der Kläger die Klagefrist unverschuldet versäumt hat und gibt es der Klage anschließend statt, so lautet der Tenor zu 2) folgendermaßen: *„Die Beklagte hat die Kosten des Verfahrens zu tragen mit Ausnahme der Kosten, die durch die Wiedereinsetzung in den vorigen Stand entstanden sind. Diese hat der Kläger zu tragen"*. Bei der Kostenentscheidung ist hier die Sondervorschrift des § 155 Abs. 3 VwGO zu beachten. Eines besonderen Ausspruchs über die Wiedereinsetzungskosten bedarf es jedoch nicht, wenn die Klage ohnehin in vollem Umfang abgewiesen wird, ebenso auch dann nicht, wenn die Gewißheit besteht, daß durch das Wiedereinsetzungsverfahren keine ausscheidbaren zusätzlichen Kosten entstanden sind[58].

Fehlt dem Kostenschuldner ein tatsächliches Sicherungsinteresse, weil – wie hier – eine Körperschaft des öffentlichen Rechts sein Kostengläubiger ist und daher die Einbringlichkeit der Kostenforderungen in jedem Fall gesichert erscheint, „kann" von der Einräumung der Abwendungsbefugnis abgesehen werden[59]. Sinn der Abwendungsbefugnis ist es, dem

---

[56] *Bosch/Schmidt*, § 37 II 3; s. auch *Schmidt*, Klausur Nr. 4; wohl vorherrschend in Baden-Württemberg.
[57] S. hierzu Rdnr. 210.
[58] *Kopp/Schenke*, § 155 Rdnr. 14.
[59] S. *VG Ansbach*, GewArch 1977, 306; aA *Pietzner* in: *Schoch*, § 167 Rdnr. 143 unter Hinweis darauf, daß ansonsten eine empfindliche Störung der prozessualen Waffengleichheit gegeben wäre.

Unterlegenen, der vorläufig die Kosten des Gegners zu bezahlen hat, eine Sicherheit gegen dessen etwaigen Vermögensverfall zu geben, falls in der Rechtsmittelinstanz die Entscheidung der Vorinstanz aufgehoben wird und er einen Rückforderungsanspruch erwirbt. Da die öffentliche Hand nicht konkursfähig ist, kann die Abwendungsbefugnis unterbleiben. Diese Verfahrensweise wird von vielen VGen so praktiziert und kann daher durchaus auch in der Klausur so gehandhabt werden[60]. Folgen Sie dieser Lösung, so ist es empfehlenswert, in den Entscheidungsgründen eine kurze Begründung dafür zu geben, warum Sie von der Festsetzung der Abwendungsbefugnis absehen[61].

**24** 3) Die Klägerin beantragt die Aufhebung eines Zwangsgeldbescheids in Höhe von 2.500 DM und begehrt die Rückzahlung des bereits gezahlten Betrags. Das *VG* hält den Bescheid in Höhe von 1.000 DM für rechtswidrig.

1) Der Bescheid der Stadt S vom 15. Februar 2000 und der Widerspruchsbescheid des Regierungspräsidiums R vom 25. Juli 2000 werden insoweit aufgehoben, als ein Zwangsgeld in Höhe von 1.000 DM festgesetzt worden ist. Die Beklagte wird verurteilt, die Vollziehung durch Rückzahlung des Zwangsgeldes von 1.000 DM rückgängig zu machen. Im übrigen wird die Klage abgewiesen.

2) Die Kosten des Verfahrens haben der Kläger zu 3/5 und die Beklagte zu 2/5 zu tragen.

3) Das Urteil ist wegen der Kosten vorläufig vollstreckbar. Der Beklagten wird nachgelassen, die Vollstreckung durch Sicherheitsleistung in Höhe der festzusetzenden Kosten abzuwenden, wenn nicht die Klägerin vor der Vollstreckung Sicherheit in gleicher Höhe leistet.

§ 113 Abs. 1 Satz 1 VwGO („soweit") beschränkt die Aufhebung des angefochtenen VAs auf das erforderliche Maß. Ist der VA daher teilbar[62], kann der Kläger nur Aufhebung des ihn belastenden Teils verlangen. Paßt er seinen Antrag nicht an und bleibt der Ausspruch des Urteils hinter seinem Begehren auf Aufhebung im Ganzen zurück, so darf im Tenor die Passage *„Im übrigen wird die Klage abgewiesen"* nicht vergessen werden. Dies gilt ebenso für den Fall, daß die Klage aus Haupt- und Hilfsantrag besteht und lediglich dem Hilfsantrag stattgegeben wird.

Der Ausspruch darüber, inwieweit der VA aufgehoben wurde, wird durch Angabe eines bestimmten Betrags, durch Bezeichnung eines Zeitraums oder durch Feststellungen zu einzelnen Tatbestandsmerkmalen des streitbefangenen Rechtsverhältnisses präzisiert[63]. § 113 Abs. 2 VwGO gibt dem Gericht darüber hinaus die Befugnis, bei VAen, die Geldleistun-

---

[60] S. auch *Mann*, NWVBl 1994, 74, 75.
[61] Ebenso *Geiger*, JuS 1998, 343, 348.
[62] Bei Unteilbarkeit muß der Kläger Gesamtaufhebung beantragen; s. zur Teilbarkeit von Verwaltungsakten ausführlich *Gerhardt* in: *Schoch*, § 113 Rdnr. 31 ff.
[63] *Martens*, Rdnr. 175.

gen betreffen, einen anderen Betrag festzusetzen[64]. Trotz der Formulierung „kann" in der genannten Norm steht dem Gericht kein Ermessen zu, wenn die Sache spruchreif ist, d.h. das Gericht hat den Geldbetrag abzuändern[65].

Mit der – auch teilweisen – Aufhebung des VAs entsteht kraft materiellen Rechts ein Anspruch des Klägers gegen die Behörde auf Beseitigung der unmittelbaren, noch andauernden realen Folgen der Vollziehung des aufgehobenen VA. Dieser Anspruch entsteht allerdings erst nach Rechtskraft des insoweit stattgebenden Urteils. § 113 Abs. 1 Satz 2 VwGO ermöglichst es aus prozeßökonomischen Gründen, über derartige Ansprüche bereits im Rahmen des Anfechtungsprozesses zu entscheiden[66], sofern die Behörde hierzu in der Lage und die Sache spruchreif ist (§ 113 Abs. 1 Satz 3 VwGO). Der Ausspruch erfolgt im Tenor des Urteils und setzt einen Antrag des Klägers voraus[67].

Bei teilweisem Obsiegen greift die Vorschrift des § 155 Abs. 1 Satz 1 VwGO ein, d.h. die Kosten sind gegeneinander aufzuheben oder verhältnismäßig zu teilen. Welche Kostenentscheidung das Gericht trifft, steht in seinem Ermessen. Aufhebung der Kosten gegeneinander bedeutet, daß jeder Beteiligte seine außergerichtlichen Kosten selbst trägt und die gerichtlichen Kosten geteilt werden. Da im Verwaltungsprozeß in der Regel eine Körperschaft des öffentlichen Rechts beteiligt und diese meist nicht anwaltlich vertreten ist, empfiehlt sich eine Kostenaufhebung nicht, da dies weitgehend einer vollen Kostentragungspflicht des Bürgers gleichkäme. Die Kostenteilung ist daher der Regelfall.

Hat der Anfechtungskläger – wie im angegebenen Beispiel – den Aufhebungsantrag gemäß § 113 Abs. 1 Satz 2 VwGO mit einem Leistungsantrag verbunden, um eine von der Aufhebung des VAs abhängige Leistung sogleich mittitulieren zu lassen, ist das Urteil gleichwohl nur hinsichtlich der Kosten für vorläufig vollstreckbar zu erklären. § 167 Abs. 2 VwGO ist über seinen Wortlaut hinaus auch in diesem Fall anzuwenden[68]. Denn die Vollstreckbarkeit des Leistungstenors ist abhängig von der des Aufhebungstenors. Die als zweite Stufe ausnahmsweise vor Rechtskraft der ersten Stufe zulässige Leistungsklage nach § 113 Abs. 1 Satz 2 VwGO baut prozessual und materiell-rechtlich auf der Kassationsentscheidung der ersten Stufe auf. Kann aus der ersten Stufe vorläufig bis zum Eintritt der Rechtskraft keine Folgerung gezogen werden, fehlt der Vollstreckbarkeitserklärung der zweiten Stufe die Grundlage.

---

[64] Die Neufestsetzung darf wegen des Verbots der reformatio in peius selbstverständlich nicht höher ausfallen als im VA der Behörde, s. *Redeker/von Oertzen*, § 113 Rdnr. 8.
[65] So *Gerhardt* in: Schoch, § 113 Rdnr. 39; aA *Kopp/Schenke*, § 113 Rdnr. 154.
[66] Ausführlich hierzu *Gerhardt* in: Schoch, § 113 Rdnr. 57 ff.
[67] *Kopp/Schenke*, § 113 Rdnr. 93.
[68] VGH Kassel NVwZ 1987, 517; *Pietzner* in: Schoch, § 167 Rdnr. 134.

20    Zweiter Teil. Die Entscheidung des Verwaltungsgerichts

In Konsequenz des oben im Beispiel 2 Gesagten wurde von einer Abwendungsbefugnis in Bezug auf die Klägerin abgesehen. Folgen Sie der Gegenmeinung, so kann der Tenor zu 3) etwa wie folgt gefaßt werden:

> „Das Urteil ist wegen der Kosten vorläufig vollstreckbar. Der Klägerin und der Beklagten wird nachgelassen, die Vollstreckung durch Sicherheitsleistung in Höhe der festzusetzenden Kosten abzuwenden, wenn nicht der jeweilige Kostengläubiger vor der Vollstreckung Sicherheit in jeweils gleicher Höhe leistet".

27   4) Nach erfolglosem Widerspruchsverfahren wendet sich der Kläger ausschließlich gegen die in Ziffer 5 der Baugenehmigung aufgeführte Auflage, an der Grenze zum Nachbargrundstück eine Brandwand zu errichten. Das *VG* gibt der Klage statt.
Der Tenor zu 1) lautet:

> „Die in der Baugenehmigung der Stadt S vom 15. Februar 2000 – AZ: .... – in Ziffer 5 aufgeführte Auflage, an der Grenze zum Nachbargrundstück.... eine Brandwand zu errichten, und der dazu ergangene Widerspruchsbescheid des Regierungspräsidiums R vom 25. Juli 2000 werden aufgehoben."

Hier geht es um die Problematik der isolierten Anfechtbarkeit von Nebenbestimmungen eines VA. Die selbständige Anfechtbarkeit von Auflagen im Sinne des § 36 Abs. 2 Nr. 5 VwVfG wird von der Rechtsprechung bejaht. Die Auflage ist von der sog. modifizierenden Auflage zu unterscheiden, was im Einzelfall zu erheblichen Schwierigkeiten führen kann[69]. Im vorliegenden Beispiel ist von einer Teilbarkeit der Baugenehmigung auszugehen. Der Tenor muß deutlich den Umfang der Aufhebung anzeigen. Dies erfolgt durch die Angabe der entsprechenden Ziffer in der Baugenehmigung, in der die streitgegenständliche Auflage enthalten ist.

28   5) Nachbar *N* erhebt Anfechtungsklage gegen die *E* erteilte Baugenehmigung. Das *VG* lädt den *E* bei. Dieser nimmt sich einen Anwalt und beantragt, die Klage abzuweisen. Das *VG* hält die Klage für unbegründet.

1) Die Klage wird abgewiesen.
2) Der Kläger hat die Kosten des Verfahrens zu tragen einschließlich der außergerichtlichen Kosten[70] des Beigeladenen.
3) Das Urteil ist wegen der Kosten vorläufig vollstreckbar. Dem Kläger wird nachgelassen, die Vollstreckung durch Sicherheitsleistung in Höhe der festzusetzenden Kosten abzuwenden, wenn nicht der jeweilige Kostengläubiger vor der Vollstreckung Sicherheit in gleicher Höhe leistet.

Diese prozessuale Konstellation ist von erheblicher examensrelevanter Bedeutung. Am Verfahren ist ein Beigeladener und zwar der Bauherr des von dem Kläger angefochtenen Bauvorhabens beteiligt. Gemäß § 162 Abs. 3 VwGO sind die außergerichtlichen Kosten eines Beigeladenen nur

---

[69] S. zu dieser Thematik *BVerwG*, DÖV 1974, 380; *Brenner*, JuS 1996, 281; *Jahndorf*, JA 1999, 676.
[70] Oder „*Aufwendungen*".

erstattungsfähig, wenn sie das Gericht aus Billigkeit der unterliegenden Partei oder der Staatskasse auferlegt. In der Rechtsprechung hat sich dabei folgender Grundsatz herausgebildet: Der Beigeladene kann nur dann seine außergerichtlichen Kosten erstattet erhalten, wenn er erfolgreich einen Sachantrag gestellt oder Rechtsmittel eingelegt hat und damit ein Kostenrisiko nach § 154 Abs. 3 VwGO eingegangen ist[71]. Hat der Beigeladene keinen Sachantrag gestellt, lautet der Tenor zu 2) im vorliegenden Beispiel daher: „*Der Kläger hat die Kosten des Verfahrens zu tragen, mit Ausnahme der außergerichtlichen Kosten des Beigeladenen*".

6) Im *Beispiel 5* hat die Klage des *N* Erfolg, *E* hatte einen Klageabweisungsantrag gestellt.

1) Der Bescheid der Stadt S vom 15. Februar 2000 und der Widerspruchsbescheid des Regierungspräsidiums R vom 25. Juli 2000 werden aufgehoben.

2) Die Beklagte und der Beigeladene haben die Gerichtskosten sowie die außergerichtlichen Kosten des Klägers je zur Hälfte zu tragen. Im übrigen trägt jeder Beteiligte seine außergerichtlichen Kosten selbst.

3) Das Urteil ist wegen der Kosten vorläufig vollstreckbar. Dem Beklagten und dem Beigeladenen wird nachgelassen, die Vollstreckung durch Sicherheitsleistung in Höhe der festzusetzenden Kosten abzuwenden, wenn nicht der Kläger vor der Vollstreckung Sicherheit in gleicher Höhe leistet.

Hier greift die Vorschrift des § 154 Abs. 3 VwGO ein, d. h. der Beigeladene ist an den Kosten des Verfahrens zu beteiligen, sofern er einen Klageabweisungsantrag gestellt hat. Er hat daher die Hälfte der Gerichtskosten sowie die Hälfte der außergerichtlichen Kosten des Klägers zu tragen[72]. Entgegen dem Wortlaut der genannten Norm steht es nicht im Ermessen des Gerichts, ob und in welcher Höhe es dem Beigeladenen Kosten auferlegen will[73]. Kosten des Vorverfahrens können dem Beigeladenen nur auferlegt werden, sofern er daran beteiligt war[74]. War dies nicht der Fall, so muß über die Kosten des Vorverfahrens gesondert entschieden werden[75].

---

[71] S. die Rechtsprechungsnachweise bei *Kopp/Schenke*, § 162 Rdnr. 23; nach der Rechtsprechung des *VGH Mannheim* (VBlBW 1996, 437; ebenso *Pietzner/Ronellenfitsch*, § 20 Rdnr. 26) sind die dem notwendig beigeladenen Bauherrn auch dann dem unterlegenen Nachbarn aufzuerlegen, wenn der Beigeladene keinen Sachantrag gestellt hat. Nach *VGH München*, BayVBl 2000, 188 kann der Beigeladene seine außergerichtlichen Kosten auch ohne Antragstellung erstattet verlangen, wenn er materiell der Hauptbeteiligte des Rechtsstreits ist (z.B. im Asylrechtsstreit bei der Klage des Bundesbeauftragten gegen die Asylanerkennung des Beigeladenen).
[72] Die von *Jacob*, VBlBW 1995, 72, 74 (Fall 15) vorgeschlagene Kostenverteilung – die Behörde trägt die gesamten Kosten des Verfahrens mit Ausnahme der außergerichtlichen Kosten des Beigeladenen – erscheint nicht sachgerecht.
[73] Vgl. *Rennert* in: *Eyermann*, § 154 Rdnr. 8.
[74] *BVerwG*, NVwZ 1988, 53.
[75] S. *Wahrendorf/Lemke*, JA 1998, 72, 74.

30  7) Zwei Kläger (Gesamtschuldner) erheben Anfechtungsklage gegen einen Gebührenbescheid in Höhe von 2.000 DM. Die Klage bleibt erfolglos.

Der Tenor zu 2) lautet: „*Die Kläger haben die Kosten des Verfahrens als Gesamtschuldner zu tragen.*" Die Kostenentscheidung beruht auf den §§ 154 Abs. 1, 159 Satz 2 VwGO, weil das streitige Rechtsverhältnis dem kostenpflichtigen Teil gegenüber nur einheitlich entschieden werden kann. Das Gericht hat diese Haftung nach § 159 Satz 2 VwGO ausdrücklich in der Kostenentscheidung anzuordnen.

31  8) Die beiden Nachbarn *C* (Kläger zu 1) und *D* (Kläger zu 2) wenden sich nach erfolglosem Vorverfahren gegen eine dem *H* erteilte Gaststättenerlaubnis. Nur die Klage des *C* hat Erfolg. Der beigeladene *H* stellt keinen Sachantrag.

1) Auf die Klage des Klägers zu 1) werden der Bescheid der Stadt S vom 15. Februar 2000 und der hierzu ergangene Widerspruchsbescheid des Regierungspräsidiums R vom 25. Juli 2000 aufgehoben. Im übrigen wird die Klage des Klägers zu 2) abgewiesen.

2) Die Gerichtskosten haben die Beklagte und der Kläger zu 2) jeweils zur Hälfte zu tragen. Die Beklagte trägt die außergerichtlichen Kosten des Klägers zu 1). Der Kläger zu 2) hat die Hälfte der außergerichtlichen Kosten der Beklagten zu tragen. Im übrigen trägt jeder Beteiligte seine außergerichtlichen Kosten selbst.

3) Das Urteil ist wegen der Kosten vorläufig vollstreckbar. Der Beklagten wird nachgelassen, die Vollstreckung durch Sicherheitsleistung in Höhe der festzusetzenden Kosten abzuwenden, wenn nicht der Kläger zu 1) vor der Vollstreckung Sicherheit in gleicher Höhe leistet.

Es handelt sich hier um eine subjektive Klagehäufung nach § 64 VwGO, also um mehrere Klagen, die gemeinsam in einem Verfahren erhoben wurden. Dies muß in der Tenorierung zum Ausdruck kommen[76].

Stellt der Beigeladene einen Sachantrag, so lautet der Tenor zu 2) wie folgt:

„Von den Gerichtskosten haben der Kläger zu 2) die Hälfte sowie der Beklagte und der Beigeladene jeweils 1/4 zu tragen. Die außergerichtlichen Kosten des Klägers zu 1) tragen der Beklagte und der Beigeladene jeweils zur Hälfte. Die außergerichtlichen Kosten des Beklagten und des Beigeladenen hat der Kläger zu 2) zur Hälfte zu tragen. Im übrigen trägt jeder Beteiligte seine außergerichtlichen Kosten selbst".

32  9) Der Kläger, der einen Ersatzvornahmekostenbescheid in Höhe von 2.500 DM angefochten hat, rechnet vor dem VG hilfsweise mit einer Schadensersatzforderung wegen Amtspflichtverletzung in Höhe von 1.000.- DM auf. Das VG kommt zu dem Ergebnis, der Bescheid sei rechtmäßig.

1) Die Klage wird abgewiesen, soweit der Kläger durch den angefochtenen Bescheid der Stadt S vom 15. Februar 2000 in Höhe von 1.500 DM in Anspruch genommen worden ist. Wegen des weitergehenden Anspruchs in Höhe von 1.000 DM wird die Klage

---

[76] *Schmidt*, Klausur Nr. 5 FN 2.

abgewiesen unter Vorbehalt der Entscheidung über die von dem Kläger erklärte Aufrechnung.
2) Der Kläger trägt die Kosten des Verfahrens.
3) Das Urteil ist wegen der Kosten vorläufig vollstreckbar.

Hier geht es um das prozessuale Problem der Aufrechnung mit einer rechtswegfremden Forderung und zwar einem Schadensersatzanspruch wegen Amtspflichtverletzung. Wegen § 17 Abs. 2 Satz 2 GVG ist das VG grundsätzlich[77] nicht befugt, über die zur Aufrechnung gestellte Forderung mitzuentscheiden. Es kann daher ein Vorbehaltsurteil nach § 173 VwGO i.V.m. § 302 Abs. 1 ZPO erlassen[78]. Der Vorbehalt wird ausdrücklich in die Urteilsformel aufgenommen. Da im Beispiel die Aufrechnung nicht die gesamte Klageforderung erfaßt, ergeht in Höhe des die Aufrechnung übersteigenden Betrags zugleich ein Teilurteil (§ 110 VwGO).
Trotz des Vorbehalts unterliegt der Kläger derzeit voll. Die vorläufige Vollstreckbarkeit des Urteils erfolgt nach den allgemeinen Regeln.

10) Eine von *G* am 26. November 1999 beantragte Baugenehmigung zur Errichtung eines Wohnhauses auf dem Grundstück Fl.Nr. 715/5 in S wird abgelehnt; der Widerspruch bleibt erfolglos. Die dagegen gerichtete Verpflichtungsklage hat Erfolg.

33

1) Unter Aufhebung des Bescheids der Stadt S vom 15. Februar 2000 und des Widerspruchsbescheids des Regierungspräsidiums R vom 25. Juli 2000 wird die Beklagte verpflichtet, die am 26. November 1999 beantragte Baugenehmigung zur Errichtung eines Wohnhauses auf dem Grundstück Fl.Nr. 715/5 in S zu erteilen.
2) Die Beklagte hat die Kosten des Verfahrens zu tragen.
3) Das Urteil ist wegen der Kosten vorläufig vollstreckbar. Der Beklagten wird nachgelassen, die Vollstreckung durch Sicherheitsleistung in Höhe der festzusetzenden Kosten abzuwenden, wenn nicht der Kläger vor der Vollstreckung Sicherheit in gleicher Höhe leistet.

Die Verpflichtungsklage ist auf den Erlaß eines begünstigenden VA gerichtet (§ 42 Abs. 1 2. Alt. VwGO). Den Regelfall stellt dabei die sog. „Versagungsgegenklage" dar. Ist der von der Behörde erlassene ablehnende VA nach Auffassung des VG rechtswidrig, spricht es gemäß § 113 Abs. 5 Satz 1 VwGO die Verpflichtung der Verwaltungsbehörde aus, die beantragte Amtshandlung vorzunehmen, sofern Spruchreife[79] gegeben ist. Die Verpflichtung muß eindeutig formuliert sein; es muß sich – gegebenenfalls unter Zuhilfenahme der Entscheidungsgründe – ergeben, was die Behörde zu tun hat. Zwar schreibt § 113 Abs. 5 Satz 1 VwGO die Aufhebung der zuvor ergangenen Behördenentscheidungen nicht ausdrück-

---

[77] Anders ist die Situation nur dann, wenn die Forderung rechtskräftig oder bestandskräftig festgestellt oder unbestritten ist; s. *BVerwG*, NJW 1993, 2255.
[78] *BVerwG*, NJW 1987, 2530 und NJW 1999, 160; auf das Vorbehaltsurteil folgt ein Schlußurteil.
[79] Zu diesem Begriff s. *Kopp/Schenke*, § 113 Rdnr. 193 ff.

lich vor, jedoch ist es im Interesse der Rechtsklarheit zweckmäßig und in der Praxis auch üblich, dies bei einer erfolgreichen Verpflichtungsklage neben der Verpflichtung der Behörde zum Erlaß des begehrten VA deklaratorisch auszusprechen[80]. Ist ein Widerspruchsbescheid nicht ergangen, wird lediglich der Ausgangsbescheid aufgehoben.

Verwenden Sie stets die an § 113 Abs. 5 Satz 1 VwGO anknüpfende Wortwahl „verpflichtet" und nicht die bei der Leistungsklage gewählte Formulierung „verurteilt" [81]. Bleibt eine Verpflichtungsklage erfolglos, so bestehen keine Besonderheiten gegenüber der Abweisung einer Anfechtungsklage.

**34** 11) Das Kreiswehrersatzamt K lehnt eine Zurückstellung des F vom Wehrdienst ab. Der eingelegte Widerspruch bleibt erfolglos. Der F erhebt Verpflichtungsklage auf Zurückstellung vom Wehrdienst. Das VG kommt zu dem Ergebnis, die Ablehnung der Zurückstellung sei zwar wegen Ermessensfehlers rechtswidrig, ein Anspruch auf Zurückstellung bestehe aber nicht.

1) Unter Aufhebung des Bescheids des Kreiswehrersatzamtes K vom 15. Februar 2000 und des Widerspruchsbescheids der Wehrbereichsverwaltung IV vom 25. Juli 2000 wird die Beklagte verpflichtet, den Antrag des Klägers unter Beachtung der Rechtsauffassung des Gerichts neu zu bescheiden. Im übrigen wird die Klage abgewiesen.

2) Die Beklagte[82] hat 2/3 und der Kläger 1/3 der Kosten des Verfahrens zu tragen.

3) Das Urteil ist wegen der Kosten vorläufig vollstreckbar. Der Beklagten wird nachgelassen, die Vollstreckung durch Sicherheitsleistung in Höhe der festzusetzenden Kosten abzuwenden, wenn nicht der Kläger vor der Vollstreckung Sicherheit in gleicher Höhe leistet.

Steht – wie hier im Falle des § 12 Abs. 4 WPflG – der Erlaß des beantragten VA im Ermessen der Behörde und liegt keine Ermessensreduktion auf Null vor, ergeht ein Bescheidungsurteil, durch das der Beklagte zur Neubescheidung verpflichtet wird (vgl. § 113 Abs. 5 Satz 2 VwGO). Ein ausdrücklicher Ausspruch hierzu erfolgt im Tenor[83]. Hatte der Kläger einen uneingeschränkten Verpflichtungsantrag gestellt, so ist die Klage im übrigen abzuweisen[84]. Dies bedeutet, daß die Kosten des Verfahrens entsprechend nach § 155 Abs. 1 Satz 1 VwGO geteilt werden. In Betracht kommt je nach Fall auch eine Kostenentscheidung nach § 155 Abs. 1 Satz 3 VwGO, d. h. die Kosten können ganz dem Beklagten auferlegt werden, wenn der Kläger nur zu einem geringen Teil unterlegen ist.

---

[80] *Kopp/Schenke*, § 113 Rdnr. 179.
[81] Ebenso *Mann*, NWVBl 1994, 74, 116; *Martens*, Rdnr. 179 spricht dagegen auch bei der Verpflichtungsklage im Tenor von der „Verurteilung".
[82] Beklagte ist die Bundesrepublik Deutschland, vertreten durch den Bundesminister der Verteidigung.
[83] S. hierzu die Anmerkungen von *Mann*, NWVBl 1994, 74, 116.
[84] *BVerwGE* 26, 143.

12) Die Klägerin erhebt gegen die Gemeinde G am 24. März 2000   35
Leistungsklage auf Zahlung von 4.500 DM zuzüglich Prozeßzinsen. Die
Klage hat Erfolg.

1) Die Beklagte wird verurteilt, an den Kläger 4.500 DM nebst Zinsen in Höhe von
4 % seit dem 24. März 2000 zu zahlen.
2) Die Beklagte hat die Kosten des Verfahrens zu tragen.
3) Das Urteil ist gegen Sicherheitsleistung in Höhe von 5.290 DM vorläufig vollstreckbar.

Wie oben angesprochen, wird zur Abgrenzung von der Verpflichtungsklage hier die Formulierung „*verurteilt*" verwendet. Betrifft die Leistungsklage die Zahlung einer fälligen Geldschuld, so hat der Kläger ab dem Zeitpunkt der Rechtshängigkeit in entsprechender Anwendung von § 291 BGB Anspruch auf Prozeßzinsen[85]. Dies muß auch im Tenor zum Ausdruck kommen. Nehmen Sie nicht nur die Formulierung „*seit Rechtshängigkeit*" in die Urteilsformel auf, sondern nennen Sie das Datum der Rechtshängigkeit.

Das Urteil ist gemäß § 167 Abs. 1 Satz 1 VwGO i.V.m. § 709 Satz 1   36
ZPO gegen Sicherheitsleistung für vorläufig vollstreckbar zu erklären.
Die Höhe der Sicherheitsleistung richtet sich nach der geltend gemachten
Forderung sowie den entstandenen außergerichtlichen Kosten des Klägers.

Trotz des eindeutigen Wortlauts des § 167 Abs. 2 VwGO, der eine vorläufige Vollstreckbarkeitserklärung hinsichtlich der Kosten nur bei der Anfechtungs- und Verpflichtungsklage vorsieht, wird vermehrt die *Ansicht*[86] vertreten, diese Vorschrift müsse auch für Leistungsklagen gelten, die auf Vornahme oder Unterlassen schlicht hoheitlichen Verwaltungshandelns (z.B. ein Ballfangnetz an der Grundstücksgrenze zu installieren) gerichtet seien. Nach der *Gegenmeinung*[87], die sich auf den Wortlaut bezieht, folgt der Ausspruch über die vorläufige Vollstreckbarkeit auch hier aus § 167 Abs. 1 Satz 1 VwGO i.V.m. § 709 ZPO. Nach dieser Ansicht lautet der Tenor zu 3): „*Das Urteil ist vorläufig vollstreckbar.*"

13) Die Klägerin, eine Beamtin des Landkreises L, wendet sich nach er-   37
folglosem Vorverfahren gegen ihre Umsetzung von der Sparte Umweltschutz in die Sparte Sozialhilfe des Landkreises L. Sie begehrt außerdem, daß die Hinzuziehung eines von ihr zu Rate gezogenen Bevollmächtigten für das Vorverfahren für notwendig erklärt wird. Die Klage ist erfolgreich.

---

[85] Z.B. BVerwG, NJW 1998, 3368.
[86] *VGH Mannheim*, VBlBW 1999, 263; *OVG Lüneburg*, NVwZ 2000, 578; *Wolfrum*, NVwZ 1990, 237; *Pietzner* in: *Schoch*, § 167 Rdnr. 135: „Der Gesetzgeber ist bei Erlaß des § 167 Abs. 2 VwGO davon ausgegangen, mit dieser Vorschrift alle verwaltungsgerichtlichen Urteile erfaßt zu haben, die hoheitliches Handeln zum Gegenstand haben und ihrer Art nach vollstreckbar sind."
[87] *VGH Kassel*, NVwZ 1990, 272; *Wahrendorf/Lemke*, JA 1998, 72, 74.

1) Der Widerspruchsbescheid des Regierungspräsidiums R vom 25. Juli 2000 wird aufgehoben. Der Beklagte wird verurteilt, die Umsetzung des Klägers von der Sparte Umweltschutz in die Sparte Sozialhilfe rückgängig zu machen[88].

2) Der Beklagte hat die Kosten des Verfahrens zu tragen; die Hinzuziehung eines Bevollmächtigten für das Vorverfahren wird für notwendig erklärt.

3) Das Urteil ist vorläufig vollstreckbar. Dem Beklagten wird nachgelassen, die Vollstreckung durch Sicherheitsleistung in Höhe der festzusetzenden Kosten abzuwenden, wenn nicht die Klägerin vor der Vollstreckung Sicherheit in gleicher Höhe leistet.

Da eine beamtenrechtliche Umsetzung kein VA ist[89], ist hier die Leistungsklage statthaft. Die Durchführung eines Widerspruchsverfahrens war erforderlich, da § 126 Abs. 3 Satz 1 BRRG bestimmt, daß bei beamtenrechtlichen Klagen die Vorschriften der §§ 68 ff. VwGO auch bei Leistungsklagen entsprechend gelten. Bei einem Klageerfolg ist daher zusätzlich zum sonstigen Ausspruch der Widerspruchsbescheid aufzuheben.

38   Die in Ziffer 2) der Urteilsformel erfolgte Entscheidung über die Notwendigkeit der Hinzuziehung eines Bevollmächtigten für das Vorverfahren beruht auf § 162 Abs. 2 Satz 2 VwGO[90]. Die positive Entscheidung hierüber erfolgt im Tenor des Urteils bzw. in einem gesonderten Beschluß[91]. Dagegen ergeht die Ablehnung der Erstattungsfähigkeit der Anwaltskosten in den Entscheidungsgründen[92]. Bleibt die Klage erfolglos, scheidet die Anwendbarkeit des § 162 Abs. 2 Satz 2 VwGO wegen der Kostentragungspflicht des Klägers von vornherein aus.

Unterschiedlich beurteilt wird die Frage, ob bei einem Klageerfolg für den Ausspruch nach § 162 Abs. 2 Satz 2 VwGO ein Antrag erforderlich ist oder nicht. *Mann*[93] verlangt unter Hinweis auf die obergerichtliche Rechtsprechung einen entsprechenden Antrag, da die Entscheidung nach § 162 Abs. 2 Satz 2 VwGO nicht Bestandteil der vom Gericht von Amts wegen zu treffenden Kostengrundentscheidung sei, sondern ein das Kostenfestsetzungsverfahren betreffender Ausspruch des Gerichts, für den ein Antrag erforderlich sei. Demgegenüber vertritt *Jacob*[94] die Auffassung, bei einem Klageerfolg ergehe die Entscheidung über § 162 Abs. 2 Satz 2 VwGO auch ohne Antrag, da das Gesetz ein Antragserfordernis nicht vorsehe.

39   14) Der Kläger begehrt die Feststellung, daß er berechtigt ist, in der Fußgängerzone von S zu den üblichen Geschäftszeiten ohne Sondernutzungserlaubnis zu musizieren. Die Klage hat Erfolg.

---

[88] Oder: „… den Kläger von der Sparte Sozialhilfe in die Sparte Umweltschutz bei der Kreisverwaltung L rückumzusetzen."
[89] S. die Nachweise bei *Hamann* in: *Finkelnburg/Jank*, Rdnr. 1165.
[90] Zu den Voraussetzungen der Hinzuziehungserklärung s. Rdnr. 207.
[91] *Kopp/Schenke*, § 162 Rdnr. 17; *BVerwGE* 27, 39.
[92] *Geiger*, JuS 1998, 343, 347.
[93] NWVBl 1994, 115, 117.
[94] VBlBW 1995, 72, 73.

1) Es wird festgestellt, daß der Kläger berechtigt ist, ohne Sondernutzungserlaubnis in der Fußgängerzone von S zu den üblichen Geschäftszeiten zu musizieren.
2) Die Beklagte hat die Kosten des Verfahrens zu tragen.
3) Das Urteil ist wegen der Kosten vorläufig vollstreckbar. Der Beklagten wird nachgelassen, die Vollstreckung durch Sicherheitsleistung in Höhe der festzusetzenden Kosten abzuwenden, wenn nicht der Kläger vor der Vollstreckung Sicherheit in gleicher Höhe leistet.

Im Tenor eines Feststellungsurteils ist eine genaue Aussage über die Rechtslage zu treffen, die den Umfang der getroffenen Feststellung möglichst vollständig erkennen läßt[95]. Da der Hauptsacheausspruch eines Feststellungsurteils keinen vollstreckungsfähigen Inhalt hat, bezieht sich die Vollstreckbarkeitserklärung analog § 167 Abs. 2 VwGO immer nur auf die Kostenentscheidung[96]. Daher wird in den Tenor zu 3) die Wendung *„wegen der Kosten"* aufgenommen.

15) Die Fortsetzungsfeststellungsklage gegen den angefochtenen, nach Erlaß des Widerspruchsbescheids erledigten VA hat Erfolg.

1) Es wird festgestellt, daß der Bescheid der Stadt S vom 15. Februar 2000 und der Widerspruchsbescheid des Regierungspräsidiums R vom 25. Juli 2000 rechtswidrig waren.
2) Die Beklagte hat die Kosten des Verfahrens zu tragen.
3) Das Urteil ist wegen der Kosten vorläufig vollstreckbar. Der Beklagten wird nachgelassen, die Vollstreckung durch Sicherheitsleistung in Höhe der festzusetzenden Kosten abzuwenden, wenn nicht der Kläger vor der Vollstreckung Sicherheit in gleicher Höhe leistet.

Die Tenorierung der erfolgreichen Fortsetzungsfeststellungsklage wird weitgehend durch § 113 Abs. 1 Satz 4 VwGO vorgegeben. Die hier gewählte Formulierung ist die in der Verwaltungsgerichtsbarkeit wohl gängigste Version. Daneben wird in der Praxis auch der Ausspruch *„Der Bescheid der Stadt S vom 15. Februar 2000 und der Widerspruchsbescheid des Regierungspräsidiums R vom 25. Juli 2000 waren rechtswidrig"* verwendet[97].

Die Vorschrift des § 167 Abs. 2 VwGO gilt unabhängig von der Frage, ob die Fortsetzungsfeststellungsklage als Unterfall der Anfechtungsklage[98] oder der Feststellungsklage[99] qualifiziert wird, entsprechend, d.h. das Urteil ist lediglich hinsichtlich der Kosten für vorläufig vollstreckbar zu erklären.

16) Der Kläger hatte zunächst Verpflichtungsklage auf Erlaß einer Baugenehmigung erhoben. Nachdem die Stadt S eine Veränderungssperre er-

---

[95] Vgl. *Martens,* Rdnr. 220.
[96] *Pietzner/Ronellenfitsch,* § 20 Rdnr. 28.
[97] S. *Geiger,* JuS 1998, 343, 346.
[98] HM, s. die Nachweise bei *Kopp/Schenke,* § 113 Rdnr. 97.
[99] Z.B. *Rozek,* JuS 1995, 415.

lassen hat, stellt er seinen Antrag auf einen Fortsetzungsfeststellungsantrag um. Dieser hat Erfolg.

1) Es wird festgestellt, daß die Versagung der Baugenehmigung durch den Bescheid der Stadt S vom 15. Februar 2000 und den Widerspruchsbescheid des Regierungspräsidiums R vom 25. Juli 2000 rechtswidrig war.
2) Die Beklagte hat die Kosten des Verfahrens zu tragen.
3) Das Urteil ist wegen der Kosten vorläufig vollstreckbar. Der Beklagten wird nachgelassen, die Vollstreckung durch Sicherheitsleistung in Höhe der festzusetzenden Kosten abzuwenden, wenn nicht die Klägerin vor der Vollstreckung Sicherheit in gleicher Höhe leistet.

Auf die Erledigung eines Verpflichtungsbegehrens kann der Kläger mit dem Übergang auf die Fortsetzungsfeststellungsklage analog § 113 Abs. 1 Satz 4 VwGO reagieren. Liegen die Voraussetzungen der genannten Norm vor, kann das VG auf Antrag des Klägers durch Urteil feststellen, daß die Weigerung der Behörde, den mit der Verpflichtungsklage begehrten VA zu erlassen, rechtswidrig war. Ebenso möglich ist die Tenorierung, daß die Behörde verpflichtet war, die beantragte Genehmigung zu erteilen[100]. In Fällen mangelnder Spruchreife kann auch die Feststellung begehrt werden, daß eine Verpflichtung zur Bescheidung bestand[101].

**43** 17) Die Klägerin hatte zunächst Anfechtungsklage erhoben, dann aber für erledigt erklärt, weil sich der VA erledigt habe. Die Stadt S widerspricht dem, weil nach ihrer Rechtsauffassung keine Erledigung des VAs vorliegt. Das Gericht folgt der Klägerin.

1) Es wird festgestellt, daß der Rechtsstreit in der Hauptsache erledigt ist[102].
2) Die Beklagte hat die Kosten des Verfahrens zu tragen.
3) Das Urteil ist wegen der Kosten vorläufig vollstreckbar. Der Beklagten wird nachgelassen, die Vollstreckung durch Sicherheitsleistung in Höhe der festzusetzenden Kosten abzuwenden, wenn nicht die Klägerin vor der Vollstreckung Sicherheit in gleicher Höhe leistet.

Die einseitige Erledigungserklärung des Klägers, der sich der Beklagte mit einem aufrechterhaltenen Abweisungsantrag widersetzt, ist eine Klageänderung, die nicht den Voraussetzungen des § 91 VwGO unterliegt. Mit der Erledigungserklärung ändert der Kläger seinen ursprünglichen Klageantrag in einen Feststellungsantrag. Entschieden werden muß nunmehr die Frage, ob der Rechtsstreit tatsächlich erledigt, d.h. beendet ist. Gelangt das VG zu dem Ergebnis, daß Erledigung eingetreten ist, so spricht es dies im Tenor des Urteils aus. Andernfalls weist es die Klage mangels Begründetheit ab[103]. Für eine Entscheidung über den Erledigungseintritt ist nach überwiegender Ansicht allerdings Voraussetzung,

---

[100] S. *Jacob*, VBlBW 1995, 72, 73.
[101] *BVerwG*, NJW 1986, 796.
[102] Oder „*Die Hauptsache ist erledigt.*"
[103] *BVerwG*, NVwZ 1998, 1064.

daß die Klage bis zum Eintritt des erledigenden Ereignisses zulässig war[104]. Beachten Sie: Die Begründetheit des ursprünglichen Klagebegehrens ist nach dieser für den Verwaltungsprozeß überwiegend anerkannten Meinung nicht mehr zu prüfen[105]. Die Kostenentscheidung folgt im Falle der einseitigen Erledigungserklärung nicht aus § 161 Abs. 2 VwGO, sondern aus § 154 Abs. 1 VwGO, denn es ergeht eine streitige Entscheidung[106].

18) Wie oben *Beispiel 17*, nur widerspricht die Beklagte diesmal deswegen, weil sie trotz Erledigung wegen Wiederholungsgefahr ein Interesse an einer Sachentscheidung des Gerichts hat. Der VA ist rechtmäßig/ rechtswidrig.

Bei Rechtmäßigkeit des VA lautet der Tenor zu 1): „*Die Klage wird abgewiesen*". Bei Rechtswidrigkeit des VAs empfiehlt sich folgender Tenor zu 1): „*Es wird festgestellt, daß der Bescheid der Beklagten vom 15. Februar 2000 rechtswidrig gewesen ist.*"

Begründet der Beklagte sein Festhalten am Klageabweisungsantrag trotz der Erledigungserklärung des Klägers stichhaltig mit einem auf seiner Seite bestehenden berechtigten Interesse an einer Sachentscheidung, so ist der Weg zu einer Klageänderung mit der Wandelung des Rechtsstreits in einen Feststellungsstreit über die Erledigung versperrt. Vielmehr wird nunmehr geprüft, ob der ursprüngliche Klageantrag des Klägers bis zur Erledigung zulässig und begründet war. Die Voraussetzungen für ein solches berechtigtes Interesse des Beklagten entsprechen dem Fortsetzungsfeststellungsinteresse des Klägers im Falle des § 113 Abs. 1 Satz 4 VwGO, wobei es nicht ausreicht, daß es dem Beklagten nicht nur um die Klärung einer Rechtsfrage geht, die auch in anderen anhängigen Verfahren eine Rolle spielt[107]. Liegt ein solches Interesse (z.B. konkrete Wiederholungsgefahr) vor, so trifft das *VG* eine Entscheidung in der Sache.

Erweist sich der erledigte VA als rechtmäßig, so wird die Klage ungeachtet der Erledigungserklärung des Klägers mit einer Entscheidung in der Sache abgewiesen. Erweist sich der erledigte VA hingegen als rechtswidrig, kann dem Klageabweisungsantrag des Beklagten nicht entsprochen werden. Die Situation ist prozessual schwer lösbar. Denn der Kläger stellt selbst keinen (ausdrücklichen) Sachantrag mehr, aufgrund dessen die Rechtswidrigkeit des VA ausgesprochen werden könnte, sondern beantragt die Feststellung der Erledigung. Denkbar wäre nun in dieser (sehr seltenen) Fallkonstellation im Falle der Zulässigkeit und Begründetheit der ursprünglichen Klage die Erledigung durch Hauptsacheausspruch festzustellen. Dies erscheint aber deshalb als problematisch, weil das Ge-

---

[104] *BVerwG*, NVwZ 1989, 862.
[105] Vgl. *BVerwG*, NVwZ 1989, 862; anders die h.M. für den Zivilprozeß.
[106] *BVerwG*, NVwZ 1998, 1064.
[107] Vgl. *BVerwG*, NVwZ 1989, 862.

30  Zweiter Teil. Die Entscheidung des Verwaltungsgerichts

richt ja gerade durch das berechtigte Interesse des Beklagten an einer Sachentscheidung dazu gezwungen wurde, die Zulässigkeit und Begründetheit des ursprünglichen Klagebegehrens des Klägers zu prüfen. Für eine sachgerechte Lösung hilft in diesen Fällen wohl nur die Fiktion eines hilfsweise gestellten Antrages des Klägers, festzustellen, daß der VA rechtswidrig gewesen ist[108]. Da ja der Beklagte mit seinem Festhalten an dem ursprünglichen Klageabweisungsantrag bei berechtigtem Interesse eine Entscheidung über den ursprünglichen Klageantrag herbeiführen wollte, ist es sachgerecht, auch dem Kläger nunmehr mittels des Hilfsantrages die Tür zu einem Fortsetzungsfeststellungsantrag zu öffnen.

46  19) Die Stadt S erläßt eine bauordnungsrechtliche Beseitigungsverfügung sowie eine Zwangsgeldandrohung gegen T. Nach Zurückweisung des Widerspruchs und Klageerhebung durch T erklären die Beteiligten in der mündlichen Verhandlung vor dem VG in bezug auf die Zwangsgeldandrohung den Rechtsstreit übereinstimmend für erledigt, weil der Vertreter der Stadt S den VA aufgehoben hat. Bezüglich der Beseitigungsverfügung beantragt T weiterhin die Aufhebung. Das VG hält die Beseitigungsverfügung für rechtmäßig.

1) Soweit die Beteiligten den Rechtsstreit übereinstimmend für erledigt erklärt haben, wird das Verfahren eingestellt. Im übrigen wird die Klage abgewiesen.
2) Die Kosten des Verfahrens haben der Kläger zu ⅔ und die Beklagte zu ⅓ zu tragen.
3) Das Urteil ist wegen der Kosten vorläufig vollstreckbar. Den Beteiligten wird nachgelassen, die Vollstreckung durch Sicherheitsleistung in Höhe der festzusetzenden Kosten abzuwenden, wenn nicht die Gegenseite vor der Vollstreckung Sicherheit in gleicher Höhe leistet.

Hier liegt die nicht selten vorkommende Konstellation einer teilweisen übereinstimmenden Erledigungserklärung vor. Anstatt ein Urteil über den streitigen und einen Beschluß über den für erledigt erklärten Teil zu fertigen, wird in der verwaltungsgerichtlichen Praxis der für erledigt erklärte Teil im Urteil mit abgehandelt und zwar bei der Kostenentscheidung, die sich sowohl aus § 154 f. VwGO als auch aus § 161 Abs. 2 VwGO ergibt. Wegen der Einheitlichkeit der Kostenentscheidung erfolgt keine Aufspaltung der Kosten in den erledigten und den nicht erledigten Teil. In bezug auf den übereinstimmend für erledigt erklärten Teil wird das Verfahren analog § 92 Abs. 3 Satz 1 VwGO eingestellt. Der Ausspruch über die Verfahrenseinstellung wird in den Tenor aufgenommen.

47  Nimmt der Kläger teilweise die Klage zurück, wird entsprechend verfahren. Nach § 92 Abs. 3 Satz 1 VwGO wird das Verfahren eingestellt. Der Tenor lautet: *„Das Verfahren wird eingestellt, soweit der Kläger die Klage zurückgenommen hat. Im übrigen wird die Klage abgewiesen."* Die

---

[108] *Bosch/Schmidt*, § 46 II 1; *Konrad*, JA 1998, 331, 334 empfiehlt eine Hinweispflicht des Gerichts nach § 86 Abs. 3 VwGO, den Kläger zu einem Hilfsantrag auf Feststellung der Rechtswidrigkeit des VAs zu veranlassen.

Kostentragungspflicht im Falle der Klagerücknahme ergibt sich aus § 155 Abs. 2 VwGO.

## § 4 Der Tatbestand

### I. Grundsätzliches

Nach § 117 Abs. 2 Nr. 4, Abs. 3 VwGO enthält das Urteil einen Tatbestand, in dem der Sach- und Streitstand unter Hervorhebung der gestellten Anträge seinem wesentlichen Inhalt nach gedrängt darzustellen ist. Achten Sie zunächst auf den Bearbeitervermerk, ob das Abfassen des Tatbestandes erlassen ist[109].

48

Der Tatbestand hat in erster Linie die Aufgabe, die tatsächlichen und rechtlichen Grundlagen Ihres Lösungsvorschlags geordnet darzustellen. Gleichzeitig soll er einen rechtskundigen Leser ohne Kenntnis der Akten in die Lage versetzen, den Rechtsstreit anhand der mitgeteilten Informationen auch dann zu entscheiden, wenn dieser in einzelnen Rechtsfragen oder bezüglich der Würdigung bestimmter Tatsachen der von Ihnen vertretenen Meinung nicht folgt.

Dazu muß der Tatbestand aus sich heraus verständlich sein. Verweisungen und Bezugnahmen dürfen daher nur solche Einzelheiten betreffen, auf die es für Ihre Entscheidung nicht wesentlich ankommt[110]. Bezugnahmen auf Schriftsätze, Protokolle und andere Unterlagen sind aber unumgänglich, wenn diese sehr umfangreich sind. Die Verweisungen müssen dann allerdings konkret sein (Beispiel: *„Auf die in der Baugenehmigung vom 13. April 2000 enthaltenen Auflagen Nr. 1 – 5 wird Bezug genommen."*). Kommt es in der Klausur also entscheidend auf die Rechtmäßigkeit oder Auslegung einer oder zweier Ziffern eines umfangreichen Vertrages oder einer Verfügung an, so sind nur diese wörtlich wiederzugeben und im übrigen auf den weiteren Text mit Angabe der Blattzahl der Akte Bezug zu nehmen.

Obwohl der Tatbestand gemäß § 117 Abs. 3 Satz 1 VwGO nur in seinem wesentlichen Inhalt darzustellen ist, muß auf jeden Fall die Vollständigkeit gewährleistet sein. Dies stellt die Referendare regelmäßig vor Schwierigkeiten, insbesondere bei Klausuren mit „Überlänge". Gerade in solchen Arbeiten kommt es entscheidend darauf an, Wesentliches von Unwesentlichem zu trennen bzw. einzelne Punkte knapp abzuhandeln. Es dürfte – trotz des Zeitverlusts bei ausführlicher Wiedergabe der Fakten

49

---

[109] Meist in Bayern und Baden-Württemberg, gelegentlich in Brandenburg, Nordrhein-Westfalen, Sachsen, Thüringen und im Saarland.
[110] Vgl. ausführlich *Martens*, Rdnr. 262 f.

und Rechtsansichten der Beteiligten – klar sein, daß ein kurzer Bericht, der alles Wesentliche enthalten soll, mehr Arbeit macht als eine längere Darstellung. Halten Sie sich dennoch unbedingt an diese Regel. Denn der Adressat Ihrer Prüfungsarbeit – der Korrektor – kann eine kurze und gutgefaßte Schilderung besser verwerten. Der Tatbestand der Aufsichtsarbeit wird weithin als ein Prüfstein für schnelle Auffassungsgabe und geistige Disziplin angesehen[111]. Nehmen Sie in den Tatbestand nur Gegebenheiten auf, die für die Entscheidungsgründe wesentlich sind. Dies setzt voraus, daß Ihre Lösung des Falles gedanklich feststeht.

Als Faustformel sollten Sie sich merken, daß der Tatbestand in der Klausur niemals länger sein darf (halten Sie die Klage für unzulässig, ist das zu erstellende Hilfsgutachten mitzuzählen) als die Entscheidungsgründe. Ein „gesundes Verhältnis" bei einer Klausur, die keine besonderen Anforderungen an die Darstellung des Tatbestandes stellt, ist etwa 1/3 Tatbestand und 2/3 Entscheidungsgründe. Im Gegensatz dazu gibt es insbesondere bei Klausuren mit „Überlänge" immer wieder Arbeiten mit einem umgekehrten Verhältnis. Es bedarf keiner besonderen Erwähnung, daß diese Klausuren selten gut bewertet werden (können).

Noch ein paar Worte zum Unterschied zu Zivilurteilen. Im Grundsatz gelten für Form und Aufbau dieselben Regeln wie für den Tatbestand eines Zivilurteils. Allerdings werden im verwaltungsgerichtlichen Urteil auch die Rechtsauffassungen der Beteiligten wiedergegeben, soweit dies zum Verständnis des Streits notwendig ist. Ferner wird die Trennung zwischen Streitigem und Unstreitigem weniger streng gehandhabt, da im Verwaltungsprozeß der Amtsermittlungsgrundsatz (§ 86 VwGO) gilt.

## II. Der Aufbau des Tatbestandes

### 1. Übersicht

50   Der Tatbestand eines verwaltungsgerichtlichen Urteils wird wie folgt aufgebaut:

1) Einleitungssatz
2) Feststehender Sachverhalt
Zeitform: Imperfekt
3) Verfahrensgeschichte
Bescheid, Widerspruch, Widerspruchsbescheid
Zeitform: Imperfekt
Vorbringen der Beteiligten in indirekter Rede

---

[111] *Klein/Czajka*, Seite 27.

4) Klageerhebung
Zeitform: Perfekt
5) Klägervorbringen in indirekter Rede
Zeitform: Präsens
6) Klägerantrag
7) Beklagtenantrag
8) Beklagtenvorbringen in indirekter Rede
Zeitform: Präsens
9) Beigeladenenantrag und Beigeladenenvorbringen
10) Gegebenenfalls Repliken und Dupliken
11) Prozeßgeschichte
Beweiserhebungen, Auskünfte etc.
12) Schlußsatz (§ 117 Abs. 3 Satz 2 VwGO)

## 2. Der Einleitungssatz

Ein kurzer Einleitungssatz, der den Leser über das Begehren des Klägers in Kenntnis setzt, ist nicht zwingend erforderlich, aber in aller Regel der besseren Orientierung wegen sinnvoll[112]. Einen weiteren Vorteil hat der Einleitungssatz: durch seine Verwendung zwingen Sie sich, sich gedankliche Klarheit über den Streitgegenstand zu verschaffen. Ist das Klagebegehren allerdings nicht eindeutig, sondern erst durch Auslegung bzw. Umdeutung zu ermitteln, so sollten Sie einen Einleitungssatz vermeiden[113]. Denn derselbe darf keine vorweggenommene Würdigung aus der Sicht des Gerichts enthalten. Einige Beispiele für Einleitungssätze:

„Der Kläger begehrt die Erteilung einer Sondernutzungserlaubnis."
„Die Klägerin wendet sich gegen eine von dem Beklagten der Beigeladenen erteilte Baugenehmigung."
„Der Kläger wendet sich gegen ein Aufenthalts- und Durchquerungsverbot für bestimmte Bereiche des Stadtgebiets von Berlin."

Unzulässig wertend und im übrigen überladen wäre dagegen folgende Formulierung:

„Die Klägerin wendet sich mit der Anfechtungsklage gegen einen Verwaltungsakt, mit dem von ihr die Kosten für die im Wege der Ersatzvornahme vollzogene Abrißverfügung bezüglich ihres im Außenbereich von Pirna illegal errichteten Wochenendhäuschens angefordert worden sind".

51

---

[112] Unverständlich deshalb *Preusche*, JuS 2000, 170, der Einleitungssätze generell *„für überflüssig und schlecht"* hält.
[113] *Ziegler*, JuS 1999, 481, 485.

## 3. Feststehender Sachverhalt

**52** Nach dem Einleitungssatz folgt die Schilderung derjenigen Teile des Sachverhalts, die das Gericht – ohne Beweisaufnahme – seiner Entscheidung zugrunde legen kann. Wegen des Amtsermittlungsgrundsatzes genügt hier Unstreitigkeit zwischen den Beteiligten nicht immer, vielmehr müssen die entsprechenden Umstände für das Gericht unzweifelhaft feststehen. Der Sachverhalt sollte in der Regel chronologisch wiedergegeben werden.

Prüfungsarbeiten sind hier oft lückenhaft. Ein Beispiel: In einer baurechtlichen Klausur mit Abdruck der Pläne über die Umgebungsbebauung kommt es im Rahmen der Entscheidungsgründe auf eine Einordnung des Gebiets im Sinne der BauNVO an. Um eine Subsumtion unter die einschlägigen Normen der BauNVO vorzunehmen, sind im Tatbestand an dieser Stelle Art und Umfang der Umgebungsbebauung genau zu beschreiben. Der Text könnte etwa lauten:

„Der Kläger ist Eigentümer des Grundstücks PlanNr. 215/5 in Meckenheim, Hauptstraße 2, das mit einem Einfamilienhaus bebaut ist. Der Beigeladene ist Eigentümer des unmittelbar angrenzenden Grundstücks PlanNr.215/7, Hauptstraße 4, das bisher unbebaut ist. In der näheren Umgebung des betreffenden Gebiets, für das es keinen Bebauungsplan gibt, befinden sich ansonsten Ein- und Mehrfamilienhäuser, eine Gaststätte, eine Tankstelle sowie zwei Handwerksbetriebe." Statt wie soeben beschrieben vorzugehen, beginnen viele Referendare gleich mit dem Antrag auf Baugenehmigung und deren Ablehnung. Die – unstreitige – Umgebungsbeschreibung erfolgt, wenn überhaupt, oft lediglich am Rande, d.h. im Rahmen des Beteiligtenvorbringens.

**53** Eine weitere Ungenauigkeit besteht häufig darin, daß ein Teil des feststehenden Sachverhalts in den Klausuren lediglich als Begründung der Behördenentscheidungen mitgeteilt wird. Ein Beispiel:

„Der Kläger ist seit dem 07. Januar 1998 Inhaber einer Waffenerlaubnis. Mit Verfügung vom 02. Februar 2000 widerrief die Beklagte diese Erlaubnis mit der Begründung, der Kläger sei mit Urteil des Amtsgerichts Bad Schwartau vom 30. September 1999 wegen Trunkenheit im Straßenverkehr (BAK 2,7 Promille) zu einer Geldstrafe von 2.000 DM verurteilt worden."

Bei dieser Darstellung bleibt offen, ob die Verurteilung tatsächlich erfolgt ist. Denn die mit der Begründung wiedergegebenen Tatsachen können zweifelsfrei oder umstritten sein. Richtig ist es daher chronologisch vorzugehen und zunächst die Verurteilung als Tatsache im feststehenden Sachverhalt aufzuführen. Erst im Rahmen der Verfahrensgeschichte (s. dazu unten) ist bei der Erwähnung des Widerrufs der Waffenerlaubnis die Begründung kurz wiederzugeben.

Beachten Sie ferner, daß der feststehende Sachverhalt nur Tatsachen, nicht aber Wertungen enthalten darf. Formulierungen wie: *„das Hundegebell ist für die Nachbarn unzumutbar"* oder *„dem Kläger fehlt die erforderliche Zuverlässigkeit zum Betreiben einer Gaststätte"* sind im Tatbestand tabu.

## 4. Die Verfahrensgeschichte

Im Anschluß an den feststehenden Sachverhalt folgt die Darstellung des Verwaltungsverfahrens. Aufgeführt werden müssen die Anträge der Beteiligten im Verwaltungsverfahren, die Entscheidung der Verwaltung in der Regel mit kurzer Begründung, der Widerspruch des Klägers mit Kurzvortrag (eventuell entbehrlich bei ausführlicherer Begründung im Rahmen des Klagevorbringens) sowie der Widerspruchsbescheid mit kurzer Begründung. Geben Sie die in dem Bescheid getroffenen Anordnungen im wesentlichen mit den dort verwendeten Begriffen wieder. Stützt sich der VA auf bestimmte Rechtsgrundlagen, so sind diese anzugeben[114]. Ist ein VA Streitgegenstand, der im Ermessen der Behörde steht, sollten Sie die entscheidungserheblichen Ermessenserwägungen der Behörde anführen. Wurde der Widerspruch ohne verfahrensrechtliche bzw. materiell-rechtliche Besonderheiten zurückgewiesen, so genügt die Formulierung:

> „Den Widerspruch wies der Senator für Bau, Verkehr und Stadtentwicklung mit Widerspruchsbescheid vom 25. Juli 2000 zurück."

Liegt dem Widerspruchsbescheid dagegen ein Verfahrensverstoß zugrunde oder enthält er eine zusätzliche materielle Beschwer (zB. reformatio in peius), so ist dies im Tatbestand anzugeben. Soweit es für die Zulässigkeit des Widerspruchs oder der Klage von Bedeutung ist, ist das Datum der Bekanntgabe oder Zustellung des Bescheids bzw. des Widerspruchsbescheids unbedingt erforderlich, da ansonsten keine Fristenberechnung möglich ist.

## 5. Die Klageerhebung

Die Erfahrung aus zahlreichen Klausurkorrekturen zeigt, daß dieser Punkt im Tatbestand häufig „vergessen" wird. Die Angabe der Klageerhebung darf im Urteil aber nicht fehlen. Achten Sie darauf, als Datum der Klageerhebung den Tag des Eingangs bei Gericht und nicht den Tag, an dem die Klageschrift verfaßt worden ist, anzugeben (s. § 81 VwGO). Fällt das Fristende auf ein Wochenende oder einen Feiertag und ist daher § 222 Abs. 2 ZPO einschlägig, so ist der Wochentag anzugeben („*Der Kläger hat am 07. August 2000, einem Montag, Klage erhoben.*"). Noch genauer, aber umständlich ist folgende Formulierung: „*Die Klägerin hat mit Schriftsatz vom 08. August 2000, bei Gericht eingegangen am 11. August 2000, Klage erhoben.*"

---

[114] *Preusche*, JuS 2000, 170, 171.

## 6. Das Klägervorbringen

**56** Hier sollen Sie die vom Kläger im gerichtlichen Verfahren vorgebrachten Argumente einschließlich der vertretenen Rechtsansichten knapp darstellen. Viele Referendararbeiten sind an dieser Stelle zu breit, der Vortrag der Beteiligten wird oft – aus Bequemlichkeit ? – ohne Änderung übernommen anstatt ihn auf das Wesentliche zu beschränken. Das fällt vor allem dann negativ auf, wenn das Vorbringen der Beteiligten, insbesondere das des Klägers, in allen Einzelheiten ausgebreitet, in den Entscheidungsgründen aber nicht mehr gewürdigt wird. Selbstverständlich gilt dies auch umgekehrt: In den Entscheidungsgründen darf nur berücksichtigt werden, was zuvor im Tatbestand zumindest angerissen wurde. Allerdings muß nicht jedes rechtliche Argument bereits im Tatbestand angezeigt gewesen sein. Beachten Sie aber: Gerade in Prüfungsarbeiten enthalten die Rechtsansichten der Beteiligten regelmäßig wichtige Hinweise zu den Fragen, die in den Entscheidungsgründen zu problematisieren sind.

Der Text lautet im Anschluß an die Formulierung *„Der Kläger hat am 28. Juli 2000 Klage erhoben"* etwa wie folgt: *„Er trägt vor, ..."*, *„er führt aus, ..."* oder *„Er macht geltend, ..."*. Ausdrücke wie *„behaupten"* oder *„vortragen"* sollten Sie zur Kennzeichnung des Tatsachenverlaufs verwenden. Dagegen gebrauchen Sie Begriffe wie *„Meinung"*, *„Auffassung"* oder *„Ansicht"*, wenn die Beteiligten Rechtsansichten wiedergeben. Da der Vortrag des Klägers im Tatbestand auch optisch als einheitlicher Block dargestellt wird, erübrigen sich wiederholte Formulierungen wie *„der Kläger trägt noch vor"* oder *„der Kläger ist weiter der Ansicht"* etc. Sie wirken anfängerhaft.

Haben Sie den Klägervortrag bereits weitgehend im Verwaltungsverfahren abgehandelt, darf er nicht erneut wiedergegeben werden. In diesem Falle formulieren sie etwa so: *„Der Kläger wiederholt sein Vorbringen aus dem Widerspruchsverfahren und trägt ergänzend vor, ..."*.

Sind in der Prüfungsarbeit sowohl Zulässigkeits- als auch Begründetheitsprobleme angesprochen, ist es sinnvoll, auch das Klägervorbringen entsprechend zu gliedern, d.h. zuerst erfolgt der Vortrag zur Verfristung bzw zu den geltend gemachten Wiedereinsetzungsgründen und anschließend zur Sache.

## 7. Der Klägerantrag

**57** Der Klägerantrag ist einschließlich des eventuell gestellten Hilfsantrags eingerückt im tatsächlichen Wortlaut wiederzugeben. Hat der Kläger einen bestimmten Antrag gestellt, so ist er wörtlich zu bringen, auch wenn dieser Antrag Ihrer Auffassung nach nicht sachgerecht ist[115]. Eine Präzi-

---

[115] *Ziegler*, JuS 1999, 481, 486.

sierung oder Modifizierung bleibt der Auslegung (§ 88 VwGO) oder Umdeutung im Rahmen der Entscheidungsgründe vorbehalten. Der Antrag lautet z.b. wie folgt:

„Der Kläger beantragt,
festzustellen, daß er ohne Sondernutzungerlaubnis berechtigt ist, in der Fußgängerzone von Neustadt zu den Ladenöffnungszeiten mit seiner Gitarre zu musizieren,
hilfsweise,
die Beklagte unter Aufhebung des Bescheids vom 17. April 2000 und des Widerspruchsbescheids vom 28. Juli 2000 zu verpflichten, die am 4. April 2000 beantragte Sondernutzungserlaubnis zu erteilen".

Hat der Kläger keinen ausdrücklichen Antrag gestellt oder ist der Antrag sehr ungenau gefaßt (Beispiel: *„Ich weiß mir nicht mehr zu helfen und bitte das Gericht, gegen dieses Schreiben der Beklagten etwas zu unternehmen"*), ist der Antrag im Tatbestand mit seinem sinngemäßen Inhalt wiederzugeben[116]. Die Auslegung des Antrags bleibt wie oben bereits angesprochen den Entscheidungsgründen vorbehalten. Der Antrag ist dann wie folgt zu formulieren: 58

„Der Kläger beantragt sinngemäß,
den Bescheid vom 05. Mai 2000 aufzuheben".

Beachten Sie aber: Ist in der Aufsichtsarbeit ein Sitzungsprotokoll wiedergegeben und ergibt sich daraus ein bestimmter Antrag, so müssen Sie diesen Antrag auch in den Entscheidungsgründen zugrundelegen, d.h. der Antrag ist einer Auslegung oder Umdeutung nicht mehr zugänglich. Dies ist die Konsequenz aus § 86 Abs. 3 VwGO, wonach der Vorsitzende darauf hinzuwirken hat, daß sachdienliche Anträge gestellt werden. Auch aus diesem Grund findet sich in Bearbeitervermerken häufig die Formulierung, dass rechtliche Hinweise – soweit erforderlich – gegeben, aber ohne Ergebnis geblieben sind. 59

Hat der Kläger im Laufe des Verfahrens eine Klageänderung (§ 91 VwGO) vorgenommen – Beispiel: der Kläger, der zunächst den Planfeststellungsbeschluß als ganzes angefochten hat, begehrt zuletzt nur noch die Verpflichtung der Behörde zur Planergänzung –, muß dies im Tatbestand in der sog. vorgezogenen Prozeßgeschichte nach dem streitigen Klägervorbringen und im anschließenden Antrag zum Ausdruck kommen[117]. Ein Formulierungsbeispiel: 60

„Nachdem der Kläger ursprünglich die Aufhebung des Bescheids vom 26. Mai 2000 begehrt hatte, beantragt er zuletzt,
festzustellen, daß der Bescheid vom 26. Mai 2000 rechtswidrig war."[118]

---

[116] So trotz gewisser Bedenken auch *Preusche,* JuS 2000, 170, 172.
[117] Vgl. für das zivilgerichtliche Verfahren *Bernreuther,* JuS 1999, 478, 481.
[118] S. auch *Emde,* JuS 1997, 258.

61　Haben die Beteiligten den Rechtsstreit teilweise übereinstimmend für erledigt erklärt (s. § 161 Abs. 2 VwGO) – Beispiel: der Kläger klagt gegen eine Beseitigungsanordnung nebst Zwangsmittelandrohung, in der mündlichen Verhandlung hebt der Behördenvertreter die Zwangsmittelandrohung auf, nachdem er erfährt, daß der Kläger nicht Alleineigentümer des betreffenden Grundstücks ist –, so können Sie im Anschluß an das Klägervorbringen etwa wie folgt formulieren:

„Nachdem die Beklagte in der mündlichen Verhandlung Ziffer 2 ihres Bescheids vom 11. April 2000 aufgehoben hat und die Beteiligten insoweit den Rechtsstreit übereinstimmend für erledigt erklärt haben, beantragt der Kläger (zuletzt),

den Bescheid vom 11. April 2000, soweit er noch Gegenstand des Verfahrens ist, und den dazu ergangenen Widerspruchsbescheid vom 25. Juli 2000 aufzuheben."

Eine teilweise Klagerücknahme (§ 92 VwGO) des Klägers muß ebenso bei der Antragsstellung zum Ausdruck gebracht werden.

62　Anträge zu den Kosten des Verfahrens sowie zur vorläufigen Vollstreckbarkeit des Urteils, wie sie sich häufig in Schriftsätzen von Rechtsanwälten finden, werden im Tatbestand nicht gebracht; denn darüber entscheidet das *VG* von Amts wegen.

## 8. Der Beklagtenantrag

63　Die Formulierung lautet wie folgt:

„Die Beklagte beantragt,
die Klage abzuweisen."

## 9. Das Beklagtenvorbringen

64　Hier gilt das zum Klägervorbringen Gesagte. Erschöpft sich der Beklagtenvortrag weitgehend in einer Bezugnahme auf den Widerspruchsbescheid und haben Sie bei der Abhandlung der Verfahrensgeschichte die zentrale Begründung des Widerspruchsbescheids wiedergegeben, so genügt an dieser Stelle ein Hinweis („*Sie verweist zur Begründung auf den ergangenen Widerspruchsbescheid und trägt ergänzend vor, ...* ").

## 10. Der Beigeladenenantrag und das Beigeladenenvorbringen

65　Sind am Verfahren Beigeladene beteiligt, so sind deren Anträge und Vorbringen unmittelbar nach dem Beklagtenvortrag darzustellen. Stellt der Beigeladene keinen Antrag, etwa weil er das Kostenrisiko scheut, empfiehlt sich folgende Formulierung: „*Der Beigeladene stellt keinen Antrag. Er macht jedoch geltend, ...* ".

## 11. Repliken und Dupliken

Äußerst selten, aber nicht völlig ausgeschlossen, sind Repliken des Klägers und Dupliken des Beklagten. Hiervon sollten Sie aber nur Gebrauch machen, sofern dies des besseren Verständnisses wegen zwingend erforderlich ist, so z.b. nach einer durchgeführten Beweisaufnahme. Meist genügt die Wendung

„entgegen der Behauptung des Beklagten habe er, der Kläger, keine Kenntnis von dem Baubeginn des Beigeladenen am 11. April 2000 gehabt."

66

## 12. Die Prozeßgeschichte

Hier ist die Entwicklung nach Erhebung der Klage darzustellen, soweit sie für den Ausgang des Verfahrens relevant ist und nicht sinnvoll in Vortrag und Anträge der Beteiligten integriert werden kann (s. oben teilweise Klagerücknahme und teilweise übereinstimmende Erledigungserklärung). Hierzu zählt insbesondere die Beweiserhebung, sofern eine solche stattgefunden hat. Es genügt in diesem Fall die konkrete Bezugnahme auf den Beweisbeschluß und das Protokoll über die Beweisaufnahme[119]. Die entsprechende Formulierung lautet etwa wie folgt:

67

„Das Gericht hat über die Stärke und Dauer der von dem Grundstück des Beigeladenen ausgehenden Lärmemissionen Beweis erhoben durch Einholung eines Sachverständigengutachtens sowie durch Einnahme des Augenscheins. Bezüglich des Ergebnisses der Beweisaufnahme wird auf das Sachverständigengutachten von Prof. Dr. Laut sowie die Niederschrift über den Ortstermin vom 26. April 2000 verwiesen".

In der Prozeßgeschichte aufzuführen ist gegebenenfalls auch der Verzicht der Beteiligten auf die Durchführung einer mündlichen Verhandlung (§ 101 Abs. 2 VwGO), das Einverständnis der Beteiligten mit einer Entscheidung durch den Vorsitzenden bzw. Berichterstatter (§ 87 a Abs. 2 und 3 VwGO) sowie die Übertragung des Rechtsstreits auf den Einzelrichter (§ 6 VwGO)[120].

Der Beiladungsbeschluß ist in der Prozeßgeschichte nicht zu erwähnen, da sich die Beiladung bereits aus dem Rubrum ergibt. Etwas anderes gilt nur dann, wenn die Beiladung so spät erfolgt ist, daß dem Beigeladenen nicht ausreichend rechtliches Gehör gewährt wurde[121].

---

[119] *Pietzner/Ronellenfitsch*, § 20 Rdnr. 11 sehen die in der Praxis üblichen Verweisungen in Examensarbeiten dagegen als unzulässig an.
[120] Diese Angabe dürfte allerdings verzichtbar sein, da sich die Übertragung auf den Einzelrichter bereits aus dem Rubrum ergibt.
[121] *Ramsauer*, Rdnr. 7.12 und 26.05.

### 13. Der Schlußsatz

**68** Nach § 117 Abs. 3 Satz 2 VwGO soll wegen der Einzelheiten auf Schriftsätze, Protokolle und andere Unterlagen verwiesen werden, soweit sich aus ihnen der Sach- und Streitstand ausreichend ergibt. Diese Formulierung sollten Sie allerdings nicht in dem Sinne mißverstehen, daß Sie – eventuell in Zeitnot – pauschal auf den Inhalt der Gerichts- und Verwaltungsakten Bezug nehmen und so den Tatbestand bis zur Unverständlichkeit kürzen. Der Tatbestand muß aus sich heraus verständlich sein und hat alle Fakten zu enthalten, die in den Entscheidungsgründen erörtert werden. Der genannte Schlußsatz lautet z.B.:

„Wegen der weiteren Einzelheiten des Sach- und Streitstandes wird auf den Inhalt der Schriftsätze der Beteiligten sowie der Verwaltungsakten des Beklagten verwiesen. Dieser war Gegenstand der mündlichen Verhandlung."

Die Streitfrage, ob es sich dabei um eine nichtssagende Floskel handelt, oder sie jedenfalls die Beschränkung auf Gerichts- und Verwaltungsakten als Entscheidungsgrundlagen sinnvoll zum Ausdruck bringt, läßt sich gerade im Hinblick auf die Üblichkeit in der Praxis kaum abschließend beantworten. Informieren Sie sich über die in Ihrem Bundesland geltenden Examensanforderungen in Ihrer Arbeitsgemeinschaft[122].

## § 5 Die Entscheidungsgründe

### I. Grundsätzliches

**69** Die Entscheidungsgründe sind das inhaltliche Herzstück jeder Klausur. Hier geht es um die „big points". Es ist darzulegen, nach welchen Rechtsnormen der Rechtsstreit zu entscheiden ist und ihrer Anwendung im Streitfall im einzelnen zu begründen. Die o.g. rheinland-pfälzischen Bewertungskriterien enthalten für das Abfassen der Entscheidungsgründe folgende Grundregeln:

„Bei der Bewertung ist nicht nur auf die richtige Lösung der prozessualen und der materiell-rechtlichen Probleme zu achten, sondern auch auf
– die Einhaltung der Aufbauregeln und die Verwendung des Urteilsstils
– die Schlüssigkeit der Begründung
– die eigenständige Argumentation (die nicht ersetzt wird durch Zitate oder den Hinweis auf die herrschende Meinung)."

---

[122] *Kaufmann*, ThürVBl 1998, 118, 120 lehnt die genannte Formel in seinen Hinweisen für thüringische Referendare ab; ebenso *Ramsauer*, Rdnr. 7.14; *Wahrendorf/Lemke/Lemke*, Fall 1 FN 12 empfehlen dagegen zutreffend die Verwendung der genannten Verweisung unter Hinweis auf die gerichtliche Praxis.

### Erster Abschnitt: Das Urteil

Zentrale Bedeutung kommt also der Verwendung des Urteilsstils zu. Dieser ist keine böswillige Erfindung für Ausbildungs- und Prüfungszwecke[123], sondern die Begründungstechnik, mit der der Leser vom Endergebnis über Zwischenergebnisse zu den jeweils dafür maßgeblichen rechtlichen Erwägungen geführt wird. Verlangt wird eine klare Begründungsstruktur, die gewährleistet, daß der Leser jederzeit darüber orientiert ist, welches Ergebnis bzw. Teilergebnis gerade begründet wird[124].

Die Urteilssprache soll klar und präzise, sachlich und verständlich sein – ohne einerseits in Umgangssprache zu verfallen oder andererseits die Beteiligten durch Verwendung juristischer Fachbegriffe und langer Schachtelsätze zu verwirren und zu belehren. Insbesondere lateinische Fachbegriffe und Fremdwörter sind nur dann akzeptabel, wenn sie allgemein geläufig sind oder im Text erläutert werden. Bilden Sie möglichst kurze Sätze. Verwenden Sie für die gedankliche Verknüpfung „denn" oder „weil". Sind zu einer Rechtsfrage gegenläufige Argumente abzuwägen, bieten sich „Zwar-aber-Sätze" als Einkleidung an.

Da im Urteil grundsätzlich nur die tragenden Gründe mitzuteilen sind (vgl. § 108 Abs. 1 Satz 2 VwGO)[125], muß in den Entscheidungsgründen nicht mehr angeführt werden, als zur Begründung des Tenors erforderlich ist. Nur die zweifelhaften tatsächlichen und rechtlichen Fragen sind abzuhandeln. Dies bedeutet, daß an sich vorrangige Fragen offenbleiben dürfen, wenn es für die Entscheidung im Ergebnis nicht auf sie ankommt – so verfahren die Gerichte in der Praxis auch. Andererseits haben die Beteiligten Anspruch auf rechtliches Gehör, auch der von ihnen vertretenen Rechtsansichten. Dementsprechend verpflichtet § 108 Abs. 2 VwGO das Gericht, den Vortrag der Beteiligten zur Kenntnis zu nehmen. Dazu zählt auch ein „neben der Sache liegendes Vorbringen", das allerdings sehr kurz abgehandelt werden sollte, um die Schwerpunkte nicht zu verschieben.

In Examensklausuren ist besonderes Augenmerk auf die Rechtsansichten der Parteien zu richten, die sich im Vergleich zu Schriftsätzen aus der gerichtlichen Praxis besonders häufig und umfangreich finden. Zum Teil sind sie gezielt eingearbeitet, um die Kandidaten auf bestimmte Rechtsprobleme und die dazu vertretenen Auffassungen hinzuweisen. Außerdem sollen nach den Bearbeitervermerken regelmäßig auf alle im Sachverhalt angesprochenen Punkte eingegangen werden. Dies bedeutet, daß in der Klausur auch solcher Vortrag der Beteiligten zu erörtern ist, der die Entscheidung nicht trägt (ansonsten müßten Sie diese Punkte in einem

---

[123] *Adam* in: *Proppe/Solbach*, Seite 53.
[124] *Ramsauer*, Rdnr. 8.02 ff.
[125] Eine Ausnahme hiervon sieht § 117 Abs. 5 VwGO vor, wonach das Gericht von einer weiteren Darstellung der Entscheidungsgründe absehen kann, soweit es der Begründung des VAs oder des Widerspruchsbescheids folgt und dies in seiner Entscheidung feststellt. Es bedarf keiner besonderen Begründung, daß in der Assessorklausur hiervon kein Gebrauch gemacht werden kann.

Hilfsgutachten abhandeln). Nur an wichtigen Stellen ist es auch angemessen, die Herkunft einzelner Argumente oder Behauptungen konkret zu benennen, etwa wie folgt:

> „Die Beklagte hat zu Recht darauf hingewiesen …"
> „Entgegen der Auffassung des Klägers …"
> „Das Gericht ist mit dem Kläger der Meinung …"
> „Insofern kann die Behauptung des Klägers, …, dahinstehen".
> „Aufgrund der vorstehenden Ausführungen kommt es auf die von dem Kläger in seinem Schriftsatz vom … aufgeworfene Rechtsfrage zur materiellen Wirksamkeit des Bescheids nicht mehr an".

Derartige Formulierungen taugen aber nicht dazu, die Darstellung nebensächlicher Punkte „lebendiger" zu machen. Die allzu häufige Verwendung wirkt nämlich anfängerhaft und birgt die Gefahr, daß die Urteilsgründe zum argumentativen Schlagabtausch mit den Beteiligten selbst geraten, anstatt sich sachlich mit den Inhalten der von ihnen vertretenen Auffassungen auseinander zu setzen.

73   Ihre Argumentation hat sich stets am Sachverhalt zu orientieren; sie muß klar und nachvollziehbar sein. Die einschlägigen Normen sind exakt zu zitieren, d.h. es genügt nicht, lediglich den Paragraphen zu nennen, wenn dieser über mehrere Absätze bzw. Sätze oder Ziffern verfügt (z.B. § 48 VwVfG). Viele Prüfer reagieren allergisch auf diese schlampige Arbeitsweise. Die Normen sind ferner, soweit sie im konkreten Fall nicht nur von untergeordneter Bedeutung sind, im Wortlaut wiederzugeben. Anschließend erfolgt die Subsumtion des Falles. Subsumieren bedeutet, daß der Gesetzes- bzw. Verordnungstatbestand mit dem Sachverhalt verglichen und daraus eine Rechtsfolge abgeleitet wird[126]. Das setzt selbstverständlich voraus, daß Sie die zu subsumierende Norm genau lesen. Hiergegen wird jedoch viel zu oft verstoßen, insbesondere bei komplizierten Normen wie z.B. § 214 BauGB.

74   Für die Bewertung einer Klausur kommt es vor allem auf die Qualität der Urteilsgründe und der argumentativen Begründung des Ergebnisses an; dazu tragen der Verweis auf eine „herrschende Meinung" oder „Mindermeinung" genauso wenig bei wie wortwörtliche Zitate aus dieser oder jener Kommentarstelle. Letztere machen ausnahmsweise dann Sinn, wenn ein Kommentarbearbeiter sich ausdrücklich mit einer bestimmten Rechtsprechungs- oder Literaturmeinung auseinandersetzt und Stellung bezieht; unzulässig ist es aber in jedem Fall, Rechtsprechungsnachweise aus einem Kommentar konkret zu zitieren, denn diese steht im Original nicht zur Verfügung. Im übrigen ist es Ihre Aufgabe, die Anwendbarkeit einer Norm auf den konkreten Sachverhalt zu begründen. Oftmals werden gute Argumente für eine Lösung sprechen, die den Weg zur Erörterung weiterer im Klausurtext angesprochener Probleme eröffnet, die an-

---

[126] Decker, JA 1997, 969, 973 m.w.N.

dernfalls als Hilfsgutachten abzuhandeln wären (z. B. Klageabweisung, wenn im Klausurtext von einer hilfsweisen Aufrechnungserklärung des Klägers die Rede ist). Bedenken Sie aber: Wer krampfhaft ein bestimmtes Ergebnis zu begründen sucht, aus klausurtaktischen Erwägungen oder weil er die „Lösung" des Falles aus einer zuvor gelesenen Entscheidung zu kennen meint, verstellt sich oft den Weg zu den tatsächlichen Problemen des Falls. Überzeugend argumentieren wird am ehesten, wer selbst von der Tragfähigkeit der eigenen Lösung überzeugt ist. Dazu sind die einzelnen Argumente aufzuzeigen, gegenüberzustellen, abzuwägen und zu einer schlüssigen und nachvollziehbaren Begründung zusammenzuführen. Dies erfolgt in der Regel anhand der anerkannten Auslegungskriterien Wortlaut, Systematik, Sinn und Zweck einer Vorschrift, seltener deren Entstehungsgeschichte. Zur Ausfüllung wertender Tatbestandsmerkmale ist verschiedentlich eine Güter- und Interessenabwägung im Einzelfall vorzunehmen, gegebenenfalls auch die analoge Anwendung einer Norm zu prüfen.

Die Darstellung von Meinungsstreiten in der Prüfungsarbeit folgt keinem starren Schema. Überprüfen Sie zunächst gedanklich, ob es in dem zu entscheidenden Fall überhaupt auf eine Auseinandersetzung mit den unterschiedlichen Rechtsstandpunkten ankommt. Ist dies zu verneinen, genügt ein kurzer Anriß des Problems. Damit geben Sie dem Prüfer zu erkennen, daß Ihnen die streitige Rechtsfrage zwar bekannt ist, Sie aber souverän genug sind, auf den Meinungsstreit nicht näher einzugehen, wenn es hierauf nicht ankommt. Ein Beispiel: In Rechtsprechung und Literatur besteht Einigkeit, daß es im öffentlichen Recht den sog. öffentlich-rechtlichen Abwehranspruch (bzw. Folgenbeseitigungsanspruch) gibt. Zum Teil wird die Rechtsgrundlage hierfür in §§ 906, 1004 BGB analog gesehen, nach aA wird er aus den Freiheitsgrundrechten hergeleitet. Es ist offenkundig, daß es in einer Examensarbeit in der Assessorprüfung nicht auf diesen akademischen Streit ankommt, der trotz unterschiedlicher Begründung zu gleichen Ergebnissen führt. Gleichwohl ist die Rechtsgrundlage des öffentlich-rechtlichen Abwehranspruchs zu nennen. Dies kann etwa wie folgt geschehen:

„Die Voraussetzungen des öffentlich-rechtlichen Abwehranspruchs, der seine Rechtsgrundlage entweder in den Freiheitsgrundrechten oder den §§ 906, 1004 BGB analog findet, sind gegeben. ............"

Führt ein Meinungsstreit dagegen im konkret zu entscheidenden Fall zu unterschiedlichen Ergebnissen, genügt ein schlichter Verweis auf die herrschende Meinung nicht. Hier müssen Sie Farbe bekennen, indem Sie die verschiedenen Auffassungen mit den entsprechenden Argumenten darstellen und danach eine eigene Stellungnahme abgeben. Dabei gibt es keine verbindliche Reihenfolge der Darstellung[127].

---

[127] *Knödler*, JuS 2000, L 65, 67.

76 Hierzu ein Beispiel, das häufiger in Examensarbeiten vorkommt: Der Widerspruch des Klägers war zwar verfristet, die Widerspruchsbehörde hat den Widerspruch aber in der Sache zurückgewiesen.

„Der Zulässigkeit der Klage steht nicht die nicht ordnungsgemäße Durchführung des Vorverfahrens entgegen. Zwar war der Widerspruch der Klägerin unzweifelhaft verfristet. Der Bescheid war ihr ordnungsgemäß am 15. März 2000 per Einschreiben (§ 1 SachsAnhVwZG i.V.m. § 4 VwZG) zugestellt worden, so daß die einmonatige Widerspruchsfrist des § 70 Abs. 1 VwGO am Montag, dem 17. April 2000 ablief (vgl. § 57 Abs. 2 VwGO i.V.m. § 222 Abs.2 ZPO). Das am 19. April 2000 bei dem Beklagten eingegangene Widerspruchsschreiben ging somit zu spät ein. Die Widerspruchsbehörde war gleichwohl berechtigt, über den Widerspruch in der Sache zu entscheiden. Die Frage, ob ein verspätet erhobener Widerspruch zwingend als unzulässig zurückgewiesen werden muß[128] oder ob der Widerspruchsbehörde die Befugnis zusteht, den Widerspruch trotz der Verfristung sachlich zu bescheiden mit der Folge, daß dem Betroffenen die verwaltungsgerichtliche Klagemöglichkeit eröffnet ist, wird in Rechtsprechung und Literatur unterschiedlich beurteilt. Nach einer Auffassung steht die Fristvorschrift des § 70 VwGO nicht zur Disposition der Widerspruchsbehörde, denn die Befristung diene nicht nur den Interessen der Widerspruchsbehörde, sondern auch denen der Ausgangsbehörde und beteiligter Dritter an Bestandsschutz und Rechtssicherheit und darüber hinaus dem übergeordneten öffentlichen Interesse an Vermeidung uferloser Prozessierens und übermäßiger Inanspruchnahme der Verwaltungsgerichte[129]. Nach der herrschenden Gegenmeinung ist die Widerspruchsbehörde dagegen grundsätzlich nicht gehindert, einen verspätet erhobenen Widerspruch sachlich zu bescheiden[130], denn in Widerspruchsverfahren, die (nur) das Verhältnis zwischen der Behörde und dem durch den Verwaltungsakt Betroffenen berühren, diene die Widerspruchsfrist vornehmlich dem Schutz der Behörde selbst mit der Folge, daß es ihr als Herrin des Verfahrens freistehe, sich entweder mit dem Ergebnis der Unzulässigkeit des Widerspruchs auf die Fristversäumnis zu berufen oder unter Außerachtlassung der Fristversäumnis zur Sache selbst zu entscheiden. Die Widerspruchsbehörde ist nach dieser Ansicht nur dann nicht befugt, eine Sachentscheidung über den verfristeten Widerspruch zu treffen, wenn ein schutzwürdiger Dritter infolge des verspätet erhobenen Widerspruchs des Betroffenen eine bestandskräftige Position erlangt hat[131]. Dieser überzeugenden Auffassung schließt sich die Kammer an. Maßgeblich ist, daß der Widerspruchsbehörde die volle Prüfungs- und Entscheidungskompetenz der Ausgangsbehörde zukommt und nach den §§ 48, 51 VwVfG auch bestandskräftige Verwaltungsakte aufgehoben werden können bzw. das Verfahren wiederaufgegriffen werden kann. Die Einhaltung der Widerspruchsfrist ist ferner gerade keine vom Verwaltungsgericht von Amts wegen zu prüfende Sachurteilsvoraussetzung. Dies hat zur Folge, daß die Klage gegen den Ursprungsbescheid im Falle der sachlichen Bescheidung des Widerspruchs durch die Widerspruchsbehörde nicht als unzulässig abgewiesen werden darf[132]."

77 Entscheidende Bedeutung in der Prüfungsarbeit kommt der richtigen Schwerpunktbildung zu. In der Regel enthält eine Klausur fünf bis acht im Sachverhalt meist ausdrücklich angesprochene Schwerpunkte. Auf

---

[128] Eine solche Verpflichtung sieht § 367 Abs. 2 AO ausdrücklich vor.
[129] S. *Pietzner/Ronellenfitsch*, § 42 Rdnr. 8 ff.; *Dolde* in: *Schoch*, § 70 Rdnr. 40.
[130] S. *BVerwG*, NVwZ 1983, 285 und 608, NVwZ-RR 1989, 85.
[131] Z.B. *BVerwG*, NVwZ-RR 1989, 85 und BayVBl 1999, 58; zu einer weiteren – allerdings umstrittenen – Einschränkung s. *OVG Koblenz*, NVwZ-RR 1994, 47.
[132] Vgl. zu dieser Thematik auch die Klausur „Spielhalle im allgemeinen Wohngebiet", VBlBW 1997, 33.

diese sollten Sie sich konzentrieren und Ihren Begründungsaufwand entsprechend ausrichten. Beziehen Sie in Ihre Ausführungen stets den konkreten Sachverhalt ein, d.h. argumentieren Sie niemals losgelöst vom Fall. Ihr Argumentationsaufwand muß um so größer sein, je eher mit Widerstand gegen die vertretene Lösung zu rechnen ist. Zur richtigen Schwerpunktbildung in der öffentlich-rechtlichen Klausur eine Anmerkung von *Proppe*[133]:

> „Viele Klausuren leiden in den Entscheidungsgründen darunter, daß Nebensächlichkeiten, zum Teil sogar Belanglosigkeiten eingehend erörtert, die wahren Probleme aber recht stiefmütterlich behandelt werden. Sicherlich ist es eine Kunst, Wesentliches seiner Bedeutung nach eingehend zu erörtern, Unwesentliches hingegen wegzulassen oder nur zu streifen, mit anderen Worten die Schwerpunkte richtig zu setzen. Gerade in der Aufsichtsarbeit fällt dem Kandidaten häufig zu nebensächlichen Fragen manches ein, das er zu Papier bringen möchte, während die wahren Probleme bisweilen nicht oder nicht richtig erfaßt werden. Wen wundert es da, daß der Kandidat, um überhaupt eine Leistung zu erbringen, auf Nebenschauplätze ausweicht. Gute Noten sind damit allerdings nicht zu erreichen. Im Gegenteil, eine Bearbeitung, die sich überwiegend mit Nebensächlichkeiten aufhält und die Schwerpunkte nicht richtig setzt, wird eine erhebliche Noteneinbuße erfahren."

Hat in dem der Klausur zugrunde liegenden Fall eine Beweisaufnahme (Augenscheinseinnahme, Einholung eines Sachverständigengutachtens) stattgefunden, so müssen Sie sich hiermit in der Urteilsbegründung auseinandersetzen. Dabei genügt nicht einfach der Satz „*Nach den Angaben des Gutachters Dr. Laut ist die Lärmbelästigung unzumutbar*". Die Ausführungen des Sachverständigen dürfen nicht ungeprüft übernommen werden, vielmehr ist deutlich zum Ausdruck zu bringen, daß das Gericht eine eigenen Entscheidung trifft. Formulieren Sie etwa wie folgt:

> „Wie der Sachverständige in seinem Gutachten vom 04. Mai 2000 ausgeführt hat, ist zu erwarten, daß der Kläger auch in Zukunft erheblich gegen verkehrsrechtliche Vorschriften verstoßen wird. Er stützt diese Bewertung u.a. auf ... Das Gutachten ist schlüssig und nachvollziehbar, so daß sich die Kammer die Ausführungen des Sachverständigen zu eigen macht."

Erhebt ein Beteiligter Einwendungen gegen die Richtigkeit eines Gutachtens, so hat das Gericht sich hiermit auseinanderzusetzen und muß gegebenenfalls dartun, warum es den Ausführungen des Sachverständigen folgt oder nicht („*Der Ansicht des Klägers, das Gutachten könne nicht verwertet werden, weil der Sachverständige es unterlassen habe, .......*, *kann nicht gefolgt werden, weil ...*)."

---

[133] *Proppe*, JA 1993, 199, 200.

## II. Die Erörterung spezieller Prozeßfragen

**79** Vor den eigentlichen Entscheidungsgründen zu Zulässigkeit und Begründetheit einer Klage sind besondere Prozeßfragen anzusprechen, sofern der Sachverhalt hierzu Anlaß bietet. Hierzu gehören die Darstellung des Verzichts auf mündliche Verhandlung, der Entscheidung des Gerichts trotz Abwesenheit von Beteiligten, einer teilweisen Verfahrenseinstellung, einer Rubrumsberichtigung oder Klageänderung sowie gegebenenfalls Ausführungen dazu, daß die Streitsache noch anhängig ist.

Formulieren Sie bei einer Entscheidung trotz Abwesenheit von Beteiligten bzw. bei Verzicht auf mündliche Verhandlung z.B. wie folgt:

„Das Gericht konnte trotz Ausbleibens des Klägers in der mündlichen Verhandlung vom 25. August 2000 verhandeln und entscheiden, da der Kläger rechtzeitig und unter Hinweis auf § 102 Abs. 2 VwGO geladen worden ist."

„Die Klage, über die das Gericht im Einverständnis der Beteiligten ohne mündliche Verhandlung entscheiden konnte, da die Beteiligten hiermit einverstanden sind (§ 101 Abs. 2 VwGO), ist zulässig ..."

Hat der Kläger die Klage teilweise zurückgenommen oder haben die Beteiligten den Rechtsstreit teilweise übereinstimmend für erledigt erklärt[134], so wird das Verfahren teilweise eingestellt. Dies ist zu Beginn der Entscheidungsgründe etwa so anzusprechen:

„Soweit die Beteiligten den Rechtsstreit in der Hauptsache übereinstimmend für erledigt erklärt haben, war das Verfahren in entsprechender Anwendung des § 92 Abs. 3 Satz 1 VwGO einzustellen.

Hinsichtlich des noch zur Entscheidung gestellten verbleibenden Streitgegenstandes ist die Klage zwar zulässig, in der Sache aber unbegründet."

**80** Denkbar ist auch eine Fallgestaltung, in der das VG in der mündlichen Verhandlung, in der die Anträge gestellt wurden, einen Verkündungstermin anberaumt und der Kläger vor diesem Termin die Klage zurücknimmt, der Beklagte dieser Rücknahme aber widerspricht. In diesem Fall ist aufgrund der Vorschrift des § 92 Abs. 1 Satz 2 VwGO[135] die Klagerücknahme unwirksam und die Klage damit zulässig, sofern nicht ein anderer Grund der Zulässigkeit der Klage entgegensteht. Die Frage nach der fortdauernden Anhängigkeit der Klage ist sinnvollerweise am Anfang der Entscheidungsgründe zu beantworten, da bei wirksamer Klagerücknahme kein Urteil zu fertigen wäre. Formulierungsbeispiel:

„Das erkennende Gericht war trotz der mit Schriftsatz des Klägers vom 21. Juli 2000 erfolgten Klagerücknahme verpflichtet, über die Rechtmäßigkeit des Bescheids vom 10. Januar 2000 zu entscheiden, da die Klagerücknahme des Klägers unwirksam ist.

---

[134] Bei übereinstimmender Erledigungserklärung des Verfahrens insgesamt wird gemäß § 161 Abs. 2 VwGO im Beschlußwege nur noch über die Kosten des Verfahrens entschieden; s. hierzu Rdnr. 289 f.

[135] Vgl. hierzu die kritischen Anmerkungen von *Kopp/Schenke*, § 92 Rdnr. 12.

Gemäß § 92 Abs. 1 Satz 2 VwGO setzt die Klagerücknahme nach Stellung der Anträge in der mündlichen Verhandlung die Einwilligung des Beklagten voraus. Diese Voraussetzungen liegen hier nicht vor. Denn der Beklagte hat nach der mündlichen Verhandlung vom 18. Juli 2000, in der die Beteiligten die Anträge gestellt hatten und das Gericht Verkündungstermin auf den 01. August 2000 bestimmt hatte, der am 21. Juli 2000 erfolgten Klagerücknahme des Klägers mit Schriftsatz vom 27. Juli 2000 widersprochen."

Zu Beginn der Entscheidungsgründe ist ferner eine im Rubrum vorgenommene Berichtigung der Parteienbezeichnungen zu erläutern, auch wenn dies häufig mit der Frage der Beteiligungsfähigkeit nach § 61 VwGO zusammenhängt. Als Faustregel sollten Sie sich merken, daß immer dann, wenn Sie das Rubrum berichtigt haben, die Frage der Beteiligungsfähigkeit der betreffenden Partei in den Entscheidungsgründen vorgezogen wird. Problematisieren Sie die Beteiligungsfähigkeit, ohne das Rubrum zu berichtigen, erörtern Sie diesen Prüfungspunkt wie üblich nach der Statthaftigkeit der Klageart bzw. der Klagebefugnis. Ein Beispiel für eine Rubrumsberichtigung: Da eine Wohnungseigentümergemeinschaft als solche nicht beteiligungsfähig ist[136], sind im Rubrum die einzelnen Wohnungseigentümer aufzuführen. Ist in der Klageschrift stattdessen die Wohnungseigentümergemeinschaft angegeben, so ist dies richtigzustellen.

81

„Das Rubrum ist auf der Klägerseite von Amts wegen zu berichtigen. Die Klage ist zwar ausweislich der Klageschrift von der „Wohnungseigentümergemeinschaft Potsdamer Straße" erhoben worden. Eine Wohnungseigentümergemeinschaft besitzt als Gemeinschaft i.S. der §§ 741 ff. BGB jedoch keine eigene Rechtspersönlichkeit und ist auch nicht beteiligtenfähig i.S. des § 61 Nr. 1 VwGO, da ihr keine von ihren Mitgliedern abgesonderte Rechte oder Pflichten zugeordnet werden; Träger der Rechte und Pflichten sind vielmehr die Mitglieder. Eine Auslegung der in der Klageschrift enthaltenen Parteibezeichnung als prozessualer Willenserklärung ergibt daher, daß Kläger in Wahrheit die Mitglieder der nicht rechtsfähigen Wohnungseigentümergemeinschaft als natürliche Personen sind. Die Angabe „Wohnungseigentümergemeinschaft" ist insoweit nur eine kurze zusammenfassende Bezeichnung der das Klageverfahren betreibenden Wohnungseigentümer. Mit dieser Kurzbezeichnung sind die wahren Kläger, nämlich die zur Gemeinschaft gehörenden Wohnungseigentümer, ausreichend benannt".

Ein weiteres Beispiel für den Fall, daß der Kläger in der Klageschrift den Rechtsträger als Beklagten aufgeführt hat, nach Landesrecht die Klage aber gegen die Behörde zu richten ist:

„Das Rubrum ist auf der Beklagtenseite von Amts wegen zu berichtigen. Beklagter ist nicht der Kreis Siegen-Wittgenstein, vertreten durch den Oberkreisdirektor, sondern der Oberkreisdirektor des Kreises Siegen-Wittgenstein selbst. Nach § 61 Nr. 3 VwGO sind Behörden beteiligungsfähig, sofern das Landesrecht dies bestimmt. Hiervon hat der nordrhein-westfälische Gesetzgeber in § 5 Abs. 1 AGVwGO Gebrauch gemacht. Nach Abs. 2 Satz 1 der genannten Vorschrift sind u.a. Anfechtungsklagen gegen die Behörde zu richten, die den angefochtenen Verwaltungsakt – hier die bauaufsichtliche Beseitigungsanordnung – erlassen hat. Dementsprechend ist im Rubrum statt des Kreises Siegen-Wittgenstein der Oberkreisdirektor dieses Kreises als Beklagter aufzu-

---

[136] Vgl. *VGH München*, BayVBl 1994, 150; *VGH Kassel*, NJW 1984, 1645.

führen. Darin liegt kein Austausch des Beklagten, dem das Verbot der Klageänderung (auch in Gestalt eines Parteiwechsels) entgegenstünde (§ 91 VwGO). Mit der Änderung des Rubrums wird vielmehr lediglich klargestellt, daß die bisher als Vertreterin der beklagten Körperschaft bezeichnete Behörde selbst die Rechtsstellung eines Beteiligten hat".

### III. Auslegung des Klagebegehrens und Klageänderung

82   Vor Eintritt in die rechtliche Würdigung ist, sofern erforderlich, in einem „Vorspruch" zur Auslegung der dem Klagebegehren entsprechenden Anträge Stellung zu nehmen[137]. Nach § 88 VwGO darf das Gericht über das Klagebegehren nicht hinausgehen, ist aber an die Fassung der Anträge nicht gebunden. Damit soll sichergestellt werden, daß das Klagebegehren im Rahmen eines bestehenden Prozeßrechtsverhältnisses sachdienlich verfolgt werden kann. Das Gericht hat das im Klageantrag und im gesamten Parteivorbringen zum Ausdruck kommende Rechtsschutzziel zu ermitteln und seiner Entscheidung zugrunde zu legen[138]. In Betracht kommt daher z.B. die Auslegung einer Anfechtungsklage als Verpflichtungsklage[139]:

> „Der Kläger begehrt bei verständiger Würdigung die Verpflichtung der Beklagten zur Erteilung einer wasserrechtlichen Erlaubnis. Zwar hat er dies in der Klageschrift vom 08. August 2000 nicht hinreichend zum Ausdruck gebracht, da er lediglich die Aufhebung des Versagungsbescheids und des Widerspruchsbescheids beantragt hat. Sein Antrag ist jedoch gemäß § 88 VwGO entsprechend auszulegen, da die bloße Aufhebung des Versagungsbescheids und des Widerspruchsbescheids seinem tatsächlichen Klagebegehren nicht entspricht. Das so verstandene Begehren hat Erfolg ..."

Die Vorschrift des § 88 VwGO legitimiert den Richter jedoch nicht, die Grenzen der Auslegung zu überschreiten und z.B. einen weiteren, bisher noch nicht benannten Beklagten in das Verfahren einzubeziehen[140]. Etwas anderes gilt nach der Rechtsprechung des *BVerwG* nur dann, wenn der Beklagte in der Klageschrift widersprüchlich bezeichnet ist. Dann soll derjenige als verklagt gelten, der nach dem Inhalt der Klage der richtige Beklagte ist[141].

In der Regel enthält der Bearbeitervermerk den folgenden wichtigen Hinweis: „Hält der Bearbeiter die Wahrnehmung der richterlichen Aufklärungspflicht oder Beweiserhebungen für erforderlich, so ist dies zu erörtern, alsdann jedoch zu unterstellen, daß ihre Durchführung erfolglos geblieben ist." Daraus folgt für die Auslegung des Klagebegehrens:

---

[137] *Ziegler*, JuS 1999, 481, 486.
[138] Z.B. *BVerwG*, NVwZ 1993, 781.
[139] S. weitere Beispiele bei *Kopp/Schenke*, § 88 Rdnr. 3; zur Auslegung des Klagebegehrens allg. siehe auch *Schmid* in: *Sodan/Ziekow*, § 88 Rdnr. 1 ff.
[140] S. *BVerfG*, NVwZ 1992, 259.
[141] *Buchholz* 310 § 82 VwGO Nr. 11.

Ist ein ausdrücklich vom Kläger in der mündlichen Verhandlung gestellter Antrag nicht sachgerecht, so ist er nicht mehr auslegungsfähig. Denn das Gericht ist, wie ausgeführt, lediglich befugt, auf die Stellung sachdienlicher Anträge hinzuweisen, darf aber nicht von dem tatsächlich gestellten Klageantrag des Klägers abweichen. Stellt der Kläger in der mündlichen Verhandlung trotz Belehrung durch das Gericht keinen Antrag nach § 82 Abs. 1 VwGO – diese Fallgestaltung dürfte in der Klausur allerdings von vornherein ausscheiden –, so ist die Klage als unzulässig abzuweisen[142]. Haben die Beteiligten auf die Durchführung einer mündlichen Verhandlung verzichtet oder ist der Kläger zur mündlichen Verhandlung nicht erschienen und hat er keinen oder einen nicht sachgerechten Antrag gestellt, müssen Sie den Antrag präzisieren und aufgrund des Gebotes der Effektivität des Rechtsschutzes entsprechend dem tatsächlichen Klageziel des Klägers auslegen bzw. umdeuten. Von Rechtsanwälten gestellte Anträge sind in der Regel einem strengeren Maßstab zu unterwerfen; die Umdeutung von Anträgen ist hier nur ausnahmsweise möglich[143].

Die Bestimmung des § 88 VwGO ist gegebenenfalls auch bei der Frage heranzuziehen, ob ein geändertes Klagebegehren als Klageänderung nach § 91 VwGO anzusehen ist. § 91 VwGO ist nur anwendbar, wenn das „neue Klagebegehren" sich bei der gebotenen Auslegung des ursprünglichen Vorbringens im Hinblick auf das erkennbare Klageziel nicht als bloße Klarstellung oder Beschränkung des Streitgegenstandes oder als bloße Berichtigung der Anträge darstellt[144]. Keine Klageänderung nach § 91 VwGO liegt z.B. in der bloßen Beschränkung oder Erweiterung des Klageantrags nach § 173 VwGO i.V.m. § 264 ZPO wie dem Übergang von der Leistungsklage in eine Verpflichtungsklage oder zur Feststellungsklage. Gleiches gilt für den Wechsel von der Verpflichtungsklage zur Fortsetzungsfeststellungsklage. Ferner ist weder der Übergang vom Sachantrag zur Erledigungserklärung oder zum Erledigungsfeststellungsantrag[145] noch die Rückkehr vom Erledigungsfeststellungsantrag zum Sachantrag an die Voraussetzungen des § 91 VwGO gebunden[146].

Ein Formulierungsbeispiel:

„Die einseitig, unter Widerspruch der Beklagten abgegebene Erklärung des Klägers, das anhängige Klageverfahren habe sich in der Hauptsache erledigt, stellt keine den Vorschriften des § 91 VwGO unterliegende Klageänderung, sondern eine Beschränkung des Klageantrags nach § 173 VwGO i.V.m. § 264 Nr. 2 ZPO dar. An die Stelle des durch den ursprünglichen Rechtsschutzantrag bestimmten bisherigen Streitgegenstandes – der Streit um die Freistellung des Klägers vom Wehrdienst wegen der beabsichtig-

---

[142] Vgl. *Kopp/Schenke*, § 82 Rdnr. 10.
[143] *BVerwG*, Buchholz 310 § 88 Nr. 17.
[144] *Kopp/Schenke*, § 91 Rdnr. 3.
[145] *BVerwG*, NVwZ 1989, 862.
[146] *BVerwG*, NVwZ 1998, 1082 m.w.N.

ten Teilnahme am Ausbildungslehrgang für Fahrlehreranwärter beim Deutschen Kraftfahrbildungsinstitut in Magdeburg am 25. März 2000 – tritt der Streit über die Behauptung, durch die Absage des Lehrgangs sei seinem Begehren der Boden entzogen worden."

84  Liegt dagegen eine Klageänderung im Sinne des § 91 VwGO vor, ist ihre Zulässigkeit nicht anhand eines starren Schemas zu erörtern. Denn die Klageänderung kann sich zum einen auf die statthafte Klageart, den Klageumfang – z.b. Erweiterung des Klagegrundes –, zum anderen aber auch auf den Wechsel des Klägers oder des Beklagten bzw. die Einbeziehung eines weiteren Klägers oder Beklagten[147] beziehen.

Die Zulassung einer Klageänderung hat vor allem prozeßökonomische Ziele. Sie soll die Möglichkeit eröffnen, einen bereits rechtshängig gewordenen Streit möglichst umfassend aus der Welt zu schaffen[148]. Die Klageänderung ist daher nach § 91 Abs. 1 VwGO zulässig, wenn die übrigen Beteiligten einwilligen oder das Gericht die Änderung für sachdienlich hält. Die Einwilligung der Beteiligten kann auch stillschweigend erfolgen, etwa in Form der rügelosen Einlassung zur geänderten Klage[149]. Ist dies in der Prüfungsaufgabe nicht der Fall oder hat etwa der Beklagte der Klageänderung ausdrücklich widersprochen, so müssen Sie sich mit der Sachdienlichkeit auseinandersetzen. Eine Klageänderung ist regelmäßig sachdienlich, wenn sich die Beurteilungslagen rechtlich und tatsächlich nicht oder doch nur unwesentlich geändert haben[150]. So ist z.B. die subjektive Klageänderung durch Eintritt der neuen Bauherrschaft an die Stelle der alten Bauherrschaft sachdienlich im Sinne der genannten Vorschrift[151]. Gegen die Sachdienlichkeit einer Klageänderung spricht es, wenn ein völlig neuer Streitstoff zur Beurteilung und Entscheidung gestellt wird, ohne für den das Ergebnis der bisherigen Prozeßführung nicht verwertet werden könnte[152]. Drei Formulierungsbeispiele:

„Der Entscheidung war der von der Klägerin zuletzt in der mündlichen Verhandlung gestellte Antrag zugrunde zu legen. Zwar hat die Beklagte der Klageänderung widersprochen. Diese ist jedoch nach § 91 Abs. 1 2. Alt. VwGO zulässig, da der Streitstoff im wesentlichen derselbe bleibt und die Klageänderung die endgültige Erledigung des Streits fördert".

„Die Zulässigkeit der Klage scheitert weiter nicht daran, daß die Kläger zunächst das Land Baden-Württemberg als Beklagten bezeichnet und erst später ihre Klage richtigerweise gegen den beklagten Landkreis gerichtet haben. Das Auswechseln des Beklagten ist wie eine Klageänderung (§ 91 VwGO) zu behandeln. Die Klageänderung ist zulässig, weil sich die Beteiligten rügelos auf sie eingelassen haben (§ 91 Abs. 2 VwGO)".

---

[147] HM; s. die Nachweise bei *Kopp/Schenke*, § 91 Rdnr. 2.
[148] *BVerwG*, NVwZ 1998, 1292.
[149] Für die Frage, ob eine Einwilligung vorliegt, kommt es nur auf das gezeigte Prozeßverhalten, nicht auf dessen Begründetheit an (*BVerwG*, NVwZ 1999, 1105).
[150] Vgl. *BVerwG*, NVwZ 1999, 1105 m.w.N.
[151] *VGH Kassel*, BRS 57 Nr. 289.
[152] *VGH Mannheim*, VBlBW 1990, 56.

„Streitgegenstand des vorliegenden Verfahrens ist die Baugenehmigung des Bezirksamtes Altona vom 26. Oktober 1999 in der Fassung der Nachtragsbaugenehmigung vom 31. März 2000. Der Kläger hat durch Erklärung in der mündlichen Verhandlung vom 29. Juni 2000 die Aufhebung der Baugenehmigung in der geänderten Fassung beantragt. Die Einbeziehung der Nachtragsbaugenehmigung vom 31. März 2000 ist eine zulässige Klageänderung[153]. Der Beklagte und der Beigeladene haben in die Klagänderung in der mündlichen Verhandlung eingewilligt. Im übrigen ist sie sachdienlich im Sinne von § 91 Abs. 1 VwGO, da sie die endgültige Beilegung des Rechtsstreits zwischen den Beteiligten fördert. Aus Gründen der Prozeßökonomie kann auf ein Vorverfahren verzichtet werden."

## IV. Die Bekanntgabe des Ergebnisses

Sind in der Aufsichtsarbeit weder spezielle Prozeßfragen noch Auslegungsfragen oder Zulässigkeitsprobleme zu erörtern, lautet der Eingangssatz: *„Die zulässige Klage ist (un)begründet."* Handeln Sie auch Zulässigkeitsfragen ab, so formulieren Sie schlicht: *„Die Klage ist zulässig."* Im Anschluß an die Zulässigkeitsprüfung leiten Sie die Begründetheitsprüfung etwa wie folgt ein: *„Die Klage ist auch (in der Sache) begründet."* Möglich ist auch die Einleitung *„Die Klage ist zulässig (nachfolgend I.) und begründet (nachfolgend II.)."* Ist die Klage nur teilweise erfolgreich, empfiehlt sich folgender Einstieg: *„Die zulässig Klage ist in dem aus dem Tenor ersichtlichen Umfang begründet".* Bei mehreren Klägern und unterschiedlichem Ausgang des Klageverfahrens können Sie z.B. so beginnen: *„Die Klagen sind zulässig (I.), diejenige des Klägers zu 1) ist aber nur mit seinem Hilfsantrag erfolgreich (II.), die Klage der Klägerin zu 2) ist in vollem Umfang unbegründet (III.)".* 85

## V. Die Zulässigkeit der Klage

### 1. Allgemeines

Das Fehlen einer einzigen der von Amts wegen zu prüfenden Zulässigkeitsvoraussetzungen führt zur Unzulässigkeit der Klage. Maßgebend ist der Zeitpunkt der gerichtlichen Entscheidung, so daß eine zunächst unzulässig erhobene Klage (Beispiel: Kläger erhebt Untätigkeitsklage vor Ablauf der Drei-Monats-Frist des § 75 VwGO, ohne daß besondere Umstände vorliegen) noch zulässig werden kann. Für die Reihenfolge der Zulässigkeitsprüfung gibt es keine vorgeschriebene Abfolge[154]. In Examensarbeiten ist es durchaus gestattet, diejenige Prüfungsreihenfolge zu 86

---

[153] Vgl. *Rennert* in: *Eyermann*, § 91 Rdnr. 9.
[154] S. hierzu *Kopp/Schenke*, vor § 40 Rdnr. 18.

wählen, mit deren Hilfe sich die angestrebte Entscheidung am einfachsten begründen läßt, ohne den im Aufgabentext aufgeworfenen Problemen auszuweichen[155] Ansonsten halten Sie sich grundsätzlich an das übliche Aufbauschema, wie Sie es vom Referendarexamen gewohnt sind. Beachten Sie aber folgendes:

> „Nähere Ausführungen zur Zulässigkeit der Klage sind nur dann geboten, wenn dazu nach dem Sachverhalt oder der Rechtslage Anlaß besteht. Werden zu unproblematischen Punkten der Zulässigkeit der Klage Ausführungen gemacht, so sind diese nur dann nicht negativ zu bewerten, wenn sie sachlich richtig sind und sich auf wenige Sätze beschränken"[156].

So steht es Schwarz auf Weiß in den rheinland-pfälzischen Kriterien zur Bewertung von Übungs- und Examensklausuren. Die Erfahrung zeigt aber, daß viele Referendare offensichtlich Anhänger der „Eichhörnchentheorie" sind und die Zulässigkeit anscheinend in dem Glauben, für jeden Zulässigkeitspunkt einen halben Examenspunkt zu ernten, ausführlich abhandeln. Hierzu in Fortführung der oben gemachten Ausführungen zur Schwerpunktsbildung ein Zitat von *Adam*[157]:

> „Es erscheint manchem Kandidaten offenbar angenehm und beruhigend, schon einmal Seiten voll weitgehend richtiger – weil unproblematischer – Selbstverständlichkeiten zu schreiben. Der Brauch stammt aus Zeiten vor Erlaß der VwGO, als in der Tat noch viele Probleme offen waren, die Gesetzgebung und Rechtsprechung längst geklärt haben. In der Anfängerübung auf der Universität mag der Vollständigkeitskontrolle wegen noch an derartigen Prüfungen festgehalten werden. Die Praxis der Gerichte hat davon längst Abschied genommen. In Prüfungsarbeiten wirken überflüssige Ausführungen zu Zulässigkeitsfragen anfängerhaft. Zudem verschwendet man mit dem Niederschreiben kostbare Zeit."

**87** Steht die Zulässigkeit einer Klage außer Frage, genügt in der Klausur die schlichte Formulierung *„Die zulässige Klage ist (un)begründet."* Da die meisten Referendare sich aber nicht „trauen", die Zulässigkeitsprüfung „unter den Tisch fallen zu lassen"[158], empfiehlt sich als goldener Mittelweg[159] etwa folgender Einstieg:

---

[155] *Pietzner/Ronellenfitsch*, § 4 Rdnr. 5.
[156] S. auch *Pietzner/Ronellenfitsch*, § 1 Rdnr. 7; ähnlich *Lemke*, JA 1999, 887.
[157] *Adam* in: *Proppe/Solbach*, Seite 54.
[158] Gestärkt in ihrer Auffassung werden sie leider immer wieder durch die (für die Prüfer unverbindlichen) Lösungshinweise der Prüfungsämter, in denen auch Selbstverständlichkeiten angesprochen werden.
[159] Vgl. auch *Ramsauer*, Rdnr. 3.07 zur Anfertigung eines öffentlich-rechtlichen Gutachtens: „Gelegentlich wird auch heute von einzelnen Prüfern noch erwartet, daß die wichtigsten Zulässigkeitsvoraussetzungen auch dann kurz angesprochen werden, wenn ihr Vorliegen gänzlich unproblematisch sind. Soweit dies konkret zu befürchten ist, sollte man dem aus Sicherheitsgründen Rechnung tragen".

„Die gegen den Bescheid des Beklagten vom 25. März 2000 gerichtete Klage ist als Anfechtungsklage nach § 42 Abs. 1 VwGO zulässig. Die Prozeßvoraussetzungen sind erfüllt. Die Klagebefugnis (§ 42 Abs. 2 VwGO) ist unzweifelhaft gegeben. Auch hat der Kläger erfolglos ein Vorverfahren nach § 68 VwGO durchgeführt. Schließlich ist die Klage auch fristgerecht innerhalb eines Monats erhoben worden (§ 74 VwGO)."

Liegt eine objektive Klagehäufung in Gestalt einer kumulativen oder eventualen Klagehäufung (Haupt- und Hilfsantrag) nach § 44 VwGO vor, bleiben die Klagen rechtlich selbständig. Sie müssen daher grundsätzlich eine getrennte Prüfung der Anträge nach Zulässigkeit und Begründetheit vornehmen, d.h. zuerst ist die Zulässigkeit und Begründetheit des Hauptantrags und anschließend die Zulässigkeit und Begründetheit des Hilfsantrags zu erörtern[160]. Formulierungsbeispiel:

„Die Klage ist mit den im Wege der objektiven Klagehäufung (§ 44 VwGO) verfolgten Anträgen zulässig, aber unbegründet. Mit dem Hauptantrag ist die Klage als Feststellungsklage statthaft und auch ansonsten zulässig ... Die Klage hat jedoch mit dem Antrag zu 1) keinen Erfolg ... Der Hilfsantrag ist zwar ebenfalls zulässig ... Der Hilfsantrag ist allerdings unbegründet ..."

Sind bei der objektiven Klagehäufung jeweils die gleichen Zulässigkeitsfragen (z.B. die Frage, ob eine nicht rechtsfähige Genossenschaft beteiligungsfähig im Sinne des § 61 Nr. 2 VwGO ist[161]) zu erörtern, kann die Zulässigkeitsprüfung auch zusammen erfolgen[162]. Ein Beispiel:

„Die Klage ist mit Hauptantrag und Hilfsantrag zulässig. Die Klägerin ist gemäß § 61 Nr. 2 VwGO beteiligungsfähig ... Die Klage ist jedoch insgesamt unbegründet. Der Hauptantrag ist unbegründet ... Auch der Hilfsantrag ist unbegründet ..."

Bei der subjektiven Klagehäufung (§ 64 VwGO) gelten die gleichen Grundsätze. Meist kann hier die Zulässigkeitsprüfung zusammengefaßt werden[163].

Im folgenden wird nur auf die prüfungsrelevanten Zulässigkeitsvoraussetzungen eingegangen, d.h. Prozeßvoraussetzungen wie die deutsche Gerichtsbarkeit (§§ 18–20 GVG) oder den Punkt „Keine anderweitige Rechtshängigkeit" bzw. „Fehlen einer rechtskräftigen Entscheidung über den Streitgegenstand" werden nicht näher erörtert. Bereits angesprochen wurde, daß es keine vorgeschriebene Reihenfolge für die Erörterung der einzelnen Prozeßvoraussetzungen gibt. Allerdings ist der Verwaltungsrechtsweg grundsätzlich vor den anderen Prozeßvoraussetzungen zu prüfen. Zulässig und aus prozeßökonomischen Gründen in der Regel geboten ist es in der Praxis, logisch vorausliegende Prozeßvoraussetzungen

---

[160] *Happ/Allesch/Geiger/Metschke*, Seite 95; *Happ* in: *Eyermann*, § 44 Rdnr. 1; s. auch die Examensklausur in SächsVBl 1998, 97.
[161] S. hierzu *BVerwG*, NVwZ-RR 1998, 90.
[162] *Wimmer*, Seite 118.
[163] S. als Beispiel *Schmidt*, Klausur Nr. 5.

dahingestellt sein zu lassen, wenn jedenfalls eine bestimmte Prozeßvoraussetzung fehlt. So können Sie auch im Examen verfahren. Ist die Klage unzulässig, so sind die weiteren Zulässigkeitsvoraussetzungen ebenso wie die gesamte Begründetheitsprüfung in einem Hilfsgutachten fortzuführen. Die hier gewählte Reihenfolge orientiert sich weitgehend am üblichen Aufbauschema.

## 2. Der Verwaltungsrechtsweg

90 § 40 VwGO eröffnet die Möglichkeit der Anrufung der VGe für alle öffentlich-rechtliche Streitigkeiten nichtverfassungsrechtlicher Art, für die nicht die Zuständigkeit anderer Gerichte gesetzlich vorgeschrieben ist. Ausführungen zu dieser Prozeßvoraussetzung können üblicherweise unterbleiben, da der Verwaltungsrechtsweg in der Regel unproblematisch gegeben ist. Hat die Prüfungsaufgabe einen gewöhnlichen Baunachbarstreit zum Gegenstand oder wendet sich der Kläger gegen eine Fahrerlaubnisentziehung durch die Straßenverkehrsbehörde, sollten Sie zum Verwaltungsrechtsweg kein Wort verlieren. In einer Zivilrechtsklausur, in der z.B. die Wandlung eines Kaufvertrages Streitgegenstand ist, kämen Sie auch nicht auf die Idee, zu Beginn der Entscheidungsgründe zu erwähnen, daß der Zivilrechtsweg gemäß § 13 GVG eröffnet sei. Auch wenn Sie es vom Referendarexamen gewöhnt sind, einige Sätze zu § 40 VwGO „herunterzuspulen", zwingen Sie sich, im Assessorexamen nur dann so zu verfahren, wenn der Sachverhalt wirklich Anlaß hierzu bietet. Denn die Klausur in der Zweiten Juristischen Staatsprüfung ist eine praktische Arbeit und soll daher keine überflüssigen Anmerkungen enthalten. Wenn Sie in Fällen wie den o.g. Beispielen dennoch nicht davon lassen können, so beschränken Sie sich auf möglichst einen Satz und legen darin dar, daß die streitgegenständliche Norm – nicht ein bestimmtes Gesetz – dem Öffentlichen Recht angehört. Denn es gibt auch in öffentlich-rechtlichen Gesetzen einzelne Normen, die – wie § 70 GewO – gerade nichts über die Bestimmung des zulässigen Rechtsweges aussagen. Formulieren Sie also z.B. in einem Fall, in dem es um den Widerruf einer waffenrechtlichen Erlaubnis geht, schlicht:

„Der Verwaltungsrechtsweg ist gemäß § 40 Abs. 1 VwGO eröffnet, da die streitentscheidende Norm des § 47 WaffG unzweifelhaft dem öffentlichen Recht angehört."

91 Freilich gibt es Arbeiten, in denen die Frage, ob der Verwaltungsrechtsweg gegeben ist, nicht eindeutig zu bejahen ist. In solchen Fällen ist in bezug auf die weitere Vorgehensweise stets die Vorschrift des § 17 a GVG zu beachten. In dessen Abs. 2 heißt es u.a.:

„Ist der beschrittene Rechtsweg unzulässig, spricht das Gericht dies nach Anhörung der Parteien von Amts wegen aus und verweist den Rechtsstreit zugleich an das zuständige Gericht des zulässigen Rechtsweges."

## Erster Abschnitt: Das Urteil

§ 17 a Abs. 3 GVG trifft folgende Regelung:

„Ist der beschrittene Rechtsweg zulässig, kann das Gericht dies vorab aussprechen. Es hat vorab zu entscheiden, wenn eine Partei die Zulässigkeit des Rechtsweges rügt."

Aus § 17 a Abs. 2 GVG folgt, daß Sie die Klage nicht als unzulässig abweisen dürfen, wenn Sie zu dem Ergebnis kommen, die Voraussetzungen für die Eröffnung des Verwaltungsrechtsweges seien nicht gegeben[164]. Rügen der Beklagte[165] oder ein Beigeladener ordnungsgemäß die Zulässigkeit des Rechtsweges[166] – bei Fristsetzung zur Klageerwiderung nach § 282 Abs. 3 ZPO innerhalb dieser Frist[167] bzw. ohne Fristsetzung spätestens im ersten Verhandlungstermin vor Stellung der Sachanträge[168] –, so müssen Sie statt eines Urteils eine Vorabentscheidung[169] in Form eines Verweisungsbeschlusses oder eines die Zuständigkeit bejahenden Beschlusses fertigen[170]. Die weiteren Zulässigkeitsvoraussetzungen sowie die materiellen Rechtsfragen des Falles sind in einem Hilfsgutachten abzuhandeln.

Hat keiner der Beteiligten die Zulässigkeit des Rechtsweges gerügt, so bedeutet dies nicht, daß Ausführungen in der Klausur zur Zulässigkeit des Verwaltungsrechtsweges ein *„nahezu kapitaler Mißgriff"* wären[171]. § 17 a Abs. 3 GVG verpflichtet das Gericht zu einer Vorabentscheidung über die Zulässigkeit des Rechtsweges nur dann, wenn die Zulässigkeit von einer der Parteien gerügt wird. Ist dies nicht der Fall, wird das Gericht selten eine Vorabentscheidung treffen, denn Satz 1 der genannten

---

[164] Verfährt das VG dennoch so, findet § 17 a Abs. 5 GVG, wonach das Rechtsmittelgericht die Zulässigkeit des beschrittenen Rechtsweges nicht mehr prüfen darf, keine Anwendung (*BVerwG*, Buchholz 310 § 40 Nr.268). Nach dem Grundsatz der Meistbegünstigung kann der Kläger gegen das erstinstanzliche Urteil Beschwerde einlegen oder einen Antrag auf Zulassung der Berufung stellen (vgl. *OVG Koblenz*, NVwZ-RR 1993, 668). Hat das VG in der Entscheidung zur Hauptsache die Zulässigkeit des zu ihm beschrittenen Rechtsweges allerdings bejaht, ohne daß die Beteiligten dies zuvor gerügt hatten, ist nach § 17 Abs.5 GVG eine Überprüfung dieser Frage im Rechtsmittelverfahren ausgeschlossen (*BVerwG*, BayVBl 1998, 603).
[165] Nach dem Wortlaut des § 17 a Abs.3 Satz 2 GVG können zwar alle Parteien die Zulässigkeit des Rechtsweges rügen, in der Praxis dürfte sich dies jedoch auf den Beklagten beschränken.
[166] Bei der Rüge handelt es sich um eine Prozeßhandlung.
[167] S. *OLG Köln*, NJW 1995, 3319.
[168] *Greger* in: Zöller, § 282 Rdnr. 6.
[169] S. *Gummer* in: Zöller, § 17 a GVG Rdnr. 6.
[170] Ein Formulierungsbeispiel für einen Verweisungsbeschluß finden Sie unter Rdnr. 296.
[171] So aber *Geiger*, JuS 1997, 575; auch *Boin*, NJW 1998, 3747, 3748 vertritt die Auffassung, daß das Gericht bei eigenen Zweifeln an der Zulässigkeit des beschrittenen Rechtsweges verpflichtet ist, vorab über die Rechtswegfrage zu entscheiden. *Ehle*, JuS 1999, 166, 170 hält Ausführungen zur Zulässigkeit des Rechtsweges im Urteil ebenfalls für unzulässig und empfiehlt – soweit überhaupt erforderlich – eine Erörterung im Hilfsgutachten.

Norm enthält lediglich eine Kann – Bestimmung[172] und Zwischenstreite dienen nicht gerade der zügigen Verfahrenserledigung im ganzen. Es gibt in der Praxis aber immer wieder Grenzfälle[173], in denen das Gericht, ohne daß die Beteiligten dies zuvor ausdrücklich angesprochen haben, erst nach eingehender Prüfung die Zulässigkeit des beschrittenen Rechtsweges bejaht. Dann gibt es keinen Grund, warum das Gericht in dem Urteil nicht Ausführungen zur Zulässigkeit des Rechtsweges machen sollte[174].

92 Enthält der Aufgabentext bereits einen Verweisungsbeschluß z.b. eines Amtsgerichts, so ist diese Verweisung nach § 17 a Abs. 2 Satz 3 GVG bindend. Es wäre ein Fehler, in Ihrem Urteilsentwurf Ausführungen dazu zu machen, ob der Rechtsstreit zu Recht verwiesen worden ist. Formulieren Sie in einem solchen Fall etwa wie folgt:

„Der Verwaltungsrechtsweg ist gegeben, ohne daß es darauf ankommt, ob eine öffentlich-rechtliche Streitigkeit nichtverfassungsrechtlicher Art i.S.d. § 40 Abs. 1 Satz 1 VwGO vorliegt. Denn das Verwaltungsgericht ist an den Beschluß des Amtsgerichts vom 27. Juni 2000 gebunden, mit dem sich dieses Gericht für unzuständig erklärt und den Rechtsstreit an das Verwaltungsgericht verwiesen hat. Dies folgt aus § 17 a Abs. 2 Satz 3 GVG. Hat ein Gericht den zu ihm beschrittenen Rechtsweg rechtskräftig für unzulässig erklärt, so ist das Gericht, an das der Rechtsstreit verwiesen worden ist, nach der genannten Vorschrift an diese Entscheidung gebunden. Dabei kann es dahinstehen, ob das Amtsgericht den Rechtsstreit zu Recht an das Verwaltungsgericht verwiesen hat; denn sogar bei offenbarer Unrichtigkeit der getroffenen Entscheidung tritt die Bindungswirkung ein".

93 Nun ein Beispiel für den Fall, daß der Beklagte die Zulässigkeit des beschrittenen Verwaltungsrechtsweges nicht (ordnungsgemäß) gerügt hat und Sie die Zulässigkeit des Verwaltungsrechtsweges im Urteil bejahen können:

In der hessischen Stadt Wetzlar findet wie jedes Jahr auf dem Marktplatz ein Jahrmarkt statt, der zuvor nach § 69 GewO festgesetzt worden ist. Veranstalter des Jahrmarkts ist nicht die Stadt selbst, sondern die stadteigene Service – GmbH, der mit Vertrag vom 24. August 1988 die Vermietung der Marktstände von der Stadt Wetzlar übertragen wurde. Es besteht eine Marktordnung, die den Zugang zum Jahrmarkt und die Vergabe von Standplätzen regelt. Durch mehrere Regelungen – die im Formulierungsbeispiel im einzelnen zu würdigen sind – hat der Magistrat der Stadt Wetzlar sichergestellt, daß die Letztentscheidungsbefugnis über die Vergabe der Standplätze der Stadt obliegt. Der Beschicker Erich Maier begehrt Zulassung zum Markt, wird aber von der Service – GmbH abge-

---

[172] Vgl. *BVerwG*, BayVBl 1998, 603; *Albers* in: *Baumbach/Lauterbach*, § 17 a GVG Rdnr. 11; *Kopp/Schenke*, § 41 Rdnr. 14.
[173] Z.B. bei der Frage, ob es sich bei der angegriffenen bzw. begehrten Handlung der Polizei um repressive Strafverfolgung (dann ordentlicher Rechtsweg gemäß § 23 EGGVG) oder um präventive Ermittlungstätigkeit (dann Verwaltungsrechtsweg gemäß § 40 Abs. 1 VwGO) gehandelt hat.
[174] S. hierzu auch *BGH*, NJW 1994, 387.

lehnt. Er klagt vor dem VG gegen die Stadt auf Zulassung und macht einen öffentlich-rechtlichen Zugangsanspruch geltend[175].

„Die Klage ist zulässig. Für das Rechtsschutzbegehren des Klägers ist der Rechtsweg zu den Verwaltungsgerichten nach § 40 Abs. 1 VwGO eröffnet. Nach dieser Vorschrift ist der Verwaltungsrechtsweg in allen öffentlich-rechtlichen Streitigkeiten nichtverfassungsrechtlicher Art gegeben. Bei der Unterscheidung, ob eine bürgerlich-rechtliche oder eine öffentlich-rechtliche Streitigkeit vorliegt, ist auf die wirkliche Natur des geltend gemachten Anspruchs abzustellen. Hier stützt sich der von dem Kläger behauptete Anspruch auf § 70 der Gewerbeordnung – GewO –, da es sich bei dem in Rede stehenden Jahrmarkt um eine nach § 69 GewO festgesetzte Veranstaltung handelt. Aus § 70 GewO folgt entgegen der Ansicht des Klägers aber nicht zwingend, daß die Rechtsnatur des Zulassungsanspruchs deshalb öffentlich-rechtlich ist, weil es sich bei der vorgenannten Norm um eine öffentlich-rechtliche Sondernorm handeln soll, bei der es – wie der Kläger meint – eines Rückgriffs auf die rechtliche Qualität der Teilnahmebestimmungen nicht bedarf. Diese Auffassung wird der wahren Natur des Anspruchs nicht gerecht. § 70 GewO richtet sich sowohl an öffentlich-rechtliche als auch an private Veranstalter der in den §§ 64 ff GewO genannten Messen. Zuordnungssubjekt dieser Vorschrift ist daher nicht notwendig ein Träger hoheitlicher Gewalt. Daraus folgt indessen nicht, daß Streitigkeiten, in denen es um ein auf § 70 GewO gestütztes Teilnahmerecht eines Bewerbers geht, stets privatrechtlicher Natur wären. Vielmehr muß sich die Beurteilung der Rechtsnatur des Anspruchs aus dem Zusammenhang ergeben, in dem er im Einzelfall steht. Bei dieser Bewertung spielen insbesondere die Teilnahmebestimmungen und die Ausgestaltung des Verhältnisses zwischen Veranstalter und Teilnehmer eine Rolle. § 70 GewO berechtigt jedermann zur Teilnahme an einer festgesetzten Veranstaltung nur im Rahmen der dafür geltenden Bestimmungen. Diese Bestimmungen können entweder zivilrechtlich oder öffentlich-rechtlich ausgestaltet sein.

Nach diesen Grundsätzen ist das Rechtsverhältnis zwischen dem Kläger und der Beklagten öffentlich-rechtlicher Natur. Bei dem Jahrmarkt handelt es sich um eine öffentliche Einrichtung im Sinne des § 20 HessGO. Unter den Begriff der öffentlichen Einrichtung fallen u.a. Leistungsapparaturen, die Voraussetzung für Daseinsvorsorge und Daseinsfürsorge schaffen und gewährleisten sollen. Zusätzlich stellt auch der Marktplatz eine öffentliche Einrichtung dar. Ferner liegen Indizien vor, aus denen sich die Widmung für den fraglichen Zweck ergibt.

Die Beklagte hat, auch nachdem der Jahrmarkt seit 1988 privatrechtlich organisiert wird, über die Zulassung zu dieser Einrichtung zu entscheiden. Dies folgt aus der sog. Zweistufen-Theorie, wonach die Entscheidung hinsichtlich der Zulassung zur Nutzung der öffentlichen Einrichtung, d. h. die Frage des ‚Ob' öffentlich-rechtlich zu entscheiden ist, und lediglich auf der Stufe des Benutzungsverhältnisses eine privatrechtliche Ausgestaltung erfolgt. Aus dem zwischen der Beklagten und der Service-GmbH geschlossenen Vertrag vom 24. August 1988 ergibt sich, daß die Beklagte der GmbH nur die Vermietung der Marktstände übertragen hatte. Hieraus folgt nicht, daß die Beklagte sich damit auch ihrer Entscheidungsbefugnis hinsichtlich der Zulassung einzelner Bewerber begeben hätte. Auch der Beschluß des Magistrates der Beklagten vom 19. Juli 1993 und seine Begründung zeigen, daß die Beklagte weiterhin maßgebenden Einfluß auf den Jahrmarkt hat und sich der GmbH nur als Verrichtungsgehilfin im Rahmen der Wahrnehmung eigener Selbstverwaltungsaufgaben bedient. Die Begründung zeigt auf,

---

[175] Angelehnt an *VGH Kassel*, NVwZ-RR 1994, 650; zu dieser Fallkonstellation und weiteren Varianten betreffend die Festsetzung von Märkten s. auch *Hösch*, GewArch 1996, 402.

## 58 Zweiter Teil. Die Entscheidung des Verwaltungsgerichts

daß Ziel der Beklagten ist, qualitativ anspruchsvolle Veranstaltungen in der Innenstadt durchzuführen, damit das Image der Beklagten als Einkaufsstandort und Oberzentrum verbessert wird. In dem Beschluß selbst hat sich die Beklagte im einzelnen ihren maßgeblichen Einfluß auf die Durchführung des Jahrmarktes dadurch gesichert, daß sie die GmbH verpflichtet hat, spätestens bis zum 30. Oktober des Vorjahres die Veranstaltungen vorzustellen, die diese im nächsten Jahr beabsichtigt durchzuführen. Die GmbH muß die geplanten Veranstaltungen im Einzelfall jeweils von den zuständigen Ämtern zur Genehmigung vorlegen lassen. Aus diesen Umständen entnimmt die Kammer, daß es die Beklagte weiterhin als ihre Aufgabe ansieht, Jahrmärkte durchzuführen."

In der Prüfung wird von Ihnen selbstverständlich nicht erwartet, daß Sie diese Problematik so ausführlich darstellen. Sie sollten aber zeigen, daß Sie ein ausbildungsnahes Problem in klausuradäquater Form behandeln können und die aufgezeigte Thematik anhand der einschlägigen gesetzlichen Vorschriften sowie der von der Rechtsprechung entwickelten Grundsätzen unter Verwertung der im Sachverhalt angegebenen Fakten darzustellen wissen.

**94** Neben dem erörterten Beispiel gibt es zahlreiche weitere Fälle, in denen die Bestimmung des richtigen Rechtsweges Probleme bereiten kann. Bei der Abgrenzung zum Zivilrechtsweg (§ 13 GVG) kommt es darauf an, ob die Streitigkeit nach der Natur des Rechtsverhältnisses, aus dem der Klageanspruch hergeleitet wird, zivilrechtlich oder öffentlich-rechtlich ist. Einige Beispiele, in denen es jeweils um diese Frage geht:

– Abwehranspruch gegen von einer der Daseinsvorsorge dienenden öffentlichen Einrichtung ausgehende Lärm- und sonstige Belästigungen[176].
– Abwehranspruch gegen Angelusläuten und Zeitschlagen von Kirchenglocken[177] gegen die Kirche[178].

---

[176] Der Abwehranspruch gegen die öffentliche Hand teilt die Rechtsnatur des Eingriffs: Das „Ob" der Zulassung ist immer öffentlich-rechtlich, wenn ein Hoheitsträger Leistungen im Rahmen der Daseinsvorsorge zur Verfügung stellt. Das „Wie" kann auch privatrechtlich ausgestaltet sein („Zweistufentheorie"). Besonders lesenswert hierzu *VGH Kassel*, NJW 1993, 3088 zum Abwehranspruch gegen aufs Grundstück gelangende Fußbälle; s. auch *VGH Kassel*, DVBl 2000, 207 zu einer im Rahmen des Dualen Systems betriebenen Wertstoffsammelanlage, deren Betrieb auf einem gemeindeeigenen Grundstück stattfindet.
[177] *BVerwG*, NJW 1984, 989: Bei Angelusläuten Verwaltungsrechtsweg. Zwar gehört das Angelusläuten als kultische Handlung zu den inneren kirchlichen Angelegenheiten i.S.d. Art. 137 Abs. 3 WRV i.V.m. Art. 140 GG. Das Glockengeläut berührt aber auch staatliche Belange, denn es kann mit dem Ruhebedürfnis des Nachbarn kollidieren; der Schutz der Nachbarn vor schädlichen Immissionen ist Aufgabe des Staates. Daher ist die staatliche Gerichtsbarkeit gegeben. Aufgrund der Privilegierung des Art. 137 Abs. 5 WRV i.V.m. Art. 140 GG sind die Kirchenglocken, soweit sie wie beim Angelusläuten kultischen Zwecken dienen, als „res sacrae" öffentliche Sachen. Das Rechtsverhältnis, das der Nachbar beeinflussen will, gehört damit dem öffentlichen Recht an. Bei nichtsakralem Zeitschlagen ist grundsätzlich der Zivilrechtsweg gegeben, denn dieses dient unter den heutigen Lebensbedingungen nur noch der Wahrnehmung von Eigentümerbefugnissen und kann nicht mehr dem Bereich kirchlicher Tätigkeit zugeordnet werden kann (*BVerwG*, NJW 1994, 956). Ausnahmsweise, d.h. bei sakralem Zeitschlagen ist

– Klage auf Zugang zu einer (von einer juristischen Person des Privatrechts betriebenen) öffentlichen Einrichtung, z.B. einer Partei zur Durchführung eines Parteitages[179].
– Klage des Nichtstörers auf Entschädigung für seine Inanspruchnahme zur Unterbringung von Obdachlosen durch eine Kommune[180] und Klage der Ordnungsbehörde auf Erstattung ihrer Aufwendungen gegen die Obdachlosen[181].
– Klagen auf Unterlassung oder Widerruf von Äußerungen eines Amtsträgers[182].
– Klage gegen die Anordnung eines Hausverbots durch die öffentliche Hand[183].
– Klagen im Zusammenhang mit Verpflichtungserklärungen des Sozialhilfeträgers[184].

Sind an dem streitigen Rechtsverhältnis ausschließlich Privatrechtssubjekte beteiligt, so scheidet die Zuordnung des Rechtsstreits zum öffentlichen Recht grundsätzlich aus. Etwas anderes gilt ausnahmsweise dann, wenn eine Partei mit öffentlich-rechtlichen Handlungs- oder Entscheidungsbefugnissen ausgestattet und gegenüber der anderen Partei als beliehenes Unternehmen tätig geworden ist[185]. Die Beleihung kann nur durch

95

---

auch hier der Verwaltungsrechtsweg gegeben (*OVG Lüneburg*, NdsVBl 1996, 70; s. zu diesem Thema auch *Lorenz*, JuS 1995, 492).

[178] Bei einer Klage gegen die Immissionsschutzbehörde stellt sich das Rechtswegproblem selbstverständlich nicht; vgl. hierzu *OVG Saarlouis*, NVwZ 1992, 72; *BVerwG*, NJW 1992, 2779.

[179] *BVerwG* NVwZ 1991, 59: Bei einer Klage gegen die juristische Person des Privatrechts auf Zugang grundsätzlich Zivilrechtsweg.

[180] Spezialgesetzlich in den Landesgesetzen geregelt, z.B. § 62 BremPolG, § 74 ThürPAG, § 77 MVSOG, § 58 SächsPolG: Zivilrechtsweg. Da sich die Zulässigkeit des beschrittenen Rechtsweges unmittelbar aus einer gesetzlichen Norm ergibt, genügt ein Hinweis auf die einschlägige Vorschrift.

[181] Ebenfalls spezialgesetzlich geregelt, z.B. § 74 ThürPAG, § 77 MVSOG (kein Verweis auf § 75 MVSOG !): Verwaltungsrechtsweg; aber: § 58 SächsPolG: ebenfalls Zivilrechtsweg.

[182] Verwaltungsrechtsweg, wenn es um Äußerungen geht, die von Bediensteten eines Trägers der öffentlichen Verwaltung bei der Erfüllung öffentlicher Aufgaben gestützt auf vorhandene oder vermeintliche öffentlich-rechtliche Befugnisse gegenüber einem außerhalb der Verwaltung stehenden Bürger werden; Zivilrechtsweg, wenn die Äußerungen nicht in amtlicher Eigenschaft, sondern nur gelegentlich einer nach öffentlichem Recht zu beurteilenden Tätigkeit getätigt werden, wenn sie allein Ausdruck einer persönlichen Meinung oder Einstellung sind oder einen Lebensbereich betreffen, der durch bürgerlichrechtliche Gleichordnung geprägt ist (vgl. *VGH Mannheim*, NJW 1990, 1808; *VGH Kassel*, NVwZ-RR 1994, 700; *OVG Koblenz*, NJW 1987, 1660 und zum Widerruf ehrverletzender Äußerungen eines Gemeinderatsmitglieds NJW 1992, 1844.

[183] Sofern das Hausrecht ohnehin sondergesetzlich geregelt ist (z.B. § 36 Abs. 1 Bad-WürttGemO), ist der Verwaltungsrechtsweg gegeben. Ansonsten ist nach hM darauf abzustellen, welche Rechtsnormen die Rechtsbeziehungen der Beteiligten und damit das Hausrecht im Einzelfall prägen (s. *BVerwGE* 35, 103, 106; *VGH Mannheim*, NJW 1994, 2500; *OVG Münster*, NJW 1998, 1425).

[184] *BVerwG*, NJW 1994, 1169 m.w.N. und NJW 1994, 2968; *OVG Bremen*, NJW 1990, 1313: sog. Mietzahlungsgarantie – Erklärungen haben grundsätzlich öffentlich-rechtlichen Charakter, daher ist der Verwaltungsrechtsweg gegeben (streitig).

[185] Beliehene sind z.B. der TÜV, der Bezirksschornsteinfegermeister (s. § 3 Abs. 2 Satz 2 SchfG) oder die Deutsche Post AG bei der Zustellung von Schriftstücken (s. § 33 Abs. 1 PostG).

oder auf Grund eines Gesetzes erfolgen. Verwaltungsvorschriften (z.B. Vergabe von Subventionen durch eine private Bank aufgrund Subventionsrichtlinien eines Ministeriums) reichen dafür nicht aus, da sie nicht Grundlage einer unter dem institutionellen Gesetzesvorbehalt stehenden Übertragung hoheitlicher Befugnisse sein können[186]. Dient das Handeln der nicht beliehenen privaten Rechtssubjekte der Erfüllung öffentlicher Aufgaben, so können sich daraus zwar für die Gestaltung ihrer Rechtsbeziehungen zu anderen Privaten öffentlich-rechtliche Bindungen (sogenanntes Verwaltungsprivatrecht) ergeben; an der Zuordnung diesbezüglicher Rechtsstreitigkeiten zum Zuständigkeitsbereich der ordentlichen Gerichte ändert das nichts.

96 Nur in Ausnahmefällen ist auch auf das in § 40 Abs. 1 Satz 1 VwGO genannte Tatbestandsmerkmal der „nichtverfassungsrechtlichen Streitigkeit" einzugehen im Gegensatz zu einer verfassungsrechtlichen Streitigkeit. Beispiele sind Klagen auf Unterlassung oder Widerruf des von einer Sendung einer öffentlich-rechtlichen Rundfunkanstalt in seinem Persönlichkeitsrecht betroffenen Bürgers[187] oder Klagen eines Betroffenen gegen Maßnahmen eines parlamentarischen Untersuchungsausschusses[188]. Echte verfassungsrechtliche Streitigkeiten im Sinne dieser Vorschrift sind nur Streitigkeiten zwischen den am Verfassungsleben unmittelbar beteiligten Rechtsträgern, Verfassungsorganen auf Bundes- oder Landesebene oder Teilen davon, über ihre Rechte und Pflichten[189]. Die sogenannten Kommunalverfassungsstreitigkeiten zählen daher nicht dazu. Das ist an sich eine Selbstverständlichkeit, die Lösungsvorschläge einschlägiger Assessorklausuren sehen aber immer eine kurze Stellungnahme vor[190].

97 In bestimmten Fällen ist der Verwaltungsrechtsweg bereits kraft einer besonderen Zuweisung gegeben, so z.B. bei beamtenrechtlichen Streitigkeiten (§ 126 Abs. 1 BRRG). Das *BVerwG* legt den Begriff der beamtenrechtlichen Streitigkeit weit aus. Maßgebend ist danach, daß der geltend gemachte Anspruch seine Grundlage im Beamtenrecht hat. Darunter fällt auch ein nicht zustande gekommenes, aber erstrebtes und von beiden Seiten gewolltes und zunächst als bestehend angesehenen Beamtenverhältnis[191].

---

[186] *BGH*, MDR 2000, 347.
[187] *BVerwG*, NJW 1994, 2500: Zivilrechtsweg; aA *VGH München*, DVBl 1994, 642 und *Schenke*, JZ 1996, 998, 999: Verwaltungsrechtsweg.
[188] *OVG Münster*, NVwZ 1987, 608: Verwaltungsrechtsweg. Begründung: „Zwar ist die Tätigkeit eines Untersuchungsausschusses grundsätzlich dem Bereich des Verfassungsrechts zuzuordnen, nimmt er jedoch Eingriffsbefugnisse wahr, so ist dies materiell Verwaltungstätigkeit."
[189] Ausführlich hierzu *Kopp/Schenke*, § 40 Rdnr. 32 f.
[190] S. z.B. den Lösungsvorschlag in VBlBW 2000, 36.
[191] *BVerwG*, NJW 1996, 2175.

Ferner sieht § 40 Abs. 1 Satz 1 2.HS VwGO i.V.m. § 23 EGGVG eine **98** Sonderzuweisung für Justizverwaltungsakte zu den Strafsenaten der Oberlandesgerichte vor. Diese Thematik eignet sich besonders für Prüfungsarbeiten. Folgende Varianten kommen in Betracht: Klage eines Bürgers auf Vernichtung erkennungsdienstlicher Unterlagen, die von der Staatsanwaltschaft oder der Polizei angelegt wurden[192], Klage auf Auskunftserteilung über gesammelte personenbezogene Daten[193] oder auf Überprüfung der Rechtmäßigkeit einer Sperrerklärung[194]. Der Anspruch gegen die Staatsanwaltschaft ist vor dem OLG zu verfolgen, da die Staatsanwaltschaft nur für strafverfahrensrechtliche Maßnahmen im Ermittlungsverfahren zuständig ist. Bei dem Anspruch gegen die Polizei gilt die funktionale Betrachtungsweise, d.h. dient die Aufbewahrung der erkennungsdienstlichen Unterlagen präventiven Zwecken, ist der Verwaltungsrechtsweg gegeben, bei repressiver Zielrichtung ist das OLG zuständig. Hat die Maßnahme der Polizei sowohl repressiven als auch präventiven Charakter, kommt es auf den Schwerpunkt der Zielrichtung des polizeilichen Handelns an[195].

Nach § 40 Abs. 2 Satz 1 VwGO ist der ordentliche Rechtsweg für ver- **99** mögensrechtliche Ansprüche aus Aufopferung für das gemeine Wohl und aus öffentlich-rechtlicher Verwahrung sowie für Schadensersatzansprüche aus der Verletzung öffentlich-rechtlicher Pflichten, die nicht auf einem öffentlich-rechtlichen Vertrag beruhen, gegeben. Streitig ist, ob diese Rechtswegzuweisung auch für Klagen auf Schadensersatz aus öffentlich-rechtlicher culpa in contrahendo gilt. Nach *einer Auffassung*[196] ist Klage zum Zivilgericht zu erheben, da Rechtsgrund dieser Haftung ein gesetzliches Schuldverhältnis sei, welches dem Vertrauensschutz diene. Der Anspruch aus culpa in contrahendo entferne sich so weit vom Entstehungsgrund eines Vertrages, daß er darauf nicht mehr im Sinne von § 40 Abs. 2 VwGO beruhe. Die *Gegenmeinung*[197] hält den Verwaltungsrechtsweg mit der Begründung gegeben, zwar nehme § 40 Abs. 2 Satz 1 VwGO nur Schadensersatzansprüche aus öffentlich-rechtlichen Verträgen aus. Dies müsse aber auch für Ansprüche aus culpa in contrahendo gelten, da es sich hierbei um einen vertragsähnlichen Anspruch handele. Bei Zahlungsansprüchen aus öffentlich-rechtlicher Geschäftsführung oh-

---

[192] *OVG Koblenz*, NJW 1994, 2108.
[193] *BVerwG*, NJW 1990, 2765.
[194] *VGH Mannheim*, NJW 1991, 2097 und NJW 1994, 1362; *BGH*, DVBl 1998, 1016 (sehr lesenswert !): Entscheidend ist der Zweck der Sperrerklärung, Verwaltungsrechtsweg bei Gründen wie Zeugenschutz, weitere Verwendung von Vertrauensleuten und verdeckten Ermittlern, allgemeine Strategien der Kriminalbekämpfung.
[195] Ausführlich hierzu *Happ/Allesch/Geiger/Metschke*, Seite 101.
[196] *BGH*, NJW 1986, 1109, 1110; *VG Gera*, NJW 1999, 3574.
[197] *Pietzner/Ronellenfitsch*, § 5 Rdnr. 13; *Kopp/Schenke*, § 40 Rdnr. 71; *Rennert* in: *Eyermann*, § 40 Rdnr. 121.

ne Auftrag (§§ 677 ff., 683 BGB analog) ist der Verwaltungsrechtsweg eröffnet[198].

**100** Ist der Rechtsweg zum VG zumindest unter einem Gesichtspunkt zulässigerweise beschritten worden, entscheidet das VG den Rechtsstreit nach § 17 Abs.2 Satz 1 GVG unter allen anderen in Betracht kommenden rechtlichen Gesichtspunkten. Dies bedeutet, daß dort, wo ein Klageanspruch auf verschiedene materielle Anspruchsgrundlagen gestützt werden kann, für die – isoliert gesehen – jeweils unterschiedliche Rechtswege gegeben wären, ein einheitlicher Rechtsweg in dem Sinne vorgeschrieben wird, daß das angegangene Gericht, welches für die Geltendmachung eines der in Betracht kommenden materiell-rechtlichen Anspruchsgrundlagen das Gericht des zulässigen Rechtsweges ist, den Rechtsstreit unter allen rechtlichen Gesichtspunkten zu entscheiden hat.

**101** Von erheblicher Bedeutung ist diese Vorschrift bei Aufrechnungen mit rechtswegfremden Forderungen. Ob § 17 Abs. 2 Satz 1 GVG hierauf anwendbar ist, wird in Literatur und Rechtsprechung unterschiedlich beurteilt[199]. Folgen Sie in der Klausur der Meinung, die die Anwendbarkeit des § 17 Abs. 2 Satz 1 GVG bejaht, so fertigen Sie ein Urteil, in dem Sie über die Aufrechnung mitentscheiden. Sind Sie der Gegenmeinung, so machen Sie zunächst Ausführungen zum Klagegegenstand und stellen anschließend fest, daß der beschrittene Rechtsweg in bezug auf die geltend gemachte Aufrechnung mit einer rechtswegfremden Forderung nicht gegeben ist. Eine Verweisung des Rechtsstreits in bezug auf die zur Aufrechnung gestellten Forderung scheitert an dem Umstand, daß diese Forderung nicht rechtshängig geworden ist[200].

Eine – wichtige und sicherlich examensrelevante – Ausnahme von § 17 Abs. 2 Satz 1 GVG macht Satz 2 der genannten Norm, wonach Artikel 14 Abs. 3 Satz 4 und Artikel 34 Satz 3 GG unberührt bleiben. Hierzu ein Fallbeispiel:

Auf Veranlassung des städtischen Ordnungsbeamten R hat der private Unternehmer U das im absoluten Halteverbot stehende Auto des A abgeschleppt. Dabei wurde der Kotflügel des A stark beschädigt. A klagt gegen den Kostenbescheid und erklärt hilfsweise die Aufrechnung mit einer Schadensersatzforderung wegen des defekten Kotflügels.

Zum Thema Aufrechnung gelangen Sie nur, wenn Sie die Klage gegen den Kostenbescheid abweisen[201]. Sind zwei Lösungswege vertretbar, so

---

[198] *OVG Hamburg*, NVwZ-RR 1995, 369; *OVG Lüneburg*, NVwZ 1991, 81; ausführlich zur Geschäftsführung ohne Auftrag im Öffentlichen Recht s. *Bamberger*, JuS 1998, 706.
[199] Bejahend *VGH Kassel*, NJW 1995, 1107; *Schenke*, JZ 1996, 998, 1002 m.w.N.; *Gaa*, NJW 1997, 3343; verneinend *Gummer* in: Zöller, § 17 GVG Rdnr.10; *Detterbeck*, DÖV 1996, 889, 898.
[200] *Greger* in: Zöller, § 145 Rdnr. 18.
[201] Ansonsten haben Sie diese Problematik im Hilfsgutachten abzuhandeln.

sollten Sie schon aus klausurtaktischen Erwägungen denjenigen Weg wählen, der die Aufrechnungsproblematik im Urteil und nicht im Hilfsgutachten mitumfaßt. Eine Aufrechnung im Verwaltungsprozeß mit einem Schadensersatzanspruch aus Art. 34 Satz 3 GG i.V.m. § 839 BGB kommt nach der *Rechtsprechung* nur dann in Betracht, wenn diese Forderung rechtskräftig oder bestandskräftig festgestellt oder unbestritten ist[202]. Diese Version wird vom Prüfungsamt kaum vorgesehen sein. Ist eine bestrittene Gegenforderung Streitgegenstand, so ist deren Zuweisung zu einem anderen Rechtszug vom VG zu beachten, wenn es um die aufrechnungsweise Geltendmachung dieser Forderung geht. Dies rechtfertigt es aber nicht, die Aufrechnung im Verwaltungsprozeß als unbeachtlich zu behandeln. Vielmehr muß das VG, wenn die Sache spruchreif ist, ein Vorbehaltsurteil nach § 173 VwGO i.V.m. § 302 Abs. 1 ZPO erlassen. Daneben ist das Nachverfahren über die Aufrechnung nach § 94 VwGO auszusetzen, um dem Beteiligten, der sich auf die Aufrechnung beruft, innerhalb einer bestimmten Frist Gelegenheit zu geben, das Bestehen des Rechtsverhältnisses vor dem Gericht des anderen Rechtswegs feststellen zu lassen[203]. Rechnet der Kläger im o.g. Beispiel also mit einer Schadensersatzforderung nach Art. 34 GG i.V.m. § 839 BGB auf, so sind ein Vorbehaltsurteil und ein Aussetzungsbeschluß zu fertigen.

### 3. Ordnungsgemäße Klageerhebung

Die formelle Ordnungsgemäßheit der Klageerhebung, die in den §§ 81, 82 VwGO näher geregelt ist, ist eine von Amts wegen zu prüfende Prozeßvoraussetzung. Nach § 81 Abs. 1 VwGO ist die Klage bei dem Gericht schriftlich oder zur Niederschrift des Urkundsbeamten der Geschäftsstelle zu erheben. Klausurrelevant kann die „Schriftform" sein. Voraussetzung für die Wirksamkeit der schriftlich erhobenen Klage ist grundsätzlich die eigenhändige Unterschrift des Klägers oder seines Prozeßbevollmächtigten; denn nur damit besteht die hinreichende Gewähr, daß sie von dem Kläger stammt und daß es sich um eine Klage und nicht nur um einen Entwurf handelt[204]. Nach der *Rechtsprechung*[205] ist dem Schriftformerfordernis ausnahmsweise aber auch ohne Unterschrift genügt, wenn sich aus anderen Anhaltspunkten eine der Unterschrift vergleichbare Gewähr für die Urheberschaft und den Willen, das Schreiben in den Verkehr zu bringen, ergeben und dem Bedürfnis nach Rechtssi-

102

---

[202] *BVerwG*, NJW 1987, 2530 und NJW 1993, 2255; s. auch *VGH Mannheim*, NJW 1997, 3394.
[203] *BVerwG*, NJW 1987, 2530 und NJW 1999, 160 = JuS 1999, 830; *VGH Mannheim*, NJW 1997, 3394; *Gaa*, NJW 1997, 3343, 3346.
[204] *BVerwG*, NJW 1989, 1175.
[205] *BVerwG*, NJW 1995, 2121.

cherheit genügt ist²⁰⁶. Der Schriftform genügt nach der Rechtsprechung die Klageerhebung per Telegramm, Telefax oder Telebrief. Nicht ausreichend ist ein Faksimile-Stempel oder eine Paraphe sowie nach $hM^{207}$ die Klageeinreichung per Computerfax.

103   Nach § 82 Abs. 1 Satz 1 VwGO muß die Klage den Kläger, den Beklagten und den Gegenstand des Klagebegehrens bezeichnen. Gemäß Satz 2 soll sie einen bestimmten Antrag enthalten. Prüfungsrelevant ist hier möglicherweise die Frage, ob der Kläger seine ladungsfähige Anschrift stets nennen muß oder ob etwa auch die Angabe eines Postfachs oder einer c/o Adresse genügt. Nach der klaren Aussage des *BVerwG* ²⁰⁸ erfordert § 82 Abs. 1 VwGO bei natürlichen Personen in der Regel die Angabe der Wohnungsanschrift und ihrer Änderung. Die Mitteilung der Anschrift, die nicht nur Zwecken der Ladung dient, sondern auch einer sinnvollen Unterrichtung des Gerichts über die Erreichbarkeit des Klägers, ist auch dann erforderlich, wenn der Kläger anwaltlich vertreten ist. Ausnahmsweise entfällt die Pflicht zur Angabe der Adresse, wenn ihre Erfüllung unmöglich oder unzumutbar ist. Ferner ist das Fehlen der ladungsfähigen Anschrift unschädlich, wenn der Kläger glaubhaft über eine solche Anschrift nicht verfügt (examensrelevantes Beispiel: Obdachloser)²⁰⁹.

### 4. Die statthafte Klageart

104   Die VwGO eröffnet gerichtlichen Rechtsschutz im Rahmen verschiedener Klagearten; um deren Feststellung entsprechend dem jeweiligen Rechtsschutzbegehren des Klägers geht es, wenn man von Statthaftigkeit der Klage oder Klageart spricht. Dabei ist es in erster Linie Sache des Klägers klarzustellen, welche Klageart er verfolgt. Allerdings ist das VG gemäß § 86 Abs. 3 VwGO gehalten, die Beteiligten auf die Stellung sachdienlicher Anträge hinzuweisen. Die Grundsätze und Besonderheiten der einzelnen Klagearten sowie typische Abgrenzungsfälle werden nachfolgend erörtert.

*a) Die Anfechtungsklage*

105   Die Anfechtungsklage ist nach § 42 Abs. 1 VwGO statthaft, wenn die beanstandete Maßnahme, gegen die sich der Kläger wendet, ihm gegenüber²¹⁰ ein VA i.S.d. § 35 VwVfG ist. Meistens ist dies evident und bedarf

---

²⁰⁶ Zu dieser Thematik s. *Schmidt*, Klausur Nr. 4.
²⁰⁷ *BGH*, NJW 1998, 3649 mit Zustimmung von *Schwachheim*, NJW 1999, 621; aA *BSG*, NJW 1997, 1254.
²⁰⁸ NJW 1999, 2608.
²⁰⁹ Vgl. *VGH München*, BayVBl 1992, 594; s. auch *Schmidt*, Klausur Nr. 14.
²¹⁰ Diese Einschränkung verlangt jedenfalls das BVerwG; s. z.B. NVwZ 1994, 784: Die straßenverkehrsrechtlichen Anordnung an die Straßenbehörde, eine Lichtzeichen-

daher keiner gesonderten Begründung. Dies gilt insbesondere für den Fall, daß der Kläger Adressat eines ihn belastenden VA ist. Ist die Rechtsnatur der angegriffenen Maßnahme zweifelhaft, sind Ausführungen hierzu erforderlich. Kommen Sie bei Ihrer Prüfung zu dem Ergebnis, daß kein VA vorliegt, sollten Sie die Prüfung von vornherein mit der zutreffenden Klageart beginnen und diese gegen die nicht einschlägige Anfechtungsklage abgrenzen[211].

Ob ein behördliches Schriftstück einen VA enthält, ist nach den Auslegungsgrundsätzen zu ermitteln, die für Willenserklärungen allgemein gelten (§ 133 BGB). Maßgebend ist danach, wie der Adressat das behördliche Schreiben von seinem Standpunkt aus bei verständiger Würdigung verstehen konnte. Ergeht das Schreiben äußerlich in der Form eines VA und erweckt es den Rechtsschein, eine abschließende Entscheidung zu treffen, so ist dagegen derselbe Rechtsbehelf gegeben wie gegen „echte" VAe[212]. Liegen diese äußeren Merkmale nicht vor, steigen Sie in die materielle Prüfung ein. Es ist sinnvoll, den VAcharakter eines Hoheitsakts nicht allein mit der Form der Maßnahme zu begründen. Denn die Anfechtungsklage gegen eine hoheitliche Maßnahme, die nur ihrer Form nach ein VA ist, ist bereits dann begründet, wenn der Behörde die VAbefugnis für die streitgegenständliche Maßnahme fehlt.

106

Ein VA i.S.d. § 35 Satz 1 VwVfG ist die rechtsverbindliche hoheitliche Regelung eines Einzelfalles durch eine Verwaltungsbehörde. Die getroffene Maßnahme muß Rechte des Betroffenen unmittelbar begründen, verbindlich feststellen, beeinträchtigen, aufheben oder mit bindender Wirkung verneinen. Eine solche Regelung eines Einzelfalles setzt eine unmittelbare rechtliche Außenwirkung voraus. Ob eine Verwaltungsmaßnahme ihrer Rechtsnatur nach VA ist, hängt davon ab, ob sie ihrem objektiven Sinngehalt nach darauf gerichtet ist, Außenwirkung zu entfalten, nicht aber davon, wie sie sich im Einzelfall tatsächlich auswirkt[213]. Ob eine solche Gerichtetheit auf unmittelbare Außenwirkung besteht, wird wesentlich durch die Ausgestaltung des zugrunde liegenden materiellen Rechts bestimmt[214]. Durch die Außenwirkung unterscheidet sich der VA von behördeninternen Maßnahmen, von denen er abzugrenzen ist.

Ein Formulierungsbeispiel, in dem die Qualifizierung einer behördlichen Maßnahme als VA in Frage steht[215]:

107

„Die Klage ist mit ihrem auf die Aufhebung des Bescheides des Beklagten vom 07. März 2000 gerichteten Antrag zulässig.

---

anlage aufzustellen, ist vor der Aufstellung dieser Verkehrseinrichtung kein VA gegenüber dem Anlieger.
[211] *Ramsauer*, Rdnr. 14.03.
[212] *OVG Schleswig*, NJW 2000, 1059.
[213] *BVerwG*, NJW 1981, 67 = JuS 1981, 232.
[214] Vgl. *BVerwG*, NJW 1978, 1820 mit Bespr. Schmidt-Jortzig, JuS 1979, 488.
[215] Nach *VGH München*, BayVBl 1999, 341.

Ihre Statthaftigkeit als Anfechtungsklage gemäß § 42 Abs. 1 VwGO folgt bereits daraus, daß die Beklagte ihr Schreiben vom 07. März 2000 als „Bescheid" bezeichnet und mit einer Rechtsbehelfsbelehrung versehen hat. Es weist daher eine Form auf, auf Grund deren es die Klägerin als Verwaltungsakt ansehen mußte. Die Heranziehung zur gemeinnützigen und zusätzlichen Arbeit nach § 19 Abs. 2, 3 BSHG ist aber auch materiell ein Verwaltungsakt. Das ergibt sich aus § 25 Abs. 1 BSHG, wonach keinen Anspruch auf Hilfe zum Lebensunterhalt hat, wer sich weigert, zumutbare Arbeit zu leisten. Unter § 25 Abs. 1 BSHG fällt auch die Verweigerung von gemeinnütziger und zusätzlicher Arbeit im Sinne von § 19 Abs. 2 BSHG. Mit der Qualifizierung der Heranziehung als Verwaltungsakt wird dem Hilfesuchenden die Möglichkeit gegeben, im Rechtsbehelfsverfahren gegen die Zuweisung als solche oder gegen Modalitäten der zugewiesenen Arbeit Widerspruch einzulegen. Würde dem Heranziehungsbescheid dagegen die Qualität eines Verwaltungsaktes abgesprochen, hätte das zur Folge, daß die Rechte des Hilfesuchenden in einer für ihn besonders bedeutsamen Frage erheblich verkürzt werden, weil er die Arbeit ablehnen müßte, um dann im Rahmen des § 25 Abs. 1 BSHG entweder seinen Standpunkt, daß Arbeit für ihn unzumutbar sei, oder seine Vorstellungen über die Gestaltung von Modalitäten der Arbeit durchzusetzen. Dabei ist auch zu beachten, daß der Anspruchsverlust nach § 25 Abs. 1 BSHG bei Verweigerung von Arbeit kraft Gesetzes eintritt, so daß auch aus dieser Sicht der Heranziehungsbescheid die Qualität eines Verwaltungsaktes haben muß".

Einige weitere Beispiele, in denen die Frage, ob ein VA vorliegt und damit die Anfechtungsklage statthaft ist, gegebenenfalls zu erörtern ist:

108 Fachaufsichtliche Anordnungen oder Weisungen sind grundsätzlich keine anfechtbaren VAe, sondern innerdienstliche Weisungen, gegen die Rechtsschutz nicht gegeben ist[216]. Das gleiche gilt für den Selbsteintritt, mit dem die Fachaufsichtsbehörde eine Sache im Bereich des übertragenen Wirkungskreises an sich zieht (z.B. im Gefahrenabwehrrecht)[217]. Diesen Maßnahmen fehlt in der Regel das für die Annahme eines VAs notwendige Merkmal der unmittelbaren Außenwirkung. Ausnahmsweise kann eine fachaufsichtliche Weisung allerdings ein VA sein und zwar, wenn diese eine betroffene Gemeinde in ihrer Rechtsstellung als Selbstverwaltungskörperschaft berührt[218]. Hierzu zählt unter Umständen eine fachaufsichtliche Weisung nach § 44 Abs. 1 Satz 2 StVO („z.B. Verlangen der Aufsichtsbehörde nach Aufhebung der Einrichtung einer geschwindigkeitsbeschränkten Zone nach § 45 Abs. 1 b StVO durch die Gemeinde"). Diese kann ihrem objektiven Sinngehalt nach auf Außenwirkung gerichtet und damit VA sein, wenn ihre Rechtswirkung unter Berücksichtigung des zugrunde liegenden materiellen Rechts nicht im staatlichen Innenbereich verbleibt, sondern auf den rechtlich geschützten Bereich der Gemeinde in Selbstverwaltungsangelegenheiten übergreift und damit Außenwirkung erzeugt.

109 Kein VAe mangels verbindlicher Regelung sind nach hM öffentlichrechtliche Willenserklärungen der Verwaltung im Rahmen schuldrechtli-

---

[216] *BVerwG*, DVBl 1978, 638.
[217] S. *OVG Lüneburg*, NVwZ-RR 1997, 474.
[218] *BVerwG*, DVBl 1995, 744 = JuS 1996, 177.

cher Beziehungen zum Bürger. So ist die Aufrechnungserklärung einer Behörde gegenüber einem Bürger nach der Rechtsprechung des *BVerwG*[219] die Ausübung eines schuldrechtlichen Gestaltungsrechts, das in der Regel nach §§ 387, 388 BGB durch eine einseitige empfangsbedürftige Willenserklärung des Schuldners erfolgt. Die Aufrechnungserklärung werde nicht aus einer hoheitlichen Position abgegeben, sondern ergehe auf einer gleichgeordneten rechtlichen Ebene ähnlich wie eine Willenserklärung, mit der ein öffentlich-rechtlicher Vertrag geschlossen werde. Unterschiedlich wird dagegen die Frage beurteilt, ob die Aufrechnung der Sozialhilfebehörde nach § 25 a BSHG ein VA ist[220].

Eine Mahnung oder eine schlichte Zahlungsaufforderung ist nur dann ein VA, wenn sie deutlich erkennbar in dieser äußeren Form ergeht[221]. Ist dies nicht der Fall, geht ein erhobener Widerspruch ins Leere. Aber aufgepasst: Nach der heftig kritisierten Rechtsprechung des *BVerwG*[222] ist die Anfechtungsklage gegen eine Rechnung statthaft, wenn die mit der Gemeinde nicht identische Widerspruchsbehörde im Widerspruchsbescheid die Rechnung der Gemeinde als VA (um-) qualifiziert hat[223]. 110

Die Aufforderung an einen Kraftfahrer, seine Fahrtauglichkeit durch Vorlage eines medizinisch-psychologischen Gutachtens unter Beweis zu stellen, ist mangels eigenen Regelungsgehalts kein VA, sondern eine vorbereitende Maßnahme, die nicht isoliert angefochten werden kann[224]. 111

Die Änderung eines Straßennamens ist ein sog. adressatloser „dinglicher" VA und damit eine Allgemeinverfügung i.S.v. § 35 Satz 2 2. Alternative VwVfG[225]. Dies gilt ebenso für die Zuteilung einer Hausnummer[226]. 112

Ein Verkehrszeichen ist ebenfalls ein VA in der Form der Allgemeinverfügung (§ 35 Satz 2 VwVfG) mit Dauerwirkung[227]. Es wird gemäß § 43 Abs. 1 VwVfG gegenüber demjenigen, für den er bestimmt ist oder der von ihm betroffen wird, in dem Zeitpunkt wirksam, in dem er ihm bekanntgegeben wird. Die Bekanntgabe erfolgt in der Form der öffentlichen Bekanntgabe nach den bundesrechtlichen Vorschriften der StVO durch Aufstellung des Verkehrsschildes (vgl. insbesondere § 39 Abs. 1 und 1 a, § 45 Abs. 4 StVO). Ob die Bekanntgabe als öffentliche Bekannt- 113

---

[219] NVwZ 1983, 347.
[220] Bejahend *OVG Münster*, NJW 1997, 3391; verneinend *VGH München*, NJW 1997, 3392.
[221] Vgl. *VGH Mannheim*, NVwZ-RR 1989, 450.
[222] *BVerwG*, NVwZ 1988, 51; vgl. auch *OVG Magdeburg*, NVwZ 2000, 208: Ein Gemeinderatsbeschluss kann mit Erlaß eines Widerspruchsbescheides zu einem VA werden, die Widerspruchsbehörde gibt ihm diese Gestalt.
[223] Vgl. hierzu *Schmidt*, Klausur Nr. 1.
[224] Z.B. *BVerwG*, DAR 1994, 372.
[225] *VGH München*, NVwZ-RR 19996, 344; *VGH Mannheim*, NVwZ 1992, 196.
[226] *OVG Schleswig*, ZfS 1992, 251; *VGH Kassel*, NVwZ 1983, 551.
[227] *BVerwG*, NJW 1993, 1729.

gabe eines nicht schriftlichen (§ 41 Abs. 4 Satz 1 VwVfG) VAs gemäß § 41 Abs. 3 VwVfG einzuordnen ist oder ob die Spezialregelungen der StVO den § 41 VwVfG insgesamt verdrängen, hat das BVerwG[228] ausdrücklich offen gelassen. Sind Verkehrszeichen so aufgestellt oder angebracht, daß sie ein durchschnittlicher Kraftfahrer bei Einhaltung der nach § 1 StVO erforderlichen Sorgfalt schon „mit einem raschen und beiläufigen Blick" erfassen kann, so äußern sie ihre Rechtswirkung gegenüber jedem von der Regelung betroffenen Verkehrsteilnehmer, gleichgültig, ob er das Verkehrszeichen tatsächlich wahrnimmt oder nicht. Adressat der durch das Verkehrszeichen getroffenen Anordnung ist also nicht nur der Verkehrsteilnehmer, der sich im Straßenverkehr bewegt, sondern auch der Halter eines am Straßenrand geparkten Fahrzeugs, solange er Inhaber der tatsächlichen Gewalt über das Fahrzeug ist[229].

114  Die beamtenrechtliche Umsetzung, die mit Ausnahme von § 89 BbgLBG in den Beamtengesetzen nicht unmittelbar geregelt ist, ist nur eine innerbehördliche Organisationsmaßnahme ohne VAqualität. Denn sie ist lediglich die das statusrechtliche Amt und das funktionelle Amt im abstrakten Sinne unberührt lassende Zuweisung eines anderen Dienstpostens (funktionelles Amt im konkreten Sinne) innerhalb der Behörde. Gegen sie ist deshalb nicht die Anfechtungsklage, sondern die allgemeine Leistungsklage zulässig[230]. Dagegen sind die Versetzung – die auf Dauer angelegte Übertragung eines anderen Amtes im funktionellen Sinn bei einer anderen Behörde desselben oder eines anderen Dienstherrn – und die Abordnung – die (vorübergehende) Zuweisung einer dem Amt des betroffenen Beamten entsprechenden Tätigkeit bei einer anderen Dienststelle (Behörde) desselben oder eines anderen Dienstherrn – VAe. Diese über den innerbehördlichen Bereich hinausgreifenden Rechtsinstitute sind auch wegen des mit ihnen – über die konkrete Arbeitszuteilung wesentlich hinausgehenden – gleichzeitig in der Regel verbundenen Eingriffs in die individuelle Rechtssphäre des Beamten in den Beamtengesetzen des Bundes und der Länder (u.a. §§ 26, 27 BBG) ausdrücklich geregelt.

115  Staatliche Organisationsakte sind nur dann VAe, wenn sie die betreffenden Personen wie bei der Auflösung einer Schule[231] in ihrem „Grundverhältnis" berühren, nicht aber, wenn wie bei der Auflösung einer Schulklasse nur das „Betriebsverhältnis" betroffen ist.

116  Wirken am Zustandekommen eines VA mehrere Behörden mit (sog. mehrstufiger VA), so ist der Mitwirkungsakt der von der federführenden Behörde am Verfahren beteiligten anderen Behörde („Zustimmung", „Einvernehmen", „Einverständnis") nur dann ein eigenständiger VA,

---

[228] BVerwG, NJW 1997, 1021.
[229] BVerwG, NJW 1997, 1021.
[230] BVerwG, NJW 1981, 67 = JuS 1981, 232.
[231] BVerwGE 18, 40.

Erster Abschnitt: Das Urteil 69

wenn die Mitwirkungsbehörde eine sog. inkongruente Prüfungskompetenz hat. Indiz hierfür ist, daß der Mitwirkungsbehörde die ausschließliche Wahrnehmung bestimmter Aufgaben und die Geltendmachung besonderer Gesichtspunkte übertragen wurde. Ein Beispiel für eine inkongruente Prüfungskompetenz ist die Einverständniserklärung des aufnehmenden Dienstherrn bei der Abordnungs- oder Versetzungsentscheidung nach § 123 Abs. 2 BRRG. Haben Genehmigungsbehörde und Mitwirkungsbehörde dagegen dieselben Gesichtspunkte zu prüfen (sog. kongruente Prüfungskompetenz), so fehlt es an der Außenwirkung des Mitwirkungsakts. Dieser ist lediglich ein Verwaltungsinternum. Trotz Zustimmung der mitwirkenden Behörde ist die Genehmigungsbehörde berechtigt, aufgrund des ihr zustehenden Prüfungsrechts den Erlaß des begehrten VAs zu versagen. Anfechtbar ist allein die nach außen verbindliche Entscheidung der federführenden Behörde. Das bekannteste Beispiel für eine kongruente Prüfungskompetenz ist die Entscheidung über das Einvernehmen nach § 36 Abs. 1 BauGB[232].

Gegenstand der Anfechtungsklage ist in der Regel der ursprüngliche 117 VA in der Gestalt, die er durch den Widerspruchsbescheid erfahren hat (§ 79 Abs. 1 Nr. 1 VwGO). VA und Widerspruchsbescheid stellen also grundsätzlich eine Einheit dar. Daneben können Abhilfebescheid und Widerspruchsbescheid gemäß § 79 Abs. 1 Nr. 2 VwGO isoliert angefochten werden, wenn sie einen Dritten erstmalig beschweren (Beispiel: Die Widerspruchsbehörde verpflichtet die Ausgangsbehörde zur Erteilung einer Gaststättenerlaubnis; dagegen klagt der Nachbar). Ferner kann der Widerspruchsbescheid gemäß § 79 Abs. 2 Satz 1 VwGO allein Gegenstand der Anfechtungsklage sein, wenn und soweit er gegenüber dem ursprünglichen VA eine zusätzliche selbständige Beschwer enthält (Beispiel: reformatio in peius). Schließlich kann der Kläger nach zumindest *teilweise vertretener Ansicht*[233] auch kumulativ nach § 79 Abs. 1 Nr. 1 VwGO und nach § 79 Abs. 2 VwGO vorgehen. Dies muß er in seinem Antrag und seiner Begründung aber durch entsprechende Ausführungen zur Sache deutlich machen[234]. Sinnvoll ist ein solches Vorgehen nur, wenn der Kläger sowohl durch den Ausgangsbescheid als auch durch den Widerspruchsbescheid beschwert wird, er beide Bescheide für rechtswidrig hält und die Beschwer nicht durch den Widerspruchsbescheid – wie etwa bei der reformatio in peius – bereits durch die Klage gegen den Ausgangsbescheid gemäß § 79 Abs. 1 Nr. 1 VwGO erfaßt ist. Ein Beispiel: Der Kläger wendet sich gegen einen im Ermessen der Behörde stehenden belastenden VA, den er für materiell rechtswidrig hält; zugleich ist er der Auffassung, dem Widerspruchsbescheid hafte der wesentliche Verfahrensfehler der

---

[232] Ausführlich zum mehrstufigen VA *Weidemann*, VR 2000, 95 f.
[233] *Happ* in: *Eyermann*, § 79 Rdnr. 29; Jäde, BayVBl 1990, 696.
[234] *VGH Mannheim*, NVwZ-RR 1997, 447; *BVerwG*, Buchholz 310 Nr. 18 zu § 79.

unzulänglichen Sachverhaltsermittlung an. Nach der *Gegenmeinung*[235] hat der Kläger immer nur die Wahl zwischen der Anfechtung nach § 79 Abs. 1 Nr. 1 VwGO oder der isolierten Anfechtung nach § 79 Abs. 1 Nr. 2 bzw. Abs. 2 VwGO.

Kommt das *VG* bei der Klage nach § 79 Abs. 1 Nr. 1 VwGO zu dem Ergebnis, daß der Ausgangsbescheid rechtmäßig ist, der Widerspruchsbescheid aber verfahrensfehlerhaft zustande gekommen ist, stellt sich die Frage, ob es den Widerspruchsbescheid isoliert aufheben kann. Nach wohl *hM*[236] weist es, wenn die Voraussetzungen des § 79 Abs. 1 Nr. 2 oder Abs. 2 VwGO gegeben sind, das Begehren auf Kassation des Ausgangsbescheids ab, während es den Widerspruchsbescheid aufhebt[237]. Bei Ermessensakten hat dies zur Folge, daß die Widerspruchsbehörde erneut über den Widerspruch entscheiden muß, während bei gebundenen Entscheidungen hierfür kein Grund besteht[238].

### b) Die Verpflichtungsklage

**118** Die Verpflichtungsklage (§ 42 Abs. 1 VwGO) ist statthaft, wenn der Kläger den Erlaß eines VA begehrt. Ist der beantragte VA bisher nicht ergangen, wird sie als Untätigkeitsklage (§ 75 VwGO) erhoben; begehrt der Kläger den Erlaß eines abgelehnten beantragten VA, handelt es sich um eine Versagungsgegenklage. Von der Bescheidungsklage – einem Unterfall der Verpflichtungsklage – spricht man, wenn sich die Klage nur darauf richtet, den Beklagten unter Aufhebung der ablehnenden Entscheidungen zu verpflichten, über den Antrag unter Beachtung der Rechtsauffassung des Gerichts erneut zu entscheiden.

In Fällen, in denen ein Kläger offensichtlich eine Verpflichtungsklage erhebt, weil er z. B. eine behördliche Genehmigung begehrt, genügt deren Benennung als statthafte Klageart. Nähere Ausführungen sind aber erforderlich, wenn die Verpflichtungsklage von der Anfechtungsklage oder der Leistungsklage abzugrenzen ist. Wichtig ist die Unterscheidung von Anfechtungsklage einerseits und Verpflichtungsklage andererseits als statthafte Klageart nicht für die Zulässigkeit – insofern haben beide annähernd gleiche Voraussetzungen –, sondern als Weichenstellung für die Begründetheitsprüfung; denn hier führt die Anfechtungsklage, für die lediglich die Verletzung von Abwehrrechten Voraussetzung ist, leichter zum Erfolg. Praktisch schwierig ist die Abgrenzung vor allem bei VAen mit Nebenbestimmungen i.S.d. § 36 Abs. 2 Nrn. 1–3 VwVfG (Befristung, Bedingung, Widerrufsvorbehalt). Diese Nebenbestimmungen, die nur als un-

---

[235] *VGH München*, BayVBl 1990, 370; *Kopp/Schenke*, § 79 Rdnr. 2.
[236] *Kopp*, JuS 1994, 742 f.; *Pietzner/Ronellenfitsch*, § 24 Rdnr. 18 m.w.N.
[237] *BVerwGE* 13, 195.
[238] *Pietzcker* in: *Schoch*, § 79 Rdnr. 6.

selbständige Bestandteile eines VA qualifiziert werden, sind nach wohl
$hM^{239}$ isoliert anfechtbar, wenn der VA teilbar ist. Steht die Nebenbestimmung aus der Sicht der Verwaltung in einem untrennbaren Zusammenhang mit dem HauptVA und ist sie mit diesem untrennbar verbunden, so scheidet eine isolierte Anfechtung aus. Nach $aA^{240}$ soll bei den unselbständigen Nebenbestimmungen i.S.d. § 36 Abs. 2 Nr. 1 – 3 VwVfG die Verpflichtungsklage statthaft sein. Folgen Sie dieser Ansicht, ist die Klage auf Erlaß eines unbefristeten bzw. unbedingten VA zu richten.

Richtet sich die Klage gegen eine selbständige Auflage i.S.d. § 36 Abs. 2 119
Nr. 4 VwVfG, so ist nach übereinstimmender Auffassung die Anfechtungsklage statthaft. Wendet sich der Kläger dagegen gegen eine sog. modifizierende Auflage, muß er im Wege der Verpflichtungsklage in der Form der Versagungsgegenklage hiergegen mit dem Begehren vorgehen, einen von „modifizierenden" Auflagen freien HauptVA zu erhalten. Wann eine selbständige Auflage und wann eine modifizierende Auflage vorliegt, kann nicht generell gesagt werden. Orientieren Sie sich zur Abgrenzung an der von *Weyreuther*[241] geprägten Faustformel. Danach erklärt die Behörde dem Antragsteller bei der echten Auflage: „Ja (Genehmigung), aber noch (Auflage), bei der modifizierenden Auflage dagegen: Nein (Versagung der Genehmigung), aber (andere Genehmigung als beantragt)".

Ist Streitgegenstand eine Nachbarklage gegen einen Planfeststellungs- 120
beschluß (s. z.B. § 74 VwVfG), so ist die Anfechtungsklage statthaft, wenn sich der Kläger gegen die Planung als Ganzes wendet. Verlangt der Kläger lediglich die Anordnung von Schutzauflagen im Wege einer Planergänzung, ist die Verpflichtungsklage zulässig[242].

Die Abgrenzung von Verpflichtungsklage und Leistungsklage ist z.B. 121
relevant in Fällen, in denen ein Kläger von einer Behörde eine bestimmte

---

[239] *Brenner*, JuS 1996, 281, 286 f. mit Rechtsprechungsnachweisen.
[240] *Pietzcker*, NVwZ 1995,15, 20.
[241] DVBl 1969, 295, 296.
[242] Vgl. zu dieser Thematik *Hermanns/Hönig*, JA 1998, 993; *Kopp/Schenke*, § 42 Rdnr. 32 f.; *OVG Koblenz*, Urteil vom 01. Juli 1997–7 C 11843/93-(juris): „Anfechtungsklagen gegen planerische Entscheidungen haben Erfolg nach ständiger Rechtsprechung nicht bereits dann, wenn der Anspruch der Betroffenen auf Lärmschutz nicht umfassend erfüllt ist. Vielmehr wird im Hinblick auf die Erfolgsaussichten zwischen der Anfechtung einer planerischen Entscheidung und Verpflichtungsklagen auf ergänzende Schutzansprüche unterschieden. Abwägungsfehler führen bei planerischen Entscheidungen nur dann zur Aufhebung, wenn sie sich nicht durch ergänzende Entscheidung beheben lassen (vgl. bereits *BVerwG*, NJW 1985, 3034 und *BVerwG*, NJW 1990, 925). Ist dies der Fall, hat der Betroffene nur einen im Wege der Verpflichtungsklage geltend zu machenden Anspruch auf Ergänzung der Entscheidung (*BVerwG*, NVwZ-RR 1990, 454). Anderes gilt nur, wenn durch die Planergänzung zugleich die Plankonzeption berührt wird und damit die konkrete Möglichkeit einer andersartigen Planung bestünde, wobei auf die Sicht der Behörde abzustellen ist (vgl. *BVerwG* NVwZ-RR 1990, 454)."

Auskunft (etwa zu über ihn gespeicherten Daten oder auf Umweltinformation nach dem UIG[243]) oder die Löschung von Daten bzw. Vernichtung von Akten begehrt. Die *Rechtsprechung*[244] läßt die Frage nach der statthaften Klageart, sofern ein Vorverfahren stattgefunden hat, häufig offen. Mit entsprechender Begründung kann hier, sofern das anzuwendende Gesetz keine spezielle Regelung trifft, sowohl die Verpflichtungsklage als auch die Leistungsklage als auch eine Kombination aus beiden als statthafte Klageart angenommen werden[245].

### c) Die allgemeine Leistungsklage

122 Die allgemeine Leistungsklage ist in der VwGO nicht gesondert geregelt, wird aber in verschiedenen Vorschriften ausdrücklich erwähnt (s. z.B. § 43 Abs. 2 oder § 113 Abs. 3 VwGO). Sie ist auf die Verurteilung zu einem behördlichen Handeln, Dulden oder Unterlassen gerichtet. Gegenüber der Verpflichtungsklage ist sie subsidiär und betrifft insoweit nur das schlichte Verwaltungshandeln. Beispiele für die Leistungs-Vornahme-Klage, die der Verpflichtung der Behörde zur Vornahme von Realakten dient, sind: der Widerruf oder die Unterlassung von Äußerungen, Folgenbeseitigungs- bzw. Abwehransprüche, schlichte Auskünfte oder Zahlungsansprüche. Macht der Bürger Zahlungsansprüche gegen die öffentliche Hand geltend, ist die Leistungsklage allerdings nur dann statthaft, wenn der Anspruch nicht zuvor durch VA festzusetzen ist. Dies hängt von der gesetzlichen Ausgestaltung und gegebenenfalls auch von der Verwaltungspraxis ab.

123 Im Gegensatz zur Leistungs-Vornahme-Klage richtet sich die Unterlassungsklage gegen ein künftiges Verwaltungshandeln. Insbesondere die vorbeugende Unterlassungsklage ist nicht auf die schlichthoheitliche Betätigung der Verwaltung beschränkt, sondern auch gegen drohende untergesetzliche Normen oder gegen einen drohenden VA zulässig[246]. Beispiele für die Unterlassungsklage sind: Klage gegen das Aufstellen eines

---

[243] Die statthafte Klage auf Umweltinformation nach dem UIG ist die Verpflichtungsklage; vgl. hierzu *Kollmer*, NVwZ 1995, 858 f.

[244] S. z.B. die Formulierung bei *OVG Berlin*, NVwZ-RR 1997, 32: „Ob eine Kombination von Leistungs- und Verpflichtungsklagen, die nicht davon abhängig sein dürfte, ob förmlich, d.h. mit Rechtsmittelbelehrung das Auskunftsbegehren, abgelehnt worden ist, die richtige Lösung wäre, wofür manches spricht, braucht jedoch nicht abschließend geklärt zu werden. Denn die Klage ist als Leistungsklage, Verpflichtungsklage oder als Kombination von Anfechtungs- und Leistungsklage ohnehin deshalb zulässig, weil das für Verpflichtungs- und Anfechtungsklagen erforderliche Vorverfahren, wie bereits das Verwaltungsgericht zutreffend dargelegt hat, durchgeführt worden ist, jedenfalls die Voraussetzungen des § 75 VwGO gegeben sind."

[245] S. auch *Hufeld*, JA 1998, 520, 524.

[246] *Pietzner/Ronellenfitsch*, § 10 Rdnr. 3; *Pietzcker* in: *Schoch*, § 42 Abs. 1 Rdnr. 165; in der Regel fehlt es aber an dem erforderlichen qualifizierten Rechtsschutzinteresse.

Verkehrszeichens, Klage einer Partei auf Verurteilung zum Unterlassen der Beobachtung mit nachrichtendienstlichen Mitteln, Klage gegen die Aufstellung eines Bebauungsplans. Ein Formulierungsbeispiel[247]:

„Das Begehren der Klägerin ist als Unterlassungsklage als Sonderform der einfachen Leistungsklage die richtige Klageart. Diese Klageart wird in der VwGO nicht besonders geregelt; sie wird jedoch in einer Reihe von Vorschriften erwähnt (vgl. §§ 43 Abs. 2, 111, 113 Abs. 4, 191 Abs. 1 VwGO). Der Klägerin geht es darum, dem Beklagten eine schlichte hoheitliche Tätigkeit ohne Verwaltungsaktcharakter, nämlich ihre Beobachtung mit nachrichtendienstlichen Mitteln, zu untersagen. Anders als ein Verwaltungsakt greift diese Tätigkeit nicht unmittelbar regelnd in die Rechtsstellung der Klägerin ein, sie dient lediglich der Informationsgewinnung, wenn auch unter Einsatz von Mitteln, die nur unter den gesetzlich bestimmten Voraussetzungen der §§ 5 ff. des Berliner Gesetzes über das Landesamt für Verfassungsschutz – LfVG – angewendet werden dürfen."

*d) Die Fortsetzungsfeststellungsklage*

Die in § 113 Abs. 1 Satz 4 VwGO geregelte Fortsetzungsfeststellungsklage ist statthaft, wenn sich der VA nach Klageerhebung durch Zurücknahme oder anders erledigt hat. Stellt der Kläger einen Fortsetzungsfeststellungsantrag, so muß das VG prüfen, ob der VA sich tatsächlich erledigt hat. Die bloße Behauptung der Erledigung durch den Kläger genügt nicht.

Der VA ist nach allgemeiner Auffassung erledigt, wenn von ihm keine belastenden rechtlichen Wirkungen mehr ausgehen[248]. Beispiele hierfür sind die Rücknahme oder der Widerruf eines VA. In der Praxis und auch im Examen wichtig sind die Fälle, in denen ein VA durch Zeitablauf gegenstandslos geworden ist wie das Verbot einer Parteitagsveranstaltung, wenn der vorgesehene Termin verstrichen ist. Keine Erledigung liegt grundsätzlich vor, wenn der VA nur vollzogen ist (z.B. Geldforderung wurde überwiesen). Im Einzelfall kann die Abgrenzung sehr schwierig sein, so z.B. bei einer Klage gegen eine Beseitigungsanordnung, wenn zwischen Anfechtung und Entscheidung der VA im Wege der Ersatzvornahme vollstreckt wurde (im Aufgabentext darstellbar mit Haupt- und Hilfsantrag). Nach einer zumindest *teilweise vertretenen Ansicht* [249] ist die fortdauernde Wirksamkeit der Grundverfügung als Titel Voraussetzung für alle weiteren Maßnahmen des Verwaltungszwangs und insbesondere für die Kostenanforderung einer durchgeführten Ersatzvornahme. Daher verneint diese Auffassung das Vorliegen einer Erledigung mit der Begründung, zur Vermeidung von Rechtsnachteilen müsse die Möglichkeit der rückwirkenden Aufhebung der Grundverfügung auch nach

124

---

[247] Aus *VG Berlin*, NJW 1999, 806.
[248] Vgl. z.B. *BVerwG*, NVwZ 1991, 570.
[249] *OVG Münster*, NWVBl 1997, 218; *OVG Koblenz*, NVwZ 1997, 1009; *Pietzner/Ronellenfitsch* § 27 Rdnr. 25.

deren Vollzug fortbestehen, eine Erledigung könne also nicht angenommen werden. Nach der *Gegenmeinung*[250] erledigt sich der VA mit Wegfall der Beschwer, die sich ausschließlich auf den Regelungsgehalt des angefochtenen VAs beziehe, ungeachtet einer drohenden oder verbleibenden Kostenlast. Ebenso erledigten sich mit der Sachentscheidung voll akzessorische Nebenentscheidungen wie die Zwangsmittelandrohung. Das *BVerwG*[251] hat in einem Fall, in dem die Ersatzvornahme zwar durchgesetzt, die entfernten Sachen aber noch auf dem städtischen Bauhof gelagert waren, ausgeführt, jedenfalls bei einer solchen Konstellation sei die der Zwangsmaßnahme zugrundeliegende Grundverfügung nicht i.S.d. § 43 Abs. 2 VwVfG erledigt. Hieraus folgt, daß die Beseitigungsanordnung erledigt ist, wenn durch die Vollstreckung irreversible Verhältnisse geschaffen worden sind (z.b. Abriß eines Gebäudes), nicht aber, wenn die Folgen noch rückgängig gemacht werden können.

Bei einer Klage gegen ein Verkehrszeichen, das nach Klageerhebung auf gerichtliche Anordnung im Eilverfahren entfernt worden ist, ist das *OVG Koblenz*[252] von der Statthaftigkeit der Fortsetzungsfeststellungsklage ausgegangen und hat hierzu ausgeführt, Gegenstand der Anfechtung sei die in den Verkehrsschildern und -zeichen verkörperte Regelung in der Form einer Allgemeinverfügung, nicht jedoch die vorangehende innerbehördliche Entschließung. Unabhängig von der Aufhebung im behördlichen oder gerichtlichen Verfahren würden einerseits Verkehrszeichen bis zu ihrer Entfernung als wirksam gelten. Andererseits erledigte sich die verkehrsregelnde Maßnahme auch mit der Entfernung der Schilder.

125 Nach *hM*[253] ist § 113 Abs. 1 Satz 4 VwGO im Falle der Erledigung einer Verpflichtungsklage analog anwendbar. Zulässig ist eine Fortsetzungsfeststellungsklage, wenn die ursprüngliche Verpflichtungsklage zulässig war, nach Rechtshängigkeit ein erledigendes Ereignis eingetreten ist, ein klärungsfähiges Rechtsverhältnis besteht und ein Feststellungsinteresse gegeben ist[254]. Dagegen scheidet eine entsprechende Anwendung des § 113 Abs. 1 Satz 4 VwGO auf Realakte aus, die ohne ihre Erledigung bzw. Wegfall des Anspruchs mittels der allgemeinen Leistungsklage, der Feststellungsklage und sonstigen Klagen, die sich nicht auf VAe beziehen, geltend zu machen wären[255].

126 Unabhängig von der Frage, ob es sich bei der Klage gegen einen vorprozessual erledigten VA um einen Unterfall der Anfechtungsklage oder

---

[250] *VGH Mannheim*, NVwZ 1994, 1130; *Gerhardt* in: Schoch, § 113 Rdnr. 82; *VGH München*, BayVBl 1994, 310; *Proppe*, JA 1998, 162; *VGH München*, BayVBl 1998, 550.
[251] BauR 1999, 733.
[252] Urteil vom 17. Februar 1998–7 A 13080/96.OVG – (nicht veröffentlicht).
[253] S. hierzu *Schmidt* in: Eyermann, § 113 Rdnr. 97 m.w.N.
[254] *BVerwG*, NVwZ 1999, 1105.
[255] *Kopp/Schenke*, § 113 Rdnr. 116.

der Feststellungsklage handelt, ist § 113 Abs. 1 Satz 4 VwGO nach der ständigen Rechtsprechung des BVerwG[256] analog auch auf solche Fälle anzuwenden. In der Literatur[257] wird dagegen auch die Ansicht vertreten, die für die Feststellungsklage geltende Vorschrift des § 43 VwGO sei auf vor Klageerhebung erledigte VAe entsprechend heranzuziehen. Praktische Bedeutung hat dieser akademische Streit kaum, denn auch das BVerwG verlangt für die Zulässigkeit einer Klage auf Feststellung der Rechtswidrigkeit eines erledigten VA weder die Durchführung eines Vorverfahrens noch die Einhaltung einer Klagefrist. Auch orientiert sich das Feststellungsinteresse an den Anforderungen des § 43 VwGO und nicht an dem für § 113 Abs. 1 Satz 4 VwGO vorausgesetzten[258].

e) *Die Feststellungsklage*

Die allgemeine Feststellungsklage nach § 43 Abs. 1 VwGO ist statthaft, 127
wenn der Kläger die Feststellung des Bestehens oder Nichtbestehens eines Rechtsverhältnisses begehrt. Unter einem Rechtsverhältnis versteht man die sich aus einem konkreten Sachverhalt aufgrund einer (öffentlichrechtlichen) Rechtsnorm ergebenden rechtlichen Beziehungen einer Person zu einer anderen Person oder zu einer Sache[259]. Voraussetzung für die Statthaftigkeit einer Feststellungsklage ist stets, dass das Rechtsverhältnis hinreichend konkret ist. Rein abstrakte Rechtsfragen können nicht durch eine Feststellungsklage geklärt werden. Daher kann die Wirksamkeit eines Gesetzes, einer Rechtsverordnung oder Satzung nicht unmittelbar Gegenstand einer Feststellungsklage sein, da dies zu einer Umgehung des Normenkontrollverfahrens nach § 47 VwGO führen würde. Etwas anderes ergibt sich allerdings dann, wenn es um die Anwendung der streitigen Norm auf einen konkreten Sachverhalt geht. In diesen Fällen ist eine Inzidentkontrolle der zugrunde liegenden Rechtsnorm im Rahmen der Feststellungsklage uneingeschränkt möglich[260].

Während früher die Feststellungsklage nur bei „gegenwärtigen" Rechtsverhältnissen zugelassen wurde, ist dies nach heute hM[261] nicht Begriffsmerkmal der Statthaftigkeit der Feststellungsklage. Das festzustellende Rechtsverhältnis kann vielmehr auch in der Vergangenheit oder in der Zukunft liegen, wenn es noch immer oder schon jetzt Auswirkungen

---

[256] NVwZ 2000, 63 m.w.N. = JuS 2000, 720.
[257] Z.B. *Renck*, JuS 1970, 113; *Fechner*, NVwZ 2000, 121, der diese Klage als „Rechtswidrigkeitsfeststellungsklage" bezeichnet. *Göpfert*, BayVBl 2000, 300 nennt diese Klage ebenfalls „Rechtswidrigkeitsfeststellungsklage", lehnt aber die Anwendbarkeit des § 43 VwGO ab. Seiner Ansicht nach kommt § 113 Abs. 1 Satz 4 VwGO eigenständige Bedeutung zu; dieser stelle eine eigenständige Klageart dar.
[258] *BVerwG*, NVwZ 2000, 63; s. hierzu auch *Clausing*, JuS 2000, 688.
[259] *Kopp/Schenke*, § 43 Rdnr. 11 m.w.N.
[260] *BVerwG*, DVBl 2000, 636.
[261] *OVG Schleswig*, NJW 1993, 954; *VGH Mannheim*, NVwZ 1998, 761.

auf die Rechte des Klägers hat (Beispiel: Feststellung, daß das Einsperren von Schülern zum Zwecke der Schulraumsäuberung rechtswidrig war).

**128** Die Feststellungsklage ist grundsätzlich nach § 43 Abs. 2 Satz 1 VwGO gegenüber der Gestaltungs- oder Leistungsklage subsidiär. Diese Vorschrift ist ihrem Zweck entsprechend allerdings einschränkend auszulegen und anzuwenden. Wo eine Umgehung der für Anfechtungs- und Verpflichtungsklagen geltenden Bestimmungen über Fristen und Vorverfahren nicht droht, steht § 43 Abs. 2 VwGO der Feststellungsklage ebensowenig entgegen wie in Fällen, in denen diese den effektiveren Rechtsschutz bietet[262]. Kann die zwischen den Parteien streitige Frage sachgerecht und ihrem Rechtsschutzinteresse voll Rechnung tragend durch Feststellungsurteil geklärt werden, verbietet es sich, den Kläger auf eine Gestaltungs- oder Leistungsklage zu verweisen, in deren Rahmen das Rechtsverhältnis, an dessen selbständiger Feststellung er ein berechtigtes Interesse hat, nur Vorfrage wäre. Ein Beispiel: Begehrt ein Kläger die Feststellung der Rechtswidrigkeit des Einsatzes verdeckter Ermittler, um Genugtuung für den mit der Verletzung seiner Privatsphäre verbundenen Eingriff in sein Persönlichkeitsrecht zu erlangen, kann er nicht unter dem Gesichtspunkt der Subsidiarität der Feststellungsklage darauf verwiesen werden, die Rechtswidrigkeit des Einsatzes als Vorfrage in einem auf Auskunft über die von ihm gespeicherten personenbezogenen Daten und deren Löschung sowie die Vernichtung der dazugehörigen Unterlagen gerichteten Verwaltungsrechtsstreit klären zu lassen[263].

**129** Ein Formulierungsbeispiel:

„Die Klage ist als allgemeine Feststellungsklage nach § 43 Abs. 1 VwGO statthaft und auch ansonsten zulässig. Nach Abs. 1 der genannten Vorschrift kann die Feststellung des Bestehens oder Nichtbestehens eines Rechtsverhältnisses begehrt werden, wenn der Kläger ein berechtigtes Interesse an der baldigen Feststellung hat. Die Feststellung kann nicht begehrt werden, soweit der Kläger seine Rechte durch Gestaltungs- oder Leistungsklage verfolgen kann oder hätte verfolgen können (§ 43 Abs. 2 VwGO).

Der Grundsatz der Nachrangigkeit der Feststellungsklage gegenüber Gestaltungsklagen steht der Zulässigkeit der Feststellung nach § 43 VwGO hier nicht entgegen, da weder eine Anfechtungs- noch eine Fortsetzungsfeststellungsklage im Sinne von § 113 Abs. 1 Satz 4 VwGO in Betracht gekommen wäre. Anfechtungsklage und Fortsetzungsfeststellungsklage setzen das Vorliegen eines Verwaltungsakts voraus. Daran fehlt es hier.

Das Filmen der Teilnehmer einer Versammlung stellt mangels Regelungswirkung keinen Verwaltungsakt im Sinne des § 35 LVwVfG dar, sondern einen Realakt. Eine Regelung liegt vor, wenn das Verwaltungshandeln auf die unmittelbare Herbeiführung einer Rechtsfolge gerichtet ist. Das Filmen selbst ist nur auf die Dokumentation der Vorgänge während des Polizeieinsatzes, nicht aber auf die Herbeiführung einer Rechtsfolge gerichtet. Ein feststellungsfähiges konkretes Rechtsverhältnis ergibt sich hier daraus, daß der Kläger im geltend gemachten Zeitraum von den Videoaufnahmen erfaßt wurde.

---

[262] *BVerwG*, NJW 1997, 2534 (lesen!).
[263] *BVerwG*, NJW 1997, 2534.

Der Zulässigkeit der Feststellungsklage steht auch nicht entgegen, daß es sich nicht um ein noch bestehendes, sondern um ein in der Vergangenheit liegendes Rechtsverhältnis handelt, da auch ein solches einer Feststellungsklage zugänglich sein kann."

Ein besonderer Anwendungsbereich für die Feststellungsklage ergibt sich in der Regel bei den sog. Kommunalverfassungsstreitigkeiten und ähnlichen Streitverfahren zwischen Organen einer Körperschaft. Unter dem Kommunalverfassungsstreit ist ein vor dem VG ausgetragener Streit zu verstehen, bei dem die Beteiligten Organe und Organteile derselben Körperschaft sind und damit kein Außenrechtsverhältnis zwischen ihnen besteht. Gestritten wird um das Bestehen oder den Umfang von Rechten, z.b. um die Rechtmäßigkeit von Beschlüssen dieser Organe aus dem Bereich ihres inneren Verfassungslebens oder zwischen einem betroffenen Ratsmitglied und dem Bürgermeister als Vorsitzenden des Rates auf Feststellung der Rechtswidrigkeit eines Ordnungsrufes. Kommunalverfassungsstreitigkeiten sind keine Verwaltungsprozesse besonderer Art. Nach *hM* handelt es sich regelmäßig um ein Verfahren, für das die Feststellungsklage die richtige Klageart ist[264]. In Einzelfällen ist aber auch die Leistungsklage die statthafte Klageart und zwar z.b. dann, wenn der Kläger die Gewährung von Akteneinsicht, also schlichtem Verwaltungshandeln, begehrt[265]. Nach *aA* haben dagegen bestimmte Anordnungen innerhalb einer juristischen Person des öffentlichen Rechts ausnahmsweise dann Außenwirkung, wenn sie in Organrechte eingreifen. So werden z.b. der Ausschluß eines Gemeinderatsmitglieds von der Beratung wegen angeblicher Befangenheit[266], die Beanstandung eines Gemeinderatsbeschlusses durch den Bürgermeister[267] oder die Nichtzulassung eines Bürgerbegehrens durch den Gemeinderat[268] teilweise als VAe angesehen mit der Konsequenz, daß sich der Betroffene hiergegen mit der Anfechtungsklage zur Wehr setzen muß. Hier ist es sicher ratsam, im Examen der Auffassung des im eigenen Bundesland ansässigen OVG zu folgen.

Nach *hM*[269] ist auch die sog. Normerlaßklage im Wege der Feststellungsklage zu verfolgen. Bei der Normerlaßklage macht der Kläger einen Anspruch auf Erlaß einer untergesetzlichen Norm geltend. Ein Beispiel: ein ortsansässiger Gewerbetreibender in Bielefeld verlangt unter Berufung auf § 14 Abs. 1 Satz 3 LadschlG von der hierfür zuständigen Stelle

130

131

---

[264] S. z.B. *BVerwG, NVwZ-RR* 1994, 352; s. zu Grundfällen im Kommunalverfassungsstreit *Martensen, JuS* 1995, 989 und 1077.
[265] *OVG Münster,* NVwBl 1998, 110.
[266] *Kopp/Schenke,* Anhang zu § 42 Rdnr. 88.
[267] *VGH Kassel,* NVwZ-RR 1996, 409.
[268] *VGH Mannheim,* NVwZ-RR 1994, 110; *OVG Greifswald,* NVwZ 1997, 306; aA *OVG Koblenz,* NVwZ-RR 1995, 412.
[269] *BVerwG,* NVwZ 1990, 162 und NJW 1989, 1495; *OVG Münster,* NVwZ-RR 1995, 105; *Sodan,* NVwZ 2000, 601, 608; ausführlich zu echter und unechter Normerlaßklage s. *Pietzner/Ronellenfitsch,* § 12 Rdnr. 11 f.

den Erlaß einer Rechtsverordnung, die vier verkaufsoffene Sonntage in der Innenstadt von Bielefeld für das Jahr 2000 vorsieht. Eine analoge Anwendung des § 47 VwGO scheidet aus, weil das Normenkontrollverfahren zur Verfolgung solcher Ansprüche schlechterdings ungeeignet ist. Bei dem besonderen Rechtsbehelf des § 47 VwGO wird dem Bedürfnis nach allgemeinverbindlicher Nichtigerklärung einer untergesetzlichen Norm Rechnung getragen, während im Rahmen der Normerlaßklage allein der persönliche Anspruch des Klägers auf Normerlaß zu prüfen ist und es deshalb einer Entscheidung mit inter-omnes-Wirkung nicht bedarf[270]. Statthaft ist vielmehr die Feststellungsklage. Das konkrete Rechtsverhältnis besteht in der Frage, ob die öffentliche Hand durch die Entscheidung, die begehrte untergesetzliche Norm nicht zu erlassen, Rechte des Klägers verletzt hat.

Die begehrte Feststellung wird nicht dadurch ausgeschlossen, daß anstelle des geltend gemachten Feststellungsbegehrens eine Leistungsklage, gerichtet auf Erlaß der untergesetzlichen Norm, gegebenenfalls ebenso zulässig wäre. Gegenüber einer auf Normerlaß gerichteten Leistungsklage tritt die Feststellungsklage nicht zurück. Das Rechtsschutzbegehren des Klagenden kommt wirksam zur Geltung, ohne daß es prozessual in das Gewand einer einklagbaren „Leistung" des Satzungsgebers gekleidet wird. Überdies entspricht die Form des Feststellungsbegehrens eher dem im Gewaltenteilungsgrundsatz begründeten Gedanken, daß auf die Entscheidungsfreiheit der rechtsetzenden Organe gerichtlich nur in dem für den Rechtsschutz des Bürgers unumgänglichen Umfang einzuwirken ist[271].

### 5. Die Klagebefugnis

132    Nach § 42 Abs. 2 VwGO ist, soweit gesetzlich nichts anderes bestimmt ist, die Klage nur zulässig, wenn der Kläger geltend macht, durch den VA oder seine Ablehnung oder Unterlassung in seinen Rechten verletzt zu sein. Ob Ausführungen zu diesem Prüfungspunkt in der Klausur angebracht sind, hängt zum einen von der Klageart und zum anderen von der besonderen Fallkonstellation ab. Hier die wichtigsten Eckpunkte:

Bei der Anfechtungsklage ist die Anmerkung, der Kläger sei nach § 42 Abs. 2 VwGO klagebefugt, weil er Adressat eines ihn belastenden VA sei, überflüssig weil offenkundig. Wendet sich der Kläger z.B. gegen eine Fahrerlaubnisentziehung, einen Abschleppkostenbescheid oder einen Subventionsrückforderungsbescheid, so versteht sich die Klagebefugnis von selbst.

---

[270] *Duken*, NVwZ 1993, 546, 547.
[271] *BVerwG*, NVwZ 1990, 162.

Da nach ständiger Rechtsprechung die Möglichkeit einer Rechtsverletzung ausreicht[272], sind keine hohen Anforderungen an das Vorliegen der Klagebefugnis zu stellen. Dies bedeutet, daß Sie nicht schon wesentliche Teile der Begründetheitsprüfung in die Zulässigkeit vorziehen dürfen. Vermeiden Sie auch den Fehler, die Klagebefugnis unmittelbar aus den Grundrechten (insbesondere Art. 12 und 14 GG) herzuleiten anstatt die vorrangigen Normen des einfachen Rechts zu prüfen. Die Grundrechte sind allerdings maßgeblich bei der Interpretation des einfachen Rechts heranzuziehen.

133

Problematisch werden kann die Frage nach der Klagebefugnis dann, wenn ein Dritter gegen einen ihn mittelbar belastenden VA vorgeht. Hier muß geprüft werden, ob subjektive eigene Rechte oder zumindest anderweitige rechtlich geschützte Interessen verletzt sein könnten[273]. Die Klagebefugnis ist nur zu bejahen, wenn der Kläger sich auf eine Norm stützen kann, die ihn als Dritten zu schützen bestimmt ist. Ist dem Wortlaut der Vorschrift eindeutig ein subjektiv öffentliches Recht zu entnehmen (z.B. § 5 Abs. 1 BImSchG), genügt es, in der Prüfungsarbeit die Vorschrift zu nennen:

134

„Die Klägerin ist klagebefugt im Sinne des § 42 Abs. 2 VwGO. Denn durch die Erteilung der immissionsschutzrechtlichen Genehmigung an den Beigeladenen ist die Klägerin möglicherweise in ihrem in § 5 Abs. 1 Satz 1 BImSchG näher umschriebenen Nachbarrecht verletzt."

Läßt sich dem Wortlaut der Bestimmung, auf die sich der Dritte beruft, keine eindeutige Aussage entnehmen, so ist diese systematisch und teleologisch auszulegen. Ergibt sich aus dem Zweck der Norm und/oder ihrer systematischen Stellung im bereichsspezifischen Normgefüge, daß auch Individualinteressen geschützt werden sollen, so kann ein subjektiv öffentliches Recht nicht schon dann verneint werden, wenn der Wortlaut der Vorschrift etwa auf „öffentliche Sicherheit" oder „öffentliche Belange" abstellt[274]. Öffentliche Interessen und Individualinteressen schließen sich nicht gegenseitig aus. Entscheidend ist vielmehr, daß sich aus individualisierenden Tatbestandsmerkmalen der Vorschrift ein Personenkreis entnehmen läßt, der sich von der Allgemeinheit unterscheidet. So hat § 18 GastG, nach dessen Abs. 1 Satz 2 i.V.m. einer Rechtsverordnung die Verkürzung der Sperrzeit bei Vorliegen eines „öffentlichen Bedürfnisses" möglich ist, insoweit drittschützende Wirkung, als die Verkürzung der Sperrzeit nicht zu schädlichen Umwelteinwirkungen im Sinne des BImSchG führt[275]. Liegt Ihrer Klausur eine solche Konstellation, in der

---

[272] BVerwG, NVwZ 1982, 627 = JuS 1982, 865.
[273] Z.B. BVerwG, NVwZ 1993, 884 m.w.N.
[274] Schmidt, JuS 1999, 1107, 1110.
[275] BVerwG, NVwZ 1997, 276 (sehr lesenswert).

die Klagebefugnis des Dritten nicht auf der Hand liegt, zugrunde, müssen Sie ausführlich hierauf eingehen.

**135** Ein Formulierungsbeispiel zu einer wirtschaftsverwaltungsrechtlichen Konkurrentenklage[276]:

„Der Klägerin ist entgegen der Ansicht der Beigeladenen nach § 42 Abs. 2 VwGO klagebefugt für die Anfechtung des Bescheids vom 30. Dezember 1999, mit dem das Regierungspräsidium die Konzessionsübertragung auf die Beigeladene genehmigt hat. Die Anforderungen an die prozessuale Klagebefugnis dürfen nicht überspannt werden. Demgemäß ist die von § 42 Abs. 2 VwGO geforderte subjektive Beschwer nur dann nicht gegeben, wenn unter Zugrundelegung des Klagevorbringens offensichtlich und eindeutig nach keiner Betrachtungsweise subjektive Rechte des Klägers verletzt sein können. Zwar kann die Klägerin eine Klagebefugnis nicht aus der einfachgesetzlichen Norm des § 13 PBefG herleiten, denn diese Bestimmung schützt nicht die rechtlichen Interessen der Klägerin. Die genannte Vorschrift soll einen Verdrängungswettbewerb verhindern. Zur Erreichung dieses Ziels steht der Verwaltung das Institut der Zugangsgenehmigung zur Verfügung. Damit wird die im öffentlichen Interesse liegende Funktionsfähigkeit des Taxigewerbes insgesamt geschützt. § 13 Abs. 4 PBefG schützt daher nicht die individuellen Wettbewerbspositionen der Altunternehmer, sondern begünstigt diese nur reflexartig. Die Klägerin beruft sich jedoch zusätzlich auf eine Verletzung ihrer rechtlich geschützten Wettbewerbsinteressen. Danach erscheint die Möglichkeit einer Verletzung der durch Art. 12 Abs. 1 GG geschützten Gewerbefreiheit nicht offensichtlich und eindeutig ausgeschlossen."

**136** Prüfungsrelevant ist die Drittanfechtung insbesondere im Baunachbarrecht[277]. Die Rechtsprechung ist sich einig, daß unter dem Begriff des „Nachbarn", der im Gesetz nicht definiert ist, nur der Grundstückseigentümer oder der Inhaber einer eigentumsähnlichen Rechtsposition zu verstehen ist. Inhaber einer solchen Position ist etwa ein Nießbrauchsberechtigter[278] oder derjenige, zu dessen Gunsten eine Auflassungsvormerkung in das Grundbuch eingetragen ist und auf den Besitz, Nutzungen und Lasten übergegangen sind[279]. Art. 14 Abs. 1 GG selbst begründet keine unmittelbaren Abwehr- oder Plangewährleistungsansprüche[280].

Nicht klagebefugt im Sinne des § 42 Abs. 2 VwGO ist der nur obligatorisch Berechtigte. Zwar hat das *BVerfG* ausgeführt, das Mietrecht sei als Eigentum im Sinne des Art. 14 GG anzusehen[281]. Hieraus haben in der Vergangenheit einige Stimmen in der Literatur abgeleitet, daß sich auch der Mieter eines Anwesens oder Pächter eines Grundstücks gegen eine Baugenehmigung auf dem Nachbargrundstück zur Wehr setzen könne[282].

---

[276] Vgl. *OVG Magdeburg*, LKV 1999, 31.

[277] S. auch zur Klagebefugnis drittbetroffener Privater gegen Fachplanungen *Sauthoff*, BauR 2000, 195.

[278] *BVerwG*, NVwZ 1983, 672; *OVG Münster*, NVwZ 1994, 696.

[279] *OVG Lüneburg*, NVwZ 1996, 919.

[280] *BVerwG*, NVwZ 1997, 384, 386 m.w.N.

[281] *BVerfG*, NJW 1993, 2035.

[282] *Determann*, UPR 1995, 215; *Thews*, NVwZ 1995, 224.

Diese Auffassung wird von der hM[283] zurecht mit der Begründung abgelehnt, in das Miet- bzw. Pachtrecht werde durch die dem Nachbarn erteilte Baugenehmigung ebensowenig eingegriffen wie in das aus dem Miet- bzw. Pachtverhältnis folgende Besitzrecht. Der Mieter oder Pächter ist auch dann nicht klagebefugt, wenn er Inhaber eines Rechts am eingerichteten und ausgeübten Gewerbebetrieb ist und ihm dessen Ausübung durch die Baugenehmigung an den Nachbarn erschwert oder sogar unmöglich gemacht wird. Das *BVerwG* führt hierzu aus, der Pächter könne sich bei einer planungsrechtlichen Beeinträchtigung an den Verpächter halten. Liege die Beeinträchtigung nicht im Bereich des bauplanungsrechtlichen Nachbarschutzes, könnten dem Pächter oder Gewerbetreibenden zum anderen Abwehransprüche nach anderen Vorschriften zustehen[284].

Die Klagebefugnis fehlt regelmäßig auch einem Miterben einer Erbengemeinschaft, der als Nachbar gegen eine dem Bauherrn erteilte Baugenehmigung vorgeht[285]. Denn das Grundstück steht im Gesamthandeigentum der Erbengemeinschaft, so daß die Verwaltung des Nachlasses gemäß § 2038 Abs. 1 BGB den Erben gemeinschaftlich zusteht. Etwas anderes gilt nur dann, wenn ein Fall der sog. Notgeschäftsführung vorliegt[286].

Bei Verpflichtungsklagen ist zumindest die Norm zu nennen, aus der der Kläger seine Klagebefugnis herleitet. In Fällen, in denen die anspruchsbegründende Vorschrift nicht evident dem Schutz des einzelnen dient, ist eine ausführlichere Darstellung erforderlich.

Ein Beispiel aus dem Straßenverkehrsrecht: Der Kläger, Anwohner der Waldstraße in Frankfurt, begehrt von der Straßenverkehrsbehörde Schutzmaßnahmen zu seinen Gunsten. Die beklagte Stadt Frankfurt bestreitet die Klagebefugnis des Klägers.

„Entgegen der Auffassung der Beklagten steht dem Kläger auch die für die Verpflichtungsklage notwendige Klagebefugnis i.S.v. § 42 Abs. 2 VwGO zu. Er kann als Anlieger der Waldstraße für sein Begehren, die durch den Verkehr in dieser Straße verursachte, von ihm für unzumutbar gehaltene Lärm – und Abgasbeeinträchtigung seines Grundstücks mittels straßenverkehrsrechtlicher Maßnahmen zu beseitigen, ein geschütztes Recht geltend machen. Zwar ist § 45 Abs. 1 StVO, der die Verkehrsbehörde ermächtigt, aus Gründen der Sicherheit und Ordnung des Straßenverkehrs verkehrsbeschränkende Maßnahmen anzuordnen, grundsätzlich auf den Schutz der Allgemeinheit und nicht auf die Wahrung der Interessen einzelner gerichtet. In der Rechtsprechung ist jedoch anerkannt, daß der einzelne einen auf ermessensfehlerfreie Entscheidung der Behörde begrenzten Anspruch auf verkehrsregelndes Einschreiten in bestimmten Fällen haben kann, wenn die Verletzung seiner geschützten Individualinteressen in Betracht kommt. Das Schutzgut der öffentlichen Sicherheit und Ordnung im Sinne des § 45 Abs. 1 StVO, insbesondere soweit Abs. 1 Satz 2 Nr. 3 dieser Norm den Schutz der

---

[283] S. zuletzt *BVerwG*, NVwZ 1998, 956 = JuS 1999, 508.
[284] *BVerwG*, NVwZ 1998, 956.
[285] *VGH Mannheim*, NJW 1992, 388; *VGH München*, BayVBl 2000, 182.
[286] Vgl. hierzu *BVerwG*, NVwZ-RR 1994, 305.

Wohnbevölkerung vor Lärm und Abgasen herausstellt, umfaßt nicht nur die Grundrechte Art 2 Abs. 2 GG und Art 14 GG. Dazu gehört auch im Vorfeld der Grundrechte der Schutz vor Einwirkungen des Straßenverkehrs, die das nach allgemeiner Anschauung zumutbare Maß übersteigen. Auf diesen Schutz beruft sich der Kläger mit seiner Verpflichtungsklage".

138   Bei der Feststellungsklage ist nach der Rechtsprechung des *BVerwG* § 42 Abs. 2 VwGO entsprechend anzuwenden[287]. Klagen auf Feststellung des Bestehens oder Nichtbestehens sind nur dann zulässig, wenn der Kläger geltend machen kann, in seinen Rechten verletzt zu sein, entweder weil er an dem festzustellenden Rechtsverhältnis selbst beteiligt ist oder weil von dem Rechtsverhältnis eigene Rechte abhängen. Das „berechtigte Interesse" im Sinne des § 43 Abs. 1 VwGO, das jedes als schutzwürdig anzuerkennende Interesse, insbesondere auch wirtschaftlicher oder ideeller Art, einschließt, genügt folglich nicht. Zu erörtern ist dieser Prüfungspunkt z.B. bei der häufig in Klausuren vorkommenden Konstellation, daß sich ein Ratsmitglied gegen die Rechtmäßigkeit eines Beschlusses des Gemeinderats mit der Begründung wendet, an der Beschlußfassung habe unzulässigerweise ein anderes befangenes Ratsmitglied mitgewirkt[288].

139   Die Vorschrift des § 42 Abs. 2 VwGO gilt schließlich auch entsprechend für die allgemeine Leistungsklage[289].

## 6. Das Rechtsschutzbedürfnis

140   Anspruch auf eine gerichtliche Entscheidung hat nur derjenige, dem ein entsprechendes Rechtsschutzbedürfnis zur Seite steht; d.h. das schützenswerte Interesse an einer mit der Klage verfolgten Besserstellung rechtlicher oder wirtschaftlicher Art. Fehlt es, ist die Klage als unzulässig abzuweisen. Diese nicht gesetzlich normierte Zulässigkeitsvoraussetzung ist als Filter lediglich in Ausnahmefällen von Bedeutung. Keinesfalls darf sie zu einer Vorverlagerung der Prüfung führen, ob das geltend gemachte Recht besteht; dies gehört zur Begründetheit.

Bei Anfechtungs- und Verpflichtungsklagen ergibt sich das Rechtsschutzbedürfnis regelmäßig aus der Bejahung der Klagebefugnis, ebenso bei Leistungsklagen. Ausführungen hierzu sind dann überflüssig. Zu erörtern ist das Rechtsschutzinteresse für eine Klage dagegen immer in zwei Fällen: Wenn es an der Gegenwärtigkeit einer Beeinträchtigung fehlt – diese also tatsächlich abgeschlossen ist oder lediglich droht – oder wenn die behauptete Beeinträchtigung derart geringfügig ist, daß auch unter

---

[287] Z.B. NJW 1996, 2046, 2048 m.w.N.
[288] Vgl. *OVG Koblenz*, NVwZ 1985, 283; *VGH Mannheim*, NVwZ 1993, 396; *OVG Münster*, NVwZ-RR 1998, 325.
[289] Z.B. *BVerwG*, NJW 1981, 67 = JuS 1981, 232; *Pietzcker* in: *Schoch*, § 42 Abs. 1 Rdnr. 170; *Steiner*, JuS 1994, 853, 854.

Berücksichtigung des Anspruchs auf effektiven Rechtsschutz es eines gerichtlichen Verfahrens zur Klärung nicht bedarf.

Erörterungsbedürftig sind folgende Fallgestaltungen: 141
Handelt es sich um eine isolierte Anfechtungsklage gegen einen Widerspruchsbescheid nach § 79 Abs. 2 VwGO, der gegenüber dem ursprünglichen VA eine zusätzliche selbständige Beschwer enthält, ist das Rechtsschutzinteresse für eine isolierte Anfechtung des Widerspruchsbescheids im Falle der Geltendmachung eines Verfahrensverstoßes nur gegeben, wenn die Widerspruchsbehörde über einen Ermessens- oder einen eigenen Beurteilungsspielraum verfügt[290]. Die bloße Hoffnung, daß die Widerspruchsbehörde entgegen der gesetzlichen Verpflichtung objektiv rechtswidrig eine für den Betroffenen günstigere Entscheidung als das Gericht treffen könnte, vermittelt das Rechtsschutzbedürfnis für die isolierte Anfechtung des Widerspruchsbescheides hingegen nicht. Folglich scheidet die isolierte Anfechtung des Widerspruchsbescheides bei gebundenen VAen aus.

Gesondert anzusprechen ist das Rechtsschutzinteresse auch bei der 142
sog. vorbeugenden Unterlassungsklage (Beispiel: der Kläger wendet sich mit seiner Klage im Vorfeld einer jährlich stattfindenden Kirmesveranstaltung gegen bevorstehende Sperrzeitverkürzungen der Stadt S für eine benachbarte Gaststätte[291]). Hier ist ein besonderes oder „qualifiziertes Rechtsschutzinteresse" erforderlich, das nur gegeben ist, wenn die Gewährung nachträglichen Rechtsschutzes ausnahmsweise nicht angemessen und ausreichend wäre[292]. Im angegebenen Beispiel ist das besondere Rechtsschutzinteresse zu bejahen, denn für den Kläger ist es nicht zumutbar, jedes Jahr erneut gegen die Kirmes im Wege des Eilrechtsschutzes vorgehen zu müssen oder aber die jährlichen die Kirmes betreffenden Maßnahmen der Beklagten abzuwarten und die gaststättenrechtlichen Gestattungen als Drittbetroffener nachträglich anzugreifen[293].

Bei Feststellungs- und Fortsetzungsfeststellungsklagen ist auf diesen 143
Prüfungspunkt stets einzugehen. § 43 Abs. 1 VwGO verlangt ein „berechtigtes Interesse" an der baldigen Feststellung des Bestehens oder Nichtbestehens eines Rechtsverhältnisses oder der Nichtigkeit eines VA, § 113 Abs. 1 Satz 4 VwGO ein „berechtigtes Interesse" an der Feststellung, daß der erledigte VA rechtswidrig gewesen ist. Das geforderte Feststellungsinteresse ist anders als die Klagebefugnis kein Unterfall der Prozeßführungsbefugnis, sondern eine Ergänzung des Rechtsschutzbedürfnisses[294]. Das „berechtigte Interesse" schließt je nach Sachlage jedes als

---

[290] *BVerwG*, NVwZ 1999, 641; *Pietzner/Ronellenfitsch* § 9 Rdnr. 26.
[291] Weitere Beispiele s. *Kopp/Schenke*, vor § 40 Rdnr. 34.
[292] *BVerwG*, NJW 1978, 554 = JuS 1978, 626.
[293] S. hierzu die Entscheidung des *VG Gießen*, GewArch 1997, 491.
[294] *Pietzner/Ronellenfitsch*, § 18 Rdnr. 9.

schutzwürdig anzuerkennende Interesse rechtlicher, wirtschaftlicher oder auch ideeller Art ein[295]. Kraft der gesetzgeberischen Wertung des § 113 Abs. 1 Satz 4 VwGO stellt die Fortsetzungsfeststellungsklage im Vergleich zur isolierten Anwendung des § 43 Abs. 1 VwGO allerdings geringere Anforderungen an das Rechtsschutzinteresse[296].

**144** Bei der Fortsetzungsfeststellungsklage ist ein berechtigtes Interesse bei Wiederholungsgefahr, diskriminierenden Charakters des erledigten VAs oder Vorbereitung eines zivilrechtlichen Amtshaftungsprozesses gegeben. Diese Konstellationen kommen in Klausuren häufiger vor, vor allem – ebenso wie bei Feststellungsklagen – im Polizei- und Versammlungsrecht[297]. Sie sollten daher die Voraussetzungen für die Annahme eines berechtigten Interesses genau beherrschen. Viele Referendare gehen viel zu schnell von dem Vorliegen einer Wiederholungsgefahr aus. Erforderlich ist hierfür die hinreichend bestimmte Gefahr, daß unter im wesentlichen unveränderten tatsächlichen und rechtlichen Umständen ein gleichartiger VA ergehen wird[298]. Zur Bejahung der Wiederholungsgefahr genügt eine in den Grundzügen fortbestehende Sachlage. Bei Ungewißheit, ob künftig gleiche tatsächliche Verhältnisse vorliegen werden, besteht kein berechtigtes Interesse[299].

**145** Ein Rehabilitationsinteresse setzt voraus, daß der Betreffende „diskriminiert", d.h. in seiner Persönlichkeit beeinträchtigt worden ist[300]. Die Rechtsprechung bejaht ein Rehabilitationsinteresse erst dann, wenn ein tiefgreifender spezifischer Grundrechtseingriff dargelegt wird[301]. Hierunter fallen etwa Freiheitsbeschränkung, polizeiliche Mißhandlung, Telefonüberwachung oder Hausdurchsuchung. Bei der Sicherstellung einer Videokassette, mit der eine Demonstration gefilmt worden ist, oder der Unterbrechung eines Lautsprechereinsatzes durch die Polizei handelt es sich dagegen um eine vergleichsweise geringfügige Beschränkung des Grundrechts auf Eigentum und der allgemeinen Handlungsfreiheit[302].

---

[295] St. Rechtsprechung; z.B. *BVerwG,* NJW 1996, 1046.
[296] *BVerwG,* NVwZ 1999, 1105.
[297] S. die Klausur „Die geplatzte Busfahrt" in NdsVbl 1998, 23 und 74 sowie *Schmidt,* Klausur Nr. 8.
[298] Z.B. *BVerwG,* NVwZ 1990, 360; *OVG Lüneburg,* NVwZ 1998, 761.
[299] *Gerhardt* in: *Schoch,* § 113 Rdnr. 92; *OVG Münster,* NJW 1999, 2202: „Eine hinreichende Wahrscheinlichkeit des Eintritts im wesentlichen unveränderter tatsächlicher Umstände ist nicht bereits deshalb gegeben, weil der Kläger – wie er vorträgt – auch in Zukunft beabsichtigt, sich an Demonstrationen zu beteiligen und zu fotografieren, wen, was und wo er wolle."
[300] Z.B. *BVerwGE* 26, 161, 168.
[301] *BVerfG,* NJW 1994, 3087; *BVerwG,* NVwZ 1999, 991.
[302] *BVerwG,* Beschluß vom 03. Februar 1999–1 PKH 2.99 – (juris); *OVG Münster,* NJW 1999, 2202; *OVG Lüneburg,* NVwZ 1998, 761; der *VGH Mannheim,* NVwZ 1998, 761 bejaht dagegen das berechtigte Interesse an der Feststellung, daß das Fertigen von Videoaufnahmen von Polizeibeamten anläßlich einer Demonstration rechtswidrig

Macht der Kläger mit der Fortsetzungsfeststellungsklage geltend, diese **146** diene der Vorbereitung eines Amtshaftungsprozesses, so ist ein berechtigtes Interesse i.S.d. § 113 Abs. 1 Satz 4 VwGO nur gegeben, wenn sich der streitgegenständliche VA nicht bereits vor der Klageerhebung erledigt hat[303] und das Begehren des Klägers nicht offensichtlich aussichtslos erscheint. An eine offensichtliche Ausssichtslosigkeit der beabsichtigten zivilgerichtlichen Klage sind jedoch strenge Anforderungen zu stellen. Die bloße Wahrscheinlichkeit eines Mißerfolgs genügt hierfür nicht, vielmehr muß ohne eine ins einzelne gehende Prüfung erkennbar sein, daß der behauptete Schadensersatzanspruch unter keinem rechtlichen Gesichtspunkt bestehen kann[304]. Die Verfolgung eines Schadensersatzanspruchs ist danach offensichtlich aussichtslos, wenn ein der Behörde zuzurechnendes Verschulden ausgeschlossen werden kann. Dies ist nach der Rechtsprechung regelmäßig der Fall, wenn ein mit mehreren Rechtskundigen besetztes Kollegialgericht das Verwaltungshandeln nach sachlicher Prüfung als objektiv rechtmäßig angesehen hat[305]. Aber aufgepaßt: dieser Grundsatz gilt nicht, wenn das Gericht lediglich nach summarischer Prüfung im Verfahren nach § 123 VwGO eine einstweilige Anordnung abgelehnt hat[306]. Hat also z.B. bei einem beamtenrechtlichen Konkurrentenstreit ein im Eilverfahren unterlegener Beamter seine ursprüngliche Anfechtungsklage nach Beförderung des Konkurrenten auf eine Fortsetzungsfeststellungsklage umgestellt mit der Begründung, er wolle einen Amtshaftungsprozeß erheben, so kann die offensichtliche Aussichtslosigkeit nicht damit begründet werden, das Verwaltungsgericht habe seinen Eilantrag abgelehnt.

Bei der Feststellungsklage kommt u.a. ein ideelles Interesse an der Feststellung der Rechtswidrigkeit einer erledigten Verwaltungsmaßnahme in Betracht, wenn von dieser eine nachwirkende Diskriminierung ausgeht[307]. Daneben kann die Art des Eingriffs, insbesondere im grundrechtlich geschützten Bereich, verbunden mit dem verfassungsrechtlich garantierten Anspruch auf effektiven Rechtsschutz, es erfordern, ein berechtigtes Interesse i.S.d. § 43 Abs. 1 VwGO an der Feststellung anzuerkennen. Dazu zählen namentlich Feststellungsbegehren, die polizeiliche Maßnahmen zum Gegenstand haben[308]. **147**

---

war, mit der Begründung, das Filmen von Versammlungsteilnehmern ohne deren Einwilligung könne einen Eingriff in die Versammlungsfreiheit, aber auch in das Recht auf informationelle Selbstbestimmung bedeuten.

[303] *BVerwG*, NJW 1989, 2486.
[304] Z.B. *BVerwG*, NVwZ 1992, 1092.
[305] *BVerwG*, NVwZ 1999, 404.
[306] *BGH*, NJW 1986, 2954.
[307] Weitere Beispiele für das Feststellungsinteresse s. *Kopp/Schenke*, § 43 Rdnr. 23.
[308] *BVerwG*, NJW 1997, 2534 = JA 1998, 286 zu der Feststellung, daß der Einsatz eines verdeckten Ermittlers der Polizei rechtswidrig gewesen ist (lesen!).

**148** Die vorbeugende Feststellungsklage erfordert ein qualifiziertes Feststellungsinteresse, das dem besonderen Rechtsschutzinteresse bei der vorbeugenden Unterlassungsklage entspricht[309].

## 7. Die ordnungsgemäße Durchführung des Vorverfahrens

**149** Auch Ausführungen zu dieser Prozeßvoraussetzung sind nur erforderlich, sofern der Sachverhalt Anlaß hierzu bietet. Nach § 68 Abs. 1 VwGO ist vor Erhebung der Anfechtungsklage ein Widerspruchsverfahren durchzuführen. Dies gilt gemäß Satz 2 der genannten Vorschrift dann nicht, wenn ein Gesetz dies bestimmt oder wenn der VA von einer obersten Bundesbehörde oder einer obersten Landesbehörde erlassen worden ist, außer wenn ein Gesetz die Nachprüfung vorschreibt oder der Abhilfebescheid oder der Widerspruchsbescheid erstmalig eine Beschwer enthält. Für die Verpflichtungsklage gilt Absatz 1 entsprechend, wenn der Antrag auf Vornahme des VA abgelehnt worden ist.

Auf Leistungs- und Feststellungsklagen ist § 68 VwGO grundsätzlich nicht anwendbar. Eine wichtige Ausnahme trifft § 126 Abs. 3 BRRG für beamtenrechtliche Leistungs- und Feststellungsklagen. Geht z.b. ein Beamter gegen eine von seinem Dienstherrn veranlaßte Umsetzung vor, so bedarf es aufgrund der Bestimmung des § 126 Abs. 3 Nr. 1 BRRG der Durchführung eines Vorverfahrens.

**150** Problematisch ist die Durchführung eines Vorverfahrens in den Fällen, in denen sich ein VA vor Widerspruchseinlegung oder vor Erlaß des Widerspruchsbescheids erledigt (häufig im Polizei- oder Versammlungsrecht). Für beamtenrechtliche Streitigkeiten besteht Einigkeit: Gemäß § 126 Abs. 3 Nr. 1 BRRG ist das Vorverfahren auch dann obligatorisch. Streitig ist hingegen, ob auch in sonstigen Fällen ein Widerspruchsverfahren durchgeführt bzw. abgeschlossen werden muß. Nach *hM*[310] ist bei Erledigung vor oder während des Vorverfahrens dieses nicht abzuschließen, sondern sogleich Fortsetzungsfeststellungsklage zu erheben. Voraussetzung für die Zulässigkeit der Klage ist dann, daß der vor der Erledigung des VA eingelegte Widerspruch fristgerecht war. Die *hM* begründet ihre Auffassung damit, die Aufhebung des VA sei nicht mehr sinnvoll. Auch sei eine Feststellung analog § 113 Abs. 1 Satz 4 VwGO, daß der angefochtene VA rechtswidrig gewesen sei, keine originäre Aufgabe der Verwaltung. Nach der im Vordringen begriffenen *Gegenmeinung*[311] ist trotz Er-

---

[309] Ausführlich hierzu *Pietzner/Ronellenfitsch*, § 18 Rdnr. 12.

[310] St. Rspr. des *BVerwG*, z.B. NVwZ 1992, 180 und NVwZ 2000, 63; *Ramsauer*, Rdnr. 17.08; *Rozek*, JuS 1995, 698; *Engelbrecht*, JuS 1997, 550, 552; *Rennert* in: *Eyermann*, § 68 Rdnr. 4.

[311] *Pietzner/Ronellenfitsch*, § 31 Rdnr. 30; *Kopp/Schenke*, vor § 68 Rdnr. 2; *Dolde* in: *Schoch*, § 68 Rdnr. 23.

ledigung des VA der Fortsetzungsfeststellungswiderspruch statthaft, denn der Zweck des Widerspruchsverfahrens, dem Bürger Rechtsschutz zu gewähren, die Gerichte zu entlasten und die Verwaltung vor unnötigen Prozessen zu bewahren, könne auch durch einen Widerspruchsbescheid in ähnlicher Weise erreicht werden wie mit einem gerichtlichen Urteil. Ferner sei nicht einzusehen, warum es der Verwaltung verwehrt sein sollte, Feststellungen über die Rechtswidrigkeit eines VA zu treffen.

Halten Sie mit der hM den Fortsetzungsfeststellungswiderspruch für unstatthaft und ist nach dem Sachverhalt ein Widerspruchsbescheid ergangen, der den Widerspruch in der Sache zurückgewiesen hat, so müssen Sie im Falle der Klagestattgabe neben der Feststellung, daß der VA rechtswidrig gewesen ist, aus Klarstellungsgesichtspunkten den Widerspruchsbescheid aufheben. Denn der Kläger ist durch die Zurückweisung seines Widerspruchs beschwert; hierdurch wird der Eindruck erweckt, der erledigte VA sei bestandskräftig geworden[312].

War die Durchführung eines Vorverfahrens nach § 68 Abs. 1 Satz 1 VwGO erforderlich, hat aber tatsächlich keines stattgefunden, etwa weil der Kläger gegen den Ablehnungsbescheid unmittelbar Klage erhoben hat, so kann die Klage nach der Rechtsprechung des *BVerwG*[313] gleichwohl zulässig sein, wenn der Beklagte sich hierauf sachlich eingelassen und Klageabweisung beantragt hat[314]. Das *BVerwG* begründet seine im Schrifttum teilweise auf Ablehnung stoßende Ansicht damit, die Vorschriften über das Vorverfahren seien für die Behörde dispositiv. Die *Gegenmeinung*[315] lehnt diese Ausnahme von dem Erfordernis der Durchführung des Vorverfahrens unter Bezugnahme auf den eindeutigen Wortlaut des § 68 Abs. 1 VwGO und die Bedeutung des Widerspruchsverfahrens für den Rechtsschutz und für eine sinnvolle Abgrenzung der Aufgaben von Behörden und Gerichten ab. Ein Formulierungsbeispiel:

„Der Zulässigkeit der Klage steht nicht entgegen, daß bezüglich der Ablehnung des Antrags auf Erlaß einer Baugenehmigung das durch § 68 Abs. 2 i.V.m. Abs. 1 VwGO grundsätzlich vorgeschriebene Vorverfahren nicht durchgeführt wurde. Das BVerwG hält in ständiger Rechtsprechung aus Gründen der Prozeßökonomie und in Einklang mit dem Regelungszweck des § 68 VwGO über die gesetzlich ausdrücklich geregelten Fälle hinaus ein Vorverfahren regelmäßig für entbehrlich, wenn sich der Beklagte auf die Klage sachlich eingelassen und deren Abweisung beantragt hat. Diese Auffassung

151

---

[312] Vgl. *BVerwG*, NJW 1989, 2486.
[313] *BVerwGE* 15, 306, 310; NVwZ-RR 1995, 90; DVBl 1981, 502; NVwZ 1984, 507; NVwZ-RR 2000, 172, 173 (in den drei zuletzt zitierten Entscheidungen ließ das BVerwG sogar die hilfsweise Sacheinlassung genügen).
[314] Trotz Sacheinlassung der Behörde im Klageverfahren ist die Durchführung eines Vorverfahrens in der Regel nicht entbehrlich, wenn im Sozialhilferecht nach § 114 Abs. 2 BSHG die sozial erfahrenen Personen im Widerspruchsverfahren zu beteiligen sind (*OVG Koblenz*, FEVS 49, 211).
[315] *Kopp/Schenke*, § 68 Rdnr. 28; *Rennert* in: *Eyermann*, § 68 Rdnr. 29; *Dolde* in: *Schoch*, § 68 Rdnr. 29.

wird im Schrifttum unter Hinweis auf die klare Regelung des § 68 Abs. 1 VwGO und die Bedeutung des Widerspruchsverfahrens für den Rechtsschutz abgelehnt. Die erkennende Kammer schließt sich der Ansicht des BVerwG an. Der Sinn des Widerspruchsverfahrens besteht darin, der Behörde Gelegenheit zu geben, den angefochtenen Verwaltungsakt selbst zu überprüfen und, falls sie die Einwendungen für berechtigt ansieht, dem Widerspruch abzuhelfen. Dem ist Genüge getan, wenn die Behörde anstelle eines förmlichen Widerspruchsbescheides im gerichtlichen Verfahren unmißverständlich zum Ausdruck bringt, daß sie den Einwendungen nicht abhelfen will. Das gilt jedenfalls dann, wenn – wie hier – für die sachliche Klageerwiderung irgendwelche Ermessens- oder Zweckmäßigkeitserwägungen unerheblich waren."

152  Auf die Durchführung des Vorverfahrens verzichtet die Rechtsprechung ferner unter bestimmten Voraussetzungen, wenn dessen Zweck schon auf andere Weise erfüllt worden ist oder offensichtlich nicht mehr erfüllt werden kann. So läßt es das *BVerwG*[316] ausreichen, wenn bei mehreren Klägern nur ein Kläger das Vorverfahren durchgeführt hat (Beispiel: Nachbar *A* hat gegen die dem Bauherrn erteilte Baugenehmigung Widerspruch und anschließend Klage erhoben. Nachbar *B* klagt unmittelbar gegen die Baugenehmigung).

153  In Prüfungsarbeiten stellt sich häufiger als in der Praxis das Problem, daß die Widerspruchsbehörde in der Sache über den Widerspruch entschieden hat, obwohl dieser verfristet war. Nach hM darf die Widerspruchsbehörde einen nicht fristgerecht erhobenen Widerspruch grundsätzlich in der Sache bescheiden und damit den Klageweg wieder eröffnen. Eine Ausnahme besteht dann, wenn ein schutzwürdiger Dritter (Standardbeispiel: verfristeter Widerspruch des Nachbarn gegen eine dem beigeladenen Bauherrn erteilte Baugenehmigung) infolge des verspätet erhobenen Widerspruchs des Betroffenen eine bestandskräftige Position erlangt hat[317]. Ein Formulierungsbeispiel zu dieser Thematik finden Sie oben unter Rdnr. 76.

154  Wie zitiert, gilt § 68 Abs. 1 Satz 1 VwGO gemäß Satz 2 nicht, wenn ein Gesetz dies bestimmt oder wenn der VA von einer obersten Bundesbehörde oder einer obersten Landesbehörde erlassen worden ist, außer wenn ein Gesetz die Nachprüfung vorschreibt oder der Abhilfebescheid oder der Widerspruchsbescheid erstmalig eine Beschwer enthält. Wichtige Beispiele sind Planfeststellungsbeschlüsse (§ 18 a Abs. 6 FStrG oder § 70 VwVfG), landesrechtliche Regelungen finden sich z.B. in Art. 15 BayAGVwGO, § 112 NWGemO oder § 42 Abs. 2 RhPfGemO[318].

Keines Widerspruchsverfahrens bedarf es ferner nach § 68 Abs. 1 Satz 2 Nr. 2 VwGO dann, wenn der Abhilfebescheid oder der Widerspruchsbescheid erstmalig eine Beschwer enthält. Diese erstmalige Beschwer kann sich auf den Widerspruchsführer, einen anderen Verfahrensbeteiligten

---

[316] NJW 1976, 1516.
[317] S. hierzu die Darstellung bei *Kintz*, JuS 1997, 1115, 1122.
[318] Weitere Beispiele finden Sie bei *Pietzner/Ronellenfitsch*, § 31 Rdnr. 14.

oder einen Dritten beziehen. Typische Beispiele hierfür sind die VAe mit Drittwirkung. Hebt z.b. die Widerspruchsbehörde auf den Widerspruch des Nachbarn die dem Bauherrn erteilte Baugenehmigung auf, wird dieser hierdurch erstmalig beschwert und kann unmittelbar Klage hiergegen erheben. Aber auch im Falle der reformatio in peius, die den Widerspruchsführer selbst zusätzlich beschwert, bedarf es keiner Durchführung eines weiteren Vorverfahrens[319].

Im Rahmen dieses Prüfungspunktes sind gegebenenfalls auch die Voraussetzungen des § 75 VwGO zu erörtern. Diese Vorschrift beinhaltet eine zusätzliche Prozeßvoraussetzung[320]. Hat der Kläger gegen einen belastenden VA Widerspruch eingelegt, über den die Behörde bisher nicht entschieden hat, so steht ihm die Möglichkeit der Erhebung einer Untätigkeitsklage offen. Dies gilt ebenso, wenn die Behörde ohne zureichenden Grund nicht in angemessener Frist über einen Antrag auf Vornahme eines VA entschieden hat. Die Klage kann nach § 75 Satz 2 VwGO in der Regel nicht vor Ablauf von drei Monaten seit der Einlegung des Widerspruchs oder seit dem Antrag auf Vornahme des VA erhoben werden. Wurde die Untätigkeitsklage vor dieser Frist erhoben, so ist die Klage gleichwohl nicht unzulässig, wenn zum Zeitpunkt der Entscheidung durch das Gericht die Frist verstrichen ist.

155

Voraussetzung für die Zulässigkeit der Untätigkeitsklage ist das Fehlern einer Sachentscheidung durch die Widerspruchsbehörde. Keine Sachentscheidung in diesem Sinne ist die Weigerung, sich mit der Sache zu befassen (sog. Untätigkeitserklärung)[321]. Dagegen ist die Zurückweisung des Widerspruchs wegen vermeintlicher Unzulässigkeit in Bescheidform ein Widerspruchsbescheid.

Die Untätigkeitsklage ist zulässig, wenn die Behörde ohne zureichenden Grund nicht in angemessener Frist sachlich entschieden hat. Sind hierzu im Sachverhalt bestimmte Angaben enthalten (meist Erkrankung des Sachbearbeiters, Überlastung der Behörde), so erörtern Sie, ob diese Voraussetzungen vorliegen. Als Faustregel gilt: Eine Behörde muß über Anträge und Rechtsbehelfe in allen Fällen so zügig entscheiden, wie es ihr ohne Nachteil für die gebotene Gründlichkeit möglich ist[322]. Ein zureichender Grund für die Verzögerung ist z.B. der besondere Umfang oder die besondere Schwierigkeit der Sachaufklärung und unter bestimmten Voraussetzungen die Überlastung der Behörde infolge einer Gesetzesänderung, nicht aber eine längere urlaubs- bzw. krankheitsbedingte Abwe-

---

[319] *OVG Koblenz*, NVwZ 1992, 386.
[320] *BGH*, NVwZ 1993, 299.
[321] *VGH Kassel*, NVwZ-RR 1993, 433.
[322] *Kopp/Schenke*, § 75 Rdnr. 8 m.w.N.

senheit des zuständigen Sachbearbeiters, da die Verwaltung in solchen Fällen für ausreichende Vertretung zu sorgen hat[323].

Ist die angemessene Frist im Sinne des § 75 Satz 1 VwGO zwar verstrichen, liegt aber ein zureichender Grund für die Verzögerung vor, so müssen Sie das Verfahren durch Beschluß nach § 75 Satz 3 VwGO aussetzen und der Behörde eine Frist für ihre Entscheidung einräumen[324]. Die weiteren Rechtsfragen sind in einem Hilfsgutachten abzuhandeln. Diese Konstellation dürfte der Klausursteller aber kaum vorsehen. Vielmehr wird der Sachverhalt so gestaltet sein, daß kein zureichender Grund für die Verzögerung gegeben ist mit der Folge, daß die Untätigkeitsklage zulässig ist[325].

Ein Formulierungsbeispiel für eine zulässige Untätigkeitsklage:

„Die Klägerin hat ordnungsgemäß ein Vorverfahren im Sinne der §§ 68 ff VwGO eingeleitet, indem sie gegen den Bescheid vom 30. Dezember 1999 form- und fristgerecht am 17. Januar 2000 Widerspruch erhoben hat (§ 70 VwGO). Über ihren Widerspruch hat die Beklagte nicht innerhalb angemessener Frist entschieden (§ 75 Satz 1 VwGO). Die Drei-Monatsfrist des § 75 Satz 2 VwGO war zum Zeitpunkt der Klageerhebung am 02. Juni 2000 bereits seit längerem abgelaufen. Ein zureichender Grund für die Nichtentscheidung seit dem 17. Januar 2000 ist weder von dem Beklagten geltend gemacht noch sonst ersichtlich".

## 8. Die Einhaltung der Klagefrist

156 Auch Probleme im Zusammenhang mit der Bestimmung des § 74 Abs. 1 VwGO finden sich häufiger in Examensarbeiten. Nach dieser Vorschrift muß die Anfechtungsklage innerhalb eines Monats nach Zustellung des Widerspruchsbescheids erhoben werden[326]. Ist nach § 68 VwGO ein Widerspruchsbescheid nicht erforderlich, so muß die Klage innerhalb eines Monats nach Bekanntgabe des VA erhoben werden. Für die Verpflichtungsklage gilt Absatz 1 nach Absatz 2 entsprechend, wenn der Antrag auf Vornahme des VA abgelehnt worden ist.

Die Einhaltung der Klagefrist ist eine zwingende Sachurteilsvoraussetzung, die nicht der Disposition der Parteien unterliegt[327]. Die Prüfer erwarten, daß Sie in der Lage sind, die Klagefrist zu berechnen. Die Zustellung des Widerspruchsbescheids erfolgt nach §§ 73 Abs. 3 Satz 1, 56 Abs. 2 VwGO i.V.m. dem VwZG und zwar entweder nach § 3 VwZG

---

[323] *Dolde* in: *Schoch*, § 75 Rdnr. 8.
[324] *BVerwG*, NVwZ 1987, 969.
[325] Auf weitere Probleme und Besonderheiten im Zusammenhang mit der Untätigkeitsklage wird hier nicht näher eingegangen. Eine gelungene und umfassende Darstellung zur Untätigkeitsklage finden Sie bei *Weides/Bertrams*, NVwZ 1988, 673.
[326] Eine kürzere Klagefrist sieht die Sonderregelung des § 74 Abs. 1 AsylVfG vor (zwei Wochen).
[327] *BVerwG*, BayVBl 1998, 374.

## Erster Abschnitt: Das Urteil

(Zustellung mittels Postzustellungsurkunde), § 4 VwZG (Zustellung per Einschreiben) oder § 5 VwZG (Zustellung durch Empfangsbekenntnis)[328]. Die Ersatzzustellung einer Postzustellungsurkunde richtet sich nicht nach § 11 VwZG (siehe Überschrift vor dieser Bestimmung!, häufiger Fehler in Klausuren), sondern nach § 3 Abs. 3 VwZG i.V.m. § 182 ff ZPO. Die Berechnung der Klagefrist bestimmt sich nach § 57 Abs. 2 VwGO i.V.m. §§ 222 ZPO, 187 ff. BGB. Die Frist beginnt nur zu laufen, wenn der Widerspruchsbescheid ordnungsgemäß zugestellt und der Kläger gemäß § 58 Abs. 1 VwGO ordnungsgemäß über den Rechtsbehelf, die Verwaltungsbehörde oder das Gericht, bei denen der Rechtsbehelf anzubringen ist, den Sitz und die einzuhaltende Frist schriftlich belehrt worden ist. Bei fehlerhafter Zustellung beginnt die Klagefrist nicht zu laufen, bei unterbliebener oder unrichtiger Belehrung gilt die Jahresfrist des § 58 Abs. 2 VwGO.

Die folgende Rechtsbehelfsbelehrung eines Widerspruchsbescheids, mit dem der Widerspruch zurückgewiesen worden ist (vgl. § 79 Abs. 1 Nr. 1 VwGO) ist ordnungsgemäß[329]:

„Gegen den Bescheid des Landratsamtes Bayreuth vom 04. Januar 2000 kann innerhalb eines Monats nach Zustellung dieses Widerspruchsbescheids Klage bei dem Bayerischen Verwaltungsgericht Bayreuth, 95444 Bayreuth, Friedrichstr. 16, schriftlich oder zur Niederschrift des Urkundsbeamten der Geschäftsstelle dieses Gerichts erhoben werden. Die Klage muß den Kläger, den Beklagten und den Gegenstand des Klagebegehrens bezeichnen und soll einen bestimmten Antrag enthalten. Die zur Begründung dienenden Tatsachen und Beweismittel sollen angegeben, der angefochtene Bescheid und dieser Widerspruchsbescheid sollen in Urschrift oder in Abschrift beigefügt werden. Der Klage und allen Schriftsätzen sollen Abschriften für die übrigen Beteiligten beigefügt werden."

Fehlerhaft ist die Belehrung z.B. dann, wenn den in § 58 Abs. 1 VwGO geforderten Angaben ein unrichtiger oder irreführender Zusatz beigefügt ist, der generell geeignet ist, die Einlegung des in Betracht kommenden Rechtsbehelfs nennenswert zu erschweren[330].

Ist die Klage verfristet, so ist gegebenenfalls die Wiedereinsetzung in den vorigen Stand zu prüfen. Im Aufgabentext wird sich in diesem Fall ein zumindest hilfsweise gestellter Wiedereinsetzungsantrag finden. Achten Sie darauf, ob im Sachverhalt die Rechtsbehelfsbelehrung des Widerspruchsbescheids abgedruckt ist. Heißt es nur wie üblich *„Rechtsbehelfsbelehrung: ordnungsgemäß"*, können Sie sich bei festgestellter Verfristung der Wiedereinsetzung in den vorigen Stand zuwenden. War aber die Zustellung des Widerspruchsbescheids fehlerhaft oder die Rechtsbehelfsbelehrung unzutreffend – deren Wiedergabe im Falltext kann ein Hinweis hierauf sein –, so bedarf es keiner Wiedereinsetzung in den vorigen Stand.

158

---

[328] Die öffentliche Zustellung nach § 15 VwZG spielt in der Klausur keine Rolle.
[329] Nach dem Muster Nr. 50 von *Böhme/Fleck/Bayerlein*.
[330] Ausführlich hierzu *Kintz*, JuS 1997, 1115, 1120.

Es wäre also falsch, die aufgeworfene Frage nach der Verfristung mit der Begründung offen zu lassen, es sei jedenfalls Wiedereinsetzung in den vorigen Stand zu gewähren[331]. Achten Sie daher sorgfältig darauf, ob die Rechtsbehelfsbelehrung den Anforderungen des § 58 Abs. 1 VwGO genügt.

Wiedereinsetzung in den vorigen Stand ist nach § 60 Abs. 1 VwGO demjenigen zu gewähren, der ohne Verschulden gehindert war, eine gesetzliche Frist einzuhalten. Der Antrag ist gemäß Abs. 2 binnen zwei Wochen nach Wegfall des Hindernisses zu stellen und die Tatsachen zur Begründung des Antrags sind bei Antragsstellung oder im Verfahren über den Antrag glaubhaft zu machen. Wiedereinsetzung in den vorigen Stand kann im übrigen auch *von Amts wegen* gewährt werden, wenn der Wiedereinsetzungsgrund offenkundig i.S.d. § 291 ZPO oder sonst glaubhaft ist[332].

Das Verschulden des § 60 VwGO ist ein Verschulden gegen sich selbst, bezieht sich also auf eine Obliegenheit[333]. Es liegt vor, wenn der Beteiligte diejenige Sorgfalt außer acht läßt, die für einen gewissenhaften und seine Rechte und Pflichten sachgemäß wahrnehmenden Prozeßführenden geboten ist und ihm nach den gesamten Umständen des konkreten Falles zuzumuten war[334]. Bei einem Rechtsanwalt sind grundsätzlich höhere Anforderungen an die Sorgfaltspflicht zu stellen als bei einem juristischen Laien[335]. Es gibt zahlreiche klausurrelevante Varianten, in denen das Verschulden zu erörtern ist[336].

**159** Abschließend ein Formulierungsbeispiel für eine Fallgestaltung, bei der Wiedereinsetzung in den vorigen Stand zu gewähren ist:

> „Die Klage ist zulässig. Zwar hat der Kläger die Klagefrist des § 74 Abs. 1 Satz 1 VwGO nicht eingehalten. Nach dieser Vorschrift muß die Anfechtungsklage innerhalb eines Monats nach Zustellung des Widerspruchsbescheides erhoben werden. Der Widerspruchsbescheid der Beklagten vom 18. Februar 2000 war dem Kläger ordnungsgemäß nach § 56 Abs. 2 VwGO i.V.m. § 4 Abs. 1 VwZG per Einschreiben am 21. Februar 2000 zugestellt worden. Die Klagefrist war somit am 21. März 2000 abgelaufen. Dem Kläger war aber Wiedereinsetzung in den vorigen Stand nach § 60 VwGO zu gewähren, da er ohne Verschulden gehindert war, die gesetzliche Frist des § 74 Abs. 1 Satz 1 VwGO einzuhalten. Er hatte die Klageschrift einen Tag vor Ablauf der Frist zur Post gegeben. Für den verspäteten Eingang der Klageschrift am 24. März 2000 war der Kläger nicht verantwortlich. Verzögerungen der Briefbeförderung dürfen nicht dem

---

[331] Dies wäre klausurtaktisch ungeschickt, denn schon wegen der Kostenfolge des § 155 Abs. 3 VwGO kann die Frage, ob die Klage fristgerecht erhoben wurde, nicht dahingestellt bleiben (vgl. *Bier* in: *Schoch*, § 60 Rdnr. 14).
[332] *OVG Münster*, NJW 1996, 2809.
[333] *Bier* in *Schoch*, § 60 Rdnr. 18.
[334] S. z.B. *BVerwGE* 50, 254.
[335] *BVerwGE* 49, 255; die gleichen Anforderungen an die Sorgfaltspflichten gelten auch bei Behörden, BVerwG, NVwZ-RR 1996, 60 und *OVG Lüneburg*, NJW 1994, 1299.
[336] S. hierzu ausführlich *Kintz*, JuS 1997, 1115, 1121.

Bürger angelastet werden. Dieser darf darauf vertrauen, daß die nach den organisatorischen und betrieblichen Vorkehrungen der Post für den Normalfall festgelegten Postlaufzeiten eingehalten werden. Im Verantwortungsbereich des Bürgers liegt es lediglich, das Schriftstück so rechtzeitig und ordnungsgemäß zur Post zu geben, daß es bei normalem Verlauf der Dinge den Empfänger fristgerecht erreichen kann[337]. Danach beträgt die normale Postlaufzeit für Briefbeförderungen von Nürnberg nach Ansbach einen Tag. Folglich konnte der Kläger darauf vertrauen, daß die von ihm am 20. März 2000 in Nürnberg in den Briefkasten eingeworfene Klageschrift am darauffolgenden Tag beim Verwaltungsgericht in Ansbach eingeht".

Nicht an die Fristen der §§ 74 Abs. 1 bzw. 58 Abs. 2 VwGO gebunden ist nach der Entscheidung des *BVerwG*[338] vom 14. Juli 1999 eine Klage, die auf Feststellung der Rechtswidrigkeit eines VA gerichtet ist, wenn sich der VA durch Aufhebung ex nunc vor Eintritt der Bestandskraft erledigt hat (Beispiel: ausdrückliche Aufhebung der Beschlagnahme eines Lichtbildfilms). Das *BVerwG* beruft sich zur Begründung u.a. auf den Wortlaut des § 113 Abs. 1 Satz 4 VwGO, der für den Übergang von der Anfechtungsklage zur Fortsetzungsfeststellungsklage keinerlei Frist vorsieht. Angesichts des Fehlens einer eindeutigen gesetzlichen Regelung liege die Anfechtung eines nicht mehr wirksamen VA innerhalb einer Frist fern. Dem Bürger sei die fristgebundene Klage wegen eines VA, der ihm gegenüber seine Regelungswirkung verloren habe, nicht mehr in gleicher Weise zuzumuten wie bei einem VA, der sich erst nach Eintritt der Bestandskraft erledige. Denn die für den Bürger nach dem Rechtsschutzsystem der VwGO wesentliche aufschiebende Wirkung von Widerspruch und Klage (§ 80 Abs. 1 VwGO) könne in diesem Fall nicht mehr erreicht werden. Die Verwaltung werde vor einer Klage noch Jahre nach der Erledigung des VA hinreichend durch das Erfordernis eines berechtigten Interesses an der begehrten Feststellung sowie durch das Institut der Verwirkung geschützt.

160

## 9. Die Beteiligungs- und Prozeßfähigkeit

Weitere Prozeßvoraussetzungen sind die Beteiligungs- und die Prozeßfähigkeit (§§ 61, 62 VwGO). Fähig, am Verfahren beteiligt zu sein, sind danach neben natürlichen und juristischen Personen (Nr. 1) Vereinigungen, soweit ihnen ein Recht zustehen kann (Nr. 2) sowie Behörden, sofern das Landesrecht dies bestimmt (Nr. 3). Ausführungen zu § 61 Nr. 1 VwGO sind in der Regel entbehrlich. Was § 61 Nr. 3 VwGO anbetrifft, kann auf die Anmerkungen unter Rdnr. 13 verwiesen werden. Erörterungsbedürftig ist häufig § 61 Nr. 2 VwGO bzw. dessen analoge Anwen-

161

---

[337] *BVerfG*, NJW 1999, 3701.
[338] NVwZ 2000, 63 = JuS 2000, 720, im Ergebnis ebenso *Fechner*, NVwZ 2000, 121, 129; aA *VGH Mannheim*, DVBl 1998, 835; *OVG Koblenz*, NJW 1982, 1301.

dung, insbesondere bei kommunalen Verfassungsstreitigkeiten[339]. Bei einem Streit über die Zulässigkeit eines Bürgerbegehrens oder eines Einwohnerantrages vertritt die *hM*[340] die Auffassung, jeder Mitunterzeichner des Bürgerbegehrens bzw. Einwohnerantrags sei als natürliche Person gemäß § 61 Nr. 1 VwGO beteiligungsfähig. Je nach Landesrecht kann aber das Bürgerbegehren aufgrund seiner Stellung als „Quasi-Organ" selbst beteiligungsfähig i.S.d. § 61 Nr. 2 VwGO analog sein[341].

Geht es um die Beteiligungsfähigkeit einer Bauherrengemeinschaft in der Rechtsform einer BGB-Gesellschaft, so vertritt ein Teil der Rechtsprechung die Auffassung, die Bauherrengemeinschaft sei selbst beteiligungsfähig[342]. Nach *aA*[343] können dagegen nur die einzelnen Gesellschafter am Verfahren teilnehmen.

Probleme im Zusammenhang mit der in § 62 VwGO geregelten Prozeßfähigkeit finden sich in Assessorklausuren in aller Regel nicht. Ausführungen hierzu sind daher entbehrlich. Ist ein Beteiligter des Klageverfahrens etwa minderjährig, genügt der kurze Hinweis, daß dieser durch seinen gesetzlichen Vertreter vertreten wird (grundsätzlich beide Eltern gemeinsam, § 1626 Abs. 2 BGB).

Ist Kläger z.B. ein eingetragener Schießsportverein, so können Sie zu diesem Prüfungspunkt etwa folgende Ausführungen machen:

„Der Kläger ist als eingetragener Verein (§ 21 BGB) nach § 61 Nr. 1 VwGO beteiligungsfähig und wird nach § 62 Abs. 3 VwGO i.V.m. § 26 Abs. 2 BGB vom Vorstand vertreten."

## 10. Ordnungsgemäße Vertretung

162   Auch zu dieser Prozeßvoraussetzung brauchen Sie in der Klausur regelmäßig kein Wort zu verlieren. Da vor dem VG kein Vertretungszwang besteht, kann jeder Beteiligte sich selbst vertreten. Hat er einen Bevollmächtigten beauftragt, muß die Vertretung ordnungsgemäß im Sinne des § 67 Abs. 2 Satz 1 VwGO sein. Der bevollmächtigte Rechtsanwalt muß bei einem deutschem Gericht zugelassen sein. Ausnahmen bestehen nur für ausländische Rechtsanwälte aus der Europäischen Union[344]. Prüfungsrelevant kann unter Umständen die Frage sein, ob ein Rechtslehrer

---

[339] Ausführlich hierzu *Rausch*, JZ 1994, 696.
[340] *OVG Münster*, NVwZ-RR 1999, 136, wonach die Vertreter eines Bürgerbegehrens ähnlich wie Prozeßstandschafter zur Geltendmachung der Rechte hinsichtlich eines Bürgerbegehrens im eigenen Namen befugt sind; *OVG Greifswald*, NVwZ 1997, 306; *VG Dessau*, LKV 1996, 74; *VGH Kassel*, NVwZ 1997, 310.
[341] So für Rheinland-Pfalz *OVG Koblenz*, NVwZ-RR 1997, 241; ablehnend *Schliesky*, DVBl 1998, 169, 170.
[342] *VGH Kassel*, NJW 1997, 1938; *VGH Mannheim*, NVwZ-RR 1993, 334.
[343] *OVG Bautzen*, NVwZ 1998, 656.
[344] *BVerwG*, NJW 1998, 2991.

an einer deutschen Hochschule als Prozeßbevollmächtigter in einem Verfahren vor dem VG auftreten darf, wenn er die Prozeßvertretung geschäftsmäßig ohne Rechtsberatungserlaubnis ausübt[345].

## 11. Die Zuständigkeit des Verwaltungsgerichts

Die sachliche Zuständigkeit des VG bestimmt sich nach § 45 VwGO. 163
Diese Regelung ist zwingend und der Disposition der Beteiligten entzogen. Die örtliche Zuständigkeit des VG richtet sich nach § 52 VwGO. Ausführungen hierzu sind regelmäßig entbehrlich. Da manche Lösungsskizzen zu Examensklausuren diese Sachentscheidungsvoraussetzung dennoch ausdrücklich ansprechen, empfiehlt sich gleichwohl folgende kurze Formulierung:

„Das angerufene Verwaltungsgericht Arnsberg ist nach § 45 VwGO sachlich und gemäß § 52 Nr. 3 Satz 1 VwGO örtlich zuständig".

## VI. Die Begründetheit der Klage

Die Ausführungen zur Begründetheit der Klage beginnen unabhängig 164
vom Streitgegenstand mit der Bekanntgabe des Ergebnisses. Die unterschiedlichen Formulierungsmöglichkeiten sind bei der Darstellung der Begründetheit der jeweiligen Klagearten angesprochen.

### 1. Die Aktiv- und Passivlegitimation

Unabhängig von der Klageart ist zunächst die Sachlegitimation zu 165
klären. Die Aktivlegitimation bedeutet, daß der Kläger kraft materiellen Rechts die geltend gemachte Leistung bzw. Unterlassung bzw. die begehrte Gestaltung oder Feststellung mit Wirkung gegenüber dem Beklagten verlangen kann[346]. In der Regel ist der aktiv Prozeßführungsbefugte auch der Sachlegitimierte. Anmerkungen hierzu sind überflüssig.

Die Passivlegitimation liegt vor, wenn der Beklagte befugt ist, über den Streitgegenstand zu verfügen. In Literatur und Rechtsprechung ist umstritten, ob § 78 Abs. 1 VwGO, der für Anfechtungs- und Verpflichtungsklagen bestimmt, gegen wen die Klage richtigerweise zu erheben ist, eine Regelung über die – in der Begründetheit zu erörternde – Passivlegitimation oder über die – in der Zulässigkeit anzusprechende – passive Pro-

---

[345] Eine Rechtsberatungserlaubnis nach Art. 1 § 1 RBerG verlangen *OVG Koblenz*, NJW 1988, 2555; *VGH München*, NJW 1988, 2553; *VGH Mannheim*, NJW 1991,1195; aA *VGH München*, NJW 1988, 2554; *Kopp/Schenke*, § 67 Rdnr. 15.
[346] *Kopp/Schenke*, vor § 40 Rdnr. 28.

zeßführungsbefugnis trifft[347]. Da der nach dem materiellen Recht Verpflichtete in der Regel auch der für den Prozeß Verfügungsbefugte ist, hat der Meinungsstreit nur ausnahmsweise Bedeutung[348]. Hier genügt – unabhängig davon, ob Sie dies in der Zulässigkeit oder zu Beginn der Begründetheit der Klage erörtern – regelmäßig etwa die folgende Formulierung:

„Gemäß § 78 Abs. 1 Nr. 2 VwGO i.V.m. § 5 Abs. 2 Satz 1 NWAGVwGO ist der Oberbürgermeister der Stadt Münster, die den von der Klägerin angefochtenen Verwaltungsakt erlassen hat, richtiger Beklagter".

**166** Die Bestimmung des richtigen Klagegegners bereitet in der Praxis öfter Schwierigkeiten. Eine bundeseinheitliche Regelung für Anfechtungsklagen findet sich zwar in § 78 VwGO, diese lässt aber vielfältige Ausgestaltungen durch die Länder offen.

Als Regelfall ist gemäß § 78 Abs. 1 Nr. 1 VwGO vom sogenannten Rechtsträgerprinzip auszugehen, d. h. richtiger Klagegegner ist diejenige juristische Person des öffentlichen Rechts, für den die jeweilige Behörde tätig wird. Bei Kommunalbehörden ist dies nicht immer die namensgleiche Gebietskörperschaft. Um Rechtsnachteile für den Kläger zu vermeiden, darf dieser sich gemäß § 78 Abs. 1 Nr. 1 2. Halbsatz VwGO mit der Angabe der Behörde begnügen. Aufgabe des Gerichts ist es aber, den entsprechenden Rechtsträger festzustellen. Dabei ist zu unterscheiden, ob die handelnde Behörde in Selbstverwaltungsangelegenheiten, Auftragsangelegenheiten oder als staatliche Verwaltungsbehörde im Wege der Organleihe für das jeweilige Land tätig wird.

Von Selbstverwaltungsangelegenheiten spricht man, wenn die Behörde Satzungen oder Verordnungen der namensgleichen Gebietskörperschaft für diese vollzieht. Sie werden auch „Angelegenheiten im eigenen Wirkungskreis" genannt. Klagegegner ist in diesen Fällen die Gebietskörperschaft.

Daneben sind den Kommunen und Kreisen durch entsprechende Landesgesetze typischerweise auch ganze Aufgabengebiete der staatlichen Verwaltung als sogenannte Auftragsangelegenheiten übertragen, auch „Angelegenheiten im übertragenen Wirkungskreis" genannt. Diese Aufgaben der Durchführung und Überwachung von Bundes- und Landesgesetzen werden von denselben Behörden wahrgenommen, die auch die Selbstverwaltungsangelegenheiten vollziehen. Sie unterliegen in diesem Fall zwar der Fachaufsicht durch übergeordnete Behörden. Richtiger

---

[347] Für Frage der Passivlegitimation und damit Begründetheit der Klage: *BVerwG*, NVwZ-RR 1990, 44; *Happ* in: *Eyermann*, § 78 Rdnr. 1; *VGH München*, BayVBl 1990, 312; für Frage der passiven Prozeßführungsbefugnis und damit Zulässigkeit der Klage: *Meissner* in: *Schoch*, § 78 Rdnr. 7 f.; *Pietzner/Ronellenfitsch*, § 7 Rdnr. 23; *Kopp/Schenke*, § 78 Rdnr. 1.
[348] S. hierzu *Meissner* in: *Schoch*, § 78 Rdnr. 6.

Klagegegner ist aber gleichwohl die namensgleiche Gebietskörperschaft, denn ihr – und nicht der konkret tätigen Behörde – ist die Erfüllung der entsprechenden Aufgabe übertragen.
Ein Beispiel: Gemäß § 65 Abs. 1 Nr. 2 BremPolG nehmen die Gemeinden Aufgaben der Gefahrenabwehr als Ortspolizeibehörden wahr. Gefahrenabwehr ist aber eine Aufgabe des Bundeslandes (vgl. Art. 30, 70 Abs. 1 GG). Es handelt sich bei der Zuständigkeitsanordnung daher um eine Übertragung des Wirkungskreises. Aufgaben im übertragenen Wirkungskreis unterfallen gemäß Art. 85 Abs. 4 GG der Fachaufsicht der staatlichen Institution, so daß folgerichtig der zuständige Senator gemäß § 68 Abs. 1 BremPolG Fachaufsichtsorgan der Gefahrenabwehr ist. Dies ändert aber nichts daran, daß die Gemeinde im übertragenen Wirkungskreis tätig ist. Klagegegner ist daher die Stadtgemeinde Bremen oder Bremerhaven, vertreten durch den Bürgermeister.

Schließlich können in den meisten Bundesländern Kreisverwaltungen oder Landratsämter auch als „untere Verwaltungsbehörde" mit der Wahrnehmung bestimmter staatlicher Aufgaben betraut sein; d. h. Rechtsträger einer Kreisverwaltung/eines Landratsamtes sind dort sowohl der Landkreis als auch das Land (Doppelfunktion in der Verwaltung)[349]. Nimmt die Kreisverwaltung/das Landratsamt als untere staatliche Verwaltungsbehörde unmittelbare staatliche Aufgaben wahr, findet eine Organleihe statt: Das Land „leiht" sich die Kommunalbehörde, die als staatliche Behörde tätig wird. Wesen der Organleihe ist die Freistellung des „Verleihers" weil es sich um eine fremde Aufgabe handelt. In diesem Falle ist die Klage gegen das Bundesland bzw. den Innenminister zu richten.

Ein Beispiel: Hat das Landratsamt Emmendingen in Baden-Württemberg die Erteilung einer Baugenehmigung abgelehnt, so ist die Klage gegen das Land Baden-Württemberg, vertreten durch den Landrat des Landkreises Emmendingen, zu richten, da die Bauaufsicht von den Landratsämtern als untere Verwaltungsbehörde wahrgenommen wird (s. §§ 48 Abs. 1, 46 Abs. 1 Nr. 3 BadWürttLBO i.V.m. § 13 Abs. 1 Nr. 1 BadWürttLVG). Hat dagegen die Kreisverwaltung Bad Dürkheim in Rheinland-Pfalz die Baugenehmigung versagt, so ist der Landkreis Bad Dürkheim, vertreten durch den Landrat, zu verklagen, da die Bauaufsicht in Rheinland-Pfalz von den Kreisverwaltungen als Auftragsangelegenheit ausgeführt wird (s. § 58 Abs. 4 RhPflLBauO). Nicht der Landkreis, sondern das Land Rheinland-Pfalz, vertreten durch den Landrat des Landkreises Bad

---

[349] S. zur umstrittenen Rechtslage in Sachsen einerseits *OVG Bautzen*, LKV 1998, 318: Die Landratsämter im Freistaat Sachsen sind alleinige Behörden des jeweiligen Landkreises, daher ist immer der Landkreis passivlegitimiert; andererseits *Krüger*, LKV 2000, 189: Der Landkreis kann nur dann passivlegitimiert sein, wenn eine Aufgabenübertragung vorliegt.

Dürkheim, ist demgegenüber Beklagter, wenn etwa eine kommunalaufsichtliche Maßnahme im Streit ist (§ 55 Abs. 2 Nr. 1 RhPfLKrO). In diesem Fall handelt die Kreisverwaltung als untere staatliche Behörde.

168 Gemäß § 78 Abs. 1 Nr. 2 VwGO ist auch eine Klage gegen einzelne Behörden möglich, wenn diese durch Landesgesetz als beteiligtenfähig erklärt worden sind, sogenanntes Behördenprinzip[350]. Ob in diesen Fällen als Behörde der „Landrat" oder das „Landratsamt" zu verklagen sind, richtet sich wiederum nach den entsprechenden Vorschriften der Länder.

169 Beachten Sie: Unabhängig davon, ob der Klagegegner nach dem Rechtsträger- oder nach dem Behördenprinzip zu bestimmen ist, sind an dieser Stelle niemals Ausführungen dazu zu machen, ob die handelnde Behörde tatsächlich zuständig war. Dies ist eine Frage der formellen Rechtmäßigkeit des VA, nicht aber nach dem richtigen Beklagten.

170 In beamtenrechtlichen Streitigkeiten gilt § 78 VwGO nicht nur für Anfechtungsklagen, sondern auch für Leistungs- und Feststellungsklagen, weil gemäß § 126 Abs. 3 Satz 1 BRRG sämtliche Vorschriften des 8. Abschnitts der VwGO auf diese anzuwenden sind.

171 Für Leistungs- und Feststellungsklagen außerhalb des § 126 BRRG trifft die VwGO zur Passivlegitimation keine Regelung. Hier bestimmt sich der richtige Beklagte immer nach dem Rechtsträgerprinzip. Bei der Leistungsklage ist zu fragen, gegenüber welcher Körperschaft der geltend gemachte Anspruch besteht. Bei der Feststellungsklage ist richtiger Beklagter die Körperschaft, mit der der Streit über das fragliche Rechtsverhältnis besteht.

172 Das folgende Formulierungsbeispiel hat einen Fall zum Gegenstand, in dem ein Bürger den Widerruf ehrverletzender Äußerungen eines städtischen Beamten begehrt:

> „Die Klage ist auch begründet. Die Kammer hat zunächst keine Bedenken hinsichtlich der Passivlegitimation der beklagten Stadt. Die Passivlegitimation ist gegeben, wenn nach materiellem Recht die erstrebte Leistung gerade vom Beklagten verlangt werden kann. Umgekehrt fehlt sie dann, wenn zur Erfüllung eines im übrigen begründeten Anspruchs jedenfalls nicht der Beklagte befugt und in der Lage ist. Für Widerrufs- bzw. Unterlassungsbegehren im öffentlichen Recht ist anerkannt, daß derjenige, der wegen Rufschädigung den Widerruf einer ehrkränkenden dienstlichen Äußerung eines Beamten erreichen will, sich grundsätzlich an die zuständige öffentlich-rechtliche Körperschaft, nicht aber an den Beamten selbst zu halten hat. Dies beruht auf der Überlegung, daß der Beamte als Einzelperson nicht in der Lage ist, verbindlich über seine weitere Amtsführung – wozu der geforderte Widerruf gehört – zu entscheiden. So, wie eine bei Wahrnehmung hoheitlicher Aufgaben getätigte Äußerung der hinter dem Beamten stehenden Körperschaft zugerechnet wird, ist auch der Widerruf eine Amtshandlung, für die nur die Körperschaft in Anspruch genommen werden kann. Der Beamte ist nur ausnahmsweise dann selbst in Anspruch zu nehmen, wenn es um Äußerungen geht, die er als Privatperson oder jedenfalls in bürgerlich-rechtlicher Gleichordnung wie z.B. bei der Abwicklung eines fiskalischen Hilfsgeschäfts getan hat.

---

[350] S. hierzu die Aufzählung unter Rdnr. 13.

Nach diesen Grundsätzen hat die Klägerin mit der Stadt S, für die ihr Bürgermeister als Amtsträger tätig geworden ist, die richtige Beklagte verklagt....."[351]

## 2. Die Begründetheit der Anfechtungsklage

*a) Der Obersatz*

Liegt der Klausur eine Anfechtungsklage gegen einen den Kläger belastenden VA zugrunde und haben Sie bereits Ausführungen zur Zulässigkeit der Klage gemacht, so lautet der Einstieg in die Begründetheit im Falle des Obsiegens etwa wie folgt: 173

„Die Klage ist auch in der Sache begründet. Der Bescheid der Beklagten vom 18. April 2000 und der Widerspruchsbescheid vom 07. September 2000 sind rechtswidrig und verletzen den Kläger in seinen Rechten (§ 113 Abs. 1 Satz 1 VwGO)".

Unterliegt der Kläger mit seinem Begehren, so empfiehlt sich folgender Beginn:

„Die Klage ist jedoch unbegründet. Der Bescheid der Beklagten vom 18. April 2000 und der Widerspruchsbescheid vom 07. September 2000 sind rechtmäßig und verletzen den Kläger nicht in seinen Rechten (§ 113 Abs. 1 Satz 1 VwGO)".

Ist die Klage teilweise erfolgreich, leiten Sie etwa so ein:

„Die Klage ist in dem aus dem Tenor ersichtlichen Umfang begründet. Insoweit sind der Bescheid der Beklagten vom 18. April 2000 und der Widerspruchsbescheid vom 07. September 2000 rechtswidrig und verletzen den Kläger in seinen Rechten (§ 113 Abs. 1 Satz 1 VwGO)".

Bei der Drittanfechtungsklage sollten Sie bereits im Obersatz zum Ausdruck bringen, daß nicht die objektive Rechtswidrigkeit des angefochtenen VA, sondern allein die subjektive Rechtsverletzung des Klägers maßgebend ist:

„Die Klage ist begründet. Die Baugenehmigung vom 17. März 2000 und der Widerspruchsbescheid vom 06. Juli 2000 sind rechtswidrig und verletzen den Kläger in seinen Rechten (§ 113 Abs. 1 Satz 1 VwGO). Sie verstoßen gegen von der Bauaufsichtsbehörde zu prüfende öffentlich-rechtliche Vorschriften, die auch dem Schutz des Klägers als Nachbarn zu dienen bestimmt sind."

*b) Die Prüfung der formellen Rechtmäßigkeit*

Sofern der Sachverhalt Anhaltspunkte bietet, ist zuerst ist die formelle Rechtmäßigkeit des angefochtenen VA zu erörtern. Dessen formelle Voraussetzungen ergeben sich vor allem aus dem VwVfG und den jeweiligen Landesverwaltungsverfahrensgesetzen, bei sozialhilferechtlichen Fällen 174

---

[351] Zum Widerruf ehrkränkender Äußerungen eines Beamten s. z.B. *OVG Koblenz* NJW 1987, 1660; *VGH Kassel* NVwZ-RR 1994, 700.

aber aus dem SGB X, ausnahmsweise können sie auch der AO zu entnehmen sein.

In Betracht kommen folgende formellen Gesichtspunkte:
- Zuständigkeit der Behörde (Bearbeitervermerk oder abgedruckte Zuständigkeitsverordnung beachten).
- Beachtung der Verfahrensvorschriften im einzelnen, insbesondere Anhörung (§ 28 VwVfG), Form (§ 37 Abs. 2–4 VwVfG) und Begründungserfordernis (§ 39 VwVfG).
- Heilung oder Unbeachtlichkeit eventuell festgestellter Fehler (§§ 45, 46, 47 VwVfG).

175 Zu dem letztgenannten Punkt ein Formulierungsbeispiel (Die Heilung einer unterbliebenen Anhörung durch das Widerspruchsverfahren ist unproblematisch und kann daher in der gebotenen Kürze abgehandelt werden):

"Die angefochtene Verfügung ist verfahrensfehlerfrei zustande gekommen. Zwar wurde der Kläger vor Erlaß des Verwaltungsakts nicht angehört, obwohl dies § 28 Abs. 1 VwVfG[352] vorschreibt. Insbesondere konnte von der Anhörung nicht nach Abs. 2 der genannten Norm abgesehen werden, da keine der darin aufgeführten Ausnahmen gegeben ist. Jedoch ist dieser Verfahrensfehler nach § 45 Abs. 2 i.V.m. Abs. 1 Nr. 3 VwVfG als geheilt anzusehen, da die erforderliche Anhörung, die bis zum Abschluß des verwaltungsgerichtlichen Verfahrens möglich ist[353], bereits im Widerspruchsverfahren nachgeholt wurde."

*c) Die Prüfung der materiellen Rechtmäßigkeit*

176 Die Prüfung der materiellen Rechtmäßigkeit des VA nimmt in der Regel den weitaus größten Teil der Examensarbeit ein. Unerläßlich ist zunächst die Angabe der einschlägigen Rechtsgrundlage[354]. Die Norm ist präzise zu zitieren (gegebenenfalls mit Absatz, Satz oder Ziffer) und die Regelung ihrem Inhalt nach wiederzugeben. Bei der Suche nach der richtigen Rechtsgrundlage müssen Sie darauf achten, daß Sie die spezielleren Normen vor den allgemeinen zu prüfen haben; liegen die Tatbestandsvoraussetzungen der spezielleren nicht vor, so kommen die allgemeineren Rechtsvorschriften nur noch in Betracht, wenn die spezielleren keine abschließende Regelung darstellen[355].

177 Gelegentlich sind auch zwei oder mehrere Rechtsgrundlagen voneinander abzugrenzen, z.B. bei der Frage, ob das Abschleppen eines Pkws im Anschluß an das Aufstellen sog. mobiler Verkehrszeichen eine Ersatzvor-

---

[352] Diese Vorschrift ist selbstverständlich unmittelbar nur anwendbar, wenn eine Bundesbehörde handelt. Ansonsten gelten die landesrechtlichen Parallelvorschriften oder Verweisungsnormen.
[353] Ist dagegen das SGB X einschlägig, ist die Heilung nur bis zur Erhebung der Klage möglich (§ 41 Abs. 2 SGB X).
[354] Aufbauhinweis: auch die Benennung der Rechtsgrundlage bereits vor der Erörterung der formellen Rechtmäßigkeit ist allgemein anerkannt.
[355] *Ramsauer*, Rdnr. 14.18.

nahme oder eine unmittelbare Ausführung darstellt[356]. Hier empfiehlt es sich, zuerst die Voraussetzungen der Norm zu erörtern, die Sie letztlich nicht für einschlägig halten, um danach die Bestimmung zu prüfen, die eingreift.

Achten Sie konsequent auf einen klar gegliederten Aufbau und erörtern Sie der Reihe nach Tatbestandsmerkmal für Tatbestandsmerkmal, falls der Fall Anlaß hierzu gibt. Der Prüfungsaufbau ist zweistufig: zuerst erfolgt die Prüfung der Rechtmäßigkeit des VA, danach die subjektive Rechtsverletzung des Klägers.

Sie müssen sich ferner darüber klar werden, auf welchen Zeitpunkt der Sach- und Rechtslage es für die Beurteilung der Rechtmäßigkeit des angefochtenen VA ankommt. Dabei kann nicht schematisch auf den Zeitpunkt der letzten Behördenentscheidung, also des Widerspruchsbescheids, abgestellt werden. Maßgeblich ist vielmehr das jeweils einschlägige materielle Recht[357]. So ist etwa bei DauerVAen wie Verkehrszeichen die Sach- und Rechtslage zum Zeitpunkt der mündlichen Verhandlung vor dem VG zugrunde zulegen. Beim Baunachbarstreit beurteilt sich die Rechtmäßigkeit der angefochtenen Baugenehmigung grundsätzlich nach der Sach- und Rechtslage im Zeitpunkt der Genehmigungserteilung. Spätere Änderungen zu Lasten des Bauherrn bleiben außer Betracht. Dagegen sind nachträgliche Änderungen zu seinen Gunsten zu berücksichtigen[358].

Eine wesentliche Weichenstellung für die weitere Rechtmäßigkeitsprüfung ist die Unterscheidung, ob es sich bei dem angefochtene VA um eine gebundene oder eine Ermessensentscheidung handelt. Im ersten Fall (Beispiel: Rücknahme einer gaststättenrechtlichen Erlaubnis nach § 15 Abs. 1 GaststG) kommt es allein darauf an, ob die entsprechenden Tatbestandsmerkmale der Eingriffsnorm erfüllt waren und die Behörde die gesetzliche Rechtsfolge gewählt hat. Das Vorliegen dieser Voraussetzungen hat das VG in eigener Verantwortung zu überprüfen. An die Rechtsauffassungen der Beteiligten, etwa dazu, warum ein Gastwirt als unzuverlässig anzusehen ist, ist das VG nicht gebunden. Dem entspricht es, daß auch die Behörde die ursprüngliche Begründung noch im Rechtsstreit ohne rechtliche Einschränkung ergänzen, ändern bzw. auf eine neue Rechtsgrundlage stützen kann, solange der VA dadurch nicht in seinem Wesen verändert wird[359].

Steht der zu beurteilende VA im Ermessen der Behörde (z.B. die Untersagung nach § 25 Abs. 1 BImSchG), so muß Ihre Prüfung besonders

---
[356] Z.B. § 6 Abs. 2 oder § 24 Abs. 3 SächsVwVG; § 8 BadWürttPolG oder § 49 Abs. 1 i.V.m. § 25 BadWürttLVwVG.
[357] S. hierzu die gelungene Darstellung bei *Happ/Allesch/Geiger/Metschke*, Seite 119.
[358] BVerwG, NVwZ 1998, 1179.
[359] BVerwG, NVwZ 1993, 976, 977.

sorgfältig ausfallen. Keinesfalls darf die Ermessensprüfung dazu benutzt werden, all das, was Sie selbst an Stelle der Behörde an Ermessenserwägungen angestellt hätten, in einer Art Brainstorming zu sammeln und ungeordnet niederzuschreiben[360].

Behalten Sie deshalb immer die Vorschrift des § 114 VwGO, die Sie in der Klausur auf jeden Fall zitieren sollten, im Auge. Das VG darf die Ausübung des Ermessens nur auf Rechtsfehler überprüfen. Es ist zu erörtern, ob die Behörde von dem Ermessen in einer dem Zweck der Ermächtigung entsprechenden Weise Gebrauch gemacht und ob sie die Grenzen des Ermessens nicht überschritten hat. Für die Aufhebung des VA genügt es, daß ein Ermessensfehler im Sinne des § 114 Satz 1 VwGO festgestellt wird. Daß die Behörde bei richtiger Ermessensausübung in dem einen oder anderen Sinne hätte entscheiden müssen, geht über die bei der Anfechtungsklage zu treffende Feststellung eines Ermessensfehlers hinaus und verbietet sich von daher als für die Entscheidung unerheblich[361]. Konzentrieren Sie sich daher ausschließlich auf die von der Behörde im Bescheid oder Widerspruchsbescheid angegebene Begründung und legen Sie dar, daß deren Entscheidung (nicht) zu beanstanden ist.

**181** Eine methodisch saubere Ermessensprüfung sieht wie folgt aus[362]: Zuerst müssen Sie den Zweck der Ermächtigung feststellen und darlegen. Danach ist im Wege der Subsumtion zu ermitteln, ob die von der Behörde vorgenommenen Erwägungen von diesem festgestellten Zweck der Ermächtigung gedeckt werden oder nicht. Ist dies der Fall, ist die Ermessensentscheidung sachgerecht, andernfalls fehlerhaft. Mögliche Ermessensfehler sind Ermessensnichtgebrauch, Ermessensunterschreitung, Ermessensfehlgebrauch und Ermessensüberschreitung[363].

Von Ermessensnichtgebrauch spricht man, wenn die Behörde nicht erkennt, daß es sich um eine Ermessensentscheidung handelt. Eine Formulierung wie „daher mußte die getroffene Entscheidung ergehen" ist dafür lediglich ein Indiz. Prüfen Sie deshalb zunächst, ob sich Ermessensüberlegungen der Behörde, auch wenn sie nicht ausdrücklich als solche bezeichnet sind, aus dem Gesamtzusammenhang der Begründung, insbesondere aus einer Auslegung des angegriffenen Bescheids oder des Widerspruchsbescheids, ergeben[364]. Ist ein nach dem Gesetz an sich bestehender Ermessensspielraum im Einzelfall auf Null reduziert, ist das Fehlen von Ermessenserwägungen im Bescheid unschädlich.

Bei der Ermessensunterschreitung geht die Behörde von einer tatsächlich nicht bestehenden Beschränkung ihres Ermessensspielraums aus. Ein

---

[360] Vgl. *Proppe*, JA 1997, 418.
[361] *Proppe*, JA 1993, 199, 201.
[362] Nach *Proppe*, JA 1993, 199, 201.
[363] Ausführlich hierzu *Ramsauer*, Rdnr. 36.01 ff.
[364] *BVerwG*, NVwZ 1988, 525.

Beispiel: Die Behörde erläßt gegen den nicht mit dem Halter identischen Führer des abgeschleppten Pkw einen Kostenbescheid in der Annahme, sie dürfe nur gegen den Führer des Pkw vorgehen.

Eine Ermessensüberschreitung liegt vor, wenn die im Ermessenswege verhängte Rechtsfolge von der gesetzlichen Ermächtigung nicht gedeckt ist.

Hat die Behörde von dem ihr vom Gesetz eingeräumten Ermessen nicht entsprechend dem Sinn und Zweck des Gesetzes Gebrauch gemacht, so handelt es sich um einen Ermessensfehlgebrauch. Die gerichtliche Kontrolle ist auf die Prüfung beschränkt, ob sich die Behörde von sachfremden Erwägungen hat leiten lassen. Dies umfaßt die Prüfung, ob die Behörde den oder die Zwecke des Gesetzes zutreffend und vollständig erfaßt und sich bei der Begründung in diesem Rahmen gehalten hat[365]. Stützt die Behörde eine Ermessensentscheidung auf mehrere die Entscheidung selbständig tragende Beweggründe, so genügt die rechtliche Fehlerfreiheit auch nur eines Grundes für die Rechtmäßigkeit der Entscheidung[366]. Tragen dagegen mehrere Beweggründe zusammen die Entscheidung der Behörde, so hängt deren Rechtmäßigkeit von der Sachgemäßheit sämtlicher angegebenen Gründe ab[367].

Rechtliche Grenzen des Ermessens ergeben sich auch aus dem Gleichbehandlungsgebot bzw. Willkürverbot bzw. aus Verwaltungsvorschriften. Über Verwaltungsvorschriften bindet eine Behörde sich selbst und gegebenenfalls nachgeordnete Behörden im Sinne einer gleichmäßigen Ermessensausübung bei gleich oder ähnlich gelagerten Fällen. Hiervon darf sie nur im Einzelfall aus besonderen, atypischen Gründen abweichen[368].

Weitere Schranken ergeben sich aus dem Grundsatz der Verhältnismäßigkeit bzw. des Übermaßverbots sowie dem Grundsatz von Treu und Glauben und des Vertrauensschutzes.

Nun ein Formulierungsbeispiel für eine Ermessensprüfung: **182**

„Sind die tatbestandlichen Voraussetzungen des § ... gegeben, so liegt es im Ermessen der Beklagten, ob und welche Maßnahmen sie zu ihrer Bekämpfung ergreift. Die Ermessensentscheidung der Beklagten kann das Gericht nur eingeschränkt daraufhin überprüfen, ob sie die gesetzlichen Grenzen ihres Ermessens überschritten hat und ob sie von ihrem Ermessen in einer dem Zweck der Ermächtigung entsprechenden Weise Gebrauch gemacht hat (§ 114 VwGO). Danach ist ein Ermessensfehler der Beklagten nicht ersichtlich.

Die Gesichtspunkte, auf die der Bescheid gestützt ist, sind ihrer Art nach sachgerecht ......

---

[365] *Rennert* in: *Eyermann*, § 114 Rdnr. 20.
[366] *BVerwGE* 62, 215, 222.
[367] *BVerwG*, NVwZ 1988, 442.
[368] Vgl. *VGH Mannheim*, NVwZ 1999, 547.

Die Beklagte ist mit ihrer Entscheidung nicht ohne sachlichen Grund von einer andersartigen Praxis abgewichen und verstößt damit nicht gegen das Gleichbehandlungsgebot des Art. 3 Abs. 1 GG.....
Die getroffene Maßnahme ist auch verhältnismäßig ......"

**183** Besonderheiten gelten wiederum für die Fälle des sog. „intendierten Ermessens"[369]. Damit sind solche Eingriffsnormen gemeint, die ihrer Form nach als Ermessensvorschriften ausgestaltet sind, deren Anwendung aber besondere gewichtige öffentliche Interessen zugrunde liegen, die in der Regel bei Vorliegen der tatbestandlichen Voraussetzungen ein Handeln der Verwaltung erfordern. Solche ermessenslenkende Vorschriften sind beispielsweise § 48 VwVfG, § 15 Abs. 2 GewO oder § 45 SGB X[370]. In diesen Fällen kann die Verwaltungsbehörde, will sie intentionsmäßig entscheiden, solange auf Ermessenserwägungen in dem Bescheid verzichten, als der Fall nicht ausnahmsweise besonderen Anlaß gibt. Liegt Ihrer Prüfung eine solche ermessenslenkende Bestimmung zugrunde und weist der Sachverhalt keine Besonderheiten auf, ist der angefochtene VA daher nicht deshalb als rechtswidrig aufzuheben, weil ausdrückliche Ermessenserwägungen fehlen.

**184** Leiden Ausgangsbescheid oder Widerspruchsbescheid an zumindest einem Ermessensfehler, so ist Ihre Prüfung nicht zu Ende. Nach § 114 Satz 2 VwGO kann die Verwaltungsbehörde ihre Ermessenserwägungen hinsichtlich des VA auch noch im verwaltungsgerichtlichen Verfahren ergänzen. Mit dieser Vorschrift sollte nach dem Willen des Gesetzgebers die Zulässigkeit des Nachschiebens von Gründen klargestellt und die Streitfrage geklärt werden, ob ein Nachschieben von Gründen durch die Ausgangsbehörde auch dann möglich ist, wenn diese mit der Widerspruchsbehörde nicht identisch ist[371].

§ 114 Satz 2 VwGO bezieht sich auf Ermessensentscheidungen im weitesten Sinn, zu denen auch Entscheidungen mit Planungsermessen (Abwägungsgebot)[372] sowie Verwaltungsentscheidungen, bei denen der Behörde auf der Tatbestandsseite ein gerichtlich nur beschränkt überprüfbarer Beurteilungsspielraum eingeräumt ist[373] (typisches Beispiel: nachgeschobene Gründe, die die Entlassung eines Probebeamten wegen mangelnder Eignung rechtfertigen sollen), gehören.

Die prozessuale Vorschrift des § 114 Satz 2 VwGO steht in einem gewissen Spannungsverhältnis zu der verfahrensrechtlichen Norm des § 45 Abs. 2 VwVfG[374]. Danach ist die Heilung eines Verfahrensfehlers nach

---

[369] Ausführlich hierzu *Borowski*, NVwZ 2000, 149.
[370] Weitere Beispiele mit Rechtsprechungsnachweisen bei *Borowski*, NVwZ 2000, 149 FN 2.
[371] BT-Drucksache 13/3993 S. 13 zu Nr. 14; vgl. auch *Schmieszek*, NVwZ 1996, 1151.
[372] *Decker*, JA 1999, 154, 155; *Redeker*, NVwZ 1997, 625, 627.
[373] OVG Bautzen, SächsVBl 1998, 157 und SächsVBl 1998, 218.
[374] Vgl. *Gerhardt* in: *Schoch*, § 113 Rdnr. 12 c.

Abs. 1 bis zum Abschluß des gerichtlichen Verfahrens möglich. Hier geht es um das formelle „Nachholen der Begründung" im Sinne des § 39 Abs. 1 VwVfG, das zu trennen ist vom „Nachschieben von Gründen". Dieses betrifft die materielle Ergänzung oder Änderung einer im Sinne von § 39 VwVfG vorhandenen Begründung. Da es § 45 Abs. 2 VwVfG nach seiner Neufassung zuläßt, daß die erforderliche Begründung eines VA bis zum Abschluß des verwaltungsgerichtlichen Verfahrens nachgeholt werden kann, soll auch die materielle Begründung in dieses einbezogen werden können. § 114 Satz 2 VwGO stellt klar, inwieweit dies zulässig ist[375]. Das BVerwG[376] hat zu der neuen Vorschrift des § 114 Satz 2 VwGO ausgeführt, die Zulässigkeit einer Ergänzung von Ermessenserwägungen beurteile sich zunächst nach dem jeweils einschlägigen materiellen Recht und dem Verwaltungsverfahrensrecht. Wörtlich heißt es weiter: „§ 114 Satz 2 VwGO hat nur die Bedeutung, daß einem danach zulässigen Nachholen von Ermessenserwägungen prozessuale Hindernisse nicht entgegenstehen. Wie das Prozeßrecht unter bestimmten Voraussetzungen Klageänderungen zuläßt, also eine Änderung des Streitgegenstandes im laufenden Rechtsstreit ermöglicht, kann es auch eine Ergänzung des angefochtenen VA durch nachgeschobene Ermessenserwägungen zulassen. Dies hat die verwaltungsprozessuale Folge, daß eine der Vorschrift entsprechende Ergänzung der Ermessenserwägungen nicht zu einer Änderung des Streitgegenstandes führt, so daß sie weder eine Klageänderung noch die Durchführung eines erneuten Widerspruchsverfahrens erforderlich macht."

§ 114 Satz 2 VwGO bestimmt, daß die Begründung lediglich „ergänzt" werden kann. Eine erstmalige Ausübung des Ermessens oder das komplette Auswechseln der Gründe der Ermessensausübung kann dagegen den VA nicht „retten"[377]. Sowohl Rechtsprechung als auch Literatur sind sich einig, daß die neue Vorschrift lediglich die bisher von der Rechtsprechung entwickelten Grundsätze kodifiziert hat[378]. Danach war ein Nachschieben von Gründen immer dann möglich, wenn die nachträglich gegebenen Gründe schon bei Erlaß des VA oder des Widerspruchsbescheids vorlagen, diese Heranziehung keine Wesensveränderung des angefochtenen VA bewirkt hat und der Betroffene nicht in seiner Rechtsverteidigung beeinträchtigt wurde[379]. Daraus folgt, daß über den Wortlaut des § 114 Satz 2 VwGO hinaus ergänzende Ermessenserwägungen ausgeschlossen sind, wenn sie eine Wesensänderung des VA zur Folge haben[380]. Zulässig ist jedoch der Austausch einer unzutreffenden Ermächtigung,

---

[375] Gerhardt in: Schoch, § 113 Rdnr. 12 c.
[376] BVerwG, NVwZ 1999, 425; s. hierzu die Entscheidungsrezension von R.P. Schenke, JuS 2000, 230.
[377] BVerwG, NJW 1999, 2912.
[378] BVerwG, NJW 1998, 2233 = JuS 1998, 765.
[379] Z.B. BVerwGE 22, 215, 218; E 85, 163.
[380] Determann, Jura 1997, 350, 351; Sachs in: Stelkens/Bonk/Sachs, § 45 Rdnr. 65.

*106 Zweiter Teil. Die Entscheidung des Verwaltungsgerichts*

wenn Ermessensgrundlage und Ermessensrahmen nicht verändert werden[381].

185 Es folgen zwei Formulierungsbeispiele zu § 114 Satz 2 VwGO. Zuerst ein Fall aus dem Baurecht (Ausübung des Vorkaufsrechts durch die Gemeinde nach § 24 ff. BauGB), in dem die Voraussetzungen des § 114 Satz 2 VwGO nicht vorliegen:

„Der Bescheid ist jedoch deshalb materiell fehlerhaft, weil die Beklagte ihre Ermessenserwägungen, warum sie das Vorkaufsrecht im vorliegenden Fall ausgeübt hat – bei der Ermessensbetätigung sind städtebauliche, haushaltsrechtliche und bodenpolitische Erwägungen von Bedeutung –, erstmals im Verwaltungsprozeß vorgebracht hat und damit ein Verstoß gegen § 114 Satz 2 VwGO vorliegt. Nach dieser Vorschrift kann die Verwaltungsbehörde ihre Ermessenserwägungen hinsichtlich des Verwaltungsakts auch noch im verwaltungsgerichtlichen Verfahren ergänzen. Sowohl Wortlaut als auch Entstehungsgeschichte lassen keinen Zweifel daran, daß ein (völliges) Auswechseln der Ermessenserwägungen ebenso wenig statthaft ist wie eine erstmalige Begründung[382]. Zwar läßt es Art. 45 Abs. 2 BayVwVfG zu, daß die erforderliche Begründung eines Verwaltungsakts bis zum Abschluß des verwaltungsgerichtlichen Verfahrens nachgeholt werden kann, so daß auch die materielle Begründung in dieses einbezogen werden kann. § 114 Satz 2 VwGO bestimmt allerdings, inwieweit dies möglich ist. Vorliegend kann von einem „Ergänzen" im Sinne des § 114 Satz 2 VwGO nicht mehr gesprochen werden. Vielmehr liegt eine erstmalige Begründung der Ermessenserwägungen im Verwaltungsprozeß vor. Daher braucht das Gericht nicht darauf einzugehen, ob diese Ermessenserwägungen den Verwaltungsakt überhaupt tragen".

186 Im zweiten Beispiel liegen die Voraussetzungen des § 114 Satz 2 VwGO vor (Rückforderung einer Subvention bei zweckwidriger Verwendung)[383]:

„Entgegen der Auffassung des Klägers ist auch die Ermessensentscheidung der Beklagten nicht zu beanstanden. Zwar finden sich weder im Widerrufs- noch im Widerspruchsbescheid ausdrückliche Ermessenserwägungen. Soweit der Kläger daraus schließt, die Beklagte habe ihr Ermessen nicht betätigt, verkennt er die Besonderheiten, die sich vorliegend aus der Anwendbarkeit der Grundsätze über das „intendierte Ermessen" ergeben. Sie besagen folgendes: Ist eine ermessenseinräumende Vorschrift dahin auszulegen, daß sie für den Regelfall von einer Ermessensausübung in einem bestimmten Sinne ausgeht, so müssen besondere Gründe vorliegen, um eine gegenteilige Entscheidung zu rechtfertigen. Liegt ein vom Regelfall abweichender Sachverhalt nicht vor, versteht sich das Ergebnis der Abwägung von selbst. Dann bedarf es nach § 39 Abs. 1 Satz 3 VwVfG aber auch keiner das Selbstverständliche darstellenden Begründung. Nur dann, wenn außergewöhnliche Umstände des Falles vorliegen, die eine andere Entscheidung möglich erscheinen lassen, liegt ein rechtsfehlerhafter Gebrauch des Ermessens vor, sofern diese Umstände von der Behörde nicht erwogen worden sind.

Um eine solche ermessenslenkende Bestimmung handelt es sich bei dem hier einschlägigen § 48 Abs. 2 Satz 1 VwVfG, wonach Verwaltungsakte bei Vorliegen bestimmter, in der Person des von ihnen Begünstigten liegender Umstände „in der Regel mit Wirkung für die Vergangenheit" zurückzunehmen sind. Aus den Gründen der Wirtschaftlichkeit und Sparsamkeit folgt, daß bei Verfehlung des mit der Gewährung von

---

[381] *Sachs* in: *Stelkens/Bonk/Sachs,* § 45 Rdnr. 66.
[382] *Gerhardt* in: *Schoch,* § 113 Rdnr. 12 c.
[383] Nach *BVerwG,* NJW 1998, 2233.

Subventionen verfolgten Zwecks im Regelfall nur durch eine Entscheidung für den Widerruf fehlerfrei ausgeübt werden kann. Diese Haushaltsgrundsätze überwiegen im allgemeinen das Interesse des Begünstigten, den Zuschuß behalten zu dürfen, und verbieten einen großzügigen Verzicht auf den Widerruf von Subventionen.

Im Falle des Klägers lagen die Voraussetzungen vor, die eine solche Verwaltungsentscheidung ohne weitere Prüfung des Für und Wider ermöglichten. Zum einen ist der Zweck des Grünbrache – Programms aufgrund des Zuwiderhandelns des Klägers gegen die Auflagen der Beklagten nicht erreicht worden. Zum anderen war die Beklagte nicht gehalten, in dem Widerrufsbescheid individuelle Besonderheiten zu begründen. Denn der Kläger hatte bei der Anhörung keine substantiierten Darlegungen gemacht, die die Beklagte hätten veranlassen müssen, auf sie einzugehen.

Die von dem Kläger im gerichtlichen Verfahren gegen den Widerruf erstmals vorgebrachten Gründe rechtfertigen keine andere Beurteilung. Auch wenn man verlangen würde, daß diese Argumente eine neu zu begründende Ermessensentscheidung der Beklagten erfordert – was die Kammer ausdrücklich offen läßt –, hat die Beklagte diesen Mangel jedenfalls im Laufe des Verwaltungsstreitverfahrens geheilt. Da der Widerruf des Bewilligungsbescheids die nicht begründungsbedürftige Folge des Auflagenverstoßes war, handelt es sich dann, wenn die Behörde nachträglich zu individuellen oder sonstigen Besonderheiten abwägend Stellung nimmt, um eine Ergänzung und nicht um eine Nachholung der Ermessensbegründung. Derartige Ergänzungen sind gemäß § 114 Satz 2 VwGO auch noch im verwaltungsgerichtlichen Verfahren zulässig. Etwas anderes würde nur dann gelten, wenn die ergänzenden Ermessenserwägungen eine Wesensänderung des Verwaltungsakts zur Folge hätten. Dies ist vorliegend jedoch nicht der Fall."

Kommen Sie zu dem Ergebnis, daß der angefochtene VA rechtswidrig ist, müssen Sie im Hinblick auf die Regelung des § 113 Abs. 1 VwGO grundsätzlich noch darauf eingehen, ob der Kläger hierdurch in eigenen Rechten verletzt ist. Im Normalfall, in dem sich der Kläger gegen einen an ihn gerichteten belastenden VA wendet, ist die Rechtsverletzung die automatische Folge der Rechtswidrigkeit und bedarf deshalb keiner besonderen Erörterung. Steht ein VA mit Drittwirkung im Streit, vermeiden Sie den häufig in Prüfungsarbeiten gemachten Fehler, den VA umfassend auf seine Fehlerhaftigkeit zu überprüfen. Denn es kommt nicht auf die objektive Rechtmäßigkeit oder Rechtswidrigkeit des angefochtenen VA, sondern allein darauf an, ob der Dritte durch den VA in eigenen Rechten verletzt ist (s. §§ 42 Abs. 2, 113 Abs. 1 VwGO)[384].

187

### d) Formulierungsbeispiel

Das Formulierungsbeispiel bezieht sich auf die Prüfung der materiellen Rechtmäßigkeit eines ErmessensVA aus dem Bauordnungsrecht. Die landesrechtlichen Vorschriften sind solche des Landes Hessen :

188

„Die Beseitigungsverfügung ist rechtlich nicht zu beanstanden. Sie findet ihre Ermächtigungsgrundlage in § 78 Abs. 1 HBO. Danach kann die Bauaufsichtsbehörde u.a. die teilweise oder vollständige Beseitigung baulicher oder anderer Anlagen und Ein-

---

[384] *BVerwG*, NVwZ 1994, 686; vgl. auch *BVerwG*, NVwZ-RR 1999, 8 = JuS 1999, 829 zum Nachbarschutz bei Erteilung einer Befreiung.

richtungen im Sinne des § 1 Abs. 1 Satz 2 HBO verlangen, die gegen baurechtliche oder sonstige öffentlich-rechtliche Vorschriften über die Errichtung, Änderung, Instandhaltung oder Nutzung dieser Anlagen verstoßen, wenn nicht auf andere Weise rechtmäßige Zustände hergestellt werden können. Diese Voraussetzungen sind hier erfüllt, da es sich bei den beanstandeten Wohnwagen um bauliche Anlagen handelt, die der Genehmigung bedürfen, aber nicht genehmigungsfähig sind.

Die von dem Kläger aufgestellten Wohnwagen sind bauliche Anlagen im Sinne des § 1 Abs. 1 HBO. Nach § 2 Abs. 1 HBO sind bauliche Anlagen mit dem Erdboden verbundene, aus Bauprodukten hergestellte Anlagen, wobei eine Verbindung mit dem Erdboden auch dann besteht, wenn die Anlage durch eigene Schwere auf dem Boden ruht oder auf ortsfesten Bahnen begrenzt beweglich ist oder wenn sie nach ihrem Verwendungszweck dazu bestimmt ist, überwiegend ortsfest benutzt zu werden. Das letztere Tatbestandsmerkmal, das hier allein in Betracht kommt, ist bei einer beweglichen Anlage dann erfüllt, wenn zwischen dem Vorhaben und dem zu seiner Ausführung vorgesehenen Grundstück eine erkennbar verfestigte Beziehung besteht. Diese Voraussetzungen sind vorliegend gegeben, denn die Wohnwagen des Klägers befinden sich rund 9 Monate im Jahr auf dem Grundstück ... und werden damit überwiegend ortsfest benutzt.

Diese bauliche Anlagen sind formell illegal, da der Kläger für die Wohnwagen keine Baugenehmigung hat und das Vorhaben auch nicht baugenehmigungsfrei ist (vgl. §§ 62, 63 HBO).

Die Wohnwagen sind auch materiell baurechtswidrig. Da sie sich unzweifelhaft im Außenbereich befinden, beurteilt sich ihre bauplanungsrechtliche Zulässigkeit nach § 35 BauGB. Eine Privilegierung nach Abs. 1 der genannten Norm liegt, da keine der Ziffern 1–6 einschlägig ist, nicht vor. Folglich kommt eine Zulässigkeit des Vorhabens nur in Betracht, wenn öffentliche Belange im Sinne der Abs. 2, 3 nicht beeinträchtigt sind. Dies ist hier jedoch der Fall, denn das Vorhaben des Klägers beeinträchtigt im Sinne von § 35 Abs. 3 Satz 1 Nr. 5 BauGB die natürliche Eigenart der Landschaft und ihren Erholungswert.

In dieser Vorschrift kommt zum Ausdruck, daß die Landschaft zur Wahrung ihrer natürlichen Eigenart vor wesensfremder Bebauung geschützt werden soll. In der Regel sind Vorhaben mit einer anderen als einer land- oder forstwirtschaftlichen Zweckbestimmung unzulässig. Der Kläger hat zwei Wohnwagen in einer freien Landschaft, die fast ohne jegliche Bebauung ist, abgestellt. Diese Landschaft ist dadurch gekennzeichnet, daß in ihr die Natur sich über lange Zeit ungehinderter als anderswo hat entwickeln können. Sie ist ein Lebensraum von schützenswerten Biotopen und hat nicht zuletzt auch beträchtlichen Erholungswert. Diese Eigenheiten werden durch die Wohnwagen gestört.

Der Kläger ist als Bauherr der beanstandeten baulichen Anlage und Eigentümer des Grundstücks ferner der richtige Adressat der Beseitigungsanordnung gemäß § 7 HSOG.

Die Beklagten hat auch das ihr in § 78 HBO eingeräumte Ermessen in nicht zu beanstandender Weise ausgeübt. Sie hat weder die Ermessensgrenzen überschritten noch von dem Ermessen in zweckwidriger Weise Gebrauch gemacht (§ 114 VwGO). Es ist davon auszugehen, daß die Bauaufsichtsbehörde grundsätzlich immer dann ermessensgerecht handelt, wenn sie ihrem gesetzlichen Auftrag entsprechend dafür sorgt, daß die Vorschriften des materiellen Baurechts eingehalten werden. Die Gesichtspunkte, auf die der Bescheid gestützt ist, sind sachgerecht..... Der Beklagte hat ferner im Widerspruchsbescheid ausgeführt, daß die Beseitigungsanordnung auch aus dem Grunde nicht willkürlich sei, weil die Bauaufsichtsbehörde gleichermaßen gegen die beiden anderen nicht genehmigten baulichen Anlagen im fraglichen Gebiet einschreite. Diese Begründung enthält keine Rechtsfehler, denn sie entspricht der ständigen Rechtsprechung, wonach die Bauaufsichtsbehörde im Rahmen ihres Vorgehens das Gleichbehandlungsgebot beachten muß und nicht einzelne Bürger willkürlich benachteiligen darf.

Die Beseitigungsverfügung verstößt auch nicht gegen den Verhältnismäßigkeitsgrundsatz, ..."

Das Beispiel zeigt, daß es „nur" eines konsequenten Aufbaus und einer sauberen Subsumtion des Sachverhalts unter die einschlägigen Normen bedarf, um die Voraussetzungen für eine erfolgreiche Klausur zu schaffen[385]. Hieran scheitern jedoch immer wieder Klausurbearbeiter, die völlig losgelöst von diesen Regeln die im Sachverhalt angesprochenen Punkte abhandeln. Fragen Sie sich vor der Niederschrift immer wieder, an welcher Stelle Sie das zu erörternde Problem unter welchem Gesichtspunkt behandeln müssen. Mogeln Sie sich nicht mit Formulierungen wie „zunächst ist darauf hinzuweisen" oder „zu berücksichtigen ist zunächst" über den rechtlichen Überlegungsansatz hinweg. Es stellt auch einen gravierenden methodischen Fehler dar, anstelle einer an Ermächtigungs- oder Anspruchsgrundlagen orientierten rechtlichen Würdigung die Ansichten der Beteiligten auf ihre Richtigkeit hin zu prüfen.[386]

e) Die reformatio in peius

In der gerichtlichen Praxis nicht allzu häufig, aber als Prüfungsthema beliebt sind solche Fallkonstellationen, in denen die Widerspruchsbehörde im Vorverfahren einen VA zum Nachteil des Widerspruchsführers abändert, die sogenannte „Verböserung" oder „reformatio in peius"[387]. Folgende Beispielsfälle dazu[388]:

Die Ausgangsbehörde verlangt von dem Kläger eine Geldleistung, etwa eine Rückforderung nach den §§ 45, 50 SGB X oder die Kosten für das Abschleppen eines rechtswidrig geparkten Kraftfahrzeugs. Auf den Widerspruch des Klägers wird der geforderte Geldbetrag erhöht (Beispiel: Im Ausgangsbescheid war der Nachtzuschlag für den Abschleppvorgang vergessen worden)[389].

Die Bauaufsichtsbehörde gibt dem Kläger auf, eine im Außenbereich illegal errichtete Wellblechhütte sowie das Vordach eines massiven Gebäudes zu beseitigen und untersagt die Nutzung des Erdgeschoßraumes dieses Gebäudes als Aufenthaltsraum. Den Widerspruch des Klägers

---

[385] Ein besonders gelungenes Beispiel aus dem Versammlungsrecht für saubere Subsumtionstechnik finden Sie bei *OVG Weimar*, NVwZ-RR 1998, 497.
[386] *Proppe*, JA 1993, 199, 200.
[387] Ausführlich hierzu *Happ/Allesch/Geiger/Metschke*, Seite 77; *Jaroschek*, JA 1997, 668; *Klindt*, NWVBl 1996, 452; zu ausdrücklichen Regelungen der reformatio in peius s. *Pietzner/Ronellenfitsch*, § 40 Rdnr. 1; s. auch den dortigen Rechtsprechungsüberblick in § 40 Rdnr. 30 !
[388] S. ferner die Klausur in JuS 2000, 353.
[389] Vgl. z.B. *BVerwG*, NVwZ 1987, 215 = JuS 1987, 833.

weist die Widerspruchsbehörde zurück und ordnet anstelle der von der Bauaufsichtsbehörde erteilten Auflagen den vollständigen Abbruch des massiven Gebäudes an[390].

Die Verwaltungsbehörde hat dem Kläger eine Baugenehmigung unter Beifügung verschiedener Auflagen erteilt. Der Kläger begehrt im Widerspruchsverfahren die Baugenehmigung ohne die beigefügten Auflagen. Die Widerspruchsbehörde fügt der Baugenehmigung weitere Auflagen hinzu [391].

Die Ausgangsbehörde hat gegen die Klägerin eine Beseitigungsverfügung samt Zwangsgeldandrohung in Höhe von 500 DM angedroht. Die Widerspruchsbehörde erhöht im Widerspruchsbescheid die Androhung des Zwangsgeldes auf 2.000 DM.

190 Rechtsprechung und Literatur sind sich weitgehend einig, daß derartige Verböserungen grundsätzlich zulässig sind. Denn im Rahmen der Fach- und Rechtsaufsicht der Widerspruchsbehörde besteht ein sachliches Bedürfnis, einen angefochtenen VA im Zweifel auch zu Lasten des Widerspruchsführers abzuändern. Dieser ist auch nicht schutzwürdig, weil er gerade durch die Anfechtung den Eintritt der Bestandskraft verhindert[392].

Voraussetzung für die Verböserung ist, daß die Widerspruchsbehörde dieselbe Entscheidungskompetenz hat wie die Ausgangsbehörde, also zu einer vollen Recht- und Zweckmäßigkeitskontrolle i.S.d. § 68 Abs. 1 Satz 1, Abs. 2 VwGO befugt ist. Das ist der Fall, wenn Widerspruchsbehörde und Erstbehörde identisch sind oder wenn die Widerspruchsbehörde die Fachaufsicht über die Erstbehörde ausübt[393]. In Selbstverwaltungsangelegenheiten ist eine Verböserung daher ausgeschlossen, wenn Selbstverwaltungs- und Widerspruchsbehörde verschiedenen Rechtsträgern angehören[394]. Ob eine Verböserung ferner ausscheidet, wenn die Widerspruchsbehörde allein auf die Rechtsschutzfunktion beschränkt ist, wird unterschiedlich beurteilt[395].

Nach der Rechtsprechung des *BVerwG*[396] wird die reformatio in peius begrenzt durch die Grundsätze über die Rücknahme und den Widerruf von VAen, sofern positivrechtliche Spezialregelungen fehlen. Die §§ 48, 49 VwVfG sind danach vergleichend heranzuziehen und bilden die Gren-

---

[390] *BVerwG*, NJW 1977, 1894 = JuS 1977, 692.
[391] Vgl. *VGH München*, GewArch 1988, 276; s. auch *VGH Mannheim*, NVwZ 1995, 1220.
[392] Z.B. *BVerwG*, NVwZ 1983, 612; *Brühl*, JuS 1994, 153, 159.
[393] Vgl. *OVG Koblenz*, NVwZ 1992, 386; *BVerwG*, NVwZ-RR 1997, 26.
[394] *Weides*, § 23 II. 3.b.
[395] Für die Unzulässigkeit der Verböserung durch rheinland-pfälzische weisungsfreie Stadt- und Kreisrechtsausschüsse *Pietzner/Ronellenfitsch*, § 40 Rdnr. 26, dafür *Oster/Nies*, RhPfAGVwGO Kommentar 1998, Seite 84.
[396] Vgl. z.B. *BVerwGE* 65, 313, 319.

zen für eine Verschlechterung. Nach *aA*⁣[397] ist Rechtsgrundlage für die Verböserung im Widerspruchsbescheid die für den Erlaß des Ausgangsbescheides einschlägige Rechtsvorschrift, da die Widerspruchsbehörde in vollem Umfang an die Stelle der Erstbehörde tritt und mit der gleichen Entscheidungskompetenz den angegriffenen VA auf seine Recht- und Zweckmäßigkeit überprüft. Diese feine Differenzierung führt in der Praxis kaum zu unterschiedlichen Ergebnissen, denn selbst wenn man mit dem *BVerwG* von einem Vertrauensschutz ausgeht, ist dieser sehr gering. Denn der Kläger hat die Ursache für die Nichtbeständigkeit des VA selbst gesetzt und kann sein Verhalten auf die Folgen der Anfechtung einrichten[398].

Eine Verböserung scheidet materiell-rechtlich aus, wenn sie „zu nahezu untragbaren Verhältnissen für den Betroffenen führen würde"[399] oder wenn das anzuwendende Recht die reformatio in peius ausschließt wie z.B. der Grundsatz der Chancengleichheit im Prüfungsrecht[400].

**191** Aufpassen: Eine Verböserung liegt grundsätzlich nicht bereits darin, daß die Widerspruchsbehörde dem angefochtenen VA nur eine andere materiell-rechtliche Begründung gibt, ohne den Entscheidungsausspruch zum Nachteil des Widerspruchsführers zu ändern[401]. Kein Fall der reformatio in peius ist ferner die Verböserung eines VA aufgrund eines Drittwiderspruchs. Hier geht es vielmehr um die Frage der Prüfungs- und Entscheidungskompetenz der Widerspruchsbehörde auf den Widerspruch eines Dritten[402].

Keine reformatio in peius, sondern ein unzulässiger Selbsteintritt der Widerspruchsbehörde liegt vor, wenn diese im Widerspruchsbescheid erstmals ein Zwangsmittel anordnet und nicht nur – wie in dem letzten Beispielsfall oben – gegenüber dem Ausgangsbescheid verschärft[403]. Denn die Zwangsmittelandrohung ist ein rechtlich selbständiger VA, dessen Erlaß in die Zuständigkeit der Anordnungsbehörde in ihrer Funktion als Vollstreckungsbehörde fällt. Die durch den Devolutiveffekt begründete Sachherrschaft der Widerspruchsbehörde beschränkt sich dagegen auf den angefochtenen VA.

**192** Hat die Widerspruchsbehörde den VA zum Nachteil des Klägers abgeändert, müssen Sie unterscheiden, ob der Kläger sich mit der Klage al-

---

[397] *OVG Koblenz*, NVwZ 1992, 386.
[398] Vgl. *BVerwG*, DÖV 1972, 789.
[399] *BVerwG*, NVwZ 1983, 612.
[400] *BVerwG*, NVwZ 1993, 686, 688, wonach die Neubewertung einer Prüfungsarbeit aufgrund begründeter Beanstandungen des Prüflings nicht zur Verschlechterung der Prüfungsnote führen darf.
[401] *Pietzner/Ronellenfitsch*, § 40 Rdnr. 3.
[402] *Dolde* in: *Schoch*, § 68 Rdnr. 47 m.w.N.
[403] *VGH München*, NJW 1982, 460.

lein gegen die Verböserung oder gegen den ursprünglichen VA in der Gestalt wendet, die dieser durch den Widerspruchsbescheid gefunden hat. Im ersten Fall ist die isolierte Anfechtungsklage gegen den Widerspruchsbescheid nach § 79 Abs. 2 VwGO statthaft. Dabei stellt die Verböserung des VA die „zusätzliche selbständige Beschwer" i.S.d. § 79 Abs. 2 VwGO dar. Streitgegenstand der Klage ist hier ausschließlich der verbösernde Teil des Widerspruchsbescheids. In der Zulässigkeitsprüfung müssen Sie darauf achten, daß die isolierte Klage nach § 79 Abs. 2 VwGO stets ein besonderes Rechtsschutzinteresse voraussetzt. Dieses ist in der Regel nur bei ErmessensVAen oder in Ausübung einer Beurteilungsermächtigung gegeben[404]. Bei gebundenen VAen ist dagegen ebenso wie bei Anwendung des § 46 VwVfG ein Verfahrensfehler für die Sachentscheidung irrelevant[405]. Wurde der Kläger vor Erlaß des Widerspruchsbescheids nicht zu der beabsichtigten Verböserung angehört, wie dies § 71 VwGO grundsätzlich verlangt – siehe dazu im einzelnen nächster Absatz – so berechtigt die dem Kläger abgeschnittene Möglichkeit zur Rücknahme des Widerspruchs das Gericht bei gebundenen VAen nicht zur isolierten Aufhebung des Widerspruchsbescheids, wenn die Rücknahme des Ausgangsbescheids gemäß § 48 VwVfG unabweisbar gewesen wäre[406].

In der Begründetheit müssen Sie bei der Prüfung der formellen Rechtmäßigkeit auf die Frage eingehen, ob der Kläger vor Erlaß des den Ausgangsbescheid verbösernden Widerspruchsbescheids anzuhören war. Dies ist nach § 71 VwGO grundsätzlich der Fall. Diese Vorschrift begründet – abgesehen von atypischen Sachverhalten – mit der Anordnung, eine Unterrichtung des Betroffenen über die beabsichtigte Verböserung solle vor Erlaß des Widerspruchsbescheides erfolgen, eine Pflicht zur Anhörung. Dies gilt nicht nur für die Heranziehung neuer Tatsachen, sondern auch für die aufgrund bekannter Tatsachen erfolgende rechtliche Neubewertung[407]. Die Prüfung der materiellen Rechtmäßigkeit des verbösernden VA folgt den üblichen Regeln.

**193** Nun ein Formulierungsbeispiel für eine isolierte Klage gegen den Widerspruchsbescheid (Klage eines Beamten gegen die Verböserung eines angefochtenen Rückforderungsbescheids)[408]:

„Dem angefochtenen Widerspruchsbescheid haften zunächst keine Verfahrensfehler an. Insbesondere mußte ihm kein Vorverfahren nach §§ 68 ff. VwGO vorangehen.

Enthält der Widerspruchsbescheid – wie hier – eine zusätzliche selbständige Beschwer des Widerspruchsführers, so bedarf es keiner erneuten Nachprüfung dieses Bescheides in einem Vorverfahren. Denn die Behörde hat ein Widerspruchsverfahren in der Sache bereits durchgeführt, die Sach- und Rechtslage also bereits geprüft.

---

[404] *Pietzner/Ronellenfitsch*, § 40 Rdnr. 31.
[405] *Pietzcker* in: *Schoch*, § 79 Rdnr. 14 f.; BVerwG, NVwZ 1999, 641.
[406] *BVerwG*, NVwZ 1999, 1218.
[407] *BVerwG*, NVwZ 1999, 1218 m.w.N.
[408] Nach *OVG Koblenz*, NVwZ 1992, 386.

## Erster Abschnitt: Das Urteil

Auch ein Verstoß gegen § 71 VwGO ist bei dem Erlaß des Widerspruchsbescheides nicht begangen worden. Wird ein Ausgangsbescheid – wie hier – im Widerspruchsverfahren verbösert, so begründet § 71 VwGO – abgesehen von atypischen Sachverhalten – eine Pflicht zur Anhörung vor Erlaß des Widerspruchsbescheides in Form der Unterrichtung des Betroffenen über die beabsichtigte Verböserung. Dies gilt nicht nur für die Heranziehung neuer Tatsachen, sondern auch für die aufgrund bekannter Tatsachen erfolgende rechtliche Neubewertung. Die Widerspruchsbehörde hat diese Vorschrift beachtet, denn sie hat die Klägerin mit Schreiben vom 02. März 2000 auf die Möglichkeit einer Verböserung des angefochtenen Rückforderungsbescheids hingewiesen und um Stellungnahme hierzu gebeten.

In der Sache ist der Widerspruchsbescheid nicht bereits deswegen aufzuheben, weil er gegenüber dem Ausgangsbescheid vom 05. November 1999 eine Schlechterstellung der Klägerin enthält.

Eine reformatio in peius ist im Widerspruchsverfahren jedenfalls dann, wenn die Widerspruchsbehörde die Fachaufsicht über die Erstbehörde ausübt oder wenn Widerspruchsbehörde und Erstbehörde – wie hier – identisch sind, grundsätzlich – und so auch hier – zulässig. Die Vorschriften der VwGO über das Widerspruchsverfahren enthalten keine Regelung darüber, ob die Widerspruchsbehörde einen durch den Widerspruch des Betroffenen angefochtenen Verwaltungsakt zu seinen Ungunsten abändern darf oder nicht. Die §§ 68 ff. VwGO überlassen es vielmehr dem zuständigen Bundes- oder Landesgesetzgeber, etwaige Beschränkungen einer Nachprüfung zuungunsten des Widerspruchsführers einzuführen. Eine derartige Einschränkung läßt sich den im vorliegenden Fall einschlägigen Rechtsvorschriften nicht entnehmen. Ein Verböserungsverbot enthalten weder das VwVfG noch das BRRG noch das BBesG.

Für die grundsätzliche Zulässigkeit der reformatio in peius spricht auch der Sinn und Zweck des Widerspruchsverfahrens, bei dem es sich nicht lediglich um ein Rechtsschutzverfahren handelt; es dient vielmehr auch der Entlastung der Verwaltungsgerichte und insbesondere der Selbstkontrolle der Verwaltung, die gemäß Art. 20 Abs. 3 GG an Gesetz und Recht gebunden ist. Dafür spricht ferner, daß die Widerspruchsbehörde grundsätzlich die volle Entscheidungskompetenz der Erstbehörde hat (s. § 68 Abs. 1 Satz 1, Abs. 2 VwGO), d.h. die gleiche Entscheidungskompetenz, die die Erstbehörde hätte, wenn sie erst im Zeitpunkt der Widerspruchsentscheidung den Verwaltungsakt erlassen würde. Daraus folgt nach Ansicht der Kammer, daß, sofern gesetzlich nichts anderes bestimmt ist, die Verböserung im Widerspruchsverfahren auch nicht an die Voraussetzungen gebunden ist, die für den Widerruf und die Rücknahme begünstigender Verwaltungsakte gelten[409]. Die Widerspruchsbehörde hat nicht die Entscheidungskompetenz der Erstbehörde nach Erlaß der angegriffenen Verfügung, sondern die ursprüngliche Entscheidungskompetenz. Aber auch wenn man mit dem BVerwG davon ausgeht, daß die §§ 48, 49 VwVfG als Rechtsgrundlage für die Verschlechterung heranzuziehen sind, führt dies zu keinem anderen Ergebnis. Denn für denjenigen, der selbst mit seiner Anfechtung den Grund für die mangelnde Bestandskraft des Verwaltungsakts gesetzt hat, besteht in der Regel – und so auch hier – kein schutzwürdiges Interesse an dem Bestand des ursprünglichen Verwaltungsaktes.

Rechtsgrundlage für die verbösernde Widerspruchsentscheidung der Widerspruchsbehörde ist auf der Grundlage des soeben Gesagten die für den Erlaß des Ausgangsbescheides einschlägige Vorschrift des § 12 Abs. 2 Satz 1 BBesG. Danach ... Diese Voraussetzungen sind hier gegeben ...

Nach allem ist der verbösernde Widerspruchsbescheid nicht rechtswidrig, sondern entspricht der in § 12 Abs. 2 Satz 1 BBesG vorgegebenen Rechtslage. Außergewöhnliche Umstände, die einen erhöhten Vertrauensschutz des Klägers rechtfertigen und

---

[409] So aber, wie bereits ausgeführt *BVerwGE* 65, 313, 319.

eine Aufhebung des Bescheides vom 05. November 1999 für die Zukunft ausschließen, sind weder vorgetragen noch ersichtlich. Dem Vertrauen des Klägers auf den Bestand des genannten Bescheids hat die Beklagte hinreichend dadurch Rechnung getragen, daß sie diesen Bescheid nicht für die Vergangenheit, sondern nur für die Zukunft abgeändert hat."

**194** Im zweiten Fall liegt eine gewöhnliche Anfechtungsklage nach § 79 Abs. 1 Satz 1 VwGO vor mit der Folge, daß der VA insgesamt auf seine Rechtmäßigkeit zu überprüfen ist, d.h. die Verböserung lediglich einen Teil der Prüfung ausmacht. Diese Variante ist die häufigere. Bei der Erörterung der materiellen Rechtmäßigkeit folgen Sie dem gewöhnlichen Aufbau der Anfechtungsklage und führen am Ende – oder je nach Fallgestaltung am Anfang – der Prüfung aus, daß die Verböserung zulässig war:

„Rechtsgrundlage für den – im Widerspruchsbescheid angeordneten – Vollabriß des streitgegenständlichen Wochenendhauses des Klägers ist § 80 Abs. 1 Satz 1 MVLBauO. Danach kann die Bauaufsichtsbehörde u. a. die vollständige Beseitigung der baulichen Anlagen anordnen, wenn diese im Widerspruch zu öffentlich-rechtlichen Vorschriften errichtet oder geändert werden und nicht auf andere Weise rechtmäßige Zustände hergestellt werden können. Diese Voraussetzungen liegen hier vor ...

Schließlich ist festzuhalten, daß der Oberbürgermeister der Landeshauptstadt Schwerin nicht daran gehindert war, den ursprünglich im Ausgangsbescheid angeordneten Teilabriß zu verschärfen, weil dies zu einer Schlechterstellung des Klägers geführt hat. Der Oberbürgermeister hat vielmehr in rechtlich zulässiger Weise den Ausgangsbescheid vom 30. März 2000 zum Nachteil des Klägers nach den Regeln der reformatio in peius geändert.

In formeller Hinsicht wurde der Kläger vor Erlaß des Widerspruchsbescheids mit Schreiben vom 18. Mai 2000 zu der beabsichtigten Verböserung angehört, wie dies § 71 VwGO – abgesehen von atypischen Sachverhalten – verlangt.

Auch in der Sache ist die Verschärfung nicht zu beanstanden. Voraussetzung für die Zulässigkeit einer reformatio in peius ist zunächst, daß die Widerspruchsbehörde dieselbe Entscheidungskompetenz hat wie die Ausgangsbehörde, also zu einer vollen Recht- und Zweckmäßigkeitskontrolle i.S.d. § 68 Abs. 1 Satz 1, Abs. 2 VwGO befugt ist. Dies ist der u.a. Fall, wenn – wie hier – Widerspruchsbehörde und Erstbehörde identisch sind.....(wie oben)

Gegen die Zulässigkeit der Verböserung bestehen hier ferner nicht deshalb Bedenken, weil die Widerspruchsbehörde zu dieser Änderung nicht aus Rechtsgründen gezwungen, sondern nur im Rahmen des ihr durch § 80 Abs. 1 Satz 1 MVLBauO eingeräumten Ermessens befugt gewesen ist. Denn dem Kläger wurde nicht eine von der Erstbehörde zuerkannte Begünstigung entzogen, sondern lediglich eine von ihr auferlegte Belastung verschärft. Diese in dem angefochtenen Bescheid vom 30. März 2000 angeordnete Belastung des Klägers enthält nicht auch einen Verzicht des Oberbürgermeisters, das Ermessen doch noch vollständig auszuschöpfen.

Ein etwaiges Vertrauen des Klägers in den Fortbestand der belastenden Verfügung des Oberbürgermeisters ist auch nicht schutzwürdig, weil der Kläger durch seinen Widerspruch selbst die Ursache für die Unbeständigkeit der angefochtenen Verfügung gesetzt hat. Außergewöhnliche Umstände, die einen erhöhten Vertrauensschutz des Klägers rechtfertigen, sind weder vorgetragen noch ersichtlich."

## 3. Die Begründetheit der Verpflichtungsklage

Der Einstieg in die Begründetheitsprüfung einer erfolgreichen Verpflichtungsklage kann etwa so lauten: 195

„Die Klage ist auch in der Sache begründet. Der Kläger hat einen Anspruch auf Erteilung der Sondernutzungserlaubnis. Ablehnungsbescheid und Widerspruchsbescheid sind rechtswidrig und verletzen den Kläger in seinen Rechten (§ 113 Abs. 5 Satz 1 VwGO)".

Im Anschluß daran ist die Anspruchsgrundlage genau nach Paragraph und Absatz zu benennen und deren Inhalt wiederzugeben. Danach folgt die Subsumtion des Sachverhalts unter die einzelnen Tatbestandsmerkmale und die Rechtsfolgenseite[410]. Begehen Sie nicht den Fehler, wie bei der Anfechtungsklage zu prüfen, ob der ablehnende Bescheid formell rechtswidrig gewesen ist. Formelle Mängel des ergangenen Bescheids sowie des Widerspruchsbescheids sind bei der Verpflichtungsklage ohne Bedeutung, da diese dem geltend gemachten Anspruch nicht zum Erfolg verhelfen können[411]. Die Begründetheit der Verpflichtungsklage hängt vielmehr allein davon ab, ob der Kläger einen Anspruch auf Erlaß des von ihm erstrebten VA hat. Dabei hat das VG alle für die Entscheidung über das Klagebegehren maßgeblichen rechtlichen und tatsächlichen Voraussetzungen des geltend gemachten Anspruchs in eigener Verantwortung festzustellen – unabhängig von der von dem Kläger zur Begründung seines Begehrens aufgeführten oder der Behörde herangezogenen Anspruchsgrundlage. Eine „Zurückverweisung" an die Behörde bei noch erforderlicher Sachverhaltsaufklärung, wie dies bei der Anfechtungsklage gemäß § 113 Abs. 3 VwGO möglich ist, scheidet hier aus[412]. 196

Bei gebundenen Entscheidungen ist die Verpflichtungsklage begründet, wenn die Anspruchsvoraussetzungen gegeben sind. Steht der Erlaß des begehrten VA im Ermessen der Behörde (z.B. die Erteilung einer Sondernutzungserlaubnis nach § 8 Abs. 1 FStrG), so kann die Verpflichtung der Behörde hierzu nur ausgesprochen werden, wenn angesichts der konkreten Umstände des Falles nur eine einzige, bestimmte Entscheidung in Betracht kommt, die nicht ermessensfehlerhaft wäre (sog. Ermessensreduktion auf Null). Stellt das VG dagegen fest, daß die Ermessensentscheidung der Behörde fehlerhaft gewesen ist, ohne daß Spruchreife, d.h. Er- 197

---

[410] Vgl. dazu und der Differenzierung zwischen „Anspruchs- und Rechtswidrigkeitsaufbau" *Lemke*, JA 2000, 150; *Ramsauer*, Rdnr. 15.07 f.; s. auch *Proppe*, JA 1997, 418, 422.
[411] *BVerwG* DÖV 1985, 407, 408: „Bei einer Verpflichtungsklage ist die ablehnende behördliche Entscheidung im engeren Sinne nicht Gegenstand des Verfahrens. Über den Anspruch haben die Tatsachengerichte ohne Rücksicht auf Mängel des Verwaltungsverfahrens zu entscheiden." S. auch *Gerhardt* in: *Schoch*, § 113 Rdnr. 64, 67.
[412] *BVerwG*, NVwZ 1999, 65.

messensreduktion auf Null vorliegt, darf es nicht die behördliche Ermessensentscheidung durch eine eigene ersetzen. In diesem Fall ist im Urteil lediglich die Verpflichtung der Behörde zur Neubescheidung unter Beachtung der Rechtsauffassung des Gerichts auszusprechen (§ 113 Abs. 5 Satz 2 VwGO)[413].

**198** Ein Beispiel für die Formulierung der Urteilsbegründung in einem derartigen Fall:

„Rechtsgrundlage für die von der Klägerin begehrte Sondernutzungserlaubnis ist § 8 Abs. 1 Satz 2 FStrG. Danach bedarf die Benutzung der Bundesfernstraßen über den Gemeingebrauch hinaus der Erlaubnis der Straßenbaubehörde. Das Aufstellen von Altkleider-Sammelcontainern auf einem an einer Bundesstraße gelegenen Parkplatz stellt eine Sondernutzung dar ...

Die Erteilung der für die beabsichtigte Sondernutzung erforderlichen Erlaubnis liegt im pflichtgemäßen Ermessen der Straßenbaubehörde ...

Hier hat die Beklagte bei Erlaß des ablehnenden Bescheids von dem ihr eingeräumten Ermessen keinen fehlerfreien Gebrauch gemacht. Ein Bescheid, mit dem eine Behörde eine Sondernutzungserlaubnis versagt und sich dabei ausschließlich auf Belange außerhalb des Straßen- und Wegerechts stützt, ist in aller Regel ermessensfehlerhaft. So liegt der Fall hier. Auch im Widerspruchsbescheid wird lediglich ausgeführt, ... Bereits der hierin zu Tage getretene Ermessensfehler (§ 114 VwGO) führt zu der Verpflichtung der Beklagten, die Klägerin unter Beachtung der – vorstehend dargelegten – Rechtsauffassung des Gerichts erneut zu bescheiden (§ 113 Abs. 5 Satz 2 VwGO)".

**199** Liegt eine Ermessensreduktion auf Null vor, können Sie etwa wie folgt begründen:

„Der Kläger hat einen Anspruch auf Erteilung einer Aufenthaltsbefugnis. Dies ergibt sich aus § 31 Abs. 1 AuslG. Danach ... Die Voraussetzungen dieser Vorschrift sind gegeben ...

Zwar steht die Entscheidung über die Erteilung einer Aufenthaltsbefugnis im Ermessen der Ausländerbehörde. Hier liegen aber die Voraussetzungen einer Ermessensreduktion auf Null zugunsten des Klägers vor. Dies ergibt sich aus folgendem ..."

**200** Auch bei der Verpflichtungsklage kann der § 114 Satz 2 VwGO eine Rolle spielen. Zwar kommt es bei Verpflichtungsklagen in der Regel auf die Sach- und Rechtslage in der mündlichen Verhandlung an[414]. Dies gilt aber nur für spruchreife Verpflichtungsanträge. Bei Ermessensentscheidungen der Behörde ist dagegen auf den Zeitpunkt der letzten Verwaltungsentscheidung abzustellen, sofern nur ein Bescheidungsurteil in Betracht kommt[415]. In derartigen Fällen ist Raum für ergänzende Ermes-

---

[413] S. zu Tenorierung und insbesondere der Kostenentscheidung das Tenorierungsbeispiel Nr. 11, Rdnr. 34.
[414] Zu Abweichungen s. *Ramsauer*, Rdnr. 15.20.
[415] *BVerwGE* 61, 176; VGH München, NVwZ 1991, 396; OVG Koblenz, FEVS 49, 326; VGH Mannheim, NVwZ-RR 1998, 682 für die Aufstellung eines Verkehrszeichens; aA *OVG Münster*, NVwZ-RR 1998, 627, wonach für die rechtliche Beurteilung eines Neubescheidungsbegehrens bezüglich einer verkehrsregelnden Anordnung der Zeitpunkt der mündlichen Verhandlung der letzten Tatsacheninstanz maßgeblich ist.

senserwägungen der Behörde im Verwaltungsprozeß. Dies gilt auch dann, wenn die ergänzende Begründung Umstände einbezieht, die nach dem für das Gericht maßgeblichen Zeitpunkt liegen[416]. Ein aktuelles Beispiel zur Berücksichtigung ergänzender Ermessenserwägungen finden Sie in einer Entscheidung des *VGH Mannheim* betreffend die Verpflichtungsklage eines Straßenanliegers auf Aufstellung eines Verkehrszeichens[417].

## 4. Die Begründetheit der Leistungsklage

Maßgeblich für den Erfolg der allgemeinen Leistungsklage ist das Bestehen eines Rechtsanspruchs auf die Leistung. Besondere Bedeutung kommt hier dem Folgenbeseitigungsanspruch bzw. öffentlich-rechtlichen Abwehranspruch[418] als Grundlage für die Beseitigung fortdauernder, aus hoheitlichem Verwaltungshandeln, insbesondere Realakten, resultierender Rechtsverletzungen zu[419]. Weitere Anwendungsfälle sind, soweit es um Geldzahlungen geht, der sog. öffentlich-rechtliche Erstattungsanspruch[420] oder vertragliche Ansprüche aus öffentlich-rechtlichen Verträgen nach §§ 54 ff. VwVfG, 53 ff. SGB X, z.B. die Geltendmachung von Vertragsstrafen in Ausbildungsförderungsverträgen[421].

201

Ein Formulierungsbeispiel für einen erfolglos geltend gemachten öffentlich-rechtlichen Abwehranspruch[422]:

„Die Leistungsklage ist in der Sache jedoch unbegründet. Der Kläger kann von der Beklagten weder die Errichtung eines Ballfangzaunes von mindestens 4 Meter Höhe noch sonstige Maßnahmen verlangen, die sicherstellen, daß nicht fortlaufend Bälle von dem Sportplatz der Beklagten auf das Grundstück des Klägers gelangen.

Die Voraussetzungen des allein in Betracht kommenden öffentlich-rechtlichen Abwehranspruchs liegen nicht vor ...

Zwar wird der Kläger dadurch, daß Bälle auf das landwirtschaftlich genutzte Grundstück des Klägers gelangen und diese Bälle zurückgeholt werden, in seinem Eigentumsrecht aus Art. 14 GG beeinträchtigt ...

Der Kläger ist jedoch zur Duldung dieser Rechtsbeeinträchtigungen verpflichtet ..."

---

[416] *VGH Mannheim*, NVwZ-RR 1998, 682.
[417] NVwZ-RR 1998, 682.
[418] S. hierzu z.B: *VGH München*, BayVBl 1998, 310, 311.
[419] S. z.B. *VGH Kassel*, NJW 1993, 3088 zum öffentlich-rechtlichen Abwehranspruch gegen aufs Grundstück gelangende Fußbälle und VGH Kassel, DVBl 2000, 207 zum Folgenbeseitigungsanspruch gegen eine im Rahmen des Dualen Systems auf einem gemeindeeigenenen Grundstück betriebene Wertstoffsammelanlage.
[420] S. hierzu *Stangl*, JA 1998, 48.
[421] Ausführlich dazu *Koch*, DÖV 1998, 141; zum verwaltungsrechtlichen Vertrag allgemein *Höfling/Krings*, JuS 2000, 345.
[422] S. hierzu den besonders lesenswerten Fall des *VGH Kassel*, NJW 1993, 3088.

## 5. Die Begründetheit der Fortsetzungsfeststellungsklage

**202** Hier ist zu unterscheiden zwischen der erledigten Anfechtungsklage und der erledigten Verpflichtungsklage. Die Begründetheitsprüfung bei der erledigten Anfechtungsklage (besonders häufig im Polizeirecht) ist nahezu identisch mit derjenigen der Anfechtungsklage. Die Fortsetzungsfeststellungsklage ist erfolgreich, wenn der erledigte VA rechtswidrig war und den Kläger in eigenen Rechten verletzt hat. Hinsichtlich des Zeitpunkts der gerichtlichen Beurteilung gelten die bei der Anfechtungsklage maßgeblichen Grundsätze entsprechend. Kommt es dort ausnahmsweise auf den Zeitpunkt der letzten mündlichen Verhandlung an (z.B. bei DauerVAen wie Verkehrsschildern), ist im Falle der Erledigung auf den Zeitpunkt der Erledigung abzustellen[423].

Ein Formulierungsbeispiel aus dem Versammlungsrecht:

„Die Klage ist indessen unbegründet. Die Verfügung des Beklagten vom 13. April 2000 war rechtmäßig und verletzte den Kläger nicht in seinen Rechten (§ 113 Abs. 1 Satz 4 i.V.m. Satz 1 VwGO).

Die Sicherstellung des Schutzhelms und der Schußwaffe war durch die Vorschrift des § 17a Abs. 4 Satz 1 VersG gedeckt. Danach kann die zuständige Behörde zur Durchsetzung der Verbote nach § 17a Abs. 1 VersG die erforderlichen Anordnungen treffen ..."

**203** Die Begründetheitsprüfung bei der erledigten Verpflichtungsklage (Beispiel: Kläger begehrt, nachdem er ursprünglich Verpflichtungsklage auf Erteilung einer Baugenehmigung erhoben hatte, nach Erlaß einer Veränderungssperre nach § 14 BauGB die Feststellung, daß die Versagung der Baugenehmigung rechtswidrig war) folgt im wesentlichen derjenigen der Verpflichtungsklage analog § 113 Abs. 5 VwGO. Hier ist ebenfalls der Zeitpunkt der gerichtlichen Entscheidung zugrundezulegen, der bei einer Entscheidung im Zeitpunkt der Erledigung maßgebend gewesen wäre, in der Regel also der Zeitpunkt der Erledigung selbst[424]. Wie im Tenorierungsbeispiel Nr. 14[425] bereits angemerkt, kann im Rahmen einer Fortsetzungsfeststellungsklage grundsätzlich nicht die gerichtliche Entscheidung herbeigeführt werden, daß die Behörde zu der beantragten Entscheidung verpflichtet gewesen wäre, wenn der Behörde für ihre Entscheidung ein Ermessen eingeräumt ist. In diesen Fällen kann deshalb nur festgestellt werden, daß die ablehnenden Bescheide rechtswidrig gewesen sind und der Beklagte zu einer Neubescheidung verpflichtet gewesen wäre. Etwas anderes gilt nur dann, wenn das Ermessen auf Null reduziert war[426].

---

[423] *Ramsauer*, Rdnr. 17.14.
[424] *Ramsauer*, Rdnr. 17.15.
[425] S. oben Rdnr. 42.
[426] S. hierzu *BVerwG*, NVwZ-RR 1994, 391 zur Zulassung einer Ausnahme vom Versammlungsverbot nach § 3 des zum 01.August 2000 außer Kraft getretenen Bannmeilengesetzes.

Hierzu ein Formulierungsbeispiel aus dem Straßenrecht:

„Die Klage ist auch in der Sache begründet. Die Ablehnung der Beklagten vom 03. August 2000 war rechtswidrig und verletzte die Klägerin in ihren Rechten (§ 113 Abs. 1 Satz 4 i.V.m. Abs. 5 VwGO). Diese hatte einen Anspruch auf Erteilung einer Sondernutzungserlaubnis, da das Ermessen der Beklagten aus Gründen der Verhältnismäßigkeit auf Null reduziert war ..."

## 6. Die Begründetheit der Feststellungsklage

Die Klage auf Feststellung des Bestehens oder Nichtbestehens eines Rechtsverhältnisses ist begründet, wenn das Klagebegehren durch das materielle Recht gedeckt ist. Das behauptete Rechtsverhältnis muß folglich bestehen oder – im Falle der negativen Feststellungsklage – nicht bestehen. Maßgeblicher Zeitpunkt für die Beurteilung der Rechtmäßigkeit ist der Zeitpunkt der mündlichen Verhandlung. Ein allgemein gültiges Prüfungsschema gibt es wegen der großen Zahl strukturell unterschiedlicher Rechtsverhältnisse nicht[427]. 204

Ein Formulierungsbeispiel für eine einseitige Erledigungserklärung: 205

„Der Feststellungsantrag ist auch in der Sache begründet.

Der Rechtsstreit mit dem ursprünglichen Begehren der Klägerin auf Verpflichtung des Beklagten, ihr die am 28. Oktober 1999 beantragte Baugenehmigung zu erteilen, hat sich mit der Zurücknahme des Bauantrags durch die Klägerin nach Klageerhebung erledigt. Die Beschwer, die für die Klägerin mit der angefochtenen Nichterteilung der Baugenehmigung zunächst verbunden war, ist nachträglich entfallen.

Eine Entscheidung über das Erledigungsfeststellungsbegehren der Klägerin ist nicht deshalb unzulässig, weil der Beklagte ein berechtigtes Interesse analog § 113 Abs. 1 Satz 4 VwGO an einer Abweisung der Klage hat. Zwar kann der Beklagte nach Erledigung des Rechtsstreits nach der Rechtsprechung des Bundesverwaltungsgerichts, der die Kammer folgt, einer Erledigungserklärung des Klägers widersprechen, wenn er sich auf ein berechtigtes Interesse an einer Sachentscheidung analog § 113 Abs. 1 Satz 4 VwGO berufen kann. Ein solches berechtigtes Interesse hat der Beklagte hier indessen nicht dargelegt ..."

## VII. Die Begründung der Nebenentscheidungen

Am Ende der Entscheidungsgründe folgt die Begründung der Nebenentscheidungen über die Kosten des Verfahrens, die vorläufige Vollstreckbarkeit und gegebenenfalls über die Hinzuziehung eines Prozeßbevollmächtigten nach § 162 Abs. 2 Satz 2 VwGO. 206

Die Kostenentscheidung kann im Falle des vollen Obsiegens oder Unterliegens wie folgt formuliert werden: *„Die Kostenentscheidung ergibt sich aus § 154 Abs. 1 VwGO."* Ist das Unterliegen nur geringfügig, kann das VG dem Unterliegenden gemäß § 155 Abs. 1 Satz 3 VwGO ebenfalls

---

[427] *Ramsauer,* Rdnr. 16.08.

die gesamten Kosten auferlegen. Ist die Klage teilweise erfolgreich, beruht die Kostenentscheidung auf § 155 Abs. 1 Satz 1 VwGO.

207 Hat die Klage Erfolg und hat der Kläger einen Antrag gestellt, die Hinzuziehung eines Prozeßbevollmächtigten für notwendig zu erklären, so muß hier kurz begründet werden, ob die anwaltliche Vertretung im Vorverfahren notwendig war (s. § 162 Abs. 2 Satz 2 VwGO). Nach der Rechtsprechung des *BVerwG*[428] ist die Notwendigkeit der Hinzuziehung eines Bevollmächtigten im Vorverfahren unter Würdigung der jeweiligen Verhältnisse vom Standpunkt einer verständigen Partei aus zu beurteilen. Maßgebend ist, ob sich ein vernünftiger Bürger mit gleichem Bildungs- und Erfahrungsstand bei der gegebenen Sachlage eines Rechtsanwalts oder sonstigen Bevollmächtigten bedient hätte. Notwendig ist die Zuziehung eines Rechtsanwalts dann, wenn es der Partei nach ihren persönlichen Verhältnissen und wegen der Schwierigkeit der Sache nicht zuzumuten ist, das Vorverfahren selbst zu führen. Maßgebender Zeitpunkt für die Beurteilung der Frage, ob es für Bürger zumutbar ist, das Vorverfahren selbst zu führen, ist der der Hinzuziehung des Rechtsanwalts, d.h. seine förmliche Bevollmächtigung oder bei schon im Verwaltungsverfahren erteilter allgemeiner Vollmacht der Auftrag zur Einlegung des Widerspruchs gegen den VA. Formulierungsbeispiel:

„Die Hinzuziehung eines Bevollmächtigten im Vorverfahren war notwendig, da es dem Kläger in Anbetracht der rechtlichen Problematik des vorliegenden Falles nicht zumutbar war, das Verfahren selbst zu führen ..."

208 Sind an dem Verfahren Beigeladene beteiligt, sind die §§ 154 Abs. 3, 162 Abs. 3 VwGO zu beachten. Formulierungsbeispiel:

„Die Kostenentscheidung folgt aus §§ 154 Abs. 1, 162 Abs. 3 VwGO. Es entspricht der Billigkeit, die Kosten der Beigeladenen nicht für erstattungsfähig zu erklären, weil sie durch Verzicht auf eine eigene Antragstellung kein Kostenrisiko (§ 154 Abs. 3 VwGO) eingegangen ist."

209 Haben die Beteiligten den Rechtsstreit teilweise übereinstimmend für erledigt erklärt, so ergeht insoweit kein gesonderter Beschluß. Vielmehr trifft das Gericht die Entscheidung über die Verfahrenseinstellung und die Kostentragung zusammen mit der Sachentscheidung über den nicht erledigten Teil der Hauptsache im Urteil[429]. Dies muß auch bei der Begründung der Kostenentscheidung zum Ausdruck kommen. Formulierungsbeispiel:

„Die Kostenentscheidung über den streitigen Teil folgt aus § 154 Abs. 1 VwGO, bezüglich des übereinstimmend für erledigt erklärten Teils aus § 161 Abs. 2 VwGO. Danach entsprach es billigem Ermessen, der Beklagten die Kosten aufzuerlegen, denn nach

---

[428] BayVBl 1996, 571 m.w.N.; s. zur Notwendigkeit anwaltlicher Vertretung im Widerspruchsverfahren ausführlich *Sonnenschein – Berger*, JuS 1996, 1107.
[429] *BVerwG*, NVwZ-RR 1999, 407.

dem bisherigen Sach- und Streitstand wäre der Kläger mit seiner Klage erfolgreich gewesen ..."

Nach dem Ausspruch zu den Kosten folgt die Nebenentscheidung zur vorläufigen Vollstreckbarkeit (z.B. *„Die Anordnung über die vorläufige Vollstreckbarkeit des Urteils wegen der Kosten ergibt sich aus § 167 VwGO i. V. m. §§ 708 Nr. 11, 711 ZPO."*). Haben Sie im Tenor auf die Einräumung einer Abwendungsbefugnis verzichtet, so begründen Sie dies hier kurz[430]. Enthält Ihr Tenor keine Entscheidung über die vorläufige Vollstreckbarkeit des Urteils[431], so formulieren Sie z.B. so: 210

„Von der Anordnung der vorläufigen Vollstreckbarkeit, die entgegen der hM im Ermessen des Gerichts steht, hat die Kammer in Ansehung der Verfahrenskosten abgesehen".

Bei teilweise übereinstimmender Erledigung des Rechtsstreits bedarf es noch des Hinweises auf die Unanfechtbarkeit dieses Teils nach § 158 Abs. 2 VwGO.

## § 6 Rechtsmittelbelehrung und Unterschriften der Richter

Gemäß § 117 Abs. 2 Nr. 6 VwGO muß ein Urteil eine Rechtsmittelbelehrung enthalten. Zwingender Bestandteil der Belehrung sind die Angaben, welches Rechtsmittel gegeben ist, wo dieses Rechtsmittel anzubringen ist, welche Frist dafür läuft und welche zwingenden Formvorschriften einzuhalten sind. In der Regel wird von Ihnen im Assessorexamen keine ausführliche Rechtsmittelbelehrung verlangt[432]. Es genügt folgende Formulierung: *„Rechtsmittelbelehrung: Antrag auf Zulassung der Berufung nach §§ 124, 124 a VwGO".* 211

Ist nach dem Bearbeitervermerk die Rechtsmittelbelehrung zu entwerfen, lautet der Text in Anlehnung an § 124 Abs. 2 VwGO etwa so[433]: 212

*Rechtsmittelbelehrung*

Die Beteiligten können innerhalb eines Monats nach Zustellung des Urteils die Zulassung der Berufung durch das Oberverwaltungsgericht des Saarlandes beantragen. Dabei müssen sie sich durch einen Rechtsanwalt oder Rechtslehrer an einer deutschen Hochschule als Prozeßbevollmächtigten vertreten lassen. Juristische Personen des öffentlichen Rechts und Behörden können sich auch durch Beamte oder Angestellte mit Befähigung zum Richteramt sowie Diplomjuristen im höheren Dienst vertreten lassen.
Der Antrag ist bei dem Verwaltungsgericht in 66740 Saarlouis, Kaiser-Wilhelm-Straße 15 zu stellen. Er muß das angefochtene Urteil bezeichnen. In dem Antrag sind

---

[430] S. hierzu die Erläuterungen zu dem Tenorierungsbeispiel Nr. 2, Rdnr. 23.
[431] S. hierzu die Erläuterungen zu dem Tenorierungsbeispiel Nr. 1, Rdnr. 21.
[432] Vgl. auch *Pietzner/Ronellenfitsch*, § 48 Rdnr. 1.
[433] S. auch das Muster bei *Schmidt*, Klausur Nr. 1.

die Gründe, aus denen die Berufung zuzulassen ist, darzulegen. Die Berufung kann nur zugelassen werden, wenn
1. ernstliche Zweifel an der Richtigkeit des Urteils bestehen,
2. die Rechtssache besondere tatsächliche oder rechtliche Schwierigkeiten aufweist,
3. die Rechtssache grundsätzliche Bedeutung hat,
4. das Urteil von einer Entscheidung des Oberverwaltungsgerichts des Saarlandes, des Bundesverwaltungsgerichts, des Gemeinsamen Senates der obersten Gerichtshöfe des Bundes oder des Bundesverfassungsgerichts abweicht und auf dieser Abweichung beruht oder
5. ein der Beurteilung des Berufungsgerichts unterliegender Verfahrensmangel geltend gemacht wird und vorliegt, auf dem das Urteil beruhen kann.

**213** Im Anschluß an die Rechtsmittelbelehrung folgen die Unterschriften der mitwirkenden Richter. Gemäß § 117 Abs. 1 Satz 4 VwGO bedarf es der Unterschrift der ehrenamtlichen Richter nicht. Ist ein Richter verhindert, seine Unterschrift beizufügen, so wird dessen Unterschrift mit einem Verhinderungsvermerk des Vorsitzenden ersetzt (§ 117 Abs. 1 Satz 3 VwGO). Da im Examen nur ein Urteilsentwurf verlangt wird, können Sie auf die Wiedergabe der Namen verzichten[434]. Es genügt die Formulierung: *„Unterschriften der beteiligten Berufsrichter"*.

## § 7 Der Streitwertbeschluß

**214** Nach den Vorgaben der meisten Justizprüfungsämter müssen Sie im Assessorexamen einen Streitwertbeschluß nur fertigen, wenn der Bearbeitervermerk dies ausdrücklich fordert[435].

Nach § 25 Abs. 2 Satz 1 GKG setzt das Gericht den Streitwert unabhängig vom Vorliegen eines entsprechenden Antrags durch Beschluß fest. Der Streitwert bemißt sich im verwaltungsgerichtlichen Verfahren grundsätzlich nach der sich aus dem Antrag des Klägers für ihn ergebenden Bedeutung der Sache (§ 13 Abs. 1 Satz 1 GKG). Bietet der Sach- und Streitstand hierfür keine genügenden Anhaltspunkte, so ist gemäß Satz 2 der genannten Norm von einem Regelstreitwert von 8.000 DM auszugehen. Betrifft der Antrag des Klägers eine bezifferte Geldleistung (z.B. Abschleppkostenbescheid in Höhe von 170 DM) oder einen hierauf gerichteten VA, so ist nach § 13 Abs. 2 GKG deren Höhe maßgebend. Zinsen bleiben gemäß § 22 Abs. 1 GKG außer Betracht. Bei kumulativer Klagehäufung werden die Klagebegehren analog § 5 ZPO addiert[436], bei even-

---

[434] *Ramsauer*, Rdnr. 9.01.
[435] Anders in Rheinland-Pfalz, wo der Streitwertbeschluß nur entbehrlich ist, sofern er im Bearbeitervermerk erlassen ist. In den Bundesländern Bremen, Hamburg und Schleswig-Holstein ist der Streitwertbeschluß ebenfalls grundsätzlich zu fertigen, nach dem Bearbeitervermerk aber überwiegend erlassen. In Nordrhein-Westfalen wird kein Streitwertbeschluß verlangt.
[436] Vgl. *BVerwG*, DÖV 1982, 410.

tueller Klagehäufung allerdings nur dann, wenn über den Hilfsantrag eine Entscheidung ergeht (§ 19 Abs. 1 Satz 2 und 3 GKG). Eine Arbeitsgruppe von Richtern der Verwaltungsgerichtsbarkeit hat einen sog. Streitwertkatalog erstellt, der Richtwerte enthält, die für die Mehrheit der Fälle eine nach § 13 GKG angemessene Bewertung darstellen und der im allgemeinen von den VGen der konkreten Streitwertbemessung zugrunde gelegt wird. Dieser Streitwertkatalog ist zuletzt im Januar 1996 neu gefaßt worden[437]. In der Prüfung genügt es in der Regel, von einem Streitwert von 8.000 DM auszugehen. Dennoch sollten Sie einmal einen Blick in den Streitwertkatalog werfen und sich einige wichtige Abweichungen vom Regelstreitwert merken. So beträgt der Streitwert bei einer baurechtlichen Nachbarklage 10.000 DM und bei Sitzungs- und Ordnungsmaßnahmen im Kommunalrecht 4.000 DM. Der Streitwertbeschluß hat grundsätzlich ebenfalls eine Rechtsmittelbelehrung zu enthalten (s. § 25 Abs. 3 GKG). Er wird in etwa wie folgt gefaßt:

215

Beschluß:

Der Streitwert wird auf 8.000.- DM festgesetzt (§ 13 Abs. 1 Satz 2 GKG).

Gründe:

Da es nicht möglich ist, das konkrete Interesse der Klägerin an der begehrten Regelung betragsmäßig zu erfassen, ist gemäß § 13 Abs. 1 Satz 2 GKG der Regelstreitwert von 8.000 DM zugrunde zu legen.

Rechtsmittelbelehrung: Beschwerde nach § 25 Abs. 3 GKG

Unterschriften der Richter

---

[437] S. NVwZ 1996, 653.

## Zweiter Abschnitt: Der Gerichtsbescheid

216 § 84 VwGO sieht als vereinfachte Form der Entscheidung in Klageverfahren den Gerichtsbescheid vor. Das VG kann danach ohne mündliche Verhandlung durch Gerichtsbescheid entscheiden, wenn die Sache keine besonderen Schwierigkeiten tatsächlicher oder rechtlicher Art aufweist und der Sachverhalt geklärt ist. In den rheinland-pfälzischen Prüfungskriterien heißt es hierzu: „Falls in einer Klausur der Entwurf eines Gerichtsbescheides gefordert ist, wird dies im Bearbeitervermerk deutlich gemacht (z.B. durch die Formulierung: „Das Gericht ist der Auffassung, daß die Sache keine besonderen Schwierigkeiten tatsächlicher oder rechtlicher Art aufweist und der Sachverhalt geklärt ist."

Der Gerichtsbescheid, der gemäß § 84 Abs. 3 VwGO die Wirkung eines Urteils hat, wird ebenso aufgebaut. Im Rubrum lautet die Überschrift „*Gerichtsbescheid*" statt „*Urteil*". Der Gerichtsbescheid ergeht ebenfalls „*Im Namen des Volkes*" und zwar „*aufgrund der Beratung vom ...*". Er wird nur von den Berufsrichtern erlassen; die ehrenamtlichen Richter wirken an der Entscheidung nicht mit (§ 5 Abs. 3 Satz 2 VwGO). Statt „*für Recht erkannt*" lautet die Formulierung „*... folgenden Gerichtsbescheid erlassen:*". Im Tenor weicht lediglich der Ausspruch zu 3) von der Tenorierung eines Urteils ab. Hier heißt es „*Der Gerichtsbescheid ist wegen der Kosten vorläufig vollstreckbar.*"

Im Tatbestand erwähnen Sie in der Prozeßgeschichte, daß die Beteiligten vor Erlaß des Gerichtsbescheids nach § 84 Abs. 1 Satz 2 VwGO gehört worden sind („*Das Gericht hat vor Erlaß des Gerichtsbescheids die Beteiligten hierzu angehört*"). Sinn der Anhörungspflicht ist es, den Beteiligten Gelegenheit zu geben, etwaige Bedenken gegen das beabsichtigte Verfahren vorzubringen[438]. Widerspricht ein Beteiligter der Entscheidung durch Gerichtsbescheid, so ist dies allerdings unbeachtlich[439].

In den Entscheidungsgründen legen Sie zu Beginn dar, warum das Gericht durch Gerichtsbescheid entschieden hat. Sie können folgendermaßen formulieren:

„Die Klage, über die das Gericht gemäß § 84 Abs. 1 VwGO durch Gerichtsbescheid entscheidet, weil die Sache keine besonderen Schwierigkeiten tatsächlicher oder rechtlicher Art aufweist und der Sachverhalt geklärt ist, ist zulässig, in der Sache jedoch unbegründet."

---

[438] *BVerwG*, NJW 1982, 1011.
[439] *Kopp/Schenke*, § 84 Rdnr. 18 m.w.N.

Die weitere Prüfung unterscheidet sich nicht vom Urteil.

Der Hinweis auf die Rechtsmittelbelehrung muß lauten:

„Rechtsmittelbelehrung: Antrag auf Zulassung der Berufung gemäß §§ 124, 124a VwGO oder mündliche Verhandlung (§ 84 Abs. 2 VwGO)."

## Dritter Abschnitt:
## Der Beschluß im vorläufigen Rechtsschutzverfahren

### Erstes Kapitel: Allgemeines

**217** Anträge auf vorläufigen gerichtlichen Rechtsschutz sind von erheblicher Bedeutung. Sie stellen besonders im Baunachbarrecht einen Großteil der anhängigen Verfahren bei den VGen und gerade diese Kombination ist auch im Assessorexamen sehr beliebt. Schwierigkeiten ergeben sich in der gerichtlichen Praxis und in den Klausuren besonders häufig bei der Einordnung, ob sich der vorläufige Rechtsschutz nach den §§ 80, 80 a VwGO einerseits oder § 123 VwGO andererseits richtet und bei der Tenorierung der zu treffenden Entscheidung; die von den Parteien gestellten Anträge sind dabei oftmals keine Hilfe. Denn die Vielfalt möglicher Fallgestaltungen und das nicht hinreichend geklärte Verhältnis einzelner Vorschriften überfordert auch die tätigen Rechtsanwälte, so dass die Auslegung und gegebenenfalls Umdeutung eine wesentliche Rolle spielen und die Tenorierung gründlich durchdacht werden muß. Beides ist nur aufgrund genauer Lektüre der einschlägigen Vorschriften und eingehender Beschäftigung mit der ausführlichen Kasuistik der Rechtsprechung angemessen zu bewältigen.

In der Regel richten sich die Anträge gegen belastende behördliche Einzelakte. Aus § 123 Abs. 5 VwGO folgt, daß einstweiliger Rechtsschutz gegenüber belastenden VAen nach §§ 80, 80 a VwGO und im übrigen nach § 123 Abs. 1 VwGO gewährt wird. Die §§ 80, 80 a VwGO sind Spezialregelungen, die § 123 Abs. 1 VwGO immer verdrängen, wenn es um die Aussetzung der sofortigen Vollziehung eines belastenden VA geht. Der Rechtsschutz nach § 123 Abs. 1 VwGO erhält dadurch die Funktion eines Auffangtatbestands.

Der gerichtliche Rechtsschutz nach den §§ 80, 80 a VwGO einerseits und nach § 123 Abs. 1 VwGO andererseits weist in seiner prozessualen Ausgestaltung deutliche Unterschiede auf. So bestehen erhebliche Abweichungen in der gerichtlichen Zuständigkeit, in der Darlegungslast, im Beurteilungsmaßstab, in den Entscheidungsinhalten sowie im Schadensersatzrisiko[440], das nur im Verfahren nach § 123 Abs. 1 VwGO gegeben ist.

---

[440] *Finkelnburg/Jank*, Rdnr. 18.

Die Anwendungsbereiche der §§ 80 Abs. 5, 80 a Abs. 3 VwGO und des **218**
§ 123 Abs. 1 VwGO sind häufig voneinander abzugrenzen. Auf die Fassung des gestellten Antrags kommt es nach § 88 VwGO nicht an. Das Gericht deutet – wenn der Sache nach nur ein Antrag nach § 123 Abs. 1 VwGO in Betracht kommt – einen gemäß § 80 a Abs. 3 VwGO gestellten Antrag entsprechend um, dies gilt auch umgekehrt[441]. Bei den nachfolgenden, praktisch wichtigen Beispielen ist der einschlägige Rechtsschutzantrag näher zu begründen:

Bei selbständig anfechtbaren Nebenbestimmungen eines begünstigenden VA, insbesondere Auflagen nach § 36 Abs. 2 Nr. 4 VwGO, richtet sich der vorläufige Rechtsschutz nach § 80 Abs. 5 Satz 1 VwGO, bei unselbständigen Nebenbestimmungen und sog. modifizierenden Auflagen nach § 123 Abs. 1 VwGO.

Im Sozialhilferecht ist die Bewilligung von Sozialleistungen im vorläufigen Rechtsschutz durch einen Antrag nach § 123 Abs. 1 VwGO geltend zu machen. Dies gilt auch dann, wenn sich der Antragsteller gegen die Einstellung der Hilfe zum Lebensunterhalt wendet und die Behörde rechtsfehlerhaft die sofortige Vollziehung des Einstellungsbescheids angeordnet hatte.

Im Beamtenrecht wird vorläufiger Rechtsschutz gegen eine Versetzungs- oder Abordnungsverfügung nach § 80 Abs. 5 Satz 1 1. Alt. VwGO (nach § 126 Abs. 3 Nr. 3 BRRG hat der Widerspruch keine aufschiebende Wirkung !) gewährt, gegen eine Umsetzung dagegen über einen Antrag nach § 123 Abs. 1 VwGO[442]. Dies gilt auch, wenn die Umsetzung rechtswidrig mit Sofortvollzug versehen wurde. Aus Gründen der Rechtssicherheit und -klarheit ist allerdings die Anordnung der sofortigen Vollziehung aufzuheben[443]. Im Falle eines sog. Konkurrentenstreits muß ebenfalls ein Antrag nach § 123 Abs. 1 VwGO gestellt werden, da aufgrund des Grundsatzes der Ämterstabilität eine Ernennung bzw. Beförderung des Konkurrenten trotz eines evtl. späteren Erfolgs im Hauptsacheverfahren nicht mehr rückgängig zu machen ist[444].

Im Schulrecht ist gegen die Schließung einer Schule über § 80 Abs. 5 VwGO, gegen die Auflösung nur einer Schulklasse über § 123 Abs. 1 VwGO vorzugehen.

Im Baurecht wird vorläufiger Rechtsschutz des Nachbarn gegen eine Baugenehmigung grundsätzlich über § 80 a Abs. 3 VwGO gewährt. Ist die

---

[441] *OVG Bautzen*, SächsVBl 1997, 272.
[442] HM, s. die Rechtsprechungsnachweise bei *Hamann* in: Finkelnburg/Jank, Rd-nr. 1166; aA *Schoch* in: Schoch, der im Falle einer Umsetzung trotz deren fehlender VA-qualität wegen der Vorschrift des § 126 Abs. 3 BRRG, der den 8. Abschnitt der VwGO für anwendbar erklärt, den Antrag nach § 80 Abs. 5 VwGO als statthaft ansieht.
[443] *OVG Koblenz*, Beschluß vom 30. Dezember 1999–2 B 12416/99.OVG – (bisher nicht veröffentlicht).
[444] *BVerwGE* 80, 127.

Baugenehmigung im sog. vereinfachten Verfahren erteilt worden, ist der Antrag nach § 80 a Abs. 3 VwGO nur statthaft, wenn der antragstellende Nachbar die Verletzung von Bestimmungen rügt, die vom Regelungsgehalt der Genehmigung umfaßt sind. Dies kann von Bundesland zu Bundesland unterschiedlich ausgestaltet sein. In Rheinland-Pfalz z.b. werden die Vorschriften des Bauordnungsrechts im vereinfachten Genehmigungsverfahren nicht geprüft (§ 66 Abs. 3 RhPfLBauO). Dies hat zur Folge, daß der Nachbar, macht er einen Verstoß gegen die Abstandsflächen geltend, im Wege des § 123 Abs. 1 Satz 2 VwGO vorgehen muß[445]. In Mecklenburg-Vorpommern sind im vereinfachten Genehmigungsverfahren dagegen einzelne bauordnungsrechtliche Vorschriften zu prüfen, u.a. die Bestimmung über die Abstandsflächen (§ 63 Abs. 2 MVLBauO). Macht der Nachbar einen Verstoß hiergegen geltend, ist der Antrag nach § 80 a Abs. 3 VwGO statthaft. Beruft er sich darauf, das beanstandete Bauvorhabens gefährde die Standsicherheit seines Grundstücks (§ 12 Abs. 1 Satz 2 MVLBauOV), muß er nach § 123 Abs. 1 Satz 2 VwGO vorgehen. Geht der Nachbar gegen ein genehmigungsfreies Vorhaben vor, muß er den Erlaß einer einstweiligen Anordnung auf Verpflichtung der Bauaufsichtsbehörde zum bauaufsichtlichen Einschreiten beantragen[446].

Im Prüfungsrecht wird vorläufiger Rechtsschutz gegen die Entscheidung über das Nichtbestehen einer Prüfung über § 123 VwGO gewährt, weil rechtlich die Ablehnung einer Begünstigung vorliegt[447].

Im Ausländerrecht ist vorläufiger Rechtsschutz gegen die Versagung der Erteilung einer Aufenthaltsgenehmigung aufgrund der Duldungsfiktion des § 69 Abs. 2 Satz 1 AuslG im Wege eines Antrags nach § 80 Abs. 5 Satz 1 1. Alt. VwGO – gemäß § 72 AuslG hat der Widerspruch gegen die Ablehnung keine aufschiebende Wirkung – zu verfolgen[448].

## Zweites Kapitel: Der Aufbau des Beschlusses

**219** Die VwGO enthält für Beschlüsse nicht die gleichen Formvorschriften wie für Urteile, auch gilt § 117 VwGO nicht unmittelbar. Dennoch orientiert sich die verwaltungsgerichtliche Praxis beim Abfassen von Beschlüssen weitgehend an § 117 VwGO. Nach § 122 Abs. 2 Satz 2 VwGO sind

---

[445] *OVG Koblenz*, NVwZ-RR 1992, 289; ebenso für Sachsen *OVG Bautzen*, SächsVBl 1998, 261.
[446] S. hierzu *Bamberger*, NVwZ 2000, 983; *Decker*, JA 1998, 799; *Uechtritz*, BauR 1998, 719; *VG München* BayVBl 1997, 54; *OVG Bautzen*, SächsVBl 1998, 261; *OVG Koblenz* NVwZ-RR 1992, 289; s. auch *Decker/Konrad*, Klausur Nr. 4.
[447] *VGH Mannheim*, NVwZ 1985, 593.
[448] *VGH Kassel*, NVwZ-RR 1991, 426; *OVG Münster*, NVwZ 1991, 910; nach *VGH Mannheim*, NVwZ-RR 1999, 610 gilt dies nur für den erstmaligen Antrag.

*Dritter Abschnitt: Der Beschluß im vorläufigen Rechtsschutzverfahren* 129

die Beschlüsse im vorläufigen Rechtsschutzverfahren sowie Beschlüsse nach Erledigung des Rechtsstreits stets zu begründen. Der Beschluß besteht aus Rubrum, Tenor, den Gründen und der Rechtsmittelbelehrung.

## § 8 Das Rubrum

Das Rubrum eines Beschlusses entspricht weitgehend dem eines Urteils. Beschlüsse ergehen allerdings nicht im Namen des Volkes. Da die mündliche Verhandlung die Ausnahme ist (s. § 101 Abs. 3 VwGO) ist, ergeht der Beschluß in der Regel nur durch die drei Berufsrichter (§ 5 Abs.3 Satz 2 VwGO). Die Beteiligten werden als Antragsteller und Antragsgegner bezeichnet. 220

Das Rubrum eines Beschlusses nach § 80 Abs. 5 VwGO sieht etwa wie folgt aus:

VERWALTUNGSGERICHT LEIPZIG

5 K 242/00 BESCHLUSS

In der Verwaltungsrechtssache

der Helene Grün, Banngasse 7, 04454 Holzhausen

– Antragstellerin –

gegen

den Landkreis Leipziger Land, vertreten durch den Landrat, Tröndlinring 3, 04105 Leipzig

– Antragsgegner –

wegen baurechtlicher Nutzungsuntersagung
<u>hier:</u> Antrag auf Wiederherstellung der aufschiebenden Wirkung

hat die 5.Kammer des Verwaltungsgerichts Leipzig am 24. April 2000

durch
die Vorsitzende Richterin am Verwaltungsgericht Eifrig,
den Richter am Verwaltungsgericht Emsig,
die Richterin Fleißig,

beschlossen:

## § 9 Der Tenor

### I. Allgemeines

Der Tenor besteht aus dem Hauptausspruch (Tenor zu 1) und der Kostenentscheidung (Tenor zu 2). Einen Ausspruch zur vorläufigen Vollstreckbarkeit enthalten Beschlüsse nicht, da sie, sofern sie einen vollstreckbaren Inhalt haben, ohne weiteres sofort vollstreckbar sind (§§ 168 221

Abs. 1 Nr. 1, 2, 149 VwGO). Stattdessen wird in Ziffer 3 des Tenors die Streitwertfestsetzung aufgenommen, die ansonsten in einem gesonderten Beschluß zu fertigen wäre. Die Streitwertfestsetzung entfällt, wenn die Streitsache gerichtskostenfrei ist. Im folgenden werden wieder examensrelevante Tenorierungen anhand von Beispielen dargestellt und erläutert.

## II. Tenorierungsbeispiele

222 1) Die Stadt S hat gegen A am 06. April 2000 eine für sofort vollziehbar erklärte gewerberechtliche Untersagungsverfügung erlassen. A erhebt hiergegen Widerspruch und drei Monate später Klage. Dem gleichzeitig mit der Klage erhobenen Antrag auf Gewährung vorläufigen Rechtsschutzes gibt das VG statt.

1) Die aufschiebende Wirkung des Widerspruchs gegen die gewerberechtliche Untersagungsverfügung der Stadt S vom 06. April 2000 wird wiederhergestellt.
2) Die Antragsgegnerin hat die Kosten des Verfahrens zu tragen.
3) Der Streitwert wird auf 10.000 DM festgesetzt.

Der Tenor ergibt sich unmittelbar aus der Vorschrift des § 80 Abs. 5 Satz 1 2. Alt. VwGO. Hergestellt wird die aufschiebende Wirkung des Widerspruchs auch dann, wenn – wie hier – bereits Klage erhoben ist. Nur wenn ein Widerspruchsverfahren nicht stattfindet, wird die aufschiebende Wirkung der Klage wiederhergestellt[449]. Dies folgt daraus, daß § 80 VwGO nur eine einheitliche aufschiebende Wirkung, nicht aber eine solche des Widerspruchs und eine andere der Klage kennt. Sie wird bei den unter Abs. 1 fallenden VAen von dem ersten mit aufschiebender Wirkung ausgestatteten Rechtsbehelf ausgelöst und dauert nach Maßgabe des § 80 b VwGO bis zum Eintritt der Unanfechtbarkeit des VA an.

223 Die Kostenentscheidung richtet sich nach den gleichen Bestimmungen wie im Urteil. Die Höhe des Streitwerts orientiert sich im vorläufigen Rechtsschutzverfahren häufig an der Hälfte des Streitwerts der Hauptsache. Bei gewerberechtlichen Untersagungsverfügungen geht die Verwaltungsgerichtsbarkeit in der Regel von mindestens 20.000 DM für das Hauptsacheverfahren aus[450] (s. auch Ziffer 14.2 des Streitwertkatalogs für die Verwaltungsgerichtsbarkeit).

224 2) Im *Beispiel 1* hat der Antrag nach § 80 Abs. 5 VwGO keinen Erfolg.

1) Der Antrag wird abgelehnt.
2) Der Antragsteller hat die Kosten des Verfahrens zu tragen.
3) Der Streitwert wird auf 10.000 DM festgesetzt.

---

[449] *OVG Koblenz*, NVwZ 1996, 90; *Hamann* in: *Finkelnburg/Jank*, Rdnr. 872.
[450] Vgl. z.B. *OVG Münster*, NVwZ-RR 1997, 196.

Dritter Abschnitt: Der Beschluß im vorläufigen Rechtsschutzverfahren

Im Falle der Erfolglosigkeit des Antrags wird dieser „*abgelehnt*" oder „*zurückgewiesen*"[451], nicht aber „abgewiesen". Ist der Antrag teilweise erfolgreich, so heißt es im Anschluß an den stattgebenden Teil: „*Im übrigen wird der Antrag abgelehnt.*"

3) Bei der Anordnung der sofortigen Vollziehung einer Fahrerlaubnisentziehung hat die Stadt S die Vorschrift des § 80 Abs. 3 Satz 1 VwGO nicht beachtet. Der Antragsteller wendet sich in vollem Umfang gegen die Entziehungsverfügung der Stadt S.

225

1) Die Anordnung der sofortigen Vollziehung der Fahrerlaubnisentziehung der Stadt S vom 06. April 2000 wird aufgehoben.
2) Die Antragsgegnerin hat die Kosten des Verfahrens zu tragen.
3) Der Streitwert wird auf 4.000.- DM festgesetzt.

In der Rechtsprechung ist geklärt, daß der Antrag auf vorläufigen Rechtsschutz bereits Erfolg hat, wenn die Behörde der formellen Pflicht zur Begründung der Vollziehbarkeitsanordnung gemäß § 80 Abs. 3 Satz 1 VwGO nicht nachgekommen ist. Unterschiedlich beurteilt wird aber der Prüfungsumfang des VG und die daraus folgende Bindungswirkung der gerichtlichen Entscheidung. Denn ein stattgebender Beschluß nach § 80 Abs. 5 VwGO kann grundsätzlich nur durch einen Antrag nach § 80 Abs. 7 Satz 2 VwGO „aus der Welt geschaffen" werden. Mit Ausnahme einer *Mindermeinung*[452] ist sich die Rechtsprechung insoweit einig, daß die Bindungswirkung eines dem Eilantrag mit der Begründung, die Anordnung der sofortigen Vollziehung entspreche nicht den Anforderungen des § 80 Abs. 3 Satz 1 VwGO, stattgebenden Beschlusses begrenzt ist. Wegen des nur formellen Fehlers bedarf es danach keines Abänderungsantrags nach § 80 Abs. 7 Satz 2 VwGO. Die Behörde ist nicht gehindert, erneut die sofortige Vollziehung des VAs anzuordnen und dabei ihrer Begründungspflicht gemäß § 80 Abs. 3 Satz 1 VwGO zu genügen. Um diesen eingeschränkten Inhalt der verwaltungsgerichtlichen Eilentscheidung im Tenor deutlich zum Ausdruck zu bringen, hält es die *hM*[453] für sachgerecht, in diesen Fällen lediglich die Anordnung der sofortigen Vollziehung aufzuheben. Mit der Begründung, die Aufhebung der Vollziehbarkeitsanordnung sei im Gesetz weder vorgesehen noch bestehe für sie ein praktisches Bedürfnis, ist nach der *Gegenmeinung*[454] die aufschiebende Wirkung des Rechtsbehelfs uneingeschränkt wiederherzustellen.

---

[451] So zumindest teilweise in Hessen oder Baden-Württemberg.
[452] *OVG Bremen*, DÖV 1980, 572.
[453] Z.B. *OVG Schleswig*, NVwZ-RR 1996, 148; *OVG Münster*, NWVBl 1994, 424; *OVG Weimar* ThürVBl. 1994, 137.
[454] *OVG Frankfurt/Oder*, Beschluß vom 05. Februar 1998–4 B 134/97 – (juris) ; *OVG Magdeburg*, LKV 1994, 295; *VGH Kassel*, NVwZ-RR 1989, 627; *Schoch* in: *Schoch*, § 80 Rdnr. 298; *Puttler* in: *Sodan/Ziekow*, § 80 Rdnr. 155.

226 Nach einer *teilweise vertretenen Ansicht*[455] darf sich das VG nicht auf die Prüfung des formellen Begründungserfordernisses nach § 80 Abs. 3 Satz 1 VwGO beschränken, wenn das Begehren des Antragstellers auf die uneingeschränkte Wiederherstellung der aufschiebenden Wirkung gerichtet ist. Das Rechtsschutzbedürfnis für dieses weitergehende Begehren sei grundsätzlich auch in dem Fall zu bejahen, in dem die Voraussetzungen für die Aufhebung der Vollziehungsanordnung vorlägen. Denn der von einem VA Betroffene habe in der Regel ein schutzwürdiges Interesse daran, möglichst rasch zu erfahren, ob dieser VA für die gesamte Dauer des Hauptsacheverfahrens vollziehbar sei oder nicht. Im übrigen sprächen Gründe der Prozeßökonomie dafür, die Frage der sofortigen Vollziehbarkeit des VA möglichst umfassend zu klären. Folgen Sie dieser Auffassung, dürfen Sie nicht vergessen, den Antrag im übrigen abzulehnen, wenn die Anordnung der sofortigen Vollziehung materiell rechtmäßig war (bei der Kostenentscheidung empfiehlt sich eine Quotelung von 2/3 für den Antragsteller zu 1/3 für den Antragsgegner). Schließen Sie sich der Gegenmeinung an, tenorieren Sie wie im Beispiel 1.

Beachten Sie, daß auf die dargestellte Problematik nicht einzugehen ist, wenn die Behörde den Begründungsmangel nach § 80 Abs. 3 Satz 1 VwGO während des Eilverfahrens geheilt hat und Sie der Ansicht folgen, daß dieser Verfahrensfehler im vorläufigen Rechtsschutzverfahren korrigiert werden kann. Auf diese Streitfrage wird unter Rdnr. 248 näher eingegangen.

227 4) Das *VG* will in einem Fall des § 80 Abs. 2 Satz 1 Nr. 4 VwGO die aufschiebende Wirkung nur befristet wiederherstellen, damit die Widerspruchsbehörde im anhängigen Widerspruchsverfahren noch Gelegenheit zur weiteren Sachaufklärung hat.

1) Die aufschiebende Wirkung des Widerspruchs gegen die Verfügung der Stadt S vom 06. April 2000 wird bis zum Ergehen eines Widerspruchsbescheides wiederhergestellt; im übrigen wird der Antrag abgelehnt.
2) Die Kosten des Verfahrens haben der Antragsteller und die Antragsgegnerin je zur Hälfte zu tragen.
3) Der Streitwert wird auf 4.000 DM festgesetzt.

Gemäß § 80 Abs. 5 Satz 5 VwGO kann die Wiederherstellung der aufschiebenden Wirkung auch befristet werden. Von der Möglichkeit einer befristeten Wiederherstellung wird in bestimmten Rechtsgebieten (z.B. bei der Entziehung der Fahrerlaubnis oder im Ausländerrecht) Gebrauch gemacht. Sie bietet sich insbesondere dann an, wenn der Sachverhalt nicht geklärt ist oder ohne weiteres nachholbare Ermessenserwägungen in dem angefochtenen Bescheid fehlen. Hat der von dem Antragsteller auf unbefristete Wiederherstellung gerichtete Antrag nur teilweise Erfolg, kommt

---

[455] *OVG Koblenz*, Beschluß vom 24. August 1994–7 B 12083/94.OVG – (juris).

Dritter Abschnitt: Der Beschluß im vorläufigen Rechtsschutzverfahren   133

eine Kostenentscheidung nach § 155 Abs. 1 Satz 1 oder Satz 3 VwGO in Betracht[456]. Nach Ergehen des Widerspruchsbescheids setzt sich das vorläufige Rechtsschutzverfahren als Verfahren nach § 80 Abs. 7 VwGO fort[457].

5) Die Stadt S hält den gegen *L* erlassenen Abschleppkostenbescheid für nach § 80 Abs. 2 Satz 1 Nr. 1 VwGO sofort vollziehbar und beabsichtigt die Forderung trotz des eingelegten Widerspruchs des *L* beizutreiben. *L* beantragt vorläufigen Rechtsschutz mit der Begründung, der Bescheid sei nicht kraft Gesetzes sofort vollziehbar. Das *VG* folgt der Ansicht des *L*.

**228**

1) Es wird festgestellt, daß der Widerspruch des *L* gegen den Bescheid der Stadt S vom 06. April 2000 aufschiebende Wirkung hat.
2) Die Antragsgegnerin hat die Kosten des Verfahrens zu tragen.
3) Der Streitwert wird auf 150 DM festgesetzt.

Folgen Sie hier der *hM*[458], wonach Kosten der Ersatzvornahme nicht unter die Vorschrift des § 80 Abs. 2 Satz 1 Nr. 1 VwGO fallen, so ist die Behörde aufgrund der aufschiebenden Wirkung des Widerspruchs gegen den Kostenbescheid daran gehindert, den VA zu vollziehen. Droht die Behörde trotzdem mit dem Vollzug oder unternimmt sie bereits Vollstreckungsmaßnahmen, so liegt ein Fall der sog. (drohenden) faktischen Vollziehung vor[459]. Hiergegen kann sich der Antragsteller erfolgreich mit einem vorläufigen Rechtsschutzgesuch zur Wehr setzen. Im Tenor erfolgt ein entsprechender Feststellungsausspruch[460]. Manche Gerichte tenorieren auch *„Die Behörde wird verpflichtet, die aufschiebende Wirkung des Widerspruchs zu beachten."*

Sind Sie mit der *Gegenmeinung*[461] der Auffassung, der Abschleppkostenbescheid sei kraft Gesetzes sofort vollziehbar, so tenorieren Sie im Falle der Stattgabe auf der Grundlage des § 80 Abs. 5 Satz 1 1. Alt., Abs. 2 Satz 1 Nr. 1 VwGO wie folgt:

„Die aufschiebende Wirkung des Widerspruchs des Antragstellers gegen den Kostenbescheid der Stadt S vom 06. April 2000 wird angeordnet."

6) Das Kreiswehrersatzamt K hat den *A* zum Wehrdienst einberufen. Dessen vorläufiges Rechtsschutzgesuch blieb zunächst erfolglos. Seinem Abänderungsantrag nach § 80 Abs. 7 Satz 2 VwGO will das *VG* stattgeben.

**228**

---

[456] *Jacob*, VBlBW 1995, 72, 76.
[457] *VGH Mannheim*, VBlBW 1989, 374.
[458] *OVG Berlin*, NVwZ-RR 1995, 575; *VGH Mannheim*, NVwZ 1986, 933 und VBlBW 1996, 262; *OVG Bautzen*, SächsVBl 1996, 70.
[459] Zu Begriff und dogmatischer Herleitung s. Rdnr. 262.
[460] *OVG Münster*, NVwZ-RR 2000, 121 m.w.N.
[461] *VGH München*, NVwZ-RR 1994, 471 und NVwZ-RR 1994, 618; *VGH Kassel*, NVwZ-RR 1998, 534: „Die Anforderung der vorläufig veranschlagten Kosten der Ersatzvornahme ist eine Maßnahme in der Verwaltungsvollstreckung."

134    Zweiter Teil. Die Entscheidung des Verwaltungsgerichts

1) Unter Abänderung des Beschlusses vom 29. Mai 2000 – AZ:12 VG 1089/00 – wird die aufschiebende Wirkung des Widerspruchs gegen den Einberufungsbescheid vom 06. April 2000 angeordnet[462].
2) Die Antragsgegnerin hat die Kosten des Abänderungsverfahrens zu tragen.
3) Der Streitwert wird auf 8.000 DM festgesetzt.

Gemäß § 80 Abs. 7 Satz 1 und 2 VwGO kann das Gericht der Hauptsache von sich aus oder auf Antrag der Beteiligten Beschlüsse über Anträge nach Abs. 5 ändern oder aufheben. Diese Vorschrift erlaubt dem VG eine Reaktion auf nach seiner Entscheidung eingetretene Veränderungen der Sach- und Rechtslage. Das Abänderungsverfahren nach § 80 Abs. 7 VwGO ist ein neues selbständiges, vom vorangegangenen Verfahren nach § 80 Abs. 5 VwGO gelöstes Verfahren[463]. In der Kostenentscheidung ist daher zum Ausdruck zu bringen, daß die Kostenentscheidung des Ausgangsbeschlusses unberührt bleibt.

**229**  7) Bauherr *B* hat von der Stadt *S* eine Baugenehmigung zur Errichtung einer Lagerhalle auf seinem Grundstück Flur. Nr. 345/6 in *S* erhalten. Nachbar *N* erfährt vor Baubeginn hiervon und sucht erfolglos bei der Stadt *S* um Aussetzung der sofortigen Vollziehung der Baugenehmigung nach. Anschließend begehrt er vorläufigen Rechtsschutz vor dem *VG*. Der Antrag ist erfolgreich. Der beigeladene *B* stellt keinen Antrag.

1) Die aufschiebende Wirkung des Widerspruchs des Antragstellers gegen die dem Beigeladenen erteilte Baugenehmigung vom 06. April 2000 wird angeordnet.
2) Die Antragsgegnerin hat die Kosten des Verfahrens mit Ausnahme der außergerichtlichen Kosten des Beigeladenen zu tragen.
3) Der Streitwert wird auf 5.000 DM festgesetzt.

Da der Widerspruch des *N* gegen die dem *B* erteilte Baugenehmigung gemäß § 80 Abs. 2 Satz 1 Nr. 3 VwGO i.V.m. § 212 a BauGB keine aufschiebende Wirkung hat, muß er im Wege des vorläufigen Rechtsschutzes vorgehen, sofern er die Schaffung vollendeter Tatsachen vor Abschluß des Hauptsacheverfahrens verhindern will. Im Beispielsfall hat die Behörde den Antrag des Dritten nach § 80 a Abs. 1 Nr. 2 VwGO auf Aussetzung der Vollziehung abgelehnt[464]. Gibt das *VG* dem vorläufigen Rechtsschutzgesuch des Antragstellers statt, so ist die richtige Fassung des Tenors dem Gesetzestext nicht eindeutig zu entnehmen. Die einschlägige Vorschrift des § 80 a Abs. 3 VwGO regelt diese Frage ihrem Wortlaut nach nämlich gleich doppelt und dabei widersprüchlich. Denn einerseits ist gemäß § 80 a

---

[462] S. § 33 Abs. 4 Satz 2 WPflG, wonach der Widerspruch gegen den Einberufungsbescheid nach § 33 Abs. 5 Satz 2 WPflG grundsätzlich keine aufschiebende Wirkung hat.
[463] Vgl. *VGH Mannheim*, UPR 1995, 117; *Bosch/Schmidt*, § 54 II 1; ausführlicher dazu s. Rdnr. 287 f.
[464] Nach teilweise vertretener Auffassung ist dieser erfolglose Aussetzungsantrag, sofern nicht bereits Bauarbeiten im Gange sind, Zugangsvoraussetzung für den gerichtlichen Rechtsschutz nach § 80 a, 80 Abs. 5 VwGO.

*Dritter Abschnitt: Der Beschluß im vorläufigen Rechtsschutzverfahren* 135

Abs. 3 Satz 1 VwGO das von dem Dritten angerufene VG befugt, Maßnahmen nach den Absätzen 1 und 2 zu ändern oder aufzuheben oder solche Maßnahmen zu treffen. Andererseits ordnet § 80 a Abs. 3 Satz 2 VwGO die entsprechende Anwendung des § 80 Abs. 5 bis 8 VwGO an. Beide Regelungen sind nicht aufeinander abgestimmt mit der Folge, daß die gerichtliche Praxis unterschiedlich tenoriert[465]. Aus der Bezugnahme auf § 80 Abs. 5 VwGO schließt die wohl *herrschende Rechtsprechung*[466], daß das VG bei erfolgreichem Antrag zu entscheiden hat: „*Die aufschiebende Wirkung des Rechtsbehelfs wird angeordnet.*", s. obiges Beispiel. Demgegenüber halten *andere Gerichte*[467] die Aussetzung der sofortigen Vollziehung des angefochtenen VA durch das VG für die sachgerechte Entscheidung mit der Begründung, § 80 a Abs. 3 Satz 1 i.V.m Abs. 1 Nr. 2 VwGO sei die spezielle Regelung zum vorläufigen Rechtsschutz beim VA mit Drittwirkung. Für das gerichtliche Eilverfahren bedürfe es der Heranziehung des gemäß § 80 a Abs. 3 Satz 2 VwGO lediglich entsprechend anwendbaren § 80 Abs. 5 VwGO nur, soweit § 80 a Abs. 3 Satz 1 VwGO selbst keine Regelungen enthalte. Dies sei hier infolge der Bezugnahme auf § 80 a Abs. 1 Nr. 2 VwGO jedoch nicht der Fall. Folgen Sie dieser Ansicht, so lautet der Tenor im Falle der Stattgabe: „*Die sofortige Vollziehung der Baugenehmigung vom 06. April 2000 wird ausgesetzt*".

8) Nachbar *N* hat gegen die Gastwirt *G* von der Stadt *S* erteilte Gaststättenerlaubnis Widerspruch eingelegt. *G* begehrt nach Ablehnung durch die Stadt *S* mit Erfolg beim *VG* die Anordnung der sofortigen Vollziehung der Gaststättenerlaubnis. Der beigeladene *N* stellt keinen Antrag. 230

1) Die sofortige Vollziehung der Gaststättenerlaubnis der Stadt S vom 06. April 2000 wird angeordnet.
2) Die Antragsgegnerin hat die Kosten des Verfahrens mit Ausnahme der außergerichtlichen Kosten des Beigeladenen zu tragen.
3) Der Streitwert wird auf 4.000 DM festgesetzt.

Gemäß § 80 a Abs. 3 Satz 1 VwGO kann das Gericht auf Antrag Maßnahmen nach den Absätzen 1 und 2 ändern oder aufheben oder „solche Maßnahmen treffen". Durch diese Formulierung ist klargestellt, daß das Gericht – im Falle der Stattgabe des Antrags – nach § 80 a Abs. 3 i.V.m. Abs. 1 Nr. 1 bzw. Abs. 2 VwGO die Verwaltungsbehörde nicht nur zur Vollziehbarkeitsanordnung verpflichtet, sondern die Anordnung der sofortigen Vollziehbarkeit selbst ausspricht[468]. In dem Beispiel greift die Va-

---

[465] Zu dem Ganzen s. ausführlich *Schoch* in: *Schoch*, § 80 a Rdnr. 49 f.
[466] *BVerwG*, NVwZ 1995, 903; *OVG Magdeburg*, NVwZ 1992, 587; *VGH Mannheim*, NVwZ-RR 1995, 378.
[467] *VGH München*, NVwZ-RR 1995, 430; *VGH Mannheim*, NVwZ 1995, 716; vgl. auch *OVG Lüneburg*, BauR 1999, 1163, 1165.
[468] *OVG Bautzen*, SächsVBl 1995, 102; *VGH Mannheim*, NVwZ 1995, 1004; aA *VGH München*, BayVBl 1993, 566: nur Verpflichtung der Behörde durch das Gericht.

riante des § 80 a Abs. 3 i.V.m. Abs. 1 Nr. 1 VwGO. Da dem Widerspruch des Nachbarn aufschiebende Wirkung zukommt, bedarf es eines Antrags des Gastwirts auf Anordnung der sofortigen Vollziehung.

231   9) Im *Beispiel 8* hat die Stadt S die Gaststättenerlaubnis von Anfang an unter Anordnung des Sofortvollzuges erteilt. Nachbar *N* legt Widerspruch ein und begehrt die Aussetzung der Vollziehung, dem die Stadt stattgibt. *G* beantragt vorläufigen Rechtsschutz, das *VG* entscheidet in seinem Sinne. N stellt einen Ablehnungsantrag.

1) Die Aussetzung der sofortigen Vollziehung der Gaststättenerlaubnis der Stadt S vom 06. April 2000 wird aufgehoben.

2) Die Antragsgegnerin und der Beigeladene haben jeweils die Hälfte der Gerichtskosten und der außergerichtlichen Kosten des Antragstellers zu tragen. Im übrigen trägt jeder Beteiligte seine außergerichtlichen Kosten selbst.

3) Der Streitwert wird auf 4.000 DM festgesetzt.

Hier liegt ein Fall des § 80 a Abs. 3 Satz 1 i.V.m. Abs. 1 Nr. 2 VwGO vor, d. h. der Nachbar hat bei der Behörde einen Antrag auf Aussetzung der Vollziehung gestellt, dem stattgegeben worden ist. Dabei handelt es sich um eine verfahrensrechtliche Zwischenregelung der Behörde. Rechtsgrundlage hierfür ist nicht eine Norm des materiellen Rechts, sondern allein die in § 80 a Abs. 1 VwGO eingeräumte Befugnis zur Gewährung vorläufigen behördlichen Rechtsschutzes[469]. Das VG kann gemäß § 80 a Abs. 3 Satz 1 VwGO die von der Behörde getroffene Maßnahme nach Absatz 1 aufheben.

232   10) Die Stadt S hat im *Beispiel 8* den Sofortvollzug für die dem *G* erteilte Gaststättenerlaubnis angeordnet, nachdem Nachbar *N* hiergegen Widerspruch erhoben hatte. *N* beantragt hiergegen vorläufigen Rechtsschutz, das *VG* gibt seinem Antrag statt. *G* stellt keinen Antrag.

1) Die Anordnung der sofortigen Vollziehung der Gaststättenerlaubnis der Stadt S vom 06. April 2000 wird aufgehoben.

2) Die Antragsgegnerin hat die Kosten des Verfahrens mit Ausnahme der außergerichtlichen Kosten des Beigeladenen zu tragen.

3) Der Streitwert wird auf 4.000 DM festgesetzt.

In diesem Beispielsfall hat die Behörde nach § 80 a Abs. 1 Nr. 1 VwGO die sofortige Vollziehung der Gaststättenerlaubnis angeordnet. Das Gericht kann diese Maßnahme nach § 80 a Abs. 3 Satz 1 VwGO aufheben.

233   11) Die Stadt S hat gegen A eine bauordnungsrechtliche Nutzungsuntersagungsverfügung zum Schutze der Nachbarn ausgesprochen, die A anficht. Die Nachbarn begehren vorläufigen Rechtsschutz, da die S keinen Sofortvollzug angeordnet hat und auch nicht gewillt ist, dem nachzukommen. Das VG gibt dem Antrag statt. A stellt keinen Antrag.

---

[469] *OVG Koblenz*, NVwZ-RR 1997, 666; *VGH München*, BayVBl 1993, 565.

1) Die sofortige Vollziehung der Nutzungsuntersagungsverfügung der Stadt S vom 06. April 2000 wird angeordnet.

2) Die Antragsgegnerin hat die Kosten des Verfahrens mit Ausnahme der außergerichtlichen Kosten des Beigeladenen zu tragen.

3) Der Streitwert wird auf 5.000 DM festgesetzt.

Hier haben die Antragsteller bei der Stadt S einen Antrag nach § 80 a Abs. 2 VwGO gestellt. Der A hat gegen einen an ihn gerichteten belastenden VA, der die Nachbarn als Dritte begünstigt, einen Rechtsbehelf eingelegt, woraufhin die Behörde auf Antrag des Dritten nach § 80 Abs. 2 Satz 1 Nr. 4 VwGO die sofortige Vollziehung anordnen kann. Kommt sie diesem Begehren zu Unrecht nicht nach, d.h. hat der Dritte einen Rechtsanspruch auf die begehrte sofortige Vollziehung, so kann das Gericht nach § 80 a Abs. 3 Satz 1 VwGO den Sofortvollzug selbst anordnen.

12) Der Beamte B begehrt vorläufigen gerichtlichen Rechtsschutz gegen die bevorstehende Beförderung des Mitbewerbers C. Das VG gibt seinem Antrag statt. Der beigeladene C stellt keinen Antrag.

1) Dem Antragsgegner wird im Wege der einstweiligen Anordnung aufgegeben, vorläufig bis zur rechtskräftigen Entscheidung in der Hauptsache von der Beförderung des Beigeladenen abzusehen.

2) Der Antragsgegner hat die Kosten des Verfahrens zu tragen mit Ausnahme der außergerichtlichen Kosten des Beigeladenen.

3) Der Streitwert wird auf 20.000 DM festgesetzt.

Im Verfahren nach § 123 VwGO ist der Tenor vom VG ausgehend vom Antrag des Rechtsuchenden so zu fassen, daß der Zweck der erlassenen einstweiligen Anordnung erreicht wird. Dabei ist grundsätzlich[470] die Vorläufigkeit der Entscheidung im Tenor zum Ausdruck zu bringen. Das VG ist befugt, Verpflichtungs-, Leistungs- und Unterlassungsgebote auszusprechen. Im Beispielsfall erläßt das Gericht eine Sicherungsanordnung nach § 123 Abs. 1 Satz 1 VwGO, da es darum geht, den Bewerbungsverfahrensanspruch des Antragstellers zu sichern. Nach dem im Beamtenrecht geltenden Grundsatz der Ämterstabilität käme jeglicher Rechtsschutz des Mitbewerbers im Hauptsacheverfahren zu spät, wenn der Konkurrent bereits ernannt worden wäre.

Hat eine beantragte Regelungsanordnung nach § 123 Abs. 1 Satz 2 VwGO Erfolg, wird etwa tenoriert:

„Die Antragsgegnerin wird im Wege der einstweiligen Anordnung verpflichtet, der Antragstellerin den Konferenzraum in der Ostseehalle in Kiel zur Durchführung einer Parteiveranstaltung am 04. Februar 2000 in der Zeit von 19.00 Uhr bis 23.30 Uhr zu den üblichen Bedingungen gegen Sicherheitsleistung in Höhe von 20.000 DM zur Verfügung zu stellen."[471]

---

[470] Anders ist es nur dann, wenn es sich z.B. um ein bestimmtes Ereignis (etwa Zugangsanspruch einer Partei zu einer öffentlichen Einrichtung an einem genau bezeichneten Tag).

[471] Vgl. *VGH Mannheim*, NJW 1987, 2697.

Die Befugnis, von dem Antragsteller eine Sicherheitsleistung in bestimmter Höhe zu verlangen, ergibt sich für das VG aus § 123 Abs. 3 VwGO i.V.m. § 921 Abs. 2 Satz 2 ZPO. Voraussetzung ist, daß die Vollziehung der einstweiligen Anordnung zu Schäden führen kann, die nach § 945 ZPO zu ersetzen sind.

**236** 13) *E* hat auf seinem Grundstück, das im Außenbereich von S liegt, illegal eine Blockhütte errichtet. Die Stadt S – Untere Bauaufsichtsbehörde – fordert ihn in Ziffer 1 der gegen ihn erlassenen Verfügung zur Beseitigung auf und droht ihm in Ziffer 2 die Ersatzvornahme an, die sofortige Vollziehung der Ziffer 1 wird angeordnet. E begehrt vorläufigen Rechtsschutz, der Antrag hat Erfolg.

1) Die aufschiebende Wirkung des Widerspruchs gegen die Polizeiverfügung der Stadt S vom 06. April 2000 wird bezüglich der Ziffer 1 wiederhergestellt und bezüglich der Ziffer 2 angeordnet.
2) Die Antragsgegnerin hat die Kosten des Verfahrens zu tragen.
3) Der Streitwert wird auf 8.000 DM festgesetzt.

Im Tenor muß – mit Ausnahme von Bremen (s. hierzu Rdnr. 456) – zwischen den Ziffern 1 und 2 der Polizeiverfügung differenziert werden, da der Widerspruch gegen die Ersatzvornahmeandrohung nach § 80 Abs. 2 Satz 1 Nr. 3 VwGO i.V.m. den landesgesetzlichen Regelungen keine aufschiebende Wirkung hat.

## § 10 Die Gründe

**237** Der verwaltungsgerichtliche Beschluß wird nicht wie das Urteil in „Tatbestand" und „Entscheidungsgründe" unterteilt, sondern besteht schlicht aus den „Gründen". Unter „I." findet sich die Sachverhaltsdarstellung, unter „II." die rechtliche Würdigung.

### I. Die Darstellung des Sach- und Streitstandes

**238** Im Gegensatz zur verwaltungsgerichtlichen Praxis, in der häufig von einer Sachverhaltsdarstellung abgesehen wird, muß der Eilbeschluß im Assessorexamen, sofern der Bearbeitervermerk nichts Gegenteiliges aussagt, die Gründe zu I. enthalten[472]. Dabei entspricht die Sachverhaltsdarstellung in ihrem Aufbau dem Urteilstatbestand. Allerdings kann der Sachverhalt auf das zum Verständnis noch Erforderliche gekürzt werden. Der Einleitungssatz lautet z.B. so:

---

[472] Ebenso *Wahrendorf/Lemke/Lemke*, Klausur Nr. 4 FN 13; vgl. auch *Mückl*, JA 2000, 329, 335.

„Der Antragsteller wendet sich mit seinem Antrag gegen eine ihm gegenüber für sofort vollziehbar erklärte Nutzungsuntersagungsverfügung".

„Die Antragstellerin begehrt im Wege des Erlasses einer einstweiligen Anordnung die Zuerkennung des Fraktionsstatus im Stadtrat".

## II. Die rechtliche Würdigung

Gliedern Sie die Gründe zu II. ebenso wie in den Entscheidungsgründen des Hauptsacheverfahrens nach Zulässigkeit und Begründetheit des Antrags. Auf die üblichen Aufbauschemata kann Bezug genommen werden. Es gilt das zum Urteil Gesagte, d.h. zur Zulässigkeit des Antrags sind nur dann Ausführungen zu machen, wenn der Sachverhalt Anlaß hierzu bietet. Die einzelnen Varianten des Eilrechtsschutzverfahrens werden der besseren Übersicht wegen im dritten Kapitel einzeln erläutert. An dieser Stelle ist aber ein in Rechtsprechung und Literatur umstrittenes Rechtsproblem zu erörtern, das allen Eilverfahren gemeinsam ist, nämlich die Frage, ob die §§ 17 ff. GVG im vorläufigen Rechtsschutzverfahren anwendbar sind. Unter Rdnr. 91 wurde ausgeführt, daß im Hauptsacheverfahren über die Zulässigkeit des Rechtsweges vorab zu entscheiden ist, wenn ein Beteiligter die Zulässigkeit des Rechtsweges rügt (§ 17 a Abs. 3 Satz 2 GVG). Im Eilverfahren sind nach einer *teilweise vertretenen Auffassung*[473] die Vorschriften der §§ 17 ff. GVG nicht anwendbar, denn das in § 17 a GVG gesondert geregelte Zwischenverfahren ergebe für das verwaltungsgerichtliche Eilverfahren wegen der besonderen Eilbedürftigkeit der Sachentscheidung keinen Sinn. Ferner könne durch ein Zwischenverfahren zur Rechtswegfrage eine Bindung für das Hauptsacheverfahren nicht herbeigeführt werden. Schließlich spreche gegen die Anwendbarkeit des besonderen Zwischenverfahrens im verwaltungsgerichtlichen Eilverfahren der Umstand, daß der Rechtsmittelzug in diesem Zwischenverfahren mit der möglichen Einschaltung des obersten Gerichtshofes des Bundes weiterführen würde als der Eilrechtszug selbst (vgl. § 17 a Abs. 4 Satz 4 GVG einerseits, § 152 Abs. 1 VwGO andererseits). Im Eilverfahren sind nach dieser Ansicht die VGe bei Unzulässigkeit des Rechtsweges daher darauf beschränkt, den Antrag als unzulässig abzulehnen. Nach der *Gegenmeinung*[474] kann § 17 a GVG auch für das Verfahren des vorläufigen Rechtsschutzes Geltung beanspruchen. Diese Ansicht bezieht sich zunächst auf den Wortlaut des § 17 a Abs. 2 Satz 2 GVG, der von „Kläger" und „Antragsteller" spricht. Auch wolle § 17 a GVG eine Verfahrensbeschleunigung herbeiführen, welcher im Eilverfahren keine

239

---

[473] Z.B. *OVG Koblenz*, NVwZ 1993, 381; *Kopp/Schenke*, § 41 Rdnr. 2 a.
[474] Z.B. *VGH Kassel*, NJW 1997, 211; *OVG Münster*, NJW 1998, 1579; *OVG Weimar*, NVwZ-RR 1997, 138; *Ehle*, JuS 1999,166, 171; *OVG Greifswald*, Beschluß vom 02. März 2000–2 M 105/99 – (juris).

geringere Bedeutung als im Hauptsacheverfahren zukomme. Folgen Sie der erst genannten Meinung, erörtern Sie zu Beginn, warum Sie § 17 a GVG nicht anwenden; danach lehnen Sie bei Verneinung des Verwaltungsrechtsweges den Antrag als unzulässig ab. Bei Bejahung des Verwaltungsrechtsweges prüfen Sie Zulässigkeit und Begründetheit des Antrags wie üblich weiter. Schließen Sie sich der Gegenansicht an, müssen Sie entweder einen Verweisungsbeschluß mit Hilfsgutachten (vom Klausursteller kaum ins Auge gefaßt) oder, sofern Sie das VG für zuständig halten, eine Vorabentscheidung treffen. Wegen des sich aus Art. 19 Abs. 4 GG ergebenden Gebots effektiven Rechtsschutzes entfällt im Eilverfahren allerdings die Vorabentscheidung analog § 17 a Abs. 3 GVG, wenn im Einzelfall eine schnelle Entscheidung geboten ist und dem Rechtsschutzsuchenden im Falle des Abwartens der Beschwerdefrist ein schwerer und nicht wiedergutzumachender Schaden droht[475].

240  Die Gründe zu II. schließen mit den Nebenentscheidungen. Formulierungsbeispiel: *„Die Kostenentscheidung beruht auf § 154 Abs. 1 VwGO. Die Streitwertfestsetzung folgt aus §§ 13 Abs. 1, 20 Abs. 3 GKG."* Auch wenn der Antragsteller im vorläufigen Rechtsschutzverfahren Erfolg hat, kann er seine im Vorverfahren entstandenen Kosten für die Inanspruchnahme eines Rechtsanwaltes im Eilverfahren nicht erstattet verlangen[476]. Denn das in § 68 VwGO vorgeschriebene Vorverfahren ist kein Vorverfahren für den Eilrechtsschutz.

## § 11 Rechtsmittelbelehrung und Unterschriften der Richter

241  Der grundsätzlich ausreichende Hinweis auf die Rechtsmittelbelehrung kann so formuliert werden: *„Rechtsmittelbelehrung: Antrag auf Zulassung der Beschwerde nach §§ 146 Abs. 4, 5, 147 VwGO"*.
Die vollständig Rechtsmittelbelehrung eines Beschlusses nach den §§ 80, 80 a bzw. 123 VwGO lautet etwa so[477]:

Rechtsmittelbelehrung

Gegen den Beschluß steht den Beteiligten die Beschwerde nur zu, wenn sie von dem Oberverwaltungsgericht für das Land Brandenburg zugelassen wird. Die Zulassung der Beschwerde ist innerhalb von zwei Wochen nach dessen Zustellung zu beantragen. Der Antrag ist bei dem Verwaltungsgericht in Potsdam, Allee nach Sanssouci 6, 14471 Potsdam, zu stellen. Er muß den angefochtenen Beschluß bezeichnen. Ferner sind in dem Antrag die Gründe zu bezeichnen, aus denen die Beschwerde zuzulassen ist.
Für das Verfahren vor dem Oberverwaltungsgericht besteht Vertretungszwang; dies gilt auch für den Antrag auf Zulassung der Beschwerde. Danach muß sich jeder Betei-

---

[475] *OVG Greifswald*, Beschluß vom 02. März 2000–2 M 105/99 – (juris); *Ehlers* in: *Schoch*, § 41 Rdnr. 47 zu § 17 a GVG; vgl. auch *Ehle*, JuS 1999, 166, 171.
[476] *VGH Kassel*, NVwZ-RR 1999, 346; *Clausing*, JuS 2000, 59, 62 m.w.N.
[477] Das Muster ist angelehnt an eine Rechtsmittelbelehrung des *VG Potsdam*.

## Dritter Abschnitt: Der Beschluß im vorläufigen Rechtsschutzverfahren

ligte, soweit er einen Antrag stellt, durch einen Rechtsanwalt oder Rechtslehrer an einer deutschen Hochschule als Prozeßbevollmächtigten vertreten lassen. Juristische Personen des öffentlichen Rechts und Behörden können sich auch durch Beamte oder Angestellte mit Befähigung zum Richteramt sowie Diplomjuristen im höheren Dienst vertreten lassen.

Gegen die Streitwertfestsetzung ist die Beschwerde zulässig, wenn der Wert des Beschwerdegegenstandes einhundert Deutsche Mark übersteigt. Die Beschwerde ist bei dem vorgenannten Verwaltungsgericht schriftlich oder zur Niederschrift des Urkundsbeamten der Geschäftsstelle innerhalb von sechs Monaten, nachdem die Entscheidung in der Hauptsache Rechtskraft erlangt oder das Verfahren sich anderweitig erledigt hat, einzulegen.

Unter der Rechtsmittelbelehrung folgen die Unterschriften der beteiligten Richter (gemäß § 5 Abs. 3 Satz 2 VwGO drei Berufsrichter, wenn nicht gemäß § 6 VwGO der Einzelrichter entscheidet).

## Drittes Kapitel: Die Beschlüsse im einzelnen

### § 12 Die Wiederherstellung der aufschiebenden Wirkung

#### I. Einleitung

Nach § 80 Abs. 5 Satz 1 2. Alt. VwGO kann der Betroffene einen Antrag auf Wiederherstellung der aufschiebenden Wirkung beim Gericht der Hauptsache stellen, wenn die Verwaltungsbehörde zuvor die sofortige Vollziehung des streitgegenständlichen VA im öffentlichen Interesse oder im überwiegenden Interesse eines Beteiligten angeordnet hat. Prüfungsrelevante Beispiele hierfür sind: Entziehung der Fahrerlaubnis, Entzug des Waffenscheins, obdachlosenpolizeiliche Verfügung, bauordnungsrechtliche Anordnung, „Maulkorbverfügungen" gegen Halter von gefährlichen Hunden nach den landesrechtlichen Hundeverordnungen. 242

#### II. Die Zulässigkeitsprüfung

Die Zulässigkeitsprüfung wirft meist keine Probleme auf. Die Statthaftigkeit des Antrags ist gemäß § 80 Abs. 5 Satz 1 2. Alt. VwGO i.V.m. § 123 Abs. 5 VwGO zu bejahen, wenn sich der Antragsteller gegen einen belastenden VA wendet. Ist unklar, ob ein Eilantrag gemäß § 80 Abs. 5 VwGO oder nach § 123 Abs. 1 VwGO statthaft ist, muß er nach § 88 VwGO ausgelegt werden. Gegebenenfalls müssen Sie den ausdrücklich gestellten Antrag nach § 80 Abs. 5 Satz 1 2. Alt. VwGO in einen Antrag nach § 123 Abs. 1 VwGO bzw. umgekehrt umdeuten. 243

142     Zweiter Teil. Die Entscheidung des Verwaltungsgerichts

      Unverzichtbare Voraussetzung für die Zulässigkeit des Antrags ist regelmäßig, daß Widerspruch bzw. Anfechtungsklage bereits erhoben sind[478]. Der Antragsteller muß ferner nach § 42 Abs. 2 VwGO analog antragsbefugt sein[479]. Dem Widerspruch eines nicht Antragsbefugten kommt keine aufschiebende Wirkung zu[480]! Erforderlich ist weiter das allgemeine Rechtsschutzinteresse. Dieses entfällt grundsätzlich nicht schon durch den Vollzug des VA (vgl. § 80 Abs. 5 Satz 3 VwGO), fehlt jedoch dann, wenn der Widerspruch bzw. die Klage verfristet sind und Wiedereinsetzungsgründe offensichtlich ausgeschlossen sind.

244    Ein Formulierungsbeispiel für eine Zulässigkeitsprüfung:

> „Der Antrag der Antragsteller auf Wiederherstellung der aufschiebenden Wirkung des Widerspruchs gegen die für sofort vollziehbar erklärte Ausweisungsverfügung und Abschiebungsandrohung der Antragsgegnerin vom 04. Juni 2000 ist gemäß §§ 123 Abs. 5, 80 Abs. 5 Satz 1 2. Alt.VwGO statthaft und auch ansonsten zulässig. Die entsprechend § 42 Abs. 2 VwGO erforderliche Antragsbefugnis ergibt sich für den Antragsteller daraus, daß er Adressat des in Frage stehenden Verwaltungsakts ist. Aber auch der Antragstellerin – als Ehefrau des Antragstellers – steht aus eigenem Recht eine Antragsbefugnis im Verfahren des vorläufigen Rechtsschutzes gegen die sofortige Vollziehbarkeit der – gegen den Antragsteller ergangenen – Ausweisungsverfügung und Abschiebungsandrohung zu. Denn auch die Antragstellerin ist durch die sofortige Vollziehung dieser gegen ihren Ehemann gerichteten ausländerrechtlichen Maßnahmen, mit denen die Vollziehbarkeit der ihn treffenden Ausreisepflicht begründet wird (s. §§ 44 Abs. 1 Nr. 1, 42 Abs. 1, Abs. 2 Satz 2 AuslG) und deren unverzügliche zwangsweise Durchsetzung eingeleitet werden soll (s. §§ 49, 50 AuslG), im persönlichen Schutzbereich des Art. 6 Abs. 1 GG insofern betroffen, als er das Recht auf ein eheliches Zusammenleben umfaßt[481]. Auch das allgemeine Rechtsschutzinteresse liegt vor. Zwar haben die Antragsteller gegen die streitgegenständliche Verfügung der Antragsgegnerin nicht fristgerecht Widerspruch erhoben ... Jedoch ist die von ihnen begehrte Wiedereinsetzung in die Widerspruchsfrist nicht offensichtlich aussichtslos ..."

### III. Die Begründetheitsprüfung

#### 1. Der richtige Antragsgegner

245    Antragsgegner ist im Aussetzungsverfahren der Rechtsträger der Behörde, die den VA unter Anordnung der sofortigen Vollziehung erlassen hat[482]. Hat ausnahmsweise erst die Widerspruchsbehörde die sofortige Vollziehung des Bescheids angeordnet, so werden in der Rechtspre-

---

[478] S. hierzu näher *Ramsauer*, Rdnr. 19.32.
[479] *BVerwG*, NVwZ 1994, 1000.
[480] *BVerwG*, NJW 1993, 1610.
[481] *VGH Mannheim*, VBlBW 1999, 342; vgl. auch *BVerwG*, NVwZ 1997, 1116.
[482] Die Frage nach dem richtigen Antragsgegner wird hier – ebenso wie im Urteil – in der Begründetheit angesprochen, kann aber auch schon in der Zulässigkeit abgehandelt werden (s. Rdnr. 165).

chung zwei unterschiedliche Auffassungen dazu vertreten, wer der richtige Antragsgegner ist[483]. In der Praxis muß der Antragsteller, sofern er nach Auffassung des VG den „falschen" Antragsgegner gewählt hat, eine Antragsänderung analog § 91 VwGO vornehmen; ein entsprechender Hinweis des Gerichts ist prozeßrechtlich geboten[484]. Lehnen Sie den Antrag wegen fehlender passiver Verfahrensbefugnis des Antragsgegners ab, müssen Sie ein Hilfsgutachten zu den sonstigen aufgeworfenen Rechtsfragen fertigen.

## 2. Die formelle Rechtmäßigkeit der Anordnung der sofortigen Vollziehung

### a) Das Begründungserfordernis nach § 80 Abs. 3 Satz 1 VwGO

Zu Beginn der Begründetheitsprüfung ist meist auf die Frage einzugehen, ob die Anordnung der sofortigen Vollziehung dem formellen Begründungserfordernis des § 80 Abs. 3 VwGO genügt. Die Grundsätze hierüber sollten Sie daher beherrschen. Deshalb einige Anmerkungen:

§ 80 Abs. 3 Satz 1 VwGO normiert formelle Rechtmäßigkeitsvoraussetzungen für die Anordnung der sofortigen Vollziehbarkeit eines VA; ob die Erwägungen der Behörde auch inhaltlich zutreffen, ist unbeachtlich[485]. Die Vollziehungsanordnung ist grundsätzlich mit einer auf den konkreten Einzelfall abgestellten und nicht lediglich formelhaften Begründung des öffentlichen Interesses an der sofortigen Vollziehung des VA zu versehen. Darzulegen ist das besondere öffentliche Interesses dafür, daß ausnahmsweise die sofortige Vollziehbarkeit erforderlich ist und daß hinter dieses erhebliche öffentliche Interesse das Interesse des Betroffenen zurücktreten muß, bis zur rechtskräftigen Entscheidung in der Hauptsache von den Vollzugsfolgen des VAs verschont zu bleiben. Etwas anderes gilt gemäß § 80 Abs. 3 Satz 2 VwGO nur in den Fällen, in denen die Behörde den Sofortvollzug als Notstandsmaßnahme bezeichnet hat. Die Begründung hat den Zweck, den Betroffenen in die Lage zu versetzen, durch Kenntnis der Gründe, die die Behörde zur Vollziehungsanordnung veranlaßt haben, seine Rechte wirksam wahrzunehmen und die Erfolgsaussichten des Rechtsbehelfs abzuschätzen. Darüber hinaus soll die Begründungspflicht der Behörde den Ausnahmecharakter der Vollziehungsanordnung verdeutlichen und sie veranlassen, mit besonde-

246

---

[483] Für den Rechtsträger der Ausgangsbehörde als Antragsgegner: *VGH Mannheim*, NVwZ 1995, 1220; *Hamann* in: *Finkelnburg/Jank*, Rdnr. 969; *OVG Bautzen*, Sächs.VBl 1996, 42; für den Rechtsträger der Widerspruchsbehörde als Antragsgegner: *OVG Münster*, NJW 1995,2242; *VG Dessau*, LKV 1997, 264.
[484] *VGH Mannheim*, NVwZ-RR 1995, 174.
[485] Vgl. die Rechtsprechungsnachweise bei *Schoch* in: *Schoch*, § 80 FN 693.

rer Sorgfalt zu prüfen, ob tatsächlich ein überwiegendes Vollzugsinteresse den Ausschluß der aufschiebenden Wirkung rechtfertigt.

**247** Eines Eingehens auf den Einzelfall bedarf es dann nicht, wenn sich das besondere öffentliche Interesse unabhängig vom Einzelfall ausnahmsweise bereits aus der Art der getroffenen Verwaltungsmaßnahme ergibt. Dies gilt dann, wenn die Gründe für die Anordnung der sofortigen Vollziehung praktisch mit denen des seiner Natur nach eilbedürftigen VA identisch sind. In offenkundigen Eilfällen, in denen erhebliche Gefahren von der Allgemeinheit abgewehrt werden sollen, liefe eine auf den Einzelfall bezogene Begründung der sofortigen Vollziehung auf eine zwecklose Wiederholung von bereits Gesagtem hinaus. Dem Begründungserfordernis nach § 80 Abs. 3 Satz 1 VwGO ist in solchen Fällen daher Genüge getan, wenn die Begründung der Vollziehungsanordnung auf die Gründe des zu vollziehenden VAs Bezug nimmt, aus der die besondere Dringlichkeit der Vollziehung im Sinne des § 80 Abs. 2 Satz 1 Nr. 4 VwGO hinreichend deutlich hervorgeht und im übrigen die von der Behörde getroffene Interessenabwägung klar erkennbar wird[486]. Es bedarf keiner besonderen Begründung, daß z.b. bei der Entziehung der Fahrerlaubnis nach § 3 Abs. 1 StVG wegen Trunkenheit am Steuer mit 2,8 Promille das Erlaßinteresse in der Regel das Vollziehbarkeitsinteresse indiziert. Ähnliches gilt im allgemeinen Polizei- und Ordnungsrecht (Beispiel: Maulkorbverfügung gegen den Hundehalter). Hier sind nur geringe Anforderungen an das Begründungserfordernis nach § 80 Abs. 3 Satz 1 VwGO zu stellen.

**248** Liegt ein Verstoß gegen das Begründungserfordernis des § 80 Abs. 3 Satz 1 VwGO vor, so führt dies nach *hM*[487] nicht zur Begründetheit des Antrags auf Wiederherstellung der aufschiebenden Wirkung, sondern lediglich zur Aufhebung der Anordnung der sofortigen Vollziehung. Fraglich ist, ob die Behörde – liegt ein Verstoß gegen § 80 Abs. 3 Satz 1 VwGO vor – befugt ist, diesen Verfahrensverstoß durch Nachholen noch während bzw. im gerichtlichen Eilverfahren zu heilen. Da nach § 45 Abs. 2 VwVfG n.F. Verfahrensfehler bis zum Abschluß des gerichtlichen Verfahrens geheilt werden können, sind keine Gründe ersichtlich, die gegen eine analoge Anwendung des § 45 Abs. 1 Nr. 2, Abs. 2 VwVfG im Falle des Begründungsmangels nach § 80 Abs. 3 VwGO sprechen[488]. Eine

---

[486] Vgl. *VGH München*, NVwZ 1985, 58; *OVG Koblenz*, NVwZ-RR 1991, 307.
[487] S. ausführlich zu diesem Problem Rdnr. 225.
[488] Überzeugend in diesem Sinne *Tietje*, DVBl 1998, 124; ebenso im Ergebnis *OVG Greifswald*, NVwZ-RR 1999, 409; *VGH München*, BayVBl 1998, 373; *Pietzner/Ronellenfitsch*, § 55 Rdnr. 40; *OVG Bremen*, InfAuslR 1999, 409; *Decker*, JA 1999, 154, 157 f., der die materielle Befugnis zur Nachbesserung einer mangelhaften Begründung in § 114 Satz 2 VwGO (analog) sieht; *Redeker/von Oertzen*, § 80 Rdnr. 27 a; *Finkelnburg* in: *Finkelnburg/Jank*, Rdnr. 760 mit der Einschränkung, daß die Nachbesserung ausdrücklich als solche kenntlich zu machen ist; s. auch *Kopp/Schenke*, § 80 Rdnr. 87; ablehnend *OVG Frankfurt/Oder*, Beschluß vom 05. Februar 1998–4 B 134/97 – (juris);

solche Heilungsmöglichkeit ist auch unter prozeßökonomischen Gesichtspunkten zu befürworten, denn auch die Ansicht, die ein Nachholen der Begründung nach § 80 Abs. 3 VwGO nach Erhebung des Antrags nach § 80 Abs. 5 Satz 1 VwGO bisher ablehnt, vertritt die Auffassung, die Behörde könne nach Ergehen des Beschlusses des VG den Sofortvollzug mit nunmehr ordnungsgemäßer Begründung erneut anordnen, ohne einen Abänderungsantrag nach § 80 Abs. 7 Satz 2 VwGO stellen zu müssen. Berücksichtigt man darüber hinaus, daß das VG nicht an die – ordnungsgemäße – Begründung der Verwaltungsbehörde gebunden ist, sondern eine eigene Ermessensentscheidung über die Frage trifft, ob der Sofortvollzug materiell gerechtfertigt ist, gibt es keine tragenden Gründe dafür, die Heilungsmöglichkeit nicht bereits während des noch laufenden Verfahrens nach § 80 Abs. 5 Satz 1 VwGO zuzulassen. Der Antragsteller wird durch diese Verfahrensweise nicht unzumutbar in seinen Rechten verletzt, denn er kann hierauf prozessual mit einer Erledigungserklärung reagieren, die regelmäßig zur Folge haben dürfte, daß die Behörde die Kosten des Verfahrens zu tragen hat.

In der Klausur sollten Sie, sofern es darauf ankommt, auf dieses Problem ausführlich eingehen. Bejahen Sie die Heilungsmöglichkeit des Verstoßes gegen § 80 Abs. 3 Satz 1 VwGO, stellt sich das ansonsten gegebene Tenorierungsproblem nicht.

*b) Anhörung vor der Anordnung der sofortigen Vollziehung?*

Eher selten ist in der öffentlich-rechtlichen Arbeit das Problem anzusprechen, ob der Betroffene vor der Anordnung der sofortigen Vollziehung des VA hierzu anzuhören ist[489]. Die *hM*[490] spricht sich gegen eine direkte oder analoge Anwendung des § 28 VwVfG aus, da die Anordnung der sofortigen Vollziehung kein VA sei und daneben kein Bedürfnis für eine analoge Anwendung des § 28 VwVfG bestehe. Aber auch wenn man mit der *Gegenmeinung*[491] eine Anhörung aus rechtsstaatlichen Gründen für erforderlich ansieht, ist eine nachträgliche Heilung noch während des gerichtlichen Verfahrens möglich. Denn der Antragsteller hat im Verfahren nach § 80 Abs. 5 Satz 1 2. Alt. VwGO die Möglichkeit, alles vorzubringen, was er gegen die Vollziehungsanordnung geltend machen will, wenn die Vollziehungsanordnung im übrigen sachlich gerechtfertigt ist. Anhörungsfehler bleiben folgenlos, wenn die Berücksichtigung des Vortrags,

---

*VGH München*, BayVBl 1999, 465; *Schmidt* in: *Eyermann*, § 80 Rdnr. 44; *Schoch* in: *Schoch*, § 80 Rdnr. 179.
[489] S. hierzu sehr kritisch *Proppe*, JA 1996, 334.
[490] Vgl. *OVG Koblenz*, NVwZ 1988, 748; *OVG Bautzen*, LKV 1993, 97; *OVG Schleswig*, NVwZ-RR 1993, 587; *Kopp/Ramsauer*, § 28 Rdnr. 7.
[491] *Finkelnburg* in: *Finkelnburg/Jank*, Rdnr. 774 m.w.N.

der bei ordnungsgemäßer Anhörung erbracht worden wäre, zu keiner anderen Entscheidung in der Sache geführt hätte[492].

## 3. Die materielle Begründetheit

### a) Der Prüfungsumfang des Gerichts

250 Anders als bei der Begründetheitsprüfung eines Hauptsacheverfahrens gegen einen belastenden VA – Rechtswidrigkeit desselben und Rechtsverletzung des Klägers, s. § 113 Abs. 1 VwGO – bestimmt im vorläufigen Rechtsschutzverfahren das Gesetz scheinbar nicht selbst, wann der entsprechende Antrag in der Sache Erfolg haben muß. Denn der einschlägige § 80 Abs. 5 Satz 1 VwGO regelt nach seinem Wortlaut nur, dass das Gericht die aufschiebende Wirkung eines Widerspruchs oder einer Klage anordnen bzw. wiederherstellen kann, nicht aber, unter welchen Voraussetzungen es dies tut. Ein Anhaltspunkt findet sich in § 80 Abs. 2 Satz 1 Nr. 4 VwGO, wonach die handelnde Behörde im überwiegenden Interesse eines Dritten oder im überwiegenden öffentlichen Interesse den Sofortvollzug eines VA anordnen kann. Die damit angesprochene Abwägung der beteiligten Interessen ist also der entscheidende Maßstab und das VG nimmt – da der § 80 Abs. 5 VwGO keinerlei inhaltliche Einschränkungen enthält – diese Abwägung in eigener Verantwortung vor. An die Beurteilung der Behörde ist es nicht gebunden und kann die von dieser herangezogenen Gründe für die Anordnung der sofortigen Vollziehung durch andere ersetzen. Es prüft dabei eigenständig, ob unter Berücksichtigung und Gewichtung aller für und wider den Sofortvollzug sprechenden Umstände – auch solcher, die der Behörde nicht bekannt waren – die aufschiebende Wirkung von Widerspruch oder Anfechtungsklage zur Gewährung effektiven Rechtsschutzes in der Hauptsache oder aus anderen Gründen wiederherzustellen ist[493].

251 Diese Grundlage der Begründetheitsprüfung beim vorläufigen Rechtsschutz gemäß § 80 Abs. 5 VwGO sollten Sie vorab kurz herleiten und darlegen. Anschließend sind nicht etwa sämtliche Argumente im Sinne eines „Brainstorming" zu sammeln und in beliebiger Reihenfolge zu erörtern, sondern der betreffende VA ist zunächst in bezug auf eine offensichtliche Rechtmäßigkeit oder Rechtswidrigkeit zu prüfen. Darin liegt eine wesentliche Weichenstellung, denn das Interesse an der sofortigen Vollziehung eines offensichtlich rechtswidrigen VA kann nur ganz ausnahmsweise gegeben sein – das Interesse an der sofortigen Vollziehung eines offensichtlich rechtmäßigen VA ist dagegen in jedem Fall in die Abwägung einzube-

---

[492] *Kopp/Schenke*, § 80 Rdnr. 82.
[493] Vgl. *Hamann* in: *Finkelnburg/Jank*, Rdnr. 856.

ziehen, genügt allein aber nicht. Denn dies würde die Regel der aufschiebenden Wirkung eines Widerspruchs gegen alle VAe faktisch entwerten. Auf der zweiten Prüfungsebene findet deshalb eine (weitere) Interessenabwägung im Sinne einer Folgenbetrachtung statt[494]. Diese Systematik muß deutlich werden. Eine gute Examensarbeit zeichnet sich durch eine geordnete Argumentation auch auf dieser Prüfungsebene aus. Erst hier sind die wechselseitigen Interessengesichtspunkte zu sammeln und anschließend im Sinne einer Folgenbetrachtung zu werten[495].

Im einzelnen gilt: Das VG lehnt den Antrag in der Regel ab, wenn der VA offensichtlich rechtmäßig ist und ein besonderes öffentliches Interesse für die Anordnung der sofortigen Vollziehung gegeben ist. Ist der VA offensichtlich rechtswidrig, so gibt das VG dem Antrag regelmäßig statt. Kann aufgrund der im Eilverfahren nur möglichen summarischen Überprüfung nicht festgestellt werden, ob der VA offensichtlich rechtmäßig oder offensichtlich rechtswidrig ist, so muß eine umfassende Interessenabwägung stattfinden, die je nach Fallkonstellation zugunsten des Antragstellers oder des Antragsgegners ausgehen kann.

252

Achten Sie also darauf, daß in den Fällen, in denen der streitgegenständliche VA offensichtlich rechtmäßig ist, es mit der Prüfung der Erfolgsaussichten des eingelegten Rechtsbehelfs in der Hauptsache nicht sein Bewenden hat! Vielmehr stellt diese vorgenommene summarische Prüfung lediglich ein wesentliches Element der Interessenabwägung für die Beurteilung der Rechtmäßigkeit des Vollzuges dar, ersetzt indessen nicht die Prüfung, ob überhaupt ein besonderes öffentliches Interesse an dem angeordneten Sofortvollzug besteht[496]. Ausgehend von der Rechtsprechung des *BVerfG* ist für die Anordnung der sofortigen Vollziehung ein besonderes öffentliches Interesse erforderlich, das über jenes Interesse hinausgeht, das den VA selbst rechtfertigt. Dabei ist der Rechtsschutzanspruch des Bürgers um so stärker und darf um so weniger zurückstehen, je schwerwiegender die ihm auferlegte Belastung ist und je mehr die Maßnahmen der Verwaltung Unabänderliches bewirken[497]. So sind z.B. im Ausländerrecht die nachträgliche Befristung einer Aufenthaltserlaubnis sowie die Androhung und Festsetzung der Abschiebung schwerwiegende Maßnahmen, die oft tief in das Schicksal des Ausländers eingreifen und

---

[494] Vgl. *Proppe*, JA 1993, 199, 202.
[495] *Proppe*, JA 1996, 337.
[496] HM, z.B. *BVerfG* NJW 1974, 227; AuAS 1996, 62, 63 und NVwZ 1996, 58; *VGH Mannheim* InfAuslR 1998, 468; *VGH Kassel*, AuAS 1997, 134; *OVG Münster*, NVwZ 1998, 977; *Kopp/Schenke*, § 80 Rdnr. 159; *Hamann* in: *Finkelnburg/Jank*, Rdnr. 857 f.; aA die ältere Rechtsprechung, s. hierzu die Nachweise bei *Hamann* in: *Finkelnburg/ Jank*, Rdnr. 858, wonach es ist nicht gerechtfertigt sei, die Vollziehung eines eindeutig rechtmäßigen VA durch einen offensichtlich aussichtslosen Rechtsbehelf hinauszuzögern; in diesem Sinne auch *Schmidt* in: *Eyermann*, § 80 Rdnr. 74.
[497] S. z.B. *BVerfG* NVwZ 1996, 58.

deren Gewicht durch die Anordnung der sofortigen Vollziehung noch verschärft werden. Daher ist das Hauptsacheverfahren von der Widerspruchsbehörde und dem VG mit besonderer Priorität und möglichster Beschleunigung zu bearbeiten und abzuschließen. Das hat das VG auch bei der Entscheidung über die sofortige Vollziehung nach § 80 Abs. 5 VwGO zu beachten. Die Anordnung der sofortigen Vollziehung kann deshalb nicht die Regel sein. Sie bedarf zu ihrer Rechtfertigung vielmehr für die anzunehmende kurze Zeitspanne bis zum Vorliegen einer bestandskräftigen Entscheidung in der Hauptsache eines besonderen öffentlichen Interesses, das das schutzwürdige Interesse des Ausländers an der Erhaltung des Suspensiveffektes überwiegt.

Falls die Behörde daher in einem Standardfall die sofortige Vollziehung eines VA anordnet, für den offensichtlich ein besonderes Vollzugsinteresse nicht besteht, können Sie die Frage der offensichtlichen Rechtmäßigkeit des VA konsequenterweise dahingestellt sein lassen, müssen dann aber in aller Regel (s. Bearbeitervermerk) in einem Hilfsgutachten dazu Stellung nehmen. Es empfiehlt sich deshalb, diese im Beschluss kurz vorab zu erörtern.

*b) Formulierungsbeispiel*

Das Formulierungsbeispiel hat einen Antrag auf Wiederherstellung der aufschiebenden Wirkung gegen eine für sofort vollziehbar erklärte bauordnungsrechtliche Beseitigungsanordnung zum Gegenstand:

„Der Antrag führt jedoch in der Sache nicht zum Erfolg.

Die Anordnung der sofortigen Vollziehung der Beseitigungsanordnung vom 03. Mai 2000 ist in formeller Hinsicht nicht zu beanstanden.

Gemäß § 80 Abs. 3 Satz 1 VwGO ist bei der Anordnung der sofortigen Vollziehung nach § 80 Abs. 2 Satz 1 Nr. 4 VwGO das besondere Interesse an der sofortigen Vollziehung schriftlich zu begründen. Die Antragsgegnerin hat diese Vorschrift beachtet. Sie hat die entsprechende Anordnung mit dem Hinweis auf die von dem Bauvorhaben ausgehende negative Vorbildwirkung für die angrenzenden Grundstücke als besonderes öffentliches Interesse für die Beseitigung der Baulichkeit begründet. Damit liegt auf den konkreten Einzelfall abgestellte, substantiierte und nicht lediglich formelhafte Begründung des besonderen Vollzugsinteresses vor. Ob diese Begründung zutreffend ist, ist insoweit unerheblich.

Die Antragsgegnerin hat ferner nicht deshalb verfahrensfehlerhaft gehandelt, weil sie vor der Anordnung der sofortigen Vollziehung dem Antragsteller keine Gelegenheit gegeben hat, sich zu den für die sofortige Beseitigung der Blockhütte erheblichen Tatsachen zu äußern. § 87 Abs. 1 SchlHVwG[498] ist nach Auffassung der Kammer auf die Anordnung der sofortigen Vollziehung weder direkt noch entsprechend anwendbar. Gegen eine analoge Anwendung dieser Vorschrift spricht, daß die Anordnung der sofortigen Vollziehung hinsichtlich ihrer Eingriffsintensität nicht mit einem Verwaltungsakt vergleichbar ist, für ein gerichtliches Vorgehen gegen sie grundsätzlich keine Fristen be-

---

[498] Entspricht § 28 Abs. 1 VwVfG.

# Dritter Abschnitt: Der Beschluß im vorläufigen Rechtsschutzverfahren 149

stehen und sie keiner Bestandskraft fähig ist. Ein Bedürfnis für die Vorverlegung eines Rechtsschutzes besteht hier daher nicht in derselben Weise wie bei Verwaltungsakten. Die Anordnung der sofortigen Vollziehung ist auch in materieller Hinsicht gerechtfertigt.

Im Rahmen der Entscheidung nach § 80 Abs. 5 Satz 1 VwGO, bei der das Gericht eine eigene Ermessensentscheidung trifft, bedarf es einer Abwägung der gegenseitigen Interessen der Beteiligten. Maßgeblich ist, ob das private Interesse des Antragstellers an der aufschiebenden Wirkung seines Rechtsbehelfs oder das öffentliche Interesse an der sofortigen Vollziehung überwiegen.

Für das Interesse des Betroffenen, einstweilen nicht dem Vollzug der behördlichen Maßnahmen ausgesetzt zu sein, sind zunächst die Erfolgsaussichten des in der Hauptsache eingelegten Rechtsbehelfs von Belang. Ein überwiegendes Interesse des Antragstellers an der Wiederherstellung der aufschiebenden Wirkung ist in der Regel anzunehmen, wenn die im Eilverfahren allein mögliche und gebotene Überprüfung zum Zeitpunkt der gerichtlichen Entscheidung ergibt, daß der angefochtene Verwaltungsakt offensichtlich rechtswidrig ist. Denn an der Vollziehung eines ersichtlich rechtswidrigen Verwaltungsakts kann kein öffentliches Vollzugsinteresse bestehen. Ist der Verwaltungsakt dagegen offensichtlich rechtmäßig, so überwiegt das Vollzugsinteresse das Aussetzungsinteresse des Antragstellers nur dann, wenn zusätzlich ein besonderes öffentliches Interesse an der sofortigen Vollziehung des Verwaltungsakts besteht. Die Kammer folgt insoweit der st. Rechtsprechung des Bundesverfassungsgerichts und anderer Oberverwaltungsgerichte, wonach für die Anordnung der sofortigen Vollziehung eines Verwaltungsakts stets ein besonderes öffentliches Interesse erforderlich ist, das über jenes Interesse hinausgeht, das den Verwaltungsakt selbst rechtfertigt. Der Rechtsschutzanspruch des Bürgers ist dabei um so stärker und darf um so weniger zurückstehen, je schwerwiegender die ihm auferlegte Belastung ist und je mehr die Maßnahme der Verwaltung Unabänderliches bewirkt. Ist der Ausgang des Hauptsacheverfahrens offen, sind die sonstigen Interessen der Beteiligten gegeneinander abzuwägen und dem Antrag auf Wiederherstellung der aufschiebenden Wirkung ist stattzugeben, wenn das öffentliche Vollzugsinteresse das Interesse des Antragstellers an der aufschiebenden Wirkung seines Widerspruchs nicht überwiegt[499].

Nach diesen Grundsätzen überwiegt vorliegend das öffentliche Interesse an der sofortigen Vollziehung der Beseitigungsanordnung das Interesse des Antragstellers, von der Beseitigung der Blockhütte bis zum Abschluß des Hauptsacheverfahrens einstweilen verschont zu bleiben. Das öffentliche Interesse an der sofortigen Vollziehung ergibt sich daraus, daß die angefochtene Beseitigungsanordnung offensichtlich rechtmäßig ist und mit der Beseitigung der Blockhütte nicht bis zur Bestandskraft der Verfügung, deren Eintritt noch nicht abzusehen ist, abgewartet werden kann.

Verfahrensrechtliche Bedenken gegen die Beseitigungsanordnung vom 03. Mai 2000 bestehen nicht ...

Auch in der Sache selbst ist die Beseitigungsanordnung offensichtlich rechtmäßig. Sie findet ihre Rechtsgrundlage in § 86 Abs. 1 Satz 1 SchlHLBauO. Nach dieser Vorschrift... Diese Voraussetzungen liegen hier offenkundig vor ..."

Die Anordnung der sofortigen Vollziehung ist ebenfalls rechtmäßig. Zwar scheidet die sofortige Vollziehung einer bauordnungsrechtlichen Beseitigungsanordnung in der Regel aus, wenn durch die Beseitigung ein wesentlicher Substanzverlust eintritt[500]. Et-

---

[499] Selbstverständlich können Sie sich im Examen hierzu kürzer fassen, der Prüfungsmaßstab des Gerichts sollte jedoch deutlich herausgestellt werden. Je nach Fall können Sie diese Gedanken auch mit den jeweils betroffenen Sacherwägungen verknüpfen.

[500] Z.B. *OVG Weimar*, ThürVBl 1997, 213; *OVG Münster*, NVwZ-RR 1996, 192.

was anderes kann aber gelten, wenn von der illegalen Anlage eine negative Vorbildwirkung ausgeht oder nach den Umständen des Einzelfalles auszugehen droht[501]. In einem solchen Fall ist ein durchgreifendes und schnelles Einschreiten sowohl aus spezialpräventiven als auch generalpräventiven Gründen, d. h. zur Abschreckung des Einzelnen und als Vorbeugung gegen die weitere gesetzwidrige Entwicklung, gerechtfertigt. Dies ist hier gerechtfertigt ..."

## § 13 Die Anordnung der aufschiebenden Wirkung

### I. Der Anwendungsbereich des § 80 Abs. 5 Satz 1 1.Alt. VwGO

254 Widerspruch und Anfechtungsklage gegen einen unter § 80 Abs. 2 Nrn. 1–3 und Satz 2 VwGO fallenden VA haben von Gesetzes wegen keine aufschiebende Wirkung. Der Gesetzgeber mißt in diesen Fällen den begünstigten öffentlichen Interessen für die sofortige Vollziehung im Regelfall größeres Gewicht bei als den privaten Interessen des von dem VA Betroffenen. Vorläufiger Rechtsschutz gegen solche VAe wird nach § 80 Abs. 5 Satz 1 1. Alt. VwGO im Erfolgsfall durch die Anordnung der aufschiebenden Wirkung des Rechtsbehelfs gewährt. Die in § 80 Abs. 2 Satz 1 Nrn. 1–3 und Satz 2 VwGO genannten Fallgruppen regeln im einzelnen:

255 Nach § 80 Abs. 2 Satz 1 Nr. 1 VwGO entfällt die aufschiebende Wirkung bei der Anforderung von öffentlichen Abgaben und Kosten. Unter „öffentlichen Abgaben" sind alle nach festen Normen oder Sätzen bestimmten öffentlich-rechtlichen Geldleistungen zu verstehen, die dem Einzelnen von der öffentlichen Hand auferlegt werden und deren ausschließlicher, vornehmlicher oder neben anderen gleichrangiger Zweck die Deckung des öffentlichen Finanzbedarfs ist[502]. Es kommt nicht auf die Rechtsgrundlage der Anforderung, sondern auf den Gegenstand der Anforderung an. Namentlich fallen darunter Steuern, Gebühren und Beiträge mit Finanzierungsfunktion, auf die der Abgabengläubiger verstärkt angewiesen ist. Hierzu zählen u.a. Mahngebühren. Ob die in der Praxis im Beitragsrecht häufig vorkommenden Säumniszuschläge (s. § 240 AO) ebenfalls unter § 80 Abs. 2 Satz 1 Nr. 1 VwGO fallen, ist umstritten. Eine in der Rechtsprechung vertretene *Ansicht*[503] sieht Säumniszuschläge nicht als öffentlichen Abgaben im Sinne der zitierten Norm an. Sie dienten nicht der Deckung des öffentlichen Finanzbedarfs, sondern sollten vielmehr Druck auf den Abgabenpflichtigen zur fristgerechten Entrichtung der Abgabe ausüben. Demgegenüber wird in jüngerer Zeit vermehrt die *Auffassung*[504] vertreten, Säumniszuschläge auf rückständige Abgaben sei-

---

[501] S. z.B. *OVG Greifswald*, NVwZ 1995, 608.
[502] Vgl. *Finkelnburg* in: Finkelnburg/Jank, Rdnr. 679.
[503] *OVG Koblenz*, NVwZ 1987, 64; *OVG Bautzen*, Sächs.VBl 1996, 138.
[504] *OVG Bremen*, KStZ 1993, 236; *VGH Kassel*, NVwZ-RR 1995, 158 .

## Dritter Abschnitt: Der Beschluß im vorläufigen Rechtsschutzverfahren

en „öffentliche Abgaben", weil ihnen neben ihrer Funktion als Druckmittel eigener Art auch eine Finanzierungsfunktion zukomme.

Unter dem Begriff der „öffentlichen Kosten" im Sinne des § 80 Abs. 2 Satz 1 Nr. 1 VwGO versteht man alle in einem Verwaltungsverfahren einschließlich des Widerspruchsverfahrens für die öffentlich-rechtliche Tätigkeit der Behörde nach im voraus festgesetzten Tarifen entstandenen Kosten, die sich in Gebühren und Auslagen unterteilen. Danach sind die Kosten der unmittelbaren Ausführung oder die Kosten der Ersatzvornahme (z.B. Kosten des Abschleppvorgangs) ebensowenig Kosten im Sinne der genannten Bestimmung[505] wie Zwangsgelder und Aufwendungen für die Abschiebung eines Ausländers[506].

§ 80 Abs. 2 Satz 1 Nr. 2 VwGO betrifft unaufschiebbare Anordnungen und Maßnahmen von Polizeivollzugsbeamten. Die Vorschrift gilt wegen Funktionsgleichheit für Verkehrszeichen entsprechend[507] und zwar nicht nur im Falle der Aufstellung von Verkehrszeichen, sondern auch bei deren Entfernung als actus contrarius[508]. Der Antrag auf Anordnung der aufschiebenden Wirkung ist kombinierbar mit einem ergänzenden Antrag nach § 80 Abs. 5 Satz 3 VwGO, wenn das betreffende Verkehrszeichen aufgestellt oder entfernt worden ist[509].

Schließlich entfällt nach § 80 Abs. 2 Satz 1 Nr. 3 VwGO die aufschiebende Wirkung in anderen durch Bundesgesetz oder für Landesrecht durch Landesgesetz angeordneten Fällen. Wichtige Beispiele hierfür sind: § 212a BauGB (bauaufsichtliche Zulassung), § 126 Abs. 3 Nr. 3 BRRG (Abordnung bzw. Versetzung) oder die landesrechtlichen Vollstreckungsvorschriften wie z.B. § 9 SachsAnhAGVwGO. Weitere wichtige Bestimmungen, die den Ausschluß der aufschiebenden Wirkung von Rechtsbehelfen vorsehen, sind die §§ 72 Abs. 1 AuslG (Ablehnung eines Antrags auf Erteilung oder Verlängerung der Aufenthaltsgenehmigung), 17 Abs. 6a FStrG (Planfeststellungsbeschluß) oder §§ 33 Abs. 4 Satz 2, 35 Abs. 1 WPflG (Einberufungs- bzw. Musterungsbescheid).

Da das Landesverwaltungsvollstreckungsrecht bereits von der Nr. 3 erfasst wird, bleibt für die Regelung des Satzes 2 nur ein sehr schmaler Anwendungsbereich. Danach können die Länder bestimmen, daß Rechtsbehelfe keine aufschiebende Wirkung haben, soweit sie sich gegen Maßnahmen richten, die in der Verwaltungsvollstreckung durch die Länder nach

---

[505] HM, *OVG Koblenz*, NVwZ-RR 1999, 27; *VGH Mannheim*, NVwZ 1986, 933 und NVwZ-RR 1997, 74; *OVG Bautzen*, SächsVBl 1996, 70; *OVG Berlin*, NVwZ-RR 1995, 575; aA *VGH München*, NVwZ-RR 1994, 471 und NVwZ-RR 1994, 618 ; *VGH Kassel*, NVwZ-RR 1998, 534.
[506] *VGH Kassel*, AuAS 1998, 135.
[507] Z.B: *BVerwG*, NJW 1988, 2814.
[508] *OVG Münster*, NJW 1998, 329.
[509] S. hierzu *VGH Mannheim*, NZV 1995, 45; *VGH Kassel*, NVwZ-RR 1993, 389.

Bundesrecht getroffen werden. Ein Beispiel hierfür ist die Vollstreckung der Auskunftspflicht nach § 116 BSHG.

## II. Die Prüfung des Antrags auf Anordnung der aufschiebenden Wirkung

258 Die Zulässigkeitsprüfung ist in der Regel unproblematisch. Im Unterschied zum Antrag auf Wiederherstellung der aufschiebenden Wirkung des Rechtsbehelfs ist der Antrag auf Anordnung der aufschiebenden Wirkung in den Fällen des § 80 Abs. 2 Satz 1 Nr. 1 VwGO allerdings grundsätzlich nur zulässig, wenn zuvor erfolglos ein Antrag auf Aussetzung der sofortigen Vollziehung bei der Verwaltungsbehörde gestellt worden ist (§ 80 Abs. 6 Satz 1 VwGO). Zweck dieser Ausnahmevorschrift ist es, den Vorrang der verwaltungsinternen Kontrolle zu stärken und die Gerichte zu entlasten. Da es sich bei diesem Erfordernis um eine sog. Zugangsvoraussetzung handelt, kommt eine Heilung noch während des laufenden gerichtlichen Aussetzungsverfahrens nicht in Betracht[510]. Die Bestimmung des § 80 Abs. 6 Satz 1 VwGO gilt gemäß Satz 2 nicht, wenn die Behörde über den Antrag ohne Mitteilung eines zureichenden Grundes in angemessener Frist sachlich nicht entschieden hat (Nr. 1) oder eine Vollstreckung droht (Nr. 2).

259 In der Begründetheitsprüfung ist zunächst wieder der gerichtliche Entscheidungsmaßstab darzustellen. Das Gericht trifft auch hier eine Ermessensentscheidung und nimmt eine Interessenabwägung vor.

Ist die Anforderung von Kosten und Abgaben im Sinne des § 80 Abs. 2 Satz 1 Nr. 1 VwGO im Streit, ist der Antrag begründet, wenn „ernstliche Zweifel an der Rechtmäßigkeit des angegriffenen VA" bestehen (§ 80 Abs. 4 Satz 3 VwGO analog). Dies ist nach *einer Ansicht*[511] nur dann der Fall, wenn die Zweifel so gewichtig sind, daß ein Obsiegen des Antragstellers im Hauptsacheverfahren wahrscheinlicher ist als ein Unterliegen. Nach *aA*[512] muß dagegen der Erfolg des Rechtsbehelfs im Hauptsacheverfahren mindestens ebenso wahrscheinlich sein wie der Mißerfolg. In einer Prüfungsarbeit dürfte es auf diese feine Differenzierung nicht ankommen, so daß sich eine Auseinandersetzung mit den beiden Auffassungen erübrigt. Ist der VA offensichtlich rechtmäßig, so verbleibt es grundsätzlich bei der vom Gesetzgeber generell angeordneten sofortigen Vollziehbarkeit. Bei offenem Ausgang der Hauptsache hat das Gericht das generell

---

[510] Z.B. *OVG Koblenz*, NVwZ-RR 1992, 589; *VGH Kassel*, NVwZ-RR 1995, 235.
[511] *Hamann* in: *Finkelnburg/Jank*, Rdnr. 852; *OVG Münster*, NVwZ-RR 1994, 617; *OVG Weimar*, LKV 1999, 70.
[512] *Kopp/Schenke*, § 80 Rdnr. 116; *Schoch* in: *Schoch*, § 80 Rdnr. 195; *OVG Schleswig*, NVwZ-RR 1992, 106.

*Dritter Abschnitt: Der Beschluß im vorläufigen Rechtsschutzverfahren* 153

angenommene oder im Einzelfall konkret bestehende Vollzugsinteresse und das individuelle Suspensivinteresse gegeneinander abzuwägen. Nur wenn das Suspensivinteresse überwiegt, ist die aufschiebende Wirkung des Rechtsbehelfs anzuordnen[513].

Ob der Maßstab des § 80 Abs. 4 Satz 3 VwGO neben dem Fall des § 80 Abs. 2 Satz 1 Nr. 1 VwGO auch auf die Nrn. 2 und 3 analog anwendbar ist, ist umstritten[514], braucht in der Prüfungsarbeit aber ebenfalls nicht näher erörtert zu werden, da es hierauf im zu entscheidenden Fall sicher nicht ankommt. Folgen Sie nicht der Meinung, die die Analogie zu § 80 Abs. 4 Satz 3 VwGO befürwortet, so ist der Antrag erfolgreich, wenn die besonderen Interessen des Antragstellers an der Anordnung der aufschiebenden Wirkung das vom Gesetz vorausgesetzte Interesse an der sofortigen Vollziehbarkeit des VA überwiegen[515]. 260

Nun ein Formulierungsbeispiel für den Einstieg (Kurzfassung bei offensichtlicher Rechtswidrigkeit des angegriffenen VA): 261

„Der Antrag auf Anordnung der aufschiebenden Wirkung des Widerspruchs ist gemäß § 80 Abs. 5 Satz 1 1.Alt. i.V.m. § 80 Abs. 2 Satz 1 Nr. 1 VwGO statthaft und auch ansonsten zulässig. Insbesondere hat der Antragsteller vor Anrufung des Gerichts erfolglos um die Aussetzung der Vollziehung des angefochtenen Bescheids nachgesucht (vgl. § 80 Abs. 6 Satz 1 VwGO).

Der Antrag muß auch in der Sache Erfolg haben. Im Rahmen der nach § 80 Abs. 5 i.V.m. Abs. 4 Satz 3 VwGO gebotenen Interessenabwägung zwischen dem öffentlichen Interesse an einer sofortigen Vollziehung des Beitragsbescheides und dem privaten Interesse des Antragstellers an der aufschiebenden Wirkung seines Widerspruchs kann das Gericht die aufschiebende Wirkung grundsätzlich nur anordnen, wenn und soweit ernstliche Zweifel an der Rechtmäßigkeit des angefochtenen Bescheides bestehen. Dies ist dann der Fall, wenn aufgrund einer summarischen Prüfung der Erfolg des Rechtsmittels im Hauptsacheverfahren wahrscheinlicher ist als ein Mißerfolg.

Ausgehend hiervon bestehen hier ernstliche Zweifel an der Rechtmäßigkeit des angefochtenen Bescheides ..."

## § 14 Die gerichtliche Feststellung der aufschiebenden Wirkung bei faktischer Vollziehung des VAs

Von „faktischer Vollziehung" eines VA spricht man, wenn die Behörde einen VA unter Mißachtung der bestehenden aufschiebenden Wirkung 262

---

[513] Ausführlich zu dem Ganzen *Hamann* in: *Finkelnburg/Jank*, Rdnr. 853.
[514] Gegen eine Analogie *Kopp/Schenke*, § 80 Rdnr. 116; *OVG Lüneburg*, NVwZ-RR 1989, 328; für eine analoge Anwendung *Schoch* in: *Schoch*, § 80 Rdnr. 204; *VGH Mannheim*, VBlBW 1992, 433.
[515] Letztlich findet eine sachbezogene Interessenabwägung statt; s. z.B. *VGH Mannheim*, NZV 1995, 45: „Die aufschiebende Wirkung des Widerspruchs gegen ein Verkehrszeichen darf nur dann ausnahmsweise angeordnet werden, wenn es dem Widersprechenden unzumutbar ist, die Verkehrsregelung auch nur vorläufig hinzunehmen".

154    Zweiter Teil. Die Entscheidung des Verwaltungsgerichts

vollzieht[516]. Der vorläufige Rechtschutz richtet sich in diesem Fall nach zutreffender Ansicht nach § 123 Abs. 5 i.V.m § 80 Abs. 5 VwGO auf Feststellung der aufschiebenden Wirkung, wobei die Meinungen darüber auseinandergehen, ob § 80 Abs. 5 Satz 3 analog oder § 80 Abs. 5 Satz 1 VwGO entsprechend anzuwenden ist[517]. Vorläufiger Rechtsschutz bei faktischer Vollziehung ist notwendig, sobald die Behörde trotz eingetretener aufschiebender Wirkung mit dem Vollzug droht, zum Vollzug ansetzt, einen begonnenen Vollzug fortsetzt, oder zur Rückgängigmachung eines durchgeführten Vollzugs[518]. Eine Abwägung des öffentlichen Vollzugsinteresses und des individuellen Aussetzungsinteresses findet nicht statt. Das Gericht prüft allein, ob der eingelegte Rechtsbehelf die aufschiebende Wirkung ausgelöst hat[519]. Neben der Feststellung der aufschiebenden Wirkung durch das Gericht kann dieses zugleich die Aufhebung der Vollziehung anordnen, wenn der VA bereits vollzogen ist. Hat der Antragsteller – z.B. in Unkenntnis der aufschiebenden Wirkung – einen Antrag auf Anordnung der aufschiebenden Wirkung gestellt, ist sein Begehren entsprechend auszulegen (§ 88 VwGO).

263    Das Formulierungsbeispiel hat einen Fall zum Gegenstand, in dem die Behörde davon ausgeht, der von ihr erlassene Abschleppkostenbescheid sei nach § 80 Abs. 2 Satz 1 Nr. 1 VwGO sofort vollziehbar.

„Das Begehren des Antragstellers, die aufschiebende Wirkung seines Widerspruchs gegen den Kostenbescheid der Antragsgegnerin vom 15. April 2000 anzuordnen, ist im Ergebnis erfolgreich.

Das Gericht ist zwar außerstande, die aufschiebende Wirkung des Widerspruchs anzuordnen, da diese bereits gemäß § 80 Abs. 1 VwGO kraft Gesetzes besteht. Die Kammer ist indessen, sofern sie über das Antragsbegehren nicht hinausgeht, an die Fassung des Antrags nicht gebunden (§ 88 VwGO). Aus diesem Grunde konnte die dem Rechtsschutzziel des Antragstellers entsprechende Tenorierung erfolgen. Dem liegen folgende Überlegungen zugrunde:

Bei dem Bescheid der Antragsgegnerin handelt es sich um einen anfechtbaren Verwaltungsakt, so daß vorläufiger Rechtsschutz gemäß § 80 VwGO zu gewähren ist, wie aus § 123 Abs. 5 VwGO folgt. Da die Antragsgegnerin in dem Bescheid bisher nicht die sofortige Vollziehung nach § 80 Abs. 2 Satz 1 Nr. 4 VwGO angeordnet hat, kommt dem am 22. April 2000 eingelegten Widerspruch aufschiebende Wirkung zu. Dies bedeutet nach überwiegender Auffassung ein Verbot, aus dem angefochtenen Verwaltungsakt Folgerungen zu ziehen.

Soweit die Antragsgegnerin geltend gemacht hat, der von ihr erlassene Kostenbescheid sei nach § 80 Abs. 2 Satz 1 Nr. 1 VwGO sofort vollziehbar, teilt die Kammer diese Auffassung nicht. Unzweifelhaft handelt es sich bei den Kosten der Ersatzvornahme nicht um „öffentliche Abgaben" im Sinne der genannten Norm. Denn darunter sind alle nach festen Normen oder Sätzen bestimmten öffentlich-rechtlichen Geldleistungen zu

---

[516] Vgl *Pietzner/Ronellenfitsch*, § 57 Rdnr. 44 f.
[517] *Schoch* in: *Schoch*, § 80 Rdnr. 241 mit einer Zusammenstellung aller zu diesem Problem vertretenen Auffassungen.
[518] *Hamann* in: *Finkelnburg/Jank*, Rdnr. 903.
[519] *Schoch* in: *Schoch*, § 80 Rdnr. 273.

verstehen, die dem Einzelnen von der öffentlichen Hand auferlegt werden und deren ausschließlicher, vornehmlicher oder neben anderen gleichrangiger Zweck die Deckung des öffentlichen Finanzbedarfs ist, also Steuern, Gebühren, Beiträge oder sonstige Abgaben mit Finanzierungsfunktion. Bei den Kosten der Ersatzvornahme handelt es sich aber nicht um Gebühren, da sie keine Geldleistung für eine erbrachte Amtshandlung darstellen, sondern eine Vermögensminderung der öffentlichen Hand ausgleichen sollen. Die Kosten der Ersatzvornahme unterfallen ferner auch nicht dem Kostenbegriff des § 80 Abs. 2 Satz 1 Nr. 1 VwGO. Nach hM[520], der die Kammer folgt, sind unter „Kosten" im Sinne der genannten Norm nur die in einem förmlichen Verwaltungsverfahren erhobenen Gebühren und Auslagen zu verstehen. Die Gegenmeinung[521], die sich darauf beruft, dem Gesetz lasse sich eine Beschränkung auf nur in einem förmlichen Verwaltungsverfahren entstandene Kosten nicht entnehmen, überzeugt nicht, denn die Kosten der Ersatzvornahme dienen nicht der Deckung des allgemeinen Finanzbedarfs der öffentlichen Hand im Interesse einer ordnungsgemäßen Haushaltsführung. Auch sind sie – anders als Abgaben – nicht von vornherein berechenbar.

Da die Antragsgegnerin trotz der bestehenden aufschiebenden Wirkung des Widerspruchs des Antragstellers eine Vollstreckung der von ihr geltend gemachten Forderung angekündigt hat und damit die Situation des sog. drohenden faktischen Vollzuges gegeben ist, wird vorläufiger Rechtsschutz durch die Feststellung des Gerichts gewährt, daß der von dem Betroffenen eingelegte Rechtsbehelf aufschiebende Wirkung hat".

## § 15 Das vorläufige gerichtliche Rechtsschutzverfahren beim VA mit Doppelwirkung

### I. Einleitung

In Zeiten, in denen saubere Luft, ruhige Wohngegenden, beliebig bebaubare Grundstücke und Trinkwasser in guter Qualität immer knapper werden, kommt den sogenannten VAen mit Doppelwirkung eine wichtige Verteilerfunktion zu, indem eine Seite begünstigt, die andere belastet wird. Entsprechend heftig streiten die Betroffenen um die Rechtmäßigkeit solcher VAe, wobei die Streitigkeiten oft im Wege vorläufigen Rechtsschutzes ausgetragen werden und in Praxis und Examen eine wichtige Rolle spielen.

Der gerichtliche vorläufige Rechtsschutz ist für VAe mit Doppelwirkung in § 80 a Abs. 3 VwGO geregelt und wegen der zahlreichen Differenzierungen weit komplizierter, als es die knappe Fassung der Vorschrift mit ihrer allgemeinen Bezugnahme auf den vorläufigen behördlichen Rechtsschutz gemäß § 80 a Abs. 1 und 2 VwGO vermuten läßt; denn grundsätzlich ist zu unterscheiden, ob es sich um einen begünstigenden VA mit drittbelastender Wirkung oder um einen belastenden VA mit

264

---

[520] *OVG Koblenz*, NVwZ-RR 1999, 27; *OVG Berlin*, NVwZ-RR 1995, 575; *VGH Mannheim*, NVwZ 1986, 933 und VBlBW 1996, 262; *OVG Bautzen*, SächsVBl 1996, 70.
[521] *VGH München*, NVwZ-RR 1994, 471 und NVwZ-RR 1994, 618.

drittbegünstigender Wirkung handelt und außerdem, ob einem Widerspruch oder Klage hiergegen – aufgrund gesetzlicher Vorschrift oder behördlicher Anordnung des Sofortvollzugs – aufschiebende Wirkung zukommt oder nicht. Zur besseren Orientierung sei an dieser Stelle vorab die Wiederholung der Tenorierungsbeispiele Nrn. 7–11 empfohlen[522].

265 Die Vorschrift des § 80 a Abs. 3 VwGO kommt beispielsweise zur Anwendung, wenn sich ein Nachbar gegen eine dem Bauherrn erteilte Baugenehmigung wendet. Da diese Baugenehmigung kraft Gesetzes nach § 80 Abs. 2 Satz 1 Nr. 3 VwGO i.V.m. § 212 a BauGB sofort vollziehbar ist, richtet sich der Antrag auf Anordnung der aufschiebenden Wirkung des Widerspruchs nach § 80 a Abs. 3 Satz 2 i.V.m. § 80 Abs. 5 Satz 1 1. Alt. VwGO bzw. auf Aussetzung der Vollziehung nach § 80 a Abs. 3 Satz 1 i.V.m. Abs. 1 Nr. 2 VwGO[523]. Hat die Behörde den Sofortvollzug eines VA, z.B. einer Gaststättenerlaubnis, nach § 80 a Abs. 1 Nr. 1 i.V.m. § 80 Abs. 2 Satz 1 Nr. 4 VwGO angeordnet, so begehrt der antragstellende Nachbar die Aufhebung der Anordnung des Sofortvollzuges nach § 80 a Abs. 3 Satz 1 i.V.m. Abs. 1 Nr. 1 VwGO. Denkbar ist weiter die Variante, daß die Behörde auf Veranlassung eines Nachbarn z.B. eine Nutzungsuntersagungsverfügung gegen den Bauherrn erlassen hat, sich aber weigert, die nach Einlegung des Widerspruchs durch den Bauherrn von dem Nachbarn beantragte sofortige Vollziehung auszusprechen und der Nachbar sich an das Gericht wendet mit dem Begehren, nach § 80 a Abs. 3 Satz 1 i.V.m. Abs. 2 VwGO die sofortige Vollziehung der Nutzungsuntersagungsverfügung anzuordnen.

Achten Sie bei der Prüfung daher sorgfältig darauf, welcher Fall des § 80 a Abs. 1 oder 2 VwGO dem Sachverhalt zugrunde liegt. Die Erfahrung aus den Referendararbeitsgemeinschaften zeigt, daß hier immer wieder Verständnisschwierigkeiten auftreten.

## II. Das vorläufige Rechtsschutzverfahren mit dem Ziel der Anordnung der aufschiebenden Wirkung

266 Die Zulässigkeitsprüfung folgt weitgehend derjenigen nach § 80 Abs. 5 VwGO, auf den § 80 a Abs. 3 Satz 2 VwGO verweist. Je nach Fall ist zusätzlich die umstrittene Frage zu erörtern, ob eine Anrufung des VG ohne vorherige Behördenentscheidung über das Vollzugs- oder Aussetzungsbegehren zulässig ist[524]. Auf den Meinungsstreit kommt es nicht an,

---

[522] Rdnr. 229–233.
[523] Zu den beiden unterschiedlichen Auffassungen s. Tenorierungsbeispiel 7, Rdnr. 229.
[524] Einen dem gerichtlichen Verfahren erfolglos vorausgegangenen Antrag bei der Behörde verlangen z.B. *OVG Weimar*, ThürVBl 1995, 64 und *OVG Koblenz*, NVwZ

## Dritter Abschnitt: Der Beschluß im vorläufigen Rechtsschutzverfahren

wenn die Voraussetzungen des § 80 Abs. 6 Satz 2 VwGO vorliegen. Dies ist bei baunachbarrechtlichen Eilanträgen häufig der Fall, denn der Nachbar, dem eine Abschrift der Baugenehmigung nicht zugestellt wird, erfährt in der Regel erst mit Baubeginn von der Existenz der Genehmigung. Dann aber „droht die Vollstreckung" i.S.d. § 80 Abs. 6 Satz 2 Nr. 2 VwGO.

In der Begründetheitsprüfung sollten Sie auch hier zunächst den Maßstab der gerichtlichen Entscheidung darlegen. Die Interessenabwägung erfolgt nach den Grundsätzen, die für die Wiederherstellung der aufschiebenden Wirkung eines Rechtsbehelfs in den Fällen des § 80 Abs. 2 Satz 1 Nr. 4 VwGO gelten. Nicht einheitlich beantwortet dagegen die Rechtsprechung in Baunachbarstreitigkeiten die Frage, welchem Interesse der Vorzug zu geben ist, wenn das Aufschubinteresse des Dritten und das Interesse des Bauherrn an der sofortigen Vollziehbarkeit der Baugenehmigung etwa gleich großes Gewicht haben. Nach *einer Auffassung*[525] läßt sich für den umfassenden Ausschluß der aufschiebender Wirkung von Rechtsbehelfen Dritter gegen Baugenehmigungen eine materielle Wertung des Gesetzgebers durch die Neuregelung des § 212 a BauGB nicht feststellen. Der Gesetzgeber habe mit § 212 a Abs. 1 BauGB vielmehr lediglich eine Verfahrenslast anders als bisher verteilt. Statt des Bauherrn (vgl. § 80 a Abs. 1 Nr. 1, Abs. 3 VwGO) müsse der Nachbar das Verfahren auf Gewährung vorläufigen Rechtsschutzes einleiten. Teilen Sie diese Ansicht, ordnen Sie bei offenem Ausgang des Hauptsacheverfahren zur Vermeidung vollendeter Tatsachen in der Regel die aufschiebende Wirkung des Rechtsbehelfs an. Nach der *Gegenmeinung*[526] hat der Gesetzgeber mit der Einfügung des § 212 a BauGB dagegen eine Wertung dahingehend getroffen, daß es bei offener Sachlage grundsätzlich bei der gesetzlichen Ausgangslage, die die sofortige Vollziehbarkeit kraft Gesetzes vorsieht, verbleibt. Soweit der Bauherr trotz Vorliegens eines Widerspruchs bzw. Anhängigkeit einer Klage unter Ausnutzung der sofortigen Vollziehbarkeit der Baugenehmigung sein Vorhaben ins Werk setze, handele er wirtschaftlich gesehen auf eigenes Risiko, falls sich im Hauptsacheverfahren dennoch das Vorliegen von Abwehransprüchen des Nachbarn herausstellen sollte. Dies müsse hingenommen werden. Folgen Sie dieser Auffassung, lehnen Sie bei offenem Ausgang in der Hauptsache den Eilantrag in der Regel ab.

**267**

---

1994, 1015; nach hM muß dem gerichtlichen Eilantrag kein im Ergebnis erfolgloses behördliches Rechtsschutzverfahren vorausgehen, s. z.B. *VGH Mannheim*, NVwZ 1995, 292; *Kopp/Schenke*, § 80 a Rdnr. 21; *Schoch* in: *Schoch*, § 80 a Rdnr. 78.

[525] *OVG Münster*, NVwZ 1998, 980; *Ortloff*, NVwZ 1999, 955, 960.
[526] *OVG Saarlouis*, NVwZ 1999, 444.

268 Nun ein Formulierungsbeispiel, in dem der Bauherr bereits mit den Bauarbeiten begonnen hat und der Antragsteller sich direkt an das *VG* wendet[527]:

„Der Antrag, mit dem der Antragsteller die Anordnung der aufschiebenden Wirkung seines Widerspruchs gegen die dem Beigeladenen erteilte Baugenehmigung zur Errichtung eines Einfamilienhauses in Bremen, Weserstraße 23 begehrt, ist gemäß §§ 80 a Abs. 3 Satz 2, 80 Abs. 5 VwGO i.V.m. § 212 a BauGB statthaft und auch ansonsten zulässig. Zwar hat der Antragsteller nicht, wie dies § 80 a Abs.3 Satz 2 VwGO i.V.m. § 80 Abs. 6 VwGO grundsätzlich vorsieht, vor Anrufung des Gerichts erfolglos die Aussetzung der Vollziehung bei der Bauaufsichtsbehörde beantragt. Dies ist vorliegend jedoch unschädlich, da der Beigeladene bereits mit den Bauarbeiten begonnen hat und somit die Vollstreckung droht (s. § 80 Abs. 6 Satz 2 Nr. 2 VwGO).

Der Antrag ist auch in der Sache erfolgreich.

Für die nach § 80 a Abs. 3 VwGO zu treffende Ermessensentscheidung des Gerichts sind die gegenläufigen Interessen des Antragstellers und des Beigeladenen für den Zeitraum bis zur Entscheidung im Hauptsacheverfahren gegeneinander abzuwägen. Dabei ist die aufschiebende Wirkung des Rechtsbehelfs anzuordnen, wenn ernstliche Zweifel an der Vereinbarkeit des Vorhabens mit nachbarschützenden Vorschriften bestehen. Dies ist der Fall, wenn die Bedenken an der Rechtmäßigkeit der Baugenehmigung so gewichtig sind, daß ein Obsiegen des Nachbarn – was eine Verletzung nachbarschützender Normen voraussetzt – im Rechtsbehelfsverfahren wahrscheinlicher ist als ein Unterliegen. Läßt sich auch nach intensiver Prüfung nicht feststellen, ob der Rechtsbehelf des Nachbarn wahrscheinlich zum Erfolg führen wird, sind also die Erfolgsaussichten offen, ist nach Auffassung der Kammer unter Abwägung der gegenseitigen Interessen zur Vermeidung vollendeter Tatsachen in der Regel die aufschiebende Wirkung anzuordnen[528].

In Anwendung dieser Grundsätze muß die Interessenabwägung zugunsten des Antragstellers ausfallen, weil im Rahmen der hier allein möglichen und gebotenen summarischen Prüfung nicht ausgeschlossen werden kann, daß die dem Beigeladenen erteilte Baugenehmigung gegen das im gesamten Bauplanungsrecht zu beachtende Gebot der Rücksichtnahme verstößt ..."

## III. Das vorläufige Rechtsschutzverfahren mit dem Ziel der Anordnung der sofortigen Vollziehung

269 Hier sind zwei Konstellationen denkbar. Zum einen kann der Adressat eines begünstigenden VA, gegen den ein Dritter Widerspruch erhoben hat, die sofortige Vollziehung des VA beantragen (§ 80 a Abs. 3 Satz 1 i.V.m. Abs. 1 Nr. 1 VwGO)[529]. Zum anderen ist auch ein Dritter befugt, die sofortige Vollziehung eines den Adressaten belastenden VA, gegen

---

[527] Das Formulierungsbeispiel folgt der Auffassung, nach der bei offener Sachlage dem Aussetzungsbegehren des Antragstellers zwecks Vermeidung vollendeter Tatsachen stattgegeben wird.
[528] Kommt es in dem zu entscheidenden Fall auf den oben dargestellten Meinungsstreit an (was in der Klausur kaum der Fall sein dürfte), muß hierauf näher eingegangen werden.
[529] S. hierzu das Tenorierungsbeispiel 8, Rdnr. 230.

## Dritter Abschnitt: Der Beschluß im vorläufigen Rechtsschutzverfahren

den dieser Widerspruch erhoben hat, zu beantragen (§ 80 a Abs. 3 Satz 1 i.V.m. Abs. 2 VwGO)[530]. Der gerichtliche Entscheidungsmaßstab für die Anordnung der sofortigen Vollziehung richtet sich nach § 80 Abs. 2 Satz 1 Nr. 4 VwGO, auf den sowohl § 80 a Abs. 1 Nr. 1 als auch Abs. 2 VwGO verweist. Die Einzelheiten entnehmen Sie den folgenden beiden Formulierungsbeispielen.

Zuerst ein Muster für den Einstieg in die Begründetheitsprüfung bei einem Antrag des Begünstigten auf Anordnung der sofortigen Vollziehung eines VA, gegen den ein Dritter Widerspruch erhoben hat (§ 80 a Abs. 3 Satz 1 i.V.m. Abs. 1 Nr. 1 VwGO): 270

„Der Antrag ist auch in der Sache begründet. Da der Widerspruch des Beigeladenen gegen die dem Antragsteller erteilte gaststättenrechtliche Erlaubnis aufschiebende Wirkung hat, kann das Gericht gemäß § 80 a Abs. 3 i.V.m. Abs. 1 Nr. 1 VwGO auf Antrag des Begünstigten die sofortige Vollziehung anordnen. Die Kammer folgt insofern der in Literatur und Rechtsprechung nahezu einhellig vertretenen Auffassung, daß das Gericht nicht nur über die Anordnung des Sofortvollzuges entscheidet, sondern ihn auch an Stelle der Behörde selbst anordnen kann.

Mit der Anordnung der sofortigen Vollziehung trifft das Gericht eine eigene Ermessensentscheidung und befindet nicht über die Richtigkeit der behördlichen Entscheidung. Der Antrag des Begünstigten auf Anordnung der sofortigen Vollziehung ist begründet, wenn sein Vollzugsinteresse das Suspensivinteresse des Nachbarn überwiegt. Dies ist insbesondere der Fall, wenn der eingelegte Rechtsbehelf des Dritten bei summarischer Beurteilung mit erheblicher Wahrscheinlichkeit keine Aussicht auf Erfolg hat. Umgekehrt überwiegt das Suspendierungsinteresse des Dritten, wenn der begünstigende Verwaltungsakt offensichtlich rechtswidrig ist und dieser Verstoß auf der Verletzung nachbarschützender Vorschriften beruht[531].

Das Gericht muß eine Abwägung der beteiligten privaten und öffentlichen Interessen vornehmen, die für oder gegen eine sofortige Ausnutzung der Gaststättenerlaubnis sprechen. Bei dieser Abwägung hat es zum einen das Gewicht der beteiligten Interessen und das konkrete Ausmaß ihrer Betroffenheit zu berücksichtigen. Zum anderen hat es zu würdigen, ob der Rechtsbehelf des Dritten – auch unter Berücksichtigung seines Tatsachenvortrags – wahrscheinlich Erfolg haben wird. Diese Abwägung muß hier zugunsten des Antragstellers ausfallen …"

Nun noch ein Beispiel für den Einstieg in die Begründetheitsprüfung bei einem Antrag des Drittbegünstigten auf Anordnung der sofortigen 271

---

[530] S. hierzu das Tenorierungsbeispiel 11, Rdnr. 233.

[531] Ob das Vollzugsinteresse des Begünstigten auch dann überwiegt, wenn der VA gegen nicht nachbarschützende Vorschriften verstößt und daher objektiv rechtswidrig ist, wird in Rechtsprechung und Literatur unterschiedlich beurteilt. Teilweise wird die Auffassung vertreten, Maßstab der Entscheidung sei eine Abwägung der widerstreitenden Bürgerinteressen. Dabei sei in erster Linie auf die überschaubaren Erfolgsaussichten des vom Dritten eingelegten, mit der Rechtsfolge des § 80 Abs. 1 Satz 2 VwGO ausgestatteten Rechtsbehelf abzustellen, nicht jedoch darauf, ob sich die Genehmigung aufgrund summarischer Prüfung als objektiv rechtmäßig oder rechtswidrig erweise (*Finkelnburg* in: *Finkelnburg/Jank*, Rdnr. 810; *OVG Münster*, BauR 1995, 80). Dieser Ansicht wird entgegengehalten, daß der Adressat eines begünstigenden VAs grundsätzlich kein Vollzugsinteresse geltend machen könne (*Wüstenbecker*, BauR 1995, 313 f.; *Schoch* in: *Schoch*, § 80 Rdnr. 28).

160    Zweiter Teil. Die Entscheidung des Verwaltungsgerichts

Vollziehung eines VA, gegen den der belastete Adressat des VAs Widerspruch erhoben hat (§ 80 a Abs. 3 Satz 1 i.V.m. Abs. 2 VwGO):

„Der Antrag muß auch in der Sache Erfolg haben. Das Gericht kann nach § 80a Abs. 3 Satz 1 i.V.m. Abs. 2 VwGO auf Antrag des durch die Beseitigungsverfügung Begünstigten die sofortige Vollziehung dieses Verwaltungsaktes nach § 80 Abs. 2 Satz 1 Nr. 4 VwGO anordnen. Gegenstand der gerichtlichen Prüfung bei einem Antrag eines Dritten auf Gewährung vorläufigen Rechtsschutzes nach der genannten Vorschrift ist allerdings nicht die Rechtmäßigkeit der bauaufsichtlichen Verfügung in vollem Umfang sondern nur in den Grenzen der Antragsbefugnis und der Rechtsverletzung des Antragstellers. Der Dritte muß daher substantiiert dartun, daß er im Hauptsacheverfahren geltend machen könnte, durch den Verwaltungsakt oder seine Unterlassung in rechtlich geschützten eigenen Interessen verletzt zu sein. Begehrt ein Nachbar – wie hier – das Einschreiten der Bauaufsicht, dann muß er in dem oben dargelegten Sinne geltend machen, daß ihm ein derartiger Anspruch gegen die Bauaufsichtsbehörde zusteht. Die Anordnung der sofortigen Vollziehung der Verfügung erfordert daher, daß dem Dritten ein Anspruch gegen den Antragsgegner auf Erlaß der beantragten Verfügung gegen den Betroffenen zusteht und der Sofortvollzug in seinem überwiegenden Interesse geboten ist"[532].

Diese Voraussetzungen sind hier gegeben ..."

## § 16 Die einstweilige Anordnung nach § 123 Abs. 1 VwGO

### I. Allgemeines

272    Der vorläufige Rechtsschutz nach § 123 Abs. 1 VwGO ist seltener Prüfungsgegenstand im Zweiten Juristischen Staatsexamen als der Eilrechtsschutz nach den §§ 80, 80 a VwGO. Dennoch gibt es auch hier wiederkehrende Fallgestaltungen, die sich als Klausurthema eignen, insbesondere aus folgenden Bereichen:

Beamtenrechtlicher Konkurrentenstreit[533], Begehren einer Partei auf Überlassung einer öffentlichen Einrichtung zur Durchführung eines Parteitages, Zugangsanspruch eines Schaustellers zu einem Volksfest, Kommunalverfassungsstreitigkeiten wie das Verlangen gegenüber dem Ratsvorsitzenden auf Einschreiten gegen das Rauchen in Ratssitzungen[534], Antrag einer Bürgerinitiative auf Verpflichtung des Gemeinderats, sich in einer bestimmten Sitzung mit einem Einwohnerantrag zu befassen[535], Antrag des Nachbarn auf sofortiges Einschreiten der Bauaufsicht gegen den

---

[532] So die Formulierung des *VGH Kassel*, BRS 58 Nr. 167; ähnlich *OVG Berlin*, LKV 1999, 169: Stattgabe, wenn der von dem Adressaten der Beseitigungsverfügung eingelegte Rechtsbehelf voraussichtlich erfolglos bleiben wird und der Begünstigte ein besonderes Interesse an der sofortigen Vollziehung glaubhaft gemacht hat.

[533] Ausführlich hierzu *Wittkowski*, NJW 1993, 817.

[534] *OVG Koblenz*, NVwZ-RR 1990, 98.

[535] S. hierzu die aktuelle Zusammenstellung von *Schliesky*, DÖV 1998, 169; *VGH München*, BayVBl 1998, 209.

Bauherrn. Insbesondere die Anträge auf Baueinstellung sind durch die Aktivitäten des Gesetzgebers – vereinfachtes Baugenehmigungsverfahren, genehmigungsfreies Bauen bzw. Baufreistellungsverfahren – in den Vordergrund getreten.

Sinn und Zweck des Verfahrens nach § 123 VwGO ist die Sicherung von Rechtspositionen bzw. die vorläufige Regelung in bezug auf Rechtspositionen, die erst in einem nachfolgenden Hauptsacheverfahren durchgesetzt werden sollen, um einen effektiven Rechtsschutz zu gewährleisten. Einstweilige Anordnungen sind daher unabhängig von einer Klageerhebung zulässig. Das VG entscheidet hierüber durch Beschluß. Eine mündliche Verhandlung ist zwar möglich, stellt jedoch die absolute Ausnahme dar. Ebenso wie das Verfahren nach § 80 Abs. 5 VwGO ist dasjenige nach § 123 VwGO ein summarisches Verfahren[536], in dem die entscheidungserheblichen Tatsachen wegen der Eilbedürftigkeit nur glaubhaft gemacht werden müssen (§ 123 Abs. 3 VwGO i.V.m. § 920 ZPO). In der Regel erfolgt dies mittels eidesstattlicher Versicherung (§ 294 ZPO). Streitgegenstand des Verfahrens nach § 123 VwGO ist nicht das zu sichernde Recht (Satz 1) oder das zu regelnde Rechtsverhältnis (Satz 2), sondern nur dessen vorläufige Sicherung bzw. vorläufige Regelung[537]. Das Gericht entscheidet nach § 123 Abs. 3 VwGO i.V.m. § 938 Abs. 1 ZPO nach Ermessen, ob und mit welchem Inhalt es eine einstweilige Anordnung erläßt[538].

## II. Der Aufbau des Beschlusses nach § 123 VwGO

### 1. Die Zulässigkeitsprüfung

Bei der Erörterung der Zulässigkeit des Antrags ergeben sich keine Besonderheiten gegenüber den §§ 80, 80 a VwGO. Ausführungen zum Verwaltungsrechtsweg sind in der Regel überflüssig. Dagegen ist immer auf die Statthaftigkeit des Antrags einzugehen. Gemäß § 123 Abs. 5 VwGO ist der vorläufige Rechtsschutz nach §§ 80 Abs. 5, 80 a Abs. 3 VwGO vorrangig, d.h. eine einstweilige Anordnung ist nur statthaft, wenn in der Hauptsache eine Verpflichtungsklage, eine allgemeine Leistungsklage oder eine Feststellungsklage zu erheben wäre. Hier können sich die gleichen Abgrenzungsfragen stellen wie bei der Bestimmung der richtigen Klageart im Hauptsacheverfahren. In Ausnahmefällen ist es sogar denk-

---

[536] Kritisch zu diesem Begriff im Zusammenhang mit § 123 VwGO *Happ* in: *Eyermann*, § 123 Rdnr. 48, der betont, daß der Prüfungsmaßstab bei § 123 VwGO ein strikt rechtlicher ist.
[537] *VGH Mannheim*, NVwZ-RR 1992, 442.
[538] *VGH München*, BayVBl 1998, 209, 210.

bar, daß kumulativer Rechtsschutz nach § 80 Abs. 5 VwGO als auch nach § 123 VwGO geboten ist[539].

275 Anzusprechen ist ferner die Antragsbefugnis, die der Klagebefugnis des Hauptsacheverfahrens entspricht. Dabei muß der Antragsteller geltend machen, einen Anspruch auf die begehrte Leistung oder das Unterlassen zu haben. Dieses Geltendmachen eines Anordnungsanspruchs dürfen Sie nicht mit der Glaubhaftmachung des Anspruchs verwechseln[540]. Denn die Glaubhaftmachung ist in der Sache eine Art Beweiserleichterung. Entgegen einer Mindermeinung sind weder die Glaubhaftmachung der Voraussetzungen des § 123 Abs. 1 VwGO noch das Bestehen eines Anordnungsgrundes noch die Zulässigkeit der Vorwegnahme der Hauptsache sonstige besondere Zulässigkeitsvoraussetzungen. Diese sind vielmehr der Begründetheit des Anordnungsbegehrens zuzuordnen[541].

Daneben hat der Antragsteller einen Anordnungsgrund zu behaupten, d. h. er muß darlegen, warum er nicht bis zu einer Entscheidung in der Hauptsache zuwarten kann. Unerheblich für die Zulässigkeit des Antrags ist, ob die genannten Gründe tatsächlich zutreffen; dies ist erst in der Begründetheit zu erörtern.

276 Für den Antrag muß ferner ein allgemeines Rechtsschutzinteresse bestehen. Daran fehlt es, wenn der Antragsteller nicht zuvor einen Antrag bei der zuständigen Behörde gestellt hat[542]. Dies setzt allerdings keine förmliche Entscheidung der Behörde voraus. Beachten Sie, daß Rechtsschutzinteresse und Anordnungsgrund zu unterscheiden sind. Die Dringlichkeit gehört zur Begründetheit des Antrags und kann erst geprüft werden, wenn ein Rechtsschutzinteresse gegeben und der Antrag auch ansonsten zulässig ist[543].

Zuständiges Gericht ist gemäß § 123 Abs. 2 Satz 1 VwGO das Gericht der Hauptsache. Ist die Hauptsache noch nicht rechtshängig – dies ist der Regelfall –, ist für den Erlaß einer einstweiligen Anordnung das Gericht zuständig, bei dem im ersten Rechtszug die Hauptsache anhängig gemacht werden müßte, also meist das VG.

---

[539] S. hierzu die Rechtssprechungsnachweise bei *Jank* in: *Finkelnburg/Jank,* Rdnr. 97 FN 24.
[540] *Happ/Allesch/Geiger/Metschke,* Seite 185.
[541] Überzeugend hierzu *Jank* in: *Finkelnburg/Jank,* Rdnr. 137 f.
[542] HM, s.z.B. *VGH Kassel,* NVwZ 1989, 1183 und *OVG Magdeburg,* NVwZ-RR 1996, 75; entbehrlich ist der vorherige Antrag bei der Behörde nur bei besonderer Eilbedürftigkeit oder wenn diese von vornherein unmißverständlich zu erkennen gegeben hat, daß sie den Antrag ablehnen wird (vgl. *Kopp/Schenke,* § 123 Rdnr. 22).
[543] *Jank* in: *Finkelnburg/Jank,* Rdnr. 125.

## 2. Die Begründetheitsprüfung

Die Begründetheitsprüfung eines Beschlusses nach § 123 VwGO ist anders aufgebaut als der Beschluß nach § 80 Abs. 5 VwGO. Es ist zunächst zu differenzieren zwischen der Sicherungsanordnung (§ 123 Abs. 1 Satz 1 VwGO) und der Regelungsanordnung (§ 123 Abs. 1 Satz 2 VwGO). In der gerichtlichen Praxis spielt diese Unterscheidung kaum eine Rolle, zumal sich die Abgrenzung zwischen den beiden Arten der einstweiligen Anordnung im Einzelfall als schwierig erweisen kann[544]. In der Klausur empfiehlt es sich jedoch, knapp aber deutlich herauszustellen, welche Art der einstweiligen Anordnung in Betracht kommt[545]. Dabei können Sie sich an die folgende gängige Abgrenzungsregel halten:

277

Die Sicherungsanordnung ist auf die Sicherung eines bestehenden Zustandes gerichtet. Maßnahmen, die den status quo zugunsten des Antragstellers verbessern, sind nicht zulässig. Typische Anwendungsfälle für eine Sicherungsanordnung sind der beamtenrechtliche Konkurrentenstreit, die Unterlassung von nicht mehr rückgängig zu machenden Eingriffen wie die Abwehr der Inanspruchnahme eines Grundstücksteils für den Straßenbau oder die Verhinderung der drohenden Abschiebung.

278

Die Regelungsanordnung betrifft sowohl zustandssichernde als auch zustandsverbessernde Maßnahmen, die den Antragsteller vor unzumutbaren Nachteilen schützen sollen, die während der Klärung des streitigen Rechtsverhältnisses in einem Hauptsacheverfahren drohen. Beispiele: Antrag auf Verpflichtung der Behörde zur vorläufigen Gewährung von Hilfe zum Lebensunterhalt nach dem BSHG, Antrag auf Erlaß einer einstweiligen Anordnung zur Überlassung einer öffentlichen Einrichtung zur Durchführung eines Parteitages, Antrag einer Bürgerinitiative auf Verpflichtung des Gemeinderats, sich in einer bestimmten Sitzung mit einem Einwohnerantrag zu befassen.

279

Erörtern Sie bei der Abgrenzung kurz, wo der Schwerpunkt des Rechtsschutzziels liegt. Dieses wird meist in der Erweiterung des Rechtskreises des Antragstellers liegen mit der Folge, daß die Regelungsanordnung häufiger in Betracht kommt.

Zum rechtlichen Prüfungsmaßstab im Verfahren nach § 123 VwGO werden in Rechtsprechung und Literatur die verschiedensten Auffassungen vertreten[546]. Deren Feinheiten darzustellen, würde Zielsetzung und Rahmen dieser Schrift sprengen, aber die Grundzüge sollten geläufig sein.

280

---

[544] Vgl. *Redeker/von Oertzen*, § 123 Rdnr. 5; *Schoch* in: *Schoch*, § 123 Rdnr. 50 hält den Verzicht auf eine Differenzierung für nicht mit dem Gesetz vereinbar.
[545] So auch *Decker/Konrad*, 4.Klausur Rdnr. 4; *Geiger*, JuS 1998, 343, 349; *Mückl*, JA 2000, 329, 331.
[546] Eine umfassende Darstellung und Kommentierung hierzu finden Sie bei *Jank* in: *Finkelnburg/Jank*, Rdnr. 143 ff.

Nach wohl hM[547] ist für die Beurteilung der Notwendigkeit einer Regelungsanordnung zunächst auf die Erfolgsaussichten in der Hauptsache abzustellen. Hat der Antragsteller überwiegende Erfolgsaussichten, so kann die begehrte Regelung ergehen, ist ein Erfolg nicht oder weniger wahrscheinlich, so ist die beantragte Anordnung nicht notwendig, weil es an einer schutzwürdigen Rechtsposition fehlt. Eine gesonderte erfolgsunabhängige Interessenabwägung kommt neben der Prüfung des Anordnungsgrundes nach dieser Ansicht nicht in Betracht. *Teilweise*[548] wird allerdings Raum für eine Interessenabwägung im Hinblick auf den Anordnungsgrund gesehen. Folgen Sie dieser Meinung, prüfen Sie die Erfolgsaussichten des Anordnungsanspruchs in der Hauptsache; sind diese überwiegend wahrscheinlich und hat der Antragsteller einen Anordnungsgrund glaubhaft gemacht, so muß die einstweilige Anordnung ergehen. Ist der Ausgang der Hauptsache offen, scheidet eine reine Interessenabwägung aus. Der Antrag ist vielmehr abzulehnen.

Nach aA[549] ist die Notwendigkeit einer Regelung, sofern die Erfolgsaussichten in der Hauptsache nicht eindeutig oder gar offen sind, aufgrund einer Interessenabwägung zu beurteilen. In die Abwägung sind alle unmittelbar betroffenen öffentlichen und privaten Interessen einzubeziehen. Diese sind danach zu bewerten, wie gewichtig und dringlich sie sind; zugleich sind die Folgen, die eintreten würden, wenn die begehrte Regelung nicht erginge, der Antragsteller in der Hauptsache aber Erfolg hätte, gegen die Nachteile abzuwägen, die entstünden, wenn eine Regelung erlassen würde, die Hauptsache aber erfolglos bliebe[550].

281 Bei der Sicherungsanordnung gelten die dargestellten Grundsätze in ähnlicher Weise. Nach hM[551] erläßt das VG eine Sicherungsanordnung, wenn die Verwirklichung eines Rechts des Antragstellers durch eine für ihn nachteilige Veränderung des bestehenden Zustandes so erheblich gefährdet wird, daß ihm ein vollständiger Rechtsverlust droht, wenn er auf den Ausgang des Hauptsacheverfahrens verwiesen wird. Eine Interessenabwägung im Rahmen des Anordnungsgrundes scheidet aus, weil der Tatbestand des § 123 Abs. 1 Satz 1 VwGO sie nicht eröffnet. Nach aA[552] ist eine Sicherungsanordnung bei nicht eindeutiger oder offener Hauptsachelage aufgrund einer Interessenabwägung möglich.

---

[547] *Kopp/Schenke*, § 123 Rdnr. 25; *Jank* in: *Finkelnburg/Jank*, Rdnr. 142ff., 163.
[548] *Schoch* in: *Schoch*, § 123 Rdnr. 65; *Pietzner/Ronellenfitsch*, § 58 Rdnr. 12.
[549] Vgl. BVerwG, NVwZ 1995, 379; OVG Koblenz, NVwZ 1990, 1087; ausführlich zu diesen Auffassungen *Jank* in: *Finkelnburg/Jank*, Rdnr. 158, der diese als Mindermeinung darstellt.
[550] Zu der Rechtsprechung des BVerfG zur Regelungsanordnung, die von den dargestellten Rechtsansichten nochmals abweicht s. ausführlich *Jank* in: *Finkelnburg/Jank*, Rdnr. 164.
[551] *Jank* in: *Finkelnburg/Jank*, Rdnr. 192.
[552] S. hierzu die Zitate bei *Jank* in: *Finkelnburg/Jank*, Rdnr. 193.

Nach hM[553] soll durch den Erlaß einer einstweiligen Anordnung grundsätzlich weder die Hauptsache des Rechtsstreits vorweggenommen noch die Rechtsstellung des Antragstellers erweitert, sondern lediglich dessen Rechtsposition in der Weise gesichert werden, daß er sein Recht bei einem Obsiegen in der Hauptsache noch sinnvoll wahrnehmen kann. Aus Gründen des effektiven Rechtsschutzes (Art. 19 Abs. 4 Satz 1 GG) kann daher eine Vorwegnahme in der Hauptsache in den Fällen, in denen der Rechtsschutz in der Hauptsache zu spät käme (z.B. bei termingebundenen Ereignissen oder Existenzgefährdung des Antragstellers), zur Vermeidung irreparabler Schäden zulässig sein[554].

282

Nach diesen Grundsätzen müssen Sie im einzelnen erörtern, ob der Antragsteller einen Anordnungsanspruch und einen Anordnungsgrund glaubhaft gemacht hat.

Der Anordnungsanspruch ist der zu sichernde/regelnde materielle Anspruch des Antragstellers aus dem Hauptsacheverfahren. Zu unterscheiden sind die tatsächliche und die rechtliche Seite des Anordnungsanspruchs („Glaubhaftmachung des Anspruchs")[555]. Dies bedeutet, daß der dem Eilantrag zugrunde liegende Sachverhalt glaubhaft gemacht werden muß (§ 294 ZPO), während die zu entscheidenden Rechtsfragen nicht Gegenstand der Glaubhaftmachung sind.

283

Der Anordnungsgrund bei der Sicherungsanordnung liegt in der Gefährdung der Rechtsverwirklichung im Sinne der Rechtsvereitelung oder der wesentlichen Erschwerung der Rechtsverwirklichung. Bei der Regelungsanordnung ist der Anordnungsgrund gleichzusetzen mit Dringlichkeit bzw. Eilbedürftigkeit der Rechtsschutzgewährung. Es ist letztlich eine Frage des Einzelfalles, wann von einem besonderen Dringlichkeitsinteresse ausgegangen werden muß.

284

Gegenstand der Glaubhaftmachung sind, wie oben bereits ausgeführt, lediglich die dem vorläufigen Rechtsschutzgesuch zugrunde liegenden Tatsachen (§ 294 ZPO), nicht aber deren rechtliche Würdigung.

Das Gericht trifft bei Vorliegen der Voraussetzungen des § 123 Abs. 1 VwGO eine vorläufige Entscheidung, die gegebenenfalls eine Vorwegnahme der Hauptsache beinhaltet. Ist der Behörde bei ihrer Entscheidung ein Ermessen eingeräumt und macht der Antragsteller nicht glaubhaft, daß nur eine richtige Entscheidung in Betracht kommt, ist der Antrag grundsätzlich abzulehnen[556]. Eine Verpflichtung der Behörde im einst-

285

---

[553] Anders *Schoch* in: *Schoch*, § 123 Rdnr. 146–157, der es für unbedenklich hält, die Hauptsache bis zu einer rechtskräftigen Hauptsacheentscheidung auch endgültig vorwegzunehmen.
[554] Z.B. *BVerwG*, NVwZ 1999, 650 und NJW 2000, 160; s. hierzu auch *Mückl*, JA 2000, 329, 334.
[555] *Schoch* in: *Schoch*, § 123 Rdnr. 69.
[556] *Happ/Allesch/Geiger/Metschke*, Seite 186.

weiligen Rechtsschutzverfahren, über das Begehren des Antragstellers erneut unter Beachtung der Rechtsauffassung des Gerichts zu entscheiden, ist nur in seltenen Ausnahmefällen sinnvoll[557].

**286** Abschließend ein Formulierungsbeispiel für eine Regelungsanordnung[558]:

„Der Antrag auf Erlaß einer einstweiligen Anordnung ist zulässig und begründet.

Nach § 123 Abs. 1 Satz 1 VwGO ist eine einstweiligen Anordnung zulässig, wenn die Gefahr besteht, daß durch die Veränderung eines bestehenden Zustandes die Verwirklichung eines Rechts des Antragstellers vereitelt oder wesentlich erschwert werden könnte. Der Erlaß einer solchen Sicherungsanordnung scheidet hier aus, weil die Antragstellerin nicht den bestehenden Zustand gegen dessen drohende Veränderung gesichert haben will, sondern vielmehr eine vorläufige Erweiterung ihres Rechtskreises, nämlich ... begehrt.

Nach § 123 Abs. 1 Satz 2 VwGO ist eine einstweiligen Anordnung darüber hinaus zur Regelung eines vorläufigen Zustandes in bezug auf ein streitiges Rechtsverhältnis zulässig, wenn die Regelung nötig erscheint, um wesentliche Nachteile abzuwenden oder eine drohende Gefahren zu verhindern oder wenn sie aus anderen Gründen erforderlich ist. Dabei darf grundsätzlich nicht die Hauptsache vorweggenommen werden. Eine Ausnahme von diesem Grundsatz gilt nach der in Art. 19 Abs. 4 Satz 1 GG gewährleisteten Rechtsschutzgarantie jedoch dann, wenn der in der Hauptsache geltend gemachte Anspruch hinreichend wahrscheinlich ist und wegen des Nichterfüllens dieses Anspruchs schwere, unzumutbare oder nicht anders abwendbare Nachteile drohen. Diese Voraussetzungen sind wie alle Voraussetzungen des § 123 Abs. 1 Satz 2 VwGO glaubhaft zu machen (§ 920 Abs. 2 ZPO i.V.m. § 123 Abs. 3 VwGO). Ob eine Regelungsanordnung nötig erscheint, beurteilt sich nach den Erfolgsaussichten in der Hauptsache. Danach kommt eine Regelungsanordnung nur in Betracht, wenn ein Obsiegen der Antragstellerin in der Hauptsache mit überwiegender Wahrscheinlichkeit zu erwarten wäre und auch ein Zuwarten auf die Hauptsacheentscheidung nicht zumutbar wäre.

In Anwendung dieser Grundsätze sind vorliegend die Voraussetzungen einer solchen Regelungsanordnung gegeben.

Die Antragstellerin hat einen Anordnungsanspruch glaubhaft gemacht. Dieser folgt aus § ... Danach ... Diese Voraussetzungen liegen hier vor, denn ...

Die Antragstellerin hat ferner auch einen Anordnungsgrund glaubhaft gemacht, denn ...

Dem Erlaß der Regelungsanordnung nach § 123 Abs. 1 Satz 2 VwGO steht schließlich nicht das grundsätzliche Verbot der Vorwegnahme der Hauptsache entgegen. Wie ausgeführt, darf zur Gewährung effektiven Rechtsschutzes von diesem Verbot ausnahmsweise abgewichen werden, wenn die sonst zu erwartenden Nachteile für den Antragsteller unzumutbar und bei einem hinreichend wahrscheinlichen Obsiegen im Hauptsacheverfahren nicht mehr zu beseitigen wären. Davon ist hier auszugehen ..."

---

[557] S. z.B. *OVG Münster*, NJW 1988, 89; vgl. auch *VGH Mannheim*, DÖV 1985, 49; *Bosch/Schmidt*, § 58 IV.

[558] Nach der Auffassung, die überwiegende Erfolgsaussichten in der Hauptsache verlangt.

## § 17 Das Abänderungsverfahren nach § 80 Abs. 7 VwGO

Gemäß § 80 Abs. 7 VwGO kann das Gericht der Hauptsache Beschlüsse über Anträge nach § 80 Abs. 5 jederzeit aufheben oder ändern. Jeder Beteiligte kann die Änderung oder Aufhebung wegen veränderter oder im ursprünglichen Verfahren ohne Verschulden nicht geltend gemachter Umstände beantragen. Über den eingeschränkten Wortlaut hinaus ist die Vorschrift auch auf Anträge nach § 80 a VwGO und § 123 VwGO anwendbar[559]. Das praktische Erfordernis eines Abänderungsverfahrens folgt aus der Bindungswirkung der gerichtlichen Eilentscheidung für die Beteiligten bis zum Abschluß des Hauptsacheverfahrens; bis zu diesem Zeitpunkt kann sich aber – insbesondere, wenn sich das Hauptsacheverfahren über einen langen Zeitraum erstreckt – die Sach- und Rechtslage in entscheidenden Punkten ändern, die ein Festhalten an der betreffenden Eilentscheidung unzumutbar erscheinen läßt. Das Abänderungsverfahren schafft die Möglichkeit, derartigen Änderungen Rechnung zu tragen[560]. Es ist weder die Fortsetzung des Ausgangsverfahrens noch ein Rechtsmittelverfahren, sondern ein eigenständiges Verfahren, in dem über die Fortdauer der im Verfahren nach § 80 Abs. 5 VwGO getroffenen Entscheidung, nicht über deren ursprüngliche Rechtmäßigkeit befunden wird[561].

Die Einleitung des Abänderungsverfahrens erfolgt in der Regel durch Antrag eines Beteiligten des Ausgangsverfahrens und ausnahmsweise von Amts wegen durch das Gericht der Hauptsache. Dieses kann Beschlüsse nach § 80 Abs. 5 VwGO allerdings nur dann von Amts wegen ändern oder aufheben, wenn gewichtige Gründe dafür sprechen, den Belangen der materiellen Einzelfallgerechtigkeit und inhaltlichen Richtigkeit den Vorrang vor Rechtssicherheit und Vertrauensschutz einzuräumen. Der bloße Meinungswandel hinsichtlich der Beurteilung des Aussetzungsbegehrens reicht nicht aus[562]. Erforderlich ist vielmehr ein erheblicher Tatsachenirrtum oder ein schwerer Verfahrensfehler im Ausgangsverfahren.

Stellt ein Beteiligter den Abänderungsantrag, muß er „veränderte Umstände" geltend machen. Eine Veränderung in diesem Sinne liegt z.B. vor, wenn sich eine für die Rechtmäßigkeit des angefochtenen VA bedeutsame

---

[559] Kopp/Schenke, § 123 Rdnr. 35; BVerfG, InfAuslR 1995, 246, 251.
[560] Stellt das VG nach § 80 Abs. 5 VwGO die aufschiebende Wirkung eines Rechtsbehelfs gegen einen VA wieder her bzw. wird diese angeordnet, so wäre die sofortige Vollziehung eines neuen VA mit gleichem oder im wesentlichen gleichem Inhalt eine unzulässige Umgehung der Bindungswirkung des stattgebenden Beschlusses (vgl. OVG Lüneburg, NVwZ-RR 1995, 376; Schoch in: Schoch, § 80 Rdnr. 361).
[561] Hamann in: Finkelnburg/Jank, Rdnr. 1017.
[562] OVG Münster, NVwZ 1999, 894 = JuS 2000, 304.

Tatsache nachträglich ändert. Ein Beispiel hierfür: Das VG hat auf den Eilantrag des Nachbars N gegen die dem beigeladenen Bauherrn B erteilte Baugenehmigung die aufschiebende Wirkung des Widerspruchs angeordnet. Die Bauaufsichtsbehörde erteilt danach dem B eine Nachtragsbaugenehmigung. Dieser stellt einen Antrag auf Aufhebung des stattgebenden Beschlusses wegen der inzwischen ergangenen Nachtragsbaugenehmigung.

In dem angegebenen Beispiel dauert die Anordnung der aufschiebenden Wirkung des Widerspruchs durch das VG grundsätzlich auch dann fort, wenn nachträglich eine Änderungsgenehmigung ergeht[563]. Der Antrag nach § 80 Abs. 7 Satz 2 VwGO ist daher statthaft. Für das Abänderungsverfahren gelten die für das Aussetzungsverfahren maßgebenden Bestimmungen entsprechend. Das Gericht der Hauptsache entscheidet durch Beschluß. Es trifft seine Entscheidung nach den gleichen Grundsätzen wie die Ausgangsentscheidung. Da das Abänderungsverfahren ein selbständiges Verfahren ist, enthält der Beschluß eine Kostenentscheidung sowie eine Streitwertfestsetzung[564].

---

[563] *OVG Bautzen*, SächsVBl 2000, 55.
[564] Zur Tenorierung des Abänderungsbeschlusses s. das Tenorierungsbeispiel Nr. 6, Rdnr. 228.

# Vierter Abschnitt:
# Sonstige Beschlüsse des Verwaltungsgerichts

## § 18 Der Beschluss bei übereinstimmender Erledigung der Hauptsache

Haben die Beteiligten eines Rechtsstreits die Hauptsache übereinstimmend für erledigt erklärt, so wird der Rechtsstreit automatisch beendet[565]. Das VG prüft nicht, ob sich die Hauptsache durch ein erledigendes Ereignis nach Rechtshängigkeit tatsächlich erledigt hat. Die übereinstimmende Erledigungserklärung ist Ausfluß der auch für den Verwaltungsprozeß maßgeblichen Dispositionsmaxime. Das VG hat nur die Frage zu beantworten, ob übereinstimmende Erledigungserklärungen der Beteiligten vorliegen. Wird dies bejaht, stellt das Gericht entsprechend § 92 Abs. 3 VwGO das Verfahren ein und entscheidet gem. § 161 Abs. 2 VwGO durch unanfechtbaren Beschluß (vgl. § 158 Abs. 2 VwGO) nur noch darüber, wer die Kosten des Verfahrens zu tragen hat. Diese Entscheidung ist nach billigem Ermessen unter Berücksichtigung der bisherigen Sach- und Rechtslage zu treffen.

289

Der Beschluß wird wie gewöhnlich aufgebaut[566]. Im Rubrum ist darauf zu achten, daß nur ein richterliches Mitglied – entweder der Vorsitzende oder der Berichterstatter – über die übereinstimmende Erledigungserklärung entscheidet, sofern die Entscheidung im vorbereitenden Verfahren ergeht (§ 87 a Abs. 1 bzw. 3 VwGO). Der Tenor lautet wie folgt:

290

1) Das Verfahren wird eingestellt.
2) Die Kosten des in der Hauptsache übereinstimmend für erledigt erklärten Verfahrens werden der Beklagten auferlegt.
3) Der Streitwert wird auf 8.000 DM festgesetzt[567].

Danach folgen die Gründe zu I. (in der Praxis meist weggelassen), in denen kurz der Sachverhalt dargestellt wird, und die Gründe zu II. mit der rechtlichen Würdigung. Diese bezieht sich ausschließlich auf die Frage, wer die Kosten des Verfahrens zu tragen hat. Da die Kostenentscheidung unter Berücksichtigung des bisherigen Sach- und Streitstandes ergeht, kommt es grundsätzlich darauf an, wer die Kosten hätte tragen müs-

291

---

[565] Vgl. zur Erledigung in der Hauptsache *Feser/Kirchmaier*, Bay.VBl 1995, 641; *Schmitz*, JA 1996, 242; *Konrad*, JA 1998, 331.
[566] Ein ausführliches Muster finden Sie bei *Martens*, Rdnr. 408 f.
[567] Dieser Ausspruch ist entbehrlich, wenn der Bearbeitervermerk dies vorsieht.

sen, wenn sich die Hauptsache nicht erledigt hätte. Dies ist in der Regel diejenige Seite, die im Rechtsstreit voraussichtlich unterlegen wäre[568]. Hier müssen Sie gegebenenfalls eine ausführliche Prüfung der Rechtslage vornehmen, wie Sie es vom Hauptsacheverfahren her gewöhnt sind. Keinesfalls dürfen Sie sich in „schwammigen Billigkeitserwägungen" verlieren[569]. Bleiben die Erfolgsaussichten offen – etwa weil eine aufwendige Beweisaufnahme hätte durchgeführt werden müssen – sind die Kosten in der Regel zu teilen oder gegeneinander aufzuheben. Hat die Behörde den Kläger klaglos gestellt, so gilt folgendes: Es gibt keinen allgemeinen Grundsatz, daß die klaglosstellende Behörde die Verfahrenskosten stets zu tragen hat[570]. Gibt die Behörde aber trotz im wesentlichen unveränderter Sach- und Rechtslage ihren Rechtsstandpunkt erkennbar auf, gibt dieses Verhalten regelmäßig Anlaß, sie mit den Kosten zu belasten[571].

Die Entscheidung endet mit dem Hinweis, daß der Beschluß gemäß § 158 Abs. 2 VwGO unanfechtbar ist. Enthält er einen Ausspruch zur Streitwertfestsetzung, so ist diesbezüglich die Streitwertbeschwerde nach § 25 Abs. 3 GKG statthaft mit der Folge, daß eine entsprechende Rechtsmittelbelehrung beizufügen ist.

**292** Ein Formulierungsbeispiel für die Gründe zu II.:

„Nachdem die Beteiligten den Rechtsstreit übereinstimmend für erledigt erklärt haben, ist das Verfahren in entsprechender Anwendung des § 92 Abs. 3 VwGO einzustellen. Die zu treffende Kostenentscheidung regelt sich nach § 161 Abs. 2 VwGO. Danach entscheidet das Gericht im Falle der übereinstimmenden Erledigung des Rechtsstreits nach billigem Ermessen über die Kosten des Verfahrens; der bisherige Sach- und Streitstand ist zu berücksichtigen (§ 161 Abs. 2 VwGO). Billigem Ermessen entspricht es vorliegend, die Kosten des Verfahrens dem Kläger aufzuerlegen, weil dieser bei einer streitigen Entscheidung voraussichtlich unterlegen wäre.

Rechtsgrundlage für den Widerruf der Gaststättenerlaubnis in dem Bescheid des Beklagten vom 08. Mai 2000 war § 15 Abs. 2 GaststG. Danach ... Diese Voraussetzungen waren hier gegeben ...

Die Festsetzung des Streitwertes beruht auf § 13 Abs. 1 Satz 1 GKG.

Dieser Beschluß ist hinsichtlich der Entscheidung über die Kosten unanfechtbar (§ 158 Abs. 2 VwGO). Die Festsetzung des Streitwertes kann nach Maßgabe des § 25 Abs. 3 GKG mit der Beschwerde angefochten werden."

## § 19 Die Vorabentscheidung über die Zulässigkeit des Verwaltungsrechtsweges

**293** Unter Rdnr. 91 wurde erläutert, dass im Falle der Unzulässigkeit des Verwaltungsrechtsweges das *VG* den Rechtsstreit nach Anhörung der Be-

---

[568] S. die Rechtsprechungsnachweise bei *Kopp/Schenke*, § 161 FN 23.
[569] *Wahrendorf/Lemke/Lemke*, Klausur Nr. 3 FN 1.
[570] Vgl. *Clausing* in: *Schoch*, § 161 Rdnr. 24.
[571] *BVerwG*, NJW 1991, 2920.

teiligten an das zuständiger Gericht des zulässigen Rechtsweges verweist (§ 173 VwGO i.V.m. § 17 a Abs. 2 GVG). Keine Anwendung findet § 83 VwGO, denn diese Norm betrifft lediglich die örtliche und sachliche Zuständigkeit. Hält das VG dagegen den beschrittenen Rechtsweg für zulässig, hat es vorab zu entscheiden, sofern ein Beteiligter die Zulässigkeit des Rechtsweges rügt (§ 17 a Abs. 3 Satz 2 GVG). In solch einer Konstellation müssen Sie einen Verweisungsbeschluß oder eine Vorabentscheidung über die Zulässigkeit des Rechtsweges fertigen. Dies wird im folgenden kurz dargestellt.

Das Rubrum weist keine Besonderheiten auf. Beim Betreff sollten Sie den Zusatz: *„hier: Zulässigkeit des Rechtsweges"* aufnehmen. Der Tenor lautet im Falle der Verweisung: **294**

1) Der Rechtsweg zu den Gerichten der allgemeinen Verwaltungsgerichtsbarkeit ist unzulässig.
2) Der Rechtsstreit wird an das Landgericht Konstanz verwiesen.
3) Die Kostenentscheidung bleibt der Endentscheidung vorbehalten.

In den Verweisungsbeschluß ist keine Kostenentscheidung aufzunehmen, weil das zuständige Gericht nach § 17 b GVG insgesamt über die Kosten einschließlich der durch die Verweisung verursachten entscheidet. Ein entsprechender Ausspruch im Tenor ist nicht erforderlich, wird in der Verwaltungsgerichtsbarkeit aber häufig praktiziert[572].

Trifft das VG eine Vorabentscheidung über die Zulässigkeit des Verwaltungsrechtsweges, lautet der Tenor schlicht: *„Der Verwaltungsrechtsweg ist zulässig."*

Danach folgen die Gründe zu I. und II., die Sie nach dem üblichen Schema aufbauen. Handelt es sich um ein Hauptsacheverfahren und treffen Sie eine positive Entscheidung über den Rechtsweg, erörtern Sie alle in der Arbeit angesprochenen Sachprobleme im Hilfsgutachten. Entscheiden Sie dagegen im Eilverfahren, so kommt es darauf an, welcher der beiden oben unter Rdnr. 239 dargestellten Meinungen Sie folgen. Verneinen Sie die Anwendbarkeit des § 17 a GVG im vorläufigen Rechtsschutzverfahren, führen Sie dies aus und lehnen den Antrag als unzulässig ab. Bejahen Sie die Zulässigkeit des Rechtsweges, so entscheiden Sie trotz Rüge nach § 17 a Abs. 3 Satz 2 GVG wegen der Eilbedürftigkeit zugleich in der Sache. **295**

Ein Formulierungsbeispiel für einen Verweisungsbeschluß: **296**

Gründe:
I.
Die Klägerin begehrt von dem Beklagten die Vernichtung erkennungsdienstlicher Unterlagen.

---

[572] S. auch *Geiger*, JuS 1998, 343, 349.

Anläßlich eines gegen die Klägerin eingeleiteten Ermittlungsverfahrens (Aktenzeichen 4 Js 176/99) wegen schwerer räuberischer Erpressung wurden vom Polizeipräsidium Mainz Lichtbilder angefertigt, die der Staatsanwaltschaft übersandt wurden und die sich auch nach Abschluß des Ermittlungsverfahrens, das mit einem Freispruch mangels Beweises der Täterschaft der Klägerin endete, noch in den Strafakten befinden. Mit Schreiben vom 16. Februar 2000 beantragte die Klägerin bei dem Beklagten die Vernichtung der in den Strafakten der Staatsanwaltschaft Mainz aufbewahrten erkennungsdienstlichen Daten, das von dem Beklagten abgelehnt wurde.

Hiergegen hat die Klägerin am 17. Mai 2000 Klage erhoben. Sie trägt vor, die Polizei habe die Lichtbilder im Ermittlungsverfahren zu Unrecht angefertigt und der Staatsanwaltschaft übersandt. Es stehe ihr daher ein Vernichtungsanspruch zu.

Sie beantragt,
den Beklagten zu verpflichten, die im Ermittlungsverfahren 4 Js 176/99 von ihr angefertigten erkennungsdienstlichen Unterlagen zu vernichten.

Der Beklagte beantragt,
die Klage abzuweisen.

Er rügt die Zulässigkeit des Rechtsweges und führt hierzu aus, für den von der Klägerin geltend gemachten Anspruch auf Vernichtung von bei der Staatsanwaltschaft in den Strafakten geführten erkennungsdienstlichen Unterlagen sei das Zivilgericht zuständig. Im übrigen sei der Anspruch auch unbegründet, da die Daten zu Recht angefertigt worden seien.

II.

Der Rechtsstreit ist gemäß § 17a Abs. 2 Satz 1 GVG i.V.m. § 173 VwGO an das Oberlandesgericht Koblenz zu verweisen, da der Rechtsweg zu den Verwaltungsgerichten vorliegend nicht eröffnet ist.

Für das Begehren der Klägerin, das beklagte Land zu verpflichten, alle erkennungsdienstlichen Unterlagen, insbesondere alle Lichtbilder, die anläßlich des Ermittlungsverfahrens 4 Js 176/99 der Staatsanwaltschaft Mainz angefertigt wurden, zu vernichten, ist der Verwaltungsrechtsweg nach § 40 Abs. 1 VwGO nicht gegeben. Aufgrund der besonderen Rechtswegregelung des § 23 Abs. 1 Satz 1 EGGVG entscheiden die ordentlichen Gerichte über die Rechtmäßigkeit der Anordnungen, Verfügungen oder sonstigen Maßnahmen, die von den Justizbehörden zur Regelung einzelner Angelegenheiten auf dem Gebiet der Strafrechtspflege getroffen werden. Der Rechtsschutz gegen Strafermittlungs- und Strafverfolgungsmaßnahmen ist somit Aufgabe der ordentlichen Gerichte; über einen entsprechenden Antrag hat gemäß § 25 Abs. 1 Satz 1 EGGVG ein Strafsenat des Oberlandesgerichtes zu entscheiden, in dessen Bezirk die Justizbehörde ihren Sitz hat. Der Regelung des Rechtsweges bei sog. Justizverwaltungsakten liegt die Annahme zugrunde, daß die ordentlichen Gerichte für die Entscheidung über die Rechtmäßigkeit von Verwaltungsmaßnahmen auf den im einzelnen bezeichneten Gebieten besser gerüstet sind und ihnen deshalb von der Sache her näher stehen als die Gerichte der allgemeinen Verwaltungsgerichtsbarkeit.

Die Klägerin kann den von ihr geltend gemachten Anspruch auf Vernichtung der in den staatsanwaltlichen Ermittlungsakten vorhandenen Lichtbilder nicht im Verwaltungsrechtsweg durchsetzen. Die Aufbewahrung dieses Bildmaterials ist eine Maßnahme der Staatsanwaltschaft auf dem Gebiet der Strafrechtspflege und unterliegt damit der Kontrolle der ordentlichen Gerichte. Die fraglichen Polaroidaufnahmen fertigten Beamte des Polizeidienstes als Hilfsbeamte der Staatsanwaltschaft am 30. August 1999 für die Zwecke der Durchführung eines Strafverfahrens nach § 81 b 1. Alt. StPO an, denn sie sollten zur Klärung des hinsichtlich der Klägerin bestehenden Verdachts der räuberischen Erpressung dienen. Zum Zwecke des Strafverfahrens wurden diese Lichtbilder der Staatsanwaltschaft als „Herrin des Ermittlungsverfahrens" übersandt und somit Bestandteil der bei der Staatsanwaltschaft geführten Strafakten. Über den weiteren

## Vierter Abschnitt: Sonstige Beschlüsse des Verwaltungsgerichts

Verbleib der Lichtbilder in den Strafakten entscheidet nunmehr allein die Staatsanwaltschaft als aktenführende Behörde. Da die Staatsanwaltschaft anders als die Polizei, die sowohl zur (repressiven) Strafverfolgung (§ 81 b 1. Alt. StPO) als auch zum (präventiven) Erkennungsdienst (§ 81 b 2. Alt. StPO) tätig werden kann, nur für strafverfahrensrechtliche Maßnahmen im Ermittlungsverfahren zuständig ist, kann die Aufbewahrung von Lichtbildern in den Strafakten auch nach Abschluß des Ermittlungsverfahrens durch Einstellung nach § 170 Abs. 2 StPO keine andere Zweckbestimmung erhalten. Die Aktenführung ist bloße Nachwirkung der eingeleiteten Strafverfolgungsmaßnahme und gehört damit zur Tätigkeit der Staatsanwaltschaft auf dem Gebiet der Strafrechtspflege. Es ist insofern für den Rechtsweg unerheblich, ob die Polizei die Lichtbilder zu Recht angefertigt und der Staatsanwaltschaft übersandt hat.

Die Kostenentscheidung bleibt der Endentscheidung vorbehalten.

Rechtsmittelbelehrung: Beschwerde nach § 17 Abs. 2 GVG i.V.m. §§ 146 Abs. 1, 147 VwGO.

# Dritter Teil: Die Entscheidung des Oberverwaltungsgerichts

## Erster Abschnitt: Die Normenkontrolle nach § 47 VwGO

### Erstes Kapitel: Das Normenkontrollurteil

#### § 20 Allgemeines

Das in § 47 VwGO geregelte Normenkontrollverfahren hat sowohl in der Praxis als auch im Assessorexamen eine erhebliche Bedeutung. Nach § 47 Abs. 1 VwGO entscheidet das OVG[573] im Rahmen seiner Gerichtsbarkeit auf Antrag u.a. über die Gültigkeit von Bebauungsplänen (§ 47 Abs. 1 Nr. 1) sowie von anderen im Rang unter dem Landesgesetz stehenden Rechtsvorschriften, sofern das Landesrecht dies bestimmt (§ 47 Abs. 1 Nr. 2)[574]. Prüfungsrelevant ist vor allem die Kontrolle von Bebauungsplänen.

Da die Kontrolle von Normen an sich der Verfassungsgerichtsbarkeit obliegt, weist das Verfahren gemäß § 47 VwGO einige Besonderheiten gegenüber dem üblichen Verwaltungsprozeß auf. Die Normenkontrolle ist sowohl subjektives Rechtsschutz- als auch objektives Beanstandungsverfahren.

Nach § 47 Abs. 5 Satz 1 VwGO entscheidet das OVG durch Urteil oder, soweit eine mündliche Verhandlung nicht erforderlich ist, durch Beschluß. Hält das OVG die überprüfte Rechtsvorschrift für ungültig, so erklärt es sie für nichtig (Satz 2 Halbsatz 1). In diesem Fall ist die Ent-

297

298

---

[573] In den Bundesländern Bayern, Baden-Württemberg und Hessen lautet die Bezeichnung „Verwaltungsgerichtshof" (VGH).

[574] Die Normenkontrolle eingeführt haben Baden-Württemberg (§ 4 BadWürttAG-VwGO), Bayern (Art. 5 BayAGVwGO), Brandenburg (§ 4 Abs. 1 BbgVwGG), Bremen (Art. 7 AGVwGO), Hessen (§ 15 Abs. 1 HessAGVwGO), Mecklenburg-Vorpommern (§ 13 MVAGGerStrG), Niedersachsen (§ 7 NdsAGVwGO), Rheinland-Pfalz (§ 4 RhPfAGVwGO) mit der Einschränkung, daß Rechtsverordnungen, die Handlungen eines Verfassungsorgans im Sinne des Art. 130 Abs. 1 der Verfassung für Rheinland-Pfalz sind, ausgeschlossen sind, Saarland (§ 18 SaarlAGVwGO), Sachsen (§ 18 Abs. 1 SächsJustAG), Sachsen-Anhalt (§ 10 SachsAnhAGVwGO), Schleswig-Holstein (§ 5 SchlHAGVwGO) und Thüringen (§ 4 ThürAGVwGO). Berlin, Hamburg und Nordrhein-Westfalen haben bisher keine entsprechenden Regelungen getroffen.

scheidung allgemein verbindlich und die Entscheidungsformel vom Antragsgegner ebenso zu veröffentlichen wie die Rechtsvorschrift bekanntzumachen wäre (Satz 2 Halbsatz 2). Können festgestellte Mängel der Satzung durch ein ergänzendes Verfahren i.S.d. § 215 a BauGB behoben werden, so erklärt das *OVG* die Satzung bis zur Behebung des Mangels für nicht wirksam (s. Satz 4). Die Normenkontrollentscheidung des *OVG* kann gemäß §§ 132 ff. VwGO mit der Revision bzw. Nichtzulassungsbeschwerde angefochten werden.

## § 21 Das Rubrum

299  Das Rubrum folgt den üblichen Regeln. Die Entscheidung des *OVG* ergeht „*Im Namen des Volkes*". Danach folgt „*In dem Normenkontrollverfahren*" oder „*In der Normenkontrollsache*". Die Beteiligten werden, da es sich nicht um ein Klage-, sondern um ein Antragsverfahren handelt, als „*Antragsteller*" und „*Antragsgegner*" bezeichnet. Antragsgegner ist nach § 47 Abs. 2 Satz 2 VwGO die Körperschaft, Anstalt oder Stiftung, welche die Rechtsvorschrift erlassen hat. Probleme tauchen hier nicht auf. Als sonstiger Beteiligter kommt nur der Vertreter des öffentlichen Interesses in Betracht. Eine Beiladung kennt das Normenkontrollverfahren nicht[575]. Als Betreff geben Sie z.B. „*Normenkontrolle (Bebauungsplan)*" an. Je nach Bundesland ist der entscheidende Senat mit drei oder fünf Richtern besetzt (vgl. § 9 Abs. 3 Satz 1 2. HS VwGO)[576].

## § 22 Der Tenor

300  Der Tenor des Urteils besteht im Unterschied zu dem verwaltungsgerichtlichen Urteil zusätzlich aus einem Ausspruch über die (Nicht)Zulassung der Revision (Ziffer 4 der Urteilsformel). Bleibt der Antrag erfolglos, lautet der Tenor zu 1):

„Der Antrag, den Bebauungsplan „Auf der Heide" der Gemeinde Mühlbach für nichtig zu erklären, wird abgelehnt".

Gibt das *OVG* dem Antrag in vollem Umfang statt, so wird wie folgt tenoriert:

---

[575] Vgl. *BVerwG*, NVwZ-RR 1994, 235; s. aber zur Anhörung Dritter im Normenkontrollverfahren gegen Bebauungspläne *Bracher*, DVBl 2000, 165.
[576] Drei Berufsrichter z.B. in Rheinland-Pfalz (§ 1 Abs. 2 RhPfAGVwGO), fünf Berufsrichter z.B. in Nordrhein-Westfalen (§ 10 Abs. 2 NWAGVwGO) und Hessen (§ 15 Abs. 2 Satz 1 HessAGVwGO), drei Berufsrichter und zwei ehrenamtliche Richter z.B. in Berlin (§ 2 Abs. 1 BerlAGVwGO) und Niedersachsen (§ 4 NdsVwGG).

1) Der Bebauungsplan „Im Goldgrund" der Stadt Flensburg wird für nichtig erklärt.
2) Die Antragsgegnerin hat die Kosten des Verfahrens zu tragen.
3) Das Urteil ist wegen der Kosten vorläufig vollstreckbar. Der Antragsgegnerin wird nachgelassen, die Vollstreckung durch Sicherheitsleistung in Höhe der festzusetzenden Kosten abzuwenden, wenn nicht der Antragsteller vor der Vollstreckung Sicherheit in gleicher Höhe leistet.
4) Die Revision wird (nicht) zugelassen.

Dieser Ausspruch dürfte seit der Einfügung des § 47 Abs. 5 Satz 4 VwGO i.V.m. § 215 a BauGB allerdings nicht mehr allzu häufig vorkommen. Können nämlich festgestellte Mängel des Bebauungsplans durch ein ergänzendes Verfahren nach § 215 a BauGB behoben werden, so erklärt das OVG den Bebauungsplan bis zur Behebung der Mängel „nur" für nicht wirksam. Ein Ermessen des Normenkontrollgerichts, die Vorschriften der §§ 47 Abs. 5 Satz 4, 215 a Abs. 1 BauGB außer Acht zu lassen und den Bebauungsplan statt dessen für nichtig zu erklären, ist ausgeschlossen; diese Bestimmungen sind zwingendes Recht[577]. Zu den Verfahrens- und Formfehlern, die im ergänzenden Verfahren geheilt werden können, zählen nach § 215 a Abs. 2 BauGB auch solche nach Landesrecht[578] wie etwa eine fehlerhafte Ausfertigung des Bebauungsplans oder Mitwirkung eines befangenen Ratsmitglieds[579]. Aber auch materielle Mängel wie ein Verstoß gegen das Abwägungsgebot des § 1 Abs. 6 BauGB können im ergänzenden Verfahren geheilt werden und zwar auch dann, wenn zur Behebung des Mangels der Planinhalt geändert werden muß[580]. Etwas anderes gilt aber dann, wenn der Abwägungsmangel von solcher Art und Schwere ist, daß er die Planung als Ganzes von vornherein in Frage stellt[581]. In diesem Fall ist der Bebauungsplan für nichtig zu erklären. Kommt die Behebung des Fehlers in Betracht und hat der Antragsteller beantragt, den Bebauungsplan für nichtig zu erklären, tenorieren Sie folgendermaßen:

1) Der Bebauungsplan „Im Goldgrund" der Stadt Flensburg wird für nicht wirksam erklärt. Im übrigen wird der Antrag abgelehnt.
2) Die Kosten des Verfahrens hat die Antragsgegnerin zu tragen.
3) Das Urteil ist wegen der Kosten vorläufig vollstreckbar. Der Antragsgegnerin wird nachgelassen, die Vollstreckung durch Sicherheitsleistung in Höhe der festzuset-

---

[577] BVerwG, DÖV 2000, 469.
[578] BVerwG, DÖV 2000, 469.
[579] OVG Koblenz, NVwZ-RR 2000, 103; ausführlich zu Möglichkeiten und Grenzen der Heilung von Satzungen nach § 215a BauGB Schmidt, NVwZ 2000, 977.
[580] BVerwG, BauR 2000, 684.
[581] BVerwG, BayVBl 1999, 99; OVG Münster, NVwZ 1999, 79; OVG Bautzen, SächsVBl 2000, 115: „Ein ergänzendes Verfahren nach § 215 a BauGB kommt nur dann in Betracht, wenn das ursprüngliche Verfahren und sein Ergebnis wenigstens teilweise noch verwertbar ist. Dagegen dürfen nicht nahezu alle Verfahrensschritte in einer Weise durchgeführt werden müssen, wie dies bei einem erstmaligen Aufstellungsverfahren erforderlich wäre."

zenden Kosten abzuwenden, wenn nicht der Antragsteller vor der Vollstreckung Sicherheit in gleicher Höhe leistet.
4) Die Revision wird (nicht) zugelassen.

Die Kostenvorschriften der §§ 154 ff VwGO sind analog anzuwenden. Hat der Antragsteller die Feststellung der Nichtigkeit des Bebauungsplans beantragt und erklärt das *OVG* den Bebauungsplan nur für nicht wirksam, weil der Fehler im ergänzenden Verfahren geheilt werden kann, so kann trotz des Unterliegens im übrigen je nach Fall ein Beteiligter mit den gesamten Kosten des Verfahrens nach § 155 Abs. 1 Satz 3 VwGO belastet werden[582].

Da der Tenor keinen vollstreckungsfähigen Inhalt hat, bezieht sich die Vollstreckbarkeitsentscheidung nur auf die Kosten.

## § 23 Der Tatbestand

302   Der Tatbestand beginnt mit einem Einleitungssatz (z.B. *„Die Antragstellerin wendet sich gegen den Bebauungsplan „Kantstraße" der Gemeinde Schöneberg"*). Danach stellen Sie die Verfahrensgeschichte der Satzung, soweit sie für die Entscheidung von Relevanz ist, dar. Ist ein Bebauungsplan Gegenstand des Verfahrens, beschreiben Sie genau, wo sich das Grundstück des Antragstellers befindet. Anschließend folgt das Datum der Antragstellung, der Vortrag und Antrag des Antragstellers, der Ablehnungsantrag und Sachvortrag des Antragsgegners, die Prozeßgeschichte und der Schlußsatz nach § 117 Abs. 3 Satz 2 VwGO.

## § 24 Die Entscheidungsgründe

303   Die Entscheidungsgründe werden ebenso aufgebaut wie im verwaltungsgerichtlichen Urteil. Zu Beginn wird das Ergebnis bekanntgegeben (z.B.*„Der Normenkontrollantrag ist zulässig und begründet"*) und anschließend die Zulässigkeit sowie Begründetheit des Antrags erörtert.

### I. Die Zulässigkeit des Normenkontrollantrags

#### 1. Die Statthaftigkeit des Antrags

304   Die Statthaftigkeit des Antrags richtet sich nach § 47 Abs. 1 VwGO. Nach dessen Nr. 1 sind Satzungen, die nach den Vorschriften des BauGB

---

[582] Vgl. *BVerwG*, BauR 2000, 684.

erlassen worden sind, sowie Rechtsverordnungen aufgrund des § 246 Abs. 2 BauGB mit der Normenkontrolle angreifbar. Dazu zählen insbesondere Bebauungspläne (§ 10 BauGB), Veränderungssperren (§ 16 Abs. 1 BauGB), Vorkaufsrechtssatzungen (§ 25 Abs. 1 BauGB), Innenbereichssatzungen (§ 34 Abs. 4 BauGB) und Außenbereichssatzungen (§ 35 Abs. 6 BauGB), nicht aber Flächennutzungspläne[583] und Bebauungsplanentwürfe[584].

§ 47 Abs. 1 Nr. 2 VwGO betrifft die Überprüfung von im Rang unter dem Landesgesetz stehenden Rechtsvorschriften, sofern das Landesrecht die Normenkontrolle für anwendbar erklärt. Hier ist es erforderlich, die landesrechtliche Norm zu zitieren, die den Weg zur Normenkontrolle eröffnet[585]. Ein Formulierungsbeispiel:

„Der Antrag ist nach § 47 Abs. 1 Nr. 2 VwGO statthaft. Die Polizeiverordnung der Antragsgegnerin kann Gegenstand einer Normenkontrolle sein, weil das Land Sachsen-Anhalt mit § 10 SachsAnhAGVwGO von der Ermächtigung des § 47 Abs. 1 Nr. 2 VwGO Gebrauch gemacht hat, zu bestimmen, daß im Rang unter dem Landesgesetz stehenden Rechtsvorschriften auf ihre Gültigkeit zu überprüfen sind ..."

Im Assessorexamen dürften als sonstige untergesetzliche Rechtsvorschriften im Sinne der genannten Bestimmung vor allem Polizeiverordnungen, Geschäftsordnungen eines kommunalen Vertretungsorgans oder andere kommunalen Satzungen (z.B. aus dem Kommunalabgabenrecht[586]) in Betracht kommen. Aktuell sind insbesondere sog. Bettelverbotssatzungen[587], Taubenfütterungsverbotssatzungen[588], ladenschlußrechtliche Rechtsverordnungen[589] sowie der Dauerbrenner Bayerische Biergartenverordnung[590].

Verwaltungsvorschriften unterfallen grundsätzlich nicht dem Anwendungsbereich des § 47 Abs. 1 Nr. 2 VwGO. Etwas anderes gilt allerdings

---

[583] Der Flächennutzungsplan ist lediglich ein vorbereitender Bauleitplan; vgl. *BVerwG*, NVwZ 1991, 262.
[584] HM, z.B. *VGH München*, UPR 1999, 439 m.w.N. und NVwZ-RR 2000, 469.
[585] Denkbar ist eine Klausur, die eine Vorschrift im Sinne des § 47 Abs. 1 Nr. 2 VwGO zum Gegenstand hat, ohnehin nur in den Bundesländern, die die Normenkontrolle eingeführt haben.
[586] S. hierzu *Decker/Konrad*, Klausur Nr. 6.
[587] S. *VGH Mannheim*, NVwZ 1999, 560 zu einer Polizeiverordnung, die das Betteln auf öffentlichen Straßen und in öffentlichen Anlagen schlechthin untersagt; vgl. hierzu auch die Klausur von *Kube*, JuS 1999, 176 ; ferner *VGH Mannheim*, VBlBW 1999, 101 zu einer Polizeiverordnung, die auf öffentlichen Straßen und Gehwegen und in Grün- und Erholungsanlagen das Niederlassen außerhalb von Freiausschankflächen ausschließlich oder überwiegend zum Zwecke des Alkoholgenusses untersagt.
[588] S. hierzu *OVG Lüneburg*, NuR 1997, 610 und nachgehend *BVerwG*, Buchholz 418.9 TierSchG Nr 10; *VGH München*, BayVBl 1998, 311 sowie die Klausur von *Jahn*, JuS 1999, 1004.
[589] Z.B. *BVerwG*, NJW 1999, 1567 O JuS 2000, 197; *OVG Magdeburg*, NJW 1999, 2985; *VG Berlin*, NJW 1999, 2988 („Berlin Souvenir").
[590] Zuletzt *BVerwG*, NVwZ 1999, 2201.

dann, wenn es um (abstrakt-generelle) Regelungen der Exekutive geht, die wie die Regelsätze im Sozialhilferecht rechtliche Außenwirkung gegenüber dem Bürger entfalten und auf diese Weise dessen subjektiv-öffentlichen Rechte unmittelbar berühren[591].

## 2. Zuständigkeit des Oberverwaltungsgerichts

306  Dieser Prüfungspunkt ist nur ausnahmsweise anzusprechen. Da das OVG nach § 47 Abs. 1 VwGO nur „im Rahmen seiner Gerichtsbarkeit" entscheidet, ist der Normenkontrollantrag nur zulässig hinsichtlich solcher Rechtssätze, zu deren Vollzug im Verwaltungsrechtsweg anfechtbare oder mit Verpflichtungsklagen erzwingbare VAe ergehen können oder aus deren Anwendung sonstige öffentlich-rechtliche Streitigkeiten entstehen können, für die der Verwaltungsrechtsweg gegeben ist[592]. Enthält die beanstandete Satzung neben verwaltungsrechtlichen Regelungen z.B. auch Bestimmungen, die rein ordnungswidrigkeitsrechtlicher Natur sind (Beispiel: Die Bettelverbotssatzung der Stadt S enthält in § 7 die Regelung, daß das in § 2 verbotene Betteln auf öffentlichen Straßen in der Stadt S eine Ordnungswidrigkeit im Sinne des Polizeigesetzes darstellt und mit einem Bußgeld bis zu 1000 DM geahndet werden kann), so ist das OVG trotz des engen Zusammenhangs mit der gleichzeitig zur Prüfung gestellten öffentlich-rechtlichen Verbotsvorschrift nicht befugt, die Bewehrungsvorschrift im Falle der Nichtigkeit der Verbotsnorm mit der in § 47 Abs. 5 Satz 2 2. HS VwGO angeordneten Wirkung für nichtig zu erklären[593]. Der Antrag ist insoweit unzulässig.

## 3. Partei- und Prozeßfähigkeit

307  Antragsberechtigt sind nach § 47 Abs. 2 Satz 1 VwGO natürliche und juristische Personen sowie jede Behörde. Die genannte Vorschrift verdrängt als speziellere Regelung § 61 VwGO. Behörden sind anders als nach § 61 Nr. 3 VwGO nicht nur dann antragsberechtigt, wenn das Landesrecht dies bestimmt[594]. Die antragstellende Behörde muß ein besonders qualifiziertes Verhältnis zu der betreffenden Norm haben. Dies ist der Fall, wenn die Behörde mit der Anwendung der Norm befaßt ist[595].

Die Prozeßfähigkeit richtet sich nach der allgemeinen Vorschrift des § 62 VwGO.

---

[591] *BVerwG*, NVwZ 1994, 1213.
[592] *Kopp/Schenke*, § 47 Rdnr. 17.
[593] *Kube*, JuS 1999, 176, 178.
[594] *Ziekow* in: *Sodan/Ziekow*, § 47 Rdnr. 235; *Gerhardt* in: *Schoch*, § 47 Rdnr. 82.
[595] Vgl. *Ziekow* in: *Sodan/Ziekow*, § 47 Rdnr. 237 m.w.N.

Natürliche Personen und juristische Personen des Privatrechts sind vor dem OVG nur postulationsfähig, wenn sie anwaltlich vertreten sind. Der Vertretungszwang ergibt sich aus § 67 Abs. 1 Satz 1 VwGO. Für juristische Personen des öffentlichen Rechts gilt § 67 Abs. 1 Satz 3 VwGO.

## 4. Die Antragsbefugnis

Die Antragsbefugnis müssen Sie immer erörtern. Nach § 47 Abs. 2 VwGO in der seit dem 01. Januar 1997 gültigen Fassung ist antragsbefugt jede natürliche oder juristische Person, die geltend macht, durch die Rechtsvorschrift oder deren Anwendung in ihren Rechten verletzt zu sein oder in absehbarer Zeit verletzt zu werden[596]. Die Anforderungen an die Geltendmachung einer Rechtsverletzung in § 47 Abs. 2 Satz 1 VwGO sind nicht höher als in § 42 Abs. 2 VwGO[597]. Ausreichend ist, daß der Antragsteller hinreichend substantiiert Tatsachen vorträgt, die es zumindest als möglich erscheinen lassen, daß er durch den zur Prüfung gestellten Rechtssatz in einem subjektiven Recht verletzt wird[598]. Eine Rechtsverletzung ist dabei nicht nur dann möglich, wenn die Norm oder ihre Anwendung unmittelbar in eine Rechtsstellung eingreift. Entscheidend ist vielmehr, ob sich die mögliche Verletzung subjektiver Rechte der angegriffenen Norm tatsächlich und rechtlich zuordnen läßt[599].

308

In bezug auf Bebauungspläne ist die Antragsbefugnis regelmäßig zu bejahen, wenn sich ein Eigentümer eines im Plangebiet gelegenen Grundstücks gegen eine bauplanerische Festsetzung wendet, die unmittelbar sein Grundstück betrifft. Die Festsetzungen des Bebauungsplans bestimmen, soweit es um die bebauungsrechtlich zulässige Nutzung geht, Inhalt und Schranken des Eigentums. Antragsbefugt ist neben dem Eigentümer der Inhaber einer eigentumsähnlichen Position[600] sowie grundsätzlich auch der Pächter eines im Plangebiet gelegenen Grundstücks[601]. Grenzt das Grundstück des Antragstellers nur an das Plangebiet an, ist gegebenenfalls die umstrittene Rechtsfrage zu erörtern, ob § 1 Abs. 6 BauGB ein subjektiv öffentliches Recht auf fehlerfreie Abwägung der privaten Belange im Bebauungsplanaufstellungsverfahren begründet[602]. Das *BVerwG*

309

---

[596] Die Neufassung des § 47 Abs. 2 VwGO findet auf bereits vor ihrem Inkrafttreten anhängige Normenkontrollverfahren keine Anwendung; hier gilt der bisherige Nachteilsbegriff (*BVerwG*, NVwZ 1998, 731).
[597] NJW 1999, 592 = JuS 1999, 717.
[598] *BVerwG*, NVwZ 1998, 732.
[599] *BVerwG*, GewArch 1999, 168.
[600] Diesem gleichgestellt ist der Inhaber einer dinglichen Rechtsposition, z.B. einer Auflassungsvormerkung (*VGH Mannheim* VGHBW RSpDienst 1999, Beilage 3, B 1)
[601] *BVerwG*, NVwZ 2000, 806.
[602] Verneinend *OVG Münster*, NVwZ 1997, 694 und *VGH Mannheim*, BauR 1998, 989; bejahend *VGH München*, BayVBl 1997, 591; *VGH Mannheim*, VBlBW 1997, 426; *Schenke*, DVBl 1997, 853; differenzierend *Löhning*, JuS 1998, 315, 317.

hat diese Rechtsfrage mit Urteil vom 24. September 1998[603] dahingehend entschieden, daß das in § 1 Abs. 6 BauGB enthaltene Abwägungsgebot drittschützenden Charakter hinsichtlich solcher privater Belange habe, die für die Abwägung erheblich seien. Danach reicht es aus, daß der Antragsteller Tatsachen vorträgt, die eine fehlerhafte Behandlung seiner Belange in der Abwägung als möglich erscheinen lassen. Macht der Antragsteller eine Verletzung des Abwägungsgebots geltend, so muß er einen eigenen Belang als verletzt benennen, der für die Abwägung überhaupt zu beachten war. Nicht erforderlich ist die Darlegung, daß der behauptete Abwägungsfehler auch beachtlich im Sinne von § 214 Abs. 3 Satz 2 BauGB ist. Zu berücksichtigen ist also der private Belang, der in der konkreten Planungssituation einen städtebaulich relevanten Bezug hat. Nicht abwägungsbeachtlich sind daher geringwertige oder mit einem Makel behaftete Interessen sowie solche, auf deren Fortbestand kein schutzwürdiges Vertrauen besteht oder solche, die für die Gemeinde bei der Entscheidung über den Plan nicht erkennbar waren.

**310** Als schutzwürdiger privater Belang i.S.d. § 1 Abs. 6 BauGB sind z.B. angesehen worden[604]: das Interesse am Schutz der Wohnbebauung vor der Festsetzung von Spiel-, Sport- oder Bolzplätzen in der Nachbarschaft; der Schutz vor Lärmeinwirkungen, die sich aufgrund der Festsetzungen eines Bebauungsplans ergeben können oder der Schutz einer Wohnnutzung gegenüber einem Bebauungsplan, der eine mit Emissionen verbundene gewerbliche oder industrielle Nutzung in der Nachbarschaft zuläßt[605]; das Interesse an der weiteren Ausnutzung eines vorhandenen Betriebsbestandes und das Bedürfnis nach einer künftigen Betriebsausweitung[606]; der Wunsch des Grundstückspächters, ein für die Existenz des Betriebes wichtiges Grundstück unabhängig von der Laufzeit des Pachtvertrages in derselben Weise wie bisher auf Dauer nutzen zu können[607]. Keine schutzwürdigen privaten Belange i.S.d. § 1 Abs. 6 BauGB sind allgemeine Belange des Naturschutzes oder der Erholungswert der Landschaft oder das Interesse am Schutz vor Konkurrenzbetrieben.

Prüfungsrelevant kann auch die Anfechtung eines Bebauungsplans durch die Nachbargemeinde sein. Besondere Bedeutung kommt dieser Thematik in neuerer Zeit im Zusammenhang mit der Ansiedlung sog. Factory-Outlet-Center[608] oder Freizeiteinrichtungen[609] zu. Die Antrags-

---

[603] NJW 1999, 592 = JuS 1999, 717; ebenso *BVerwG*, BauR 2000, 243.
[604] Eine ausführliche Übersicht finden Sie bei *Kopp/Schenke*, § 47 Rdnr. 73.
[605] Vgl. *BVerwG*, NVwZ 2000, 197 und NVwZ 2000, 807.
[606] *BVerwG* DVBl 1971, 746.
[607] *BVerwG*, NVwZ 2000, 806.
[608] S. hierzu z.B. *OVG Koblenz*, GewArch 1999, 213; *VGH München*, UPR 1999, 432; *OVG Frankfurt/Oder*, NVwZ 1999, 434; *Wagner*, ZfBR 2000, 21; *Uechtritz*, BauR 1999, 573; *Erbguth*, NVwZ 2000, 969.
[609] *OVG Frankfurt/Oder*, LKV 1998, 359 zur Errichtung eines Multiplex-Kinos.

befugnis der Nachbargemeinde kann sich aus dem in § 2 Abs. 2 BauGB verankerten interkommunalen Abstimmungs- oder Rücksichtnahmegebot ergeben. Nach dieser Vorschrift sind die Bauleitpläne benachbarter Gemeinden aufeinander abzustimmen. Unter einer „benachbarten Gemeinde" i.S.d. Bestimmung sind nicht nur die unmittelbar angrenzenden zu verstehen, sondern alle Gemeinden, die von den Auswirkungen einer Planung betroffen sind[610]. Einer Abstimmung bedarf es nach hM unabhängig davon, ob in der Nachbargemeinde bereits Bauleitpläne oder bestimmte planerische Vorstellungen bestehen, immer dann, wenn „unmittelbare Auswirkungen gewichtiger Art" in Betracht kommen[611]. Es muß sich um eine gleichsam grenzüberschreitende Planung handeln, der auf der anderen Seite Rechte (und nicht nur Erwartungen) gegenüber- und entgegenstehen, die ihre Grundlage in der jeder Gemeinde zustehenden eigenverantwortlichen Bauleitplanung haben[612].

Bei sonstigen Rechtsnormen ist jeder antragsbefugt, der aufgrund konkreter Umstände damit rechnen muß, daß auf der Grundlage der angefochtenen Rechtsvorschrift belastende Maßnahmen gegen ihn ergriffen werden, gegen die er mit der Anfechtungsklage vorgehen könnte. Gleiches gilt, wenn die Rechtsnorm dem Antragsteller gegenwärtig oder in absehbarer Zukunft unmittelbar Gebote und Verbote auferlegt, ohne daß es eines Umsetzungsaktes bedarf[613] (Beispiel: Hundehalter wendet sich gegen eine Polizeiverordnung, die das Ausführen gefährlicher Hunde ohne Maulkorb verbietet).

311

### 5. Das Rechtsschutzinteresse

Neben der Antragsbefugnis bedarf es für die Zulässigkeit der Normenkontrolle nach allgemeinen Grundsätzen auch eines Rechtsschutzbedürfnisses. Dieses ist bei Vorschriften, die von Behörden als gültig angesehen werden, regelmäßig zu bejahen, wenn eine Rechtsverletzung des Antragstellers durch die Feststellung der Nichtigkeit der angegriffenen Rechtsvorschrift verhindert, beseitigt, oder zumindest abgemildert werden kann[614]. Es fehlt dann, wenn die Ungültigerklärung der Vorschrift für den Antragsteller offensichtlich keine rechtlichen oder faktischen Vorteile

312

---

[610] *BVerwG*, NVwZ 1995, 694, 695.
[611] Vgl. *BVerwG*, NVwZ 1990, 465, BauR 1995, 354; *OVG Weimar*, UPR 1997, 376; *VGH München*, UPR 1998, 467; *OVG Saarlouis*, BRS 57 Nr. 47; nach aA wird als Voraussetzung für eine Verletzung von Rechten der antragstellenden Gemeinde eine hinreichend konkrete eigene Planung gefordert, die eine materielle Abstimmung des Bebauungsplans der Nachbargemeinde ermöglicht (*OVG Bautzen*, LKV 1994, 116).
[612] Vgl. *BVerwGE* 40, 323, 331.
[613] *Ramsauer*, Rdnr. 21.18.
[614] *Kopp/Schenke*, § 47 Rdnr. 89 m.w.N.

bringen kann und die Inanspruchnahme des Gerichts deshalb als nutzlos erscheint. Bei Bebauungsplänen kann ein Rechtsschutzinteresse auch dann zu bejahen sein, wenn ein Teil der im Plangebiet zulässigen Vorhaben bereits unanfechtbar genehmigt und verwirklicht ist[615]. Das Rechtsschutzinteresse kann ferner gegeben sein, wenn der Antragsteller eine Rechtsnorm angreift, von der selbst keine rechtlichen Wirkungen mehr ausgehen (z.b. Beschäftigter eines Einzelhandelsunternehmens wendet sich gegen eine aufgrund des LadSchlG erlassene, inzwischen aber infolge Zeitablaufs erledigte Rechtsverordnung, wonach an einem bestimmten Sonntag vor Ort die Läden geöffnet werden durften). Erforderlich ist hier ein besonderes Interesse an der Feststellung, daß die Rechtsvorschrift rechtswidrig und ungültig war. Das ist entsprechend den zu § 113 Abs. 1 Satz 4 VwGO entwickelten Grundsätzen zu prüfen[616].

313 Greift der Antragsteller mit seinem Normenkontrollantrag Festsetzungen eines Bebauungsplans an, zu deren Verwirklichung schon eine unanfechtbare Genehmigung erteilt worden ist, so fehlt das Rechtsschutzbedürfnis nur dann, wenn der Antragsteller dadurch, daß der Bebauungsplan für nichtig erklärt wird, seine Rechtsstellung derzeit nicht verbessern kann[617]. Das ist indessen nur anzunehmen, wenn die beabsichtigte weitere Rechtsverfolgung offensichtlich aussichtslos ist[618].

## 6. Form und Frist

314 Der Antrag ist nach § 81 Abs. 1 Satz 1 VwGO schriftlich durch einen im Sinne des § 67 Abs. 1 VwGO postulationsfähigen Prozeßvertreter zu stellen[619]. Die angegriffene Vorschrift soll bezeichnet werden (§ 82 Abs. 1 Satz 1 VwGO). Anmerkungen hierzu sind in der Aufsichtsarbeit in der Regel entbehrlich. Kurz erwähnen sollten Sie dagegen die in § 47 Abs. 2 Satz 1 VwGO normierte Zweijahresfrist. Da es sich um eine echte Ausschlußfrist handelt, scheidet eine Wiedereinsetzung in den vorigen Stand aus[620].

---

[615] *BVerwG*, UPR 1999, 350.
[616] Z.B. *OVG Koblenz*, NVwZ-RR 1996, 201.
[617] *BVerwG*, NVwZ 1988, 348.
[618] *BVerwG*, NVwZ 1989, 653.
[619] Eine Antragstellung zur Niederschrift des Urkundsbeamten der Geschäftsstelle des OVGs ist dagegen nicht möglich (*VGH Mannheim*, Justiz 1998, 89).
[620] *Kopp/Schenke*, § 47 Rdnr. 83.

## II. Die Begründetheit des Normenkontrollantrags

### 1. Allgemeines

Obwohl der Antragsteller nach § 47 Abs. 2 VwGO eine individuelle Rechtsverletzung geltend machen muß, ist der zulässige Antrag auch dann begründet, wenn diese Rechtsverletzung zwar nicht besteht, die angegriffene Rechtsvorschrift aber objektiv unwirksam ist. § 113 Abs. 1 Satz 1 VwGO gilt hier weder direkt noch entsprechend! Das Normenkontrollgericht prüft die Norm, soweit die Zulässigkeitsschwelle überschritten ist, in formeller und materieller Hinsicht unter jedem rechtlichen Gesichtspunkt, den der Antragsteller rügt oder der sich ansonsten aufdrängt[621]. Hierauf sollten Sie besonders achten. Der Einstieg *„Der Antrag ist begründet. Der Bebauungsplan ist ungültig und verletzt den Antragsteller in seinen Rechten"* wäre daher falsch. Formulieren Sie statt dessen: *„Der Antrag ist begründet. Der angegriffene Bebauungsplan erweist sich als nichtig."* und zeigen Sie sodann den oben genannten Prüfungsumfang des Gerichts auf.

Die Prüfung erstreckt sich auf formelle und materielle Fehler der angegriffenen Rechtsnorm. Der Antrag ist begründet, wenn die Rechtsvorschrift gegen höherrangiges Recht verstößt und dieser Rechtsverstoß beachtlich ist. Vorbehaltlich des § 47 Abs. 3 VwGO[622] ist die Norm auf ihre Vereinbarkeit mit dem gesamten höherrangigen Recht zu überprüfen, also Bundes- und Landesverfassungsrecht. Nach *hM*[623] kann auch das europäische Gemeinschaftsrecht Prüfungsmaßstab im Normenkontrollverfahren sein.

Achten Sie auf eine saubere Trennung der formellen und materiellen Prüfungspunkte (häufiger Fehler in Aufsichtsarbeiten!). Liegt bei einer Bebauungsplanüberprüfung ein Fehler vor, müssen Sie stets dessen Be-

---

[621] *Kuhla/Hüttenbrink*, DVBl 1999, 898, 900; *Konrad*, JA 1999, 331, 334.
[622] Danach prüft das OVG die Vereinbarkeit der angefochtenen Rechtsvorschrift mit Landesrecht nicht, soweit gesetzlich vorgesehen ist, daß die Rechtsvorschrift ausschließlich durch das Verfassungsgericht eines Landes nachprüfbar ist. Von dieser Bestimmung Gebrauch gemacht haben Bayern (Art. 98 Satz 4 BayVerf, § 53 BayVerfGHG) für die Prüfung auf die Vereinbarkeit mit den Grundrechtsbestimmungen der bayerischen Verfassung und Hessen (Art. 132 HessVerf) für die Prüfung von Rechtsverordnungen der Landesregierung und der Minister auf die Vereinbarkeit mit höherrangigem Recht. Ob es sich bei diesem Vorbehalt zugunsten der Verfassungsgerichtsbarkeit um eine eigenständige Zulässigkeitsvoraussetzung des Normenkontrollantrages oder um eine in der Begründetheit anzusprechende Beschränkung des Prüfungsmaßstabes handelt, ist umstritten (für Zulässigkeit z.B. *Schmidt* in: *Eyermann*, § 47 Rdnr. 35; für Beschränkung des Prüfungsmaßstabs *Kopp/Schenke*, § 47 Rdnr. 101; vgl. auch *Happ/Allesch/Geiger/Metschke*, Seite 163), bedarf aber keiner weiteren Vertiefung, da beides in der Klausur vertreten werden kann.
[623] S. hierzu die Rechtsprechungsnachweise bei *Konrad*, JA 1999, 331, 334.

achtlichkeit bzw. eine evtl. Heilung nach den §§ 214, 215 und 215 a BauGB erörtern!

Die Ungültigkeit eines Teils einer Satzungsbestimmung führt dann nicht zu ihrer Gesamtnichtigkeit (bzw. Gesamtunwirksamkeit), wenn die Restbestimmung auch ohne den unwirksamen Teil sinnvoll bleibt (Grundsatz der Teilbarkeit) und mit Sicherheit anzunehmen ist, daß sie auch ohne diesen erlassen worden wäre (Grundsatz des mutmaßlichen Willens des Normgebers)[624].

## 2. Die Passivlegitimation

317   Die Normenkontrolle ist gemäß § 47 Abs. 2 Satz 2 VwGO gegen den Rechtsträger des Organs zu richten, das die strittige Norm erlassen hat.

## 3. Die formelle Wirksamkeit der Rechtsnorm

318   Die Einhaltung der Verfahrens- und Formvorschriften durch den Normgeber unterliegt uneingeschränkt der gerichtlichen Kontrolle. Zu thematisieren können sein die örtliche und sachliche Zuständigkeit, die Einhaltung zwingender und wesentlicher Verfahrensvorschriften, die Mitwirkung anderer Hoheitsträger, Form und notwendiger Inhalt der Rechtsnorm[625]. Am Beispiel von Bebauungsplänen sind folgende formelle Punkte häufiger zu prüfen:

### a) Verstöße beim Zustandekommen des Bebauungsplans

319   Der Bebauungsplan kommt u.a. nur dann wirksam zustande, wenn das zuständige Organ in formell einwandfreier Weise handelt. Klausurrelevant sind vor allem Fehler bei der Beschlußfassung wegen (angeblicher) Befangenheit von Ratsmitgliedern (s. z.B. Art. 49 BayGemO, § 18 Bad-WürttGemO, § 23 NWGemO, § 25 HessGemO; § 22 SchlHGemO).

### b) Ordnungsgemäße Ausfertigung des Bebauungsplans

320   Viele formellen Fehler treten bei der Ausfertigung des Bebauungsplans auf. Hier nur einige Grundzüge[626]: Ausfertigung ist die unter Angabe des Datums handschriftlich verfasste Unterschrift des zuständigen Organs, mit der die Originalurkunde geschaffen und damit der Wille des Normgebers wahrnehmbar gemacht wird. Sie bezeugt, daß ihr Inhalt mit dem Willen des zuständigen Organs übereinstimmt („Authentizität").

---

[624] Vgl. *BVerwG,* NVwZ 1990, 159; *VGH Mannheim,* NVwZ 1999, 79.
[625] *Gerhardt* in: *Schoch,* § 47 Rdnr. 95.
[626] Ausführlich hierzu *Schenk,* VBlBW 1999, 161.

Schließlich erklärt sie, daß die für die Rechtswirksamkeit maßgebenden Verfahrensvorschriften beachtet worden sind (Legalität). Nach der Rechtsprechung des *BVerwG* [627] bestimmt Bundesrecht nicht, wann die Ausfertigung eines Bebauungsplans im einzelnen zu erfolgen hat. Das Baugesetzbuch verlangt nur, daß die Ausfertigung der ortsüblichen Bekanntmachung (§ 10 Abs. 3 Satz 1 BauGB) vorausgehen muß. Bundesrecht läßt dagegen ungeregelt, ob sie vor der Genehmigung, die unter bestimmten Voraussetzungen nach § 10 Abs. 2 BauGB erforderlich ist, zu erfolgen hat. Diese Frage bleibt dem Landesrecht überlassen. Dieses bestimmt meist aber nur, daß Satzungen auszufertigen sind[628]. Grundsätzlich verlangen die OVGe, daß die Ausfertigung nach Abschluß aller für die Verkündung der Rechtsnorm erforderlichen Verfahrensabschnitte und unmittelbar vor ihrer Verkündung erfolgen muß[629]. Die zeitliche Reihenfolge lautet also Beschlußfassung, Genehmigung (sofern erforderlich), Ausfertigung und Bekanntmachung. Teilweise wird es jedoch als unschädlich angesehen, wenn die Genehmigung der Ausfertigung zeitlich nachfolgt[630].

*c) Sonstige formelle Fehler*

Weitere potentielle Prüfungspunkte sind die ordnungsgemäße Bekanntmachung des Bebauungsplans oder ein Verstoß gegen die Beteiligungsrechte nach den §§ 3, 4 BauGB[631]. 321

**4. Die materielle Wirksamkeit der Rechsnorm**

Hier müssen Sie prüfen, ob die Rechtsnorm aufgrund einer gültigen Rechtsgrundlage erlassen worden ist, ob sie mit dieser übereinstimmt und ob sie mit höherrangigem Recht im übrigen vereinbar ist[632]. 322
Bei Bebauungsplänen kommen Verstöße gegen § 1 Abs. 3, 5 und 6 BauGB sowie § 8 Abs. 2 BauGB in Betracht. Auf das Abwägungsgebot des § 1 Abs. 6 BauGB ist in der Klausur immer einzugehen, hier liegt meist ein Schwerpunkt der Arbeit. Die Grundsätze hierzu sind im folgenden Formulierungsbeispiel einer Begründetheitsprüfung angesprochen. Dieses ist so gewählt, daß ein formeller Fehler gegeben ist, der im Rahmen eines ergänzenden Verfahrens geheilt werden könnte. Daneben werden zwei materiell-rechtliche Probleme erörtert. Bei einem liegt ein – im

---

[627] NVwZ-RR 1996, 630.
[628] Z.B. Art. 26 Abs. 2 Satz 2 BayGemO; Art. 63 Abs. 2 BadWürttLV.
[629] Z.B. *OVG Koblenz*, BauR 1989, 693.
[630] *VGH München*, BayVBl 1993, 146.
[631] S. hierzu z.B. die Klausur von *Kohl*, JuS 1994, 513.
[632] *Decker/Konrad*, Klausur Nr. 6, Rdnr. 15.

188  Dritter Teil. Die Entscheidung des Oberverwaltungsgerichts

übrigen unbeachtlicher – Verstoß nicht vor, bei dem anderen ist der Abwägungsfehler so gravierend, daß eine Heilung durch ein ergänzendes Verfahren ausscheidet.

323  „Der Antrag hat auch in der Sache Erfolg. Der angefochtene Bebauungsplan leidet an einem zu seiner Nichtigkeit führenden Mangel.
Ein nach § 214 Abs. 1 Nr. 1 BauGB für die Rechtswirksamkeit des Bebauungsplans beachtlicher Verfahrensfehler liegt vor, weil die Antragsgegnerin den Entwurf des Bebauungsplans und seine Begründung nicht in der Weise öffentlich ausgelegt hat, wie das § 3 Abs. 2 BauGB verlangt. Zweck der von § 3 Abs. 2 BauGB vorgeschriebenen öffentlichen Auslegung ist es, die Bürger von der beabsichtigten Planung zu unterrichten und es ihnen damit zu ermöglichen, sich mit Anregungen am Planungsverfahren zu beteiligen. Das Gesetz begnügt sich zur Erreichung dieses Zwecks nicht damit, dem einzelnen ein Recht auf Einsichtnahme in den Planentwurf und den Erläuterungsbericht oder die Begründung zu geben, sondern verlangt eine Auslegung der genannten Unterlagen. Ein bloßes Bereithalten der Unterlagen ist daher nicht ausreichend. Erforderlich ist vielmehr, daß jeder Interessierte ohne weiteres, d. h. ohne noch Fragen und Bitten an die Bediensteten der Gemeinde stellen zu müssen, in die Unterlagen Einblick nehmen kann. Die Handhabung der öffentlichen Auslegung durch die Antragsgegnerin wird diesen Anforderungen nicht gerecht ...

Der angefochtene Bebauungsplan ist auch in materiellrechtlicher Hinsicht nicht mit höherrangigem Recht vereinbar.

Mängel ergeben sich allerdings nicht – wie die Antragstellerin meint – aus einem Verstoß gegen das Gebot des § 8 Abs. 2 Satz 1 BauGB, wonach Bebauungspläne aus dem Flächennutzungsplan zu entwickeln sind ...

Im übrigen wäre ein Verstoß gegen § 8 Abs. 2 Satz 1 BauGB – unterstellt, er läge vor – jedenfalls gemäß § 214 Abs. 2 Nr. 2 BauGB unbeachtlich, da die sich aus dem Flächennutzungsplan ergebende geordnete städtebauliche Entwicklung nicht beeinträchtigt wird. Davon ist hier auszugehen, weil ...

Der am 24. September 1998 beschlossene Bebauungsplan „Im Goldgrund" beruht jedoch auf einem Verstoß gegen das in § 1 Abs. 6 BauGB verankerte Abwägungsgebot. Danach sind bei der Aufstellung der Bauleitpläne die öffentlichen und privaten Belange gegeneinander und untereinander gerecht abzuwägen.

Die Entscheidung der Gemeinde, ob und mit welchem Inhalt sie einen Bebauungsplan aufstellt, gehört gemäß § 2 Abs. 1 BauGB zu ihrer Planungshoheit, die wiederum ein Bestandteil der in Art. 28 Abs. 2 GG verfassungsrechtlich garantierten Selbstverwaltung der Gemeinde bildet. Planungshoheit bedeutet vor allem Gestaltungsfreiheit mit der Folge, daß planerische Festsetzungen nur eingeschränkt überprüfbar sind. Die gerichtliche Kontrolle kann sich nur darauf erstrecken, ob die gesetzlichen Grenzen des bestehenden Gestaltungsspielraums überschritten sind oder ob von ihm in einer Weise Gebrauch gemacht ist, der der gesetzlichen Ermächtigung nicht mehr entspricht. Die genannten gesetzlichen Grenzen ergeben sich insbesondere aus den Regelungen des § 1 Abs. 5 und 6 BauGB. Diese Vorschriften enthalten eine Reihe von Voraussetzungen, Zielen und Leitsätzen für die Bauleitplanung, die das Planungsermessen binden. Aus ihnen ergibt sich insbesondere, daß die im einzelnen genannten öffentlichen und privaten Belange gegeneinander und untereinander gerecht abzuwägen sind. Diesem Abwägungsgebot ist genügt, wenn eine sachgerechte Abwägung überhaupt stattgefunden hat, in die Abwägung das nach Lage der Dinge Beachtenswerte eingestellt worden ist und das Ergebnis der Abwägung nicht außer Verhältnis zur objektiven Gewichtigkeit einzelner Belange steht[633].

---

[633] Vgl. BVerwGE 34, 301.

Aus diesen Grundsätzen ergibt sich zwingend, daß es an einer gerechten Abwägung von vornherein dann fehlt, wenn eine Gemeinde im Planaufstellungsverfahren die als abwägungserheblich erkennbaren Belange unvollständig ermittelt und deshalb bei der Abwägung nicht oder nicht hinreichend berücksichtigt. Eine solche, nicht ausreichende Ermittlung ist vorliegend gegeben ...
Der nach alledem gegebene Mangel im Abwägungsvorgang ist gemäß § 214 Abs. 3 Satz 2 BauGB beachtlich. Der Mangel ist im Sinne der genannten Vorschrift offensichtlich, weil konkrete Umstände – wie dargelegt – positiv und klar auf den Mangel hindeuten. Er ist auch auf das Abwägungsergebnis von Einfluß gewesen, weil sich an Hand der Planunterlagen die konkrete Möglichkeit einer alternativen Gestaltung bei vollständiger Ermittlung der zu berücksichtigenden Interessen abzeichnet.
Wegen der festgestellten Fehler ist der Bebauungsplan für nichtig zu erklären. Der Verstoß gegen § 3 Abs. 2 BauGB könnte zwar durch ein ergänzendes Verfahren behoben werden und würde daher für sich genommen gemäß § 215a Abs. 1 BauGB nicht zur Nichtigkeit des Plans führen. Etwas anderes gilt jedoch für den Verstoß gegen das Abwägungsgebot. Der festgestellte Fehler betrifft die planerische Konzeption der Antragsgegnerin und damit das Grundgerüst der Abwägung ... Eine Behebung des Fehlers durch ein ergänzendes Verfahren ist in einem solchen Fall nicht möglich."

## 5. Die Nebenentscheidungen

Die Kostenentscheidung richtet sich nach den §§ 154 f. VwGO, die vorläufige Vollstreckbarkeit nach § 167 VwGO i.V.m. § 708 Nr. 10, 711 ZPO.

324

Am Ende folgt der Ausspruch über die (Nicht)Zulassung der Revision:

„Die Revision ist nicht gemäß § 132 Abs. 2 Nr. 1 VwGO zuzulassen, da Gründe der in § 132 Abs. 2 VwGO genannten Art nicht vorliegen".

## § 25 Die Rechtsmittelbelehrung

Die Rechtsmittelbelehrung, die von den mitwirkenden Berufsrichtern zu unterschreiben ist, richtet sich nach § 133 Abs. 1 VwGO, sofern das *OVG* die Revision nicht zugelassen hat (Beschwerde gegen die Nichtzulassung der Revision). Hat das *OVG* die Revision in seinem Urteil zugelassen, so richtet sich die Rechtsmittelbelehrung nach § 139 Abs. 3 VwGO.

325

## § 26 Die Streitwertfestsetzung

Die Streitwertfestsetzung in dem dem Urteil nachfolgenden Beschluß beruht auf § 13 Abs. 1 Satz 1 GKG i.V.m. dem Streitwertkatalog für die Verwaltungsgerichtsbarkeit, der in Ziffer 7.7 einen Rahmen von 10.000 DM bis 100.000 DM vorsieht.

326

## Zweites Kapitel: Der Normenkontrollbeschluß des Oberverwaltungsgerichts

327   Nach § 47 Abs. 5 Satz 1 VwGO kann das OVG auch durch Beschluß entscheiden. Diese Entscheidungsform soll es dem Normenkontrollgericht ermöglichen, in dafür geeigneten Fällen in vereinfachter und beschleunigter Weise über die Gültigkeit der Rechtsvorschrift zu befinden. Darüber, ob eine mündliche Verhandlung entbehrlich ist, entscheidet das OVG nach richterlichem Ermessen[634]. Dieses Verfahrensermessen wird aber durch Art. 6 Abs. 1 Satz 1 EMRK[635] eingeschränkt. Nach der Rechtsprechung des *BVerwG*[636] folgt aus dem Zusammenwirken von § 47 Abs. 5 Satz 1 VwGO und Art. 6 Abs. 1 Satz 1 EMRK der Grundsatz, daß über einen Normenkontrollantrag, mit dem sich der Eigentümer eines im Plangebiet gelegenen Grundstücks gegen eine Festsetzung in einem Bebauungsplan wendet, die unmittelbar sein Grundstück betrifft, aufgrund einer öffentlichen Verhandlung zu entscheiden ist.

Unterschiede zum Aufbau des Normenkontrollurteils ergeben sich kaum. Der Beschluß ergeht nicht „Im Namen des Volkes". Im Tenor heißt es in Ziffer 3) *„Der Beschluß ist wegen der Kosten vorläufig vollstreckbar"* (oder: *„Die Kostenentscheidung ist vorläufig vollstreckbar"*) und die Streitwertfestsetzung erfolgt in Ziffer 5) des Tenors. In die Entscheidungsgründe leiten Sie wie folgt ein:

„Der Senat entscheidet gemäß § 47 Abs. 5 Satz 1 VwGO durch Beschluß. Die Sach- und Rechtslage läßt sich anhand der Akten und der gewechselten Schriftsätze abschließend beurteilen. Die Beteiligten konnten zu den entscheidungserheblichen Rechtsfragen Stellung nehmen[637]. Eine mündliche Verhandlung ist daher nicht erforderlich".

Ansonsten werden die Entscheidungsgründe genauso aufgebaut wie im Urteil.

## Drittes Kapitel: Die einstweilige Anordnung im Normenkontrollverfahren

328   Nach § 47 Abs. 6 VwGO kann das OVG auf Antrag eine einstweilige Anordnung erlassen, wenn dies zur Abwehr schwerer Nachteile oder aus

---

[634] *BVerwG*, NVwZ 1989, 461.
[635] Dieser betrifft Streitigkeiten über „zivilrechtliche Ansprüche und Verpflichtungen".
[636] NVwZ 2000, 810; s. hierzu auch *Lenz/Klose*, NVwZ 2000, 1004.
[637] Ob bei einer Entscheidung durch Beschluß die Beteiligten vorher anzuhören sind, wird unterschiedlich beurteilt; dafür *Kopp/Schenke*, § 47 Rdnr. 140; dagegen *BVerwG*, NVwZ-RR 1992, 405; *OVG Münster*, NVwZ-RR 1997, 137.

anderen wichtigen Gründen dringend geboten ist. Die praktische Bedeutung des vorläufigen Rechtsschutzes nach dieser Vorschrift ist gering. Auch im Assessorexamen hat es bisher keine Rolle gespielt. Es erscheint deshalb ausreichend, hierzu nur einige Hinweise zu geben.

Die Entscheidung ergeht durch Beschluß, der gemäß § 152 Abs. 1 VwGO unanfechtbar ist. Im Falle der Stattgabe lautet der Tenor zu 1): *„Der Vollzug des Bebauungsplans „Hinter den Weiden" der Gemeinde Niederkirchen wird vorläufig ausgesetzt."* Bleibt der Eilantrag erfolglos, so wird er abgelehnt.

Bei der Prüfung der Zulässigkeit des Antrags ergeben sich gegenüber dem Hauptsacheverfahren keine Besonderheiten. Das allgemeine Rechtsschutzinteresse scheitert nicht daran, daß der Antragsteller gegen spätere Baugenehmigungen vorläufigen Rechtsschutz gemäß §§ 80, 80 a VwGO bzw. gegen Bauvorhaben, die im Freistellungsverfahren verwirklicht werden, gemäß § 123 VwGO erlangen könnte[638].

In der Begründetheitsprüfung erfolgt eine summarische Überprüfung der Erfolgsaussichten. Nach *hM*[639] sind in Anlehnung an die Rechtsprechung des BVerfG zu § 32 BVerfGG die Nachteile abzuwägen, die eintreten würden, wenn eine einstweilige Anordnung nicht erlassen wird, der Normenkontrollantrag aber später Erfolg hat, gegenüber den Folgen, die entstünden, wenn die Vorschrift vorläufig außer Vollzug gesetzt wird, sie sich im Hauptsacheverfahren aber als gültig erweist. Die Erfolgsaussichten der Hauptsache sollen dabei grundsätzlich außer Betracht bleiben. Die für den Erlaß der einstweiligen Anordnung sprechenden Gründe müssen so schwerwiegend sein, daß sie diese unabweisbar machen[640]. Geht es nur um schwere Nachteile für den Antragsteller selbst, ist zu berücksichtigen, ob er diese auch durch vorläufigen Rechtsschutz in anderen Verwaltungsstreitverfahren in zumutbarer Weise abwenden kann[641].

Über den Inhalt der einstweiligen Anordnung entscheidet das *OVG* nach seinem Ermessen.

---

[638] *Schoch* in: *Schoch*, § 47 Rdnr. 151; *VGH München*, BauR 1999, 1275.
[639] *Bosch/Schmidt*, § 76 m.w.N.
[640] Vgl. *BVerfG*, NJW 1994, 2143.
[641] *Ramsauer*, Rdnr. 21.32.

## Zweiter Abschnitt: Die Entscheidung im Rechtsmittelverfahren

### Erstes Kapitel: Das Berufungszulassungsverfahren

### § 27 Allgemeines

331 Auch das Berufungszulassungsverfahren kann in einigen Bundesländern Gegenstand einer Examensarbeit sein[642]. Im folgenden sind daher Grundzüge dargestellt, die klausurrelevant sein können[643]. Das Berufungszulassungsverfahren wurde durch die 6.VwGO-Novelle zum 01. Januar 1997 eingeführt und hat das zuvor geltende Berufungsverfahren grundlegend umgestaltet. Der zentrale Unterschied zwischen beiden Verfahren besteht darin, daß das Berufungsverfahren eine zweite Tatsacheninstanz ist, während im Zulassungsverfahren ausschließlich geprüft wird, ob die im einzelnen in § 124 Abs. 2 VwGO genannten Zulassungsgründe gegeben sind. Das Berufungszulassungsverfahren ähnelt daher eher einem Revisionszulassungsverfahren.

332 Die Entscheidung des *OVG* ergeht nach § 124 a Abs. 2 Satz 1 VwGO in der Form eines Beschlusses. Gemäß Satz 2 kann das *OVG* von einer Begründung absehen, wenn dem Antrag stattgegeben wird oder wenn er einstimmig abgelehnt wird. Von dieser Vorschrift können Sie im Assessorexamen selbstverständlich keinen Gebrauch machen. Gegebenenfalls wird im Bearbeitervermerk ausdrücklich darauf hingewiesen, daß Sie § 124 a Abs. 2 Satz 2 VwGO nicht anwenden dürfen. Mit der Ablehnung des Zulassungsantrags wird das angefochtene erstinstanzliche Urteil rechtskräftig (§ 124 a Abs. 2 Satz 3 VwGO). Läßt das *OVG* dagegen die Berufung zu, geht das Zulassungsverfahren automatisch gemäß § 124 a Abs. 2 Satz 4 VwGO in das Berufungsverfahren über; der Einlegung einer Berufung bedarf es nicht.

---

[642] Dies hat die Umfrage des Verfassers aus dem Jahre 1999 bei den 16 Justizprüfungsämtern ergeben.

[643] Umfassende Abhandlungen über das Berufungszulassungsrecht finden Sie z.B. bei *Bader,* NJW 1998, 409 und VBlBW 1997, 401; *Seibert,* NVwZ 1999, 113; *Berkemann,* DVBl 1998, 446; *Braun,* SächsVBl 1999, 97; nicht erörtert wird hier das Berufungszulassungsrecht außerhalb der VwGO(AsylVfG).

## § 28 Das Rubrum

Das Rubrum eines (Nicht)Zulassungsbeschlusses entspricht dem Rubrum eines Beschlusses im vorläufigen Rechtsschutzverfahrens mit gewissen Modifikationen. So wird oben links nicht nur das Aktenzeichen des *OVG*, sondern darunter auch das Aktenzeichen des VG aufgeführt. Bei der Bezeichnung der Beteiligten spricht man etwa im Fall der vorausgegangenen Klageabweisung von „*Kläger und Antragsteller*" sowie von „*Beklagte und Antragsgegnerin*". Beim Betreff wird der Streitgegenstand des Verfahrens mit dem Zusatz „*Zulassung der Berufung*" angegeben. Das *OVG* entscheidet in der Besetzung von drei Berufsrichtern (§ 9 Abs. 3 Satz 1 VwGO).

333

Ein Beispiel für ein vollständiges Rubrum in einem Berufungszulassungsverfahren:

334

OBERVERWALTUNGSGERICHT MECKLENBURG-VORPOMMERN

2 M 55/00
4 B 1256/99 VG Greifswald

BESCHLUSS

In der Verwaltungsstreitsache

der Gabriele Windhose, Finkenweg 7, 19067 Leezen

– Klägerin und Antragstellerin –

Prozeßbevollmächtigte: Rechtsanwältin Schlau,
Rosa-Luxemburg-Straße 1, 17489 Greifswald

gegen

den Oberbürgermeister der Hansestadt Greifswald,
Gustebiner Wende 13, 17491 Greifswald

– Beklagter und Antragsgegner –

wegen Baugenehmigung
– Zulassung der Berufung –

hat der 2. Senat des Oberverwaltungsgerichts Mecklenburg-Vorpommern am 13. Juli 2000 durch

die Vorsitzende Richterin am Oberverwaltungsgericht Sturm,
den Richter am Oberverwaltungsgericht Hagel,
den Richter am Verwaltungsgericht Mistral,

beschlossen:

## § 29 Der Tenor

**335** Der Tenor des Beschlusses besteht aus dem Hauptausspruch, gegebenenfalls der Kostenentscheidung sowie der Streitwertfestsetzung. Ist der Antrag erfolgreich, so wird wie folgt tenoriert:

1) Die Berufung der Klägerin gegen das Urteil des Verwaltungsgerichts Greifswald vom 02. März 2000–4 B 1256/99 – wird zugelassen.
2) Die Kostenentscheidung bleibt der Endentscheidung vorbehalten.

Der Tenor zu 2) ist an sich entbehrlich, denn eine Kostenentscheidung ist im Falle der Berufungszulassung nicht nötig; die Kosten des Zulassungsverfahrens sind Teil der Kosten des Berufungsverfahrens. Gibt das OVG dem Antrag nur teilweise statt, so lautet der Tenor z.B. so:

„Die Berufung der Klägerin gegen das Urteil des Verwaltungsgerichts Greifswald vom 02. März 2000 wird insoweit zugelassen, als sie sich gegen den Bescheid der Beklagten vom 24. Juni 1999 wendet. Im übrigen wird der Zulassungsantrag abgelehnt".

**336** Bleibt der Antrag erfolglos, so kann[644] differenziert werden, ob das Begehren bereits unzulässig oder „nur" unbegründet ist.

1) Der Antrag der Klägerin auf Zulassung der Berufung gegen das Urteil des Verwaltungsgerichts Greifswald vom 02. März 2000–4 B 1256/99 – wird abgelehnt.
2) Die Klägerin hat die Kosten des Zulassungsverfahrens zu tragen.
3) Der Streitwert wird für das Zulassungsverfahren auf 30.000.- DM festgesetzt.

Manche OVGe tenorieren auch *„Der Antrag ... wird zurückgewiesen"* und bei Unzulässigkeit des Antrags *„Der Antrag ... wird verworfen."*

Da mit einer negativen Entscheidung über den Zulassungsantrag das angefochtene Urteil des VG rechtskräftig wird (§ 124 a Abs. 2 Satz 3 VwGO), ist im Tenor ein Ausspruch über die Kostentragungspflicht zu treffen. Die Kostenentscheidung folgt aus § 154 Abs. 2 VwGO, denn der Zulassungsantrag ist ein Rechtsmittel im Sinne dieser Vorschrift.

## § 30 Die Gründe

**337** Während in der verwaltungsgerichtlichen Praxis häufig von der Darstellung des Sachverhalts abgesehen wird, dürfen Sie im Examen nicht so verfahren. Unterteilen Sie den Beschluß in die Gründe zu I. und II.

---

[644] Viele Gerichte differenzieren im Tenor nicht, ob der Antrag unzulässig oder unbegründet ist. Der Tenor lautet immer: „Der Antrag wird abgelehnt."

## I. Die Sachverhaltsdarstellung

Sofern der Bearbeitervermerk nichts Gegenteiliges aussagt, stellen Sie in den Gründen zu I. in knapper Form den bisherigen Sachverhalt dar. Der Klausurtext dürfte in der Regel aus der Antragsschrift, dem erstinstanzlichen Urteil und der Niederschrift über die mündliche Verhandlung vor dem VG bestehen. Orientieren Sie sich am Tatbestand des Urteils und kürzen Sie den Sachverhalt so weit, daß er noch verständlich ist. Teilen Sie die tragenden Gründe, auf die das VG seine Entscheidung gestützt hat, mit und räumen Sie dem Vortrag des Antragstellers in Ihrer Arbeit entsprechend Platz ein. Denn allein sein Zulassungsvorbringen ist der Entscheidung des OVG zugrunde zulegen. Ein Formulierungsbeispiel:

338

„Mit Bescheid vom 02. Dezember 1998 setzte der Beklagte gegen die Klägerin einen Erschließungsbeitragsbescheid in Höhe von 2.948,20 DM fest und forderte sie zur Zahlung innerhalb von vier Wochen auf. Der Bescheid wurde der Klägerin am 03. Dezember 1998 durch Niederlegung in der Postagentur P zugestellt. Hiergegen erhob die Klägerin am 02. Februar 1999 Widerspruch. Diesen wies der Beklagte wegen Verfristung mit Widerspruchsbescheid vom 01. April 1999 zurück; auch ein Antrag auf Wiedereinsetzung blieb erfolglos. Die am 26. April 1999 erhobene Klage hat das Verwaltungsgericht Göttingen durch Urteil vom 19. Januar 2000 abgewiesen. Das Verwaltungsgericht hat die Rechtsansicht vertreten, der Erschließungsbeitragsbescheid sei bestandskräftig geworden, da die Zustellung eines Verwaltungsakts durch Niederlegung in einer Postagentur zulässig sei. Wiedereinsetzungsgründe lägen nicht vor.

Gegen das ihr am 07. Februar 2000 zugestellte Urteil hat die Klägerin am 02. März 2000 Antrag auf Zulassung der Berufung gestellt, den sie damit begründet, es beständen ernstliche Zweifel an der Richtigkeit des Urteils. Entgegen der Auffassung des Verwaltungsgerichts sei der angefochtene Bescheid nicht bestandskräftig geworden, da er nicht ordnungsgemäß zugestellt worden sei.

Wegen der weiteren Einzelheiten wird auf den Inhalt der Gerichtsakte Bezug genommen."

## II. Die rechtliche Würdigung

In den Gründen zu II. legt das OVG dar, ob der Zulassungsantrag zulässig und begründet ist. Die Reihenfolge der Prüfung zunächst der Zulässigkeit und anschließend der Begründetheit braucht nicht eingehalten zu werden. Das OVG kann die Zulässigkeit offen lassen, wenn der Antrag jedenfalls unbegründet ist[645]. Sie müssen auf die Zulässigkeit des Antrags dann näher eingehen, wenn der Fall Anlaß hierzu bietet (meist bei der Darlegung der Zulassungsgründe).

339

---

[645] *Meyer-Ladewig* in: Schoch, § 124 a Rdnr. 70.

## 1. Die Zulässigkeit des Berufungszulassungsantrages

*a) Die Statthaftigkeit des Antrags*

340 Dieser Punkt ist in der Regel unproblematisch und bedarf daher keinerlei Ausführungen. Die Berufungszulassung ist nach § 124 Abs. 1 VwGO gegen Endurteile einschließlich näher bezeichneter Teil- und Zwischenurteile statthaft. Hat das VG durch Gerichtsbescheid entschieden, so besteht gemäß § 84 Abs. 2 Nr. 1 VwGO wahlweise die Möglichkeit, die Zulassung der Berufung oder mündliche Verhandlung zu beantragen.

*b) Die Form des Zulassungsantrags*

341 Der Antrag ist gemäß §§ 125 Abs. 1 Satz 1, 81 Abs. 1 VwGO schriftlich von einem nach § 67 VwGO zugelassenen Prozeßvertreter zu stellen. Nicht zwingend erforderlich ist die ausdrückliche Bezeichnung als Antrag auf Zulassung der Berufung. Ebenso ist eine falsche Bezeichnung des Rechtsmittels unschädlich, solange der Wille, die Zulassung der Berufung zu beantragen, nicht zweifelhaft ist[646]. Allerdings scheidet eine Umdeutung des unzulässigen Rechtsmittels der Berufung in einen zulässigen Antrag auf Zulassung der Berufung nach Ablauf der Rechtsmittelfrist aus, wenn die unzulässige Berufung von anwaltlich vertretenen Rechtsmittelführern eingelegt worden ist[647].

342 § 67 Abs. 1 Satz 1, 2 VwGO sieht für das Berufungszulassungsverfahren einen Vertretungszwang durch einen Rechtsanwalt oder einen Rechtslehrer an einer deutschen Hochschule für den Fall vor, daß ein Antrag gestellt wird. Einschränkungen enthalten die Sätze 3–6. Interessant ist Satz 3, wonach sich juristische Personen des öffentlichen Rechts und Behörden auch durch Beamte oder Angestellte mit der Befähigung zum Richteramt sowie Diplomjuristen im höheren Dienst vertreten lassen können. Behördenvertreter in diesem Sinne sind grundsätzlich nur Bedienstete der am Verfahren beteiligten Behörde[648]. Denn bei diesen Bediensteten kann angenommen werden, daß sie bereits im Verwaltungsverfahren oder im vorinstanzlichen gerichtlichen Verfahren mit der vor dem Rechtsmittelgericht zu verhandelnden Sache befaßt waren und folglich mit ihr vertraut sind. Diese Sachnähe zum anhängigen Verfahren rechtfertigt im Interesse einer effektiven Prozeßvertretung die Abweichung von dem Grundsatz der anwaltlichen Vertretung, besagt aber auch, daß es den Körperschaften des öffentlichen Rechts und Behörden an sich nicht gestattet ist, Bedienstete einer beliebigen anderen Behörde oder Körperschaft des öffentlichen Rechts mit der Prozeßvertretung zu betrauen.

---

[646] Vgl. *VGH Mannheim*, NVwZ 1998, 865.
[647] Vgl. *BVerwG*, NVwZ 1998, 1297; *OVG Greifswald*, NVwZ 1998, 201.
[648] *BVerwG*, NVwZ-RR 1995, 548.

Ausnahmsweise kann dies aber rechtens sein, wenn der Bedienstete der anderen Behörde nach Lage des Falles die gleiche Sachnähe zu den Fragen hat, die den Gegenstand des anhängigen Verfahrens bilden. Dies ist z.b. bei der Vertretung durch Beschäftigte eines Landkreises für die in seinem Gebiet liegenden Verbandsgemeinden regelmäßig der Fall[649].

Nach § 124 a Abs. 1 Satz 3 VwGO ist das angefochtene Urteil zu bezeichnen. Hierzu gehört grundsätzlich die Angabe des Gerichts, des Aktenzeichens, des Datums des Urteils und der Beteiligten. Allerdings sind unvollständige oder unzutreffende Angaben unschädlich, wenn nicht zweifelhaft ist, um welches Urteil es sich handelt[650].    343

## c) Einhaltung der Antragsfrist

Der Zulassungsantrag ist nach § 124 a Abs. 1 Satz 1 und 2 VwGO innerhalb eines Monats nach Zustellung des Urteils (bzw. des Gerichtsbescheids) beim VG zu stellen. Die Frist ist nicht gewahrt, wenn der Antrag innerhalb der Frist beim OVG eingeht.    344

Bei eindeutig fristgemäßer Einreichung des Antrags brauchen Sie zu diesem Prüfungspunkt nichts zu sagen. Ist dagegen die Fristeinhaltung zweifelhaft, sollten Sie auf folgendes achten: Die Frist beginnt mit der Zustellung der vollständigen Urteilsausfertigung des VG an den Berufungskläger (§§ 56, 116 Abs. 1 Satz 2, 173 VwGO, 317 Abs. 3 ZPO). Die Frist berechnet sich nach den §§ 57 Abs. 2, 222 ZPO. Sie beginnt nicht zu laufen bei der Zustellung eines unvollständigen Urteils, z.B. bei unvollständiger oder unrichtiger Rechtsmittelbelehrung, bzw. bei wesentlichen Zustellungsmängeln oder fehlender Zustellung[651]. Da das Urteil gemäß § 56 Abs. 2 VwGO von Amts wegen nach den Vorschriften des VwZG zugestellt wird, können auch hier Einzelheiten zum allgemeinen Zustellungsrecht geprüft werden. Hat der Berufungskläger die Frist versäumt, ist gegebenenfalls die Wiedereinsetzung in den vorigen Stand nach § 60 VwGO zu erörtern.

## d) Beschwer

Zu erörtern ist dieser Prüfungspunkt in der Regel nicht. Der Antragsteller ist beschwert, wenn die angefochtene Entscheidung des VG ihm etwas versagt, was er beantragt hatte. Ausnahmsweise kann dem Rechtsmittelführer aber die Beschwer – darunter ist das Rechtsschutzinteresse für die Rechtsmittelinstanz zu verstehen[652] – fehlen, wenn z.B. nach Ergehen der erstinstanzlichen Entscheidung eine Erledigung der Hauptsache    345

---

[649] *OVG Koblenz*, NVwZ 1998, 205.
[650] *Kopp/Schenke*, § 124 a Rdnr. 6.
[651] Ausführlich hierzu *Meyer-Ladewig* in: *Schoch*, § 124 a Rdnr. 30 f.
[652] *BGH*, NJW 1972, 112.

eingetreten ist (Beispiel: eine bauordnungsrechtliche Beseitigungsanordnung wurde im Wege der Ersatzvornahme irreversibel durchgeführt). Die Erledigung der Hauptsache wirkt auf das Zulassungsverfahren über mit der Folge, daß es für die Fortsetzung des Zulassungsverfahrens am Rechtsschutzinteresse fehlt[653]. Etwas anderes gilt nur dann, wenn der Antragsteller nach Eintritt des erledigenden Ereignisses zulässigerweise auf die Fortsetzungsfeststellungsklage umstellt und dies bereits im Berufungszulassungsantrag zum Ausdruck bringt. Darin muß er im einzelnen darlegen, weshalb ihm trotz Wegfalls des Rechtsschutzbedürfnisses für die erhobene Klage gleichwohl ein Fortsetzungsfeststellungsinteresse zur Seite steht[654].

e) *Darlegung der Zulassungsgründe*

346  Nach § 124 a Abs. 1 Satz 4 VwGO sind in dem Antrag die Gründe, aus denen die Berufung zuzulassen ist, darzulegen. Genügt der Antragsteller diesem Erfordernis nicht zumindest sinngemäß, so ist der Antrag unzulässig[655].

Die Rechtsprechung hat seit der Einführung der Berufungszulassung zum 01. Januar 1997 strenge Anforderungen an die Darlegungspflicht aufgestellt und dies mit der Einführung des Vertretungszwangs nach § 67 Abs. 1 Satz 2 VwGO begründet. Dem in § 124 a Abs. 1 Satz 4 VwGO niedergelegten Darlegungserfordernis ist danach nur dann Genüge getan, wenn der Antragsteller sich auf einen oder mehrere der in § 124 Abs. 2 VwGO aufgeführten Zulassungsgründe beruft und näher erläutert, weshalb er den jeweiligen Grund im konkreten Fall für gegeben erachtet. Unschädlich ist die fehlende ausdrückliche Benennung eines Zulassungsgrundes, solange das Vorbringen des Rechtsmittelführers einem der in § 124 Abs. 2 VwGO genannten Gründe eindeutig zuzuordnen ist[656]. Allerdings ist es nicht Aufgabe des OVG, sich aus einer Reihe von ohne Bezug auf einen Zulassungsgrund erhobenen Einwendungen gegen das angegriffene Urteil die passenden Darlegungen „herauszusuchen"[657].

347  „Darlegen" im Sinne des § 124 a Abs. 1 Satz 4 VwGO bedeutet mehr als einen Hinweis geben, nämlich, etwas zu erläutern, zu substantiieren[658]. Die Bezugnahme auf den erstinstanzlichen Vortrag genügt nicht. Der Antrag muß sich mit dem angegriffenen Urteil auseinandersetzen, den Streit-

---

[653] *VGH Kassel*, ESVGH 48, 40; *OVG Berlin* NVwZ 1998, 85; vgl. auch *BVerwGE* 72, 93.
[654] *VGH Mannheim*, NVwZ-RR 1998, 371.
[655] *Meyer-Ladewig* in: *Schoch*, § 124 a Rdnr. 44.
[656] *VGH Kassel*, NVwZ 1998, 649; *VGH Mannheim*, VBlBW 1997, 261; *Seibert*, NVwZ 1999, 113, 115.
[657] *Berkemann*, DVBl 1998, 446, 457.
[658] Z.B. *OVG Berlin*, NVwZ 1998, 200.

stoff entsprechend durchdringen und aufbereiten. Erforderlich ist eine Begründung, die es dem OVG ermöglicht, in der Regel ohne weitere Ermittlungen anhand der Ausführungen des Antragstellers zu erkennen, ob der behauptete Zulassungsgrund vorliegt[659]. Hat das VG das Urteil auf mehrere tragende Gründe gestützt, muß der Antragsteller für jeden Punkt der Begründung den geltend gemachten Zulassungsgrund vortragen[660]. Denn jede dieser Begründungen kann – für sich genommen – hinweggedacht werden, ohne daß sich etwas am Ergebnis des VG ändern würde. Welche Anforderungen an die Darlegung im einzelnen erfüllt sein müssen, hängt letztlich von dem jeweiligen Zulassungsgrund und vom Einzelfall ab.

Darlegung und Vorliegen des Zulassungsgrundes sind eng miteinander verknüpft. Auch wenn die Darlegung des Zulassungsgrundes in der Zulässigkeit und das Vorliegen des Zulassungsgrundes in der Begründetheit des Antrags zu erörtern sind, können Sie sinnvollerweise auf das Darlegungserfordernis hinsichtlich des gerügten Zulassungsgrundes erst eingehen, wenn Sie zuvor dessen inhaltliche Voraussetzungen des Zulassungsgrundes dargestellt haben. In der Praxis lassen viele OVGe häufig offen, ob der Antrag den Anforderungen des § 124 a Abs. 1 Satz 4 VwGO genügt, wenn der betreffende Zulassungsgrund jedenfalls in der Sache nicht vorliegt. Die Formulierung lautet dann z.B.:

„Es kann dahinstehen, ob die Klägerin mit den wiedergegebenen „Begründungen" dem Darlegungsgebot des § 124 a Abs. 1 Satz 4 VwGO Genüge getan hat. Der geltend gemachte Zulassungsgrund liegt jedenfalls nicht vor."

Für die Klausur bietet sich folgende Vorgehensweise an:
Macht der Antragsteller mehrere Zulassungsgründe geltend, so sollten Sie diese der Übersichtlichkeit und des besseren Verständnisses wegen nacheinander abhandeln. Zuerst gehen Sie auf die Zulassungsgründe ein, die mangels ausreichender Darlegung schon in der Zulässigkeitsprüfung scheitern. Danach erörtern Sie die Zulassungsgründe, die den Anforderungen des § 124 a Abs. 1 Satz 4 VwGO genügen, und stellen dar, ob die erstinstanzliche Entscheidung gegen den gerügten Zulassungsgrund verstößt. Ist ein Zulassungsgrund unzureichend dargelegt, stellen Sie in der Zulässigkeit (kurz) die Voraussetzungen des geltend gemachten Zulassungsgrundes dar, um sodann auszuführen, daß der Antrag nicht den Anforderungen des § 124 a Abs. 1 Satz 4 VwGO genügt. Hat der Antragsteller den gerügten Zulassungsgrund ausreichend dargelegt, genügt die entsprechende Feststellung zu Beginn der Begründetheit, um danach ausführlich darauf einzugehen, ob der Verstoß vorliegt.

348

---

[659] OVG Münster, NVwZ 1997, 1224.
[660] Seibert, NVwZ 1999, 113, 119 m.w.N.

Da Darlegung und Vorliegen eines Zulassungsgrundes eng miteinander verknüpft sind, wird beides im folgenden aus didaktischen Gründen zusammen in der Begründetheit erörtert.

## 2. Die Begründetheit des Zulassungsantrags

349 Zunächst stellen Sie das Ergebnis (z.B. „In der Sache hat der Zulassungsantrag jedoch keinen Erfolg") voran. Sodann gehen Sie, sofern nicht einzelne Zulassungsgründe bereits an der Hürde des Darlegungserfordernisses in der Zulässigkeit gescheitert sind, auf das geltend gemachte Zulassungsbegehren ein. Die in § 124 Abs. 2 Nrn. 1–5 VwGO enumerativ aufgezählten Zulassungsgründe werden im folgenden erörtert. Dargestellt sind nur die Grundzüge, denn mehr ist im Examen nicht zu fordern. Es versteht sich von selbst, daß der Schwerpunkt in der Klausur – wie in der Praxis – auf dem Zulassungsgrund des § 124 Abs. 2 Nr. 1 VwGO liegen dürfte, denn hier können Sie in etwas veränderter Form Ihre Kenntnisse im materiellen Recht am besten unter Beweis stellen.

*a) Der Zulassungsgrund des § 124 Abs. 2 Nr. 1 VwGO*

350 Nach § 124 Abs. 2 Nr. 1 VwGO ist die Berufung zuzulassen, wenn ernstliche Zweifel an der Richtigkeit des Urteils bestehen. „Ernstliche Zweifel" im Sinne dieser Vorschrift liegen nach *hM*[661] nur vor, wenn die für die Unrichtigkeit der Entscheidung sprechenden Gründe die für ihre Richtigkeit sprechenden Gesichtspunkte deutlich überwiegen und daher ein Erfolg der zuzulassenden Berufung wahrscheinlicher ist als ein Mißerfolg. Ob an der Richtigkeit des Urteils des VG ernstliche Zweifel bestehen, ist nur anhand der Ausführungen in dem angefochtenen Urteil und der vom Antragsteller zur Begründung des geltend gemachten Zulassungsgrundes innerhalb der Antragsfrist dargelegten Gesichtspunkte zu beurteilen; andere Umstände können nur dann berücksichtigt werden, wenn sie offensichtlich sind[662]. Nach der *Gegenmeinung*[663] kommt die Zulassung der Berufung schon dann in Frage, wenn der Erfolg des Rechtsmittels mindestens ebenso wahrscheinlich ist wie der Mißerfolg oder wenn auch eine andere Auffassung als die des *VG* mit gewichtigen Gründen vertretbar ist[664]. Eine Auseinandersetzung mit diesem Meinungsstreit dürfte in der Klausur nicht erforderlich sein, da dem Aktenauszug in der Regel Fälle mit eindeutigem Ausgang zugrunde liegen.

---

[661] Z.B. *OVG Lüneburg*, NdsVBl 1999, 93; *VGH Mannheim*, NVwZ 1998, 414; *OVG Bautzen*, LKV 1999, 104.
[662] So *OVG Münster*, NVwZ 1997, 1224.
[663] *OVG Lüneburg*, NVwZ 1997, 1225; *Schmidt*, NVwZ 1998, 694, 696.
[664] So *Berkemann*, DVBl 1998, 446, 455.

**351** Der Zulassungsgrund der ernstlichen Zweifel an der Richtigkeit der Entscheidung muß nach hM auf das Resultat der Entscheidung bezogen sein, d.h. das Urteil muß im Ergebnis unrichtig sein[665]. Nicht ausreichend sind daher Zweifel lediglich an der Richtigkeit der tragenden Begründung, wenn sich die angegriffene Entscheidung aus anderen Gründen als zutreffend darstellt und dies bereits im Zulassungsverfahren ohne weiteres festgestellt werden kann[666]. Ist das im Klausurtext abgedruckte Urteil des VG – Ihrer Ansicht nach – inhaltlich fehlerhaft (z.B. Ermächtigungsgrundlage ist unzutreffend, Begründung falsch), im Ergebnis aber richtig, so ist es Ihre Aufgabe, darzulegen, daß die Begründung des VG zwar mit Mängeln behaftet ist, das Rechtsmittel aber dennoch keinen Erfolg haben kann, weil sich die Entscheidung des VG aus anderen Erwägungen im Ergebnis als richtig erweist. Im Zweifel liegt hier ein Schwerpunkt der Arbeit!

**352** Die Darlegung ernstlicher Zweifel an der Richtigkeit der Entscheidung des VG im Sinne des § 124 Abs. 2 Nr. 1 VwGO setzt voraus, daß sich der Antragsteller mit den Gründen der angefochtenen Entscheidung auseinandersetzt, und im einzelnen substantiiert ausführt, welche Erwägungen er für unzutreffend hält, aus welchen Gründen sich die Unrichtigkeit ergibt und warum dies im konkreten Fall entscheidungserheblich ist. Der Vortrag muß erkennen lassen, daß er auf einer Sichtung und Durchdringung des Streitstoffs aufbaut. Ob die Annahmen des Antragstellers zutreffen, ist eine Frage der Begründetheit des Zulassungsantrags. Enthält die angegriffene Entscheidung mehrere Begründungen, die unabhängig voneinander das Ergebnis tragen, so muß sich die Antragsbegründung zu jedem dieser Gründe verhalten.

**353** Ob im Zulassungsverfahren auch neu vorgebrachte (alte) Tatsachen oder Beweismittel bzw. eine nach Erlaß des verwaltungsgerichtlichen Urteils entstandene Änderung der Sach- oder Rechtslage zu berücksichtigen sind, wird in Rechtsprechung und Literatur kontrovers diskutiert. Zu diesem Problemkreis zunächst ein Beispiel:

Die Kreisverwaltung K erteilt dem B eine Baugenehmigung zur Errichtung eines Tennisplatzes. Der von Nachbar N nach erfolglos durchgeführtem Vorverfahren erhobenen Anfechtungsklage gegen die Baugenehmigung gibt das VG statt, weil das Bauvorhaben des B gegen die Immissionsrichtwerte der Sportanlagenlärmschutzverordnung verstößt. B beantragt fristgerecht die Zulassung der Berufung und rügt den Zulas-

---

[665] Z.B. *OVG Berlin*, NVwZ 1998, 1318; *OVG Hamburg*, NVwZ 1997, 1231; *Günther*, NVwZ 1998, 472; *OVG Bautzen*, SächsVBl 1998, 29; aA *Quaas*, NVwZ 1998, 701, 703; *VGH Mannheim*, NVwZ 1998, 196, wonach ernstliche Zweifel an der Richtigkeit der Entscheidung des VGs grundsätzlich schon dann bestehen, wenn deren Begründung wahrscheinlich unrichtig ist.

[666] *VGH Mannheim*, NVwZ 1998, 414.

sungsgrund des § 124 Abs. 2 Nr. 1 VwGO. Zur Begründung beruft er sich ausschließlich darauf, K habe ihm nach Erlaß des Urteils eine Nachtragsbaugenehmigung erteilt, in der im Wege einer Auflage Nutzungszeitenbeschränkungen aufgenommen seien. Diese gewährleisteten, daß er im Falle der Verwirklichung seines Bauvorhabens die Immissionsrichtwerte der Sportanlagenlärmschutzverordnung einhalte.

Ob das OVG in diesem Fall die Berufung wegen eines Verstoßes gegen § 124 Abs. 2 Nr. 1 VwGO zuläßt, hängt davon ab, ob im Berufungszulassungsverfahren neue Tatsachen berücksichtigt werden können. Entscheidungserheblich können neue Tatsachen und Beweismittel nur dann sein, wenn nicht nach dem jeweiligen materiellen Recht auf den Zeitpunkt der letzten Verwaltungsentscheidung abzustellen ist (wie z.b. in der Regel bei der Anfechtungsklage). Die Frage nach der Bedeutung neuer Tatsachen und Beweismittel stellt sich mithin nur dann, wenn diese nach dem materiellen Recht im Berufungsverfahren bei der Prüfung der Begründetheit der Klage zu beachten wären, im wesentlichen daher bei Verpflichtungs- und bei Feststellungsklagen.

354 Nach einer *Auffassung*[667] sind neu vorgebrachte Tatsachen und Beweismittel stets zu berücksichtigen, da es dem angestrebten Ziel der Einzelfallgerechtigkeit widerspräche, wenn unrichtige Tatsachenfeststellungen nicht auch mit neuem Vorbringen zu neuen Tatsachen und Beweismitteln gerügt werden könnten. Nach aA[668] tritt mit dem Zulassungsantrag noch nicht der volle Devolutiveffekt ein, so daß veränderte Umstände, neues Vorbringen oder eine neue Verfahrenslage noch nicht berücksichtigt werden können. Schon aufgrund der Gesetzessystematik (Verknüpfung zwischen dem Bestehen ernstlicher Zweifel, der Richtigkeit des Urteils des *VG* und des Darlegungserfordernisses) seien Darlegungen auf der Grundlage eines neuen Sachverhalts nicht rechtserheblich. Der 4. Senat des *BVerwG*[669] hat zu dieser Problematik in einem dem oben genannten Beispiel vergleichbaren Fall eher beiläufig[670] folgenden Satz aufgestellt: *„Der Beschwerde ist zwar einzuräumen, daß es dem mit der Berufungszulassung verfolgten gesetzgeberischen Zweck zuwiderliefe, einen Zulassungsgrund aus Umständen herzuleiten, die erst nach der Entscheidung des VGs eingetreten sind."* Hieraus kann geschlossen werden, daß nach Ansicht des 4. Senats des *BVerwG* keine neuen Tatsachen und Beweismit-

---

[667] *OVG Koblenz*, NVwZ 1998, 1094; *OVG Hamburg*, NVwZ 1998, 863; *VGH München*, BayVBl 1998, 154; *OVG Lüneburg*, NdsVBl 1998, 162; *Happ*, BayVBl 1999, 577, 581; *Seibert* in: *Sodan/Ziekow*, § 124 Rdnr. 130 f.; *Kuhla/Hüttenbrink*, DVBl 1999, 898, 904.

[668] *OVG Bautzen*, NVwZ-RR 2000, 124; *OVG Münster*, DVBl 1997, 1337; *VGH Mannheim*, NVwZ 1998, 414 und VBlBW 2000, 109.

[669] NVwZ 1998, 1179.

[670] Das Problem war in dem dem *BVerwG* zugrunde liegenden Fall nicht entscheidungserheblich.

tel im Rahmen der Prüfung des § 124 Abs. 2 Nr. 1 VwGO zu berücksichtigen sind.

Folgen Sie in der Klausur der zuletzt dargestellten Meinung, so wäre der Antrag auf Zulassung der Berufung im Tennisplatz-Beispiel abzulehnen, da die Nachtragsbaugenehmigung außer Betracht bleiben muß. Nach der Gegenmeinung ist sie als neue Tatsache im Berufungszulassungsverfahren zu berücksichtigen. Genügt die Baugenehmigung in Gestalt der Nachtragsbaugenehmigung den Anforderungen der in der Sportanlagenlärmschutzverordnung normierten Immissionshöchstrichtwerte und verstößt die Baugenehmigung ansonsten nicht gegen drittschützende Bestimmungen, so ist dem Zulassungsantrag stattzugeben[671].

Unterschiedlich beurteilt wird ferner die Frage, ob die Zulassung der Berufung nach § 124 Abs. 2 Nr. 1 VwGO auch begehrt werden kann, wenn das angefochtene Urteil ernstlichen Richtigkeitszweifeln aus tatsächlichen Gründen begegnet, die auf Verfahrensmängel wie unzureichende Sachaufklärung oder Aktenauswertung zurückführen sind (z.B. die Behauptung, das VG hätte angesichts der von dem Kläger vorgelegten privatärztlichen Stellungnahmen nicht allein aufgrund des Gutachtens des TÜV ohne Einholung eines weiteren Gutachtens über seine Fahrtauglichkeit entscheiden dürfen)[672].

*b) Der Zulassungsgrund des § 124 Abs. 2 Nr. 2 VwGO*

Nach § 124 Abs. 2 Nr. 2 VwGO ist die Berufung zuzulassen, wenn eine Rechtssache besondere tatsächliche oder rechtliche Schwierigkeiten aufwirft. Dieser Zulassungsgrund, der rechtspolitisch für verfehlt gehalten wird, dürfte von den fünf in § 124 Abs. 2 VwGO genannten Zulassungsgründen in der Rechtsprechung am wenigsten geklärt sein. Nach einer insbesondere nach Inkrafttreten des Berufungszulassungsrechts vertretenen *Ansicht*[673] liegt dieser Zulassungsgrund vor, wenn der Rechtsstreit hinsichtlich der aufgeworfenen tatsächlichen oder rechtlichen Fragen signifikant vom Spektrum der verwaltungsgerichtlichen Verfahren abweicht.

355

---

[671] Dem Beispiel liegt zwar eine Anfechtungsklage zugrunde. Hier ist allerdings nicht auf den Zeitpunkt der letzten Behördenentscheidung, sondern auf den Zeitpunkt der Erteilung der Nachtragsbaugenehmigung abzustellen. Ob eine angefochtene Baugenehmigung den Nachbarn in seinen Rechten verletzt, beurteilt sich grundsätzlich nach der Sach- und Rechtslage im Zeitpunkt der Genehmigungserteilung. Spätere Änderungen zu Lasten des Bauherrn haben außer Betracht zu bleiben. Nachträgliche Änderungen zu seinen Gunsten sind dagegen zu berücksichtigen (*BVerwG*, NVwZ 1998, 1167).

[672] Bejahend *VGH Mannheim*, NVwZ 1998, 1088; *OVG Hamburg*, NVwZ 1998, 863; *Seibert*, DVBl 1997, 932, 933; verneinend *VGH Mannheim*, NVwZ 1998, 645; *Berkemann*, DVBl 1998, 446, 455.

[673] *VGH Mannheim*, NVwZ 1997, 1230; *OVG Münster*, NVwZ 1997, 1224; *Kopp/Schenke*, § 124 Rdnr. 9; *Meyer-Ladewig* in: *Schoch*, § 124 Rdnr. 28; *Redeker/von Oertzen*, § 124 Rdnr. 18.

Nach der im Vordringen befindlichen *Gegenmeinung*[674] weist eine Rechtssache schon dann besondere tatsächliche oder rechtliche Schwierigkeiten im Verständnis von § 124 Abs. 2 Nr. 2 VwGO auf, wenn das Berufungsgericht im Zeitpunkt seiner Entscheidung über den Zulassungsantrag keine positive oder negative Aussage zur Erfolgsaussicht der angestrebten Berufung treffen kann, diese Erfolgsaussichten vielmehr offen sind. Nach dieser Auffassung ergänzen sich die Voraussetzungen des § 124 Abs. 2 Nrn. 1 und 2 VwGO: Sprechen überwiegende Gründe für die Unrichtigkeit des angefochtenen Urteils, liegt der Zulassungsgrund des § 124 Abs. 2 Nr. 1 VwGO vor. Ist eine Prognose über den Ausgang des Rechtsstreits nicht möglich, ist der Zulassungsgrund des § 124 Abs. 2 Nr. 2 VwGO gegeben. Sprechen überwiegende Gründe für die Richtigkeit des angefochtenen Urteils, liegt weder der Zulassungsgrund des § 124 Abs. 2 Nr. 1 VwGO noch derjenige des § 124 Abs. 2 Nr. 2 VwGO vor. Der Zulassungsgrund der ernstlichen Zweifel erfaßt nach dieser Ansicht (auch) noch die Fälle, in denen die Unrichtigkeit des angefochtenen Urteils auf der Hand liegt, die Erkenntnis des richtigen Ergebnisses also keine tatsächlichen oder rechtlichen Schwierigkeiten bereitet. Diese Fälle offensichtlicher Unrichtigkeit des angefochtenen Urteils werden von dem Zulassungsgrund des § 124 Abs. 2 Nr. 2 VwGO nicht abgedeckt[675]. Unabhängig davon, welcher Meinung Sie in der Klausur folgen, verlangen beide Ansichten, daß die als „schwierig" bezeichnete Frage entscheidungserheblich sein muß.

**356** Die Übertragung des Rechtsstreits auf den Einzelrichter gemäß § 6 Abs. 1 Satz 1 VwGO ist kein Indiz dafür, daß die Rechtssache im Verständnis von § 124 Abs. 2 Nr. 2 VwGO keine besonderen tatsächlichen und rechtlichen Schwierigkeiten bietet[676]. Umgekehrt liegt der genannte Zulassungsgrund nicht schon deshalb vor, weil die Kammer entschieden hat[677].

**357** Für die Darlegung des Zulassungsgrundes des § 124 Abs. 2 Nr.2 VwGO muß der Rechtsmittelführer nach der oben zuerst genannten Meinung in seiner Antragsschrift klarstellen, daß die Rechtssache hinsichtlich der aufgeworfenen tatsächlichen oder rechtlichen Fragen signifikant vom Spektrum der verwaltungsgerichtlichen Verfahren abweicht[678]. Nach der anderen Ansicht muß der Rechtsmittelführer den Zulassungsgrund des § 124 Abs. 2 Nr. 2 VwGO nicht ausdrücklich bezeichnen. Er

---

[674] *OVG Weimar,* DVBl 1998, 489; *OVG Münster,* NVwZ 1999, 202; *Seibert,* DVBl 1997, 932; *Kuhla/Hüttenbrink,* DVBl 1999, 898, 904; vgl. auch *OVG Lüneburg,* NdsVBl 1999, 95.
[675] *OVG Münster,* NVwZ 1999, 202 (lesen!).
[676] *OVG Lüneburg,* NdsVBl 1997, 282; *OVG Münster,* NVwZ 1999, 202.
[677] *Stüer,* NdsVBl 1999, 230, 234 m.w.N.
[678] *VGH Mannheim,* NVwZ 1997, 1230; *OVG Münster,* NVwZ 1997, 1224; *OVG Lüneburg,* DÖV 2000, 340.

muß „lediglich" darlegen, welche begründeten Zweifel gegen die erstinstanzliche Entscheidung bestehen, die den Ausgang des Rechtsstreits als offen erscheinen lassen. Macht der Antragsteller ernstliche Zweifel an der Richtigkeit des angefochtenen Urteils geltend, so kann die Berufung auch ohne ausdrückliche Benennung des § 124 Abs. 2 Nr. 2 VwGO durch den Antragsteller zugelassen werden, wenn seine konkreten Angriffe gegen die Entscheidung des VG zwar keine überwiegende Wahrscheinlichkeit für einen Erfolg der Berufung ergeben, diese Angriffe aber andererseits begründeten Anlaß zu Zweifeln an der Richtigkeit der erstinstanzlichen Entscheidung ergeben, die sich nicht ohne weiteres im Zulassungsverfahren klären und deshalb den Ausgang des Rechtsstreits als offen erscheinen lassen[679].

c) *Die Zulassungsgründe des § 124 Abs. 2 Nr. 3 und Nr. 4 VwGO*

Diese Zulassungsgründe dürften in der Prüfungsarbeit keine Rolle spielen und werden daher nur kurz angesprochen. Die Berufung ist nach § 124 Abs. 2 Nr. 3 VwGO zuzulassen, wenn die Rechtssache „grundsätzliche Bedeutung" hat. Diese Voraussetzungen liegen nur vor, wenn die angestrebte Klärung zur einheitlichen Rechtsanwendung oder der Weiterentwicklung des Rechts erforderlich ist[680]. Zur Darlegung der grundsätzlichen Bedeutung ist es nötig, eine bestimmte bisher noch ungeklärte und für die Entscheidung des OVG erhebliche Rechtsfrage zu formulieren und anzugeben, worin die allgemeine, über den Einzelfall hinausgehende Bedeutung dieser Rechtsfrage bestehen soll[681]. Der Begriff „grundsätzliche Bedeutung" muß in der Begründung nicht verwendet werden; es genügt, daß aus den Ausführungen hinreichend deutlich auf das Vorliegen der grundsätzlichen Bedeutung geschlossen werden kann[682].

358

Die Berufung ist ferner nach § 124 a Abs. 1 Nr. 4 VwGO zuzulassen, wenn die erstinstanzliche Entscheidung von einer Entscheidung des – übergeordneten[683] – OVG, des BVerwG, des gemeinsamen Senats der obersten Gerichtshöfe des Bundes oder des BVerfG abweicht und auf dieser Abweichung beruht. Das Divergenzgericht muß dieselbe Vorschrift angewendet haben und das Urteil des VG muß auf der Abweichung beruhen. Der Rechtsmittelführer hat die Entscheidung, von der das Urteil des VG abweicht, so genau zu bezeichnen, daß sie identifiziert

359

---

[679] *OVG Münster*, NVwZ 1999, 202; *OVG Koblenz*, NVwZ 1998, 1094; *Seibert*, DVBl 1997, 932, 935.
[680] *Bader*, NJW 1998, 409, 411.
[681] Vgl. *BVerwG*, DÖV 1998, 117.
[682] *Meyer-Ladewig* in: *Schoch*, § 124 a Rdnr. 54.
[683] Die Abweichung von einer Entscheidung eines anderen OVG ist unerheblich. Gegebenenfalls kommt hier die Berufungszulassung nach § 124 Abs. 2 Nr. 3 VwGO in Betracht.

werden kann; erforderlich ist grundsätzlich die Angabe des Datums und Aktenzeichens. Die Begründung muß den das erstinstanzliche Urteil tragenden (abstrakten) Rechtssatz angeben und aufzeigen, daß dieser von einem in der Rechtsprechung der in § 124 Abs. 2 Nr. 4 VwGO genannten Gerichte in Anwendung derselben Rechtsvorschrift aufgestellten ebensolchen Rechtssatz abweicht; dabei ist die Gegenüberstellung der voneinander abweichenden Rechtssätze unverzichtbar[684]. Schließlich muß angegeben werden, daß die angefochtene Entscheidung auf dieser Divergenz beruht.

### d) Der Zulassungsgrund des § 124 Abs. 2 Nr. 5 VwGO

360 Nach § 124 Abs. 2 Nr. 5 VwGO ist die Berufung zuzulassen, wenn ein der Beurteilung des Berufungsgerichts unterliegender Verfahrensmangel geltend gemacht wird und vorliegt, auf dem die Entscheidung beruhen kann. Zu den Verfahrensmängeln im Sinne dieser Norm gehören z.B. die unzureichende Sachaufklärung des Gerichts (z.B. Verletzung der Aufklärungspflicht nach § 86 Abs. 1 Satz 1 VwGO, Verstoß gegen den Überzeugungsgrundsatz nach § 108 Abs. 1 Satz 1 VwGO) oder die Verletzung des rechtlichen Gehörs (Art. 103 Abs. 1 GG). Der behauptete Verfahrensmangel muß tatsächlich vorliegen. Es reicht aus, wenn die Entscheidung des VGs auf dem Verfahrensmangel beruhen kann. Die Zulassung der Berufung kommt daher auch dann in Betracht, wenn sich die erstinstanzliche Entscheidung materiell-rechtlich als zutreffend erweisen kann[685]. Die Zulassung scheidet allerdings aus, wenn es auf die Frage offensichtlich nicht ankommt[686].

361 Das VG verletzt seine Pflicht zur erschöpfenden Aufklärung des Sachverhalts nicht, wenn ein anwaltlich vertretener Beteiligter auf schriftsätzlich angekündigte Beweisanträge in der mündlichen Verhandlung nicht mehr durch Stellung eines förmlichen Beweisantrags zurückkommt[687]. Die Ankündigung in einem Schriftsatz genügt insoweit nicht. Hat der Kläger nur einen Hilfsantrag gestellt, so ist das VG nicht gehalten, diesen vor Erlaß des Urteils zu verbescheiden.

Der Verfahrensmangel der fehlerhaften Sachaufklärung ist nur dann ausreichend dargelegt, wenn angegeben wird, welche Ermittlungen sich dem VG hätten aufdrängen müssen, welche Aufklärungsmöglichkeiten in Betracht gekommen wären, welches Ergebnis die Sachaufklärung voraussichtlich gehabt hätte und inwiefern dieses Ergebnis zu einer dem Rechtsmittelführer günstigeren Entscheidung hätte führen können[688].

---

[684] *Happ* in: *Eyermann*, § 124 a Rdnr. 7; vgl. auch *BVerwG*, NVwZ-RR 1996, 712.
[685] Vgl. *BVerwG*, Buchholz 310 § 132 Nr. 281.
[686] *BVerwG* Buchholz 310 § 132 Nr. 301.
[687] *BVerwG*, DVBl 1993, 955; *VGH Mannheim*, VBlBW 1997, 299.
[688] *Bader*, NJW 1998, 409, 411.

Das rechtliche Gehör ist z.b. verletzt, wenn das VG in Abwesenheit 362
des Prozeßbevollmächtigten des Klägers verhandelt und entscheidet, obwohl dieser zuvor um Terminsverlegung gebeten hatte, um an einer für den gleichen Zeitpunkt wie die mündliche Verhandlung des Gerichts anberaumten Sitzung des Gemeinderats, dessen Mitglied er ist, teilnehmen zu können[689]. Dies stellt regelmäßig einen erheblichen Grund i.S.d. über § 173 VwGO anwendbaren § 227 Abs. 1 ZPO dar.

Zur Darlegung des Verfahrensmangels „Verletzung des rechtlichen 363
Gehörs" ist es erforderlich, tatsächliche oder rechtliche Ausführungen des Urteils zu bezeichnen, zu denen sich zu äußern der Zulassungsantragsteller aufgrund der Verletzung des rechtlichen Gehörs gehindert war. Auch muß der Rechtsmittelführer darlegen, was er bei ausreichender Gewährung rechtlichen Gehörs vorgetragen hätte und weshalb dies unter Zugrundelegung der Rechtsansicht des VGs entscheidungserheblich gewesen wäre.

### 3. Die Nebenentscheidungen

Am Ende des Nichtzulassungsbeschlusses folgen die Nebenentschei- 364
dungen, d.h. der Ausspruch über die Kostentragungspflicht und die Streitwertfestsetzung. Die Kostenentscheidung ergibt sich aus § 154 Abs. 2 VwGO, da es sich bei dem Berufungszulassungsantrag um ein Rechtsmittel i.S.d. genannten Vorschrift handelt[690]. Die Festsetzung des Streitwerts beruht auf den §§ 13, 14 GKG. Schließlich folgt noch der Hinweis, daß der Beschluß gemäß § 152 Abs. 1 VwGO unanfechtbar ist.

Im Falle der (Teil)Stattgabe bleibt die Kostenentscheidung sowie die Festsetzung des Streitwerts der Schlußentscheidung über die zugelassene Berufung vorbehalten. Am Ende des Beschlusses wird daher lediglich auf die weitere Verfahrensweise hingewiesen (z.B. *„Einer besonderen Einlegung der Berufung bedarf es nicht. Die Berufung ist innerhalb eines Monats nach Zustellung des Beschlusses über die Zulassung der Berufung nach Maßgabe des § 124 a Abs. 3 VwGO zu begründen"*).

### § 31 Die Rechtsmittelbelehrung

Der Beschluß über die Nichtzulassung der Berufung ist gemäß § 152 365
Abs. 1 VwGO nicht mit der Beschwerde zum *BVerwG* anfechtbar, so daß

---

[689] *VGH Mannheim*, NVwZ 2000, 213.
[690] *Meyer-Ladewig* in: *Schoch*, Vorb. § 124 Rdnr. 1; aA *Schmidt*, Klausur Nr. 16 FN 40, der § 154 Abs. 1 VwGO anwendet mit der Begründung, der Antrag auf Zulassung der Berufung sei kein Rechtsmittel.

es keiner Rechtsmittelbelehrung bedarf. Es genügt ein kurzer Hinweis auf die Unanfechtbarkeit des Beschlusses. Haben Sie die Berufung aber zumindest teilweise zugelassen, so muß dieser Beschluß zur Notwendigkeit und Fristgebundenheit der Berufungsbegründung einer Rechtsmittelbelehrung (Berufungsbegründung innerhalb eines Monats nach Zustellung des Beschlusses über die Zulassung der Berufung, s. § 124 a Abs. 3 Satz 1 VwGO) enthalten, die von der Unterschrift der Richter gedeckt ist[691].

## § 32 Formulierungsbeispiel

366 Das Beispiel ist so gewählt, daß auf alle fünf Zulassungsgründe eingegangen wird. Teilweise genügt das Vorbringen des Antragstellers nicht den Darlegungsanforderungen des § 124 a Abs. 1 Satz 4 VwGO. Bei einem Zulassungsgrund wird offen gelassen, ob der Antragsteller der Darlegungspflicht in ausreichendem Maße nachgekommen ist, und gleich geprüft, ob der Zulassungsgrund vorliegt. Zwei weitere Zulassungsgründe sind ordnungsgemäß gerügt, liegen aber nicht vor.

Nun zum Fall: Der Kläger begehrt nach erfolglosem Vorverfahren die Erteilung einer Baugenehmigung. Das *VG* weist seine Klage in Kammerbesetzung mit der Begründung ab, das Grundstück des Klägers liege im Außenbereich, wie dem Lageplan und den in der mündlichen Verhandlung überreichten Lichtbildern zu entnehmen sei. Das Bauvorhaben sei, da nicht nach § 35 Abs. 1 BauGB privilegiert, nach § 35 Abs. 2 und 3 BauGB unzulässig, da es die natürliche Eigenart der Landschaft beeinträchtige. Der Kläger beantragt die Zulassung der Berufung und macht folgendes geltend: Es sei der Zulassungsgrund des § 124 Abs. 2 Nr. 2 VwGO gegeben, weil die Kammer und nicht der Einzelrichter über seine Klage entschieden habe. Es bestünden weiter ernstliche Zweifel an der Richtigkeit des Urteils, weil das streitgegenständliche Grundstück entgegen der Annahme des VG nicht im Außen-, sondern im Innenbereich von Höningen liege und damit nach § 34 Abs. 2 BauGB i.V.m. § 4 BauNVO genehmigungsfähig sei. Ferner habe das *VG* einen Verfahrensfehler nach § 124 Abs. 2 Nr. 5 VwGO begangen, indem es ohne Durchführung einer Ortsbesichtigung, die er in seiner Klagebegründung angeregt habe, zu dem unzutreffenden Ergebnis gekommen sei, das streitgegenständliche Grundstück liege im Außenbereich. Die vom *VG* vorgenommene Abgrenzung von Innen- und Außenbereich widerspreche der ständigen Rechtsprechung des *BVerwG*, so daß auch der Zulassungsgrund des § 124 Abs. 2 Nr. 4 VwGO vorliege. Schließlich habe das *VG* die Genehmigungsfähigkeit des Bauvorhabens nach § 35 Abs. 2 BauGB nur deswegen verneint, weil es dem öf-

---

[691] *BVerwG*, DÖV 2000, 377.

fentlichen Belang der natürlichen Eigenart der Landschaft nach § 35 Abs. 3 Nr. 5 BauGB eine zu große Gewichtigkeit beigemessen habe. Die Frage, wie hoch die Anforderungen an den öffentlichen Belang der „natürlichen Eigenart der Landschaft" zu stellen seien, sei aber von grundsätzlicher Bedeutung i.S.d. § 124 Abs. 2 Nr. 3 VwGO.

Die Gründe zu II. des ablehnenden Beschlusses könnten so aufgebaut werden: 367

„Der Antrag auf Zulassung der Berufung gegen das Urteil des Verwaltungsgerichts hat keinen Erfolg, weil die geltend gemachten Zulassungsgründe entweder nicht hinreichend dargelegt sind oder aber nicht vorliegen.

1. Soweit der Kläger und Antragsteller – im folgenden nur noch Kläger genannt – den Zulassungsgrund auf § 124 Abs. 2 Nr. 4 VwGO stützt, wonach die Berufung zuzulassen ist, wenn der Beschluß von einer Entscheidung der in dieser Vorschrift genannten Gerichte abweicht und auf dieser Abweichung beruht, genügt das Begehren schon nicht den Darlegungsanforderungen des § 124 a Abs. 1 Satz 4 VwGO. Danach sind in dem Antrag die Gründe, aus denen die Berufung zuzulassen ist, darzulegen. Für die Divergenzrüge bedeutet dies, daß der Antragsteller die Entscheidung, von der das Urteil des Verwaltungsgerichts abgewichen ist, so genau konkretisieren muß, daß sie identifiziert werden kann. Ferner hat die Begründung den das erstinstanzliche Urteil tragenden abstrakten Rechtssatz anzugeben und aufzuzeigen, daß dieser von einem in der Rechtsprechung der in § 124 Abs. 2 Nr. 4 VwGO genannten Gerichte in Anwendung derselben Rechtsvorschrift aufgestellten ebensolchen Rechtssatz abweicht. Erforderlich ist hierzu die Gegenüberstellung der voneinander abweichenden Rechtssätze. Schließlich ist anzugeben, daß die angefochtene Entscheidung auf dieser Divergenz beruht.

Diesen Anforderungen genügt der Antrag nicht. Der Kläger hat lediglich pauschal behauptet, das Verwaltungsgericht sei von der ständigen Rechtsprechung des Bundesverwaltungsgerichts zur Abgrenzung von Innen- und Außenbereich abgewichen. Damit hat er aber weder eine bestimmte Entscheidung des Bundesverwaltungsgerichts mit Datum und Aktenzeichen benannt, von der das Urteil des Verwaltungsgerichts abgewichen sein soll noch hat er einen vom Bundesverwaltungsgericht aufgestellten Rechtssatz formuliert, mit dem die tragende Begründung der erstinstanzliche Entscheidung nicht zu vereinbaren sei.

2. Der Kläger hat in seinem Zulassungsantrag ferner keine Gründe dargetan, nach denen die Rechtssache grundsätzliche Bedeutung im Sinne des § 124 Abs. 2 Nr. 3 VwGO hat.

Für grundsätzlich bedeutsam hält der Kläger den Umstand, „daß das Verwaltungsgericht in seiner Entscheidung die Genehmigungsfähigkeit seines Bauvorhabens allein deswegen verneint habe, weil es dem öffentlichen Belang der natürlichen Eigenart der Landschaft nach § 35 Abs. 3 Nr. 5 BauGB eine zu große Gewichtigkeit beimesse".

Grundsätzliche Bedeutung im Sinne des § 124 Abs. 2 Nr. 3 VwGO ergibt sich aus diesen Ausführungen nicht. Grundsätzliche Bedeutung ist nur dann gegeben, wenn die Klärung einer für die Beurteilung des Streitfalles maßgeblichen Rechtsfrage über den zu entscheidenden konkreten Fall hinaus wesentliche Bedeutung für die einheitliche Auslegung und Anwendung oder für die Fortbildung des Rechts hat. Daran mangelt es hier, denn die von dem Kläger erhobenen Einwände betreffen lediglich die Frage, ob in seinem Einzelfall, also gerade unter Beachtung des von ihm vorgetragenen Sachverhalts öffentliche Belange im Sinne des § 35 Abs. 3 BauGB dem Bauvorhaben entgegenstehen.

3. Das angefochtene Urteil leidet ferner nicht an einem Verfahrensmangel, auf dem die Entscheidung beruhen kann (§ 124 Abs. 2 Nr. 5 VwGO). Dabei kann offenbleiben, ob der Kläger diesen Zulassungsgrund in einer den Anforderungen des § 124 a Abs. 1

Satz 4 VwGO genügenden Weise dargelegt hat, denn der geltend gemachte Verfahrensfehler liegt jedenfalls nicht vor.

Das Verwaltungsgericht hat seine Aufklärungspflicht (§ 86 VwGO) durch seine Entscheidung ohne Durchführung einer Ortsbesichtigung nicht verletzt. Der Kläger sieht einen solchen Verfahrensmangel darin, daß das Verwaltungsgericht die beantragte Augenscheineinnahme nicht durchgeführt und stattdessen Dinge unterstellt habe, die mit der tatsächlichen Situation nicht übereinstimmten. Ausweislich der Niederschrift über die Verhandlung vor dem Verwaltungsgericht hat der Antragsteller jedoch keinen Beweisantrag gestellt. Eine entsprechende Beweiserhebung mußte sich dem Verwaltungsgericht auch nicht aufdrängen. Aufgrund des bei den Akten befindlichen Lageplans sowie den Lichtbildern, die das Grundstück des Klägers und dessen unmittelbare Umgebung zeigen, war das Verwaltungsgericht vielmehr auch ohne eine Ortsbesichtigung in der Lage, die Frage nach der Zuordnung des klägerischen Grundstücks zum Innen- oder Außenbereich von Höningen hinreichend verläßlich zu beurteilen. Im übrigen haben die Beteiligten bei der Tatsachenaufklärung eine weitreichende Mitwirkungspflicht. Ein Gericht verstößt deshalb grundsätzlich nicht gegen seine Pflicht zur erschöpfenden Aufklärung des Sachverhalts, wenn es von einer Beweiserhebung absieht, die eine von einem Rechtsanwalt vertretene Partei im Termin zur mündlichen Verhandlung nicht beantragt hat.

4. Soweit sich der Kläger ferner auf den Zulassungsgrund des § 124 Abs. 2 Nr. 1 VwGO bezieht, genügt sein Vorbringen zwar den Darlegungsanforderungen des § 124 Abs. 1 Satz 4 VwGO. In seiner Antragsschrift macht der Kläger ins Einzelne gehende Ausführungen dergestalt, daß das streitgegenständliche Grundstück entgegen der Annahme des Verwaltungsgerichts nicht dem Außen-, sondern dem Innenbereich von Höningen zuzuordnen sei und damit nach § 34 Abs. 2 i.V.m. § 4 BauNVO genehmigt werden müsse.

Der geltend gemachte Zulassungsgrund liegt jedoch nicht vor. Im Ergebnis bestehen nämlich an der Richtigkeit des Urteils des Verwaltungsgerichts zum hier maßgeblichen Zeitpunkt des Ergehens der verwaltungsgerichtlichen Entscheidung keine ernsthaften Zweifel.

Zu Recht ist das Verwaltungsgericht davon ausgegangen, daß das klägerische Grundstück dem Außenbereich von Höningen zuzuordnen ist. In Übereinstimmung mit der Rechtsprechung des Senats und des Bundesverwaltungsgerichts hat es ausgeführt, ... Ernstliche Zweifel ergeben sich hieraus nicht ...

5. Die Berufung ist schließlich auch nicht deshalb zuzulassen, weil die Rechtssache besondere tatsächliche oder rechtliche Schwierigkeiten i. S. des § 124 Abs. 2 Nr. 2 VwGO aufweise. Das Vorliegen dieses Zulassungsgrundes kann nicht allein aus dem Umstand hergeleitet werden, daß die Kammer des Verwaltungsgerichts von der Möglichkeit der Übertragung der Angelegenheit auf den Einzelrichter keinen Gebrauch gemacht hat (vgl. § 6 Abs. 1 Satz 1 VwGO). Diese Übertragung soll zwar erfolgen, wenn die Sache keine besonderen Schwierigkeiten tatsächlicher oder rechtlicher Art aufweist. Bei einem Urteil der Kammer folgt aber gemäß § 124 Abs. 2 Nr. 2 VwGO nicht zwangsläufig die Zulassung der Berufung. Selbst wenn die Voraussetzungen des § 6 Abs. 1 Satz 2 und Abs. 2 VwGO, die eine Übertragung auf den Einzelrichter ausschließen, nicht vorliegen, bleibt der Kammer nach § 6 Abs. 1 Satz 1 VwGO bei jeder Entscheidung über die Übertragung auf den Einzelrichter ein – wenn auch geringer – Spielraum („soll"). Die tatbestandlichen Voraussetzungen des § 124 Abs. 2 Nr. 2 VwGO müssen deshalb bei einem Urteil der Kammer vom Rechtsmittelführer dargelegt und vom Oberverwaltungsgericht selbständig geprüft und bejaht werden.

Da der Antragsteller mit seinem Antrag erfolglos bleibt, hat er die Kosten des Zulassungsverfahrens zu tragen (§ 154 Abs. 2 VwGO).

Die Streitwertfestsetzung beruht auf §§ 13 Abs. 1, 14 GKG.

Dieser Beschluß ist unanfechtbar (§ 152 Abs. 1 VwGO; § 25 Abs. 3 Satz 2 GKG)".

## Zweites Kapitel: Das Beschwerdezulassungsverfahren

Das Beschwerdezulassungsverfahren dürfte weniger examensrelevant sein. Daher nur einige Anmerkungen hierzu[692]: Die Beschwerde u.a. gegen Beschlüsse des VG über die Aussetzung der Vollziehung (§§ 80, 80 a VwGO) und über einstweilige Anordnungen (§ 123 VwGO) steht den Beteiligten gemäß § 146 Abs. 4 VwGO nur zu, wenn sie vom OVG in entsprechender Anwendung des § 124 Abs. 2 VwGO zugelassen ist. Das OVG entscheidet nach § 146 Abs. 6 Satz 1 VwGO durch Beschluß. § 124 a Abs. 2 Satz 2 und 4 VwGO ist entsprechend anzuwenden, d.h. das OVG kann von einer Begründung absehen, wenn es dem Antrag stattgibt oder wenn es diesen einstimmig ablehnt. Im Falle der Beschwerdezulassung wird das Verfahren als Beschwerdeverfahren fortgesetzt, ohne daß es einer Einlegung der Beschwerde bedürfte.

368

Was den Aufbau des Beschlusses anbetrifft, kann im Prinzip auf die Ausführungen zum Beschluß über die (Nicht)Zulassung der Berufung verwiesen werden. Auf folgende Besonderheiten sei kurz hingewiesen:

369

Im Rubrum spricht man schlicht von „*Antragsteller*" und „*Antragsgegner*" bzw. wenn der Antragsgegner des Ausgangsverfahrens den Zulassungsantrag stellt, von „*Antragssteller und Beschwerdegegner*" und „*Antragsgegner und Beschwerdeführer*" oder „*Antragsteller im Ausgangsverfahren und Antragsgegner im Zulassungsverfahren*" und umgekehrt (z.B. in Thüringen). Im Betreff lautet der Zusatz „*Zulassung der Beschwerde*".

Die Tenorierung entspricht ebenfalls der Beschlußformel im Berufungszulassungsverfahren. Allerdings gibt es hier eine Besonderheit: Das Beschwerdegericht kann zugleich über den Antrag auf Zulassung der Beschwerde und die Beschwerde selbst entscheiden, wenn dies zur Gewährung effektiven Rechtsschutzes geboten ist[693]. Liegt eine solche Konstellation vor, so wird wie folgt tenoriert:

370

1) Die Beschwerde der Antragstellerin gegen den Beschluß des Verwaltungsgerichts Bremen vom 02. März 2000–4 A 856/99 – wird zugelassen.

2) Unter Abänderung des angefochtenen Beschlusses wird der Antragsgegner im Wege einer einstweiligen Anordnung verpflichtet, die Bauarbeiten auf dem Grundstück des Beigeladenen.... vorläufig einzustellen.

3) Die Kosten des Verfahrens in beiden Rechtszügen hat der Antragsgegner mit Ausnahme der außergerichtlichen Kosten des Beigeladenen zu tragen.

4) Der Streitwert wird auf 10.000 DM festgesetzt.

Ist die zugelassene Beschwerde nur teilweise begründet, so ist die Beschwerde im Tenor im übrigen zurückzuweisen.

---

[692] Ausführlich hierzu *Guckelberger*, DÖV 1999, 937.
[693] *VGH Mannheim*, NVwZ 1997, 405; *VGH München* BayVBl 1998, 83.

Die „Gründe" des Beschlusses bestehen auch hier aus der Sachverhaltsdarstellung (Gründe zu I.) und der rechtlichen Würdigung (Gründe zu II.).

**371** Die Sachverhaltsschilderung entspricht derjenigen im Berufungszulassungsverfahren.

**372** Zur rechtlichen Würdigung: Statthaft ist der Zulassungsantrag gegen Entscheidungen des VG nach §§ 80, 80 a und 123 VwGO sowie gegen ablehnende Prozeßkostenhilfebeschlüsse. Nach § 146 Abs. 5 Satz 1 VwGO ist der Antrag auf Zulassung der Beschwerde innerhalb von zwei Wochen nach Bekanntgabe der Entscheidung bei dem VG zu stellen. Auch hier besteht Vertretungszwang (§ 67 Abs. 1 Satz 3 VwGO). Der Antragsteller muß den Beschluß bezeichnen (§ 146 Abs. 5 Satz 2 VwGO) und die Gründe darlegen, aus denen die Beschwerde zuzulassen ist (§ 146 Abs. 5 Satz 3 VwGO). Wegen der kürzeren Frist können hier nicht die Anforderungen gestellt werden wie an die Darlegung von Zulassungsgründen in einem Antrag auf Zulassung der Berufung[694].

In der Begründetheitsprüfung ist ebenso wie bei der Berufungszulassung darauf einzugehen, ob der geltend gemachte Zulassungsgrund nach § 124 Abs. 2 Nrn. 1–5 VwGO vorliegt. Nach der Rechtsprechung scheidet bei Verfahren des vorläufigen Rechtsschutzes die Zulassung der Beschwerde wegen eines Verstoßes gegen die Zulassungsgründe nach § 124 Abs. 2 Nr. 2, 3 und 4 VwGO in der Regel aus, da die Verfahren nach §§ 80, 80 a, 123 VwGO nicht geeignet sind, Fragen grundsätzlicher Bedeutung oder besonders schwierige rechtliche oder tatsächliche Fragen zu klären[695]. Auch dienen diese Verfahren nicht zur Herstellung einer einheitlichen Rechtsprechung. Dies muß dem Hauptsacheverfahren vorbehalten bleiben. Hieraus folgt, daß in Verfahren des vorläufigen Rechtsschutzes der Antrag auf Zulassung der Beschwerde nicht auf materiellrechtliche Fragen gestützt werden kann. Nur spezifisch auf Eilverfahren bezogene Probleme sind geeignet, diese Zulassungsvoraussetzungen zu begründen[696]. Die Prüfung konzentriert sich folglich auf „ernstliche Zweifel" i.S.d. § 124 Abs. 2 Nr. 1 VwGO und Verfahrensfehler i.S.d. § 124 Abs. 2 Nr. 5 VwGO. Hinsichtlich der Voraussetzungen und des anzulegenden Maßstabs kann auf die Ausführungen zum Berufungszulassungsverfahren verwiesen werden.

Abschließend noch zu einer – bereits bei der Tenorierung angesprochenen – Besonderheit: Führt die Zweistufigkeit von Zulassungs- und Beschwerdeverfahren zu einer unzumutbaren Rechtsschutzverkürzung des

---

[694] *OVG Bautzen*, SächsVBl 2000, 85.
[695] Z.B. *OVG Schleswig*, NVwZ 1997, 808; *OVG Weimar*, DVBl 1998, 490; ebenso *Bader*, NJW 1998, 409, 414 m.w.N.; aA *Kuhla/Hüttenbrink*, DVBl 1999, 898, 906 hinsichtlich des Zulassungsgrundes nach § 124 Abs. 2 Nr. 2 VwGO.
[696] *Bader*, VBlBW 1997, 452 m.w.N.

Antragstellers, ist es für das OVG im Hinblick auf die Verpflichtung zur Gewährung effektiven Rechtsschutzes (Art. 19 Abs. 4 S. 1 GG) geboten, einheitlich über die Rechtsmittelzulassung und die Beschwerde selbst zu entscheiden, falls andernfalls unwiederbringliche Rechtsverluste einzutreten drohen (Anwendungsbeispiel: einstweilige Anordnung im Sozialhilferecht oder Wiederherstellung der aufschiebenden Wirkung gegen ein sofort vollziehbares Demonstrationsverbot im Versammlungsrecht). In diesem Falle entscheiden Sie also zugleich über die Beschwerde. Da das OVG diese Verfahrensweise wegen der Gewährung rechtlichen Gehörs vorher ankündigen und Gelegenheit geben muß, auch in der Sache selbst vorzutragen, wird sich im Bearbeitervermerk ein Hinweis finden, daß das Beschwerdegericht entsprechend verfahren ist.

## Drittes Kapitel: Die Berufung

Mangels Examensrelevanz hierzu nur das wichtigste[697]: Hat das OVG die Berufung zugelassen, so entscheidet es in der Regel nach Durchführung einer mündlichen Verhandlung durch Urteil. Daneben kann es gemäß § 130 a VwGO durch Beschluß entscheiden. Im Berufungsverfahren wird die Streitsache im Rahmen der Berufungsanträge im gleichen Umfang wie durch das VG in tatsächlicher und rechtlicher Hinsicht geprüft (§ 128 Satz 1 VwGO). Das Berufungsgericht berücksichtigt daher grundsätzlich auch neue Tatsachen und Beweismittel (§ 128 Satz 2 VwGO). Zulässig ist die Berufung, wenn der durch einen vor dem OVG postulationsfähigen Prozeßvertreter (§ 67 VwGO) vertretene Rechtsmittelführer die Berufung innerhalb der Frist von einem Monat (§ 124 a Abs. 3 Satz 1 VwGO) nach Zustellung des Zulassungsbeschlusses begründet hat und diese Begründung den Mindestanforderungen an die Darlegungspflicht genügt. In der Begründetheit wird geprüft, ob das erstinstanzliche Urteil, soweit seine Überprüfung beantragt ist, unrichtig ist. Die Berufung des vor dem VG unterlegenen Klägers ist erfolgreich, wenn die Klage zulässig und begründet ist. Die Berufung des in der ersten Instanz unterlegenen Beklagten hat Erfolg, wenn die Klage unzulässig oder unbegründet ist.

Gegen die Berufungsentscheidung des OVG ist das Rechtsmittel der Revision zum *BVerwG* eröffnet, wenn das OVG in seinem Urteil oder Beschluß die Revision zugelassen hat (§ 139 Abs. 1 VwGO). Hat das OVG die Revision nicht zugelassen, muß der Rechtsmittelführer zunächst Nichtzulassungsbeschwerde erheben (§ 133 Abs. 1 VwGO).

---

[697] Eine gelungene Darstellung zu Berufung und Revision finden Sie bei *Happ/Allesch/Geiger/Metschke*, Seite 129–149.

Das Revisionsverfahren ist ausschließlich auf eine Rechtskontrolle beschränkt (s. § 137 VwGO). Das *BVerwG* entscheidet durch Urteil über die Revision (vgl. § 141 Satz 2 VwGO).

# Vierter Teil: Die verwaltungsbehördlichen Entscheidungen

Neben verwaltungsgerichtlichen Urteilen, Gerichtsbescheiden und Beschlüssen sind im Assessorexamen häufig auch verwaltungsbehördliche Entscheidungen anzufertigen. In erster Linie werden Aufgaben gestellt, bei denen Sie über einen Widerspruch zu befinden haben. In der Regel wird dabei der Entwurf eines Widerspruchsbescheides verlangt. In Betracht kommt aber auch ein Abhilfebescheid oder ein Vorlagebericht an die Widerspruchsbehörde. Schließlich kann auch der Entwurf eines Ausgangsbescheids gefordert sein. Diese Entscheidungsformen sind nachfolgend mit den jeweiligen Besonderheiten und Formulierungsbeispielen im einzelnen erläutert. 374

Andere Verwaltungsentscheidungen wie die schriftliche Anhörung des Bürgers (s. § 28 VwVfG) oder die isolierte Anordnung der sofortigen Vollziehung bzw. isolierte Entscheidungen nach § 80 a Abs. 1 und 2 VwGO sind hingegen weniger examensrelevant, ihre Abfassung kann anhand der Grundsätze zu den zuvor genannten Bescheiden erfolgen. Auch die verwaltungsinterne Stellungnahme (Beispiel: der Landrat erbittet vom Abteilungsleiter eine Stellungnahme zu einem bestimmten Vorgang oder zu bestimmten Rechtsfragen) wird nicht gesondert erörtert, ihr Aufbau folgt demjenigen eines öffentlich-rechtlichen Gutachtens[698]. Dieses ist im Fünften Teil (Rdnr. 467 f.) im einzelnen dargestellt.

## Erster Abschnitt: Der Widerspruchsbescheid

### § 33 Allgemeines

Nach § 68 Abs. 1 und 2 VwGO ist vor Erhebung der Anfechtungsklage und der Versagungsgegenklage grundsätzlich ein Widerspruchsverfahren durchzuführen. Dabei handelt es sich trotz seiner Regelung in der VwGO nicht um einen Teil des Verwaltungsprozesses, sondern um ein das gerichtliche Verfahren vorbereitendes Verwaltungsverfahren[699]. Im 375

---

[698] Ein Beispiel für eine verwaltungsinterne Stellungnahme finden Sie bei *Wahrendorf/Lemke/Lemke*, Fall 7.
[699] *Weides*, § 13 m.w.N.

Unterschied zu einer gerichtlichen Entscheidung liegt der Sache nach kein kontradiktorisches Streitverfahren vor, d.h. die Behörde, die den Ausgangsbescheid erlassen hat, ist prinzipiell nicht Beteiligte des Widerspruchsverfahrens und damit nicht Widerspruchsgegnerin. Sie hat deshalb keine Anträge bei der Widerspruchsbehörde zu stellen, sondern über die Abhilfe zu entscheiden und bei Verweigerung die Verwaltungsakten mit einer Stellungnahme vorzulegen. Die Ausgangsbehörde hat aber dann eigene Rechte im Widerspruchsverfahren, wenn sie abweichend von § 73 Abs. 1 Nr. 3 VwGO in Selbstverwaltungsangelegenheiten nicht selbst den Widerspruchsbescheid erläßt. Hier kann die Entscheidung der Widerspruchsbehörde in die Rechte der Selbstverwaltungskörperschaft eingreifen, so daß diese am Widerspruchsverfahren zu beteiligen ist [700]. *Pietzner/ Ronellenfitsch*[701] lehnen die in der Praxis häufig verwendete Bezeichnung der Ausgangsbehörde als Widerspruchsgegnerin generell ab. Zugleich verweisen sie aber darauf, *„Sie sollten im Examen nicht versuchen, die Prüfer von der Unhaltbarkeit einer eingefahrenen Praxis zu überzeugen"*. Verschaffen Sie sich daher Gewißheit über die in „Ihrem" Bundesland übliche Praxis.

**376** Form und Inhalt des Widerspruchsbescheids sind im Gesetz nur unvollkommen geregelt. § 73 Abs. 1 VwGO bestimmt nur, daß ein Widerspruchsbescheid ergeht. Daneben enthält § 79 i.V.m. § 37 Abs. 1, 3 und 4 VwVfG Anforderungen an die Form des Widerspruchsbescheids. In den einzelnen Bundesländern hat sich eine unterschiedliche Verwaltungspraxis herausgebildet, die teilweise durch Verwaltungsvorschriften ausgefüllt wird[702]. So sind z.B. in Bayern und Baden-Württemberg die Widerspruchsbescheide regelmäßig in der dritten Person abgefaßt. Dagegen wird in Norddeutschland eher der persönliche Stil bevorzugt. Unabhängig vom Stil ergeht der Widerspruchsbescheid in der Regel in Bescheidform. In Rheinland-Pfalz und dem Saarland wird der Widerspruchsbescheid, sofern er von einem Stadt- bzw. Kreisrechtsausschuß erlassen wird, in Beschlußform abgefasst. Dies rechtfertigt sich aus dem Umstand, daß die Widerspruchsausschüsse mit mehreren Personen besetzt sind und grundsätzlich mündlich verhandeln. Dies wirkt sich auch auf die Form des Widerspruchsbescheids aus. Richten Sie sich in jedem Fall nach der in „Ihrem" Bundesland gebräuchlichen Form des Widerspruchsbescheids.

Der Widerspruchsbescheid ist als solcher zu bezeichnen. Er besteht aus Eingangsteil, Tenor, Begründung und einer Rechtsbehelfsbelehrung (vgl. § 73 Abs. 3 VwGO).

---

[700] So z.B. *Volkert*, 2. Kapitel Rdnr. 3.
[701] § 1 Rdnr. 29.
[702] Vgl. hierzu die Übersicht bei *Pietzner/Ronellenfitsch*, § 41 Rdnr. 8.

Erster Abschnitt: Der Widerspruchsbescheid

## § 34 Der Eingangsteil

### I. Der Eingangsteil in der Bescheidform

Im Eingangsteil werden zunächst die Behörde sowie Aktenzeichen, Ort und Datum des Ergehens des Widerspruchsbescheids aufgeführt. Unmittelbar anschließen sollte sich die Angabe der Zustellungsart (z.B. *„Gegen Empfangsbekenntnis"* oder *„Gegen Postzustellungsurkunde"*), denn gemäß § 73 Abs. 3 VwGO ist der Widerspruchsbescheid zuzustellen. Danach wird der Adressat des Widerspruchsbescheids benannt. Liegt keine Vertretung durch einen Verfahrensbevollmächtigten vor, ist der Widerspruchsführer persönlich aufzuführen. Wird der Widerspruchsführer durch einen Verfahrensbevollmächtigten vertreten und hatte dieser schriftliche Vollmacht angezeigt, so ist der Widerspruchsbescheid aufgrund § 8 Abs. 1 Satz 2 VwZG bzw. der inhaltsgleichen landesrechtlichen Bestimmung zwingend an den Bevollmächtigten zuzustellen und daher der Bevollmächtigte als Adressat des Bescheids anzugeben.

377

Bei Drittwidersprüchen ist es sinnvoll, zwei verschiedene Texte zu entwerfen und sich in erster Linie an denjenigen zu wenden, in dessen Rechte der Widerspruchsbescheid eingreift. Weisen Sie den Widerspruch zurück, richtet sich der Bescheid an den Widerspruchsführer; heben Sie den Ausgangsbescheid auf, richten Sie den Widerspruchsbescheid an den ursprünglich Begünstigten. Dem Widerspruchsführer wird ein kurzer auf seine Interessen zugeschnittener Widerspruchsbescheid erteilt, dem eine Ausfertigung des ausführlichen Bescheids an den „Unterlegenen" beigefügt ist, auf den Sie inhaltlich Bezug nehmen[703].

Danach folgt der Betreff, der z.B. wie folgt aussieht:

„Vollzug des Waffengesetzes, Widerspruchs des Herbert Hoffmann, Talstraße 9, 82327 Tutzing, vom 12. Juli 2000 gegen den Bescheid des Landratsamtes Starnberg vom 27. Juni 2000, Aktenzeichen 23–122–345"

„Einweisung der Maria Hilflos in das Haus Ihres Mandanten Franz Wohlfahrt, Auf dem Berg 7, 99510 Apolda, durch die Stadt Jena
Ihr Widerspruch vom 15. Mai 2000"

Die Bezeichnung des Betreffs soll es dem Widerspruchsführer erleichtern, sofort herauszufinden, um welche Sache es geht. Hat dieser eine untechnische Formulierung wie „Beschwerde" oder „Einspruch" verwandt, sollten Sie im Betreff diese Ausdrucksweise aufgreifen[704]. Den fehlerhaften Sprachgebrauch stellen Sie erst zu Beginn der rechtlichen Würdigung richtig.

---

[703] *Volkert*, 2. Kapitel Rdnr. 9.
[704] *Volkert*, 2. Kapitel Rdnr. 11.

Nach der Bezugszeile folgt die Erlaßformel (z.b. „*Die Regierung von Unterfranken erläßt folgenden Widerspruchsbescheid*"). Unabhängig von der Formulierung sollte im Eingangsteil auf jeden Fall der Begriff „*Widerspruchsbescheid*" verwendet werden, damit der Adressat, mit dem im Widerspruchsverfahren möglicherweise keinerlei Korrespondenz geführt worden ist, sofort erkennen kann, daß der Bescheid den erhobenen Widerspruch betrifft.

## II. Der Eingangsteil in der Beschlußform

378 Wird der Widerspruchsbescheid ähnlich einem gerichtlichen Beschluß abgefasst (in Rheinland-Pfalz oder dem Saarland, wenn die Entscheidung durch einen Stadt- bzw. Kreisrechtsausschuß ergeht), so wird der Eingangsteil wie ein gerichtliches Rubrum abgefaßt. Hierzu ein Beispiel:

Landkreis Germersheim<br>
– Kreisrechtsausschuß –

WIDERSPRUCHSBESCHEID

Gegen Empfangsbekenntnis                      25. August 2000

KRA 245/00

In dem Widerspruchsverfahren

des Ernst Möller, Am Feldrain 7, 67870 Kandel

– Widerspruchsführer –

Prozeßbevollm.: Rechtsanwalt Rainer Flink,
        Schillerstraße 10, 67433 Neustadt

gegen

den Landkreis Germersheim, vertreten durch den Landrat,
Luitpoldplatz 1, 76726 Germersheim

– Widerspruchsgegner –

wegen Entziehung einer Fahrerlaubnis

hat der Kreisrechtsausschuß des Landkreises Germersheim aufgrund der mündlichen Verhandlung vom 18.8.2000, an der teilgenommen haben

Vorsitzender: Kreisrechtsdirektor Hans Rudolf,
Beisitzerin Helma Schmidt
Beisitzer Werner Steinhöfer

folgenden Widerspruchsbescheid erlassen

## § 35 Der Tenor

### I. Allgemeines

An den Eingangsteil schließt sich die Entscheidungsformel an. Leitender Gesichtspunkt bei der Formulierung des Tenors ist der für VAe allgemein geltende Grundsatz der inhaltlichen Bestimmtheit (§ 79 i.V.m. § 37 Abs. 1 VwVfG). Die Entscheidungsformel muß ohne Zuhilfenahme anderer Schriftstücke unmißverständlich und klar verständlich sein und auf einen Blick erkennen lassen, wie entschieden worden ist und wie sich danach die durch den Ausgangsbescheid geschaffene Rechtslage nunmehr gestaltet[705]. Kernstück der Tenorierung ist der Hauptausspruch, d.h. die Frage, ob die vom Widerspruchsführer angegriffene Entscheidung Bestand hat bzw. ob die von ihm begehrte Regelung erlassen wird. Ferner werden in den Tenor die Kostenentscheidung sowie gegebenenfalls ein Ausspruch über die Hinzuziehung eines Bevollmächtigten als notwendig oder über die Anordnung bzw. Aussetzung der sofortigen Vollziehung aufgenommen.

379

### II. Tenorierungsbeispiele

Die folgenden Tenorierungsbeispiele sind in unpersönlicher Rede wiedergegeben. Die Ausgangsbehörde wird nicht als Widerspruchsgegnerin bezeichnet.

1) Der Widerspruchsführer erhebt verspätet Widerspruch gegen den Beitragsbescheid der Gemeinde G und beantragt Wiedereinsetzung in den vorigen Stand. Zugleich begehrt er die Aussetzung der sofortigen Vollziehung des Beitragsbescheids. Der Widerspruch hat keinen Erfolg.

380

1) Der Widerspruch wird zurückgewiesen.
2) Der Antrag auf Aussetzung der sofortigen Vollziehung des Beitragsbescheids vom 30. März 2000 wird abgelehnt.
3) Der Widerspruchsführer hat die Kosten des Widerspruchsverfahrens zu tragen.

Bleibt der Anfechtungs- bzw. Verpflichtungswiderspruch erfolglos, wird er zurückgewiesen. Ebenso wie im Klageverfahren kommt im Tenor nicht zum Ausdruck, ob der Widerspruch unzulässig oder unbegründet ist. Der Ausspruch über die Wiedereinsetzung in den vorigen Stand nach § 70 Abs. 2 i.V.m. § 60 Abs. 1 VwGO kann, muß aber nicht in den Tenor aufgenommen werden. Es genügt, die Wiedereinsetzung inzidenter in den Gründen zu gewähren[706].

---

[705] *Pietzner/Ronellenfitsch*, § 41 Rdnr. 21; *Oberrath/Hahn*, JA 1996, 152.
[706] Ebenso *Linhart*, Seite 84.

381 Hat der Widerspruchsführer daneben ausdrücklich oder zumindest sinngemäß einen Antrag auf Aussetzung der sofortigen Vollziehung des angefochtenen Bescheides nach § 80 Abs. 4 VwGO gestellt, so trifft die Widerspruchsbehörde hierüber einen Ausspruch in Ziffer 2) des Tenors. Wird dem Antrag stattgegeben, tenorieren Sie wie folgt: *„Die sofortige Vollziehung des Bescheids vom 30. März 2000 wird ausgesetzt"* oder *„Die aufschiebende Wirkung des Widerspruchs gegen den Beitragsbescheid vom 30. März 2000 wird bis zu einer Entscheidung des Verwaltungsgerichts über eine evtl. Anfechtungsklage angeordnet".*

Bleibt ein Widerspruch, der gemäß § 80 Abs. 1 Satz 1 VwGO aufschiebende Wirkung hat und dessen sofortige Vollziehung die Ausgangsbehörde nicht angeordnet hat, erfolglos, kann die Widerspruchsbehörde aufgrund ihrer Befugnis, die sofortige Vollziehung des Ausgangsbescheids selbst anzuordnen, hiervon Gebrauch machen (z.b. bei einer Fahrerlaubnisentziehung). In den Tenor der Entscheidung wird der Zusatz: *„Die sofortige Vollziehung der Fahrerlaubnisentziehung wird hiermit angeordnet"* aufgenommen.

382 In Ziffer 3) des Tenors findet sich der Ausspruch über die nach § 73 Abs. 3 Satz 2 VwGO zu treffende Kostenentscheidung. Dabei wird nur darüber entschieden, wer die Kosten dem Grunde nach zu tragen hat. Diese Frage beurteilt sich nach dem jeweils einschlägigen Verwaltungsverfahrensgesetz (z.B. § 80 VwVfG, § 63 SGB X bzw. die nahezu inhaltsgleichen Parallelvorschriften der Länder wie § 80 HbgVwVfG oder § 80 ThürVwVfG[707]). Die Festsetzung der Kosten der Höhe nach erfolgt nicht im Widerspruchsbescheid, sondern in einem gesonderten, nachfolgenden Kostenfestsetzungsbescheid. Soweit dies in der Praxis teilweise anders gehandhabt wird, ist das für Ihre Prüfungsarbeit irrelevant. Hier genügt in jedem Fall eine Kostengrundentscheidung[708].

Kosten im Sinne des § 73 Abs. 3 Satz 2 VwGO sind die Verwaltungskosten der Widerspruchsbehörde (Gebühren und Auslagen) und die zur zweckentsprechenden Rechtsverfolgung notwendigen Aufwendungen der Beteiligten einschließlich der Ausgangsbehörde im Widerspruchsverfahren[709]. In der Regel erhebt die Widerspruchsbehörde für ihre Tätigkeit im Widerspruchsverfahren Verwaltungskosten aufgrund von verwaltungsrechtlichen Vorschriften des Bundes (§ 80 VwVfG) oder des jeweili-

---

[707] Eine Übersicht über die einzelnen landesgesetzlichen Vorschriften, die inhaltlich zum Teil über § 80 VwVfG hinausgehen, finden Sie bei *Pietzner/Ronellenfitsch*, § 44 Rdnr. 12.
[708] *Pietzner/Ronellenfitsch*, § 47 Rdnr. 8 empfehlen, den Kostenfestsetzungsbescheid nach der Rechtsbehelfsbelehrung des Widerspruchsbescheids anzufügen, sofern Sie es sich zeitlich leisten können.
[709] *Dolde* in: *Schoch*, § 73 Rdnr. 56.

gen Bundeslandes[710]. Bleibt der Widerspruch wie im Beispielsfall erfolglos, hat der Widerspruchsführer grundsätzlich[711] die Kosten des Widerspruchsverfahrens zu tragen (s. z.B. § 80 Abs. 1 Satz 3 VwVfG). Besteht im Ausgangsverfahren Gebührenfreiheit (z.b. in Sozialhilfeangelegenheiten), so gilt dies auch für das Widerspruchsverfahren. In diesen Fällen empfiehlt sich folgende (zusätzliche) Tenorierung: „*Verwaltungskosten werden nicht erhoben*".

2) Der Widerspruch im Ausgangsfall hat nur deshalb keinen Erfolg, weil die Verletzung eines Verfahrensverstoßes nach § 45 VwVfG unbeachtlich ist.  **383**

1) Der Widerspruch wird zurückgewiesen.
2) Die Gemeinde G hat die Kosten des Verfahrens zu tragen.

In diesem Beispielsfall liegen die Voraussetzungen des § 80 Abs. 1 Satz 2 VwVfG[712] vor. Danach hat der Rechtsträger, dessen Behörde den VA erlassen hat, die Kosten des Widerspruchsverfahrens zu tragen, wenn der Widerspruch nur deshalb keinen Erfolg hat, weil die Verletzung einer Verfahrens- oder Formvorschrift nach § 45 unbeachtlich ist. § 80 Abs. 1 Satz 2 VwVfG durchbricht also das „Verliererprinzip", wenn der VA ursprünglich formell rechtswidrig war, inzwischen aber geheilt worden ist. Hintergrund dieser Vorschrift ist es, die Ausgangsbehörde zu sorgfältigem und verfahrensfehlerfreiem Handeln anzuhalten. Beachten Sie, daß die genannte Kostenregelung nur auf § 45 VwVfG, nicht aber auf § 46 VwVfG Bezug nimmt! Ist der Verfahrensfehler unbeachtlich im Sinne des § 46 VwVfG, bleibt es bei der ansonsten geltenden Kostentragungspflicht des Widerspruchsführers.

3) Im Ausgangsfall ist der Widerspruch erfolgreich. Der Widerspruchsführer hatte einen Rechtsanwalt, dessen Gebühren und Auslagen er geltend macht.  **384**

1) Der Bescheid der Gemeinde G vom 30. März 2000 wird aufgehoben.
2) Die Gemeinde G hat die Kosten des Verfahrens zu tragen. Die Zuziehung eines Bevollmächtigten wird für notwendig erklärt.

Bei einem Anfechtungswiderspruch ist der Bescheid aufzuheben. Falsch wäre z.B. die Tenorierung „Der Widerspruch ist begründet" oder „Ihrem Widerspruch gebe ich statt", denn damit wird nicht deutlich, in bezug auf welche Verfügung und welchen Widerspruch entschieden wurde. Zur Aussetzung der sofortigen Vollziehung ist im Tenor kein Aus-

---

[710] Zu Einzelheiten hierzu s. *Volkert*, 2. Kapitel Rdnr. 64 f. und *Pietzner/Ronellenfitsch*, § 44 Rdnr. 20 f.
[711] Zu Ausnahmen s. z.B. § 80 Abs. 1 Satz 3, Halbsatz 2 VwVfG.
[712] In § 63 SGB X und den Landesgesetzen finden sich inhaltsgleiche Regelungen.

spruch zu treffen, denn mit der Aufhebung des Bescheids entfällt auch dessen Vollzug.

Ist der Widerspruch erfolgreich, hat gemäß § 80 Abs. 1 Satz 1 VwVfG oder der entsprechenden landesgesetzlichen Regelung der Rechtsträger, dessen Behörde den angefochtenen VA erlassen hat, demjenigen, der Widerspruch erhoben hat, die zur zweckentsprechenden Rechtsverfolgung oder Rechtsverteidigung notwendigen Aufwendungen zu erstatten. Genießt die Behörde sachliche oder persönliche Gebührenfreiheit, formulieren Sie wieder (zusätzlich) *„Verwaltungskosten werden nicht erhoben."*

385 Wurde der Widerspruchsführer durch einen Rechtsanwalt vertreten, so kann er gemäß § 80 Abs. 2 VwVfG bzw. den Parallelvorschriften der Länder dessen Gebühren und Auslagen geltend machen, sofern die Zuziehung eines Bevollmächtigten notwendig war. Hierüber hat die Widerspruchsbehörde von Amts wegen zu entscheiden. Es gelten dieselben Grundsätze wie zu § 162 Abs. 2 Satz 2 VwGO im gerichtlichen Verfahren. Eine entsprechende Aussage im Tenor ist Voraussetzung für die Erstattung von Anwaltskosten und darf daher nicht vergessen werden (s. § 80 Abs. 3 Satz 2 VwVfG).

386 4) Der Widerspruch gegen den Bescheid, mit dem die Gemeinde G einen Betrag in Höhe von 750 zurückfordert, ist in Höhe von 500 DM erfolgreich.

1) Der Bescheid vom 30. März 2000 wird insoweit aufgehoben, als darin ein Betrag von mehr als 250 DM gefordert wird. Im übrigen wird der Widerspruch zurückgewiesen.
2) Die Widerspruchsführerin hat 1/3 und die Gemeinde G 2/3 der Kosten des Widerspruchsverfahrens zu tragen.

Bei nur teilweiser Aufhebung dürfen Sie ebenso wie im gerichtlichen Verfahren die Zurückweisung im übrigen nicht vergessen. Aus dem Wort „soweit" in § 80 Abs. 1 Satz 1 VwVfG[713] folgt, daß die Kosten gequotelt werden. Die Quoten richten sich nach dem Verhältnis des Erfolges zum gesamten Streitgegenstand. Allerdings können Sie bei einem nur geringen Teilerfolg von der Regelung des § 155 Abs. 1 Satz 3 VwGO analog Gebrauch machen.

387 5) Nachbar *N* begehrt bei der Stadtverwaltung S – Untere Bauaufsichtsbehörde – erfolglos den Erlaß einer Nutzungsuntersagungsverfügung gegen *B*. Sein Widerspruch hat Erfolg.

1) Unter Aufhebung des Bescheids der Stadt S vom 30. März 2000 wird diese verpflichtet, gegen N eine bauordnungsrechtliche Nutzungsuntersagungsverfügung zu erlassen.
2) Die Stadt S hat die Kosten des Widerspruchsverfahrens zu tragen.

---

[713] Art. 80 Abs. 1 Satz 3 BayVwVfG und § 80 Abs. 1 Satz 4 ThürVwVfG sehen dies ausdrücklich vor.

Im Falle eines erfolgreichen Verpflichtungswiderspruchs stellt sich die Frage, ob die Widerspruchsbehörde neben der Aufhebung des Ausgangsbescheids analog § 113 Abs. 1 Satz 1 VwGO den begehrten VA selbst erläßt oder die Ausgangsbehörde anweist, den VA zu erlassen. Ist durch den Devolutiveffekt des Widerspruchs die volle Sachentscheidungskompetenz auf die Widerspruchsbehörde übergegangen, so erläßt sie nach $hM^{714}$ den beantragten VA selbst. Nach der *Gegenmeinung*[715] weist sie die Ausgangsbehörde lediglich an, den beantragten VA zu erlassen. Mit dieser Streitfrage brauchen Sie sich im Examen nicht näher auseinanderzusetzen. Denn eine Verpflichtung, den VA selbst zu erlassen, besteht jedenfalls nicht[716]. Im Falle der Stattgabe können Sie daher wie oben tenorieren.

Hat die Widerspruchsbehörde nur eine eingeschränkte Überprüfungskompetenz – z.B. bei der Überprüfung von VAen, die von der Ausgangsbehörde in Selbstverwaltungsangelegenheiten erlassen worden sind –, verpflichtet die Widerspruchsbehörde die Ausgangsbehörde nach allgemeiner Auffassung zum Erlaß des beantragten VA. Eine Zurückverweisung an die Ausgangsbehörde unter Beachtung der Rechtsauffassung der Widerspruchsbehörde analog § 113 Abs. 5 Satz 2 VwGO kommt nur in Betracht, wenn die Sache nicht spruchreif ist und deshalb keine abschließende Entscheidung in der Sache möglich ist.

Hinsichtlich des Kostenausspruchs ist darauf hinzuweisen, daß § 80 Abs. 1 Satz 1 VwVfG auch für die Fälle des Verpflichtungswiderspruchs gilt, auch wenn darin nur vom „angefochtenen" VA gesprochen wird.

6) Im *Beispiel 5* bleibt der Widerspruch des *N* erfolglos. Der am Verfahren beteiligte und durch einen Rechtsanwalt vertretene *B* beantragt, die Hinzuziehung seines Bevollmächtigten für notwendig zu erklären.

Hier lautet der Tenor zu 2):

„Der Widerspruchsführer hat die Kosten des Widerspruchsverfahrens mit Ausnahme der dem Beteiligten entstandenen Kosten zu tragen."

Im Unterschied zum gerichtlichen Verfahren scheidet die Erstattung der Aufwendungen des Begünstigten bei Drittwidersprüchen im Widerspruchsverfahren aus, da § 80 VwVfG bzw. die Parallelvorschriften der Länder dies nicht vorsehen. Wegen der abschließenden Regelung dieser Bestimmungen lehnt die Rechtsprechung eine analoge Anwendung des § 162 Abs. 3 VwGO ab[717]. Eine Spezialregelung gibt es in Bayern. Hier sieht Art. 80 Abs. 2 Satz 2 BayVwVfG eine Erstattung von Aufwendun-

---

[714] Z.B. *Brühl,* JuS 1994, 330, 333; *Dolde* in: *Schoch,* § 73 Rdnr. 39.
[715] S. die Nachweise bei *Pietzner/Ronellenfitsch,* § 42 Rdnr. 17 FN 42.
[716] *Pietzner/Ronellenfitsch,* § 42 Rdnr. 18.
[717] *BVerwG,* NVwZ 1985, 335.

gen anderer Beteiligter vor, wenn sie aus Billigkeit demjenigen, der die Kosten des Widerspruchsverfahrens zu tragen hat oder der Staatskasse auferlegt werden[718].

**389** 7) Auf den Widerspruch gegen eine bauordnungsrechtliche Beseitigungsanordnung samt Zwangsgeldandrohung in Höhe von 500 DM bestätigt die Widerspruchsbehörde den Ausgangsbescheid unter Erhöhung der Zwangsgeldandrohung auf 2.000 DM.

1) Der Widerspruch wird unter Erhöhung der Zwangsgeldandrohung von 500 DM auf 2.000 DM zurückgewiesen.
2) Der Widerspruchsführer hat die Kosten des Verfahrens zu tragen.

Verbösert die Widerspruchsbehörde den Ausgangsbescheid, so muß dies im Tenor zum Ausdruck kommen.

**390** 8) Nach Erhebung des Widerspruchs gegen die Ordnungsverfügung der Gemeinde G hat sich die Hauptsache erledigt. Der Widerspruchsführer begehrt die Feststellung, daß die Ordnungsverfügung rechtswidrig gewesen ist.

Die Frage, ob ein Fortsetzungsfeststellungswiderspruch statthaft ist, wurde unter Rdnr. 150 erörtert. Folgen Sie der *hM*, weisen Sie den Widerspruch wie im Beispielsfall 1 zurück. Die *Gegenmeinung*[719] tenoriert wie folgt:

1) Es wird festgestellt, daß die Ordnungsverfügung der Gemeinde G vom 30. März 2000 rechtswidrig gewesen ist.
2) Die Widerspruchsgegnerin hat die Kosten des Verfahrens zu tragen.

**391** 9) Der Widerspruchsführer erklärt nach Erlaß des von ihm begehrten VA das Widerspruchsverfahren für erledigt.

Erledigt sich das Widerspruchsverfahren durch Zurücknahme des Widerspruchs, Erledigungserklärung oder sonstige tatsächliche Gegebenheiten wie dem Erlaß des begehrten oder Aufhebung des angefochtenen VAs, wird das Widerspruchsverfahren eingestellt[720]. Aus Gründen der Rechtssicherheit empfiehlt sich nach *hM* ein deklaratorischer Einstellungsbescheid, der eine Kostenentscheidung nach § 73 Abs. 3 Satz 2 VwGO mitumfaßt[721]. Der Tenor lautet:

1) Das Widerspruchsverfahren wird eingestellt.
2) Der Widerspruchsführer hat die Kosten des Verfahrens zu tragen.

---

[718] S. hierzu auch *VGH München*, BayVBl 1994, 533.
[719] *Pietzner/Ronellenfitsch*, § 31 Rdnr. 30 und § 42 Rdnr. 33; *Kopp/Schenke*, § 73 Rdnr. 9.
[720] Vgl. *BVerwGE* 81, 226; s. zur Hauptsacheerledigung im Widerspruchsverfahren ausführlich *Engelbrecht*, JuS 1997, 550.
[721] S. ausführlich *Pietzner/Ronellenfitsch*, § 42 Rdnr. 33; nach der Gegenmeinung ist das Widerspruchsverfahren formlos einzustellen, vgl. *Dolde* in *Schoch*, § 73 Rdnr. 42.

## § 36 Die Sachverhaltsdarstellung

Die Darstellung des Sachverhalts entspricht unabhängig davon, ob Sie den Widerspruchsbescheid in Beschluß- oder Bescheidform abfassen, derjenigen des Tatbestands eines verwaltungsgerichtlichen Urteils. Der Sachverhalt sollte zumindest Angaben darüber enthalten, wer wann wogegen mit welcher Begründung Widerspruch erhoben hat. Die Aufnahme der Widerspruchsbegründung verfolgt den Zweck, dem Widerspruchsführer zu zeigen, daß die Widerspruchsbehörde seine Begründung zur Kenntnis genommen und verstanden hat. Es genügt, stichwortartig die wesentlichen Argumente des Widerspruchsführers darzulegen. Die Sachverhaltsschilderung wird in der Regel damit enden, daß die Ausgangsbehörde dem Widerspruch nicht abgeholfen hat. Gegebenenfalls sollten Sie angeben, was die Ausgangsbehörde zur Begründung ihrer Nichtabhilfe ausgeführt hat[722].

Der Aufbau sieht wie folgt aus:

1) Evtl. Einleitungssatz

2) Feststehender Sachverhalt des Ausgangsverfahrens
Gegebenenfalls Antrag, Bescheid, wesentliche Gründe angeben[723]
Zeitform: Imperfekt, Fakten im Präsens

3) Widerspruchsverfahren
Erhebung des Widerspruchs,
Vorbringen der Beteiligten in indirekter Rede
Beweiserhebungen, Auskünfte etc.

Hierzu ein Beispiel (in persönlichem Stil):

„Am 13. April 2000 verursachten Sie in Gießen in der Fichtenstraße einen Verkehrsunfall. Da Anlaß für die Annahme bestand, daß Sie Ihr Fahrzeug in angetrunkenem Zustand gelenkt hatten, veranlaßte die anwesende Polizei die Entnahme einer Blutprobe, die einen BAK von 1,7 Promille ergab. Am 27. April 2000 baten wir Sie daraufhin, bis spätestens 26. Mai 2000 ein medizinisch-psychologisches Gutachten über ihre Fahrtauglichkeit beizubringen. Da Sie dieser Aufforderung nicht fristgerecht Folge geleistet haben, kündigten wir Ihnen mit Schreiben vom 05. Juni 2000 die Entziehung ihrer Fahrerlaubnis der Klasse 3 an und baten Sie um Stellungnahme. Sie teilten uns in Ihrem Antwortschreiben vom 16. Juni 2000 lediglich mit, bei der Trunkenheitsfahrt habe es sich um einen einmaligen Ausrutscher gehandelt, ansonsten seien Sie Abstinenzler. Mit Bescheid vom 20. Juli 2000 hat der Landrat des Landkreises Gießen Ihnen daraufhin die Fahrerlaubnis der Klasse 3 mit der Begründung entzogen, bei einem BAK-Gehalt von

---

[722] *Linhart*, Seite 55.
[723] Der Auffassung von *Volkert*, 2. Kapitel Rdnr. 86, wonach die Begründung der Ausgangsbehörde für ihren Bescheid nicht in die Sachverhaltsdarstellung aufzunehmen sei, weil dies für den Widerspruchsführer uninteressant sei, kann in dieser Allgemeinheit nicht gefolgt werden.

1,7 Promille bestünden erhebliche Zweifel an der Fahreignung eines Kraftfahrers. Diese Zweifel könnten nur durch die Beibringung eines positiven medizinisch-psychologischen Gutachtens ausgeräumt werden. Da Sie das geforderte Gutachten nicht innerhalb der Ihnen gesetzten Frist beigebracht hätten, habe er, der Landrat, von Ihrer fehlenden Fahrtauglichkeit ausgehen dürfen.

Hiergegen haben Sie unter dem 17. August 2000 Widerspruch erhoben, mit dem Sie geltend machen, Ihr Fall sei so atypisch gelagert, daß die Beibringung eines medizinisch-psychologischen Gutachtens gegen den Grundsatz der Verhältnismäßigkeit verstoße.

Der Landrat hat ihrem Widerspruch nicht abgeholfen".

## § 37 Die rechtliche Würdigung

### I. Übersicht

Die rechtliche Würdigung gliedert sich wie folgt:

395

Bekanntgabe des Ergebnisses
Zuständigkeit der Widerspruchsbehörde
Zulässigkeit des Widerspruchs
Begründetheit des Widerspruchs
formelle Rechtmäßigkeit
materielle Rechtmäßigkeit
Zweckmäßigkeitskontrolle (soweit zulässig)
Begründung der Kostenentscheidung

### II. Die Bekanntgabe des Ergebnisses

396 Zu Beginn der rechtlichen Würdigung stellen Sie das Ergebnis voran. Im Falle der Stattgabe formulieren Sie: *„Der (Ihr) Widerspruch ist zulässig und begründet"* oder bei Teilstattgabe *„Der Widerspruch ist zwar zulässig, in der Sache jedoch nur in dem aus dem Tenor ersichtlichen Umfang begründet."* Im Falle des Unterliegens lautet der Einstieg etwa *„Der zulässige Widerspruch ist unbegründet."*

### III. Die Zuständigkeit der Widerspruchsbehörde

397 Längere Ausführungen zur Zuständigkeit der Widerspruchsbehörde sind in der Prüfungsarbeit regelmäßig nicht angebracht[724]. Meist genügt eine kurze Einleitung wie:

---

[724] Zu eng in diesem Zusammenhang *Volkert*, 2. Kapitel, Rdnr. 89, der der Ansicht ist, eine Aussage zur Zuständigkeit der Widerspruchsbehörde sei nur notwendig, wenn der Widerspruchsführer die Zuständigkeit der Widerspruchsbehörde anzweifele.

# Erster Abschnitt: Der Widerspruchsbescheid

„Das Landesamt für Straßenbau und Verkehr Mecklenburg-Vorpommern ist gemäß § 73 Abs. 1 Satz 2 Nr. 1 VwGO i.V.m. § 1 Abs. 2 Satz 1 Nr. 1, Satz 2 der Zuständigkeitsverordnung – Straßenverkehr – zur Entscheidung über ihren Widerspruch sachlich und örtlich zuständig".

„Der Kreisrechtsausschuß des Landkreises Neunkirchen ist zur Entscheidung über den Widerspruch sachlich und örtlich zuständig (§ 73 Abs. 1 Satz 2 Nr. 1 und 3, Abs. 2 VwGO i.V.m. § 8 Abs. 1 Nr. 2 a SaarlAGVwGO)".

Auch wenn Sie sich zu diesem Prüfungspunkt knapp fassen können, sollten Sie die einschlägigen Bestimmungen genau zitieren. Hiermit dokumentieren Sie, daß Sie die verschiedenen Zuständigkeitsvorschriften sauber auseinanderhalten können.

Die sachliche und örtliche Zuständigkeit der Widerspruchsbehörde ergibt sich aus § 73 Abs. 1 Satz 2 VwGO. Grundsätzlich entscheidet über den Widerspruch nach Nr. 1 dieser Bestimmung die nächsthöhere Behörde, soweit nicht durch Gesetz eine andere höhere Behörde bestimmt ist. Nächsthöhere Behörde ist diejenige, die der Ausgangsbehörde nach dem einschlägigen Organisationsrecht des Bundes oder Landes unmittelbar übergeordnet ist.

Ist die nächsthöhere Behörde eine oberste Bundes- oder Landesbehörde, ist nach § 73 Abs. 1 Satz 2 Nr. 2 VwGO die Behörde Widerspruchsbehörde, die den VA erlassen hat. Die zitierte Vorschrift geht von einem dreistufigen Verwaltungsaufbau mit Ministerium, Mittel- und Unterbehörden aus. Ist die Mittelbehörde Ausgangsbehörde, entscheidet sie über den Widerspruch selbst. Hat also z.b. das Regierungspräsidium Darmstadt einen Bescheid erlassen, ist es zugleich zuständige Widerspruchsbehörde. § 73 Abs. 1 Satz 2 Nr. 2 VwGO kommt auch in den Bundesländern zum Tragen, in denen es keine Mittelinstanz gibt (Berlin, Brandenburg, Bremen, Hamburg, Mecklenburg-Vorpommern, Saarland und Schleswig-Holstein). Die genannten Bundesländer können aber auch aufgrund der Ermächtigung des § 185 Abs. 2 VwGO andere Regelungen treffen. So bestimmt z.b. Art. 9 Abs. 1 BremAGVwGO, daß abweichend von der Vorschrift des § 73 Abs. 1 Satz 2 Nr. 2 VwGO der zuständige Senator den Widerspruchsbescheid erläßt, sofern nicht eine andere Stelle die nächsthöhere Behörde ist. Machen Sie sich also mit den entsprechenden Bestimmungen Ihres Bundeslandes vertraut.

Im Beamtenrecht gilt die Spezialregelung des § 126 Abs. 3 Nr. 2 Satz 1 BRRG. Danach erläßt grundsätzlich die oberste Dienstbehörde den Widerspruchsbescheid. Meist hat diese ihre Befugnis zur Entscheidung über den Widerspruch nach § 126 Abs. 3 Nr. 2 Satz 2 BRRG allerdings auf eine andere Behörde übertragen[725].

In Selbstverwaltungsangelegenheiten erläßt nach Ziffer 3 die Selbstverwaltungsbehörde den Widerspruchsbescheid, soweit nicht durch Gesetz

---

[725] Einzelheiten hierzu s. bei *Pietzner/Ronellenfitsch*, § 37 Rdnr. 9.

228  Vierter Teil. Die verwaltungsbehördlichen Entscheidungen

etwas anderes bestimmt wird. Hintergrund dieser Regelung ist, daß in Selbstverwaltungsangelegenheiten eine nächsthöhere Behörde nicht vorhanden ist. Selbstverwaltungsangelegenheiten sind nur die weisungsfreien Angelegenheiten des eigenen Wirkungskreises, nicht die Auftragsangelegenheiten oder die Pflichtaufgaben nach Weisung[726]. Für den übertragenen Wirkungskreis gilt § 73 Abs. 1 Satz 2 Nrn. 1 und 2 VwGO.

Nach § 73 Abs. 2 VwGO bleiben Vorschriften unberührt, nach denen Ausschüsse oder Beiräte über den Widerspruch entscheiden. In Rheinland-Pfalz entscheiden anstelle der in § 73 Abs. 1 Satz 2 Nrn. 1 und 3 VwGO genannten Behörden nach § 6 Abs. 1 RhPfAGVwGO sog. Kreis- und Stadtrechtsausschüsse über Widersprüche. Dies gilt ebenso im Saarland, wo es zusätzlich den Rechtsausschuß für den Stadtverband der Landeshauptstadt Saarbrücken gibt (§ 8 SaarlAGVwGO). In Hamburg entscheiden Widerspruchsausschüsse nach Maßgabe des § 7 Abs. 2 HmbAGVwGO i.V.m. der Verordnung über die Widerspruchsausschüsse. In Hessen findet in bestimmten Fällen (s. hierzu § 7 HessAGVwGO) vor der Entscheidung durch die Widerspruchsbehörde eine mündliche Anhörung durch Anhörungsausschüsse statt, wenn die Ausgangsbehörde dem Widerspruch nicht abhelfen will[727]. Auf Bundesebene gibt es ebenfalls Vorschriften, die Ausschüsse zu zuständigen Widerspruchsbehörden bestimmt haben.

## IV. Die Zulässigkeit des Widerspruchs

399  Für die Zulässigkeit des Widerspruchs gelten dieselben Zulässigkeitsvoraussetzungen wie für die Anfechtungs- bzw. Verpflichtungsklage. Eine bestimmte Reihenfolge gibt es ebenso wie bei der Klage nicht, d.h. Sie können Ihre Prüfung der jeweiligen Situation anpassen. Erörtern Sie nur die Punkte, die wirklich problematisch sind.

### 1. Die Zulässigkeit des Verwaltungsrechtsweges

400  Dieser Prüfungspunkt spielt in der Praxis kaum eine Rolle, da dem Widerspruch in der Regel ein VA und damit eine hoheitliche Maßnahme zugrunde liegt. Ist Streitgegenstand eine beamtenrechtliche Maßnahme, die kein VA ist (z.B. Umsetzung), so ergibt sich der Verwaltungsrechtsweg aus § 126 Abs. 1 BRRG.

---

[726] *Pietzner/Ronellenfitsch*, § 37 Rdnr. 13.
[727] Nach der Rechtsprechung des *VGH Kassel* (NJW 1987, 1096) ist ein Verstoß gegen die in § 7 HessAGVwGO vorgeschriebene Anhörungspflicht allerdings unbeachtlich.

## 2. Die Statthaftigkeit des Widerspruchs

Statthaft ist der Widerspruch gemäß § 68 VwGO, wenn im nachfolgenden Klageverfahren die Anfechtungs- bzw. Verpflichtungsklage die geeignete Klageart ist. Daneben ist ein Widerspruch auch bei beamtenrechtlichen Leistungs- und Feststellungsklagen Sachurteilsvoraussetzung. Konstellationen, in denen gegebenenfalls näher darauf einzugehen ist, ob ein VA im Sinne des § 35 VwVfG vorliegt, sind unter Rdnr. 107 f. erörtert worden.  **401**

Hat sich der streitgegenständliche VA vor der Entscheidung über den Widerspruch erledigt[728], ist hier darauf einzugehen, ob der gegen den erledigten VA eingelegte Widerspruch als sog. Fortsetzungsfeststellungswiderspruch analog § 113 Abs. 1 Satz 4 VwGO zulässig ist bzw. bleibt[729]. Folgen Sie der *hM*, müssen Sie das Verfahren einstellen und nach billigem Ermessen noch über die Kosten des Verfahrens (§ 73 Abs. 3 Satz 2 VwGO) entscheiden. Nach den allgemeinen Grundsätzen des Kostenrechts hat danach derjenige die Kosten zu tragen, der voraussichtlich unterlegen wäre. Bestreitet der Widerspruchsführer trotz Erledigung der Hauptsache die Erledigung und begehrt er eine Widerspruchsentscheidung in der Sache, so dürfen Sie das Widerspruchsverfahren nicht einstellen, sondern müssen den Widerspruch wegen fehlenden Rechtsschutzinteresses zurückweisen[730]. Die Begründetheit des Widerspruchs ist im Hilfsgutachten abzuhandeln. Halten Sie mit der *Gegenmeinung* den Fortsetzungsfeststellungswiderspruch für statthaft, müssen Sie in der Zulässigkeitsprüfung neben den üblichen Voraussetzungen zusätzlich das berechtigte Interesse im Sinne des § 113 Abs. 1 Satz 4 VwGO ansprechen.

## 3. Die Widerspruchsbefugnis

Die Widerspruchsbefugnis und die Gründe, auf die ein Widerspruch gestützt werden kann, sind entsprechend dem Umfang der Prüfungsbefugnis der Widerspruchsbehörde nach § 68 Abs. 1 VwGO zu erörtern. Danach genügt schon die in der Widerspruchseinlegung zu sehende konkludente Behauptung einer Rechtsbetroffenheit, deren tatsächliche Grundlagen die Behörde im Zweifel festzustellen hat[731]. Bei gebundenen VAen liegt eine Beschwer des Widerspruchsführers vor, wenn er durch den VA in eigenen Rechten verletzt sein kann. Anders als bei § 42 Abs. 2 VwGO ist dagegen bei ErmessensVAen die Möglichkeit der Verletzung  **402**

---

[728] Ob sich der VA erledigt hat, ist gegebenenfalls hier zu prüfen.
[729] Die unterschiedlichen Auffassungen zu dieser Problematik wurden bereits unter Rdnr. 150 dargestellt.
[730] *Pietzner/Ronellenfitsch*, § 42 Rdnr. 33.
[731] *Kopp/Schenke*, § 69 Rdnr. 6.

in eigenen Rechten nicht notwendig. Die Widerspruchsbefugnis kann hier auch auf die bloße Unzweckmäßigkeit des VA gestützt werden, sofern die Ermessensnorm zumindest auch dem Interesse des Widerspruchsführers zu dienen bestimmt ist[732].

Ausführungen zur Widerspruchsbefugnis beim Anfechtungswiderspruch sind ebenso wie bei der Anfechtungsklage nur erforderlich, wenn der Sachverhalt hierzu Anlaß gibt. Beim Verpflichtungswiderspruch sollten Sie zumindest kurz auf die anspruchsbegründende Norm eingehen.

### 4. Allgemeine Verfahrensvoraussetzungen

403 Hierzu zählen die Handlungsfähigkeit (§§ 12, 79 VwVfG), die Beteiligungsfähigkeit (§§ 11, 79 VwVfG) sowie die Vorschriften über die Vertretung (§§ 14–19, 79 VwVfG). Ansprechen müssen Sie diese allgemeinen Verfahrensvoraussetzungen nur, wenn sie problematisch sind. Ist Streitgegenstand z.B. ein vom Nachbar gegen eine dem Bauherrn erteilte Baugenehmigung erhobener Widerspruch, so ist der Bauherr Beteiligter des Widerspruchsverfahrens nach § 79 i.V.m. § 13 Abs. 2 Satz 2 VwVfG. Da § 13 VwVfG nicht, wie § 65 VwGO für das gerichtliche Verfahren von der Beiladung, sondern von der „Hinzuziehung als Beteiligte" spricht, empfiehlt es sich, nur diesen Begriff zu verwenden.

### 5. Das allgemeine Widerspruchsinteresse

404 Das Erfordernis eines allgemeinen Widerspruchsinteresses soll verhindern, daß die Widerspruchsbehörde eine Sachentscheidung trifft, die weder für die Verwaltung noch für den Widerspruchsführer einen rechtlichen Nutzen besitzt. Dieser Prüfungspunkt dürfte in der Examensarbeit nur ausnahmsweise eine Rolle spielen.

### 6. Form und Frist des Widerspruchs

405 Nach § 70 VwGO ist der Widerspruch innerhalb eines Monats, nachdem der VA dem Beschwerten bekanntgegeben worden ist, schriftlich oder zur Niederschrift bei der Behörde zu erheben, die den VA erlassen hat. Die Frist wird auch durch Einlegung bei der Behörde, die den Widerspruchsbescheid zu erlassen hat, gewahrt.

---

[732] *Pietzner/Ronellenfitsch*, § 35 Rdnr. 3; *Kopp/Schenke*, § 69 Rdnr. 6; *Weides*, § 20; *Rennert* in: *Eyermann*, § 69 Rdnr. 9; aA *Hain*, DVBl 1999, 1544, nach dem sich der Widerspruchsführer auch bei ErmessensVAen nur auf die Möglichkeit einer Rechtsverletzung stützen muß.

Zur Wahrung der Schriftform gehört grundsätzlich die eigene Unterschrift. Ist die Widerspruchsschrift nicht unterzeichnet, so genügt sie im Hinblick auf die geringere Förmlichkeit des Widerspruchsverfahrens gleichwohl dem Erfordernis der Schriftform, wenn sich aus ihr allein oder in Verbindung mit beigefügten Anlagen hinreichend sicher, ohne Rückfrage oder Beweiserhebung, ergibt, daß sie von dem Widersprechenden herrührt und mit dessen Willen in den Verkehr gelangt ist[733]. Besondere Anforderungen an den Inhalt des Widerspruchs bestehen nicht. Weder muß der Widerspruch ausdrücklich als solcher bezeichnet werden noch schreibt das Gesetz eine Widerspruchsbegründung vor. Aus der abgegebenen Erklärung muß aber jedenfalls hinreichend erkennbar sein, daß der Betroffene sich durch einen bestimmten VA beschwert fühlt und eine Nachprüfung begehrt bzw. eine Änderung anstrebt[734]. Auf die Form des Widerspruchs sollten Sie nur näher eingehen, wenn der Aufgabentext Anlaß hierfür bietet.

Probleme im Zusammenhang mit der Einhaltung der Widerspruchsfrist des § 70 VwGO finden sich häufiger in Prüfungsarbeiten. Um die Monatsfrist in Lauf zu setzen, bedarf es zunächst der ordnungsgemäßen Bekanntgabe des dem Widerspruch zugrunde liegenden Bescheids. Die Bekanntgabe richtet sich nach § 41 VwVfG bzw. den entsprechenden landesgesetzlichen Bestimmungen. Wurde der VA förmlich zugestellt, so müssen Sie die Bestimmungen des VwZG oder die in der Regel inhaltsgleichen landesrechtlichen Zustellungsvorschriften heranziehen[735].

Ist der angefochtene Bescheid ordnungsgemäß bekannt gegeben bzw. korrekt zugestellt worden, läuft die Monatsfrist nur, wenn der Bescheid eine richtige Rechtsbehelfsbelehrung im Sinne des § 58 Abs. 1 VwGO enthält. Heißt es im Aktenauszug bei der Wiedergabe des Bescheids nur: *„Rechtsbehelfsbelehrung ordnungsgemäß"*, können Sie sich der Berechnung der Frist und einer eventuell beantragten Wiedereinsetzung in den vorigen Stand zuwenden. Ist die Rechtsbehelfsbelehrung im Wortlaut wiedergegeben und liegt mehr als ein Monat zwischen Bekanntgabe des Bescheids und Widerspruchseinlegung, müssen Sie sich die Rechtsbehelfsbelehrung näher ansehen. Ist diese fehlerhaft, können die Fristberechnung sowie Ausführungen zur Wiedereinsetzung in den vorigen Stand überflüssig werden. Eine ordnungsgemäße Belehrung, die den gesetzlichen Mindestanforderungen genügt, lautet z.B.:

„Gegen diesen Bescheid kann innerhalb eines Monats nach seiner Bekanntgabe/Zustellung schriftlich oder zur Niederschrift bei der Stadt Saarbrücken Widerspruch erhoben werden."

---

[733] *BVerwGE* 30, 274.
[734] *Kopp/Schenke,* § 70 Rdnr. 5 m.w.N.
[735] Ausführlich zur Zustellung s. *Kintz,* JuS 1997, 1115.

Fehlerhaft ist eine Rechtsbehelfsbelehrung dann, wenn sie die in § 58 Abs. 1 VwGO zwingend geforderten Mindestangaben nicht enthält oder wenn diesen Angaben ein unzutreffender oder irreführender Zusatz beigefügt ist, der sich generell eignet, die Einlegung des Rechtsbehelfs zu erschweren[736]. Dies gilt z.B. für den Zusatz, der Widerspruch müsse bei der Widerspruchsbehörde eingereicht werden[737], er müsse begründet werden[738] oder er müsse schriftlich eingelegt werden ohne den Hinweis auf die Möglichkeit einer Einlegung auch zur Niederschrift[739]. Fehlt die Rechtsbehelfsbelehrung oder ist sie inhaltlich unrichtig, beginnt die Monatsfrist für den Widerspruch nicht zu laufen. In diesem Fall ist der Widerspruch innerhalb eines Jahres zulässig (§ 58 Abs. 2 VwGO)[740]. Wird fälschlich über eine längere als die gesetzliche Rechtsbehelfsfrist belehrt, beginnt, da die Belehrung über die längere (unrichtige) Frist auch die kürzere (richtige) Frist einschließt, die Widerspruchsfrist zu laufen mit der Folge, daß sie bis zum Ablauf der längeren Frist genutzt werden kann[741].

**407** Die Fristberechnung selbst erfolgt nach $hM$[742] gemäß § 57 Abs. 2 VwGO i.V.m. §§ 222 ZPO, 187 ff. BGB, nach der *Gegenmeinung*[743] gemäß §§ 79, 31 VwVfG i.V.m. §§ 187 ff. BGB. Für welche Verweisungskette Sie sich entscheiden, ist unerheblich, da beide zum selben Ergebnis führen. Bei der Berechnung der Fristen sollten Sie besonders aufmerksam sein, wenn das Fristende rechnerisch auf ein Wochenende oder auf einen Feiertag fällt (§ 222 Abs. 2 ZPO); die Frist endet in diesem Fall mit Ablauf des nachfolgenden Werktages.

**408** Ist die Monatsfrist trotz ordnungsgemäßer Rechtsbehelfsbelehrung nicht eingehalten, prüfen Sie die Wiedereinsetzung in den vorigen Stand. Diese richtet sich nicht nach § 32 VwVfG[744], sondern nach § 60 Abs. 1 bis 4 VwGO, da § 70 Abs. 2 VwGO hierauf verweist. Liegen diese Voraussetzungen nicht vor, kann sich die Widerspruchsbehörde nach $hM$ über die Verfristung hinwegsetzen, sofern nicht ein Ausnahmefall besteht[745]. Setzen Sie sich, sofern es darauf ankommt, auf jeden Fall mit den beiden Meinungen auseinander. Folgen Sie der Gegenmeinung, erörtern Sie die Begründetheit des Widerspruchs im Hilfsgutachten.

---

[736] *BVerwG*, NJW 1991, 508.
[737] *BVerwGE* 3, 273.
[738] *BVerwG*, NJW 1979, 1670.
[739] *BVerwG*, NJW 1979, 1670.
[740] Vgl. auch *Linhart*, Seite 61, der darauf hinweist, daß in Prüfungsarbeiten die Jahresfrist korrekterweise nicht als „Widerspruchsfrist" bezeichnet werden sollte.
[741] S. *Pietzner/Ronellenfitsch*, § 48 Rdnr. 16 m.w.N.
[742] S. z.B. *BVerwGE* 39,258; *VGH Mannheim*, NVwZ 1992, 799; *Dolde* in: *Schoch*, § 70 Rdnr. 15.
[743] *Linhart*, Seite 25; *Meissner* in: *Schoch*, § 57 Rdnr. 3; *Redeker/von Oertzen*, § 70 Rdnr. 2.
[744] Dieser Fehler kommt in Prüfungsarbeiten gelegentlich vor.
[745] S. hierzu Rdnr. 76 und 153.

## V. Die Begründetheit des Anfechtungswiderspruchs

Der Anfechtungswiderspruch ist analog § 113 Abs. 1 Satz 1 VwGO begründet, wenn der VA formell und/oder materiell rechtswidrig ist und den Widerspruchsführer in seinen Rechten verletzt.

### 1. Die formelle Rechtmäßigkeit des Ausgangsbescheids

Ausführungen zur formellen Rechtmäßigkeit sind nur geboten, wenn der Sachverhalt einen entsprechenden Hinweis enthält. Formell rechtmäßig ist der VA, wenn ihn die zuständige Behörde unter Beachtung der einschlägigen Verfahrens- und Formvorschriften erlassen hat. Ein Verfahrensfehler im Ausgangsverfahren führt in den seltensten Fällen zur Stattgabe des Widerspruchs. Stellen Sie sich gedanklich folgende Fragen[746]: Liegt ein Verfahrensmangel vor? Ist der Fehler beachtlich? Ist der Fehler heilbar? Welche Behörde hat den Fehler zu heilen? Wurde die heilende Verfahrenshandlung wirksam durchgeführt? 409

Ein Verfahrensverstoß liegt z.B. vor, wenn der VA vom Bürgermeister erlassen wurde, diesem aber die erforderliche Organkompetenz hierzu gefehlt hat (Beispiel: Bürgermeister übt das Vorkaufsrecht für die Gemeinde nach § 28 Abs. 2 BauGB aus, ohne zuvor den notwendigen Gemeinderatsbeschluß einzuholen; diese Verfahrensweise ist nur zulässig, wenn es sich bei der Ausübung des Vorkaufsrechts um ein Geschäft der laufenden Verwaltung handelt). Ein solcher Verfahrensverstoß ist nur heilbar, indem das zuständige Organ die erforderliche Handlung vor Erlaß des Widerspruchsbescheids nachholt. 410

Ein Verfahrensfehler, der in Examensarbeiten häufig vorkommt, ist die unterlassene Anhörung nach § 28 Abs. 1 VwVfG[747]. Prüfen Sie zuerst, ob nicht die Voraussetzungen der Abs. 2 oder 3 dieser Vorschrift vorliegen, nach denen ausnahmsweise von einer vorherigen Anhörung abgesehen werden kann. War eine Anhörung erforderlich, müssen Sie auf die Beachtlichkeit des Verfahrensverstoßes eingehen. Ein in der unterbliebenen Anhörung liegender etwaiger Verfahrensfehler liegt nach der Rechtsprechung des *BVerwG*[748] dann nicht vor, wenn bei Anhörung keine tatsächlichen oder rechtlichen Gesichtspunkte geltend gemacht worden wären, die der Behörde bei Erlaß des VA nicht ohnehin schon bekannt waren und ihrer Entscheidung zugrunde liegen. 411

Der Verfahrensverstoß der unterbliebenen Anhörung vor Erlaß des nicht nichtigen VA ist nach § 46 VwVfG unbeachtlich, wenn offensicht- 412

---

[746] S. *Hufen* JuS 1999, 313, 316.
[747] Bzw. den inhaltsgleichen landesrechtlichen Vorschriften.
[748] *BVerwG*, Buchholz 316 § 28 VwVfG Nr. 17.

lich ist, daß die Verletzung die Entscheidung in der Sache nicht beeinflußt hat. Im Gegensatz zu § 46 VwVfG a.f. stellt die Neufassung nicht mehr allein auf die Alternativlosigkeit des Entscheidungsinhalts, sondern auch auf die mangelnde Kausalität des Verfahrens- oder Formfehlers ab. Damit werden auch solche Entscheidungen erfaßt, in denen zwar das Ermessen nicht auf Null reduziert ist, in denen die Behörde aber bei Vermeidung des Verfahrensfehlers dieselbe materiell rechtmäßige Entscheidung getroffen hätte[749]. Daneben ist eine Unbeachtlichkeit nach § 46 VwVfG auch auf der Tabestandsseite bei der Anwendung von unbestimmten Rechtsbegriffen mit Beurteilungsspielraum möglich[750]. Offensichtlich ist der Verfahrensverstoß allerdings nur, wenn die fehlende Kausalität gleichsam auf den ersten Blick klar erkennbar ist[751].

413 Greift § 46 VwVfG nicht ein, prüfen Sie, ob der Fehler nach § 45 Abs. 1 Nr. 3 VwVfG geheilt werden kann. Nach h*M*[752] ist der Anhörungsmangel geheilt, wenn der Betroffene seine Einwendungen im Vorverfahren vorbringen kann, die Behörde seine Argumente zur Kenntnis nimmt und bei ihrer Entscheidung in Erwägung zieht. Die Nachholung der Anhörung muß nicht notwendig durch die Ausgangsbehörde vorgenommen werden. Die versäumte Anhörung ist bei ErmessensVAen auch dann im Vorverfahren wirksam nachgeholt, wenn die Widerspruchsbehörde zur vollen Überprüfung des VA befugt ist und die mit dem Widerspruch vorgetragenen Tatsachen gewürdigt hat[753]. Dagegen kann die Widerspruchsbehörde eine unterbliebene Anhörung eines Beteiligten nicht ordnungsgemäß nachholen, wenn in Selbstverwaltungsangelegenheiten einer Gemeinde das für die Nachprüfung von Zweckmäßigkeitsüberlegungen zuständige Organ der Gemeinde den Inhalt der Widerspruchsschrift, mit der sich der Beteiligte geäußert hat, nicht zur Kenntnis genommen und im Rahmen der Abhilfeentscheidung erwogen hat, während die Widerspruchsbehörde auf die Rechtsprüfung beschränkt ist und Zweckmäßigkeitsüberlegungen nicht nachprüfen darf[754].

414 Ein Formulierungsbeispiel für die Erörterung einer im Ausgangsverfahren unterbliebenen Anhörung:

„Soweit der von Ihnen angefochtene Bescheid in formeller Hinsicht rechtswidrig ist, wird dieser Mangel durch diesen Widerspruchsbescheid geheilt.

---

[749] So die Gesetzesbegründung BT-Drucksache 13/3995 S. 8.
[750] *Sodan*, DVBl 1999, 729, 734.
[751] Vgl. *Schmitz/Wessendorf*, NVwZ 1996, 955, 958.
[752] *Pietzner/Ronellenfitsch*, § 38 Rdnr. 19 m.w.N.
[753] So *BVerwG*, NVwZ 1984, 578, 579; *OVG Koblenz*, ZBR 1993, 95; aA *Weides*, § 7 S. 144; *BVerwG*, NVwZ 1983, 609, das die fehlende Anhörung vor Erlaß eines im Ermessen stehenden VA nur dann als unbeachtlich ansieht, wenn die Anhörung von der erlassenden Behörde nachgeholt worden ist.
[754] *BVerwG*, NVwZ-RR 1991, 337.

# Erster Abschnitt: Der Widerspruchsbescheid

Vor dem Erlaß eines belastenden Verwaltungsakts ist der Betroffene nach § 1 Abs. 1 BerlVwVfG i.V.m. § 28 Abs. 1 VwVfG grundsätzlich anzuhören. Dies ist hier nicht erfolgt. Auch liegen die Voraussetzungen des § 28 Abs. 2 und 3 VwVfG, wonach in bestimmten Fällen von einer vorherigen Anhörung abgesehen werden kann, nicht vor. Der Formmangel ist auch nicht nach § 1 Abs. 1 BerlVwVfG i.V.m. § 46 VwVfG unbeachtlich. Die Anwendbarkeit dieser Regelung scheidet aus, weil nicht offensichtlich ist, daß die unterbliebene Anhörung Ihrer Person die Entscheidung in der Sache nicht beeinflußt hat. Die Polizeiverfügung des Bezirksamtes Mitte von Berlin beinhaltet eine Ermessensentscheidung. Hätte das Bezirksamt Ihre im Widerspruchsverfahren vorgebrachten Argumente schon vor Erlaß der Verfügung zur Kenntnis genommen, bin ich nicht der Auffassung, daß die Ermessensentscheidung des Bezirksamtes erkennbar in dem entschiedenen Sinne hätte ausfallen müssen.

Die fehlende Anhörung Ihrer Person ist aber im Widerspruchsverfahren nachgeholt worden, was nach § 45 Abs. 1 Nr. 3, Abs. 2 VwVfG zulässig ist. Sie hatten in ausreichendem Maße Gelegenheit, zu dem Bescheid vom 15. März 2000 Stellung zu nehmen. Das Bezirksamt Mitte von Berlin, das Ihr Widerspruchsvorbringen zur Kenntnis genommen hat, hat sich in seiner Nichtabhilfeentscheidung, deren Wortlaut ich Ihnen in der Sachverhaltsdarstellung auszugsweise mitgeteilt habe, auch ausführlich mit Ihrer Begründung auseinandergesetzt".

Ein weiterer Verfahrensfehler liegt vor, wenn der VA nicht, wie dies § 39 Abs. 1 VwVfG grundsätzlich verlangt (zu Ausnahmen s. Abs. 2), mit einer Begründung versehen worden ist. Dieser Verstoß ist gemäß § 45 Abs. 1 Nr. 2 VwVfG heilbar. Es geht hier nur um die Heilung eines formellen Begründungsfehlers, also die Fälle gänzlich fehlender oder den formellen Mindestanforderungen des § 39 Abs. 1 VwVfG nicht genügenden Begründungen[755]. Ist eine formell ordnungsgemäße Begründung materiell inhaltlich unrichtig, so hindert § 45 Abs. 1 Nr. 2 VwVfG die Widerspruchsbehörde nicht, die gegebene Begründung des VAs zu ergänzen, zu ändern oder den Bescheid auf eine andere Rechtsgrundlage zu stützen. Die Problematik des sog. „Nachschiebens von Gründen" stellt sich im Widerspruchsverfahren nicht, da maßgeblicher Zeitpunkt für die Beurteilung der Sach- und Rechtslage die Entscheidung der Widerspruchsbehörde ist.

415

## 2. Die materielle Rechtmäßigkeit des Ausgangsbescheids

Die Prüfung der materiellen Rechtmäßigkeit des VA erfolgt auf der Tatbestandsseite ebenso wie bei der Anfechtungsklage. Wie Sie insbesondere § 79 Abs. 1 Nr. 1 VwGO entnehmen können, ist grundsätzlich die Sach- und Rechtslage im Zeitpunkt der Entscheidung über den Widerspruch maßgebend[756]. Änderungen in tatsächlicher und rechtlicher Hin-

416

---

[755] *Pietzner/Ronellenfitsch*, § 38 Rdnr. 10 m.w.N.
[756] Eine – examensrelevante – Ausnahme gilt z.B. im Baunachbarrecht. Hier beurteilt sich die Frage, ob eine angefochtene Baugenehmigung den Nachbarn in seinen Rechten verletzt, grundsätzlich nach der Sach- und Rechtslage im Zeitpunkt der Genehmigungserteilung. Spätere Änderungen zu Lasten des Bauherrn bleiben außer Betracht.

sicht nach Erlaß des Ausgangsbescheids müssen im Widerspruchsverfahren also berücksichtigt werden. Die Widerspruchsbehörde hat aufgrund der durch den Devolutiveffekt des Widerspruchs begründeten Sachherrschaft die ursprüngliche Entscheidungskompetenz der Ausgangsbehörde. Versetzen Sie sich bei der Prüfung der Rechtmäßigkeit des angefochtenen VA daher gedanklich in die Lage eines Sachbearbeiters, der den Bescheid erstmals erläßt. Als Widerspruchsbehörde sind Sie befugt, andere rechtliche und tatsächliche Gesichtspunkte zur Begründung des von der Ausgangsbehörde erlassenen VA anzuführen. Ein Beispiel: Hat die Ausgangsbehörde in der bauordnungsrechtlichen Beseitigungsanordnung darauf abgestellt, der streitgegenständliche Holzschuppen befinde sich im Außenbereich und sei weder nach § 35 Abs. 1 noch nach § 35 Abs. 2 BauGB genehmigungsfähig, so ist es der Widerspruchsbehörde nicht verwehrt, die Beseitigungsanordnung darauf zu stützen, der Schuppen liege zwar im unbeplanten Innenbereich, füge sich dort aber nicht in die nähere Umgebung ein.

**417** Stützt sich die Widerspruchsbehörde bei der Zurückweisung des Widerspruchs auf eine Rechtsgrundlage, die alternativ verschiedene Tatbestandsmerkmale aufweist, braucht sie nur das Tatbestandsmerkmal zu erläutern, welches sie im gegebenen Fall für einschlägig hält. Um die Überzeugungskraft des Widerspruchsbescheides zu erhöhen, ist es aber sinnvoll, in der Entscheidung auf weitere Ablehnungsgründe einzugehen, sofern solche vorliegen[757].

Gibt es zu einer entscheidungserheblichen Frage in der Rechtsprechung oder Literatur unterschiedliche Auffassungen, so müssen Sie hierauf in dem Bescheid ebenso eingehen wie im Urteil. Im Falle des Verschweigens des Meinungsstreits läuft die Widerspruchsbehörde nämlich Gefahr, bei den Betroffenen den Eindruck zu wecken, sie habe die aufgetretenen Rechtsfragen oberflächlich geprüft.

Auf der Tatbestandsseite der Ermächtigungsgrundlage finden sich häufig unbestimmte Rechtsbegriffe wie die Zuverlässigkeit zum Führen von Waffen oder die öffentliche Ordnung. Diese Begriffe müssen von der Widerspruchsbehörde – ebenso wie von der Ausgangsbehörde im Erstbescheid – sorgfältig ausgelegt werden, weil der Gesetzgeber die abstrakten Klauseln gewählt hat, um der Verwaltung die Möglichkeit zu geben, die Vielzahl der nicht voraussehbaren Fälle einzelfallgerecht behandeln zu können. Dies erfordert eine Auseinandersetzung mit der hierzu ergangenen Rechtsprechung, die die Rechtmäßigkeit der Entscheidung bestätigt[758].

---

Dagegen sind nachträgliche Änderungen zu seinen Gunsten zu berücksichtigen (*BVerwG* NVwZ 1998, 1179).
[757] So auch *Günther/Blum*, Seite 93.
[758] *Günther/Blum*, Seite 94.

## Erster Abschnitt: Der Widerspruchsbescheid

Auf der Rechtsfolgenseite kommt der wesentliche Unterschied zwischen Klage und Widerspruchsbescheid zum Tragen, sofern die Behörde eine Ermessensnorm auzuwenden hat. Da die Widerspruchsbehörde nach § 68 Abs. 1 Satz 1 VwGO im Widerspruchsverfahren neben der Rechtmäßigkeit grundsätzlich[759] auch die Zweckmäßigkeit des VA nachprüft, ist sie nicht wie das VG auf eine Ermessensüberprüfung nach Maßgabe des § 114 VwGO beschränkt. Die Ausführungen zur Ermessensausübung dürfen sich daher nicht darin erschöpfen, den Ausgangsbescheid auf Ermessensfehler hin zu überprüfen. Das Wort „Ermessensfehlgebrauch" darf im Widerspruchsbescheid nicht auftauchen, wenn der Widerspruchsbehörde die volle Prüfungskompetenz zusteht. Dies wird in Prüfungsarbeiten leider häufig übersehen, was negative Auswirkungen auf die Bewertung hat. Vergegenwärtigen Sie sich stets den Prüfungsumfang der Widerspruchsbehörde und legen diesen in Ihrer Arbeit dar. Ein gelungener Widerspruchsbescheid im Assessorexamen zeichnet sich dadurch aus, daß die Begründung der Sachentscheidung erkennen läßt, daß die Widerspruchsbehörde ihre Prüfungskompetenz voll ausgeschöpft hat.

**418**

Ist die Widerspruchsbehörde aber grundsätzlich befugt, die Ermessenserwägungen der Ausgangsbehörde uneingeschränkt abzuändern und zu ersetzen, bedeutet dies, daß sie nicht nur andere Gründe für eine bereits getroffene Ermessensentscheidung berücksichtigen, sondern auch eine neue eigenständige Ermessensentscheidung treffen kann[760]. Die Widerspruchsbehörde kann auch einen wegen Ermessensunterschreitung rechtswidrig als gebundener VA erlassenen Bescheid dadurch heilen, daß sie – falls erforderlich – die Rechtsgrundlage auswechselt und ihn auf zutreffende Ermessenserwägungen stützt. Das ergibt sich aus dem umfassenden Kontrollzweck des Widerspruchsverfahrens sowie der verfahrensrechtlichen Einheit von Ausgangs- und Widerspruchsbescheid. Ein „Nachschieben von Gründen", wie es im gerichtlichen Verfahren nach § 114 Satz 2 VwGO zulässig ist, gibt es im Widerspruchsverfahren daher nicht.

Aus Gründen der Rechtsstaatlichkeit muß die Widerspruchsbehörde bei Ermessensentscheidungen deutlich machen, daß sie die Befugnis, Ermessen auszuüben, erkannt hat, und darlegen, welche Überlegungen für ihre Entscheidung maßgebend war. Die Begründung soll die Abwägung des Für und Wider der sich gegenüberstehenden Belange erkennen lassen. Auf die Zweckmäßigkeit der Maßnahme sollte zumindest kurz eingegangen werden.

Der Widerspruch ist erfolgreich, wenn der Ausgangsbescheid zwar rechtmäßig ist, die Widerspruchsbehörde innerhalb der Entscheidungsalternativen aber eine andere als die von der Ausgangsbehörde getroffene

---

[759] Zu Ausnahmen s. Rdnr. 420 f.
[760] *Pietzner/Ronellenfitsch*, § 39 Rdnr. 1 m.w.N.

Maßnahme als zweckmäßig ansieht und die Ermessensnorm zumindest auch den Interessen des Widerspruchsführers zu dienen bestimmt ist.

419 Ein Formulierungsbeispiel für eine Ermessensentscheidung bei uneingeschränkter Prüfungskompetenz:

„Liegt daher eine Gefahr für die öffentliche Sicherheit vor, so können die Ordnungsbehörden nach § 14 Abs. 1 OBG NW die notwendigen Maßnahmen zur Abwehr der Gefahr treffen. Ihnen ist also ein Ermessensspielraum eingeräumt, den sie pflichtgemäß auszufüllen haben. Die Gemeinde Mehlingen hat dieses ihr zustehende Ermessen in dem angefochtenen Bescheid rechtsfehlerfrei ausgeübt. Die Behörde handelt immer dann pflichtgemäß, wenn sie gegen ordnungswidrige Zustände einschreitet ... Die Gemeinde Mehlingen hat auch die gesetzlichen Grenzen des Ermessens eingehalten ... Die getroffene Maßnahme ist auch verhältnismäßig ... Anhaltspunkte dafür, daß die rechtmäßige Maßnahme unzweckmäßig sein könnte, liegen nicht vor."

### 3. Die Einschränkung der Prüfungskompetenz der Widerspruchsbehörde

420 Eine Einschränkung der Prüfungskompetenz der Widerspruchsbehörde ergibt sich zunächst bei Drittwidersprüchen. Dem Widerspruch des Anfechtenden darf nur stattgegeben werden, wenn der dem Begünstigten erteilte VA gegen drittschützende Rechte verstößt. Ist der Ausgangsbehörde bei ihrer Entscheidung ein Beurteilungsspielraum eingeräumt, so ist durch Auslgung zu ermitteln, ob der Kontrollmaßstab der Widerspruchsbehörde beschränkt ist. So kann bei Prüfungsentscheidungen die Widerspruchsbehörde ebenso wie das VG die ergangene Entscheidung nur darauf überprüfen, ob die Ausgangsbehörde von zutreffenden Tatsachen ausgegangen ist, die Entscheidung keine sachfremden Erwägungen enthält und ob kein Verstoß gegen allgemeingültige Bewertungsmaßstäbe vorliegt[761]. Dagegen sind Beurteilungsspielräume bei der Überprüfung von dienstlichen Beurteilungen eines Beamten von der Widerspruchsbehörde in vollem Umfang selbst auszufüllen[762].

421 Die Widerspruchsbehörde ist ferner eingeschränkt prüfungsbefugt, wenn man von einer fehlenden Normverwerfungskompetenz ausgeht. Dieses Problem taucht auf, wenn die Frage, ob der angefochtene VA rechtmäßig ist bzw. der Widerspruchsführer einen Anspruch auf den von ihm begehrten VA hat, u.a. davon abhängt, ob eine untergesetzliche Vorschrift (z.B. eine kommunale Satzung) wirksam ist. Enthält der Sachverhalt keine Anhaltspunkte für eine Unwirksamkeit der Satzung, brauchen Sie sich mit dieser Thematik nicht auseinanderzusetzen. Drängt sich die Unwirksamkeit der untergesetzlichen Norm auf oder rügt der Widerspruchsführer dies ausdrücklich, gehen Sie sinnvollerweise wie folgt vor: Halten Sie

---

[761] Dolde in: *Schoch,* § 68 Rdnr. 38 m.w.N.
[762] OVG Koblenz, NVwZ-RR 1993, 313.

die Satzung für wirksam, führen Sie dies aus. Denn eine Prüfungskompetenz steht der Widerspruchsbehörde ebenso wie der Ausgangsbehörde unzweifelhaft zu. Kommen Sie zu dem Ergebnis, die Satzung sei unwirksam, müssen Sie auf die Streitfrage eingehen, ob Sie die Norm trotzdem anwenden müssen. Nach $hM$[763] steht der Widerspruchsbehörde ebenso wie der Ausgangsbehörde keine Inzident-Verwerfungskompetenz gegenüber Satzungen und anderen Rechtsnormen im Range unter dem förmlichen Gesetz zu. Hauptargument dieser Ansicht ist, daß § 47 Abs. 2 Satz 1 VwGO, wonach auch die Behörde einen Normenkontrollantrag stellen kann, teilweise sinnlos wäre, wenn den Behörden ein eigenes Normverwerfungsrecht zustünde. Auch die Grundsätze der Rechtssicherheit und Rechtsklarheit werden als Gründe für ein Festhalten an der untergesetzlichen Norm angeführt. Auch das *BVerwG*[764] stellt in seiner die prinzipale Verwerfungskompetenz der Verwaltung ablehnenden Entscheidung maßgeblich auf die Rechtssicherheit ab. Es fordert aus Gründen des Vertrauensschutzes sogar, dass die satzungsgebende Gemeinde eine Aufhebung eines für nichtig erkannten Bebauungsplans nicht durch einfachen Ratsbeschluss, sondern nur im Rahmen eines förmlichen Aufhebungsverfahrens nach § 2 Abs. 4 BauGB erreichen kann. Nach der *Gegenmeinung*[765] ist die Verwaltungsbehörde im Hinblick auf die Gesetzesbindung des Art. 20 Abs. 3 GG gehalten, im Einzelfall von den Festsetzungen einer untergesetzlichen Norm abzuweichen, wenn diese gegen geltendes Recht verstößt. Teilweise wird danach differenziert, ob der Gesetzesverstoß evident ist. So argumentiert der *VGH Kassel*[766], es sei verständlich, wenn in Zweifelsfällen die Verwaltungsbehörde von der Gültigkeit einer förmlich in Kraft gesetzten Norm ausgehe und die Klärung strittiger Rechtsfragen den Gerichten überlasse. Es dürfe und müsse aber erwartet werden, daß ein bei klarem Sachverhalt und bei im Schrifttum oder in der Rechtsprechung schon geklärter rechtlicher Problematik möglicher eindeutiger Schluß bereits von der zuständigen Verwaltungsbehörde gezogen und nicht den VGen zugeschoben werde.

Entscheiden Sie sich für die *hM*, legen Sie die untergesetzliche Norm trotz ihrer Unwirksamkeit Ihrer Prüfung zugrunde und verweisen auf die fehlende Verwerfungsbefugnis. Alternativ zum Abfassen eines Widerspruchsbescheids können Sie auch ein Schreiben an die Aufsichtsbehörde

---

[763] *OVG Saarlouis*, NVwZ 1990, 172 und NVwZ 1993, 396; *Manssen*, NVwZ 1996, 144; *Gerhardt* in: *Schoch*, Vorb. § 47 Rdnr. 10.

[764] NJW 1987, 1355; das *BVerwG* hat in dieser Entscheidung allerdings ausdrücklich offen gelassen, wie sich eine Behörde bei der Entscheidung eines Einzelfalls zu verhalten hat, wenn sie Zweifel an der Gültigkeit eines Bebauungsplans hat, auf dessen Gültigkeit es für die Entscheidung ankommt.

[765] *Pietzcker*, DVBl 1986, 806; *Mampel*, NVwZ 1996, 1160, 1164; *OVG Lüneburg* DVBl 2000, 212.

[766] NVwZ-RR 1994, 691; zustimmend *Diedrich*, BauR 2000, 819, 825.

mit der Bitte um Überprüfung der entscheidungsrelevanten untergesetzlichen Vorschrift fertigen und die sonstigen Rechtsfragen des Falles in einem Hilfsgutachten erörtern. Folgen Sie der *Gegenmeinung* oder sehen den Gesetzesverstoß als evident an, lassen Sie die betreffende Satzung etc. unberücksichtigt. Ein Formulierungsbeispiel zu dieser Problematik finden Sie bei der Erörterung des Verpflichtungswiderspruchs, da die (fehlende) Normverwerfungskompetenz der Behörde im Examen vor allem im Zusammenhang mit der Beantragung einer Baugenehmigung prüfungsrelevant sein dürfte.

422 Abweichend von der Regel des § 68 Abs. 1 Satz 1 VwGO ist die Widerspruchsbehörde auf eine bloße Rechtmäßigkeitskontrolle in den Fällen beschränkt, in denen sie über Widersprüche in Selbstverwaltungsangelegenheiten entscheidet, soweit der Landesgesetzgeber in § 73 Abs. 1 Satz 2 Nr. 3 VwGO eine andere Behörde als die Selbstverwaltungskörperschaft bestimmt hat (Art. 119 Nr. 1 BayGO, § 8 Abs. 1 Satz 2 BadWürttAGVwGO, § 6 Abs. 2 RhPfAGVwGO, § 8 Abs. 2 SaarlAGVwGO, § 17 Abs. 1 Satz 2 SächsVerfAG). Hier darf die Widerspruchsbehörde nur prüfen, ob der kommunalen Behörde bei der Ausübung des Ermessens Rechtsfehler im Sinne des § 114 VwGO unterlaufen sind, nicht aber, ob die Selbstverwaltungskörperschaft innerhalb des Ermessensspielraums die zweckmäßigste Entscheidung getroffen hat[767]. Diese Kontrollbefugnis verbleibt allein bei der Selbstverwaltungsbehörde, die sie im Rahmen des Abhilfeverfahrens nach § 72 VwGO vornehmen muß. Die Widerspruchsbehörde teilt die von der Selbstverwaltungskörperschaft angestellten Zweckmäßigkeitserwägungen im Widerspruchsbescheid nicht als eigene Erwägungen, sondern als Stellungnahme der kommunalen Behörde mit. Hierzu ein Formulierungsbeispiel:

„Es war nicht festzustellen, daß der Widerspruchsgegner von seinem Ermessen in einer fehlerhaften Weise Gebrauch gemacht hat. Da der Kreisrechtsausschuß im übrigen nach § 6 Abs. 2 Satz 1 RhPfAGVwGO nicht befugt ist, die Zweckmäßigkeit des angefochtenen Verwaltungsakts zu überprüfen, war der Widerspruch zurückzuweisen".

### 4. Die reformatio in peius

423 Unter Rdnr. 189 f. wurde ausführlich dargestellt, daß die Widerspruchsbehörde grundsätzlich befugt ist, den angefochtenen VA zum Nachteil des Widerspruchsführers abzuändern. Die reformatio in peius dürfte sich für Prüfungsarbeiten, die einen Widerspruchsbescheid zum Gegenstand haben, allerdings weniger eignen. Dies hängt damit zusammen, daß der Widerspruchsführer gemäß § 71 VwGO vor der Verböserung grundsätzlich anzuhören ist. Eine reformatio in peius kommt im

---

[767] *Pietzner/Ronellenfitsch*, § 37 Rdnr. 18.

Examen daher sinnvollerweise nur in Betracht, wenn der Sachverhalt entweder einen entsprechenden Hinweis auf die Anhörung nach § 71 VwGO enthält oder die Voraussetzungen des § 46 VwVfG vorliegen, d.h. der Verfahrensfehler unbeachtlich wäre. Nehmen Sie eine Verböserung im Widerspruchsbescheid vor, bauen Sie den Fall nach dem üblichen Schema auf und legen am Ende dar, daß die Widerspruchsbehörde befugt war, den VA zu Lasten des Widerspruchsführers abzuändern.

## 5. Die Anordnung bzw. Aussetzung der sofortigen Vollziehung

Ist Streitgegenstand ein VA, der gemäß § 80 Abs. 2 Satz 1 Nr. 1–3 VwGO von Gesetzes wegen sofort vollziehbar ist oder dessen sofortige Vollziehbarkeit die Ausgangsbehörde nach § 80 Abs. 2 Satz 1 Nr. 4 VwGO angeordnet hat, muß die Widerspruchsbehörde grundsätzlich auch eine Entscheidung über die Fortdauer der sofortigen Vollziehbarkeit treffen. Ein gesonderter Antrag des Widerspruchsführers ist hierfür, wie sich aus § 80 Abs. 4 Satz 1 VwGO ergibt, nicht erforderlich. Dies gilt auch bei Dittwidersprüchen nach § 80 a VwGO, denn auch in diesen Fällen kann die Behörde daneben gemäß § 80 Abs. 4 Satz 1 VwGO von sich aus tätig werden[768].

Hat zum Zeitpunkt des Ergehens des Widerspruchsbescheids bereits das VG nach § 80 Abs. 5 Satz 1 VwGO die Vollziehung ausgesetzt bzw. den Antrag auf Aussetzung der sofortigen Vollziehung abgelehnt, ist die Widerspruchsbehörde daran gehindert, über die sofortige Vollziehung des angefochtenen VA zu entscheiden. Wegen der Bindungswirkung des verwaltungsgerichtlichen Beschlusses nach § 80 Abs. 5 VwGO bedarf es eines Abänderungsantrages nach § 80 Abs. 7 Satz 2 VwGO. Dagegen ist die Widerspruchsbehörde aufgrund ihrer Stellung als Rechtsbehelfsbehörde befugt, eine bereits ergangene Entscheidung der Ausgangsbehörde über die Fortdauer der sofortigen Vollziehung zu ändern. Ebenso kann sie eine eigene zuvor isoliert getroffene Entscheidung über die Aussetzung der sofortigen Vollziehung im Widerspruchsbescheid abändern oder aufheben.

Die Vollziehbarkeit ist auszusetzen, wenn die rechtlichen Voraussetzungen hierfür im Zeitpunkt der Entscheidung nicht (mehr) gegeben sind. Die Anforderung von öffentlichen Kosten und Abgaben soll nach § 80 Abs. 4 Satz 3 VwGO nur ausgesetzt werden, wenn ernstliche Zweifel an der Rechtmäßigkeit des angegriffenen VAs bestehen oder wenn die

424

---

[768] *Kopp/Schenke*, § 80 a Rdnr. 7; *Puttler* in: *Sodan/Ziekow*, § 80 a Rdnr. 9; OVG Münster, BauR 2000, 80 zur Aussetzung der Vollziehung einer Baugenehmigung ohne Antrag des Dritten; aA Schoch in: Schoch, § 80 a Rdnr. 31 und 36, der einen Antrag des Dritten verlangt.

Vollziehung für den Abgaben- oder Kostenpflichtigen eine unbillige, nicht durch überwiegende öffentliche Interessen gebotene Härte zur Folge hätte[769].

425 Ob der Maßstab des § 80 Abs. 4 Satz 3 VwGO als gesetzliche Konkretisierung des Verhältnismäßigkeitsprinzips auch für die Aussetzung von VAen Anwendung findet, die unter § 80 Abs. 2 Satz 1 Nr. 2–4 VwGO fallen, ist umstritten[770]. Eines Eingehens auf diesen Meinungsstreit bedarf es in der Prüfungsarbeit nicht. Denn eine Aussetzung der Vollziehung nach § 80 Abs. 4 VwGO ist jedenfalls zulässig, wenn im zu entscheidenden Fall der individuellen Interessenlage des Widerspruchsführers gegenüber dem kollidierenden Interesse besonders Rechnung getragen werden müßte. Dies ist anzunehmen, wenn der angefochtene VA offensichtlich rechtswidrig ist oder durch die sofortige Vollziehung dem Betroffenen ein nicht wiedergutzumachender Nachteil droht oder die sofortige Vollziehung eine unbillige, nicht durch überwiegende kollidierende Interessen gebotene Härte zur Folge hat[771].

426 Überprüft die Widerspruchsbehörde einen von der Ausgangsbehörde für sofort vollziehbar erklärten VA, so ist sie auch befugt, eine unzureichende, den Anforderungen des § 80 Abs. 3 Satz 1 VwGO nicht genügende Begründung durch eine eigenständige Begründung zu ersetzen[772]. Gibt es keinen Anlaß für eine Korrektur der Begründung, können die Ausführungen hierzu auf ein Minimum beschränkt werden (*„Die Anordnung der sofortigen Vollziehung durch die Gemeinde Hütschenhausen habe ich ebenfalls geprüft. Sie genügt dem Begründungserfordernis des § 80 Abs. 3 Satz 1 VwGO und ist auch in materieller Hinsicht nicht zu beanstanden."*). Macht die Widerspruchsbehörde von ihrer Kompetenz Gebrauch, die sofortige Vollziehung des angefochtenen VA nach § 80 Abs. 2 Satz 1 Nr. 4 VwGO selbst anzuordnen, muß sie das besondere Vollzugsinteresse ebenfalls besonders begründen. Hierzu folgendes Formulierungsbeispiel:

„Aufgrund des § 80 Abs. 2 Satz 1 Nr. 4 VwGO habe ich die sofortige Vollziehung der Ausweisungsverfügung angeordnet, da dies im öffentlichen Interesse geboten ist. Straftaten wie das vom Ihnen begangene unerlaubte Handeltreiben mit Heroin in nicht geringen Mengen stellen wegen der allgemein bekannten, ganz ungewöhnlich hohen Gefährlichkeit dieses Rauschgifts für die Gesundheit der Konsumenten und der weit verbreiteten Kriminalisierung von Heroinsüchtigen eine ganz erhebliche Gefahr für die öffentliche Sicherheit und Ordnung dar. Das generalpräventive Element, andere Ausländer vor der Begehung ähnlicher Straftaten abzuschrecken, kann nur dann in erforderlichem Maße Erfolg haben, wenn deutlich wird, daß die Begehung derartiger, in ho-

---

[769] Zu den Einzelheiten s. Rdnr. 259.
[770] Nach einer Ansicht (Z.B. *Finkelnburg* in: *Finkelnburg/Jank*, Rdnr. 792) soll die Aussetzung erfolgen, wenn ernstliche Zweifel an der Rechtmäßigkeit des angefochtenen VA bestehen, nach aA (*Kopp/Schenke*, § 80 Rdnr. 116) gelten dieselben Grundsätze wie für die gerichtliche Entscheidung.
[771] *Pietzner/Ronellenfitsch*, § 56 Rdnr. 17.
[772] Ebenso *Volkert*, 2. Kapitel Rdnr. 59.

hem Maße gemeingefährlicher Straftaten nach ihrer Verurteilung die unverzügliche Entfernung des Täters aus dem Bundesgebiet zur Folge hat[773]. Sie können sich auch nicht auf besondere Umstände wie etwa ungewöhnlich enge persönliche Bindungen an die Bundesrepublik Deutschland oder hier lebende enge Familienangehörige berufen, die ein das festgestellte Allgemeininteresse am Sofortvollzug der Ausweisungsverfügung verdrängendes persönliches Interesse an einem vorläufigen Verbleib bis zur endgültigen gerichtlichen Entscheidung über die Rechtmäßigkeit der Ausweisungsverfügung rechtfertigen könnten. Die Anordnung der sofortigen Vollziehung der Ausweisung ist daher aus generalpräventiven Gründen gerechtfertigt.

## VI. Die Begründetheit des Verpflichtungswiderspruchs

### 1. Die Prüfung der Anspruchsvoraussetzungen

Der Verpflichtungswiderspruch ist analog § 113 Abs. 5 VwGO begründet, wenn zum Zeitpunkt der Entscheidung über den Widerspruch die Ablehnung des begünstigenden VA formell und materiell rechtswidrig ist und der Widerspruchsführer hierdurch in seinen Rechten verletzt wird. Der Widerspruchsführer muß einen Rechtsanspruch auf den begehrten VA haben. Dies ist regelmäßig nur bei gebundenen Entscheidungen der Fall. Steht der beantragte begünstigende VA im Ermessen der Behörde, hat der Widerspruchsführer grundsätzlich nur einen Anspruch auf ermessensfehlerfreie Entscheidung.

427

Im Hinblick auf den umfassenden Kontrollzweck des Widerspruchsverfahrens darf sich die Widerspruchsbehörde nicht auf eine Überprüfung der Gründe beschränken, die in dem ablehnenden Bescheid angeführt sind. Die Widerspruchsbehörde ist vielmehr verpflichtet, über die Begründetheit des begehrten Anspruchs, soweit möglich, in vollem Umfang und abschließend zu entscheiden. Ist die Widerspruchsbehörde zu einer vollen Recht- und Zweckmäßigkeitskontrolle befugt, so muß sie dem Widerspruch stattgeben, wenn die Ablehnung des beantragten VA unzweckmäßig ist, die Ermessensvorschrift zumindest auch den Interessen des Widerspruchsführers zu dienen bestimmt ist und diese Interessen durch die Unzweckmäßigkeit der Ablehnung berührt werden[774].

### 2. Die Einschränkung der Prüfungskompetenz der Widerspruchsbehörde

Die beim Anfechtungswiderspruch dargestellten Einschränkungen gelten hier entsprechend. Ist die Widerspruchsbehörde nur zu einer Rechtmäßigkeitskontrolle berechtigt oder hat sie Beurteilungsspielräume zu re-

428

---

[773] *VGH Mannheim*, InfAuslR 1998, 48.
[774] *Linhart*, Seite 69.

spektieren, ist sie ebenso wie das VG bei ErmessensVAen darauf beschränkt, die Ausgangsbehörde zur Neubescheidung analog § 113 Abs. 5 Satz 2 VwGO zu verpflichten[775].

Die unter Rdnr. 421 erörterte Frage, ob der Behörde eine Normverwerfungskompetenz zusteht, spielt auch beim Verpflichtungswiderspruch eine Rolle, z.b. wenn der Widerspruchsführer die Erteilung eines Bauvorbescheids oder einer Baugenehmigung für ein Bauvorhaben begehrt, das im Geltungsbereich eines (möglicherweise) ungültigen Bebauungsplans liegt. Hierzu ein Formulierungsbeispiel:

„Auch wenn der Bebauungsplan „In den grünen Au" der Gemeinde Mühlbach, wie von Ihnen zutreffend gerügt, wegen fehlerhafter Ausfertigung nicht wirksam ist, bin ich daran gehindert, ihr Baugesuch in bauplanungsrechtlicher Hinsicht nach § 34 Abs. 1 BauGB zu beurteilen. Denn Verwaltungsbehörden haben nach der hM in Rechtsprechung und Literatur, deren Auffassung ich teile, keine Verwerfungskompetenz im Hinblick auf Bebauungspläne. Dafür spricht bereits die Grundkonzeption des Baugesetzbuches, das in § 2 Abs. 2 Satz 1 den Gemeinden die Kompetenz zur Bauleitplanung zuweist. Eingriffe in dieses Recht, das wesentlicher Bestandteil der gemeindlichen Selbstverwaltungsgarantie des Art. 28 Abs. 2 Satz 1 GG ist, sehen das BauGB und die sonstigen Gesetze nur in eng umgrenzten Fällen und gesichert durch eine strenge Verfahrensordnung vor, z.b. das Verfahren nach § 47 VwGO, die präventive Versagung der Genehmigung oder nachträgliche Maßnahmen der Kommunalaufsicht nach Landesrecht, die allesamt dadurch gekennzeichnet sind, dass die Beteiligung der Gemeinde gesichert ist und somit verfahrensrechtlich die Geltendmachung der Belange der Gemeinde gewahrt ist. Diese Verfahrenssicherungen würden im Ergebnis außer Kraft gesetzt, wenn die Baugenehmigungsbehörde eine Verwerfungskompetenz hätte, die verfahrensrechtlich ohne jede Beteiligung der Gemeinde möglich wäre. Auch die Grundsätze der Rechtssicherheit und Rechtsklarheit erfordern ein Festhalten am Bebauungsplan. Dies gebietet es, auch die inzidente Verwerfung der Verwaltung abzulehnen.

Aus Art. 20 Abs. 3 GG ist nach meiner Auffassung keine Verwerfungskompetenz herzuleiten, sondern lediglich das Recht und die Pflicht der Verwaltungsbehörde, die Gültigkeit von Rechtsnormen zu prüfen. Kommt die Behörde nach Prüfung der Wirksamkeit des Bebauungsplans zu dem Ergebnis, dass eine Nichtigkeit vorliegt, so kann sich die Verwaltungsbehörde an den Normgeber mit der Bitte um förmliche Aufhebung des Bebauungsplans oder Heilung der vorgefundenen Fehler wenden und die Entscheidung solange aussetzen. Bleibt die Gemeinde, die ihrerseits nach Art. 20 Abs. 3 GG an Recht und Gesetz gebunden ist, bei der Auffassung, dass die Norm gültig sei, ist die Verwaltungsbehörde daran gebunden.

Ich halte auch eine Differenzierung der Verwerfungskompetenz nach der Evidenz des Fehlers des Bebauungsplans, wie sie teilweise in der Rechtsprechung vertreten wird, für nicht sachgerecht. Die Unterscheidung in evidente und nicht evidente Fälle der Fehlerhaftigkeit von Bebauungsplänen wäre ihrerseits mit so großen Abgrenzungsproblemen verbunden, dass für die Verwaltung und den Bauherrn die Unsicherheit noch größer wäre.

Beurteilt sich Ihr Baugesuch daher nach § 30 Abs. 1 BauGB i.V.m. dem Bebauungsplan „In den grünen Au" der Gemeinde Mühlbach, so ist es nicht genehmigungsfähig, da es gegen die Ziffer 2.3 der textlichen Festsetzungen verstößt ..."

---

[775] Vgl. *Pietzner/Ronellenfitsch*, § 42 Rdnr. 28.

Noch ein Hinweis: Kommen Sie bei Ihrer gedanklichen Prüfung zu dem Ergebnis, daß der Widerspruchsführer auch nach § 34 BauGB keinen Anspruch auf die beantragte Baugenehmigung hätte, sollten Sie das – sofern Ihr Zeitrahmen dies zuläßt – im Anschluß an Ihre Ausführungen zu § 30 Abs. 1 BauGB kurz ansprechen (z. b.: „*Sie hätten im übrigen auch dann keinen Anspruch auf die Erteilung der Baugenehmigung, wenn sich Ihr Vorhaben nach der Vorschrift des § 34 Abs. 1 BauGB richten würde.....*"). Sehen Sie die Satzung als nicht gültig an und ergäbe sich sowohl nach dem Bebauungsplan als auch nach § 34 BauGB ein Anspruch auf die Baugenehmigung, so können Sie die Frage nach der Normverwerfungskompetenz mangels Entscheidungserheblichkeit offen lassen.

Eine weitere Einschränkung der Prüfungskompetenz ergibt sich für die Widerspruchsbehörde grundsätzlich dann, wenn sie die Versagung einer bauaufsichtlichen Genehmigung überprüft, die auf der Verweigerung des gemeindlichen Einvernehmens nach § 36 Abs. 1 BauGB beruht. Nach der Rechtsprechung des *BVerwG*[776] durfte in der Vergangenheit sich weder die untere Bauaufsichtsbehörde noch die Widerspruchsbehörde über das versagte Einvernehmen der Gemeinde hinwegsetzen. Eine Ersetzung des gemeindlichen Einvernehmens war danach nur im Wege der kommunalaufsichtlichen Beanstandung und Ersatzvornahme möglich. Der Gesetzgeber hat auf diese Rechtsprechung reagiert und mit dem zum 01. Januar 1998 eingeführten § 36 Abs. 2 Satz 2 BauGB der „zuständigen Behörde", die der Landesgesetzgeber bestimmt, die Befugnis eingeräumt, das rechtswidrig versagte Einvernehmen zu ersetzen[777]. Hat „Ihr" Landesgesetzgeber die Widerspruchsbehörde mit einer solchen Befugnis ausgestattet[778], können Sie im Widerspruchsbescheid entsprechend verfahren und die Ausgangsbehörde verpflichten, die beantragte Baugenehmigung zu erteilen. Achten Sie aber darauf, daß die Gemeinde vorher anzuhören ist. Gegebenenfalls ist die sofortige Vollziehung der Ersetzungsentscheidung anzuordnen, wenn nicht das Landesrecht vorsieht, daß auch insoweit die aufschiebende Wirkung ausgeschlossen ist (z.B. Art. 74 Abs. 3 Satz 2 BayBauO; § 71 a Abs. 4 MVLBauO; § 71 Abs. 4 Satz 2 RhPfLBauO;). Fehlen in den Ländern spezifisch baurechtliche Zuständigkeitsregelungen, verbleibt es bei der alten Rechtslage; d.h. nur die Kommunalaufsichtsbehörden können das Einvernehmen ersetzen. Je nach Fragestellung in der Prüfungsarbeit müßten Sie bei dieser Rechtslage einen zurückweisenden Widerspruchsbescheid mit Hilfsgutachten oder ein Schreiben an die Kommunalaufsichtsbehörde mit der Bitte um Überprüfung fertigen. In diesem

429

---

[776] NVwZ 1986, 557.
[777] Bereits vorher hatten einige Bundesländer die Möglichkeit zur Ersetzung des Einvernehmens in ihren Landesbauordnungen verankert.
[778] Eine Übersicht hierzu finden Sie bei *Pietzner/Ronellenfitsch*, § 39 Rdnr. 12.

Schreiben wäre darzulegen, warum Ihrer Ansicht nach die Gemeinde zu Unrecht ihr Einvernehmen versagt hat.

## 3. Die reformatio in peius

430  Zwar kann sich in der Praxis auch beim Verpflichtungswiderspruch die Problematik der reformatio in peius stellen, wenn dem Widerspruchsführer bereits Leistungen bewilligt worden sind, dieser mit seinem Widerspruch mehr begehrt und die Widerspruchsbehörde zu dem Ergebnis kommt, es bestehe überhaupt kein Anspruch. Für die Prüfungsarbeit eignet sich diese Konstellation nicht, so daß hierauf nicht näher eingegangen wird.

## VII. Die Begründung der Kostenentscheidung

431  Am Ende des Widerspruchsbescheids folgt die Begründung der Nebenentscheidung über die Kosten des Widerspruchsverfahrens und, soweit erforderlich, über die Hinzuziehung eines Bevollmächtigten als notwendig. Ein Beispiel aus Hamburg:

> „Die Kostenlastentscheidung beruht auf § 73 Abs. 3 Satz 2 VwGO, § 80 Abs. 1 Satz 1 HmbVwVfG. Gemäß § 12 Abs. 3 HmbGebG werden Gebühren nicht erhoben, soweit der Widerspruch – wie hier – erfolgreich ist. Die Zuziehung eines Bevollmächtigten für das Vorverfahren durfte vom Standpunkt eines verständigen, nicht rechtskundigen Widerspruchsführers für erforderlich gehalten werden und war daher nach § 80 Abs. 2 HmbVwVfG für notwendig zu erklären".

## § 38 Die Rechtsbehelfsbelehrung

432  Gemäß § 73 Abs. 3 Satz 1 VwGO muß der Widerspruchsbescheid eine Rechtsbehelfsbelehrung enthalten. In der Regel wird von Ihnen nicht erwartet, daß Sie den vollständigen Text der Rechtsbehelfsbelehrung niederschreiben[779]. Es genügt dann der Hinweis: *„Rechtsbehelfsbelehrung: Klage zum Verwaltungsgericht Magdeburg nach §§ 73 Abs. 3, 58 Abs. 1, 74 VwGO"*. Verlangt der Bearbeitervermerk ausdrücklich den Entwurf der Rechtsbehelfsbelehrung, so beschränken Sie die Belehrung auf den nach § 58 Abs. 1 VwGO notwendigen Inhalt. Unter Rdnr. 157 wurde eine ausführliche über die Anforderungen des § 58 Abs. 1 VwGO hinausgehende ordnungsgemäße Belehrung dargestellt. Im folgenden daher eine „kurze", nach den Maßstäben des *BVerwG* aber gleichwohl richtige Rechtsbehelfsbelehrung:

---

[779] *Pietzner/Ronellenfitsch*, § 48 Rdnr. 1.

Erster Abschnitt: Der Widerspruchsbescheid

„Gegen den Bescheid der Gemeinde Maxdorf vom 07. Februar 2000 kann innerhalb eines Monats nach Zustellung dieses Widerspruchsbescheids Klage erhoben werden. Die Klage ist bei dem Verwaltungsgericht Gießen in Gießen zu erheben".

Die Angabe der postalischen Anschrift der Verwaltungsbehörde bzw. des Gerichts, also die Bezeichnung von Postleitzahl, Straße und Hausnummer[780], erfordert § 58 Abs. 1 VwGO nach der Rechtsprechung des BVerwG[781] nicht. Das BVerwG[782] verlangt unter Bezugnahme auf den Wortlaut des § 58 Abs. 1 VwGO auch keine Belehrung über den notwendigen Inhalt der Klageschrift (§§ 81, 82 VwGO).

Ob eine Belehrung über den Antrag nach §§ 80 Abs. 5, 80 a Abs. 3 VwGO erforderlich ist, wenn Sie im Widerspruchsbescheid zugleich eine Nebenentscheidung nach den §§ 80 Abs. 4, 80 a Abs. 1 bzw. 2 VwGO getroffen haben, ist streitig[783]. In der Prüfungsarbeit kann es jedenfalls nicht schaden, eine entsprechende Belehrung über das vorläufige Rechtsschutzgesuch anzufügen. Diese kann so formuliert werden:

433

„Auf Ihren Antrag kann das Verwaltungsgericht die aufschiebende Wirkung eines etwaigen Rechtsbehelfs ganz oder teilweise wieder herstellen. Dieser Antrag ist ebenfalls beim Verwaltungsgericht Gießen in Gießen zu stellen".

## § 39 Die Begleitverfügungen

Im Bearbeitervermerk finden sich gelegentlich Zusätze wie *„Etwaige Anregungen an die Ausgangsbehörde sind in einem Begleitschreiben zu formulieren; weitere rechtliche Erwägungen können – falls für notwendig befunden – in einem kurzen Aktenvermerk festgehalten werden"*. Aber auch wenn in der Aufgabenstellung „nur" der Entwurf eines Widerspruchsbescheides verlangt wird, sollten Sie diesem die nach dem normalen Verwaltungsgang erforderlichen Begleitverfügungen anfügen[784]. Hierzu zählt das Schreiben an die Ausgangsbehörde, mit dem dieser eine Abschrift des Widerspruchsbescheides und möglicherweise der überlassene Verwaltungsvorgang übersandt wird. In dieses Schreiben sind gegebenenfalls Rechtsausführungen aufzunehmen, die keinen Eingang in den Wi-

434

---

[780] Diese Daten hätten Sie in der Klausur im Zweifel ohnehin nicht parat.
[781] NVwZ 1991, 261.
[782] S. die Nachweise bei *Meissner* in: *Schoch*, § 58 Rdnr. 32 FN 93; nach aA (z.B: *Kopp/Schenke*, § 58 Rdnr. 10) sollen Hinweise auf Formvorschriften, soweit sie für Rechtsbehelfe zwingend gelten, auch zu zwingenden Bestandteilen der Rechtsbehelfsbelehrung gehören.
[783] Für nach der VwGO nicht notwendig halten eine Belehrung hierüber z.B. OVG Lüneburg, NVwZ-RR 1995, 176; *Schmidt* in: *Eyermann*, § 58 Rdnr. 3 als notwendig sehen eine entsprechende Belehrung dagegen an z.B. *Czybulka* in: *Sodan/Ziekow*, § 58 Rdnr. 25; *Schoch* in: *Schoch*, § 80 Rdnr. 327.
[784] *Pietzner/Ronellenfitsch*, § 41 Rdnr. 14; *Oberrath*, JA 1996, 152, 155.

derspruchsbescheid gefunden haben sowie Anregungen an die Ausgangsbehörde zur weiteren Vorgehensweise. Hierzu ein Formulierungsbeispiel:

„Verfügung an:
Stadt Celle
Anliegenden Widerspruchsbescheid übersende ich Ihnen zur Kenntnisnahme. Den Verwaltungsvorgang füge ich bei. Sollte der Widerspruchsführer Klage erheben, bitte ich Sie, mir entsprechende Mitteilung zu machen.
Der Fall gibt Anlaß, noch auf folgendes hinzuweisen:
Ihr Bescheid war unzureichend begründet. Insbesondere fehlten Ausführungen zur Ausübung des Ermessens. Nach § 89 Abs. 1, 2 Nr. 4 NdsBauO kann die Bauaufsichtsbehörde nach pflichtgemäßem Ermessen die Beseitigung baulicher Anlagen anordnen, wenn diese dem öffentlichen Baurecht widersprechen und die Beseitigung zur Herstellung rechtmäßiger Zustände erforderlich ist. Zwar soll die Baufaufsichtsbehörde bei Beseitigungsanordnungen das ihr eingeräumte Ermessen nach zumindest teilweise vertretener Ansicht grundsätzlich durch ein im öffentlichen Interesse gebotenes Einschreiten verwirklichen[785]. Ein behördliches Ermessen wird durch die Norm nach dieser Meinung nur eröffnet, um in Ausnahmefällen zu ermöglichen, von dem an sich gebotenen Einschreiten abzusehen, wenn dies nach den konkreten Umständen opportun ist. Eine Begründungspflicht nach § 1 Abs. 1 NdsVwVfG i.V.m. § 39 Abs. 1 Satz 3 VwVfG entfällt daher in der Regel. Unabhängig davon, ob man diese Auffassung teilt, hatte der Widerspruchsführer in seiner Stellungnahme zu Ihrem Anhörungsschreiben besondere Gründe vorgetragen, die durchaus geeignet waren, eine gegenteilige Entscheidung zu rechtfertigen. Die fehlende Ermessensausübung hat zu einer für uns nachteiligen Kostenentscheidung nach § 1 Abs. 1 NdsVwVfG, § 80 Abs. 1 Satz 2 VwVfG, § 11 Abs. 2 NdsVerwKG geführt.
Weiter wäre es sinnvoll gewesen, zur Durchsetzung der Beseitigungsverfügung ein geeignetes Zwangsmittel nach § 70 NdsGefAG anzudrohen. Ich rege daher an, dies in einer gesonderten Verfügung nachzuholen. Meines Erachtens kommt hier allein die Ersatzvornahme in Betracht, da der Widerspruchsführer bereits deutlich zum Ausdruck gebracht hat, daß er unter keinen Umständen den Schuppen freiwillig beseitigen werde. Als Widerspruchsbehörde steht mir die rechtliche Befugnis der Androhung von Zwangsmitteln nicht zu. Denn die Zwangsmittelandrohung ist ein rechtlich selbständiger Verwaltungsakt, dessen Erlaß in die Zuständigkeit der Anordnungsbehörde in ihrer Funktion als Vollstreckungsbehörde fällt. Die durch den Devolutiveffekt begründete Sachherrschaft der Widerspruchsbehörde beschränkt sich nur auf den angefochtenen Verwaltungsakt. Ein Selbsteintrittsrecht steht mir daher nicht zu[786].
Im Auftrag"

Werden durch den Widerspruchsbescheid Dritte erstmals beschwert (vgl. § 79 Abs. 1 Nr. 2 VwGO), muß eine Abschrift des Bescheides diesen gegenüber bekanntgegeben (z.B. an den in eine bestimmte Wohnung eingewiesenen Obdachlosen, wenn die Einweisungsverfügung auf den Widerspruch des Wohnungsinhabers aufgehoben wird) und mit einer Rechtsbehelfsbelehrung versehen werden. Eine förmliche Zustellung ist

---

[785] So *OVG Weimar*, LKV 1997, 370.
[786] *VGH München*, NJW 1982, 460.

wegen der Bestimmung des § 74 Abs. 1 Satz 2 VwGO nach *hM*[787] nicht erforderlich. Der Text lautet etwa so:

„Sehr geehrte Frau Semmelsberger,

anliegenden Widerspruchsbescheid übersende ich Ihnen zur Kenntnisnahme.

Rechtsbehelfsbelehrung:
Gegen den anliegenden Widerspruchsbescheid können Sie innerhalb eines Monats nach dessen Bekanntgabe Klage zum Verwaltungsgericht Hannover in Hannover erheben.

Mit freundlichen Grüßen

Im Auftrag"

Schließlich wird in die Begleitverfügung noch ein Wiedervorlagetermin zur Kontrolle des Bestandskrafttermis aufgenommen (z.B. „*WV 1.4*").

### § 40 Formulierungsbeispiel

Das Formulierungsbeispiel hat einen Verpflichtungswiderspruch gegen die Versagung einer beantragten straßenrechtlichen Sondernutzungserlaubnis zum Gegenstand[788]. Der Widerspruchsbescheid ist in unpersönlicher Rede abgefasst, wie dies in Bayern, wo der Fall spielt, üblich ist[789].

436

Regierung von Mittelfranken           Ansbach, 14. Juni 2000
Promenade 27
91522 Ansbach

Aktenzeichen 20–522

Einschreiben

Herr Franz Braumeister
Kartäusergasse 12

90402 Nürnberg

Vollzug des Bayerischen Straßen- und Wegegesetzes (BayStrWG)

Widerspruch des Herrn Franz Braumeister vom 11. April 2000 gegen den Bescheid der Stadt Nürnberg vom 29. März 2000

---

[787] *BVerwGE* 22, 14, 15; *Rennert* in: *Eyermann*, § 74 Rdnr. 4; aA *Winkler*, BayVBl 2000, 235, der die Zustellung an den erstmalig beschwerten Dritten verlangt, um die Klagefrist in Lauf zu setzen.
[788] Angelehnt an *VGH München*, Urteil vom 15. Juli 1999–8 B 98.2161 – (Leitsatz in juris).
[789] Vgl. *Linhart*, Seite 10.

Vierter Teil. Die verwaltungsbehördlichen Entscheidungen

Zum Antrag auf Erteilung einer Sondernutzungserlaubnis vom 09. März 2000

Die Regierung von Mittelfranken erläßt folgenden

Widerspruchsbescheid:

1. Der Widerspruch wird zurückgewiesen.
2. Herr Braumeister hat die Kosten des Widerspruchsverfahrens zu tragen.
3. Die Gebühr für diesen Bescheid wird auf 150.- DM festgesetzt.

Gründe:

I. Herr Braumeister betreibt in Nürnberg im Anwesen Kartäusergasse 12 eine Schank- und Speisewirtschaft. Am 09. März 2000 beantragte er eine Sondernutzungserlaubnis zum Aufstellen von vier Tischen mit jeweils vier Stühlen vor seiner Gaststätte zur Bewirtung seiner Gäste mit kleineren Speisen und Getränken.

Diesen Antrag lehnte die Stadt Nürnberg mit Bescheid vom 29. März 2000 mit der Begründung ab, die Kartäusergasse stelle neben ihrer Erschließungsfunktion für die angrenzenden Anwesen die Hauptverkehrsverbindung vom Frauentorgraben zum Kornmarkt dar. Die Kartäusergasse verbinde auch die Radwege entlang der Frauentormauer und der Dr. Kurt-Schumacher-Straße. Besonders zu beachten sei, daß in der Kartäusergasse eine Verkehrsbreite von nur fünf bis sieben Metern vorhanden sei. Unter Berücksichtigung des Schutzbedürfnisses des Fußgänger- und Radfahrerverkehrs sowie der Leichtigkeit und Sicherheit des Kraftfahrzeugverkehrs könne eine weitere Einengung der Verkehrsflächen nicht hingenommen werden.

Hiergegen legte Herr Braumeister am 11. April 2000 Widerspruch ein und führte zur Begründung aus, die Sicherheit und Leichtigkeit des Verkehrs werde durch die Aufstellung von Tischen und Stühlen nicht wesentlich beeinträchtigt. Das Fahrzeugaufkommen in der Kartäusergasse sei sehr gering und beschränke sich auf den Anliegerverkehr. Als Inhaber eines eingerichteten und ausgeübten Gewerbebetriebs, der die begehrte Erlaubnis gerade für den Betrieb benötige, könne er insoweit grundrechtlich geschützte Interessen geltend machen.

Die Stadt Nürnberg half dem Widerspruch nicht ab und legte ihn der Regierung von Mittelfranken zur Entscheidung vor. Die Widerspruchsbehörde hat das Anwesen von Herrn Braumeister sowie dessen unmittelbare Umgebung in Augenschein genommen.

II. Die Regierung von Mittelfranken ist zur Entscheidung über den Widerspruch sachlich und örtlich zuständig (§ 73 Abs. 1 Satz 2 Nr. 3 VwGO i.V.m. Art. 119 Nr. 1 BayGO).

Der zulässige Widerspruch ist unbegründet. Der Bescheid der Stadt Nürnberg ist rechtmäßig und verletzt Herrn Braumeister nicht in seinen Rechten; dieser hat keinen Anspruch auf Erteilung der von ihm beantragten Sondernutzungserlaubnis (§ 113 Abs. 5 Satz 1 VwGO analog).

Die Stadt Nürnberg war zur Entscheidung über die Erteilung einer Sondernutzungserlaubnis an einer Gemeindestraße im eigenen Wirkungskreis (Art. 58 Abs. 2 Nr. 3, 47 Abs. 1 BayStrWG) zuständig.

Rechtsgrundlage für die Erteilung einer straßenrechtlichen Sondernutzungserlaubnis ist Art. 18 Abs. 1 BayStrWG. Danach bedarf die Benutzung der Straßen über den Gemeingebrauch hinaus der Erlaubnis der Straßenbaubehörde, wenn durch die Benutzung der Gemeingebrauch beeinträchtigt werden kann. Es liegt auf der Hand, daß durch die von Herrn Braumeister beantragte Aufstellung von Tischen und Stühlen der Gemeingebrauch in der Kartäusergasse eine Beeinträchtigung erfahren kann. Die erforderliche Sondernutzungserlaubnis kann von der Stadt Nürnberg als zuständiger Straßenbaubehörde erteilt werden, wobei die Erteilung im pflichtgemäßen Ermessen steht.

### Erster Abschnitt: Der Widerspruchsbescheid 251

Das Ermessen wird gemäß Art. 40 BayVwVfG nur dann fehlerfrei ausgeübt, wenn es die zur Ermessensentscheidung ermächtigte Behörde dem Sinn und Zweck des zugrunde liegenden Gesetzes entsprechend betätigt. Bei der Entscheidung über die Erteilung einer Sondernutzungserlaubnis erfordert eine ordnungsgemäße Ermessensausübung eine Abwägung aller einschlägigen, für und gegen den Antrag sprechenden Belange. Neben den privaten Interessen des Antragstellers sind dabei die Sicherheit und Leichtigkeit des Verkehrs und sonstige unmittelbar auf den Straßengrund bezogene sachliche Erwägungen in die Abwägung einzustellen. Ferner können grundsätzlich auch andere bauplanerische und baupflegerische Belange sachgerechte Ermessensgesichtspunkte bei der Entscheidung über Sondernutzungserlaubnisse sein. Daneben kann dem auf Art. 3 Abs. 1 GG beruhenden Gleichbehandlungsgebot dann maßgebliche Bedeutung zukommen, wenn die Behörde anderen Personen vergleichbare Sondernutzungen des öffentlichen Verkehrsraums gestattet hat.

Nach diesen Grundsätzen hat die Stadt Nürnberg von ihrem Ermessen ohne Rechtsfehler Gebrauch gemacht. Bei ihrer Abwägung der widerstreitenden Interessen ist die Stadt Nürnberg zu dem Ergebnis gelangt, daß das öffentliche Interesse an der Sicherheit und Leichtigkeit des Verkehrs gegenüber dem privaten und wirtschaftlichen Interesse von Herrn Braumeister an einer Außenbewirtschaftung überwiegt. Sie hat hierbei berücksichtigt, daß die Kartäusergasse neben ihrer Erschließungsfunktion für die angrenzenden Anwesen auch die Aufgabe der Hauptverkehrsverbindeung vom Mauertorgraben zum Kornmarkt hat. Weiterhin hat die Stadt Nürnberg darauf abgestellt, daß in der Kartäusergasse die verfügbare Verkehrsbreite nur fünf bis sieben Meter beträgt. Die genannten Gesichtspunkte haben sich bei Einnahme des Augenscheins durch die Widerspruchsbehörde bestätigt. Es kann keine Rede davon sein, daß das Fahrzeugaufkommen in der Kartäusergasse sehr gering ist und sich auf den Anliegerverkehr beschränkt. Hinsichtlich des Anwohnerverkehrs hat sich ergeben, daß auf der gegenüberliegenden Straßenseite der Kartäusergasse westlich und östlich der von Herrn Braumeister beanspruchten Straßenfläche zudem Garageneinfahrten liegen. Das Interesse dieser Anlieger, die Straße im Rahmen des Gemeingebrauchs zum Ein- und Ausfahren zu nutzen, ist ebenfalls zu berücksichtigen. Die Zulassung der Sondernutzung würde diese Nutzung zumindest erschweren. Angesichts der festgestellten örtlichen Verhältnisse sowie der Verkehrsverhältnisse ist es daher nicht zu beanstanden, wenn die Stadt Nürnberg zu dem Abwägungsergebnis gelangt ist, daß im Interesse der zahlreichen Verkehrsteilnehmer eine weitere Einengung der Verkehrsflächen in der Kartäusergasse nicht hingenommen werden kann.

Da die Stadt Nürnberg hier im eigenen Wirkungskreis gehandelt hat, ist die Regierung im übrigen nach Art. 119 Satz 1 BayGO nicht zur Prüfung befugt, ob die Selbstverwaltungskörperschaft bei der Entscheidung über die Erteilung der Sondernutzungserlaubnis an Herrn Braumeister innerhalb des Ermessensspielraums die zweckmäßigste Entscheidung getroffen hat. Die Regierung ist auf die Prüfung beschränkt, ob der Stadt Nürnberg bei der Ausübung des Ermessens Rechtsfehler im Sinne des § 114 VwGO unterlaufen sind. Dies war, wie ausgeführt, nicht der Fall. Der Widerspruch war daher zurückzuweisen.

Die Kostenlastentscheidung beruht auf § 73 Abs. 3 Satz 2 VwGO i.V.m. Art. 80 Abs. 1 Satz 2 BayVwVfG, Art. 9 BayKostG.

Rechtsbehelfsbelehrung:

Gegen den Bescheid der Stadt Nürnberg vom 29. März 2000 kann innerhalb eines Monats nach Zustellung dieses Widerspruchsbescheids Klage erhoben werden. Die Klage ist bei dem Bayerischen Verwaltungsgericht Ansbach, Promenade 24–28, 91522 Ansbach, zu erheben.

Bierbrauer, Regierungsdirektor"

## Zweiter Abschnitt: Der Abhilfebescheid

### § 41 Grundsätzliches

**437** Statt des Entwurfs eines Widerspruchsbescheids kann im Examen auch die Anfertigung eines Abhilfebescheids verlangt sein. Die Prüfung der Abhilfemöglichkeit ist ein wesentlicher Bestandteil des Widerspruchsverfahrens. Es beinhaltet die Verpflichtung der Ausgangsbehörde, den angefochtenen VA nochmals umfassend zu kontrollieren. Die Abhilfebefugnis der Ausgangsbehörde ist dabei beschränkt auf die positive Entscheidung zugunsten des Widerspruchsführers. Abhilfe bedeutet die Beseitigung der Beschwer des Widerspruchsführers. Die Ausgangsbehörde hebt den angefochtenen VA mittels Abhilfebescheid auf bzw. erläßt den begehrten VA.

**438** Regelungen zur Abhilfe finden sich in den §§ 73 Abs. 1 Satz 1, 72 VwGO. Die letztgenannte Vorschrift bestimmt, daß die Behörde, sofern sie den Widerspruch für begründet hält, diesem abhilft und über die Kosten entscheidet.

§ 72 VwGO ist darauf zugeschnitten, daß Ausgangsbehörde und Widerspruchsbehörde verschiedenen Rechtsträgern angehören. Nach *hM*[790] ist daher eine dem Widerspruchsbescheid vorausgehende Nichtabhilfeentscheidung bei Identität von Ausgangs- und Widerspruchsbehörde nicht erforderlich. Denn Abhilfe- und Devolutiveffekt seien Institute, die auf das Tätigwerden zweier selbständiger Entscheidungsinstanzen zugeschnitten seien. Dieser Sinn gehe aber verloren, wenn über den Rechtsbehelf die Erlaßbehörde selbst zu entscheiden habe. Nach der *Gegenmeinung*[791], die sich auf den Wortlaut des § 73 Abs. 1 VwGO beruft, kann die mit der Widerspruchsbehörde identische Ausgangsbehörde, sofern sie dem Widerspruch stattgeben will und es sich nicht um einen VA mit Drittwirkung handelt, auch durch einen Abhilfebescheid entscheiden. Folgen Sie bei Identität von Ausgangs- und Widerspruchsbehörde der *hM*, entwerfen Sie einen Widerspruchsbescheid. Schließen Sie sich der *Gegenmeinung* an, fertigen Sie je nach Ergebnis einen Abhilfebescheid oder eine verwaltungsinterne Nichtabhilfeentscheidung.

---

[790] *Pietzner/Ronellenfitsch*, § 26 Rdnr. 10; *BVerwG* NVwZ 1985, 577; *Kopp/Schenke*, § 72 Rdnr. 1.
[791] *Weides*, § 14 Seite 229; *Redeker/von Oertzen*, § 72 Rdnr. 2.

Liegt Ihrer Prüfungsaufgabe ein Sachverhalt zugrunde, in dem Ausgangs- und Widerspruchsbehörde verschiedenen Rechtsträgern angehören und lautet die Fragestellung etwa „*Die Entscheidung der Gemeinde ist zu entwerfen*", so kommen mehrere Entscheidungen in Betracht. Halten Sie den Widerspruch zumindest teilweise für unbegründet, müssen Sie einen Vorlagebericht an die Widerspruchsbehörde fertigen, in dem Sie Ihre Nichtabhilfeentscheidung begründen[792]. Zwar ist die Ausgangsbehörde bei teilweise erfolgreichem Widerspruch nicht daran gehindert, einen Teilabhilfebescheid zu erlassen. Da die Sache aber ohnehin der Widerspruchsbehörde vorgelegt werden muß und die Ausgangsbehörde nicht befugt ist, im Teilabhilfebescheid teilweise über die Kosten des Widerspruchsverfahrens zu entscheiden, erscheint es zweckmäßig, die Teilabhilfe zu unterlassen und den Vorgang an die Widerspruchsbehörde weiterzuleiten[793]. Auf den Teilabhilfebescheid wird daher im folgenden nicht näher eingegangen.

439

Sehen Sie den Widerspruch insgesamt als begründet an, ist in der Regel ein Abhilfebescheid zu entwerfen. Denkbar ist aber auch ein Rücknahme- oder Widerrufsbescheid nach den §§ 48, 49, 50 VwVfG[794]. Rücknahme bzw. Widerruf fallen nicht unter § 72 VwGO und haben insbesondere hinsichtlich der Kosten andere Voraussetzungen und andere Rechtsfolgen als ein Abhilfebescheid. Abhilfe ist die Aufhebung des Ausgangsbescheids aus Anlaß des Widerspruchs und schließt das Widerspruchsverfahren ab. Die Rücknahme bzw. der Widerruf führt dagegen zur Erledigung des Verwaltungsverfahrens. Die Behörde muß in dem Bescheid daher klarstellen, ob sie einen Abhilfe- oder Rücknahme- bzw. Widerrufsbescheid erlassen will[795]. Eine Abhilfeentscheidung kann in der Regel auch nicht in eine Rücknahmeentscheidung umgedeutet werden[796].

Nach der Rechtsprechung des *BVerwG*[797] ist die Ausgangsbehörde zwar befugt, in einem Widerspruchsverfahren zwischen Abhilfe und Rücknahme zu wählen. Eine verfassungskonforme Handhabung des § 72 VwGO i.V.m. § 80 Abs. 1 Satz 1 VwVfG verlangt aber, daß die Ausgangsbehörde einen Widerspruchsführer, der eine Verletzung in seinen Rechten geltend macht und im Widerspruchsverfahren „obsiegt" hätte, nicht ohne tragfähigen Grund um den zu erwartenden Kostenausspruch bringt. Insbesondere wäre eine Verwaltungspraxis, welche zielgerichtet nur zur Vermeidung von Kostenlasten in eine bestimmte Verfahrensweise ausweicht, mit dem Gleichheitssatz und dem Rechtsstaatsgebot nicht zu vereinbaren. Halten Sie den Widerspruch gegen einen den Widerspruchsführer be-

---

[792] S. hierzu Rdnr. 433.
[793] *Linhart*, Seite 53; *Oberrath/Hahn*, JA 1995, 886, 887.
[794] Bzw. §§ 45, 50 SGB X oder den entsprechenden landesrechtlichen Vorschriften.
[795] *Dolde* in: *Schoch*, § 72 Rdnr. 16.
[796] *BVerwG*, UPR 2000, 35.
[797] NVwZ 1997, 272 = JuS 1997, 662.

lastenden VA für begründet, sollten Sie sich daher immer für den Entwurf eines Abhilfebescheids entscheiden.

Anders ist die Situation möglicherweise dann, wenn ein Drittwiderspruch im Streit steht und der angefochtene VA zwar objektiv rechtswidrig ist, aber keine Rechte des Widerspruchsführers verletzt. Hierzu ein typisches Beispiel aus dem Baunachbarrecht: Der Nachbar erhebt Widerspruch gegen eine dem Bauherrn erteilte Baugenehmigung. Die Ausgangsbehörde kommt bei ihrer Nichtabhilfeprüfung zu dem Ergebnis, die Baugenehmigung sei zwar objektiv rechtswidrig, der Nachbar sei aber nicht in eigenen Rechten verletzt. Innerhalb des Widerspruchsverfahrens kommt hier nur die Fertigung eines Vorlageberichts an die Widerspruchsbehörde in Betracht, da der Widerspruch mangels subjektiver Rechtsverletzung keine Aussicht auf Erfolg hat. Denkbar ist daneben aber auch die Rücknahme der Baugenehmigung nach der landesrechtlichen Parallelvorschrift zu § 48 VwVfG außerhalb des Widerspruchsverfahrens. Nach hM kann die Rücknahme des begünstigenden VA im Rahmen der § 50 VwVfG entsprechenden landesgesetzlichen Bestimmung auch auf Gründe gestützt werden, auf die der Drittanfechtende sich im Rechtsbehelfsverfahren nicht berufen kann[798]. Entscheiden Sie sich neben dem Anfertigen eines Vorlageberichts für die Aufhebung der Baugenehmigung, müssen Sie im Hinblick auf die Anhörungspflicht vor Erlaß eines belastenden VAs ein Anhörungsschreiben verfassen.

**440** Durch die Vorlage der Streitsache an die Widerspruchsbehörde wird die Abhilfebefugnis der Ausgangsbehörde nicht beseitigt, sie bleibt vielmehr für die gesamte Dauer des Widerspruchsverfahrens erhalten[799]. Die Abhilfeentscheidung setzt nach allgemeiner Auffassung außer der Rechtswidrigkeit des angefochtenen VAs die Zulässigkeit des eingelegten Widerspruchs voraus[800]. Prüfungsumfang und Prüfungskompetenz entsprechen abgesehen von einigen Modifikationen den im Widerspruchsverfahren geltenden Regeln. Die Ausgangsbehörde muß grundsätzlich neu vorgetragene Tatsachen berücksichtigen und auch Fehler, die im Widerspruchsverfahren geheilt werden können, korrigieren. Kann ein Dritter durch den Abhilfebescheid beschwert werden, so soll er nach § 71 VwGO vor Erlaß des Abhilfebescheides gehört werden. Ist die Widerspruchsbehörde abweichend von § 68 Abs. 1 Satz 1 VwGO nicht zur Überprüfung der Zweckmäßigkeit des Bescheids berechtigt, geht die Abhilfeprüfung inhaltlich über die Prüfungsmöglichkeiten der Wider-

---

[798] S. hierzu insbesondere *VGH München*, NVwZ 1997, 701 und *Gassner*, JuS 1997, 794.
[799] Ausführlich und unter Auseinandersetzung mit der Gegenmeinung *Pietzner/Ronellenfitsch*, § 25 Rdnr. 6 f.
[800] *BVerwG*, NVwZ 2000, 195.

spruchsbehörde hinaus⁸⁰¹. Eine fehlerhafte Ermessensausübung im Ausgangsbescheid kann in diesen Fällen nur durch die Ausgangsbehörde im Abhilfeverfahren durch eine fehlerfreie Ermessensentscheidung ersetzt werden. Kommt die Ausgangsbehörde zu dem Ergebnis, daß der Widerspruch zulässig und begründet ist, muß sie ihm abhelfen; die Abhilfe steht nicht in ihrem Ermessen[802].

## § 42 Die Gestaltung des Abhilfebescheids

Der Abhilfebescheid ist wie der Widerspruchsbescheid aufgebaut. Je nach Bundesland oder Behörde wird er in persönlicher oder unpersönlicher Rede abgefaßt. Aus Klarstellungsgesichtspunkten sollte im Eingangsteil der Begriff „Abhilfebescheid" verwendet werden. Der Tenor muß deutlich machen, daß die Entscheidung ein Widerspruchsverfahren beendet. In der Begründung des Bescheids erfolgt zunächst eine knappe Sachverhaltsdarstellung und anschließend die rechtliche Würdigung[803]. Zwingender Bestandteil des Abhilfebescheids ist die von § 72 VwGO geforderte Kostenentscheidung. Umstritten ist, ob der Abhilfebescheid mit einer Rechtsbehelfsbelehrung (Klage, s. § 68 Abs. 1 Satz 2 Nr. 2 VwGO) zu versehen ist[804]. Da der Abhilfebescheid nicht zugestellt werden muß, steht es im pflichtgemäßen Ermessen der Ausgangsbehörde, ob die Bekanntgabe mittels einfachen Briefes durch die Post oder durch förmliche Zustellung erfolgen soll. Ist der Widerspruch bei der Widerspruchsbehörde bereits registriert, bedarf es der Information dieser Behörde, daß dem Widerspruch abgeholfen worden ist. Dazu übersendet man sinnvollerweise der Widerspruchsbehörde eine Abschrift des Abhilfebescheides mit einem kurzen Anschreiben.

Betrifft das Abhilfeverfahren einen VA mit Drittwirkung und wird dem Widerspruch nach Anhörung des Dritten (§ 71 VwGO) abgeholfen, muß sich der Abhilfebescheid auch an den Dritten richten. Es werden da-

441

---

[801] *Volkert*, 3. Kapitel Rdnr. 5; s. auch Art. 119 Nr. 1 BayGO, in dem normiert ist, daß in Angelegenheiten des eigenen Wirkungskreises, in denen die Rechtsaufsichtsbehörde im Widerspruchsverfahren auf die Prüfung der Rechtmäßigkeit beschränkt ist, die Selbstverwaltungskörperschaft zuvor nach § 72 VwGO auch die Zweckmäßigkeit zu überprüfen hat.

[802] *Dolde* in: *Schoch*, § 72 Rdnr. 11.

[803] Nach zumindest teilweise vertretener Auffassung (z.B. *Rennert* in: *Eyermann*, § 72 Rdnr. 7) ist eine Begründung bei der Vollabhilfe nicht erforderlich. Im Assessorexamen sollten Sie dieser Ansicht aber nicht folgen. Im Zweifel ergibt sich die Begründungspflicht aus dem Bearbeitervermerk.

[804] Nach *Volkert*, 3. Kapitel Rdnr. 11 hat eine Rechtsbehelfsbelehrung zu unterbleiben; nach *Redeker/von Oertzen*, § 72 Rdnr. 2 ist eine Rechtsbehelfsbelehrung erforderlich, wenn dem Widerspruchsführer Kosten auferlegt werden.

Vierter Teil. Die verwaltungsbehördlichen Entscheidungen

her zwei inhaltsgleiche Bescheide gefertigt und zum einen an den Widerspruchsführer sowie zum anderen an den Dritten adressiert. Der beschwerte Dritte kann hiergegen unmittelbar Klage erheben (§ 68 Abs. 1 Satz 2 Nr. 2 VwGO).

442 Abschließend ein Formulierungsbeispiel für einen Abhilfebescheid in persönlicher Rede:

„Stadt Dortmund 17. August 2000
Der Oberstadtdirektor

Gegen Empfangsbekenntnis[805]

Frau Rechtsanwältin Dr. Franka Veit
Königsallee 12
40212 Düsseldorf

Widerspruch Ihres Mandanten Franz Schlachter, Haberstraße 45, 51373 Leverkusen, gegen den Kostenbescheid des Oberstadtdirektors der Stadt Dortmund vom 06. Juni 2000, Aktenzeichen 42.1245/00

Abhilfebescheid

Sehr geehrte Frau Dr. Veit,

1. Meinen Kostenbescheid vom 06. Juni 2000 hebe ich auf.
2. Die Kosten des Widerspruchsverfahrens trägt die Stadt Dortmund. Verwaltungskosten werden nicht erhoben. Die Zuziehung eines Bevollmächtigten durch Herrn Franz Schlachter für das Vorverfahren war notwendig.

Gründe:

I.

Am 27. April 2000 war das Fahrzeug von Herrn Schlachter, ein VW Golf mit dem amtlichen Kennzeichen LEV – ZU 212, um 10.00 Uhr ordnungsgemäß vor dem Gebäude Ruhrallee 7 in Dortmund, in dem sich das städtische Gymnasium befindet, abgestellt. Infolge eines Sturms löste sich ein Dachziegel des Gebäudes Ruhrallee 7 und zerschlug die Heckscheibe des Pkw. Daraufhin beauftragte eine städtische Politesse zum Zwecke der Eigentumssicherung ein Abschleppunternehmen mit der Sicherstellung des Fahrzeugs. Nach Anhörung Ihres Mandanten forderte ich diesen mit Kostenbescheid vom 06. Juni 2000 auf, die vorgestreckten Kosten in Höhe von 187, 25 DM, die anläßlich der Sicherstellung seines Fahrzeuges entstanden waren, zu ersetzen. Zur Begründung habe ich in dem Bescheid ausgeführt, daß aus Gründen des Eigentumsschutzes sowie zur Verhinderung von Straftaten ein Abschleppdienst angefordert worden sei, um das Fahrzeug umzusetzen und sicherstellen zu lassen. Dies sei erfolgt, da nicht bekannt gewesen sei, wo sich Herr Schlachter oder ein sonstiger Berechtigter aufhielt. Gemäß § 77 Abs. 1 NWVwVG, § 11 Abs. 2 Satz 2 Nr. 8 NWKostO sei Herr Schlachter zum Ersatz der Kosten verpflichtet.

Hiergegen richtet sich Ihr Widerspruch vom 29. Juni 2000, den Sie damit begründen, die Störerauswahl sei ermessensfehlerhaft erfolgt. Vorrangig Verantwortlicher sei die Stadt Dortmund als Trägerin des Gymnasiums. Von dem Dach der Schule sei die Gefahr für die dort ordnungsgemäß abgestellten Wagen ausgegangen. Nach Aussage des von Herrn Schlachter besuchten Verwandten seien bereits drei Wochen vorher Ziegel

---

[805] Die Zustellung des Abhilfebescheids ist, wie ausgeführt, nicht erforderlich.

vom Dach gefallen, so daß dessen schadhafter Zustand der Stadt auch bekannt gewesen sei. Entsprechende Maßnahmen habe die Stadt aber nicht getroffen.

Nach nochmaliger Überprüfung der Angelegenheit komme ich zu dem Ergebnis, daß Ihrem Widerspruch abzuhelfen ist. Zwar war die Sicherstellung des Fahrzeugs rechtmäßig. Meine Befugnis zum Abschleppen des Pkw ergab sich daraus, daß ich als Ordnungsbehörde nach § 48 Abs. 3 Satz 1 NWOBG sowie dem in § 1 Abs. 1 Satz 3 PolG normierten Prinzip der Subsidiarität der polizeilichen Zuständigkeit primär zuständig bin für die Gefahrenabwehr im ruhenden Verkehr. Der Abschleppvorgang war als Standardmaßnahme in Form der Sicherstellung nach § 43 Nr. 2 PolG zu qualifizieren, da das Fahrzeug zum Schutz vor weiteren Beschädigungen oder Diebstahl in behördlichen Gewahrsam genommen werden mußte. Andere Schutzmaßnahmen waren nicht möglich bzw. nicht ausreichend.

Zwischen der Sicherstellungsentscheidung und der Kostenentscheidung ist indessen zu differenzieren. Sie haben mit Ihrem Widerspruch zu Recht darauf hingewiesen, daß ich das mir eingeräumte Ermessen bei der Inanspruchnahme Ihres Mandanten für die Kosten der Sicherstellung fehlerhaft ausgeübt habe. Zwar hat Herr Schlachter als Eigentümer seines Pkw's gemäß § 77 NWVwVG und § 11 Abs. 2 Nr. 8 NWKostO für die Kosten der Abschleppmaßnahme grundsätzlich einzustehen. Bei einer Sicherstellung nach § 43 Nr.2 PolG, die ausschließlich zugunsten des Eigentümers oder eines anderen Berechtigten und in dessen Interesse erfolgt, bedarf es nämlich nach Sinn und Zweck der genannten Regelung einer von der Sache ausgehenden Gefahr im Sinne des § 5 Abs. 1 PolG nicht.

Neben Ihrem Mandanten als Zustandsstörer im Sinne des § 5 Abs. 2 Satz 1 PolG ist aber auch die Stadt Dortmund, die Trägerin des Gymnasiums, als Zustandsverantwortliche anzusehen. Als Eigentümer des Wagens war Herr Schlachter im Gegensatz zur Stadt nicht nur „Störer", sondern zugleich durch die Verletzung seines Eigentums „Gestörter" bzw. „Opfer". Dies ist ein Umstand, der bei der Ermessensentscheidung erheblich ins Gewicht fallen muß. Ihrem weiteren Einwand in Ihrer Widerspruchsschrift, bereits vor drei Wochen seien ebenfalls Ziegel vom Dach des Gymnasiums gefallen, bin ich nachgegangen und habe von unserer Zentralabteilung die Auskunft erhalten, die Schadhaftigkeit des Daches sei seit längerem bekannt gewesen. Bisher sei aber mangels verfügbarer finanzieller Mittel nichts geschehen. Im Hinblick hierauf übe ich mein Ermessen nunmehr dahingehend aus, daß die Stadt Dortmund als primär Verantwortliche für die Kosten der Sicherstellung aufzukommen hat.

Die Kosten des Verfahrens lege ich gemäß § 72 VwGO i.V.m. § 80 Abs. 1 Satz 1 NWVwVfG der Stadt Dortmund auf. Gemäß § 15 Abs. 3 NWGebG werden keine Verwaltungskosten hierfür erhoben.

Auf Ihren Antrag war nach § 80 Abs. 2 NWVwVfG auch darüber zu befinden, ob die Zuziehung eines Rechtsanwaltes durch Herrn Schlachter notwendig war. Notwendig ist die Zuziehung eines Rechtsanwalts dann, wenn sie vom Standpunkt einer verständigen, nicht rechtskundigen Partei für erforderlich gehalten werden durfte. Dies ist hier zu bejahen, da es um komplexe und nicht einfache rechtliche Fragen ging.
Im Auftrag
Röber"

Das Schreiben an die Widerspruchsbehörde kann wie folgt gefaßt werden:

„Stadt Dortmund 17. August 2000
Der Oberstadtdirektor

An die Bezirksregierung Arnsberg
Seibertzstraße 1
59821 Arnsberg

Widerspruch des Herrn Franz Schlachter gegen den Kostenbescheid vom 06. Juni 2000, Aktenzeichen 42.1245/00
hier: Verfahrensbeendigung durch Abhilfe

In dem Verfahren des Herrn Schlachter gegen den Oberstadtdirektor der Stadt Dortmund teilen wir Ihnen mit, daß wir dem Widerspruch von Herrn Schlachter vollständig abgeholfen haben. Der Abhilfebescheid liegt diesem Schreiben zu Ihrer Kenntnisnahme bei. Das Widerspruchsverfahren hat damit seinen Abschluß gefunden.

Im Auftrag

Röber"

## Dritter Abschnitt: Der Vorlagebericht

Hilft die Ausgangsbehörde dem Widerspruch nicht ab, muß sie diesen der Widerspruchsbehörde vorlegen. In diesem Fall fertigt der zuständige Sachbearbeiter einen Vorlagebericht, der von seiner Gestaltung her ähnlich aufgebaut ist wie ein Abhilfe- oder Widerspruchsbescheid. Folgende Besonderheiten sind zu beachten:

Adressat des Vorlageberichts ist die Widerspruchsbehörde und nicht ein bestimmter dort beschäftigter Sachbearbeiter. Der Vorlagebericht wird mit einfacher Post an die Widerspruchsbehörde übersandt. Als Betreff ist der Gegenstand des Widerspruchsverfahrens kurz zu bezeichnen. Auf eine Anrede sowie Höflichkeitsfloskeln ist im behördlichen Schriftverkehr grundsätzlich zu verzichten[806]. Da der Vorlagebericht nur ein Schreiben von Behörde zu Behörde ist, wird die Entscheidung, dem Widerspruch nicht abzuhelfen, nicht in Form eines Tenors vorangestellt. Damit die Widerspruchsbehörde aber sofort über den Inhalt des Schreibens orientiert ist, empfiehlt es sich, stets damit einzuleiten, daß ein Widerspruchsvorgang nach negativ verlaufener Abhilfeprüfung zur Entscheidung vorgelegt wird[807]. Anschließend folgt die Rechtfertigung der Nichtabhilfe. Zunächst wird der Sachverhalt ähnlich wie in einem Widerspruchsbescheid dargestellt. Dabei ist es jedenfalls im Examen empfehlenswert, auch die Widerspruchsbegründung im Vorlagebericht wiederzugeben[808]. Hat der Widerspruchsführer neue Tatsachen vorgebracht, muß sich der Vorlagebericht hierzu äußern. Das Ergebnis eigener Ermittlungen der Ausgangsbehörde nach Widerspruchserhebung ist mitzuteilen.

Im Anschluß an die Sachverhaltsdarstellung folgt die Begründung, warum auf der Grundlage des festgestellten Sachverhalts eine Abhilfe nicht möglich ist, daß die angegriffene Entscheidung recht- und zweckmäßig ist. Die rechtliche Würdigung ist auf die problematischen Punkte zu beschränken. Auch wenn dies in der Praxis häufig anders gehandhabt wird, sollte die Begründung weder mit einem Antrag noch mit der Bitte, den Widerspruch zurückzuweisen, abgeschlossen werden[809]. Dem Vorla-

---

[806] So zumindest sehen es zahlreiche Empfehlungen von Ministerien; ebenso *Tönskemper*, JA 1991, 165, 174; *Volkert*, 5. Kapitel Rdnr. 31.
[807] *Volkert*, 5. Kapitel Rdnr. 32.
[808] *Volkert*, 5. Kapitel Rdnr. 34 will hierauf in der Praxis mit der Begründung verzichten, der Widerspruchsbehörde sei es zuzumuten, das Widerspruchsschreiben selbst im Original zu lesen.
[809] *Volkert*, 5. Kapitel Rdnr. 38.

gebericht sind sämtliche Verwaltungsakten beizufügen. Die Benachrichtigung des Widerspruchsführers über die Abgabe des Vorgangs an die Widerspruchsbehörde ist grundsätzlich nicht erforderlich, da dies ohne wesentlichen Erkenntniswert für den Widerspruchsführer ist.

**444** Ein Formulierungsbeispiel für einen Vorlagebericht:

„Stadt Schmölln                                                                 Schmölln, 11. Januar 2000

An das
Landratsamt Altenburger Land
Lindenaustraße 9
04600 Altenburg

Betreff: Widerspruch der Frau Erna Mahler, Blumenstraße 43, 04626 Schmölln, gegen die Obdachloseneinweisung der Familie Kahn durch die kreisangehörige Stadt Schmölln vom 30. Dezember 1999

Anlage: 1 Bund Verwaltungsakten des Ordnungsamtes der Stadt Schmölln

Frau Erna Mahler hat – vertreten durch ihre Bevollmächtigte – Widerspruch gegen den Bescheid unseres Ordnungsamtes vom 30. Dezember 1999 betreffend die Einweisung der Familie Kahn in deren bisherige Wohnung in der ersten Etage des im Eigentum der Widerspruchsführerin stehenden Hauses Blumenstraße 43 in 04626 Schmölln eingelegt.

Eine Abhilfe des Widerspruchs ist uns nicht möglich. Auch eine erneute Prüfung der Angelegenheit führte zu keinem anderen Ergebnis. Wir legen Ihnen als zuständige Widerspruchsbehörde den Vorgang daher zur Entscheidung vor.

Dem Widerspruchsverfahren liegt folgender Sachverhalt zugrunde:

Mit Bescheid vom 29. Oktober 1999 hatte unser Ordnungsamt unter Anordnung des Sofortvollzuges die Familie Kahn erstmalig in ihre bisherige Wohnung in der ersten Etage des im Eigentum der Widerspruchsführerin stehenden Hauses Blumenstraße 43 in Schmölln eingewiesen, weil die Familie infolge einer drohenden Zwangsvollstreckung nach einem rechtskräftigen Räumungsurteil ab 01. November 1999 ohne Unterkunft gewesen wäre. Diese erste Einweisung war bis zum 31. Dezember 1999 befristet. Da aber bis zu diesem Zeitpunkt weder Familie Kahn noch wir eine anderweitige Unterkunft beschaffen konnten, verfügten wir am 30. Dezember 1999 erneut eine Einweisung der Familie Kahn in die bisherige Wohnung bis zum 29. Februar 2000.

Gegen diese Einweisungsverfügung richtet sich der Widerspruch der Frau Mahler, der am 31. Dezember 1999 beim Ordnungsamt einging. Die Widerspruchsführerin beruft sich darauf, sie sei vor der erneuten Einweisung nicht angehört worden. Das Ordnungsamt habe nicht genügend Anstrengungen unternommen, um die Familie Kahn anderweitig unterzubringen. Die Einweisung für insgesamt vier Monate verstoße auch gegen den Grundsatz der Verhältnismäßigkeit.

Der Widerspruch ist nach unserer Auffassung zulässig, aber nicht begründet. Wir haben unsere Entscheidung überprüft und konnten keinen Rechtsfehler erkennen.

Es kann unseres Erachtens offen bleiben, ob wir die Widerspruchsführerin vor Erlaß der erneuten Einweisungsverfügung hätten gemäß § 28 Abs. 1 ThürVwVfG anhören müssen oder ob dies wegen Gefahr im Verzug i.S.d. § 28 Abs. 2 Nr. 1 ThürVwVfG im Hinblick auf die drohende Obdachlosigkeit der Familie Kahn entbehrlich war. Wir haben das Widerspruchsvorbringen von Frau Mahler zur Kenntnis genommen und es im Rahmen unserer Nichtabhilfeentscheidung, wie die folgenden Ausführungen aufzeigen werden, ausreichend gewürdigt.

## Dritter Abschnitt: Der Vorlagebericht 261

Die Einweisungsverfügung ist in materieller Hinsicht nicht zu beanstanden.

Als nach §§ 1, 2 Abs. 1, 4 Abs. 3 Satz 2 des Thüringer Gesetzes über die Aufgaben und Befugnisse der Ordnungsbehörden – OBG – zuständige Ordnungsbehörde haben wir die Aufgabe, von dem Einzelnen und dem Gemeinwesen Gefahren abzuwehren, durch die die öffentliche Sicherheit oder Ordnung bedroht wird. Die Ordnungsbehörde hat Störungen der öffentlichen Sicherheit oder Ordnung zu beseitigen, soweit es im öffentlichen Interesse geboten ist (§§ 5 Abs. 1, 2 Abs. 1 OBG). Hierzu gehört unter anderem auch die Unterbringung Obdachloser, insbesondere dann, wenn – wie hier – deren Leben und Gesundheit aufgrund der noch vorherrschenden kalten Witterung ohne Unterbringung bedroht sein würde. Diese Aufgabe ist unter Berücksichtigung aller Umstände nach pflichtgemäßem Ermessen zu erfüllen (§ 7 Abs. 1 OBG).

Der Widerspruchsführer ist als Nichtstörer nach § 13 Abs. 1 OBG in Anspruch zu nehmen. Zwar ist die Wiedereinweisung eines durch gerichtliches Räumungsurteil Verurteilten in seine bisherige Wohnung nur als äußerstes Mittel unter Beschränkung auf das notwendigste räumliche und zeitliche Maß rechtens. Wir haben entgegen der Behauptung der Widerspruchsführerin jedoch alle Möglichkeiten zur Unterbringung der Familie Kahn in einer anderweitigen Unterkunft ausgeschöpft. Aufgrund des Widerspruchs haben wir in der Angelegenheit nochmals ermittelt, um dem Widerspruch von Frau Mahler gegebenenfalls abhelfen zu können. Allerdings stehen uns derzeit weder gemeindeigene Unterkünfte zur Verfügung noch konnten wir für Familie Kahn auf dem freien Wohnungsmarkt in Schmölln eine Wohnung anmieten. Von den Vermietern der in Betracht kommender Wohnungen war keiner bereit, einen Mietvertrag mit Familie Kahn zu schließen. Die wenigen Hotels und Pensionen in unserer Stadt sind derzeit, wie Ihnen bekannt sein dürfte, infolge eines großen Bauprojekts in der Stadt mit Arbeitskräften belegt.

Die nochmalige Einweisung für weitere zwei Monate halten wir nicht für unverhältnismäßig. Nach der Rechtsprechung wird in der Regel erst die Einweisung für sechs Monate als absolute Höchstgrenze angesehen. Letztlich sind die Umstände des jeweiligen Einzelfalles maßgeblich. In Anbetracht der Tatsache, daß momentan trotz intensiver Bemühungen offensichtlich keine andere Wohnung für Familie Kahn zu finden ist und deren Einweisung in die Wohnung der Widerspruchsführerin insgesamt die Dauer von vier Monaten nicht überschreitet, sehen wir uns im Hinblick auf die Zweckmäßigkeit der Verfügung nicht in der Lage, die Einweisungsdauer auf nur einen weiteren Monat zu befristen.

Nach unserer Ansicht hat der Widerspruch daher keinen Erfolg.

Gez. Hohenecker, Amtsrat"

## Vierter Abschnitt: Der Ausgangsbescheid

### § 43 Einführung

445  Der Entwurf eines Erst- bzw. Ausgangsbescheids ist im Assessorexamen gefordert, wenn die Fragestellung etwa lautet „*Die Entscheidung des Landratsamtes/der Gemeinde etc. ist zu fertigen"* oder *„Sie sind Sachbearbeiter bei der Kreisverwaltung K – Untere Bauaufsichtsbehörde – und sollen eine Entscheidung über die weiteren rechtlichen Schritte fällen"*. Entscheidungen aus dem allgemeinen und speziellen Polizei- und Ordnungsrecht eigen sich dafür besonders, da sie regelmäßig eine breite Palette tatsächlicher und rechtlicher Erwägungen abdecken.

Der Ausgangsbescheid ist – entsprechend seiner Funktion, dem Adressaten die Entscheidung und die wesentlichen Gründe in gedrängter Form mitzuteilen – im Urteilsstil abzufassen. Er besteht ebenso wie der Widerspruchsbescheid aus Eingangsteil, Tenor, Begründung und einer Rechtsbehelfsbelehrung. Stilistisch sind sowohl der persönliche Briefstil („ *...entziehe ich Ihnen den Waffenschein"*) als auch der unpersönliche Behördenstil („*wird Herrn Müller die Fahrerlaubnis entzogen"*) gebräuchlich[810]. Vorherrschend dürfte allerdings der Briefstil sein. Unabhängig hiervon sollten Sie im Bescheid nicht vom „Antragsteller" oder „Betroffenen", sondern immer von „Frau Schaurer" und „Herr Merker" sprechen.

### § 44 Der Eingangsteil

446  Hier ergeben sich kaum Besonderheiten gegenüber dem Eingangsteil eines Widerspruchsbescheides. Wie jedes geschäftliche Schreiben beginnt auch der Bescheid mit der Bezeichnung der erlassenden Behörde (vgl. § 37 Abs. 3 VwVfG). Rechts oben werden Ort und Datum vermerkt. Weitere Angaben im Behördenkopf sind die Postanschrift der erlassenden Behörde sowie das Aktenzeichen.

447  Danach folgt, sofern der Bescheid zugestellt werden soll, die Angabe der Zustellungsart (z.B. *„Gegen Empfangsbekenntnis"* oder *„Gegen Einschreiben"*) und unmittelbar darunter Name und Anschrift des Empfän-

---

[810] Näher hierzu Volkert, 1. Kapitel Rdnr. 27 f.

haltenspflichten (*"Sie sind gemäß § 42 AuslG zur Ausreise verpflichtet"*)[816].

Im Tenor müssen sämtliche Regelungen aufgeführt sein, die der Bescheid als Abschluß des Verwaltungsverfahrens trifft. Hierzu gehören der Hauptausspruch, evtl. Nebenbestimmungen wie Auflagen, Befristungen, Bedingungen etc., die Anordnung der sofortigen Vollziehung, die Androhung von Zwangsmitteln sowie die Kostenentscheidung. Nicht in den Tenor aufgenommen wird eine Entscheidung über die Wiedereinsetzung in den vorigen Stand (s. § 32 VwVfG). Die einzelnen Teile des Tenors sind optisch zu trennen und fortlaufend zu numerieren.

## II. Der Hauptausspruch

Der Hauptausspruch muß, da er Grundlage für eine sich anschließende Verwaltungsvollstreckung ist, den Anforderungen des Bestimmtheitsgebots des § 37 Abs. 1 VwVfG genügen. Der VA muß daher inhaltlich so hinreichend bestimmt sein, daß sein Inhalt für den Adressaten wie für die vollstreckende Behörde und im Rahmen der Vollstreckung eingeschaltete Dritte so klar, vollständig und unzweideutig erkennbar ist, daß sie ihr Verhalten danach richten können[817]. Unklarheiten gehen grundsätzlich zu Lasten der Behörde. 450

Ergeht der Bescheid auf Antrag des Beteiligten, lautet die Hauptentscheidung im Falle der Stattgabe z.B. so: *"Auf Ihren Antrag vom 16. Mai 2000 erteile ich Ihnen die Sondernutzungserlaubnis zum Aufstellen eines Imbißwagens am 09. Juli 2000 in Homburg auf der Brunnenstraße aus Anlaß des Festumzuges. Der genaue Standort ergibt sich aus dem beigefügten Lageplan."* Bleibt der Antrag ohne Erfolg, so wird er abgelehnt: *"Der Antrag auf Wiedererteilung der Fahrerlaubnis wird abgelehnt."* Bei teilweiser Stattgabe dürfen Sie die Ablehnung im übrigen nicht vergessen. Ergeht die Entscheidung von Amts wegen (meist Gebote oder Verbote), so muß im Tenor klar und unmißverständlich zum Ausdruck gebracht werden, was von dem Adressaten des VA verlangt wird. Ein Beispiel:

„Ihnen wird ab 01. April 2000 ein auf 6 Monate befristetes Aufenthaltsverbot für bestimmte Bereiche der Stadtgemeinde Bremen (Bahnhofsvorplatz, Bereich An der Weide und Am Dobben, Bereich Vor dem Steintor) erteilt. Wegen des räumlichen Geltungsbereichs des Verbots wird auf den beigefügten Plan Bezug genommen."

Fügen Sie dem VA Nebenbestimmungen im Sinne des § 36 VwVfG bei, so müssen diese ebenfalls im Tenor aufgeführt sein. Je nach Fall können die Nebenbestimmungen bei der Tenorierung in den GrundVA eingearbeitet, von ihm aber auch durch Bildung einer anderen Tenornummer op- 451

---

[816] *Volkert*, 1. Kapitel Rdnr. 32.
[817] *Kopp/Ramsauer*, § 37 Rdnr. 5 m.w.N.

tisch abgegrenzt werden[818]. Die sprachliche Verknüpfung von VA und Nebenbestimmung ist in der Regel sachgerecht bei Bedingungen, Befristungen und Widerrufsvorbehalt (s. Formulierungsbeispiel oben zur Erteilung einer Sondernutzungserlaubnis). Dagegen sollte eine Auflage im Sinne des § 36 Abs. 2 Nr. 4 VwVfG ebenso wie eine Auflagenvorbehalt regelmäßig als selbständige Regelung formuliert und der Hauptregelung nachgestellt werden[819].

Nicht unter den Begriff der Nebenbestimmungen im Sinne des § 36 VwVfG fällt die sog. „modifizierende Auflage", die häufig nur sehr schwer von der isolierten Auflage nach § 36 Abs. 2 Nr. 4 VwVfG abzugrenzen ist[820]. Nehmen Sie eine „modifizierende Auflage" in den Bescheid auf, so bezeichnen Sie diese im Tenor weder als Auflage noch führen sie bei den Nebenbestimmungen auf, sondern bauen Sie diese in den GrundVA ein.

„Auf Ihren Antrag vom 16. März 2000 erteile ich Ihnen die Baugenehmigung für die Errichtung eines Warenautomaten auf Ihrem Grundstück Plan-Nr. 1245/3 in Bad Hersfeld mit der Maßgabe, daß für dessen Betrieb das Ladenschlußgesetz gilt. Im übrigen wird Ihr Antrag abgelehnt."

### III. Die Anordnung der sofortigen Vollziehung

452 Ordnen Sie bei belastenden VAen den Sofortvollzug des Bescheids an, so muß dies in jedem Fall im Tenor geschehen. Besteht die Hauptentscheidung aus mehreren VAen (z.B. Beseitigungsverfügung und Nutzungsuntersagung) und sollen nicht alle davon für sofort vollziehbar erklärt werden, müssen Sie die Beschränkung deutlich zum Ausdruck bringen (z.B. *„Die sofortige Vollziehung der Ziffer 2 dieses Bescheides wird angeordnet"*).

### IV. Die Androhung von Zwangsmitteln

453 Erlassen Sie einen für den Beteiligten belastenden VA und fügen Sie diesem eine Zwangsmittelandrohung bei, ist diese, da sie ein selbständiger VA ist[821], ebenfalls in den Tenor aufzunehmen. Bei der Formulierung müssen Sie sehr aufmerksam sein, denn hier treten in der Praxis immer

---

[818] So zutreffend *Linhart*, Seite 20.
[819] *Brühl*, 1. Abschnitt 4.4.5.2.; Volkert, 1. Kapitel Rdnr. 49 befürwortet die optische Trennung von Hauptausspruch und Auflage nur, wenn mehrere Nebenbestimmungen notwendig sind.
[820] Ausführlich zur modifizierenden Auflage *Walther*, JA 1995, 106; *Brenner*, JuS 1996, 281, 285.
[821] *BVerwG*, NVwZ 1998, 393; *OVG Weimar*, Thür.VBl 1997, 16.

## Vierter Abschnitt: Der Ausgangsbescheid

wieder – vermeidbare – Fehlerquellen auf. Daher einige Grundzüge zum Vollstreckungsrecht:
Die Vollstreckung von VAen richtet sich, soweit Bundesbehörden handeln, nach dem VwVG. Die Verwaltungsvollstreckung durch Landes- und Kommunalbehörden wird durch das Landesrecht geregelt.

Die Androhung eines Zwangsmittels stellt bereits eine Vollstreckungsmaßnahme dar, da sie den Beginn der Zwangsvollstreckung einleitet. Sie kann nach § 13 Abs. 2 VwVG bzw. den landesgesetzlichen Regelungen mit dem GrundVA verbunden werden und soll mit ihm verbunden werden, wenn dessen sofortige Vollziehung angeordnet wird oder der Rechtsbehelf keine aufschiebende Wirkung hat. Die Androhung erfüllt gegenüber dem Pflichtigen eine Warnfunktion. Diesem wird deutlich gemacht, welche Zwangsmaßnahmen auf ihn zukommen können und ihm wird die Möglichkeit eingeräumt, innerhalb einer bestimmten Frist der Verfügung freiwillig nachzukommen [822].

Sofern Sie von dem Beteiligten eine Handlung verlangen, müssen Sie ihm im Tenor eine angemessene Frist setzen. Entbehrlich ist die Fristsetzung, auch wenn die gesetzlichen Regelungen möglicherweise nicht differenzieren, dagegen bei Unterlassungspflichten (z.B. Verbot an den Bürger, sein Wiesengeländes zum Zwecke der landwirtschaftlichen Bearbeitung zu zerstören)[823].

Die Fristbestimmung einer Zwangsmittelandrohung muß so gestaltet sein, daß der Adressat eindeutig erkennen kann, bis zu welchem Zeitpunkt er die geforderte Handlung vorgenommen haben muß; eine Verpflichtung zu „unverzüglichem" Handeln entspricht diesem Bestimmtheitserfordernis nicht[824].

Fraglich ist, ob Sie dem Fristsetzungserfordernis auch dann Genüge tun, wenn Sie die Frist nicht als vollstreckungsrechtliche Frist, sondern als materiell-rechtliche Frist als Teil der Grundverfügung formulieren (z.B: *„Ich fordere Sie auf, den Schuppen auf Ihrem Grundstück Flur-Nr. 224/3 in Flensburg innerhalb eines Monats nach Bestandskraft dieses Bescheids zu entfernen"*). Der *VGH Kassel*[825] hat diese Frage für die Vollstreckung nach § 69 HessVwVG[826] grundsätzlich bejaht und zur Begründung ausgeführt, auch wenn die Frist auf die Grundverfügung bezogen sei, sei die unter Fristsetzung angedrohte Vollstreckungsmaßnahme im Sinne des § 69 HessVwVG mit dem VA verbunden. Dies gelte jedenfalls

---

[822] *VGH Mannheim*, NVwZ 1991, 686.
[823] *OVG Koblenz*, GewArch 1998, 337.
[824] *VGH Mannheim*, NVwZ-RR 1995, 506; *OVG Greifswald*, NVwZ-RR 1997, 762.
[825] NVwZ-RR 1998, 76; ebenso *Brühl*, JuS 1997, 926, 929.
[826] Nach dieser Vorschrift können VAe vollstreckt werden, wenn u.a. dem Pflichtigen verbunden mit der Androhung eine zumutbare Frist zur Erfüllung seiner Verpflichtung gesetzt worden und die Frist abgelaufen ist.

dann, wenn es sich bei der gesetzlichen Frist nicht um eine Verpflichtungsentstehungsfrist handele, bei der die durch den VA begründete Pflicht erst nach Ablauf der in dem Bescheid genannten Frist entstehe, sondern um eine Befolgungsfrist. Eine andere Frage ist, ob es – zusätzlich zur vollstreckungsrechtlichen Fristsetzung – auch einer Fristsetzung in der Grundverfügung bedarf. Dies dürfte zu verneinen sein[827].

Welcher Zeitraum angemessen ist, innerhalb dessen die Erfüllung der Verpflichtung dem Vollstreckungsschuldner billigerweise zugemutet werden kann, ist nach den Umständen des Einzelfalles, insbesondere der Dringlichkeit und unter Berücksichtigung der dem Schuldner zu Gebote stehenden Möglichkeiten und Mittel zu beurteilen. Bei der Bemessung der Frist ist jedoch folgendes stets zu beachten: Die Gesamtfrist, die die Behörde dem Vollstreckungsschuldner bei der Androhung setzt, sollte grundsätzlich aus der Rechtsschutzfrist (Rechtsbehelfsfrist) plus der Erzwingungsfrist bestehen[828]. Gibt die Behörde dem Schuldner in dem Bescheid unter Androhung eines Zwangsmittels auf, eine bestimmte Verpflichtung zu erfüllen und ordnet sie nicht den Sofortvollzug an, sollte die Frist nicht an die Zustellung des Bescheids oder ein konkretes Datum geknüpft werden. Denn legt der Schuldner gegen den Bescheid Widerspruch ein, so braucht er wegen der aufschiebenden Wirkung des Rechtsbehelfs die ihm gesetzte Frist nicht zu beachten. Die Androhung erledigt sich hierdurch und entfaltet keine den Schuldner belastende Wirkung mehr. Formulieren Sie also: *"... innerhalb von einem Monat nach Bestandskraft dieses Bescheids"*. Haben Sie aber den Sofortvollzug der Grundverfügung angeordnet, so sind Sie solchen Beschränkungen nicht unterworfen; d.h. Sie können die Zwangsmittelandrohung mit einer kalendermäßig gesetzten Frist versehen (*"innerhalb von zwei Wochen nach Zustellung dieses Bescheids"*).

**455** Für welches Zwangsmittel Sie sich entscheiden, hängt von den näheren Umständen des zu beurteilenden Falles ab. In Betracht kommen regelmäßig nur die Androhung eines Zwangsgeldes oder der Ersatzvornahme. Die Androhung unmittelbaren Zwangs scheidet gewöhnlich aus, da sie zum einen in den meisten Fällen kein geeignetes Zwangsmittel darstellt und zum anderen als ultima ratio nur als letzte Möglichkeit in Betracht kommt. Eine besondere Form der Anwendung unmittelbaren Zwangs ist die Versiegelung einer Baustelle im Bauordnungsrecht[829].

Bei vertretbaren Handlungen sehen manche Länder einen Vorrang der Ersatzvornahme gegenüber der Zwangsgeldandrohung vor, in anderen Ländern trifft das Gesetz keine entsprechende Aussage, so daß die Auswahl der Zwangsmittel dem pflichtgemäßen Ermessen der Behörde über-

---

[827] Vgl. *VGH München*, BRS 29 Nr. 177.
[828] S. aber hierzu die kritischen Anmerkungen von *Brühl*, JuS 1997, 926, 929 f.
[829] S. z.B. *OVG Greifswald*, NVwZ 1996, 488.

Vierter Abschnitt: Der Ausgangsbescheid

lassen bleibt. Verinnerlichen Sie daher die Regelungen „Ihres" Bundeslandes[830].

Entscheiden Sie sich für die Androhung eines Zwangsgelds, müssen Sie für jede einzelne im Tenor geforderte Verhaltensweise einen konkreten Betrag nennen.

Fraglich ist, ob Sie zur zwangsweisen Durchsetzung von Duldungs- oder Unterlassungspflichten ein Zwangsgeld „für jeden Fall der Zuwiderhandlung" androhen dürfen. Nach der Rechtsprechung des *BVerwG*[831] ist das möglich, sofern eine gesetzliche Regelung dies ausdrücklich zuläßt (z.B. § 17 Abs. 6 Satz 2 BremVwVG[832]). Ein allgemeiner Grundsatz, nach dem trotz Fehlens einer ausdrücklichen Regelung die Androhung eines Zwangsgeldes für jeden Fall der Zuwiderhandlung zulässig wäre, liegt darin aber nicht.

Der Rahmen für die Höhe des Zwangsgeldes ist in den Vollstreckungsgesetzen unterschiedlich geregelt und reicht von höchstens 500 DM bis zu höchstens 100.000 DM[833]. Die vorgesehenen Zwangsgeldobergrenzen stellen einen Höchstsatz dar, der nach dem Grundsatz der Verhältnismäßigkeit nur unter besonderen Voraussetzungen und in der Regel erst nach Wiederholung des Zwangsmittels auszuschöpfen ist. Bei der in das Ermessen der Verwaltungsbehörde gestellten Bemessung der Höhe des angedrohten Zwangsgeldes ist danach in erster Linie auf die Wichtigkeit des ordnungsbehördlichen Zwecks abzustellen und die wirtschaftliche Lage des Pflichtigen zu berücksichtigen.

Drohen Sie bei einer Handlung die Ersatzvornahme an, ist nach den Vollstreckungsgesetzen in der Androhung der Kostenbetrag vorläufig zu veranschlagen. Der Sinn dieser Regelung besteht darin, durch die Kostenangabe dem Vollstreckungsschuldner deutlich zu machen, mit welchen finanziellen Forderungen er zu rechnen hat.

Bei unvertretbaren Handlungen kommt regelmäßig die Auferlegung eines Zwangsgeldes und als ultima ratio die Anwendung unmittelbaren Zwangs in Betracht

Eine gesonderte Anordnung der sofortigen Vollziehung der Zwangsmittelandrohung ist in der Regel nicht erforderlich, da nahezu alle Bundesländer von der Möglichkeit des Ausschlusses der aufschiebenden Wirkung von Rechtsbehelfen bei Maßnahmen der Verwaltungsvollstreckung Gebrauch gemacht haben[834]. Sollte dies in Ihrem Bundesland nicht der Fall sein – so beschränkt Art. 11 BremAGVwGO den Ausschluß der auf-

456

---

[830] Eine Übersicht finden Sie bei *Volkert*, 1. Kapitel Rdnr. 59.
[831] NVwZ 1998, 393.
[832] S. hierzu *OVG Bremen*, NVwZ 1999, 314.
[833] *Volkert*, 1. Kapitel Rdnr. 61.
[834] Z.B. § 99 Abs. 1 Satz 2 MVSOG; § 20 RhPf und SaarlAGVwGO; § 4 BerlAGVwGO; in Thüringen hat der Gesetzgeber sogar eine doppelte Absicherung gewählt: § 7 AGVwGO und § 30 VwZVG.

schiebenden Wirkung bei Maßnahmen der Verwaltungsvollstreckung auf die Beitreibung von Geldbeträgen –, müssen Sie, sofern Sie dies für notwendig erachten, die gesonderte Anordnung der sofortigen Vollziehung im Tenor aussprechen.

## V. Die Kostenentscheidung

**457** Die Tenorierung des Bescheids endet mit dem Ausspruch über die Kosten („*Sie haben die Kosten des Verfahrens zu tragen. Für diesen Bescheid wird eine Gebühr von 200 DM festgesetzt.*"). Diese Entscheidung betrifft allein die der Behörde für die Durchführung des Verwaltungsverfahrens entstandenen Kosten[835]. Verwaltungskosten sind Gebühren und Auslagen. Inwieweit Gebühren erhoben und Auslagen erstattet verlangt werden können, richtet sich nach den einschlägigen Verwaltungskostengesetzen (auf Bundesebene das Verwaltungskostengesetz des Bundes, auf Länderebene meist Landesgebührengesetze oder Landesverwaltungskostengesetze, die die Exekutive ermächtigen, die Gebühren in Gebührenordnungen, Gebührenverzeichnissen oder Kostentarifen näher zu bestimmen. In der Regel wird die Gebührenfestsetzung im Examen nicht verlangt[836].

Der Beteiligte hat mangels entsprechender Rechtsgrundlage keinen Anspruch auf Erstattung von Kosten, die ihm im Verwaltungsverfahren entstanden sind. Daher scheidet auch die Hinzuziehung eines Bevollmächtigten für notwendig aus.

## § 46 Die Begründung des Bescheids

### I. Funktion der Begründung

**458** VAe greifen regelmäßig in Rechte und Freiheiten der Adressaten ein, das heißt sie sind nur bei Vorliegen der gesetzlichen Voraussetzungen zulässig. Zu ihrer Rechtfertigung bedürfen sie daher grundsätzlich einer Begründung, § 39 Abs. 1 Satz 1 VwVfG, die dem betroffenen Bürger Klarheit über den Umfang der ihm auferlegten Einschränkungen und gegebenenfalls einzulegender Rechtsmittel verschafft und gleichzeitig der Selbstkontrolle der Verwaltung dient. Die Begründung wird vom Tenor durch die Überschrift („*Gründe*" oder „*Begründung*") abgesetzt und ist durch sinnvolle Absätze zu gliedern. Inhaltlich kann sie ihre Funktion nur erfüllen, wenn gemäß § 39 Abs. 1 Satz 2 VwVfG die wesentlichen

---

[835] Ausführlich hierzu *Volkert*, 1. Kapitel Rdnr. 64 f.
[836] S. z.B. den Bearbeitervermerk der Klausur in VBlBW 2000, 125, 127.

tatsächlichen und rechtlichen Gründe mitgeteilt werden, die die Behörde zu ihrer Entscheidung bewogen haben. Die Begründung muß also eine Darstellung des entscheidungserheblichen Sachverhalts sowie dessen rechtlichen Würdigung enthalten, wobei Sprache und Stil möglichst klar und verständlich, dabei gleichzeitig neutral und sachlich sein sollten.

## II. Die Sachverhaltsdarstellung

Die Sachverhaltsdarstellung soll eine möglichst knappe, aber präzise Zusammenstellung der für die Entscheidung maßgeblichen Tatsachen beinhalten. In der Praxis verzichten die Behörden bei einfach gelagerten Sachverhalten, deren Einzelheiten den Beteiligten bereits bekannt sind, regelmäßig auf eine geschlossene Darstellung des Sachverhalts und binden stattdessen die entsprechenden tatsächlichen Umstände sogleich in die rechtliche Würdigung ein[837]. Hiervon sollten Sie im Examen, in dem im Zweifel ein für den Beteiligten belastender VA zu entwerfen ist, aber keinen Gebrauch machen. Stellen Sie Ihrer rechtlichen Würdigung in jedem Fall eine zusammenfassende Sachverhaltsdarstellung voran, die Sie ebenso wie in Urteil oder Widerspruchsbescheid chronologisch aufbauen. Soweit dem Bescheidadressaten nach § 28 Abs. 1 VwVfG Gelegenheit zur Stellungnahme gegeben worden ist, ist dies ebenso zu erwähnen wie der wesentliche Inhalt der Stellungnahme des Beteiligten. Dessen Vorbringen ist sprachlich deutlich als solches zu kennzeichnen.

459

## III. Die rechtliche Würdigung

### 1. Die Begründung der Hauptentscheidung

Die Begründung der Hauptentscheidung folgt dem gleichen Aufbau wie beim Widerspruchsbescheid. Zunächst ist, soweit nicht selbstverständlich, die Zuständigkeit zum Erlaß des Bescheids zu erörtern, wobei Anmerkungen zu den formellen Voraussetzungen in der Regel entbehrlich sind. Entwerfen Sie einen Bescheid, der in Rechte eines Beteiligten eingreift, ohne Anhörung des Beteiligten, weil nach Ihrer Ansicht die Voraussetzungen des § 28 Abs. 2 oder 3 VwVfG erfüllt sind, sollten Sie, sofern Sie der hM[838] folgen, unter Berufung auf diese Bestimmung eine ausdrückliche Ermessensentscheidung hinsichtlich des Verzichts auf die Anhörung treffen. Als nächstes ist die materielle Rechtsgrundlage des Be-

460

---

[837] *Brühl*, 1. Abschnitt 4.4.6.2.
[838] *VGH Kassel*, NVwZ-RR 1989, 113; *OVG Weimar*, NVwZ-RR 1997, 287; *Kopp/Ramsauer*, § 28 Rdnr. 45.

scheids zu benennen. Erörtern Sie unabhängig davon, ob es sich um ein Antragsverfahren oder ein Verfahren von Amts wegen handelt, die einzelnen Tatbestandsmerkmale der einschlägigen Vorschrift, sofern der Sachverhalt hierzu Anlaß bietet.

**461** Besondere Bedeutung kommt der Begründung von Ermessensentscheidungen zu. Gesetzesformulierungen wie „kann, darf, soll" weisen auf einen Ermessensspielraum der Verwaltung hin, ob sie einschreiten will (Handlungs- oder Entschließungsermessen) und wie sie handeln will (Auswahlermessen in bezug auf Mittel, Adressat und der zur Erfüllung der Verpflichtung gesetzten Zeit). § 39 Abs. 1 Satz 3 VwVfG schreibt ausdrücklich vor, daß die Begründung von Ermessensentscheidungen auch die Gesichtspunkte erkennen lassen soll, von denen die Behörde bei der Ausübung ihres Ermessens ausgegangen ist.

Die Begründung muß deutlich machen, daß die Behörde das ihr zukommende Ermessen betätigt und nicht etwa von einer gebundenen Entscheidung ausgegangen ist. Fehl am Platze sind daher Redewendungen wie „ich sehe mich gezwungen, ..." oder „daher war ... anzuordnen". Statt dessen sollten Sie im Anschluß an die Erörterung der Tatbestandsmerkmale der anzuwendenden Rechtsvorschrift ausdrücklich auf das bestehende Ermessen hinweisen und danach die für die Ermessensbetätigung maßgeblichen Gesichtspunkte darstellen.

Die Begründung muß, um den Anforderungen des § 40 VwVfG gerecht zu werden, erkennen lassen, daß die Behörde sich von dem Zweck der Ermächtigung entsprechenden Erwägungen hat leiten lassen und die Grenzen ihres Handlungsspielraums erkannt und eingehalten hat. Zuerst klären Sie daher das Ziel der zu vollziehenden Vorschrift. Dann gehen Sie auf alternative Handlungsmöglichkeiten ein, die sich anbieten, um das Gesetzesziel zu verwirklichen. Legen Sie die Gründe dar, warum Sie sich für eine bestimmte Entscheidungsalternative entschieden haben. Bei belastenden VAen ist auf den Grundsatz der Verhältnismäßigkeit einzugehen, denn es ist die für den Bescheidempfänger mildeste Form des Einschreitens zu finden. Prüfen Sie die Geeignetheit, Erforderlichkeit und Verhältnismäßigkeit (im engeren Sinne) der Maßnahme. Häufig ist auch der Grundsatz der Gleichbehandlung anzusprechen. Ist mit der Tatbestandserfüllung typischerweise die Ermessensausübung vorgezeichnet (intendiertes Ermessen), können Sie auf Ermessenserwägungen verzichten, solange kein atypischer Sachverhalt vorliegt[839]. Gleichwohl empfiehlt es sich, deutlich zu machen, daß Sie sich bewußt sind, eine solche ermessenslenkende Vorschrift anzuwenden. Enthält der Sachverhalt Anhaltspunkte für eine besondere Situation, die eine andere Entscheidung möglich erscheinen läßt, müssen Sie die Ermessensentscheidung ausdrücklich begründen.

---

[839] Ausführlich zum intendierten Ermessen s. Rdnr. 183.

Bei Antragsverfahren (z.b. Antrag auf Erteilung einer straßenrechtlichen Sondernutzungserlaubnis) konzentrieren sich die Ermessenserwägungen auf die Abstimmung und Abwägung der Belange des Antragstellers und der Allgemeinheit durch Nebenbestimmungen, deren Erlaß gemäß § 36 VwVfG im Ermessen der Behörde steht[840].

## 2. Die Begründung der Anordnung der sofortigen Vollziehung

Ordnen Sie bei belastenden VAen die sofortige Vollziehung nach § 80 Abs. 2 Satz 1 Nr. 4 VwGO an, müssen Sie dies gemäß § 80 Abs. 3 Satz 1 VwGO grundsätzlich begründen. Die Anforderungen an die Begründungspflicht wurden unter Rdnr. 246 ausführlich dargestellt, so daß zur Vermeidung von Wiederholungen hierauf Bezug genommen wird. 462

## 3. Die Androhung von Zwangsmitteln

Die Androhung eines bestimmten Zwangsmittels muß im Bescheid ebenfalls begründet werden. Zitieren Sie die maßgeblichen Vorschriften und legen Sie, sofern erforderlich, im einzelnen dar, warum Sie sich für das getroffene Zwangsmittel entschieden haben. Bei der Zwangsgeldandrohung empfiehlt es sich, Ausführungen zur Rechtfertigung der Höhe des angedrohten Betrags zu machen. Dies gilt jedenfalls dann, wenn sich der Betrag im oberen Bereich des Zwangsgeldrahmens bewegt. 463

## 4. Die Begründung der Kostenentscheidung

Zuletzt ist die im Tenor getroffene Kostenentscheidung zu begründen. Hier reicht im allgemeinen die Angabe der Rechtsgrundlage (*„Die Kostenentscheidung beruht auf Art. 1, 2 BayKostG i.V.m. Ziffer 1.41.2. des Kostenverzeichnisses."*). In der Praxis ist es darüber hinaus wichtig, die Stelle des Kostentarifs, die die Gebührenerhebung rechtfertigt, genau zu bezeichnen, wenn im Tenor des Bescheids die Kosten der Höhe nach festgesetzt werden. Da Ihnen im Examen solche Gebührenverzeichnisse nicht zur Verfügung stehen dürften, brauchen Sie weder im Tenor eine Gebührenfestsetzung vorzunehmen noch hierauf in der Begründung der Kostenentscheidung einzugehen. 464

---

[840] *Volkert*, 1.Kapitel Rdnr. 87.

*Vierter Teil. Die verwaltungsbehördlichen Entscheidungen*

## § 47 Rechtsbehelfsbelehrung und Schlußformel

**465** An die rechtliche Würdigung schließt sich die Rechtsbehelfsbelehrung an. Wie bereits ausgeführt, sollten Sie sich im Examen, um unnötige Fehler zu vermeiden, auf eine Formulierung beschränken, die den Mindestanforderungen des § 58 Abs. 1 VwGO genügt:

> „Gegen diesen Bescheid kann innerhalb eines Monats nach seiner Bekanntgabe/Zustellung schriftlich oder zur Niederschrift Widerspruch bei der Stadt Wiesbaden erhoben werden."

Am Ende des Bescheids folgt noch die nach § 37 Abs. 3 VwVfG erforderliche Unterschrift des Behördenleiters oder der zeichnungsberechtigten Person (*„Im Auftrag, Dr. Schädler, Regierungsdirektorin"*). Haben Sie den Bescheid im persönlichen Briefstil abgefaßt, sollten Sie der Unterschrift eine Grußformel voranstellen. Welche Formulierung Sie verwenden (z.B. *„mit freundlichen Grüßen, mit vorzüglicher Hochachtung, hochachtungsvoll"*), dürfte nicht zuletzt vom Tenor der Entscheidung abhängen.

## § 48 Formulierungsbeispiel

**466** Die landesrechtlichen Normen sind solche des Bundeslandes Schleswig-Holstein.

„Der Landrat des Kreises Schleswig-Flensburg                Schleswig, 23. Mai 2000
-Untere Bauaufsichtsbehörde-
Aktenzeichen 12–232

Gegen Empfangsbekenntnis

Frau Rechtsanwältin
Dr. Franka Hilf
Brockdorff-Rantzau-Straße 80

24837 Schleswig

Vollzug der Landesbauordnung und des Landesverwaltungsvollstreckungsgesetzes
Nutzungsuntersagung gegenüber Ihrem Mandanten Sven Schermer, Glücksburger Straße 17, 24986 Satrup

Sehr geehrte Frau Dr. Hilf, ich erlasse gegen Ihren Mandanten, Herrn Sven Schermer, folgenden

Bescheid:

1. Ihrem Mandanten, Herrn Sven Schermer, wird die Nutzung seines Anwesens Glücksburger Straße 17 in 24986 Satrup zum Zwecke der Ausübung der Wohnungsprostitution mit sofortiger Wirkung untersagt.

## Vierter Abschnitt: Der Ausgangsbescheid

2. Die sofortige Vollziehung wird angeordnet.
3. Für den Fall der Zuwiderhandlung gegen Ziffer 1 dieses Bescheids wird Herrn Schermer ein Zwangsgeld in Höhe von 3.000 DM angedroht.
4. Herr Schermer hat die Kosten des Verfahrens zu tragen. Für diese Entscheidung wird eine Verwaltungsgebühr in Höhe von 300 DM festgesetzt.

Begründung:

I.

Unserer Entscheidung liegt folgender Sachverhalt zugrunde:

Herr Schermer ist Alleineigentümer des mit einem zu Wohnzwecken genehmigten Reihenhaus bebauten Grundstücks in Satrup in der Glücksburger Straße 17. Dieses liegt im Geltungsbereich des Bebauungsplans „Wonnenäcker", der den baurechtlichen Gebietstypus für den betreffenden Bereich als Mischgebiet festsetzt.

Ende 1999 beschwerten sich Nachbarn darüber, daß in dem Haus Ihres Mandanten der Wohnungsprostitution nachgegangen werde. Daraufhin nahmen zwei Bedienstete des Bauordnungsamtes mehrere Ortsbesichtigungen vor. Diese stellten fest, daß in dem Anwesen zwei Damen tatsächlich Wohnungsprostitution betreiben. Im Rahmen einer Anhörung äußerten Sie sich dahingehend, Ihr Mandant habe an die beiden Damen zwei Zimmer in seinem Haus zu Wohnzwecken vermietet. Herrn Schermer sei bekannt, daß die Damen die Räume regelmäßig und dauerhaft zu Prostitutionszwecken nutzten. Dies sei aber als freiberufliche Tätigkeit in einem Mischgebiet zulässig und könne daher nicht beanstandet werden. Ferner finde in dem nur etwa einhundert Meter entfernten Anwesen „Villa Romantica" seit Jahren Wohnungsprostitution statt, ohne daß sich das Ordnungsamt in der Vergangenheit daran gestört habe. Schließlich müsse das Bauordnungsamt vorrangig die Mieterinnen in Anspruch nehmen.

II.

Ich bin als untere Bauaufsichtsbehörde gemäß § 67 Abs. 1 Satz 1 LBO sachlich und nach § 67 Abs. 2 LBO örtlich für die Untersagung der Nutzung Ihres o.g. Anwesens zu Zwecken der Wohnungsprostitution zuständig.

Rechtsgrundlage für die unter Ziffer 1 des Tenors getroffene Maßnahme ist § 86 Abs. 1 Satz 3 LBO. Danach kann die Bauaufsichtsbehörde die Nutzung von baulichen Anlagen untersagen, wenn diese im Widerspruch zu öffentlich-rechtlichen Vorschriften genutzt werden.

Die tatbestandlichen Voraussetzungen dieser Bestimmung für die Untersagung der Nutzung zu Zwecken der Wohnungsprostitution sind gegeben, denn das Anwesen Ihres Mandanten wird nicht (nur) wie genehmigt zum Wohnen, sondern jedenfalls auch zu gewerblichen Zwecken genutzt. Für eine gewerbliche Nutzung gelten aber andere Vorschriften als für eine Wohnnutzung, so daß die Nutzungsänderung genehmigungspflichtig ist (s. § 69 Abs. 3 LBO). Nach der Rechtsprechung des Bundesverwaltungsgerichts (NVwZ-RR 1996, 84) stellt auch die sogenannte Wohnungsprostitution eine – regelmäßig störende – gewerbliche Nutzung dar. Eine Wohnungsprostitution in diesem Sinne liegt hier, ohne daß dies einer besonderen Begründung bedarf, weil Herr Schermer dies selbst eingeräumt hat, vor.

Ist die aufgenommene Nutzung zu Prostitutionszwecken aber formell baurechtswidrig, so braucht hier nicht näher auf die von Ihrem Mandanten aufgeworfene Frage eingegangen zu werden, ob die in seinem Anwesen betriebene Wohnungsprostitution in einem Mischgebiet zulässig ist, weil es sich um einen Gewerbebetrieb handeln soll, der das Wohnen nicht wesentlich stört (s. § 6 Abs. 1 BauNVO). Denn für den Erlaß eines Nutzungsverbotes reicht es nach der Rechtsprechung des OVG Schleswig aus, daß die beanstandete Nutzung ohne Genehmigung stattfindet (Urteil vom 2. Oktober 1996–1 L 356/95 – das Urteil ist leider nicht veröffentlicht; ebenso OVG Koblenz BauR 1997,

103; OVG Bautzen BRS 58 Nr. 203). Etwas anderes kann allenfalls dann gelten, wenn das Vorhaben offensichtlich genehmigungsfähig ist, sich die Genehmigungsfähigkeit also auf den ersten Blick aufdrängt. Dies ist hier nicht der Fall. Zwar steht der Gebietscharakter – ein Mischgebiet nach § 6 BauNVO – fest. Allerdings genügt die Wohnungsprostitution nicht den Anforderungen des § 13 BauNVO, da es sich nicht um eine freiberufliche Tätigkeit im Sinne der genannten Vorschrift handelt. Darüber hinaus ist im einzelnen zu prüfen, ob ein störender Gewerbebetrieb vorliegt. Eine offensichtliche Genehmigungsfähigkeit ist damit nicht gegeben. Ihrem Mandanten steht es aber frei, beim Bauordnungsamt einen Antrag auf Erteilung einer Nutzungsänderungsgenehmigung zu stellen.

Die Entscheidung über den Erlaß einer Nutzungsuntersagungsverfügung steht gemäß § 86 Abs. 1 Satz 3 LBO im pflichtgemäßen Ermessen der zuständigen Behörde. Diese hat ihr Ermessen entsprechend dem Zweck der Ermächtigung auszuüben und die gesetzlichen Grenzen des Ermessens einzuhalten. Es ist daher u.a. unter Beachtung des Grundsatzes der Effektivität der Gefahrenabwehr sowie des Verhältnismäßigkeitsprinzips und des Grundsatzes des Vertrauensschutzes zu prüfen, ob die angeordnete Maßnahme geboten ist.

Unter Beachtung dieser Prinzipien waren folgende Ermessenserwägungen für den Erlaß der Nutzungsuntersagung ausschlaggebend:

Zwar sind hier mehrere Störer für die baurechtswidrige Nutzung verantwortlich. Neben Herrn Schermer als Zustandsstörer sind die beiden Damen, die die Räume angemietet haben, Verhaltensstörerinnen. Damit stellt sich die Frage nach der Auswahl des in Anspruch zu nehmenden Störers. Die Entscheidung hierüber trifft die Behörde ebenfalls nach pflichtgemäßen Ermessen. Sie ist prinzipiell befugt, entweder alle oder einzelne Störer oder nur einen einzelnen Verantwortlichen heranzuziehen. Gesetzliche Richtschnur für die fehlerfreie Ausübung des Auswahlermessens muß beim Zusammentreffen von Verhaltens- und Zustandsstörer der Gesichtspunkt der schnellen und wirksamen Gefahrenbeseitigung sein. Aufgrund dessen kann der Zustandsstörer vor dem Verhaltensstörer in Anspruch zu nehmen sein.

Gemessen hieran haben wir uns dafür entschieden, gegen Herrn Schermer vorzugehen. Denn er ist als Eigentümer des Anwesens rechtlich und tatsächlich in der Lage, auf die Nutzung seines Eigentums Einfluß zu nehmen. Eine Heranziehung der beiden Damen – ein zusätzliches Vorgehen gegen diese halten wir uns im übrigen ausdrücklich offen – erweist sich unter Effektivitätsgesichtspunkten im Rahmen der Gefahrenabwehr als eher unzweckmäßig, weil damit die tatsächliche Nutzung des Anwesens zu Zwecken der Prostitutionsausübung nicht dauerhaft verhindert und durch ein bloßes Auswechseln der dort tätigen Damen fortgesetzt werden könnte.

Die Nutzungsuntersagung widerspricht auch nicht den Grundsätzen der Gleichbehandlung. Das etwa einhundert Meter entfernt gelegene Gebäude der Villa „Romantica" befindet sich als Hinteranwesen abseits der Straße und weist keine unmittelbare Nachbarschaft auf. Zudem ist das Anwesen von seiner äußeren Aufmachung her eher unauffällig. Es verfügt auch über eigene Parkplätze hinter dem Gebäude. Schließlich existiert dieser Betrieb mehr als 7 Jahre, ohne daß es in dieser Zeit nach unseren Erkenntnissen auch nur zur geringsten Störung gegenüber der Nachbarschaft bzw. zu Beschwerden aus dieser gekommen wäre. Diese signifikanten Unterschiede zu dem Anwesen Ihres Mandanten – dieses verfügt nur über einen Stellplatz, die Fenster im Obergeschoß sind rot beleuchtet und mit der Aufschrift „House of love" versehen, die unmittelbaren Nachbarn haben sich in den vergangenen zwei Monaten mehrfach beschwert – rechtfertigen es, gegen Herrn Schermer das in Ziffer 1 des Tenors ausgesprochene Nutzungsverbot zu treffen.

Die Anordnung der sofortigen Vollziehung in Ziffer 2 des Tenors beruht auf § 80 Abs. 2 Satz 1 Nr. 4 VwGO. Für die sofortige Vollziehung der Nutzungsuntersagung ist ein besonderes öffentliches Interesse gegeben, das über jenes Interesse hinausgeht, das den

Verwaltungsakt selbst rechtfertigt. Ein privates Interesse, von dem Sofortvollzug des Nutzungsverbots einstweilen verschont zu bleiben, steht Herrn Schermer nicht zur Seite. Dagegen steht die Beachtung des formellen Baurechts und der vorherigen Genehmigung vor Aufnahme einer Nutzung im öffentlichen Interesse. Die Hinnahme einer ungenehmigten Nutzung bis zu einer unanfechtbaren Entscheidung über ihre Rechtmäßigkeit würde das Baugenehmigungsverfahren und die mit ihm verbundene Kontrolle unterlaufen. Diesem öffentlichen Interesse kann nur durch die sofortige Vollziehung des Nutzungsverbots Geltung verschafft werden. Herr Schermer kann sich auch nicht auf Umstände wie langjährige Duldung oder sonstige Vertrauensgesichtspunkte berufen, die einer sofortigen Vollziehung im Einzelfall entgegenstehen könnten.

Die Androhung des Zwangsgeldes stützt sich auf § 236 LVwG. Eine Ersatzvornahme kommt hier nicht in Betracht, da Herr Schermer nicht eine Handlung vorzunehmen hat. Bei der in das Ermessen der Behörde gestellten Bemessung der Höhe des angedrohten Zwangsgeldes habe ich auf die Wichtigkeit des ordnungsbehördlichen Zwecks abgestellt, aber auch die wirtschaftliche Lage Ihres Mandanten berücksichtigt. Ein Betrag von 3.000.- DM erscheint mir als erforderlich, aber auch als angemessen, um Herrn Schermer anzuhalten, die unter Ziffer 1 des Bescheidtenors angeordnete Nutzungsuntersagung zu beachten. Nach § 236 Abs. 2 Satz 2 LVwG brauchte eine Frist nicht bestimmt zu werden, da eine Unterlassung erzwungen werden soll.

Die Kostenentscheidung folgt aus §§ 1, 2 VwKG i.V.m. Ziffer 8 der Anlage 1 zu § 1 BauGebVO.

Rechtsbehelfsbelehrung: Widerspruch gemäß § 68 VwGO

Im Auftrag
Veth"

Fünfter Teil: Das öffentlich-rechtliche Gutachten

## § 49 Grundsätzliches

Einen besonderen Klausurtypus stellt das öffentlich-rechtliche Gutachten dar, das unterschiedliche Fragestellungen zum Gegenstand haben kann und – je nach Perspektive – zusätzlich einen konkreten Handlungs- oder Entscheidungsvorschlag erfordert. Besonderes Augenmerk ist deshalb auf die konkrete Aufgabenstellung zu richten.

Hier einige typische Beispiele[841]:

„Zur Vorbereitung der Entscheidung des Verwaltungsgerichts ist ein Gutachten (mit/ohne Sachbericht) zu den prozessualen und materiell-rechtlichen Fragen des Falles zu erstatten. Der Tenor der gerichtlichen Entscheidung ist zu entwerfen. Es ist auf alle aufgeworfenen Rechtsfragen – gegebenenfalls in einem Hilfsgutachten – einzugehen".

„In einem Gutachten sind die Erfolgsaussichten des Widerspruchs zu prüfen".

„Die zuständige Abteilungsleiterin, Frau Dr. Menges, übergibt dem ihr zugewiesenen Rechtsreferendar Rudolf die gesamten Verwaltungsvorgänge mit der Bitte, die darin aufgeworfenen Rechtsfragen bis zum nächsten Besprechungstermin am 25. Juni 2000 gutachtlich zu klären. Fertigen Sie das Gutachten des Referendars Rudolf".

„Zur Vorbereitung der von der Aufsichtsbehörde zu treffenden Maßnahmen sollen Sie die angesprochenen materiellen Rechtsfragen gutachtlich untersuchen. Hierbei sollen Sie insbesondere auf folgende Fragen eingehen: ... Legen Sie dar, welche förmlichen aufsichtlichen Schritte in Betracht kommen. Führen Sie aus, ob und auf welche Weise die F-Fraktion mit Aussicht auf Erfolg eigene Rechte wegen ... gerichtlich verfolgen kann".

Zuerst sollten Sie sich den Sinn und Zweck des Gutachtens im Assessorexamen vergegenwärtigen. Während die Urteilsbegründung der Rechtfertigung des getroffenen Judikats gegenüber den Betroffenen dient, ist es Aufgabe des Gutachtens, als Beratungs- und Entscheidungsgrundlage für eine noch zu treffende Entscheidung zu dienen. Es muß auch dann als Arbeitsgrundlage geeignet bleiben, wenn die Adressaten des Gutachtens – in der Praxis sind dies in der Regel die Kammerkollegen am Gericht oder der Vorgesetzte in einer Behörde – in einzelnen Rechtsfragen oder hinsichtlich des Schwerpunkts der Entscheidung anderer Auffassung sind. Daher sind alle Gesichtspunkte zu erörtern, die für die Entscheidung erheblich sein könnten; ferner dürfen erheblich weniger Fragen dahingestellt bleiben als beim Urteil[842]. Der Leser muß sich an-

---

[841] Nicht erörtert wird hier das Anwaltsgutachten. Hierauf wird gesondert unter Rdnr. 499 f. eingegangen.
[842] *Klein/Czajka*, Seite 6.

hand des Gutachtens eine eigene Meinung zu dem Streitfall bilden können. Mögliche Einwände gegen den Vorschlag und die Begründung sind mit dem Ziel abzuhandeln, den Leser in den Stand zu setzen, sie selbst auf ihre Stichhaltigkeit zu überprüfen. Dieser muß die im einzelnen erforderlichen gedanklichen Schritte kritisch nachvollziehen und gegebenenfalls auch zu einer anderen Auffassung gelangen können[843].

469 Da Ihnen der Stil eines Gutachtens vom Studium her vertraut ist, sollte es Ihnen keine Probleme bereiten, mit diesem auch im Assessorexamen zurecht zu kommen. Vom Grundsatz her gelten die gleichen Regeln. Der Gutachtenstil darf aber nicht Selbstzweck sein. Vermeiden Sie übertriebenen Gutachtenstil. Verwenden Sie sparsam Formulierungen wie „Es ist zu prüfen" oder „Fraglich könnte sein", denn dadurch wirkt das Gutachten schwerfällig. Eine Arbeit wird nicht schon dadurch den Ansprüchen der Logik und des Gutachtenstils gerecht, daß diese Begriffe permanent wiederholt werden. Variieren Sie zwischen Gutachten- und Urteilsstil. Da Sie Ihre Fähigkeit, Wesentliches von Unwesentlichem zu trennen, in der Prüfungsarbeit unter Beweis stellen sollen, beschränken Sie den Gutachtenstil auf die zentralen Problemkreise der Aufgabe. Selbstverständlichkeiten brauchen nicht näher begründet zu werden. Unproblematische Prüfungspunkte können und sollten wegen der knapp bemessenen Bearbeitungszeit kurz im Urteilsstil abgehandelt werden[844]. Wählen Sie eine klare und leicht verständliche Sprache.

470 Ein Formulierungsbeispiel für eine Zulässigkeitsprüfung im Urteil:

„Der Verwaltungsrechtsweg nach § 40 Abs. 1 VwGO ist gegeben. Bei Anwendung des Bundesimmissionsschutzgesetzes liegt eine öffentlich-rechtliche Streitigkeit nichtverfassungsrechtlicher Art vor.

Richtige Klageart zur Geltendmachung eines Anspruchs auf Erlaß eines Verwaltungsakts gegen einen Dritten ist die Verpflichtungsklage nach § 42 Abs. 1 VwGO.

Da das Landratsamt über den Widerspruch des Klägers sachlich nicht entschieden hat, könnte die Verpflichtungsklage hier in Form der Untätigkeitsklage gemäß § 75 VwGO zulässig sein. Voraussetzung hierfür wäre, daß seit Erhebung des Widerspruchs durch den Kläger mehr als drei Monate vergangen sind. Der Widerspruch ging beim Landratsamt am 08. März 2000 ein. Die Klageerhebung erfolgte am 16. Mai 2000. Damit wäre die Drei-Monats-Frist nicht eingehalten. Entscheidend ist aber der Zeitpunkt der mündlichen Verhandlung des Verwaltungsgerichts. Diese war hier am 23. August 2000. Danach ist die Drei-Monats-Frist gewahrt.

Der Kläger müßte nach § 42 Abs. 2 VwGO klagebefugt sein. Er begehrt, den Beklagten zu immissionsschutzrechtlichem Einschreiten gegen die Beigeladene zu verpflichten. Die Anspruchsgrundlage hierfür könnte § 25 Abs. 2 BImSchG sein. Danach ... Dieser Vorschrift müßte nachbarschützende Wirkung zukommen ... Im Ergebnis ist der Kläger daher klagebefugt".

---

[843] *Ramsauer*, Rdnr. 3.01.
[844] *Pietzner/Ronellenfitsch*, § 1 Rdnr. 8; *Brühl*, JuS 1994, 56, 153.

Nach diesem Schema – Unproblematisches kurz im Urteilsstil, Erörterungsbedürftiges im Gutachtenstil – verfahren Sie unabhängig von der konkreten Fragestellung.

## § 50 Der Aufbau des öffentlich-rechtlichen Gutachtens

Ist nach dem Bearbeitervermerk zunächst ein Sachbericht zu fertigen, so orientieren Sie sich an den Grundsätzen, die für das Abfassen des Tatbestands eines Urteils gelten. Ordnen Sie das Faktenmaterial und reduzieren Sie es auf das Wesentliche.

Wird nach dem Bearbeitervermerk ausschließlich die gutachtliche Abhandlung bestimmter konkreter Fragestellungen verlangt (z.B.: „*Erging der Ordnungsruf des Bürgermeisters B gegen das Ratsmitglied R zu Recht?*" oder „*Ist der Bebauungsplan ordnungsgemäß ausgefertigt worden?*"), so ist der Umfang der Aufgabenstellung teilweise schwierig zu bestimmen. Der Schwerpunkt der Bearbeitung muß in einem derartigen Fall auf der Fertigung eines Rechtsgutachtens anhand der einschlägigen Vorschriften liegen. Es empfiehlt sich aber jedenfalls dann, zusätzlich auch mögliche Rechtsmittel gegen belastende Entscheidungen kurz darzustellen, wenn die Absicht einer Anfechtung aufgrund der Person des Fragestellers besonders naheliegt, es sich zum Beispiel um einen vom Ordnungsruf betroffenen Zuhörer, oder einen Grundstückseigentümer im Geltungsbereich des Bebauungsplans handelt.

Sollen Sie die Erfolgsaussichten eines Widerspruchs/einer Klage gutachtlich prüfen, halten Sie sich an das Aufbauschema eines verwaltungsgerichtlichen Urteils. Gehen Sie nur auf problematische Punkte ausführlich ein.

Da im Verwaltungsprozeß der Amtsermittlungsgrundsatz (§ 86 Abs. 1 VwGO) gilt, findet eine Schlüssigkeitsprüfung der Klage im Rahmen der Begründetheit nicht statt. Eine Frage der Praktikabilität und der allgemeinen Aufbaugrundsätze ist es, ob Sie im öffentlich-rechtlichen Gutachten die Darlegungs- und Beweisstation trennen[845]. Üblich ist es, die vorhandenen Beweise an der Stelle im Gutachten zu würdigen, an der es materiell es auf sie ankommt.

Aufgrund der Funktion des Gutachtens als Entscheidungsvorschlag haben Sie auch Fragen zu erörtern, auf die es nach Ihrer Lösung an sich nicht mehr ankommt. Überprüfen Sie den angefochtenen VA daher auf alle in Betracht kommenden formellen und materiellen Fehler. Haben Sie z.B. die Rechtswidrigkeit eines Abschleppkostenbescheids gegen den Halter des Fahrzeugs damit begründet, der Pkw sei nicht verkehrswidrig

---

[845] Ausführlich hierzu *Klein/Czajka*, Seite 11 f.

geparkt gewesen, so sollten Sie auch darauf eingehen, wenn die Behörde von ihrem Auswahlermessen fehlerhaft Gebrauch gemacht hat. Stützen Sie Ihre gutachterliche Bearbeitung auf mehrere tragende Gründe, um so überzeugender ist Ihre Lösung[846]. Kommen für den angefochtenen VA oder den von dem Kläger gegenüber der Behörde begehrten Anspruch mehrere Rechtsgrundlagen in Betracht, so handeln Sie alle potentiellen Ermächtigungsgrundlagen ab. Meist ist es sinnvoll, die einschlägige Vorschrift zuletzt zu prüfen[847].

473   Rechtmäßigkeitsvoraussetzungen mit logischem Vorrang[848] dürfen im Gutachten – im Unterschied zum Urteil[849] – nicht dahingestellt bleiben[850]. Dies bedeutet in dem oben genannten Beispiel, daß Sie die Rechtswidrigkeit des Kostenbescheids nicht allein damit begründen dürfen, die Behörde habe von ihrem Auswahlermessen fehlerhaft Gebrauch gemacht. Sie müssen vielmehr zwingend vorrangig prüfen, ob der Abschleppvorgang seinerseits rechtswidrig war. Ebenso wie im Urteil können Sie im Gutachten dagegen Fragen logischen Vorrangs innerhalb einer Rechtmäßigkeitsvoraussetzung dahingestellt sein lassen, wenn sich die nachfolgende Frage mit einfacherer Gedankenführung und anerkannten Rechtsargumenten begründen läßt[851]. Das gilt insbesondere dann, wenn die Klärung einer einzelnen Tatbestandsvoraussetzung der anzuwendenden Norm eine zeit- und kostenaufwendige Beweisaufnahme erfordern würde, auf deren Ergebnis es aber nicht ankommt, weil eine weitere Voraussetzung jedenfalls nicht gegeben ist. Dementsprechend sollte die Zuordnung eines Grundstücks zum Innen- oder Außenbereich offengelassen werden, wenn das streitgegenständliche Bauvorhaben unabhängig von der Anwendbarkeit des § 34 oder § 35 BauGB jedenfalls gegen das Gebot der Rücksichtnahme verstößt. Soweit weder prozessuale noch logische Vorrangregeln eingreifen, richtet sich die Reihenfolge nach allgemeinen Zweckmäßigkeitserwägungen[852]. Die gutachtliche Prüfungsreihenfolge richtet sich in diesen Fällen nach Gesichtspunkten der Darstellungstechnik, der Schwerpunktsetzung und der Verständlichkeit.

Hilfserwägungen für den Fall, daß der Leser Ihrer vorgeschlagenen Lösung nicht folgt, würden an sich der Funktion des praktischen Gutach-

---

[846] Entsprechend verfahren auch immer wieder die VGe in ihren Entscheidungen.
[847] *Ramsauer*, Rdnr. 3.14.
[848] Ein logischer Vorrang liegt vor, wenn eine Tatbestandsvoraussetzung eine andere denknotwendig voraussetzt (*Ramsauer*, Rdnr. 3.18).
[849] Hier können Rechtmäßigkeitsvoraussetzungen mit logischem Vorrang offen bleiben, wenn die nachrangige Rechtmäßigkeitsvoraussetzung überzeugender und einfacher zu begründen ist.
[850] *Klein/Czajka*, Seite 7.
[851] *Klein/Czajka*, Seite 8.
[852] *Ramsauer*, Rdnr. 3.19.

tens entsprechen, sind aber in Prüfungsarbeiten nicht üblich[853]. Die Justizprüfungsämter erwarten, daß sich die Referendare für ein Ergebnis entscheiden und nicht Lösungen mit unterschiedlichen Endergebnissen anbieten[854]. Gleiches gilt, wenn es zu einer bestimmten Rechtsfrage verschiedene Auffassungen gibt. In diesem Fall müssen Sie sich mit den Meinungen auseinandersetzen und sich für eine entscheiden. Eine Streitfrage können Sie aber – ebenso wie im Urteil – dahingestellt sein lassen, wenn es auf ihre Beantwortung nicht ankommt. Eine Alternativlösung sollten Sie nur dann anbieten, wenn der Bearbeitervermerk dies ausdrücklich vorsieht[855].

Das Gutachten endet mit dem Entscheidungsvorschlag, der auch einen Ausspruch über die Kostentragungspflicht sowie gegebenenfalls die vorläufige Vollstreckbarkeit enthalten muß.

## § 51 Das Hilfsgutachten

Unabhängig davon, ob Sie in Ihrer Prüfungsarbeit ein Urteil, einen Beschluß oder ein Gutachten zu fertigen haben, kann die Situation eintreten, daß Sie bei Ihrer Lösung nicht auf alle im Aufgabentext aufgeworfene Fragen eingegangen sind. Im Bearbeitervermerk findet sich meist der Hinweis, daß die angesprochenen Rechtsfragen, sofern sie für die Hauptentscheidung nicht von Bedeutung waren, gegebenenfalls in einem Hilfsgutachten zu erörtern sind. Unter den Referendaren besteht oft Unklarheit[856], was in einem Hilfsgutachten im einzelnen erörtert werden muß. Was ist z.B., wenn der Kläger Wiedereinsetzung in den vorigen Stand beantragt hat, es hierauf in Ihrer Lösung aber nicht ankommt, weil die Klagefrist wegen fehlerhafter Rechtsbehelfsbelehrung noch nicht abgelaufen war? Müssen Sie in einem Hilfsgutachten alternative Lösungen von Rechtsfragen erörtern, wenn Sie sich in der Hauptentscheidung für eine bestimmte Rechtsauffassung entschieden haben? Haben Sie bei angenommener Unzulässigkeit der Klage noch weitere Sachurteilsvoraussetzungen der Klage im Hilfsgutachten zu prüfen, wenn der Bearbeitervermerk nur davon spricht, im Falle der Unzulässigkeit der Klage sei die Begründetheit im Rahmen eines Hilfsgutachtens zu erörtern? Die Beantwortung solcher Fragen ist nicht immer einfach und hängt unter Umständen sogar

474

---

[853] *Ramsauer*, Rdnr. 3.12.
[854] So wäre es unzulässig, im Gutachten die Frage offen zu lassen, ob die Aufhebung eines VA als Widerruf oder Rücknahme zu behandeln ist, und den Fall für beide Alternativen durchzuprüfen.
[855] *Ramsauer*, Rdnr. 3.12.
[856] Und nicht nur unter Referendaren; s. hierzu *Schwabe*, Jura 1996, 533.

von dem jeweiligen Geschmack des Korrektors ab. Auf folgende Leitlinien sollten Sie sich aber verlassen können:

**475** Aus dem Bearbeitervermerk, der das Hilfsgutachten ausdrücklich erwähnt, ist nicht zu schließen, die im Aufgabentext angesprochenen Rechtsprobleme könnten nicht alle in der Hauptentscheidung abgehandelt werden. Der Vermerk ist nur ein Problemhinweis, kein vorweggenommenes Ergebnis[857]. Fehlt ein entsprechender Vermerk, so bedeutet dies umgekehrt nicht, daß ein Hilfsgutachten ausscheidet. Denn es ist eine „allgemein anerkannte und deshalb selbstverständliche Regel der juristischen Fallbearbeitung", daß z.b. die Begründetheit einer Klage in einem Hilfsgutachten zu prüfen ist, falls ihre Zulässigkeit verneint wird[858].

Für die Frage, was im einzelnen im Hilfsgutachten angesprochen werden muß, ist in erster Linie die Fallfrage entscheidend. Lautet der Bearbeitervermerk, es sei auf alle aufgeworfenen Rechtsfragen einzugehen, so haben Sie im Hilfsgutachten – neben der Erörterung der Begründetheit der Klage – auch weitere Sachurteilsvoraussetzungen der Klage zu prüfen, wenn Sie die Unzulässigkeit der Klage aus anderen Gründen bejaht haben. Ebenso ist in dem oben genannten Beispiel die Frage, ob dem Kläger bei unterstellter Verfristung der Klage Wiedereinsetzung in den vorigen Stand zu gewähren gewesen wäre, im Hilfsgutachten zu beantworten.

Liegt eine Klageänderung nach § 91 VwGO vor, deren Sachdienlichkeit das Gericht verneint hat, ist im Hilfsgutachten kurz zu prüfen, ob bei statthafter Klageänderung die geänderte Klage zulässig und begründet wäre[859].

Ein Hilfsgutachten ist ferner angebracht, wenn der Gutachter eine vom Gericht durchgeführte Beweisaufnahme für seinen Entscheidungsvorschlag als entbehrlich ansieht[860].

Nicht in ein Hilfsgutachten, sondern in den Text der Entscheidung gehören aber zusätzliche Begründungen, Hilfsbegründungen und das sog. Offenlassen von Fragen[861].

---

[857] *Schnapp*, JuS 1998, 420, 421.
[858] *OVG Münster*, NWVBl 1996, 96.
[859] *Ramsauer*, Rdnr. 3.24.
[860] *Klein/Czajka*, Seite 14.
[861] Ausführlich dazu *Schnapp*, JuS 1998, 420, 421 (der Beitrag bezieht sich allerdings auf das Referendarexamen).

# Sechster Teil: Die öffentlich-rechtliche Anwaltsklausur

## § 52 Allgemeines

Klausuren mit rechtsgestaltendem Inhalt sind in den Prüfungsordnungen zahlreicher Bundesländer ausdrücklich als Prüfungsgegenstand vorgesehen[862]. Aber auch in Bundesländern, die über keine solche gesetzliche Regelung verfügen, werden verstärkt „Anwaltsklausuren" gestellt. Denkbar sind folgende Varianten: Gutachten zu den Erfolgsaussichten eines Widerspruchs bzw. einer Klage, Entwurf eines Mandantenschreibens; Verfassen eines Widerspruchs, einer Klageschrift oder eines Antrags auf Gewährung vorläufigen Rechtsschutzes. Achten Sie auf die genaue Fragestellung im Bearbeitervermerk. Einige typische Beispiele:

„D beauftragt R, gegen die Verfügung des Landratsamtes Emmendingen sowie gegen den Widerspruchsbescheid des Regierungspräsidiums Freiburg Klage zu erheben. Entwerfen Sie den Schriftsatz des R".

„A beauftragt Rechtsanwalt R in einem umfassenden Gutachten zu prüfen, welche geeigneten rechtlichen Schritte gegen die Vorgehensweise der Stadt Leipzig möglich sind. Das Gutachten soll auch Überlegungen zur Zweckmäßigkeit des Vorgehens enthalten. Dem Gutachten ist eine Sachverhaltsschilderung voranzustellen, die den Anforderungen des § 117 Abs. 3 VwGO entspricht".

„C bittet Rechtsanwalt R, in einem Gutachten zu folgenden Punkten Stellung zu nehmen: … Sollte ein gerichtliches Vorgehen erfolgversprechend sein, soll R einen entsprechenden Antrag formulieren".

„Das Verwaltungsgericht hat die Klage des F abgewiesen. F bittet Rechtsanwältin R hiergegen Rechtsmittel zu erheben. Verfassen Sie die Rechtsmittelschrift".

Auch wenn Sie sich in Ihrer Referendarausbildung noch nicht sehr intensiv mit diesem Klausurtyp beschäftigt haben, besteht kein Anlaß zur Panik. Die Anwaltsklausur unterscheidet sich nicht wesentlich von den anderen Ihnen bekannten Klausurtypen. Der Aufgabentext besteht in der Regel aus einem Aktenvermerk des Anwalts über ein Mandantengespräch, dem alle relevanten Bescheide, sonstige behördliche Verfahrensvorgänge, Schreiben des Mandanten etc. beigefügt sind.

Machen Sie sich die Rolle des Rechtsanwalts im Gefüge der Rechtspflege und in seiner Beziehung zu seinem Mandanten bewußt. Nach § 1 BRAO ist der Rechtsanwalt zwar ein unabhängiges Organ der Rechts-

---

[862] Vgl. z.B. § 48 Abs. 2 Satz 2 ThürJAPO; § 35 Abs. 2 Satz 2 NWJAO; § 39 Abs. 3 BadWürttJaPrO.

pflege, er ist aber auch Interessenvertreter seines Mandanten. Seine Aufgabe ist es daher, den Mandanten bestmöglich zu beraten und bei der Wahrnehmung seiner Interessen zu vertreten. Zu Ihrer Aufgabe als Referendar, der in die Rolle des Anwalts eintritt, gehört folglich, daß Sie nach Maßgabe der jeweiligen Aufgabenstellung die Sach- und Rechtslage eingehend prüfen und dementsprechend Handlungsalternativen für den Mandanten erarbeiten und formulieren.

**478** Zu den wesentlichen Arbeiten des Anwalts gehören zunächst die exakte Aufklärung des Sachverhalts und die Analyse der Interessenlage des Mandanten. Es wäre ein Mißverständnis zu glauben, die Amtsermittlungspflicht der Behörde nach § 24 VwVfG oder des VG nach § 86 VwGO entbinde den Anwalt von einer sorgfältigen Ermittlung des Sachverhalts[863]. Nach §§ 26 Abs. 2 VwVfG, 82 Abs. 1 Satz 3, 87 Abs. 1 Nr. 2 VwGO sollen die Beteiligten eines Verwaltungs- bzw. Gerichtsverfahrens bei der Ermittlung des Sachverhalts mitwirken und insbesondere ihnen bekannte Tatsachen und Beweismittel angeben. Das Gericht ist nicht verpflichtet, über den Sachvortrag der Beteiligten und sich aufdrängende Probleme hinaus den Sachverhalt zu erforschen[864].

In der Praxis beginnt daher die Tätigkeit eines Anwalts nach der Beauftragung durch seinen Mandanten damit, den zu lösenden Fall sorgfältig vorzubereiten. Dies geschieht in der Regel durch das persönliche Informationsgespräch mit dem Mandanten sowie das Studium des vorhandenen Aktenmaterials. Verfügt der Mandant hierüber nicht bzw. nur unvollständig, so kann der Anwalt in die Behörden- bzw. Gerichtsakten Einsicht nehmen (§§ 29 VwVfG, 100 VwGO). Ziel dieses Vorgehens ist es, einen Eindruck über die anstehenden tatsächlichen und rechtlichen Probleme des Falles zu erhalten. Im Unterschied zur täglichen Arbeit eines Rechtsanwaltes sind Sie in der Klausur allein auf den Aufgabentext angewiesen, so daß eine weitere Aufklärung des Sachverhalts ausscheidet. Im Bearbeitervermerk heißt es hierzu gewöhnlich: *„Es ist davon auszugehen, daß eine weitere Aufklärung des Sachverhalts durch den Rechtsanwalt nicht möglich ist."* Sie sind also allein auf die im Klausurtext enthaltenen Angaben des Mandanten, abgedruckten Bescheide, Aktenvermerke etc. angewiesen. Bei der Würdigung des Tatsachenmaterials dürfen Sie in der Rolle des Anwalts grundsätzlich von der Richtigkeit tatsächlicher Informationen des Mandanten ausgehen[865].

Der Anwalt muß das Rechtsschutzziel seines Mandanten ermitteln. Da Verwaltungs- bzw. Verwaltungsgerichtsverfahrens immer der Durchsetzung subjektiver Rechte, nicht aber einem öffentlichen Interesse dienen,

---

[863] *Wahrendorf/Lemke*, JA 1997, 788, 791.
[864] Ausführlich zur Mitwirkungslast der Beteiligten im Verwaltungsprozeß *Köhler-Rott*, BayVBl 1999, 711.
[865] *Wahrendorf/Lemke/Lemke*, Fall 6 Seite 80.

§ 53 Entwurf einer Klageschrift

muß daher die Antrags-, Widerspruchs- bzw. Klagebefugnis im Mittelpunkt der anwaltlichen Prüfung stehen. In der Regel läßt sich das Begehren des Mandanten wie folgt umschreiben: Er wendet sich gegen einen ihn belastenden VA oder benötigt anwaltlichen Rat wegen der Anfechtung einer ihm erteilten Genehmigung durch einen Dritten; er begehrt eine Genehmigung bzw. Leistung von der öffentlichen Hand; er wehrt sich gegen eine Genehmigung, die einem Dritten von der öffentlichen Hand erteilt wurde.

Unabhängig davon, ob Sie in der Prüfungsarbeit ein Gutachten, ein Mandantenschreiben oder eine Klageschrift entwerfen sollen, muß die Arbeit gewöhnlich eine Sachverhaltsdarstellung entsprechend § 117 Abs. 3 VwGO enthalten[866]. In einigen Bundesländern ist der Sachbericht häufig erlassen[867]. Das Herzstück der Anwaltsklausur ist aber wie bei allen anderen Klausurtypen die rechtliche Würdigung. Wie diese in den verschiedenen Aufgabenstellungen formal eingekleidet werden kann, sollen nachfolgende Beispiele mit Erläuterungen verdeutlichen.

479

## § 53 Entwurf einer Klageschrift

Ist in der Aufgabenstellung der Entwurf einer Klageschrift verlangt, spricht vieles dafür, daß – jedenfalls nach einem vertretbaren Lösungsweg – eine Klage Erfolgsaussichten hat. Die Klageschrift besteht aus dem Eingangsteil, der weitgehend einem gerichtlichen Rubrum gleicht sowie der Begründung des Klagebegehrens. Das Klageziel ergibt sich regelmäßig aus dem Bearbeitervermerk und dem Sachvortrag des Mandanten.

480

### I. Der Eingangsteil

Die Form des „Kopfes" einer Klageschrift ist nicht vorgeschrieben, sie lehnt sich aber erkennbar an die gebräuchliche Gestaltung des Rubrums in der schriftlichen Fassung des am Ende der Instanz ergehenden Urteils an[868].
Der Eingangsteil beginnt mit der Angabe des Rechtsanwalts bzw. der Anwaltskanzlei und der Bezeichnung des VGs, an das die Klageschrift gerichtet ist. Probleme dürften sich hier kaum stellen, denn meistens wird eine Verwaltungsentscheidung angegriffen, die eine Rechtsbehelfsbelehrung unter Benennung des zuständigen Gerichtes enthält. Die sachliche

481

---

[866] *Wahrendorf/Lemke*, JA 1997, 788, 792.
[867] Z.B. Bayern.
[868] *Martens*, § 1 Rdnr. 10.

Zuständigkeit des VG ist in § 45 VwGO, die örtliche Zuständigkeit in § 52 VwGO geregelt.

Danach folgt die Überschrift „Klage" und anschließend die Angabe der Beteiligten, des Betreffs und des Antrags. Nach § 82 Abs. 1 VwGO muß die Klage den Kläger, den Beklagten und den Gegenstand des Klagebegehrens bezeichnen. Ferner soll die Klage einen bestimmten Antrag enthalten. Zu den Angaben über den Kläger gehört nach zutreffender Ansicht grundsätzlich auch dessen Anschrift[869].

482 In bezug auf den Beklagten bestimmt § 78 Abs. 1 Nr. 1 2. HS VwGO zwar, daß die Angabe der Behörde, die den VA erlassen hat, ausreicht. Diese Vorschrift enthebt insbesondere wegen der Existenz „janusköpfiger" Behörden, die sowohl als Staatsbehörde als auch als Behörde einer Körperschaft handeln können, den Kläger von der Notwendigkeit, das Handeln der Behörde richtig einordnen zu müssen, und damit des Risikos, den falschen Beklagten zu benennen. Von einem Rechtsanwalt und im Assessorexamen von Ihnen wird aber auf jeden Fall die Angabe des richtigen Beklagten erwartet. Achten Sie also darauf, ob in dem Bundesland, in dem Sie Ihre Prüfung ablegen, das Rechtsträger- oder das Behördenprinzip gilt. Auch sollten Sie mit den Vertretungsregelungen vertraut sein. Unter Umständen ergibt sich der richtige Beklagte aus der im Klausurtext enthaltenen Rechtsbehelfsbelehrung.

Die Angabe eines im Laufe des Verfahrens Beizuladenden (z.B. Bauherr bei der Nachbarklage) ist fakultativ; der „gute" Anwalt wird ihn in jedem Fall benennen[870].

Anschließend bezeichnen Sie kurz den Streitgegenstand (z.B.: „*wegen Anfechtung eines Leistungsbescheids*").

Danach – oder je nach Formulierung davor – sollten Sie auf die Bevollmächtigung des Anwalts Bezug nehmen und darauf verweisen, daß die schriftliche Vollmacht der Klageschrift beiliegt. Aus § 67 Abs. 3 VwGO folgt nämlich die Pflicht des Anwalts, seine schriftliche Vollmacht dem Gericht vorzulegen. Es gibt hier mehrere Formulierungsmöglichkeiten etwa wie „*Namens und ausweislich beigefügter Vollmacht erhebe ich hiermit Klage*" oder „*bestelle ich mich unter Vorlage einer entsprechenden Vollmacht zum Prozeßbevollmächtigten der Klägerin und erhebe in deren Namen und Auftrag Klage.*"

483 Auch wenn § 82 Abs. 1 VwGO nur verlangt, daß die Klage einen Antrag enthalten soll, wird die Formulierung des Sachantrags im Examen erwartet. Verwenden Sie hierauf größte Sorgfalt. Die Antragstellung ist ausgehend vom Begehren des Klägers auf den späteren – erfolgreichen – Tenor auszurichten. Insbesondere bei der Verpflichtungsklage ist darauf zu achten, daß gegebenenfalls „nur" die Neubescheidung statt Verpflichtung

---

[869] S. hierzu Rdnr. 103.
[870] *Mürbe/Geiger/Wenz*, § 8 Seite 183.

zum Erlaß des begehrten VA beantragt wird. Ein teilweises Unterliegen im Prozeß zieht nämlich unweigerlich eine Kostentragungspflicht nach sich. Beziehen Sie auch Nebenforderungen vollständig in den Antrag ein (z.B. bei einer Leistungsklage). Der in Anwaltsschriftsätzen übliche weitere Antrag, dem Beklagten die Kosten des Verfahrens aufzuerlegen sowie das Urteil für vorläufig vollstreckbar zu erklären, ist dagegen entbehrlich, denn dieser Ausspruch ergeht im Urteil von Amts wegen (§ 161 Abs. 1 VwGO)[871]. Begehrt der Kläger allerdings den zusätzlichen Ausspruch, die Hinzuziehung eines Bevollmächtigten für notwendig zu erklären, so sollten Sie diesen Antrag unabhängig von der in Rechtsprechung und Literatur umstrittenen Frage, ob die Hinzuziehung eines Bevollmächtigten nur auf Antrag für notwendig erklärt wird[872], in Ihren Antrag mit aufnehmen.

Ist die Klage verfristet, sollten Sie das Wiedereinsetzungsgesuch in den Antrag aufnehmen und optisch herausstellen.

## II. Die Klagebegründung

Die Klagebegründung besteht aus der Sachverhaltsdarstellung (z.B. unter I.) und der rechtlichen Würdigung (z.B. unter II.).

### 1. Die Sachverhaltsdarstellung

Auch wenn die Darstellung des Sachverhalts letztlich dem Aufbau eines Urteilstatbestands ähnelt, sollten Sie diesen nicht unreflektiert übernehmen[873]. Hat der Mandant die für die Klage wesentlichen Fakten im Aufgabentext ungeordnet an verschiedenen Stellen vorgetragen – dies wird häufig der Fall sein –, so ordnen Sie den Sachvortrag dennoch so, daß er gut verständlich ist. Die Informationen sollen möglichst kurz, übersichtlich gegliedert und klar in der Aussage sein. Eine solche Darstellung erspart spätere Wiederholungen, die durch gezielte Verweisungen ersetzt werden können[874]. Bauen Sie die Sachverhaltsschilderung chronologisch auf und stellen Sie nur diejenigen Sachverhaltselemente dar, die für die Erreichung des angestrebten Ziels erforderlich sind[875]. Ein Einleitungssatz ist zwar nicht erforderlich, des besseren Verständnisses wegen aber auch hier sinnvoll. Verwenden Sie die Beteiligtenbezeichnungen des

---

[871] *Mürbe/Geiger/Wenz*, § 1 Seite 12 und 13 empfehlen die Aufnahme des Antrags zu den Kosten und der vorläufigen Vollstreckbarkeit in der Klausur, da er auch in der Praxis üblich ist.
[872] S. hierzu das Tenorierungsbeispiel Nr. 13, Rdnr. 38.
[873] Vgl. *Wahrendorf/Lemke*, JA 1997, 788, 792.
[874] *Martens*, § 1 Rdnr. 4.
[875] *Gross*, JuS 1999, 171, 172.

Klageverfahrens, sprechen Sie also von Kläger und Beklagtem. Einseitige Informationen des Mandanten geben Sie im Konjunktiv wieder. Rechtsausführungen sollten im Rahmen der Sachverhaltsdarstellung möglichst unterlassen werden[876].

485 Nach Möglichkeit sollten Sie zum Nachweis auf die Behördenakten und die Bescheide Bezug nehmen (z.B. *„Beweis: Beiziehung der Bauakten des Bezirksamtes Altona"*). § 82 Abs. 2 Satz 1 VwGO verlangt sogar, daß die angefochtene Verfügung und der Widerspruchsbescheid in Urschrift oder Abschrift beigefügt werden soll. Die Nichtbeachtung dieser Bestimmung ist allerdings unschädlich, da das VG die Verwaltungsakte, die der Streitigkeit vorangeht, ohnehin von Amts wegen beizieht. Zwar entbindet der Amtsermittlungsgrundsatz den Kläger grundsätzlich von der Verpflichtung, einzelne entscheidungserhebliche Tatsachen förmlich unter Beweis zu stellen. Denn das Gericht hat von sich aus die notwendigen Feststellungen zu treffen und hierzu alle vernünftigerweise zu Gebote stehenden Möglichkeiten einer Aufklärung des für die Entscheidung maßgeblichen Sachverhalts auszuschöpfen, die geeignet sein können, die für die Entscheidung erforderliche Überzeugung des Gerichts zu begründen[877]. Dennoch ist gegebenenfalls ein förmlicher Beweisantrag sinnvoll bzw. notwendig, wenn sich eine zur Sachverhaltsermittlung zur Verfügung stehende Erkenntnisquelle für das Gericht nicht aufdrängt oder es sich um Tatsachen handelt, die nur den Beteiligten bekannt sein können[878]. Die Amtsermittlungspflicht des Gerichts hat dort ihre Grenzen, wo die Mitwirkungs- bzw. Prozeßförderungspflicht der Beteiligten beginnt[879]. Das bedeutet, daß jeder Beteiligte grundsätzlich alle in seine Sphäre fallenden Ereignisse vortragen muß[880]. Ist der Sachverhalt in einem entscheidungserheblichen Punkt streitig, sind die Tatsachen aus der Sicht des Klägers so zu schildern, daß das Gericht diese Schilderung in den Beweisbeschluß übernehmen kann. Die geeigneten Beweismittel sind anzugeben (z.B. *„Beweis: Einholung eines schalltechnischen Gutachtens"*). Heben Sie die Beweisangebote zur besseren Erkennbarkeit optisch hervor, etwa durch Absätze und Einrücken im Text.

## 2. Die rechtliche Würdigung

486 An die Sachverhaltsdarstellung schließt sich die rechtliche Würdigung des Falles an. Die Ausführungen sind nach den angestrebten Rechtsfolgen zu gliedern. Halten Sie sich an das Aufbauschema eines Urteils, d.h. erör-

---

[876] Vgl. hierzu *Gross*, JuS 1999, 171, 172.
[877] *Kopp/Schenke*, § 86 Rdnr. 5 m.w.N.
[878] Vgl. *BVerwG*, DÖV 1981, 27.
[879] *Mürbe/Geiger/Wenz*, § 8 Seite 184.
[880] *BVerwG*, DÖV 1987, 744.

tern Sie zunächst die Zulässigkeit und danach die Begründetheit der Klage. Verwenden Sie auch in der Klageschrift den Urteilsstil[881]. Auch hier gilt der Grundsatz, daß die Darlegung unproblematischer Fragen zu unterbleiben hat. Ist die Klage verfristet und wird Wiedereinsetzung in den vorigen Stand beantragt, weil z.b. die zuverlässige Rechtsanwaltsgehilfin erstmals vergessen hatte, die Frist in den Kalender einzutragen, sollten Sie Bezug nehmen auf eine der Klageschrift beigefügte eidesstattliche Versicherung der Anwaltsgehilfin. Gliedern Sie Ihren Vortrag in Abschnitte, um die Übersichtlichkeit der Klageschrift zu wahren. Wenn Sie Rechtsauffassungen wiedergeben, so ist es in der Praxis sinnvoll, entsprechende Belegstellen aus Rechtsprechung und Literatur zu zitieren. In der Klausur ist dies mangels Verfügbarkeit kaum möglich, es genügt, eine bestimmte Rechtsmeinung ohne Zitat wiederzugeben. Beschränken Sie sich nicht auf den Vortrag derjenigen Umstände, die nach der von Ihnen vertretenen Auffassung der Klage zum Erfolg verhelfen sollen. Anders als beim Urteil, wo das Gericht lediglich seine eigene Rechtsmeinung darlegen und begründen muß, ist es Ihre Aufgabe als Anwalt, hilfsweise auch alle sonstigen Gesichtspunkte herauszustellen, die dem Rechtsschutzziel Ihres Mandanten förderlich sind – namentlich für den Fall, dass das Gericht der von Ihnen vertretenen Auffassung nicht folgt. Ein Beispiel:

„Die bauplanungsrechtliche Genehmigungsfähigkeit des Bauvorhabens ergibt sich aus § 35 Abs. 1 Nr. 1 BauGB. Denn bei der landwirtschaftlichen Produktionshalle, die der Kläger errichten möchte, handelt es sich um ein privilegiertes Vorhaben im Sinne dieser Vorschrift..... Sollte das Gericht diese Auffassung nicht teilen, so folgt der Genehmigungsanspruch jedenfalls aus § 35 Abs. 2 BauGB, denn dem Vorhaben stehen keine öffentlichen Belange im Sinne des § 35 Abs. 3 BauGB entgegen ..."

Kommen Sie in der Arbeit an einen Punkt, bei dem zwei (oder mehrere) unterschiedliche Rechtsauffassungen vertreten werden, so ist es nicht ratsam, die für den Kläger ungünstige Ansicht einfach zu „unterschlagen". Gehen Sie davon aus, daß auch dem Gericht entsprechende Meinungsstreite geläufig sind. Setzen Sie sich daher mit der für den Kläger ungünstigen Rechtsmeinung auseinander und legen Sie dar, warum Sie nicht diese, sondern die Ihnen günstige Gegenmeinung vertreten. Hat das angerufene *VG* oder das für das Rechtsmittel gegen die Entscheidung des *VG* zuständige *OVG* die betreffende Rechtsfrage schon im Sinne des Klägers entschieden, so können Sie sich hierauf selbstverständlich berufen und die Begründung entsprechend kurz fassen. Anders ist die Situation, wenn das *VG* in Übereinstimmung mit dem *OVG* die zu entscheidende Rechtsfrage entgegen der Rechtsansicht des Klägers beurteilt hat. In diesem Fall muß die Begründung besonders ausführlich ausfallen, d.h. der Kläger muß darlegen, daß er die gegenteilige Meinung des Gerichts kennt,

---

[881] Vgl. *Mürbe/Geiger/Wenz*, § 1 Seite 16.

diese aber nicht für zutreffend hält. Dies kann in etwa wie folgt geschehen:

„Der Kläger beruft sich primär auf die Verletzung des vom BVerwG entwickelten sog. Gebietserhaltungsanspruchs[882]. Darunter versteht man den Schutzanspruch des Nachbarn auf die Bewahrung der Gebietsart nach der BauNVO, der über das Rücksichtnahmegebot hinausgeht … Dieser Anspruch steht dem Kläger vorliegend zur Seite. Zwar liegt sein Grundstück nicht in demselben – im Bebauungsplan „C" als allgemeines Wohngebiet ausgewiesenen – Baugebiet wie das Grundstück des Beigeladenen, sondern in dem unmittelbar daran angrenzenden Dorfgebiet. Dies ist jedoch unschädlich. Der VGH Mannheim[883] hat zwar entschieden, daß der Gebietserhaltungsanspruch nicht gebietsübergreifend wirkt und dies damit begründet, … Diese Rechtsauffassung überzeugt aber letztlich nicht. Vielmehr sprechen die besseren Argumente für die in der Rechtsprechung ebenfalls vertretene Gegenmeinung[884], wonach …"

**488** Noch einige Anmerkungen zu den Besonderheiten, die je nach Klageart zu beachten sind:

Handelt es sich um eine gewöhnliche Anfechtungsklage, so reichen für die Stattgabe der Klage bereits formelle Fehler aus. Achten Sie aber auf die Unbeachtlichkeits- bzw. Heilungsvorschriften der §§ 45, 46 VwVfG. Ist Streitgegenstand ein VA, der auf der Grundlage einer Ermessensnorm ergangen ist und liegt – Ihrer Ansicht nach – ein Ermessensfehler vor, so stellen Sie dies im einzelnen dar. Eine etwaige Heilung fehlerhaften Ermessensgebrauchs gemäß § 114 Satz 2 VwGO brauchen Sie in der Klageschrift nicht zu berücksichtigen, weil ein Nachschieben von Gründen durch die Behörde erst in der Klageerwiderung in Betracht kommt und dem gegebenenfalls durch eine hierauf abgegebene Erledigungserklärung Rechnung getragen werden kann.

Hat die Klausur eine Drittanfechtung zum Gegenstand, so achten Sie darauf, daß eine Klage nur dann Erfolgsaussichten hat, wenn bei der Erteilung einer Genehmigung etc. gegen eine drittschützende Norm verstoßen wurde und Ihr Mandant zum Kreis der durch diese Norm Begünstigten gehört. Der Verstoß gegen sonstiges objektives Recht ist dagegen ohne Belang, Ausführungen hierzu in der Klageschrift sind überflüssig.

Bei der Verpflichtungsklage geht es allein um die Frage, ob dem Kläger gegen die Behörde ein materieller Anspruch zusteht. Ob die behördliche Ablehnungsentscheidung formell fehlerhaft ergangen ist, interessiert nicht, denn dies kann der Klage nicht zum Erfolg verhelfen. Da bei der Verpflichtungsklage grundsätzlich die Sach- und Rechtslage im Zeitpunkt der letzten mündlichen Verhandlung in der Tatsacheninstanz maßgeblich ist, können auch materielle Fehler des Versagungsbescheids bzw. des Widerspruchsbescheids in der Zwischenzeit unbeachtlich geworden sein.

---

[882] NJW 1994, 1546.
[883] GewArch 1997, 123.
[884] *OVG Koblenz*, Beschluß vom 31. Dezember 1997–1 B 12599/97.OVG – (nicht veröffentlicht).

Ein typisches Beispiel hierfür ist die Ablehnung einer Baugenehmigung für ein Bauvorhaben im unbeplanten Innenbereich. Sofern die Gemeinde in der Zwischenzeit eine wirksame Veränderungssperre verhängt hat, kommt es nicht mehr darauf an, ob sich das Bauvorhaben des Klägers in die nähere Umgebung im Sinne des § 34 Abs. 1 BauGB einfügt. Die Klagebegründung muß in diesem Fall darauf ausgerichtet sein, die Wirksamkeit der Veränderungssperre zu verneinen.

Legen Sie bei der Feststellungsklage ebenso wie bei der Fortsetzungsfeststellungsklage stets das „besondere Interesse" dar.

Die Klageschrift schließt mit der Unterschrift des Anwalts (vgl. § 81 VwGO). Diese braucht zwar nicht lesbar sein, muß aber einen individuellen Bezug zum Namen erkennen lassen und darf nicht ohne weiteres nachahmbar sein. Schreiben Sie den Namen des Rechtsanwaltes aus, dann spielen in der Praxis auftauchende Probleme – Handzeichen, Paraphe, bloßes Diktatzeichen, Computerfax ohne Unterschrift – in der Klausur keine Rolle.

### III. Formulierungsbeispiel einer Klageschrift[885]

„Rechtsanwalt  
Dr. Wilfried Waffenschmidt  
Lessingstraße 12 45, 10555 Berlin

Berlin-Tiergarten, 28. Juli 2000

Verwaltungsgericht Berlin  
Kirchstraße 7

10557 Berlin

Namens und im Auftrag des Herrn Norbert Nörgler, Bergstraße 42, 13591 Berlin, erhebe ich unter Beifügung einer schriftlichen Vollmacht (Anlage 1) hiermit

Klage

gegen das Land Berlin, Bezirksamt Spandau – Bau- und Wohnungsaufsichtsamt –

beizuladen: Ernst und Martina Bauer, Mittelstraße 44, 13585 Berlin

wegen Anfechtung einer Baugenehmigung.

In der anzuberaumenden mündlichen Verhandlung werde ich beantragen,

1. die den Beizuladenden erteilte Baugenehmigung des Bezirksamtes Spandau vom 03. April 2000 und den Widerspruchsbescheid der Senatsverwaltung für Bau- und Wohnungswesen vom 15. Juni 2000 aufzuheben.
2. dem Beklagten die Kosten des Verfahrens aufzuerlegen sowie die Hinzuziehung eines Rechtsanwalts für das Vorverfahren für notwendig zu erklären.

---

[885] S. auch das Muster 1 bei *Martens*, § 1 Rdnr. 16 f.

Begründung:

Der Klage liegt folgender Sachverhalt zugrunde:

Der Kläger ist Eigentümer des mit einem Wohnhaus bebauten Grundstücks FlurNr. 234/8 in Berlin-Spandau, die Beizuladenden sind Eigentümer des seitlich angrenzenden Grundstücks FlurNr. 234/9. Beide Grundstücke liegen im Geltungsbereich des am 08. März 1995 in Kraft getretenen Bebauungsplans „Bergstraße" des Bezirksamtes Spandau, der den betreffenden Bereich als „allgemeines Wohngebiet" festsetzt. Am 03. April 2000 erhielten die Beizuladenden von dem Bezirksamt Spandau eine Baugenehmigung zur Errichtung eines Lebensmittelmarktes mit einer Verkaufsfläche von 850 qm (Anlage 2). Diese Baugenehmigung wurde dem Kläger am 10. April 2000 bekanntgegeben. Der gegen die Baugenehmigung rechtzeitig eingelegte Widerspruch (Anlage 3) wurde mit Widerspruchsbescheid der Senatsverwaltung für Bau- und Wohnungswesen vom 15. Juni 2000 (Anlage 4) mit der Begründung zurückgewiesen, die Baugenehmigung sei objektiv rechtmäßig. Der Kläger werde hierdurch auch nicht in subjektiven Rechten verletzt, denn ein Verstoß gegen das allein zu prüfende Gebot der Rücksichtnahme liege mangels Unzumutbarkeit der Beeinträchtigung nicht vor.

In rechtlicher Hinsicht ist folgendes auszuführen:

Zunächst ist festzustellen, daß die Klagefrist des § 74 Abs. 1 VwGO noch nicht verstrichen ist. Der Widerspruchsbescheid vom 15. Juni 2000 einschließlich einer ordnungsgemäßen Rechtsbehelfsbelehrung wurde nämlich am 19. Juni 2000 per Postzustellungsurkunde an den Kläger persönlich zugestellt. Dies, obwohl ich[886] bereits im Vorverfahren eine schriftliche Vollmacht des Klägers vorgelegt hatte, die mich auch zur Entgegennahme von Zustellungen ermächtigte. Demgemäß hätte der Widerspruchsbescheid gemäß § 8 Abs. 1 Satz 2 VwZG an mich zugestellt werden müssen. Statt dessen wurde mir der Widerspruchsbescheid einschließlich einer ordnungsgemäßen Rechtsbehelfsbelehrung und einem ordnungsgemäßen Ausfertigungsvermerk mit Dienstsiegel am 23. Juni 2000 von der Geschäftsstelle der Senatsverwaltung für Bau- und Wohnungswesen – nachdem mich der Kläger am 21. Juni 2000 vom Inhalt und der Zustellung des Widerspruchsbescheides an ihn informiert und ich daraufhin die Zustellung moniert hatte – zweifach per Telefax in meine Kanzlei übermittelt, wobei auch ein Vordruck eines Empfangsbekenntnisses mitgefaxt wurde. Dieses habe ich – der guten Ordnung halber – unterschrieben an die Senatsverwaltung für Bau- und Wohnungswesen mit normaler Post zurückgesandt, nachdem ich als Empfangstag den 23. Juni 2000 angegeben hatte. Die dargelegte Verfahrensweise stellt keine wirksame Zustellung des Widerspruchsbescheides dar, so daß auch die Frist für die Klageerhebung nicht in Lauf gekommen ist. Die Klage ist daher nicht verfristet.

Rein hilfsweise für den Fall, daß das Gericht hier doch eine ordnungsgemäße Zustellung annehmen sollte, beantrage ich bezüglich der Klagefrist

Wiedereinsetzung in den vorigen Stand.

Meine langjährige und ansonsten stets ordnungsgemäß arbeitende Anwaltsgehilfin, Frau Ellen Fix, trug versehentlich die Frist für eine mögliche Klageerhebung nicht in den für Rechtsmittelfristen bestimmten Fristenkalender ein. Frau Fix, die aufgrund ihrer sorgfältigen Arbeitsweise von mir mit der Fristenbetreuung beauftragt ist, wurde von mir zu Beginn ihrer Tätigkeit in meiner Kanzlei ordnungsgemäß angeleitet. Es gab bisher noch nie irgendwelche Versäumnisse der Frau Fix. Bei einer routinemäßigen

---

[886] In Anwaltsschriftsätzen wird statt dessen häufig auch die Formulierung „der Unterzeichner" verwendet.

§ 53 Entwurf einer Klageschrift

Kontrolle verschiedener Akten und des Fristenkalenders am 27. Juli 2000 stellte ich die Nichteintragung der hier eventuell doch in Gang gesetzten Klagefrist fest. Ich habe dann – sicherheitshalber – sofort die vorliegende Klageschrift verfaßt. Zur Glaubhaftmachung dieses Vortrags füge ich die eidesstattliche Versicherung meiner Gehilfin, Frau Ellen Fix, bei (Anlage 5).

Zur Sache selbst ist folgendes anzumerken:
Die angefochtene Baugenehmigung verletzt den Kläger in seinen Rechten. Zwar kann dieser nicht die objektive Rechtswidrigkeit der den Beizuladenden erteilten Baugenehmigung rügen, so daß sich eine Auseinandersetzung mit den diesbezüglichen Ausführungen in dem Widerspruchsbescheid erübrigt. Die Senatsverwaltung für Bau- und Wohnungswesen ist jedoch unzutreffend davon ausgegangen, der Kläger könne sich nur auf eine mögliche Verletzung des Gebots der Rücksichtnahme berufen; ein Verstoß liege indessen nicht vor. Nach der Rechtsprechung des Bundesverwaltungsgerichts hat der Kläger vielmehr einen weitergehenden Anspruch, den sogenannten Gebietserhaltungsanspruch ...[887].

Dieser Anspruch steht dem Kläger zur Seite. Wie ausgeführt, liegen beide Grundstücke im Geltungsbereich des gültigen Bebauungsplans „Bergstraße" des Bezirksamtes Spandau, der den betreffenden Bereich als „allgemeines Wohngebiet" festsetzt.

Der Verbrauchermarkt soll nach den genehmigten Bauplänen eine Verkaufsfläche von ca. 850 qm haben. Er wäre damit schon wegen seiner Größe in einem allgemeinen Wohngebiet unzulässig, da er nicht mehr zu den der Versorgung des Gebiets dienenden Läden gehört (vgl. § 4 Abs. 2 Nr. 2 BauNVO). Denn Selbstbedienungsläden (für Lebensmittel) zählen nach der Rechtsprechung schon ab einer Verkaufsfläche von um die 700 qm nicht mehr zu den „der Versorgung des Gebiets dienenden Läden".

So z.B. BVerwG NVwZ 1987, 1076; OVG Weimar ThürVBl 1997, 41.[888]

Lebensmittelläden mit einer Verkaufsfläche wie der von den Beizuladenden zu betreibende Markt können in allgemeinen Wohngebieten auch nicht ausnahmsweise nach § 4 Abs. 3 Nr. 3 BauNVO als sonstige nicht störende Gewerbebetriebe zugelassen werden, da sie regelmäßig bereits zu den großflächigen Einzelhandelsbetrieben im Sinne des § 11 Abs. 3 S. 1 Nr. 2 BauNVO gehören, die außer in Kerngebieten nur in für sie festgesetzten Sondergebieten zulässig sind ...

Ist das Bauvorhaben der Beizuladenden somit aber gebietsunverträglich, so hat der Kläger allein aus der Gebietsfestsetzung des Bebauungsplans als „allgemeines Wohngebiet" einen Abwehranspruch.

Nur hilfsweise wird noch darauf hingewiesen, daß das Bauvorhaben der Beizuladenden entgegen den Ausführungen in dem Widerspruchsbescheid der Senatsverwaltung für Bau- und Wohnungswesen auch gegen das Gebot der Rücksichtnahme verstößt. Diesem kommt in bestimmten Fällen drittschützende Wirkung zu; es vermittelt Nachbarschutz, soweit in „qualifizierter und zugleich individualisierter Weise auf schutzwürdige Interessen eines erkennbar abgegrenzten Kreises Dritter Rücksicht zu nehmen ist".

So die ständige Rechtsprechung des Bundesverwaltungsgerichts, s. z.B. BVerwGE 52, 122, 126.

Danach nimmt der Verbrauchermarkt nicht genügend Rücksicht auf das Anwesen des Klägers, denn sämtliche Stellplätze sollen nach den Bauplänen unmittelbar vor dem Schlafzimmerfenster angeordnet werden. Die hiervon ausgehenden Emissionen sind

---

[887] Es folgen Ausführungen zu Inhalt und Umfang dieses Anspruchs.
[888] In der Klausur ist die genaue Angabe des Zitats selbstverständlich nicht möglich, so daß es genügt, z.B. auf die entsprechende „Rechtsprechung des Bundesverwaltungsgerichts" Bezug zu nehmen.

für den Kläger nicht hinnehmbar.
Beweis: Einholung eines Sachverständigengutachtens.
Der Klage ist daher antragsgemäß stattzugeben.

gez. Dr. Waffenschmidt
Rechtsanwalt

Anlagen
– 1 Prozeßvollmacht des Klägers (Anlage 1)
– Bescheid vom 03. April 2000 in Kopie (Anlage 2)
– Widerspruch vom 18. April 2000 (Anlage 3)
– Widerspruchsbescheid vom 15. Juni 2000 in Kopie (Anlage 4)
– Eidesstattliche Versicherung der Frau Ellen Fix (Anlage 5)"

## § 54 Entwurf weiterer Schriftsätze an die Behörde bzw. das Verwaltungsgericht

491  In Betracht kommen ferner der Entwurf eines vorläufigen Rechtsschutzgesuchs, eines Normenkontrollantrages oder eines Widerspruchsschreibens. Die an das VG gerichteten Schriftsätze[889] lehnen sich bezüglich des Aufbaus an denjenigen einer Klageschrift an. Dies gilt im Prinzip auch für das Widerspruchsschreiben. Hier können aber einige Besonderheiten hinzukommen. So sollten Sie, wenn der anzufechtende Bescheid von der Behörde für sofort vollziehbar erklärt worden ist, zusätzlich einen Aussetzungsantrag nach § 80 Abs. 4 VwGO oder – sofern ein VA mit Doppelwirkung im Streit steht – gegebenenfalls einen Antrag nach § 80 a Abs. 1 Nr. 2 VwGO stellen. Da die Gebühren und Auslagen eines Rechtsanwalts im Vorverfahren nicht automatisch, sondern nur dann erstattungsfähig sind, wenn die Zuziehung eines Bevollmächtigten notwendig war (s. § 80 Abs. 3 VwVfG bzw. die entsprechende landesrechtliche Regelung), sollten Sie immer den Antrag stellen, die Hinzuziehung eines Bevollmächtigten im Vorverfahren für notwendig zu erklären.

## § 55 Entwurf einer Rechtsmittelbegründungsschrift

492  Denkbar ist in manchen Bundesländern auch der Entwurf einer Berufungszulassungs- oder Beschwerdezulassungsschrift. Der Klausurtext besteht bei dieser Aufgabenstellung in der Regel aus der erstinstanzlichen Entscheidung, der Klageschrift, gegebenenfalls der Niederschrift über die

---

[889] Hierzu zählt auch eine Klageerwiderungsschrift. Diese dürfte im Assessorexamen aber kaum Prüfungsgegenstand sein (s. hierzu die Anmerkungen von *Wahrendorf/Lemke*, JA 1997, 788, 789).

§ 55 *Entwurf einer Rechtsmittelbegründungsschrift*

mündliche Verhandlung sowie einem Vermerk über ein Mandantengespräch. Der Aufbau der Rechtsmittelbegründungsschrift entspricht dem Aufbau der Klageschrift. Die rechtliche Würdigung ist wegen der Beschränkung des Rechtsmittels auf die Zulassungsgründe des § 124 Abs. 2 Nrn. 1–5 VwGO allerdings anders zu gestalten. Hierauf wird im folgenden eingegangen.

Der Eingangsteil einer Rechtsmittelbegründungsschrift gleicht dem der Klageschrift, so daß auf die Ausführungen hierzu verwiesen werden kann. Achten Sie darauf, ob der Rechtsanwalt den Rechtsmittelführer bereits im verwaltungsgerichtlichen Verfahren vertreten hat. War dies nicht der Fall, vergessen Sie nicht hierauf hinzuweisen (*„Hiermit zeige ich unter Vorlage einer Vollmacht an, daß ich den Antragsteller vertrete..“*). Den Antrag („*die Berufung gegen das Urteil des Verwaltungsgerichts Stade vom 22. Juli 1999 – 4 A 234/99 – zuzulassen*") heben Sie – wie üblich – optisch hervor. Damit haben Sie auch dem Erfordernis des § 124 a Abs. 1 Satz 3 bzw. § 146 Abs. 5 Satz 2 VwGO Genüge getan, wonach in der Antragsschrift die angegriffene Entscheidung zu bezeichnen ist. 493

Danach folgt – sofern der Bearbeitervermerk nichts Gegenteiliges aussagt – die knappe Darstellung des Sachverhalts. Den Schwerpunkt legen Sie auf die Wiedergabe der tragenden Gründe des VG, denn diese sind der Angriffspunkt Ihres Schriftsatzes. Berufen Sie sich in Ihrer Antragsschrift auf neue Tatsachen und Beweismittel, vergessen Sie nicht, diese in die Sachverhaltsschilderung aufzunehmen. 494

Bei der rechtlichen Würdigung sind Anmerkungen zur Antragsfrist entbehrlich, sofern die Frist der §§ 124 a Abs. 1 Satz 1, 146 Abs. 5 Satz 1 VwGO eingehalten ist. Liegt Verfristung vor und begehren Sie Wiedereinsetzung in den vorigen Stand oder behaupten Sie, die Frist sei nicht in Lauf gesetzt worden, so beginnen Sie Ihre rechtlichen Ausführungen hiermit. 495

Das Herzstück der Antragsschrift ist die inhaltliche Auseinandersetzung mit den in § 124 Abs. 2 Nrn. 1–5 VwGO genannten Zulassungsgründen. Dies verlangt § 124 a Abs. 1 Satz 4 VwGO, wonach in dem Antrag die Gründe, aus denen die Berufung zuzulassen ist, darzulegen sind. Die Anforderungen an die Darlegungspflicht wurden ausführlich unter Rdnr. 346 f. erörtert. Vorsorglich sollten Sie die entsprechenden Passagen vorab nochmals nachlesen.

Bauen Sie die Antragsschrift so auf, daß auch das strengste Gericht Ihren Zulassungsantrag nicht schon aus formalen Gründen ablehnt[890]. Ein Mandant akzeptiert eine „Niederlage" vor Gericht eher, wenn sein Begehren nur in der Sache erfolglos geblieben ist. Heißt es in dem ablehnenden Beschluß aber, der Antrag sei schon wegen fehlender bzw. unzurei- 496

---

[890] S. hierzu auch die Empfehlungen von *Braun*, SächsVBl 1999, 97.

chender Darlegung der Zulassungsgründe unzulässig, gewinnt ein Mandant schnell den Eindruck, er habe den Rechtsstreit nur deswegen verloren, weil sein Prozeßbevollmächtigte nicht sorgfältig gearbeitet habe. Achten Sie beim Verfassen der Antragsschrift daher auf folgendes:

**497** Die Antragsbegründung muß sich mit den Urteilsgründen im einzelnen auseinandersetzen, den Streitstoff entsprechend durchdringen und aufbereiten. Dem OVG wird dadurch ermöglicht, ohne weitere Ermittlungen allein anhand der Ausführungen in der Antragsschrift zu entscheiden, ob der behauptete Zulassungsgrund vorliegt[891].

Machen Sie mehrere Zulassungsgründe geltend, benennen Sie jeden Grund ausdrücklich. Sie können sich nicht darauf verlassen, daß der angerufene Senat des zur Entscheidung berufenen OVG großzügig ist und z.B. die Berufung wegen besonderer tatsächlicher oder rechtlicher Schwierigkeiten zuläßt, obwohl Sie nur ernstliche Zweifel an der Richtigkeit des erstinstanzlichen Urteils gerügt haben. Nehmen Sie an jeder Stelle der Antragsbegründung eine Zuordnung zu den zuvor genannten Zulassungsgründen vor und legen Sie im einzelnen dar, warum der jeweilige Zulassungsgrund gegeben ist. Denn: Es ist nicht Aufgabe des Gerichts, von sich aus die Begründung einem von mehreren in der Antragsschrift genannten Zulassungsgründen zuzuordnen.

Bei dem Zulassungsgrund des § 124 Abs. 2 Nr. 1 VwGO – dieser dürfte immer Schwerpunkt einer Antragsschrift sein – müssen Sie sich mit den tragenden Begründungen des VG auseinandersetzen. Nehmen Sie auf diese Passagen des Urteils ausdrücklich Bezug. Wenn nötig, zitieren Sie aus der Entscheidung und legen ausführlich dar, warum das Urteil des VGs Ihrer Ansicht nach falsch ist. Behalten Sie stets im Hinterkopf, daß es allein darauf ankommt, ob die Entscheidung des VG im Ergebnis unrichtig ist, d.h. eine unzureichende Begründung oder falsche Rechtsanwendung ist so lange unschädlich wie der Tenor stimmt.

Hat das VG das Urteil auf mehrere tragende Gründe gestützt, müssen Sie für jeden Punkt der Begründung den geltend gemachten Zulassungsgrund vortragen.

Sofern Sie im Zulassungsverfahren erstmals neue Tatsachen und Beweismittel vortragen, müssen Sie begründen, weshalb diejenige Auffassung vorzugswürdig ist, die dies als zulässig ansieht[892].

Machen Sie einen Verfahrensmangel i.S.d. § 124 Abs. 2 Nr. 5 VwGO geltend, so müssen Sie diesen benennen und darlegen, daß dieser Mangel tatsächlich gegeben ist. Bezüglich der Einzelheiten kann auch hier auf die Ausführungen unter Rdnr. 360–363 Bezug genommen werden.

---

[891] *OVG Münster*, NVwZ 1997, 1224.
[892] S. o. Rdnr. 353 f.

Abschließend ein Formulierungsbeispiel für eine Berufungszulas- **498** sungsschrift (ohne Sachverhaltsdarstellung):

„In dem Rechtsstreit Müller./. Landkreis Pirna

beantrage ich,
die Berufung gegen das Urteil des Verwaltungsgerichts Dresden vom 07. Oktober 1999–2 K 2987/98 – zuzulassen.

Begründung:

Das am 13. April 2000 zugestellte Urteil des VG ist in zweifacher Hinsicht unrichtig.
Die Berufung ist zunächst wegen eines Verstoßes gegen den Zulassungsgrund des § 124 Abs. 2 Nr. 5 VwGO zuzulassen. Das Urteil beruht auf einer Verletzung des Grundsatzes des rechtlichen Gehörs. Nachdem der Unterzeichner, der die Klägerin im Klageverfahren von Beginn an vertreten hat, am 16. Februar 2000 die Ladung zur mündlichen Verhandlung am 30. März 2000 um 16.00 Uhr erhalten hatte, beantragte er sofort die Verlegung des Termins mit der Begründung, zu diesem Zeitpunkt sei eine Gemeinderatssitzung der Gemeinde Schönfeld-Weißig anberaumt, an der er als Ratsmitglied teilnehmen müsse. Dies wurde durch die Vorlage der entsprechenden Unterlagen im einzelnen belegt. Das VG lehnte die Terminsverlegung mit der Begründung ab, die Teilnahme des Prozeßbevollmächtigten an der Gemeinderatssitzung stelle keinen erheblichen Grund dar, der die Vertagung des Termins rechtfertige. Die mündliche Verhandlung wurde daraufhin zwar in Anwesenheit der Klägerin, aber in Abwesenheit des Unterzeichners durchgeführt.

Hierdurch hat das VG den Anspruch der Klägerin auf rechtliches Gehör verletzt[893]. Der verfassungsrechtliche Anspruch auf rechtliches Gehör (Art. 103 Abs. 1 GG) umfaßt neben der Befugnis eines Beteiligten, an einer gerichtlichen mündlichen Verhandlung teilzunehmen und sich dort zu Tatsachen und Rechtsfragen zu äußern, auch das Recht, sich durch einen Rechtsanwalt vertreten zu lassen. Aus dem Gebot zur Beachtung des rechtlichen Gehörs folgt auch die Pflicht des Gerichts zur Vertagung eines anberaumten Termins zur mündlichen Verhandlung, wenn sich ein Verfahrensbeteiligter anwaltlich vertreten läßt und der Prozeßbevollmächtigte i.S.d. über § 173 VwGO anwendbaren § 227 Abs. 1 Satz 1 ZPO an der Terminswahrnehmung gehindert ist.

Die vom Unterzeichner als Hinderungsgrund geltend gemachte Zugehörigkeit zum Gemeinderat seiner Wohnsitzgemeinde und die Überschneidung des angesetzten Gerichtstermins mit der bereits anberaumten Gemeinderatssitzung stellt einen erheblichen Grund i.S.d. § 227 Abs. 1 Satz 1 ZPO dar und engte daher das Ermessen des Gerichts bei der Entscheidung über den gestellten Verlegungsantrag in der Form ein, daß dem Antrag zur Wahrung des rechtlichen Gehörs zwingend zu entsprechen war. Dies folgt aus den Vorschriften der Sächsischen Gemeindeordnung. Nach § 35 Abs. 2 Satz 1 SächsGemO darf niemand daran gehindert werden, das Amt eines Gemeinderats auszuüben. Steht das Ratsmitglied in einem Dienst- oder Arbeitsverhältnis, ist ihm die für seine Tätigkeit erforderliche freie Zeit zu gewähren. Das besondere öffentliche Interesse an der Wahrnehmung dieses Amtes wird im übrigen auch in der gesetzlichen Verpflichtung zur Sitzungsteilnahme (§ 35 Abs. 4 SächsGemO) und der Androhung von Sanktionen im Falle einer pflichtwidrigen Säumnis deutlich (§ 19 Abs. 4 SächsGemO). Die in den genannten Vorschriften zum Ausdruck kommende Wertentscheidung des sächsischen Gesetzgebers ist auch bei der Ermessensentscheidung des VGs über den Terminsverlegungsantrag eines Rechtsanwalts zu beachten, der sich hierbei auf seine

---

[893] *VGH Mannheim*, NVwZ 2000, 213.

Funktion als Gemeinderat und eine Verhinderung durch eine zeitgleich anberaumte Gemeinderatssitzung beruft.

Der Unterzeichner hatte den Hinderungsgrund auch den Erfordernissen des § 227 Abs. 2 ZPO entsprechend glaubhaft gemacht. Hierzu hatte er eine Kopie der Einladung zu der Gemeindratssitzung am 30. März 2000 um 15.30 Uhr sowie eine Bescheinigung über seine Mitgliedschaft im Rat der Gemeinde Schönfeld-Weißig vorgelegt.

Auf die Frage, ob eine sachliche Notwendigkeit zur Teilnahme des Unterzeichners an der mündlichen Verhandlung bestand, bei der die Klägerin anwesend war, kommt es nicht an. Insofern bedarf es keiner Ausführungen dazu, was der Unterzeichner im Falle der Anwesenheit zugunsten der Klägerin noch vorgetragen hätte.

Die Berufung gegen das Urteil des VG Dresden ist ferner wegen eines Verstoßes gegen § 124 Abs. 2 Nr. 1 VwGO zuzulassen. Denn es bestehen ernstliche Zweifel an der Richtigkeit des Urteils.

„Ernstliche Zweifel" im Sinne dieser Vorschrift liegen nach herrschender Meinung, der auch das angerufene OVG Bautzen folgt (LKV 1999, 104), nur vor, wenn die für die Unrichtigkeit der Entscheidung sprechenden Gründe die für ihre Richtigkeit sprechenden Gesichtspunkte deutlich überwiegen und daher ein Erfolg der zuzulassenden Berufung wahrscheinlicher ist als ein Mißerfolg.

Vorliegend überwiegen die für die Unrichtigkeit des Urteils sprechenden Gründe eindeutig. Das VG Dresden hat auf Seite 5 des Urteilsumdrucks ausgeführt, der Rechtmäßigkeit der Androhung des Zwangsgeldes nach § 20 SächsVwVG stehe nicht entgegen, daß die Schwester der Klägerin Miteigentümerin des Grundstücks sei und gegen diese bisher keine Duldungsverfügung ergangen sei. Vollstreckungshindernisse müßten erst bei der Vollstreckung der streitgegenständlichen Verfügung ausgeräumt sein. Die Androhung eines Zwangsmittels sei aber noch keine unmittelbare Vollstreckungsmaßnahme.

Diese Rechtsauffassung ist unzutreffend. Bestehende Vollstreckungshindernisse müssen nicht erst mit der Festsetzung des Zwangsgeldes sondern schon mit seiner Androhung ausgeräumt sein. Eine Zwangsmittelandrohung ist bereits eine Vollstreckungsmaßnahme, da sie die Vollstreckung einleitet. Daher darf eine Zwangsmittelandrohung unabhängig davon, ob sie mit dem Grundverwaltungsakt verbunden wird oder – wie hier – isoliert erfolgt, erst ergehen, wenn keine Vollstreckungshindernisse eine Befolgung der behördlichen Anordnung unmöglich machen. Dies entspricht einhelliger Rechtsprechung (z.B. VGH Mannheim NVwZ-RR 1998, 553).

Die dargestellten ernstlichen Zweifel an der Richtigkeit der erstinstanzlichen Entscheidung sind auch auf das Resultat der Entscheidung bezogen, d.h. das Urteil des VG Dresden ist im Ergebnis unrichtig.

Die Berufung ist daher aus den genannten Gründen antragsgemäß zuzulassen.

Unterschrift Rechtsanwalt"

## § 56 Anwaltsgutachten und Mandantenschreiben

499 Das anwaltliche Gutachten unterscheidet sich nicht wesentlich von dem Gutachten über die Erfolgsaussichten eines Widerspruchs bzw. einer Klage. Darin sind alle aufgeworfenen Rechtsfragen zu erörtern. Völlig unproblematische Punkte sollten Sie aber auch hier ebensowenig ansprechen wie im Urteil.

Machen Sie sich bewusst, dass der Adressat Ihres Gutachtens der Mandant und nicht das Gericht ist. Dieser muss in die Lage versetzt werden, eine eigenverantwortliche Entscheidung in Kenntnis der günstigen als auch der negativen tatsächlichen und rechtlichen Umstände zu treffen. Im Falle fehlender oder unsicherer Erfolgsaussichten ist ausdrücklich auf die Risiken eines Rechtsbehelfs (Kostentragungspflicht im Falle des Unterliegens!) hinzuweisen. Besteht z.b. eine gefestigte Rechtsprechung, die dem Begehren des Mandanten entgegen steht, so ist dies im Gutachten deutlich zu machen und vom Beschreiten des Rechtsweges abzuraten. Im Falle einer Widerspruchseinlegung ist gegebenenfalls auf die Möglichkeit der Verböserung durch die Widerspruchsbehörde ebenso hinzuweisen wie auf die evtl. Unbeachtlichkeit bzw. Heilung von formellen Fehlern. Liegen Ermessensfehler der Behörde vor, ist der Mandant auf die Möglichkeit der Ergänzung von Ermessenserwägungen durch die Behörde im Verwaltungsprozeß nach § 114 Satz 2 VwGO aufmerksam zu machen. Zu den damit für den Mandanten verbundenen Risiken haben Sie Stellung zu nehmen. Ein Formulierungsbeispiel:

„… Die Untersagungsverfügung der Stadt Saarbrücken erfüllt damit den Tatbestand des § 25 Abs. 1 BImSchG. Der Bescheid dürfte dennoch rechtswidrig sein, weil die von der Stadt Saarbrücken angestellten Ermessenserwägungen wohl unzureichend sind … Hinsichtlich der Erfolgsaussichten einer anzustrengenden Klage ist allerdings darauf hinzuweisen, daß die Stadt Saarbrücken nach erfolgter Klageerhebung, die aus Zweckmäßigkeitsüberlegungen zumindest auch auf die fehlerhafte Ermessensausübung gestützt werden muß, da – wie dargelegt – die Tatbestandsvoraussetzungen für eine Untersagung des Betriebs nach § 25 Abs. 1 BImSchG gegeben sind, möglicherweise auf die Klagebegründung reagiert und in prozessual zulässiger Weise nach § 114 Satz 2 VwGO zusätzliche Ermessenserwägungen nachschiebt. Dies hätte zur Folge, daß die Klage voraussichtlich abgewiesen würde. Um der zwingenden Kostentragungspflicht im Falle des Unterliegens zu entgehen, bliebe lediglich die Möglichkeit, nach erfolgtem Nachschieben von weiteren Ermessenserwägungen, die die Rechtmäßigkeit des Bescheids tragen, den Rechtsstreit in der Hauptsache für erledigt zu erklären. In diesem Falle würde das Gericht – eine Erledigungserklärung der Stadt Saarbrücken unterstellt – nach § 161 Abs. 2 VwGO nur noch über die Kosten des Verfahrens entscheiden, die nach meinen Ausführungen der Stadt Saarbrücken aufzuerlegen wären. Diese Verfahrensweise würde jedoch nichts daran ändern, daß die Untersagungsverfügung bestandskräftig würde."

Zum Aufbau des Gutachtens: Ist nach dem Bearbeitervermerk auch ein Sachbericht verlangt, so fassen Sie zunächst die wichtigsten Fakten zusammen[894]. Anschließend erfolgt die rechtliche Würdigung des Sachverhalts. Dabei ist es eine Frage des persönlichen Stils, ob Sie einen Handlungsvorschlag an dieser Stelle, schon vor der Darstellung des Sachverhalts oder erst am Ende der rechtlichen Würdigung formulieren; bedenken Sie jedenfalls, daß der Mandant in der Regel das Ergebnis Ihrer Prüfung und die Erfolgsaussichten eines weiteren Vorgehens so schnell wie möglich erfahren und sich dann erst mit der Begründung im einzelnen

---

[894] Es gelten die oben bei der Klageschrift dargestellten Grundsätze.

auseinandersetzen will. Rechtliche Ausführungen sind je nach Bedeutung der angesprochenen Fragen nicht im reinen Gutachtenstil, sondern im Urteilsstil abzufassen; anderenfalls wäre eine Gewichtung der Probleme kaum möglich. Wahren Sie stets die Übersichtlichkeit, bilden Sie Absätze und fassen Sie am Ende das Ergebnis nochmals zusammen. Stellen Sie unterschiedliche Auffassungen in Rechtsprechung und Literatur dar und gehen Sie darauf ein, welche Konsequenzen es für den zu begutachtenden Fall hat, wenn Sie der einen oder der anderen Ansicht folgen. Gehen Sie ausdrücklich auf vom Mandanten im Vorfeld geäußerte Rechtsansichten ein. Der Einfachheit halber empfiehlt sich ein Aufbau des Gutachtens getrennt nach Zulässigkeit und Begründetheit eines Rechtsbehelfs. Zielt das Anwaltsgutachten auf eine Klageerhebung ab, sind Ausführungen zum sachlich und örtlich zuständigen Verwaltungsgericht erforderlich. Auch auf ablaufende Widerspruchs- oder Klagefristen ist einzugehen.

**502** Es versteht sich von selbst, daß prozessuale Überlegungen äußerst knapp zu halten sind, wenn in der Sache keine Erfolgsaussichten bestehen[895]. Namentlich dann, wenn die materielle Rechtslage zugunsten des Mandanten zu beurteilen ist, ist es aber aus Zweckmäßigkeitsgründen jedenfalls vertretbar, diese vorab darzustellen und Verfahrensfragen erst anschließend zu erörtern; zum Beispiel die Frage, ob Bewilligung von Prozeßkostenhilfe beantragt, ein Hauptsacheverfahren eingeleitet oder Eilrechtsschutz – bei der Behörde oder sofort beim Gericht – beantragt werden oder ob ein Abänderungsantrag bei der Behörde gestellt oder Widerspruch gegen deren Entscheidung eingelegt werden soll[896].

Ist zusätzlich zu dem Gutachten ein Mandantenschreiben zu fertigen, so kann das Anschreiben kurz gehalten, der Entscheidungsvorschlag hierin aufgenommen und hinsichtlich der aufgeworfenen Rechtsfragen vollinhaltlich auf das Gutachten verwiesen werden. In dem Mandantenschreiben sollten Sie, sofern z.B. das Beschreiten des gerichtlichen Rechtsweges keine hinreichende Erfolgsaussichten hat, das Risiko eines solchen Vorgehens und insbesondere die zu erwartende Kostentragungspflicht in den Vordergrund stellen[897]. Der Mandant ist auf die Einhaltung von Fristen gesondert aufmerksam zu machen ebenso wie auf die Möglichkeit, bei Vorliegen der Voraussetzungen Prozeßkostenhilfe nach § 173 VwGO i.V.m. §§ 114 ff. ZPO zu beantragen.

Sollen Sie ausschließlich ein Mandantenschreiben entwerfen, so folgt dieses den Regeln des Anwaltsgutachtens. Sie müssen umfassend zu allen aufgeworfenen Rechtsfragen Stellung nehmen und dem Mandanten einen Vorschlag bezüglich des weiteren Vorgehens machen.

---

[895] *Wahrendorf/Lemke/Lemke*, Fall 6 Seite 80.
[896] *Wahrendorf/Lemke*, JA 1997, 788, 792.
[897] Hat der Mandant – wie häufig – allerdings eine Rechtsschutzversicherung, dürfte das Kostenrisiko keine große Rolle spielen.

§ 56 Anwaltsgutachten und Mandantenschreiben

Ein Formulierungsbeispiel für ein Mandantenschreiben:

„Rechtsanwalt Herbert Schröder  
Kriegsstr. 56, 76133 Karlsruhe

Rastatt, den 05. Juli 2000

Frau Schnarrenberger  
Schulstr. 7, 76316 Malsch

Baugenehmigung des Landratsamtes Rastatt an Ihren Nachbarn Sven Schäfer vom 11. April 2000

Sehr geehrte Frau Schnarrenberger

unter Bezugnahme auf unser am 26. Juni 2000 geführtes Gespräch in meiner Kanzlei bedanke ich mich für die Übertragung des Mandats in der oben genannten Angelegenheit.

Sie haben mich gebeten, Ihre rechtlichen Interessen im Hinblick auf die Erteilung der Baugenehmigung für Ihren Nachbarn, Herrn Sven Schäfer, wahrzunehmen. Nach gründlicher Durchsicht Ihrer Unterlagen und der von mir inzwischen vorgenommenen Einsicht in die einschlägigen Bebauungsplanakten gehe ich von folgendem Sachverhalt aus[898]:

Sie sind Eigentümer des im Geltungsbereich des Bebauungsplans „XY" der Gemeinde Malsch gelegenen Grundstücks FlurNr. 124/4 in der Schulstraße 7. Ihr Nachbar ist Eigentümer des angrenzenden Grundstücks 124/5 in der Schulstraße 9. Der Bebauungsplan setzt für die Anliegergrundstücke der Schulstraße ein allgemeines Wohngebiet mit einer Beschränkung der Anzahl der Wohnungen nach § 9 Abs. 1 Nr. 6 BauGB fest. Ihr Nachbar hat am 15. Mai 2000 mit den Bauarbeiten für die Verwirklichung eines 3-Familienhauses begonnen. Von der bereits am 11. April 2000 erteilten Baugenehmigung hatten Sie vor Beginn der Bauarbeiten keine Kenntnis. Nachdem Ihnen das Landratsamt Rastatt auf Ihre Nachfrage am 20. Juni 2000 eine Abschrift der Baugenehmigung zugestellt hatte, haben Sie mich am 26. Juni 2000 in meiner Kanzlei aufgesucht und mich gebeten, die Rechtslage unter jedem rechtlichen Gesichtspunkt zu prüfen. Ferner sollte ich Sie über das Ergebnis und eventuelle rechtliche Schritte gegen die Ihrem Nachbarn erteilte Baugenehmigung schriftsätzlich unterrichten.

Zu den aufgeworfenen Fragen darf ich wie folgt Stellung nehmen:

In Betracht käme zwar die Einlegung eines Widerspruchs gegen die Ihrem Nachbarn erteilte Baugenehmigung. Zuständige Widerspruchsbehörde wäre das Regierungspräsidium Karlsruhe. Der Widerspruch wäre zulässig, wenn er bis spätestens 20. Juli 2000 bei dem Landratsamt Rastatt eingeht.

Die Erfolgsaussichten eines Widerspruchs sind jedoch in der Sache äußerst gering. Zwar verstößt die Baugenehmigung gegen die Ziffer 4.5 der Festsetzungen des ordnungsgemäß vom Bürgermeister der Gemeinde Malsch ausgefertigten und auch ansonsten gültigen Bebauungsplans „XY", der eine sog. Zwei-Wohnungs-Klausel enthält. Auf die objektive Rechtswidrigkeit einer dem Bauherrn erteilten Baugenehmigung kann sich ein Nachbar jedoch nicht berufen. Nach § 42 Abs. 2 VwGO muß vielmehr eine subjektive Rechtsverletzung vorliegen.

---

[898] Die Sachverhaltsdarstellung ist häufig nach dem Bearbeitervermerk erlassen.

Ob eine auf § 9 Abs. 1 Nr. 6 BauGB gestützte Beschränkung der Wohnungszahl zusätzlich zu ihrem objektiv-rechtlichen Kerngehalt auch Nachbarschutz vermittelt, ist nach der ständigen Rechtsprechung des Bundesverwaltungsgerichts durch Auslegung des jeweiligen Bebauungsplans zu klären. Eine Regelvermutung für oder gegen eine nachbarschützende Ausgestaltung besteht nicht (z.b. BVerwG NVwZ 1993, 1100). Fehlt es auch bei Anlegung eines großzügigen Maßstabs an erkennbaren Hinweisen auf eine nachbarschützende Zielrichtung, so ist von einer bloßen städtebaulichen Zielsetzung der Zwei-Wohnungs-Klausel auszugehen.

Dieser ständigen Rechtsprechung des Bundesverwaltungsgerichts folgt auch der Verwaltungsgerichtshof Baden-Württemberg (Beschluß vom 22.2.1995–3 S 243/95 –, veröffentlicht in VGHBW RSpDienst 1995, Beilage 6, B7), der im Falle eines gerichtlichen Vorgehens nach Ablehnung eines Widerspruchs durch das Landratsamt Rastatt und Abweisung einer Klage durch das zuständige Verwaltungsgericht Karlsruhe in zweiter Instanz über Ihr Rechtsmittel entscheiden würde.

Unter dieser Vorgabe habe ich die gesamten Vorgänge im Zusammenhang mit der Aufstellung des Bebauungsplans „XY" bei der Gemeinde Malsch eingesehen und bin zu folgendem Ergebnis gekommen:

Der Bebauungsplan „XY" enthält keine hinreichenden Anhaltspunkte dafür, daß die Gemeinde Malsch der Zwei-Wohnungs-Klausel über ihren städtebaulichen Kerngehalt hinaus auch drittschützende Wirkung zu Gunsten der Anwohner beilegen wollte. In der Planbegründung vom 03. April 1996 wird lediglich dargelegt, daß man zwecks Befriedigung der damaligen Bauplatznachfrage und des Wohnungsbedarfs ein Wohngebiet ausweisen wolle. Hinweise darauf, daß damit ein bestimmter Gebietscharakter im Sinne gehobenen Wohnens (Villengebiet) geschaffen und gewährleistet werden sollte, fehlen. Auch in den Vorlagen der Verwaltung und in den Gemeinderatsprotokollen zum Bebauungsplanverfahren finden sich keinerlei Ausführungen zur Gebietsqualität und zur Schutzrichtung der Wohnungszahlbeschränkung ... Auch aus einer Gesamtschau der Zwei-Wohnungs-Klausel mit anderen Festsetzungen des Bebauungsplans „XY" läßt sich nicht schließen, daß es dem Gemeinderat um die Sicherung eines hochwertigen Wohngebiets mit besonders niedriger Wohndichte gerade auch zum Schutz der Gebietseigentümer ging ...

Die Einlegung eines Widerspruchs gegen die Ihrem Nachbarn erteilte Baugenehmigung ist im Ergebnis daher wenig erfolgversprechend. Im Falle des Unterliegens hätten Sie die gesamten Kosten des Widerspruchsverfahrens zu tragen.

Teilen Sie mir bitte umgehend mit, ob Sie angesichts dieser Sach- und Rechtslage gleichwohl Widerspruch gegen die Baugenehmigung erheben wollen. Da die Widerspruchsfrist am 20. Juli 2000, 24 Uhr, abläuft, müßten Sie mir bis spätestens 17. Juli 2000 entsprechenden Auftrag erteilen.

gez. Schröder"

# Siebter Teil: Der öffentlich-rechtliche Aktenvortrag

## § 57 Die Bedeutung des Aktenvortrags

In allen Bundesländern mit Ausnahme von Bayern wird im Assessorexamen ein Aktenvortrag, auch Kurzvortrag genannt, in der mündlichen Prüfung verlangt. Auch wenn dieser nur einen geringen Prozentualanteil der Gesamtnote ausmachen mag, sollten Sie sich seiner Bedeutung in der mündlichen Prüfung bewußt sein. Denn mit dem Aktenvortrag, der zu Beginn der mündlichen Prüfung gehalten wird, geben Sie der Prüfungskommission einen ersten persönlichen Eindruck Ihrer Person. Es versteht sich von selbst, daß Sie mit einem gelungenen Kurzvortrag die Weichen für eine erfolgreiche mündliche Prüfung stellen können. Ihr Ziel muß es daher sein, durch überzeugendes Auftreten und prägnante Darstellung einen positiven und nachhaltigen Eindruck bei der Kommission zu hinterlassen. Bereiten Sie sich daher intensiv auf den Ernstfall vor und nutzen Sie jede Gelegenheit, Kurzvorträge zu üben[899].

Die Justizprüfungsämter haben Weisungen bzw. Hinweise für den Vortrag in der mündlichen Prüfung herausgegeben, in denen Näheres über Inhalt und Zweck des Kurzvortrages geregelt ist[900]. Ein Auszug hierzu aus den Weisungen des Nordrhein-Westfälischen Ministerium für Inneres und Justiz[901]:

> „Durch den Aktenvortrag soll der Prüfling zeigen, daß er befähigt ist, nach kurzer Vorbereitung in freier Rede den Inhalt einer Akte darzustellen sowie einen praktisch brauchbaren Vorschlag unterbreiten und zu begründen ... Der Vortrag soll aus einem kurzen Bericht, dem wesentlichen Entscheidungsvorschlag, einer knapp gefaßten Begründung dieses Vorschlags sowie einer abschließenden Mitteilung der zu treffenden Entscheidung oder Maßnahme bestehen ... Es ist vom Standpunkt eines in der Praxis tätigen Juristen auszugehen, der die Sache anderen Juristen vorträgt. Der Zuhörer muß in die Lage versetzt werden, den Vortrag ohne weiteres aufzunehmen und alles Wesentliche im Gedächtnis zu behalten."

---

[899] Übungsvorträge finden Sie etwa bei *Budde-Hermann/Schöneberg; Müller-Christmann; Rosenberger/Solbach/Wahrendorf; Pagenkopf/Pagenkopf*, Der Aktenvortrag im Assessorexamen, 1999, oder den Zeitschriften JuS, JA und SächsVBl.
[900] Nachzulesen bei *Rosenberger/Solbach/Wahrendorf*, S. 242 f.
[901] Aus: Handbuch der Juristenausbildung 1998, 154.

## § 58 Der öffentlich-rechtliche Aktenvortrag in der Prüfung

### I. Gegenstand des öffentlich-rechtlichen Aktenvortrags

506 Der öffentlich-rechtliche Aktenvortrag hat meist ein verwaltungsgerichtliches Klage- oder Eilrechtsschutzverfahren zum Gegenstand, seltener ein Verwaltungs- bzw. Widerspruchsverfahren oder eine anwaltliche Begutachtung[902]. Wegen der Kürze der Vorbereitungs- und Vortragszeit müssen Sie nicht mit umfangreichen und rechtlich komplizierten Fällen rechnen. Betrifft der Sachverhalt eine Gerichtsentscheidung, ist der Vortrag aus der Sicht des Berichterstatters zu halten, der einen – den Zuhörern noch unbekannten – Streitfall den Kammerkollegen vorträgt. In der Regel ist hier eine Endentscheidung in Gestalt eines Urteils oder Beschlusses gefordert. Das Ergebnis kann aber auch z.b. ein Beweis-, Auflagen- oder Beiladungsbeschluß sein. Behördenentscheidungen haben insbesondere Widerspruchsbescheide oder Erstbescheide zum Gegenstand. Hier müssen Sie sich in die Rolle eines bei einer Behörde tätigen Sachbearbeiters versetzen, der den Fall seinem Vorgesetzten schildert. Ist nach der Aufgabenstellung eine anwaltliche Beratung verlangt, ist die Streitsache einem in der Kanzlei tätigen Kollegen vorzutragen. Dabei soll der Bericht in der Regel auch Überlegungen zur Zweckmäßigkeit des weiteren Vorgehens enthalten.

### II. Die Vorbereitung auf den Aktenvortrag

507 Die Vorbereitungszeit auf den Vortrag ist in den Bundesländern unterschiedlich geregelt. So haben z.B. Referendare in Hessen drei Tage Zeit, sich auf den Kurzvortrag vorzubereiten, während in Bremen, Hamburg, Mecklenburg-Vorpommern, Rheinland-Pfalz, Saarland, Schleswig-Holstein und Thüringen 90 Minuten, in Baden-Württemberg 75 Minuten und in Berlin, Brandenburg, Niedersachsen, Nordrhein-Westfalen und Sachsen 60 Minuten Vorbereitungszeit eingeräumt werden. Als Hilfsmittel können Sie die in den Ladungen für die schriftliche und mündliche Prüfung zugelassenen Gesetzessammlungen und Kommentare benutzen. Ohne Rücksicht auf den Zeitpunkt des von dem Aktenstück erfaßten Geschehens sind die gesetzlichen Vorschriften in der Fassung anzuwenden, die in den jeweils aktuellen Ausgaben der zugelassenen Gesetzessammlungen abgedruckt sind, soweit sich nicht aus dem Bearbeitervermerk etwas anderes ergibt.

---

[902] Vgl. auch *Ramsauer*, § 1 Rdnr. 1.08.

Teilen Sie sich die Ihnen zur Verfügung stehende Vorbereitungszeit gut ein. Verwenden Sie etwa ein Viertel der Zeit für die Erfassung des Sachverhalts[903], die Hälfte der Zeit für die Erarbeitung der Lösung und das letzte Viertel für die konkrete Vortragsplanung. Wie bei den schriftlichen Arbeiten sollten Sie zuerst den Bearbeitervermerk lesen. Notieren Sie sich stichpunktartig den Sachverhalt und fertigen Sie sich eine Lösungsskizze.

### III. Der Vortrag in der mündlichen Prüfung

Die zulässige Dauer des Vortrags richtet sich zunächst nach den Anforderungen des Aktenstücks. Zum anderen haben die Justizprüfungsämter in ihren Weisungen zeitliche Höchstgrenzen festgesetzt. So heißt es z.B. in den Hinweisen des Niedersächsischen Justizministeriums – Justizprüfungsamt –, die Dauer des Vortrages solle 10 Minuten nicht überschreiten. Der Präsident des rheinland-pfälzischen Landesjustizprüfungsamtes spricht von „in der Regel 8 bis 10 Minuten" und die Weisungen für den Aktenvortrag in Nordrhein-Westfalen bestimmen, daß der Vortrag die Dauer von 10 Minuten nicht überschreiten solle, unter keinen Umständen aber länger als 12 Minuten sein dürfe. Halten Sie den von den Justizprüfungsämtern vorgegebenen Zeitrahmen unbedingt ein.

508

Auch wenn die Mitglieder der Prüfungskommission den Sachverhalt bereits kennen; Sie müssen Ihren Vortrag so halten, als ob Sie den Prüfern den Sachverhalt zum ersten Mal mitteilen.

Der Vortrag ist in freier Rede zu halten. Das schließt eine Heranziehung der Akten (insbesondere zur Mitteilung von Anträgen, Zeit- oder Zahlenangaben sowie von Urkunden, auf deren Wortlaut es ankommt) nicht aus. Auch dürfen Sie Ihre stichwortartigen Aufzeichnungen verwenden. Diese sollten nicht mehr als eine DIN A 4 Seite umfassen. Mit einem gelegentlichen Blick auf den Stichwortzettel ist die notwendige Orientierung gewährleistet. Es versteht sich von selbst, daß das Ablesen längerer schriftlich ausgearbeiteter Passagen nicht gestattet ist. Halten Sie sich nicht hieran, müssen Sie auch bei einem ansonsten ordentlichen Vortrag mit erheblichen Punkteinbußen rechnen. Schauen Sie allen Mitgliedern der Prüfungskommission – also auch den „Fachfremden" – die überwiegende Zeit in die Augen. Bemühen Sie sich um Lebendigkeit und angemessene Akzentuierung. Wer seinen Vortrag ängstlich und monoton aufsagt, wird mit Sicherheit weniger Punkte bekommen als derjenige, der es versteht, die Zuhörer durch den Fall zu „führen". Tragen Sie daher zentrale Probleme betonter vor, indem Sie Ihre Stimme heben, das

---

[903] Da die Qualität der Sachverhaltsdarstellung mit einem erheblichen Teil in die Bewertung einfließt, geht *Proppe*, JA 1995, 409, 410 von einem Drittel der zur Verfügung stehenden Zeit aus.

Sprachtempo verlangsamen oder mit Gesten die entsprechenden Vortragsabschnitte unterstreichen[904].

Ebenso wie Sie beim Betreten des Prüfungsraumes die Kommission begrüßt haben, bedanken Sie sich nach Beendigung des Vortrages für die Aufmerksamkeit *("Ich danke Ihnen")*[905].

## § 59 Der Aufbau des öffentlich-rechtlichen Aktenvortrags

509 Der Aufbau des Kurzvortrages unterscheidet sich von einer schriftlichen Arbeit im Hinblick auf die Besonderheiten der mündliche Rede und der beschränkten Aufnahmefähigkeit der Zuhörer erheblich[906]. Er gliedert sich in eine Einleitung, die Sachverhaltsschilderung, die rechtliche Würdigung und den konkreten Entscheidungsvorschlag.

### I. Die Einleitung

510 Die Formulierung der Einleitung richtet sich nach der Aufgabenstellung. Bezeichnen Sie in kurzen Worten den Streitgegenstand und informieren Sie die Zuhörer darüber, wo wann wer worüber gestritten hat. Üblich sind Angaben über Namen und Wohnsitz der Beteiligten (Beigeladenen nicht vergessen!), über das angerufene Gericht oder die entscheidende Behörde sowie über das Jahr, in dem die Sache zur Entscheidung anstand[907].

„Ich berichte über eine Anwaltsberatung durch Rechtsanwalt Bierhoff für seinen Mandanten Sven Müller aus Wuppertal. Es behandelt im wesentlichen die Frage, ob ein von der Stadt Wuppertal aufgestellter Bebauungsplan wirksam ist."

„Ich trage in einem Klageverfahren vor, das in der 2.Kammer des Verwaltungsgerichts Darmstadt im Jahre 1999 zur Entscheidung anstand. Die Klägerin Simone Pöltl wendet sich gegen eine ordnungsrechtliche Verfügung der Stadt Lorch, mit der ihr aufgegeben wurde, ihren Hund außerhalb ihres Anwesens an der Leine zu führen."

„Ich berichte über ein verwaltungsgerichtliches Eilverfahren, das im Frühjahr 2000 beim Verwaltungsgericht Dresden anhängig war. In der Streitsache sind Erledigungserklärungen von der Antragstellerseite – hier drücke ich mich bewußt ungenau aus – und von dem Landratsamt Bautzen abgegeben worden. Ob es sich verfahrensrechtlich um

---

[904] *Rosenberger/Solbach/Wahrendorf*, Seite 7.
[905] So auch *Budde-Hermann/Schöneberg*, Seite 3; *Rosenberger/Solbach/Wahrendorf*, S. 8 halten dies für eine Höflichkeitsfloskel, die unterlassen werden sollte.
[906] *Schütz*, VBlBW 1999, 351, 352.
[907] *Schütz*, VBlBW 1999, 351, 353 FN 11 weist zu Recht darauf hin, daß die Angabe des Entscheidungszeitpunkts an sich überflüssig ist, da sich die Lösung nach den Vorschriften richtet, die in den zugelassenen Gesetzessammlungen abgedruckt sind.

übereinstimmende Erledigungserklärungen im Sinne des § 161 Abs. 2 VwGO handelt, wird noch zu untersuchen sein[908]."

Anschließend leiten Sie mit dem Satz: *„Dem Rechtsstreit/dem Verfahren liegt folgender Sachverhalt zugrunde"* zur Sachverhaltsdarstellung über.

## II. Die Sachverhaltsschilderung

Die anschließende Schilderung des Sachverhalts soll die Prüfungskommission ins Bild setzen, worüber gestritten wird und welche Tatsachen Sie Ihrer Prüfung zugrunde legen. Es ist – schon in Anbetracht der knapp bemessenen Zeit – nicht Ihre Aufgabe, das gesamte Vorbringen der Beteiligten so lückenlos zusammenzustellen, wie dies beim schriftlichen Sachbericht oder bei der Abfassung des Tatbestandes nach § 117 Abs. 3 VwGO der Fall ist. Beschränken Sie sich auf die für die Entscheidung wesentlichen tatsächlichen und rechtlichen Gesichtspunkte und stellen Sie diese straff und möglichst chronologisch dar. Lassen Sie Einzelheiten weg, die für den Ausgang des Verfahrens ohne Bedeutung sind. Achten Sie auf die begrenzte Aufnahmekapazität Ihrer Zuhörer. Die Sachverhaltsschilderung sollte so klar und anschaulich sein, daß die Mitglieder der Prüfungskommission zur geistigen Mitarbeit angeregt werden und sich schon aus diesem Vortragsteil ein Bild darüber machen können, worauf es rechtlich ankommt[909].

511

Konkrete Daten und Zahlen sind nur zu bringen, wenn sie für die rechtliche Würdigung von Bedeutung sind[910]. Meistens genügt eine Formulierung wie *„Hiergegen erhob der Kläger fristgerecht/rechtzeitig Widerspruch"* oder *„Wenige Tage nach der Zustellung des Widerspruchsbescheids hat die Klägerin Klage erhoben"*. Auf diese Weise werden die Zuhörer in die Lage versetzt, sofort die Fristen im Kopf zu vergleichen, ohne erst zwei oder mehrere Daten in Beziehung zueinander setzen zu müssen[911]. Es empfiehlt sich, einzelne Angaben wie Daten oder bestimmte Textpassagen erst bei der Begründung des Entscheidungsvorschlages mitzuteilen, und zwar in einem Zusammenhang, in dem verständlich wird, weshalb es auf diese Ausführungen ankommt. Hierdurch ist der von Ihnen vertretene Lösungsweg für die Zuhörer besser nachvollzieh-

512

---

[908] Zu dieser besonderen Konstellation s. den Aktenvortrag von *Limpens*, JA 1998, 226.
[909] So ausdrücklich die Hinweise in Sachsen-Anhalt.
[910] Hierzu ein Zitat aus den Hinweisen des Berliner Justizprüfungsamtes: „Jedes danach überflüssige Wort, jede danach überflüssige Angabe von Zahlen oder Daten beeinträchtigt den Wert des Vortrages, weil der Zuhörer sich solche Einzelheiten nur begrenzt merken kann und er nicht ohne Not veranlaßt werden soll, sich Daten oder ähnliche Einzelheiten zu merken."
[911] *Müller-Christmann*, Seite 18.

bar. Rechtsansichten der Beteiligten teilen Sie nur mit, sofern und soweit dies zum Verständnis des Streitstandes nötig ist.

513 Findet sich in dem Aktenauszug eine Beweisaufnahme, so haben Sie bei der Darstellung des Sachberichts nur anzugeben, daß, worüber und mit welchen Beweismitteln Beweis erhoben worden ist. Auf das Ergebnis der Beweisaufnahme gehen Sie erst bei der rechtlichen Würdigung ein. Im Sachbericht empfiehlt sich insoweit die folgende Formulierung:

„Auf das Ergebnis der Beweisaufnahme werde ich, soweit nötig, in der Begründung der vorgeschlagenen Entscheidung eingehen."

Ist in dem Aktenstück z.B. eine Skizze über die nähere Umgebung eines streitgegenständlichen Grundstücks wiedergegeben, empfiehlt es sich, diese Skizze den Prüfern während Ihres Vortrages zu zeigen und anhand der Skizze die Örtlichkeit zu erläutern[912]. Auch wenn die Mitglieder der Prüfungskommission den Sachverhalt bereits kennen, wird dadurch der Bericht lebendiger und anschaulicher.

514 Haben Sie über einen Verwaltungsrechtsstreit zu berichten, so bauen Sie die Sachverhaltsschilderung ähnlich auf wie im Urteil, Gerichtsbescheid oder Beschluß. Betrifft der Aktenvortrag eine anwaltliche Beratung, so ergeben sich ebenfalls keine Unterschiede zum üblichen Aufbauschema einer Anwaltsklausur. Ist es Ihre Aufgabe, eine verwaltungsbehördliche Entscheidung (Bescheid oder Widerspruchsbescheid) zu treffen, gilt nichts anderes. Nennen Sie die genaue Behördenbezeichnung.

### III. Die rechtliche Würdigung

515 An die Sachverhaltsdarstellung schließt sich die rechtliche Würdigung an. Diese beginnt mit dem Kurzvorschlag, der die Zuhörer kurz darüber informieren soll, zu welchem Ergebnis Sie gekommen sind. Den Tenor Ihrer Entscheidung teilen Sie hier noch nicht mit. Einige Formulierungsbeispiele:

„Ich schlage vor, der Klage (teilweise) stattzugeben/den Antrag abzulehnen/den Widerspruch zurückzuweisen/gegen Herrn Müller eine polizeirechtliche Verfügung zu erlassen".

516 Im Anschluß daran stellen Sie Ihre rechtliche Lösung des Falles in der gebotenen Kürze unter Berücksichtigung aller wesentlichen rechtlichen und tatsächlichen Erwägungen dar. Im Gegensatz zu einer schriftlichen Arbeit braucht der Vortrag nicht alle denkbaren Fragen zu erschöpfen. Es genügt eine Skizzierung der rechtlichen Gedankengänge, die nach Ihrer Ansicht die vorgeschlagene Entscheidung stützen. Sprechen Sie dennoch etwaige Zweifelsfragen an; daran anknüpfende abweichende Lösungs-

---

[912] *Proppe,* JA 1999, 60, 68.

§ 59 Der Aufbau des öffentlich-rechtlichen Aktenvortrags

möglichkeiten brauchen Sie jedoch in Ihrem Vortrag im allgemeinen nicht weiterzuverfolgen. Denn in den meisten Bundesländern besteht für die Prüfer die Möglichkeit, durch Fragen eine Ergänzung oder Klarstellung der Ausführungen herbeizuführen[913].

Bauen Sie Ihre rechtliche Erörterung nach der dem Aktenfall zugrunde liegenden Verfahrensart auf. Allerdings ergeben sich Besonderheiten hinsichtlich des Vortragsstils: Anders als etwa beim Abfassen der Entscheidungsgründe eines Urteils brauchen Sie nicht konsequent den Urteilsstil einzuhalten. Versuchen Sie vielmehr, durch geschicktes Abwechseln von Gutachten- und Urteilsstil den Zuhörern den Schwerpunkt Ihres Vortrages zu verdeutlichen[914]. Wählen Sie den Gutachtenstil, um problematische Rechtsfragen anzudeuten und Lösungsansätze aufzuzeigen. Ansonsten tragen Sie im Urteilsstil vor[915]. Dies spart nicht nur Zeit, sondern zeigt den Prüfern auch, daß Sie in der Lage sind, Wesentliches von Unwesentlichem zu trennen.

Oberstes Prinzip muß die Verständlichkeit des Vortrages sein. Ihr Gedankengang muß Schritt für Schritt nachvollziehbar sein und den Zuhörern muß unmittelbar einleuchten, warum es auf dieses oder jenes ankommt[916]. Bilden Sie kurze und einprägsame Sätze.

518

Formelle Gesichtspunkte sind nur dann zu erörtern, wenn sich hieraus entscheidungserhebliche Fragen ergeben. Verzichten Sie auf die Mitteilung von „Zwischenergebnissen".

Ob Sie anschließende Ausführungen zu Nebenentscheidungen wie Kosten, vorläufige Vollstreckbarkeit und Streitwertfestsetzung ansprechen müssen, richtet sich nach den Weisungen der Justizprüfungsämter[917].

---

[913] S. hierzu die Hinweise für Hessen, Saarland, Hamburg/Schleswig-Holstein/Bremen, Niedersachsen, Rheinland-Pfalz, Sachsen-Anhalt, Thüringen. Dagegen sehen die Hinweise des Justizprüfungsamtes für Brandenburg und Nordrhein-Westfalen vor, daß Fragen zur Ergänzung oder Klarstellung der Ausführungen nicht gestellt werden.
[914] *Budde-Hermann/Schöneberg*, Seite 13; *Schütz*, VBlBW 1999, 351, 356; *Rosenberger/Solbach/Wahrendorf*, Seite 7 halten den Gutachtenstil auch bei zentralen Problemen des Falles nicht für geboten.
[915] So die Hinweise des Berliner Justizprüfungsamtes.
[916] *Rosenberger/Solbach/Wahrendorf*, Seite 2.
[917] So bestimmen die Hinweise der Justizprüfungsämter von Brandenburg und Sachsen-Anhalt, daß von einer Entscheidung über die Kosten, den Streitwert und die vorläufige Vollstreckbarkeit abzusehen ist, soweit es sich dabei um Nebenentscheidungen handelt. Nach den Hinweisen der Prüfungsämter für Hamburg/Schleswig-Holstein/Bremen und Mecklenburg-Vorpommern braucht die Höhe einer etwa festzusetzenden Sicherheitsleistung nicht angegeben zu werden, wenn sich nicht aus dem Bearbeitervermerk etwas anderes ergibt.

## IV. Der konkrete Entscheidungsvorschlag

519 Der Vortrag schließt mit der Wiedergabe der vollständig ausformulierten Entscheidungsformel, die – sofern sich aus den Weisungen der Justizprüfungsämter nichts anderes ergibt – auch den Kostenausspruch und gegebenenfalls die Entscheidung über die vorläufige Vollstreckbarkeit enthalten muß.

## § 60 Formulierungsbeispiel

520 Das Formulierungsbeispiel ist so gewählt, daß möglichst viele der angesprochenen Besonderheiten eines Aktenvortrages eingebaut worden sind. Das Begehren der Antragstellerin ist nach § 88 VwGO auszulegen und in zwei Anträge zu unterteilen, die gesondert erörtert werden. Beachten Sie die Erläuterungen in den Fußnoten. Die landesrechtlichen Vorschriften sind solche des Landes Baden-Württemberg.

„Ich berichte in einem Eilverfahren, das 1999 dem Verwaltungsgericht Stuttgart zur Entscheidung vorgelegen hat.

Die Antragstellerin wendet sich gegen den Sofortvollzug einer ihr gegenüber ergangenen bauordnungsrechtlichen Beseitigungsverfügung nebst Zwangsmittelandrohung des Landratsamtes Hohenlohekreis.

Sie ist zusammen mit ihrem Bruder Miteigentümerin eines im Außenbereich von Waldenburg gelegenen Grundstücks[918], auf dem sie im Frühjahr 1999 einen 24 m³ großen Holzschuppen[919] errichtet hat. Das Grundstück befindet sich im Geltungsbereich der 1993 verabschiedeten Verordnung des Umweltministeriums Baden-Württemberg über den Naturpark „Schwäbisch-Fränkischer Wald". Auf die genaue Lage des Grundstücks, seine nähere Umgebung sowie den Wortlaut der Naturparkverordnung werde ich später zurückkommen, soweit dies erforderlich ist[920]. Nach Anhörung der Antragstellerin ordnete das Landratsamt am 04. Juli 1999 die Beseitigung des Schuppens unter Anordnung des Sofortvollzuges an und drohte der Antragstellerin zugleich die Ersatzvornahme nach dem 04. September 1999 an. Zur Begründung führte das Landratsamt im wesentlichen aus, der Schuppen sei weder genehmigt noch genehmigungsfähig. Wegen der Vorbildwirkung für benachbarte Grundstückseigentümer und der Lage des Grundstücks im Geltungsbereich einer Naturparkverordnung sei besondere Dringlichkeit geboten[921].

---

[918] Die Wiedergabe der genauen Gemarkung und der Flurnummer ist für die Entscheidung unwichtig und würde den Sachverhalt unnötig überfrachten.

[919] Diese Angabe ist erforderlich, da bauliche Anlagen im Außenbereich nur bis zu 20 m³ Brutto-Rauminhalt verfahrensfrei sind.

[920] Es wäre ungeschickt, bereits jetzt die entscheidende Vorschrift der Naturparkverordnung im Wortlaut wiederzugeben, da hierauf im Rahmen der rechtlichen Würdigung eingegangen werden muß.

[921] Wegen der Vorschrift des § 80 Abs. 3 Satz 1 VwGO sind die Gründe der Anordnung der sofortigen Vollziehung im Bericht anzugeben.

## § 60 Formulierungsbeispiel

Hiergegen erhob die nicht durch einen Rechtsanwalt vertretene[922] Antragstellerin wenige Tage später[923] Widerspruch und beantragte zugleich vor dem Verwaltungsgericht Stuttgart einstweiligen Rechtsschutz. Die Antragstellerin ist der Meinung, die Verfügung des Antragsgegners könne nicht rechtens sein, da sie den Schuppen zum Abstellen von Gartengeräten benötige. Es fehle auch an einer besonderen Dringlichkeit, den Schuppen sofort zu entfernen. Außerdem sei ihr Bruder, der ebenfalls Grundstückseigentümer sei, mit der Beseitigung des Schuppens nicht einverstanden.

Sie beantragt – ich zitiere wörtlich[924] –, dem Antragsgegner zu untersagen, ihren Schuppen auf dem Grundstück 234/7 in Waldenburg zu beseitigen.

Der Antragsgegner beantragt, den Antrag abzulehnen.

Er verweist darauf, der Schuppen sei formell und materiell illegal und müsse sofort beseitigt werden. Die Tatsache, daß der Bruder der Antragstellerin Miteigentümer des Grundstücks sei, sei in diesem Verfahren unerheblich.

Ich schlage vor, dem Begehren der Antragstellerin teilweise stattzugeben und es im übrigen abzulehnen.

Der wörtlich gestellte Antrag bedarf zunächst der Auslegung nach § 88 VwGO. Die Antragstellerin begehrt die Wiederherstellung der aufschiebenden Wirkung ihres Widerspruchs gemäß § 80 Abs. 5 Satz 1 2. Alt. VwGO, soweit sie sich gegen die für sofort vollziehbar erklärte Beseitigung des Schuppens wendet. Dagegen hat der Widerspruch gegen die gleichzeitig verfügte Ersatzvornahme gemäß § 80 Abs. 2 Satz 1 Nr. 3 VwGO i.V.m. § 12 LVwVG kraft Gesetzes keine aufschiebende Wirkung. Statthaft ist insoweit daher der Antrag auf Anordnung der aufschiebenden Wirkung nach § 80 Abs. 5 Satz 1 1. Alt. VwGO. Die so verstandenen Anträge werde ich im folgenden gesondert erörtern.

Der Antrag auf Wiederherstellung der aufschiebenden Wirkung des Widerspruchs gegen die Beseitigungsverfügung ist zulässig[925], in der Sache aber unbegründet.

Die Anordnung der sofortigen Vollziehung der Beseitigungsverfügung ist in formeller Hinsicht nicht zu beanstanden. Erörterungsbedürftig ist allein die Frage[926], ob die von dem Antragsgegner angegebene Begründung des besonderen Vollzugsinteresses ausreichend im Sinne des § 80 Abs. 3 Satz 1 VwGO ist. Die Vollziehungsanordnung ist grundsätzlich mit einer auf den konkreten Einzelfall abgestellten und nicht lediglich formelhaften Begründung des öffentlichen Interesses an der sofortigen Vollziehung des Verwaltungsakts zu versehen. Ob die Erwägungen der Behörde inhaltlich zutreffen, ist unbeachtlich. Hier ist der Antragsgegner dem Begründungserfordernis des § 80 Abs. 3 Satz 1 VwGO ausreichend nachgekommen, indem er die von dem Bauvorhaben ausgehende negative Vorbildwirkung als besonderes öffentliches Interesse für die Beseitigung der Baulichkeit hervorgehoben hat.

Im Rahmen der nach § 80 Abs. 5 VwGO zu treffenden Entscheidung hat eine Abwägung der widerstreitenden Interessen stattzufinden. Hier überwiegt das Vollzugsinteresse des Antragsgegners das Aufschubinteresse der Antragstellerin, vor einer rechts-

---

[922] Diese Angabe ist im Hinblick auf die später vorzunehmende Auslegung des Antrags sinnvoll.
[923] Das genaue Datum der Widerspruchserhebung braucht nicht mitgeteilt zu werden, da die Widerspruchsfrist nicht abgelaufen sein kann.
[924] Durch diese Formulierung machen Sie deutlich, daß der Antrag auszulegen ist.
[925] Die Zulässigkeit des Antrags ist unproblematisch. Daher haben Ausführungen hierzu zu unterbleiben.
[926] Mit dieser Redewendung zeigen Sie den Prüfern, daß Sie in diesem Zusammenhang nur ein Rechtsproblem ansprechen werden, was im Gutachtenstil erfolgen wird.

kräftigen Entscheidung in der Hauptsache von Vollzugsmaßnahmen verschont zu bleiben[927].

Zu prüfen ist zunächst, ob die Beseitigungsanordnung offensichtlich rechtmäßig ist. In formeller Hinsicht ergeben sich nach dem Sachverhalt keine Probleme[928]. Als materielle Ermächtigungsgrundlage für die Beseitigungsanordnung ist § 65 Satz 1 LBO heranzuziehen[929]. Danach kann der teilweise oder vollständige Abbruch einer Anlage, die im Widerspruch zu öffentlich-rechtlichen Vorschriften errichtet wurde, angeordnet werden, wenn nicht auf andere Weise rechtmäßige Zustände hergestellt werden können. Eine Abbruchsanordnung setzt somit voraus, daß eine bauliche Anlage nicht durch eine Baugenehmigung gedeckt ist und seit ihrer Errichtung fortlaufend gegen materielle öffentlich-rechtliche Vorschriften verstößt.

Der Schuppen ist formell illegal, da die Antragstellerin nicht im Besitz einer Baugenehmigung ist und das Vorhaben angesichts seiner Ausmaße von mehr als 20 m³ Brutto-Rauminhalt auch nicht verfahrensfrei ist. Dies folgt aus der Bestimmung des § 50 Abs. 1 LBO i.V.m. Ziffer 1 der hierzu ergangenen Anlage.

Der Schuppen müßte ferner materiell baurechtswidrig sein. Da er sich unzweifelhaft im Außenbereich von Waldenburg befindet, beurteilt sich seine bauplanungsrechtliche Zulässigkeit nach § 35 BauGB. Eine Privilegierung nach Abs. 1 der genannten Norm scheidet aus, da keine der Ziffern 1–6 einschlägig ist.

Fraglich ist, ob eine Zulässigkeit des Vorhabens nach § 35 Abs. 2 BauGB in Betracht kommt. Dies ist nur der Fall, wenn öffentliche Belange im Sinne der Abs. 3 nicht beeinträchtigt sind. Der Schuppen könnte die natürliche Eigenart der Landschaft sowie Belange des Naturschutzes und der Landschaftspflege beeinträchtigen (§ 35 Abs. 3 Ziff. 5 BauGB). Die nähere Umgebung des Grundstücks, auf dem der Schuppen steht, ist geprägt von wertvollem Wiesengelände, zwei Bächen, einem See sowie einem Erlen- und Buchenwald. Eine landwirtschaftliche Nutzung der benachbarten Grundstücke findet nicht statt. Das Grundstück liegt, wie im Sachbericht angesprochen, im Geltungsbereich der Verordnung des Umweltministeriums Baden-Württemberg über den Naturpark „Schwäbisch-Fränkischer Wald". Schutzzweck der Naturparkverordnung ist nach § 3, das Gebiet als vorbildliche Erholungslandschaft zu entwickeln und zu pflegen, insbesondere die charakteristische Landschaft mit ihrem vielfältigen Wechsel zwischen Wäldern, Bächen und Seen für eine Erholungsnutzung zu erhalten, die natürliche Ausstattung mit Lebensräumen für eine vielfältige, freilebende Tier- und Pflanzenwelt zu bewahren und zu verbessern sowie eine möglichst ruhige und naturnahe Erholung für die Allgemeinheit zu gewährleisten[930]. Die Errichtung eines Geräteschuppens steht in Widerspruch zu dieser Schutzzweckbestimmung. Dabei kommt es darauf an, ob die bauliche Anlage funktionsmäßig in einen Widerspruch zur naturgegebenen Nutzung der unter Schutz gestellten Landschaft tritt. Die Errichtung einer Hütte führt zu einer weiteren Belastung der Landschaft mit einer baulichen Anlage und beeinträchtigt somit die Funktion der Landschaft als Erholungsraum für die Allgemeinheit. Darüber hinaus entzieht sie der Tier- und Pflanzenwelt Lebensraum. Als Ergebnis ist daher festzuhalten, daß die Belange des Natur- und Landschaftsschutzes der Errichtung des Schuppens entgegen stehen.

---

[927] Die allgemeinen Grundsätze, nach welchen Kriterien die aufschiebende Wirkung des Widerspruchs wiederherzustellen ist, werden so knapp wie möglich dargestellt.

[928] Sollte ein Prüfer dies anders sehen, kann er gegebenenfalls nach Beendigung des Vortrags hierauf zurückkommen.

[929] Hier liegt ein Schwerpunkt des Falles, so daß eine saubere Subsumtion zu erfolgen hat. Unproblematische Tatbestandsmerkmale des § 65 LBO werden im Urteilsstil, problematische Tatbestandsmerkmale im Gutachtenstil abgehandelt.

[930] Diese Passage kann aus dem Aktenstück abgelesen werden, da es sich nur um die auszugsweise Wiedergabe des Verordnungstextes handelt.

§ 60 Formulierungsbeispiel

Die Antragstellerin ist als Bauherrin der beanstandeten baulichen Anlage und zugleich Miteigentümerin des Grundstücks Handlungs- und Zustandsstörerin und damit auch die richtige Adressatin der Beseitigungsanordnung.

Die Beklagte hat auch das ihr in § 65 LBO eingeräumte Ermessen sachgerecht ausgeübt. Die Bauaufsichtsbehörde handelt grundsätzlich immer dann ermessensgerecht, wenn sie ihrem gesetzlichen Auftrag entsprechend dafür sorgt, daß die Vorschriften des materiellen Baurechts eingehalten werden. Besonderheiten, die gegen ein bauaufsichtliches Einschreiten sprechen könnten, hat die Antragstellerin nicht vorgetragen.

Für das sofortige Eingreifen des Antragsgegners müßte außerdem eine besondere Dringlichkeit bestehen, um das besondere öffentliche Interesse im Sinne des § 80 Abs. 2 Nr. 4 VwGO zu begründen.

Dies ist hier problematisch. Die sofortige Vollziehung einer Abbruchverfügung liegt nach der Rechtsprechung regelmäßig dann nicht im öffentlichen Interesse, wenn durch die Beseitigung ein wesentlicher Substanzverlust eintritt. Dieser Grundsatz gilt aber nicht uneingeschränkt. Kommt zur formellen Baurechtswidrigkeit die materielle hinzu und ist diese offensichtlich, so kann unter Umständen auch die sofortige Vollziehung einer Abbruchverfügung geboten sein, selbst wenn diese zu einem Substanzverlust führt. Diese Vorgehensweise dürfte jedenfalls gerechtfertigt sein, wenn die Bauaufsichtsbehörde baurechtswidrigen Entwicklungen auf andere Weise voraussichtlich nicht erfolgversprechend Einheit gebieten kann, z.B. wenn sich die illegale Bautätigkeit in einem Gebiet fortzusetzen droht. In einem solchen Fall ist ein durchgreifendes und schnelles Einschreiten sowohl aus spezialpräventiven als auch generalpräventiven Gründen, d.h. zur Abschreckung des Einzelnen und als Vorbeugung gegen die weitere gesetzwidrige Entwicklung, gerechtfertigt.

Unabhängig von der Frage, ob und inwieweit im vorliegenden Fall ein erheblicher Substanzverlust zu besorgen ist, ist hier ein besonderes öffentliches Interesse an der sofortigen Vollziehbarkeit der Beseitigungsverfügung zu bejahen. Wie oben ausgeführt, liegt das Bauvorhaben des Antragstellers in einer besonders reizvollen Umgebung, die als Naturpark ausgewiesen ist. Von dem Schuppen geht eine konkrete negative Vorbildwirkung aus. Ohne ein durchgreifendes, schnelles und entschlossenes Einschreiten des Antragsgegners steht zu besorgen, daß sich die baulichen Mißstände in dem betreffenden Gebiet mehren.

Das Begehren der Antragstellerin bleibt daher insoweit erfolglos.

Ich gehe nun noch auf die in Ziffer 2 des Bescheids vom 04. Juli 1999 verfügte Androhung der Ersatzvornahme ein[931]. Hier ist der Antrag auf Anordnung der aufschiebenden Wirkung des Widerspruchs begründet.

Rechtsgrundlage für die Ersatzvornahmeandrohung ist § 20 Abs. 1 LVwVG. Danach sind Zwangsmittel – so auch die Ersatzvornahme – vor ihrer Anwendung von der Vollstreckungsbehörde schriftlich anzudrohen.

Der Rechtmäßigkeit der Androhung könnte bereits ein Vollstreckungshindernis entgegen stehen. Denn der Bruder der Antragstellerin ist, wie im Sachbericht mitgeteilt, Miteigentümer des in Rede stehenden Grundstücks. Bestehende Vollstreckungshindernisse müssen mit Beginn der Vollstreckung ausgeräumt sein. Eine Zwangsmittelandrohung ist aber bereits eine Vollstreckungsmaßnahme, da sie die Vollstreckung einleitet. Daher darf eine Zwangsmittelandrohung unabhängig davon, ob sie isoliert erfolgt oder – wie hier – mit dem Grundverwaltungsakt verbunden wird, erst dann ergehen, wenn keine Vollstreckungshindernisse eine Befolgung der behördlichen Anordnung unmöglich machen. Erforderlich ist daher, daß eine sofort vollziehbare Duldungsverfügung gegenüber dem Miteigentümer vorliegt. Die Duldungsverfügung ermöglicht es der Ver-

---

[931] Hierdurch machen Sie deutlich, daß jetzt der zweite Antrag geprüft wird.

*Siebter Teil. Der öffentlich-rechtliche Aktenvortrag*

waltung, eine Ordnungsverfügung, die in Rechte Dritter eingreifen kann, im Wege der Verwaltungsvollstreckung durchzusetzen und dabei zugleich die Rechte des betroffenen Dritten zu berücksichtigen. Dem Adressaten der Duldung wird kraft öffentlichen Rechts die Pflicht auferlegt, die zwangsweise Durchsetzung des Gebots hinzunehmen. Zwar genügt es für die Rechtmäßigkeit einer Zwangsmittelandrohung zur Vollstreckung einer gegenüber einem Miteigentümer ergangenen Beseitigungsanordnung, wenn im Zeitpunkt des Widerspruchsbescheids eine Duldungsverfügung gegenüber dem anderen Miteigentümer vorliegt[932]. Solange eine Widerspruchsentscheidung allerdings nicht existiert, ist Gegenstand der Überprüfung der Verwaltungsakt in der Gestalt, die ihm die erlassende Behörde gegeben hat[933]. Da es hier an einer Duldungsverfügung gegen den Bruder der Antragstellerin zum gegenwärtigen Zeitpunkt fehlt, ist die Ersatzvornahmeandrohung offensichtlich rechtswidrig. Aufgrund dieses Ergebnisses gehe ich daher auf die Frage, ob die Voraussetzungen des § 20 LVwVG im einzelnen vorliegen, nicht mehr ein[934].

Die Kostenentscheidung beruht auf § 155 Abs. 1 VwGO, die Festsetzung des Streitwertes auf §§ 13 Abs. 1 Satz 1, 20 Abs. 3 GKG.

Ich schlage deshalb folgenden Tenor vor:
- Die aufschiebende Wirkung des Widerspruchs gegen die Ersatzvornahmeandrohung in der Verfügung des Landratsamtes Hohenlohekreis vom 04. Juli 1999 wird angeordnet. Im übrigen wird der Antrag abgelehnt.
- Die Antragsstellerin hat 2/3 und der Antragsgegner hat 1/3 der Kosten des Verfahrens zu tragen.
- Der Streitwert wird auf 4.000 DM festgesetzt.

Ich danke für Ihre Aufmerksamkeit."

---

[932] *VGH Mannheim*, NVwZ-RR 1998, 553
[933] Vgl. *VGH München*, NVwZ-RR 1993, 327
[934] Es wäre falsch, die einzelnen Tatbestandsmerkmale des § 20 LVwVG zu erörtern, da es hierauf nach der Lösung nicht ankommt.

# Sachregister

Die angegebenen Fundstellen beziehen sich auf die Randnummern.

Abänderungsverfahren 225, 228, 287 ff.
Abhilfe 437 ff.
Abhilfebescheid 437 ff.
– Formulierungsbeispiel 442
Abordnung 114, 218
Abwägungsgebot 322
Aktenvortrag
– Aufbau 509 ff.
– Bedeutung 504 ff.
– Formulierungsbeispiel 520
– Gegenstand 506
– Vorbereitung 507
Aktivlegitimation 165
Allgemeinverfügung 112, 113
Androhung von Zwangsmitteln 453 ff., 463
Anfechtungsklage
– Begründetheitsprüfung 173 ff.
– Formulierungsbeispiel 188
– Gegenstand der Anfechtungsklage 117, 192 ff.
– isolierte Anfechtungsklage 117, 192
– Klagebefugnis 132 ff.
– Statthaftigkeit 105 ff.
– Tenorierung 19 ff.
Anfechtungswiderspruch 380 ff., 409 ff.
Anhörung
– vor Anordnung der sofortigen Vollziehung 249
– vor Erlaß eines VAs 411 ff.
– vor Verböserung des VAs 192
Anhörungsmangel 175, 411 ff.
Anordnung der aufschiebenden Wirkung 229, 254 ff., 266 ff.
Anordnung der sofortigen Vollziehung 225, 230, 233, 269 ff., 424 ff., 462
– Begründungserfordernis 225, 246 f.,
– formelle Rechtmäßigkeit 246 ff.
– Heilung des Begründungsmangels 248
Anordnungsanspruch 283
Anordnungsgrund 284
Antragsbefugnis
– im Normenkontrollverfahren 308 ff.
Anwaltsklausur
– Anwaltsgutachten 499 ff.
– Klageschrift 480 ff.
– Mandantenschreiben 502, 503
– Rechtsmittelbegründungsschrift 492 ff.
Auflage 27, 119

Auftragsangelegenheiten 166
Aufrechnung 32, 101, 109
Aufschiebende Wirkung, s. auch Wiederherstellung und Anordnung der aufschiebenden Wirkung
– gesetzlicher Ausschluß 255 ff.
Ausfertigung von Satzungen 320
Ausgangsbescheid 409 ff.
– Begründung des Ausgangsbescheids 458 ff.
– Formulierungsbeispiel 466
Auslegung
– des Klagebegehrens 82
– des Antrags auf vorläufigen Rechtsschutz 217 f., 243
Aussetzung der sofortigen Vollziehung 229, 231, 424 ff.

Beamtenrechtliche Streitigkeit 97
Bearbeitung öffentlich-rechtlicher Klausuren 1 ff.
Begleitverfügung im Widerspruchsverfahren 434 f.
Behördenprinzip 13, 168
Beigeladener 9, 28 ff., 65, 208
Beiladung 9, 67
Bekanntgabe eines VAs 447
Beliehener 95
Berufung 373
Berufungszulassung 331 ff.
– Begründetheitsprüfung 349 ff.
– Formulierungsbeispiel 366
– Zulässigkeitsprüfung 340 ff.
– Zulassungsgründe 346 ff.
Beschluß
– des VG im vorläufigen Rechtsschutzverfahren 217 ff.
– bei übereinstimmender Erledigung der Hauptsache 289 ff.
– im Berufungszulassungsverfahren 331 ff.
– im Beschwerdezulassungsverfahren 368 ff.
– im Normenkontrollverfahren 327, 328 ff.
Beschwerdezulassung 368 ff.
Beteiligte 8 ff.
Beteiligungsfähigkeit 161, 307
– von Behörden 13

– Wegfall 10
Beurteilungsspielraum 184, 420
culpa in contrahendo 99

Drittanfechtung 134 ff.
Drittschutz 134 ff.

Einstweilige Anordnung im vorläufigen Rechtsschutzverfahren 272 ff.
– Anordnungsanspruch 283
– Anordnungsgrund 284
– Arten 277 ff.
– Begründetheitsprüfung 277 ff.
– Prüfungsmaßstab 280
– Tenorierung 234
– Verfahren
– Vorwegnahme der Hauptsache 282
– Zulässigkeitsprüfung 274 ff.
Einstweilige Anordnung im Nomenkontrollverfahren 328 ff.
Einvernehmen der Gemeinde 429
Einzelrichter 15
Entscheidungsgründe des Urteils 69 ff., 303 ff.
Erledigung des Widerspruchs 391
Erledigung eines VA 124, 150
Erledigung der Hauptsache
– einseitige Erledigung 43 ff.
– übereinstimmende Erledigung 46, 61, 79, 209, 210, 289 ff.
Ermessen 180 ff., 197, 418 f., 460 f.
Ermessensfehler 181
Ermessensreduktion auf Null 197, 199
Ersatzvornahme 124, 455

Fachaufsichtliche Weisung 108
Faktische Vollziehung eines VAs 227, 262
Feststellung der aufschiebenden Wirkung 227, 262 f.
Feststellungsklage 127 ff.
– Begründetheitsprüfung 204 f.
– berechtigtes Interesse 143 ff.
– Klagebefugnis 138
– Tenorierung 39
– Subsidiarität 128
Feststellungsinteresse 143 ff.
Fortsetzungsfeststellungsklage 124 ff.
– Begründetheitsprüfung 203 f.
– berechtigtes Interesse 143 ff.
– Tenorierung 40 ff.
– Keine Einhaltung der Klagefrist 160
Fortsetzungsfeststellungswiderspruch 150, 390
Fristen 156 ff., 314, 344, 406 ff., 454

Gebundene VAe 179, 197
Gerichtsbescheid 216
Glaubhaftmachung 275, 284
Gutachten
– Aufbau 471 ff.
– Funktion 467 ff.

Heilung von Verfahrensfehlern 409 ff.
Hilfsgutachten 474

Intendiertes Ermessen 183, 186

Justizverwaltungsakt 98

Klageänderung 60, 83 ff.
Klageantrag 57 ff.
Klagearten 104 ff.
Klagebefugnis 132 ff.
Klagefrist 156 ff.
Klagegegner 166, 482
Klagehäufung 31, 88
Klagerücknahme 47, 80
Klageschrift 480 ff.
Kommunalverfassungsstreit 130
Konkurrentenklage 135
Kosten
– der Ersatzvornahme 227
– im Widerspruchsverfahren 382 ff.
Kostenentscheidung
– im Beschluß des VG 223, 240
– im Urteil des VG 20, 25, 28 ff., 34, 46, 206 ff.
– im Ausgangsbescheid 457, 464
– im Berufungszulassungsverfahren 364
– im Normenkontrollverfahren 324
– im Widerspruchsbescheid 382, 431
– Zuziehung eines Bevollmächtigten 38, 207, 385

Ladungsfähige Anschrift 103
Leistungsklage 121, 122 ff., 131
– Begründetheitsprüfung 201
– Klagebefugnis 139
– Tenorierung 35 ff.

Mahnung 110
Maßgeblicher Zeitpunkt
– bei der Anfechtungsklage 178
– bei der Verpflichtungsklage 199
Mehrstufiger VA 116
Meinungsstreit 75 ff.
Modifizierende Auflage 27, 119

Nachbar 136
Nachholen der Begründung 184
Nachschieben von Gründen 184, 199
Nebenbestimmungen 118, 218

# Sachregister

Nichtabhilfe 437 ff., 443
Nichtverfassungsrechtliche Streitigkeit 96
Normenkontrolle 297 ff.
– Begründetheitsprüfung 315 ff.
– ergänzendes Verfahren 298, 301, 322
– Formulierungsbeispiel 322
– Prüfungsumfang 306
– Zulässigkeitsprüfung 304 ff.
Normerlaßklage 131
Normverwerfungskompetenz 421, 428

Öffentliche Kosten und Abgaben 255, 263
Öffentlich-rechtliche Streitigkeit 90 ff.
Öffentlich-rechtliche Willenserklärung 109
Öffentlich-rechtlicher Vertrag 201
Ordnungsgemäße Klageerhebung 102 ff.

Parteifähigkeit 161, 307
Passivlegitimation 165 ff., 317
Planfeststellungsbeschluß 120
Prozeßfähigkeit 161, 307
Prozeßgeschichte 67
Prozeßvoraussetzungen 89
Prüfungsentscheidungen 218

Rechtsbehelfsbelehrung 157, 406, 432, 465
Rechtsmittelbelehrung
– in der Normenkontrollentscheidung 325
– im Berufungszulassungsverfahren 365
– im Beschluß des VG 241
– im Gerichtsbescheid 216
– im Urteil des VG 212 f.
Rechtsschutzbedürfnis 140 ff., 276, 312
Rechtsschutzinteresse 140 ff., 276, 312
Rechtsträgerprinzip 13, 166
Rechtsweg 90 ff.
Rechtswegverweisung
– im Klageverfahren 91
– im vorläufigen Rechtsschutzverfahren 239
Reformatio in peius 189 ff., 389, 423, 430
Regelungsanordnung 235, 279, 286
Rehabilitationsinteresse 145
Revision 373
Rubrum
– eines Beschlusses 220, 333
– eines Urteils 7 ff.
– im Berufungszulassungsverfahren 333 f.
– im Normenkontrollverfahren 299
Rubrumsberichtigung 81

Schriftform 102, 405
Selbsteintritt 108, 191
Selbstverwaltungsangelegenheiten 166, 422
Sicherungsanordnung 234, 278
Sofortige Vollziehung, s. Anordnung und Aussetzung der sofortigen Vollziehung
Spezielle Prozeßfragen 79 ff.
Spruchreife 197
Staatlicher Organisationsakt 115
Statthaftigkeit
– Klagearten 104 ff.
– des Antrags nach § 123 VwGO 274
– des Berufungszulassungsantrags 340
– des Normenkontrollantrages 304
– des Widerspruchs 401
Streitwert 214 f., 221, 223, 240, 326
Streitwertbeschluß 214 f., 326
Streitwertkatalog 214

Tatbestand 48 ff., 302
Tenor
– bei übereinstimmender Erledigungserklärung 290
– im Urteil des VG 17 ff.
– im Abhilfebescheid 441, 442
– im Ausgangsbescheid 449 ff.
– eines Beschlusses im vorläufigen Rechtsschutzverfahrens 221 ff.
– im Widerspruchsbescheid 379 ff.
– im Berufungszulassungsverfahren 335 ff.
– im Beschwerdezulassungsverfahren 370
– im Normenkontrollverfahren 300 ff.

Umdeutung 218, 243
Umsetzung 114, 218
Unbeachtlichkeit von Verfahrensfehlern 411 f.
Unmittelbarer Zwang 455
Untätigkeitsklage 155
Unterlassungsklage 123, 142
Unterschrift
– im Urteil 213
– im Beschluß 241
– im Ausgangsbescheid 465
Urteil
– des VG 6 ff.
– des OVG im Normenkontrollverfahren 297 ff.
Urteilsformel, s. Tenor
Urteilsstil 70

Verfassungsrechtliche Streitigkeit 96
Verkehrszeichen 113, 124, 256

Verpflichtungsklage 118 ff.
- Begründetheitsprüfung 195 ff.
- Klagebefugnis 137
- Tenorierung 33 ff.
Verpflichtungswiderspruch 387, 427 ff.
Versetzung 114, 218
Vertreter des öffentlichen Interesses 9
Verwaltungsakt 105 ff.
Verwaltungsprivatrecht 95
Verwaltungsrechtsweg 90 ff.
Verwaltungsvorschrift 95, 305
Verweisungsbeschluß 91, 92, 293 ff.
Vollzug eines VA 124
Vorabentscheidung 91, 293 ff
Vorbehaltsurteil 32, 101
Vorlagebericht 443 f.
- Formulierungsbeispiel 444
Vorläufiger Rechtsschutz 217 ff.
Vorläufige Vollstreckbarkeit 21, 23, 26, 36, 39, 41, 210
Vorverfahren
- ordnungsgemäße Durchführung 149 ff.
- Entbehrlichkeit bei Sacheinlassung 151
- Sachentscheidung der Widerspruchsbehörde trotz Verfristung 76, 153
Vorwegnahme der Hauptsache 282

Widerspruchsbefugnis 402
Widerspruchsbehörde 397 ff.
- Einschränkung der Prüfungskompetenz 420 ff., 428 f.

Widerspruchsbescheid 375 ff.
- Begründetheitsprüfung 409 ff., 427 ff.
- Formulierungsbeispiel 436
- Sachverhaltsdarstellung 392 ff.
- Zulässigkeitsprüfung 399
Widerspruchsfrist 76, 406 ff.
Wiedereinsetzung in den vorigen Stand 22, 158, 380
Wiederherstellung der aufschiebenden Wirkung 222, 242 ff.
- befristete Wiederherstellung 227
- Begründetheit des Antrags auf Wiederherstellung 250 ff.
- Formulierungsbeispiel 253
- Prüfungsumfang des Gerichts 250 ff.
- Zulässigkeit des Antrags auf Wiederherstellung 243 f.
Wiederholungsgefahr als Feststellungsinteresse 144

Zahlungsaufforderung 110
Zulässigkeit der Klage 86 ff.
Zuständigkeit
- des OVG 306
- der Widerspruchsbehörde 397 ff.
- des VG 163
Zustellung 156, 377, 447
Zwangsgeld 455
Zwangsmittel 453 ff.
Zweistufentheorie 93, 94